한국근현대사회와 국제환경

제국주의시대 열강의 동아시아정책과 한국민족

나남
nanam

■ 저자 약력

신 용 하

서울대학교 문리과대학 사회학과 졸업
서울대학교 대학원 경제학석사·사회학박사
서울대학교 사회과학대학 사회학과 교수
서울대학교 사회과학대학 학장
한양대학교 석좌교수 역임
현재 서울대학교 명예교수
백범학술원 원장
한성대학교 이사장
이화여자대학교 이화학술원 석좌교수

신용하 저작집 52

한국근현대사회와 국제환경
제국주의시대 열강의 동아시아정책과 한국민족

2008년 11월 10일 초판 발행
2008년 11월 10일 초판 1쇄

지은이_ 愼鏞廈
발행자_ 趙相浩
발행처_ (주) 나남
주소_ 413-756 경기도 파주시 교하읍
출판도시 518-4
전화_ 031) 955-4600 (代)
FAX_ 031) 955-4555
등록_ 제 1-71호(79. 5. 12)
홈페이지_ www. nanam. net
전자우편_ post@nanam. net

ISBN 978-89-300-8355-3
ISBN 978-89-300-8001-9 (세트)
책값은 뒤표지에 있습니다.

한국근현대사회와 국제환경

제국주의시대 열강의 동아시아정책과 한국민족

신 용 하

나남
nanam

Modern Transformation of Korean Society and the International Environment

by

Shin Yong-Ha

nanam

책 머리말

최근 일본 학계와 정계 일각에서 과거 일본 제국주의의 한국과 아시아 여러 나라 침략을 정당화하고, 심지어 침략전쟁을 '해방전쟁'이라고까지 미화하는 주장들이 대두하더니, 어느새 이러한 주장이 한국과 세계 각국에 전파되어 일정한 영향을 끼치기 시작하였다.

한국 학계의 일각에서도 소수이지만 이러한 주장을 수용하여, 19세기에 스스로 살아갈 능력과 힘이 없어서 자멸할 수밖에 없었던 한국을 일본 제국주의가 식민지로 만들어서 일제의 식민지정책이 한국을 "개발"시키고 "근대화"시키는 혜택을 주었다고 주장하고 있다.

사회과학과 역사학은 무엇보다도 "진실"과 "진리"를 탐구해야 하는데, 이러한 주장은 전혀 역사적 진실이 아니다. 이러한 주장은 19세기 제국주의 열강의 대외정책의 실상과 본질을 전혀 망각하고 있다. 제국주의자들이 침략하여 식민지로 강점한 세계 모든 나라들에서는 잔혹한 억압과 수탈과 학살이 만연했으며, 이에 저항하여 자유와 해방을 추구한 피압박 민족의 혈투가 있었다.

과거의 아픔과 고통의 기억은 망각하고 싶을 때가 있다. 그러나 망각하면 역사가 아니며, 역사를 망각하면 그 아픔과 고통이 다시 찾아오게 되는 것이다.

이 책은 저자가 그동안 써놓은 제국주의 열강의 구한국에 대한 정책

관련 논문들 가운데서 10편을 뽑아 엮은 것이다. 이 가운데 8편은 학술지나 학술대회에서 이미 발표한 것을 보충했고, 제 4장 "한국 근대의 국제통상무역의 전개과정, 1876~1910"과 제 7장 "동양척식주식회사의 한국 및 동아시아 수탈 경영"은 처음 발표하는 새 원고이다.

원래 이 두 편의 글은 저자가 서울대학교 현역교수로 재직하고 있던 젊은 시절에 쓴 것인데, 두 편이 모두 매우 긴 논문이어서 학술지에 한꺼번에 게재하기 어렵게 되었다. 몇 회로 나누어 싣도록 논문을 개편하려고 넣어 둔 것이 어느덧 세월이 흘러 정년을 맞게 되었다. 이번에 책을 내는 계제에 두 편을 전문 그대로 수록하였다.

논문의 배열은 첫 머리에 19~20세기 초 열강의 제국주의 침략정책의 국제환경 속에서 자기나라·겨레의 자주독립과 근대시민사회 수립을 위해 분투한 한국민족의 활동에 대한 사회학적 설명의 논문을 실었다. 끝 논문으로는 1945년 8·15 광복과 함께 한국민족에게 씌워진 아픔과 고통의 원천인 열강의 한반도 남·북 분단의 원인과 과정에 대한 저자의 학설 "포츠담 밀약설"의 논문을 수록하였다.

이 책의 출판을 맡아주신 나남출판 조상호 사장님께 감사드리며, 편집과 교정에 정성을 기울여주신 편집부 직원들께도 감사하는 바이다.

이 책이 독자들에게 19세기와 20세기 전반기 열강의 제국주의 정책의 본질과 한국민족의 자유 독립을 위한 노력을 이해하는 데에 조금이라도 도움이 되기를 바라는 마음 간절하다.

2008년 9월

이화여대 이화학술원 석좌교수실에서

저자 삼가 씀.

나남신서 · 1355

한국근현대사회와 국제환경

제국주의시대 열강의 동아시아정책과 한국민족

차 례

제 1 장

서 설

제국주의 국제환경과 한국 근대시민사회 형성 운동

1. 머리말

19세기 제국주의 시대 '한국사회의 전통과 변화'는 너무 광범위한 주제이므로 여기서는 범위를 한정하여 19세기 중엽부터 20세기 초기까지의 '양반신분사회로부터 시민사회로의 사회변동 과정'을 고찰하기로 한다.

우리나라에서는 동학을 별도로 하면 시민사회를 수립하기 위한 노력을 주로 개화파가 맡아 수행하였다.

따라서 여기서는 주로 1860년대부터 1910년까지, 한편으로 양반신분사회가 해체되고 다른 한편으로 시민사회가 성립되어 나가는 과정을 개화파의 문헌을 중심으로 하여 고찰해 보려고 한다.

2. 양반신분사회의 기본구조

조선왕조 사회는 기본적으로 신분사회였다. 조선왕조의 신분제도는 그 후기에 이르러 ① 양반(兩班), ② 중인(中人), ③ 양인(良人, 평민 또는 常民), ④ 천인(賤人, 노비)의 네 가지 신분으로 구성되어 있었다.

이념형적으로 말하면, 양반은 신분적 특권을 가지고 정치권력과 학문을 독점했으며 '역'(役)의 부담을 지지 않는 특권적 지배신분이었다.

중인은 주로 기술직에 종사하거나 중앙정부의 말단 행정관리 또는 지방의 향리로 종사한 중간신분이었다.

양인은 주로 농업 등 생산을 담당하고 '역'의 부담을 진 평민의 신분이었다. 이들은 법제적으로 '천인'에 대비하여 '양인'이라고 불렀고 '양반'에 대비해서는 '상인'(常人)이라고 불렀으며, 조선왕조시대의 가장 많은 숫자의 중요한 신분이었다.

천인(賤人)은 주로 7종의 천민과 노비로 구성되었으며, 노비는 주인에게 신분적으로 예속되어 생산을 담당하거나 사역(使役)에 사용되었다.

이러한 조선왕조시대의 신분제도는 사회학적으로 시민사회의 계급제도와는 매우 다른 것이었다.

첫째, 신분은 태어날 때부터 가계와 혈통에 의거하여 결정되는 귀속적 지위(*ascribed status*)였다. 따라서 그것은 시민사회에서의 획득적 지위(*achieved status*)와는 크게 다른 것이었다.

둘째, 신분은 따라서 세습적인 것이었다. 이것은 시민사회의 계급이 비세습적인 것과 크게 다른 것이었다.

셋째, 따라서 신분은 출생신분에 의거해 사회조직에 참여하는 것이었다. 이것은 시민사회의 계급이 계약에 의거해 사회조직에 참여하는 것과 크게 다른 것이었다.

넷째, 신분은 공식적으로 특권과 차별을 인정하는 것으로서 법률적으로도 공공연히 불평등한 제도였다. 이것은 시민사회의 계급이 공식적으로는 특권을 인정하지 않기 때문에 법률 앞에서는 만인이 평등한 것과 크게 다른 것이었다.

다섯째, 신분은 직업을 세습적으로 고정시켰다. 예컨대 장인(匠人)의 아들은 대대로 장인이 되는 것과 같은 것이었다. 이것은 시민사회의 계급이 직업을 세습적으로 고정시키지 않고 공식적으로 직업 선택의 자유를 인정하는 것과는 크게 다른 것이었다.

여섯째, 신분은 그 칸막이가 폐쇄적이어서 신분간의 사회이동(*social mobility*)이 원칙적으로 매우 적었다. 이것은 시민사회의 계급이 그 칸막이가 비교적 개방적이어서 계층간의 사회이동이 큰 것과는 크게 다른 것이었다.

일곱째, 신분은 생활양식(*life style*)을 특정 형태로 규제하고 통제하였다. 이것은 시민사회의 계급이 그 성원의 생활양식을 특정 형태로 규제하지 않고 자유에 맡기는 것과는 크게 다른 것이었다.

이러한 특징을 가진 양반신분사회는 그 자체에 많은 문제점을 갖고 있었다. 양반신분사회가 갖고 있던 문제점 몇 가지를 간추리면 다음과 같다.

첫째, 소수의 양반신분만이 정치를 담당하며 국가와 사회의 중요한 정책결정을 하고, 아무리 유능한 인재라도 양인이나 천인 출신은 사회정치 활동에 참여할 수 없었으므로, 그 사회의 인적 자원과 능력을 모두 동원하여 충분히 활용할 수 없었다.

둘째, 생산자 신분인 양인과 노비들의 부담은 과중하고 양반 지주들의 수취(收取)는 매우 많아서, 생산자가 자본을 축적하여 생산력을 발전시키는 데에 큰 제약을 받았다.

셋째, 사(士)·농(農)·공(工)·상(商)의 위계적 직업관과 공(工)과 상(商)을 천시하는 직업관으로 말미암아 공업과 상업 등 산업의 발전이 어려웠다.

넷째, 양반은 공식적으로 특권을 가진 반면에 중인·양인·천인은 법률에 의하여 확고하게 보호되고 보장되는 '권리'를 충분히 갖지 못해서 다수의 국민이 자주적이고 인격적인 생활을 하지 못하였다.

다섯째, 기술직과 기술이 폐쇄적으로 세습되고 개방적으로 공개되지 않아 기술을 발전시키는 데에 큰 제약을 받았다.

여섯째, 공식적으로 폐쇄적인 신분차별을 하여 사회통합(*social integration*)이 매우 약하고, 사회연대는 뒤르켐의 유기적 연대가 아니라 '기계적 연대'(*mechanical solidarity*)가 지배했으며, 신분간의 갈등이 매우 심하였다.

일곱째, 양반신분 사회에서는 가족·가문(친족)·씨족 등 게마인샤프트의 조직원리에 기초한 혈연공동체와 촌락·지방 등 지연공동체를 중시하고 전체적인 민족국가와 전체 사회에 대한 개념이 충분히 발달하지 못하였다.

여덟째, 따라서 양반신분사회에서 사회성원의 충성은 민족국가에 대한 직접적 충성보다 가족·가문·씨족·신분·지방·향당(鄕黨)·사당(私黨) 등에 대한 충성이 강하였다.

양반신분사회는 이상과 같은 문제점을 갖고 있었으므로 선각적 지식인들은 이의 개혁을 주장하였다. 조선왕조 후기의 실학파가 그 대표적인 것이다. 또한 하위신분층들도 여러 가지 형태로 양반신분사회의 개혁을 요구하였다. 조선왕조 후기 빈번한 농민운동들이 그 대표적인 예들이다.

양반신분사회는 그 나름대로 양반문화를 창조하였다. 양반문화의 내용을 분석하여 그 중에서 오늘날에도 수정하여 계승할 수 있는 문화를 판별하는 것은 사회학자가 연구해야 할 중요한 연구과제라고 할 것이다.

3. 19세기 중엽의 양반신분사회의 위기

조선왕조의 양반신분사회는 19세기 중엽에 이르러 양면으로부터의 도전을 받고 큰 위기를 맞게 되었다.

양반신분사회에 대한 첫째의 도전은 외부로부터 들어온 것으로서 선진 자본주의 열강의 침입의 시작이 그것이었다. 이 새로운 도전은 ① 서학(천주교)의 포교, ② 이양선(異樣船)의 연안 출몰, ③ 외국상선의 통상요구, ④ 구·미·일 자본주의 여러 나라들의 개항 요구, ⑤ 선진 자본주의 제국에 의한 식민지화의 위협 등의 형태로 나타났다.

이 외부로부터의 도전은 조선왕조의 양반신분사회에 대한 도전인 동시에 한국민족에 대한 도전이기도 하였다. 또한 당시의 한국사회에 대하여 종래의 폐쇄체계로부터 개방체계로의 전환을 요구하는 것이었을 뿐만 아니라, 만일 한국사회가 이 개방체계로의 전환 후 외부로부터의 제국주의적 도전을 적절히 자기의 힘으로 처리하지 못하면 양반신분사회의 붕괴와 함께 한국 민족공동체 자체가 '식민지'로 전락할 수도 있게 되는 매우 심각한 성격의 것이었다.

이 외부로부터의 도전은 사회적 측면에서 보면 근대적 서구시민사회의 전근대적 조선 양반신분사회에 대한 도전이었다. 정치적 측면에서 보면 근대 국민국가가 제국주의적으로 팽창하면서 전근대 군주국가에 대해 도전한 것이고, 경제적으로는 산업혁명을 거쳐 이룩한 공장제도라는 근대 산업체제의 전근대 농업체제에 대한 도전이었다. 또한 문화적으로는 근대 합리적 과학기술문화의 전근대적 인문교양문화에 대한 도전이었고, 군사적으로는 철제군함과 함포와 근대군대의 전근대적 군사장비와 구식군대에 대한 도전이었다.

이러한 성격의 외부로부터의 제국주의적 도전에 대하여 적절한 대응책이 취해지지 않으면 어느 쪽이 승리할 것인가는 쉽게 내다볼 수 있는 것이었다.

둘째의 도전은 양반신분사회 내부로부터 발생한 사회적 압력과 도전으로서 농민을 비롯한 양인신분층과 노비신분층의 신분제도 폐지 요구가 그것이었다.

이미 18세기 중엽에 양반신분제도는 현저하게 해체의 징후를 보여, 다수의 양인들이 여러 가지 방법으로 양반으로 상향이동을 성취했으며, 다수의 노비들이 납속(納贖)과 도망(逃亡) 등의 방법으로 양인신분층으로 상향이동을 달성하였다. 상향이동을 달성하지 못한 하위신분층들은 해마다 끊임없이 '민란'을 일으키며 양반 신분제도의 폐지를 요구하였다.

19세기에 들어오면서 하위 신분층의 양반 신분제도의 폐지를 요구하는 사회적 압력은 더 거세졌다. 조선왕조 정부는 1801년에 공노비 혁파(公奴婢 革罷)를 단행하여 일부의 노비 해방을 시행하였다. 그러나 하위신분층들은 사노비 혁파(私奴婢 革罷)를 포함하여 모든 양반 신분제도의 폐지를 요구했으며, 그 요구 형태도 '민란' 등의 형태가 공공연히 선택되었다. 1811년의 '홍경래난'은 북한지방에서의 개혁요구의 대표적인 것이었으며, 1862년의 '진주민란'은 남한지방에서의 개혁요구의 단적인 예이었다.

19세기 초엽과 중엽의 하위신분층의 양반신분제도 폐지 요구는 농민층이 앞장섰지만 당시 광범위한 신흥사회계층이 이를 지지했으므로 매우 커다란 사회적 압력으로 형성되어 있었다.

첫째, 상공인층을 비롯한 새로이 대두하기 시작한 시민계층이 이 개혁요구를 지지하였다. 둘째, 종래의 천인신분층이 농민들의 개혁요구에 참가하고 이를 적극 지지했으며 때로는 그 운동의 주체가 되었다. 셋째, 광산 노동자층과 모군(募軍)과 유민(流民)들이 농민들의 개혁요구에 참가하고 이를 지지하였다.

농민층을 선두로 한 이러한 광범위한 하위신분층의 개혁요구는 종래의 조선왕조 양반신분사회의 구조와 유형에 영향을 주지 않는 신분사회체제 내의 개혁과 재조정의 요구가 아니라 양반신분제도의 폐지에 의한 사회구조 그 자체의 변혁의 요구, 즉 양반신분사회를 근본적으로 개혁하여 새로운 유형의 사회구조를 창출하고자하는 요구였기 때문에 매우 심각한 사회적 긴장과 갈등을 수반한 것이었다. 이것은 조선왕조의 양반신분사회가 내부적으로 위기에 봉착했음을 나타내는 것이었다.

이러한 내외로부터의 도전에 직면하여 조선 양반신분사회는 최대의 위기를 맞게 되었다. 뿐만 아니라 이 내외로부터의 도전이 시기적으로 거의 동시에 중첩되었기 때문에, 조선왕조의 양반신분사회는 이 어려운 두개의 도전을 각각 따로 떼어 단계적으로 해결할 것이 아니라 '동시에', '중첩하여' 일시에 해결할 것을 요청받게 되었다.

한국민족은 유사 이래 전근대 시대에 끊임없이 다른 민족의 침략과 도전을 받고 용감히 싸워 이를 물리쳐 극복해 왔다. 그러나 19세기 중엽 이전까지의 다른 민족들의 도전과 한국민족의 응전은 모두 동질적인 전근대체제의 전근대체제에 대한 도전과 응전이었다. 그러나 19세기 중엽의 선진자본주의와 제국주의 열강의 도전은 이질문명의 도전이었을 뿐만 아니라 근본적으로 발전단계가 다른 근대사회체제의 전근대사회체제에 대한 새로운 유형의 도전이었다.

따라서 한국민족과 한국사회가 이 새로운 종류의 도전을 적절히 극복하기 위해서는 종래와 같은 전근대적 응전의 방법으로서는 불가능하고 새로운 응전의 방법을 모색해야 한다는 사실이 일부 한국 지식인 사이에서 인식되기 시작하였다. 즉, 일부 선각적 지식인 집단들은 한국민족과 한국사회의 생존 유지를 위해서도 이제는 모든 부문에서 전근대 사회체제의 근대사회체제로의 대변혁이라는 체제개혁이 필수적이고 객관적인 요청임을 인식하기 시작했으며, 만일 이 사회체제의 개혁에 실패하는 경우에는 열강의 강대한 근대적 침략의 힘에 의해서 한국민족과 한국 사회가 식민지로 종속하게 되는 큰 위기에 직면했음을 인식하기 시작하였다.

4. 초기개화파의 양반신분사회관과 시민사회로의 지향

조선왕조의 양반신분사회 내에서는 이러한 대위기를 맞이해 1853~1860년에 개화사상이 형성되고, 1860년대 말부터 1870년대 초에 걸쳐 초기개화파라는 지식인 집단이 형성되었다. 초기 개화파는 주로 양반 출신과 중인 출신의 소수의 지식인들로 형성되어 발전하다가 1884년에 마침내 갑신정변(甲申政變)을 일으킨 세력집단이 되었다.

초기개화파는 당시의 양반신분사회의 위기를 무엇보다도 민족적 위기와 국가적 위기로 파악하였다. 그들은 열강의 제국주의적 도전을 극복하려면 자주부강한 국가를 만들어야 하며 자주부강한 국가를 세우려면 양반신분제도를 폐지해야 한다고 주장하였다. 초기개화파가 일으킨 갑신정변 때의 혁신정강의 제 2조는 다음과 같이 양반신분 제도의 폐지를 선언하였다.

> 문벌(門閥)을 폐지하여, 인민평등(人民平等)의 권(權)을 제정하고, 사람의 능력으로써 관직을 택하게 하며 관직으로써 사람을 택하지 않을 것[1]

그것은 초기개화파가 ① 양반신분제도를 폐지하고, ② 국민평등의 시민권을 제정하며, ③ 사람을 신분에 의거하여 뽑아 쓰는 것이 아니라 능력에 의거하여 인재를 등용할 것을 선언한 획기적인 정강이었다.

또한 초기개화파의 지도자인 김옥균(金玉均)은 국왕에게 올린 상소에서 양반신분제도에 대하여 다음과 같이 말하였다.

> 지금에 우리나라의 인구가 이천만이 되고 물산과 같은 것은 설령 인조(人造)의 정품(精品)은 없다 할지라도 천산(天産)의 물품에 이르러서는 일본 및 청국의 양국에 비하여 훨씬 우수한 것이 많사온데, 그 중 오금

1) 金玉均, 〈甲申日錄〉, 1884년 12월 5일 條, 《金玉均全集》(亞細亞文化社), p. 95.

(五金) 각광(各鑛)은 가히 수를 헤아리지 못하오니, 이와 같은 고유의 부(富)한 재원(財源)을 들어서 타국에 위뢰(委賴)코자 함은 신이 슬픔을 금치 못하는 바로소이다.

신이 다년간의 견문에 의거하여 폐하께 주상한 바가 있사온데 폐하는 이를 기억하시나이까. 그 뜻은 오늘날 우리나라의 소위 양반(兩班)을 삼제(芟除)함에 있나이다. 우리나라의 중고 이전에 국운이 융성할 때에는 일체의 기계물산이 동양이국보다 으뜸이었는데 오늘에 모두 폐절(廢絶)에 속하여 다시 그 흔적도 없음은 다른 까닭이 아니옵고 양반의 발호와 전횡에 의하여 그렇게 되었나이다.

인민이 일물을 제조하면 양반관리의 배가 이를 횡탈하고, 백성이 신고(辛苦)하여 수치(銖錙)(아주 적은 양)를 축적하면 양반관리 등이 와서 이를 약취(掠取)하는 고로, 인민은 말하되 자력(自力)으로 자작(自作)하여 의식(衣食)코자 하는 때는 양반관리가 그 이(利)를 흡수할 뿐만 아니라, 심함에 이르러서는 귀중한 생명을 잃을 염려가 있으니 차라리 농·상·공의 제업을 포기하여 위험을 면함만 같지 못하다 하여 이에 유식(遊食)의 민(民)이 전국에 충만하여 국력이 날로 소모에 돌아감에 이르렀나이다.

방금 세계가 상업을 주로 하고 서로 생업의 다(多)함을 경쟁하는 때에 당하여 양반을 제(除)하여 그 폐단의 근원을 모두 베어 없앨 일을 힘쓰지 아니하면 국가의 폐망을 기다림뿐이오니, 폐하께서 다행히 이를 맹세하사 속히 무식무능한 수구 완누(頑陋)의 대신과 보국(輔國)을 쫓아내어 문벌을 폐지하고 인재를 선발하여 중앙집권의 기초를 확립하며 인민의 신용을 거두고 널리 학교를 설립하여 인지(人智)를 개발하고 외국의 종교를 유입하여 교화에 도웁는 것 같은 것도 역시 하나의 방편이라 하나이다.[2)]

여기서 김옥균은 ① 중고 이전에 동양에서 가장 번영했던 우리나라의 산업이 당시에 이르러 폐절하게 된 것은 양반의 발호와 전횡 때문이고 ② 백성이 하나를 제조하면 양반이 하나를 빼앗아가고 백성이 하

2) 金玉均, 〈開化疏〉, 《金玉均全集》, pp. 146~147.

나를 저축하면 양반이 하나를 빼앗아 가서 심하면 생명까지 위험하므로 민산(民産)이 피폐하여 산업이 버려지고 국력이 날로 소모되니, ③ 양반신분제도를 폐지하여 그 폐단의 근본원인을 없애지 아니하면 국가의 폐망을 기다리는 것과 같다고 지적하면서, 양반신분제도의 근본적 폐지를 강력하게 주장한 것이었다.

초기개화파는 양반신분제도를 폐지하고 시민사회를 지향하는 '대경장개혁'(大更張改革)[3]을 추구하였다.

그들이 주장한 사회 각 부문의 개혁방향을 보면, 정치적으로는 청국의 조선속방화 정책을 거부하고 조공허례도 폐지하며 나라의 자주독립을 크게 강화하여 '완전 자주독립국가'를 더욱 확고히 강화하는 것이었다. 그리하여 종래의 전제군주제를 입헌군주제의 초기형태로 개혁하여 근대 국민국가의 방향으로 나아가는 것이었다.

사회적으로는 착취적 양반신분제도를 폐지하여 국민의 자유권과 평등권을 제정함으로써 인재를 능력에 따라 뽑아 쓰고 국민의 힘을 민족의 방위와 발전에 효과적으로 동원하는 것이었다.

경제적으로는 서양의 과학기술을 응용하여 공장제도에 기초한 근대 상공업을 일으키고 산업개발을 수행하는 것이었다.

문화적으로는 종래 종국의 고전을 중심으로 한 한자문화권에서 탈피하여 자기 민족의 언어와 문자와 역사와 예술을 발전시키고 합리적 과학문화를 수립해야 하며, 교육에서는 신식학교를 설립하여 종래의 중국의 경서(經書)·사서(史書)·시문(詩文) 중심의 교육을 폐지하고 국민에게 신지식을 가르치는 신교육을 실시해야 한다고 주장했다.

또한 군사적으로는 군함을 도입하여 해안을 방위하고, 구식 군대를 신식 군대로 개편하여, 근대적 병기로 무장시킴으로써 열강의 위협으로부터 나라를 자력에 의하여 실질적으로 방위해야 한다고 주장했다.

---

3) 金玉均, 〈朝鮮改革意見書〉, 《金玉均全集》, p. 110.

김옥균은 초기개화파들에게 "지금 일본이 동양의 영국 노릇을 하려 하니 우리나라는 동양의 불란서가 되지 않으면 안된다[4]" 라고 설파하였다.

초기개화파는 요컨대 양반신분사회를 해체하고 근대국민국가와 시민사회를 수립하는 개혁을 추구한 것이었다.

초기개화파는 한국사회가 자연적으로 발전하여 이러한 개혁이 이루어지기를 기다리다가는 이미 때가 늦어서 다른 나라의 속국이 될 것을 염려하고, 정치권력을 장악하여 힘에 의한 '위로부터의 개혁'을 급속히 추진하려고 정변을 일으킨 것이 갑신정변(1884년)이었다.

갑신정변은 3일천하로 실패했으나, 그들에 의하여 양반신분사회를 해체하고 시민사회를 지향하는 한국사회의 변동의 방향이 확고하게 정립되기에 이르렀다.

5. 양반신분사회의 폐지와 시민사회의 여명

갑신정변이 일어난 지 약 10년 후인 1894년 2월에 이른바 동학농민혁명운동이 일어났는데, 동학농민들이 내건 요구조건은 크게 나누어 ① 양반신분제도의 폐지, ② 가렴주구의 폐지, ③ 일제세력의 축출이었다. 이때 농민들이 양반신분제도의 폐지를 주장한 것은 매우 중요한 역사적 의미를 갖는 것이었다.

1894년 6월 11일 동학농민군과 정부관리 사이에 이른바 '전주화약'(全州和約)이 성립되고 농민들의 행정기관인 '집강소'(執綱所)가 전라도 53개 읍에 설치되었는데, 이때의 집강소의 12개 개혁요강 중에서 4개항이 직접 양반신분제를 폐지하는 조항이었다. 그 12개의 조항을 들

4) 徐載弼, 〈回顧甲申政變〉, 閔泰瑗, 《甲申政變과 金玉均》, pp. 84~85.

어보면 다음과 같다.

1) 도인(동학교도)과 정부 사이에는 숙혐(宿嫌)을 씻어 버리고 서정(庶政)에 협력할 것
2) 탐관오리는 그 죄목을 조사하여 일일이 엄징할 것
3) 횡포한 부호배는 엄징할 것
4) 불량한 유림과 양반배는 징습(懲習)할 것
5) 노비문서는 불태워 버릴 것
6) 칠반천인(七班賤人)의 대우는 개선하고 백정(白丁) 머리에 쓰는 평양립은 벗어 버릴 것
7) 청춘과부는 개가를 허(許)할 것
8) 무명잡세는 일체 거둬들이지 말 것
9) 관리의 채용은 지벌을 타파하고 인재를 등용할 것
10) 왜(倭)와 간통(奸通)하는 자는 엄징할 것
11) 공사채를 물론하고 기왕의 것은 모두 무효로 할 것
12) 토지는 평균으로 분작(分作)케 할 것[5]

위의 12개 항목 중에서 4), 5), 6), 9)는 직접적으로 양반신분제도의 폐지를 시행하는 항목이었다.

농민들이 '집강소'를 만들어 ① 불량한 양반들을 처벌하고, ② 노비문서를 불태워버리며, ③ 칠반천인(七班賤人)의 차별제도를 폐지하고, ④ 신분에 의해서가 아니라 능력에 따라 인재를 뽑아서 관리로 등용할 것을 선언하고 시행하니, 양반신분제도는 농민들의 손으로 폐지되기 시작한 것이었다.

'동학농민혁명운동'의 여파로 1894년 7월 23일 수립된 개화파 정부는 군국기무처(軍國機務處)를 신설하고 갑오개혁을 단행하면서 7월 29일 드디어 역사적인 양반신분제도의 폐지를 법제적으로 단행하였다.

1894년 7월 29일의 군국기무처의 의안에는 다음과 같은 사항이 결

---

5) 吳知泳, 《東學史》, pp. 126~127.

의되어 공포되었다.

1) 문벌과 양반·상민 등의 계급을 타파하고 귀천에 불구하고 인재를 뽑아 등용할 것
2) 문벌존비(門閥尊卑)의 차별을 폐지하고, 다만 품계에 따라 상견의(相見儀)를 규정할 것
3) 죄인 자신 외의 일체 연좌율(緣坐律)을 폐지할 것
4) 적처(嫡妻)와 첩(妾)에 모두 무자(無子)한 경우에 한하여 양자함을 허용할 것
5) 남녀의 조혼을 엄금하여 남자는 20세, 여자는 16세에 이르러서 비로소 결혼을 허락할 것
6) 과부의 재혼은 귀천을 막론하고 그 자유에 맡길 것
7) 공사노비법(公私奴婢法)은 일체 혁파하고 인신(人身)의 매매는 금할 것
8) 비록 평민이라도 이국편민(利國便民)할 수 있는 의견이 있으면 군국기무처에 상서(上書)하도록 하여 회의에 붙일 것[6]

또한 군국기무처는 1894년 8월 3일에는 신분제도의 폐지를 보완하는 다음과 같은 법제적 조치를 하였다.

1) 역인(驛人), 창우(倡優)와 피공(皮工) 등의 천민취급은 폐지할 것
2) 무릇 관인(官人)은 고등관을 지낸 자라도 휴관(休官)한 후에는 자유롭게 상업에 종사할 수 있도록 할 것[7]

갑오개혁의 이러한 개혁조치는 ① 양반·상민(평민) 차별제도, ② 노비제도, ③ 신량역천층(身良役賤層)의 천인취급, ④ 적서차별(嫡庶差別)제도 등을 완전히 법제적으로 폐지한 한국 역사상 획기적인 개혁이었다. 1894년 갑오개혁에 의하여 한국의 오래된 양반신분제도는 법제적·제도적으로 완전히 철폐된 것이었다.

---

6) 《更張議定存案》, 개국 503년 6월 28일조.

7) 위의 책, 개국 503년 7월 3일조.

사회사적 관점에서 장기사와 구조변동사를 중시하여 보면, 1894년의 양반신분제도의 폐지는 두개의 뚜렷한 흐름이 이때에 합류하여 달성된 것임을 알 수 있다.[8)]

그 첫째의 흐름은 조선왕조 후기 활발하게 전개된 양인신분층과 천인신분층의 신분제도 폐지운동의 흐름이다.

그 둘째의 흐름은 조선왕조 후기의 실학파로부터 초기개화파에 이르는 개혁주의 지식인들의 신분제도 폐지운동의 흐름이다.

1894년에 이르러, 먼저 첫째 흐름인 '양인신분층과 천인신분층'의 농민이 '동학농민혁명운동'의 형태로 신분제 철폐운동을 폭발시켜 스스로 밑으로부터 양반신분제도를 거의 붕괴시켰다. 다음에 거의 동시에 둘째 흐름인 개화파 정부가 법령으로 양반신분제도 폐지의 대개혁을 단행했음을 알 수 있다.

즉, 갑오개혁에서의 양반신분제도의 폐지는 장기간에 걸쳐 발전하던 아래로부터의 농민혁명운동이 이를 부숴나가자, 뒤이어 거의 동시에 위로부터 개화파가 이에 응하여 신분제도 폐지의 법제적 개혁조치를 단행함으로써, 장기간에 걸친 아래로부터의 흐름과 위로부터의 흐름이 1894년의 시점에서 합류하여 이루어진 것이었다.

장기의 구조변동과 전혀 관련이 없는 일본군의 간섭은 이러한 두 개의 큰 흐름의 구조변동의 운동의 대세에 동학농민혁명운동 후에 침략목적으로 일시 편승한 데 지나지 않은 하나의 작은 '사건'에 불과한 것이었다. 만일 일본군이 개입하여 간섭하지 않았더라면 첫째의 농민의 흐름에 의하여 양반신분제도를 비롯한 구체제는 더욱 철저하게 해체되었을 것임을 용이하게 알 수 있는 것이다.

갑오개혁은 양반신분제도의 폐지 이외에도 여러 부문에서 여러 가지 개혁들을 단행하였다. 이 개혁의 특징은 사회적 측면에서 시민사회

---

8) 愼鏞廈, "韓國社會史의 對象과 理論의 問題", 〈韓國學報〉 제25집, 1981 참조.

를 수립하기 위한 개혁보다는 주로 국가의 제도들을 근대화하는 개혁이었다.

갑오개혁은 일본군의 간섭으로 말미암아 당시 한국사회의 독립과 발전을 위하여 가장 필요하고 긴급한 개혁부터 차례로 시행하지 못하고 일본의 침략과 충돌하지 않는 개혁부터 우선 실행하게 되어 왜곡되어 버리고 말았다. 국민들은 개혁은 대환영이었지만 타율성은 격렬히 반대하였다. 갑오개혁은 결국 일본의 간섭에 의한 타율성 때문에 아관파천(俄館播遷, 1896년 2월)을 계기로 하여 실패로 귀결되고 말았다.

그러나 갑오개혁 때의 양반신분제도 폐지는 전적으로 자율적으로 단행된 것이며 양반신분사회에 종언을 고한 획기적인 대개혁이었다. 갑오개혁에 의하여 양반신분제도가 폐지되고 시민사회의 여명이 밝아오게 된 것이다.

6. 독립협회의 시민사회 수립운동

1896~1898년에 전개된 독립협회와 만민공동회 운동은 갑오개혁의 타율성과 아관파천 후 러시아 등 열강의 침략정책에 대항한 것으로 외세에 편승한 집권층에 대해 비판적인 개화파들이 주동이 된 구국 개혁운동이었다.

독립협회와 만민공동회 운동의 본질은 한국을 둘러싸고 있는 열강 사이에 세력균형을 만들어 이 균형이 유지되는 동안 자주부강한 국민국가와 시민사회를 건설한다는 것이었다. 그리고 세력균형이 깨지더라도 자력으로 자주독립을 지키려는 것이었다.

독립협회의 시민사회 건설을 위한 가장 큰 기여로는 '시민권'의 모형을 만들어 제시하고 이를 국민들 사이에 정착시킨 사실을 들 수 있다. 독립협회가 정립한 시민권의 주요내용을 들면 다음과 같다.

1) 국민자유권

이것은 ① 생명·신체의 자유권, ② 재산의 자유권, ③ 언론의 자유권, ④ 집회와 결사의 자유권 등으로 구성되는 것이라고 독립협회는 제시하였다.

독립협회에 의하면, 국민은 생명과 신체의 자유를 지키며, 그 누구로부터도 침범당하지 않는 재산권을 가져야 한다고 하였다. 그들은 '정부에서 국민의 생명과 재산에 당한 일은 어디까지나 보호해야 할 일'[9] 이라고 주장했으며, 이것을 '사람마다 가진 자유권'[10] 으로 천부(天賦)의 권리라고 주장하였다.[11]

또한 독립협회는 '언론자유는 천생권리라 하늘이 주신 권리'[12] 라고 주장했으며, "언론자유가 있으면 나라가 흥하고 언론자유가 막히면 나라가 쇠약해진다"라고 주장하였다.[13] 그리고 국민들은 집회와 결사의 자유를 가져서 집회와 결사체에서의 공개토론이 보장되어야 한다고 주장하였다.

> 정치당이 생기면 그 당에서 그 당 본의와 방책을 그 당에 속한 사람들이 모여 작정하여 전국 국민에게 알게 하되 만일 우리 당이 권이 있어 정부일을 하게 되면 우리는 나라와 백성을 위하여 무슨 일을 할 줄을 미리 알고 앉았는지라. 그런고로 그 당이 정부를 맡아 가지고 일을 하면 그 정해 놓은 약조와 같이 일을 하지 안하여서는 못할지라.[14]

---

9) 〈독립신문〉, 1898년 8월 4일자, "협회에서 할 일".

10) 〈독립신문〉, 1897년 2월 20일자, 논설.

11) 〈독립신문〉, 1897년 3월 9일자, 논설.

12) 〈독립신문〉, 1899년 1월 10일자, "언권자유".

13) 《尹致昊英文日記》, 1898년 7월 10일, 7월 12일 및 〈독립신문〉, 1899년 7월 10일자 "언권자유" 참조.

14) 〈독립신문〉, 1896년 8월 27일자, 논설.

독립협회가 그린 시민상은 우선 ① 법률에 의하여 확고하게 보호된 재산을 갖고, ② 법률에 의하지 않고서는 제한받지 않은 생명·신체의 자유를 가지며, ③ 자유롭게 자기의 생각과 의견을 발표하고, ④ 자유롭게 결사체를 만들고 집회를 가지며, ⑤ 정치적 당(政黨)을 만들어 활동하는 시민권을 가진 자주적인 시민이었다.

2) 국민평등권

이것은 ① 양반신분제도 폐지, ② 노비제도 폐지, ③ 남녀차별 폐지를 내용으로 한 것이었다. 독립협회 때에는 이미 갑오개혁에 의하여 신분제도는 폐지되어 있었으므로 그들이 주장한 것은 그 잔재로서 실생활에 아직도 남아있는 신분차별제도의 폐지를 주장한 것이었다.

독립협회는 일부 양반관료들 사이에 남아있는 양반의식에 대하여, "안 마음을 정결하게 수쇄하여 수백 년의 고질 든 양반 창자는 다 내어버리고 다시 평등권리에 문명자유의 오장육부를 새로 집어넣어야 할 터"[15] 라고 통렬하게 비판하였다. 그들은 부강한 나라에서는 양반과 상놈을 의논치 아니하고 모든 직무를 출신이 아니라 개인의 능력과 실력에 의하여 맡기게 된다고 지적하였다.[16]

> 나라가 열리게 되면 지체와 문벌 생각하는 것은 없어질 터이요. 그 중에 학문 있는 사람들이 벼슬도 할 터이요, 큰 장사도 할 터이요, 큰 농부도 될 터이라.[17]

독립협회는 또한 노비제도가 폐지되었음에도 불구하고 일부 권세가들이 아직도 노비를 두고 은밀히 매매까지 하는 고루한 악습을 남기고

15) 〈독립신문〉, 1898년 3월 12일자, "평안북도 구성군 사는 어떠한 친구의 글".
16) 〈독립신문〉, 1898년 9월 21일자, "유지각한 친구의 글".
17) 〈독립신문〉, 1896년 12월 22일자, 논설.

있다고 비판하고, 평등권은 천부의 권리이므로 사람이 사람을 사고 팔 수 없는 것이라고 강조하였다.

> 우리나라 동포형제들이 이 풍속이 악한 줄을 깨달아 첫째 종들을 속량하여 줄 것 같으면 자기들도 속량이 될 터이요, 자녀를 팔지 아니할 것 같으면 자기 몸들도 남이 매매를 못할 터이니, 전국 국민이 종을 면할 지경이면 우리나라는 자연히 남이 종으로 대접하지 못할지라.[18]

독립협회는 또한 남녀의 '총명'(知能)이 동등하기 때문에 천부의 권리로서 남녀는 동등권을 가진다고 지적하였다.

> 하나님이 세계 인생을 낳으실 때에 사나이나 여편네나 사람은 다 한가지라. 여자도 남자의 학문을 교육받고 여자도 남자와 동등권을 가져 인생에 당한 사업을 다 각기 하는 것이 당연한 도리거늘, 동양풍속은 어찌하여 여자가 남자에게 압제만 받고 죽은 목숨과 같이 지내는지.
>
> 천지간 만물의 가운데에 오직 사람이 귀하다 함은 총명(聰明)이 있는 연고인데, 총명이 한갓 남자에게만 있는 것이 아니라 여자도 또한 총명한 재질인즉 학문과 동등권을 가져 남자를 더욱 이롭게 도울지라.
>
> 그리하거든 남녀 간에 고락을 한가지로 하고 사업을 같이하며 생애를 고르게 하여 나라가 더 부강하고 집안이 태평할 터이니 그럴 지경이면 어찌 아름답다 아니하리오.[19]

즉, 독립협회가 다음으로 그린 시민상은 자유권을 가진 사람들이 출신신분과 남녀에 차별받거나 구애받지 않고 오직 능력과 실력에 의해서만 모든 지위와 역할이 배분되도록 하는 것이었다. 사회학적으로 표현하면 귀속주의(*ascription*)가 아니라 업적주의(*achievement*)를 기준으로 하여 지위와 역할을 배분하도록 시민사회가 조직되고 시민이 시민

---

18) 〈독립신문〉, 1897년 10월 16일자, 논설.

19) 〈독립신문〉, 1898년 1월 4일자, 논설.

권을 가져야 한다고 주장한 것이었다.

3) 국민주권

이것은 국민이 나라의 주인이고 주권이 국민에게 있으며 권력이 국민으로부터 나온다는 것을 내용으로 한 것이었다. 독립협회는 우리나라 역사상 처음으로 "백성이 나라의 주인"[20] 이라고 선언하였다. 그들은 그 이전까지 수백 년 간 관인은 통치자요 백성은 권리 없는 피치자라고 교육시켜온 데 대항하여 도리어 "백성이 주인이고 관인은 백성의 종(사환)" 이라고 주장하였다.

> 정부에서 벼슬하는 사람은 임금의 신하요 백성의 종이라. 종이 상전의 경계와 사정을 자세히 알아야 그 상전을 잘 섬길 터인데 조선은 거꾸로 되어 … [21]

독립협회는 백성이 나라의 주인일 뿐 아니라 권력이 백성으로부터 나오며 정부도 백성들의 합의 계약에 의하여 만든 것이라고 주장하였다.[22] 또한 그들은 백성이 주인이므로 정부를 항상 감독할 권리가 있으며,[23] 국민이 원할 때에는 정부를 교체할 권리가 있다고 주장하였다.[24]

---

20) 〈독립신문〉, 1898년 11월 16일자, "제손씨 편지".
21) 〈독립신문〉, 1896년 11월 21일자, 논설.
22) 〈독립신문〉, 1898년 12월 15일자, "민권론".
23) 〈독립신문〉, 1898년 11월 7일자, "반대의 공력".
24) 〈독립신문〉, 1899년 1월 11일자, 논설.

4) 국민참정권

독립협회는 국민주권론에 기초하여 당연한 도리로 국민은 정치에 참여할 참정권을 갖는다고 주장하고, 그 제1차적 참정으로 백성들의 투표에 의한 선거제도에 의해서 지방관을 선출하자고 주장하였다.[25)]

독립협회가 제시한 시민권은 즉 ① 자유권, ② 평등권, ③ 주권, ④ 참정권을 골간으로 한 것이었으며, 이러한 시민권을 가진 국민으로 구성된 사회가 시민사회이고 시민권을 가진 국민으로 구성된 국가가 국민국가라고 본 것이었다.

독립협회는 이러한 시민사회를 건설하기 위하여 정치적으로는 '의회'를 설립하여 전제군주제를 입헌대의군주제(立憲代議君主制)로 개혁하고, 경제적으로 근대적 산업체제를 수립하며, 교육적으로 각급학교를 설립하여 신교육을 실시하고, 문화적으로는 시민적 생활양식과 시민문화를 수립할 것을 주장하였다.

이때 독립협회에서는 ① 전제군주제를 입헌대의군주제로 개혁자자는 다수파와, ② 군주제를 아예 폐지하고 공화제를 추진하자는 소수의 소장급진파의 견해가 대립되었으나, 공식목표는 입헌대의군주제로 귀착되었다.

독립협회는 시민사회와 국민국가를 수립하기 위하여 약 2년 동안 정력적인 운동을 전개했으나 실패하였다. 그러나 독립협회가 제시한 시민사회 사상과 정책은 청년층과 도시의 시민층에게는 뿌리를 내려서 그 후의 사회변동에 큰 영향을 끼치게 되었다.

---

25) 〈독립신문〉, 1896년 4월 14일자, 논설.

7. 애국계몽운동과 시민사회

독립협회 해산 후 시민사회로의 개혁추세는 상당히 침체되어 있다가 1904년 '보안회'의 민족운동에 의하여 애국계몽운동이 시작되고, 1905년 '을사조약'을 강요당하면서 일제에게 국권을 빼앗긴 후 회한 속에서 개화자강파의 애국계몽운동이 전개되면서 다시 발전하였다. 여기서 말하는 애국계몽운동은 일제에게 국권을 빼앗긴 전후 개화자강파가 중심이 되어 완전한 국권회복을 목적으로 전개한 1904~1910년 사이의 민력계발(民力啓發)과 독립 역량양성운동을 총칭하는 역사적 개념이다. 그 내용에는 ① 신교육 구국운동, ② 언론계몽운동, ③ 실업(實業) 구국운동(민족산업진흥운동), ④ 국채보상(國債報償) 운동, ⑤ 신문화·신문학운동, ⑥ 국학운동, ⑦ 민족종교운동, ⑧ 국외 독립군기지 창설운동 등이 포함된다.

당시 개화자강파들은 한국의 국권을 빼앗은 일본제국주의의 '힘'과 국권을 빼앗긴 한국민족의 '힘'의 커다란 격차를 객관적으로 인식하고 불가피하게 장기전이 될 국권회복운동에서 최후의 승리를 쟁취하기 위해서는 국민의 '실력'을 양성하여 전력(戰力)을 민족사회의 저변에서부터 증강시켜야 한다고 생각하였다.

당시 개화자강파들은 독립협회의 '시민권' 사상을 계승하여, 국권회복을 위한 민족의 실력을 양성하기 위해서는 모든 국민을 '신국민'으로 만들어 민지(民智)를 계발하고 민력(民力)을 양성해야 한다고 주장하였다.[26]

그들은 영국의 사회학자 허버트 스펜서(Herbert Spencer)와 벤자민 키드(Benjamin Kidd)의 사회진화론을 수용하였다.

예컨대, 박은식은 열국간의 경쟁에서 민족의 성쇠와 국가의 존망을

---

26) 申采浩, "二十世紀 新國民", 《丹齋申采浩全集》 별집, p. 211 참조.

결정하는 것은 '지식'의 명매(明昧)와 '세력'의 강약이라고 보았다.[27] 그러면 '지식'과 '세력'은 무엇으로 증진할 수 있는가? 그들은 '교육'으로 지식을 개발하고 '실업'으로 세력을 증진할 수 있다고 해석하였다.[28]

이러한 논리로 그들은 신교육구국운동과 실업구국운동을 비롯하여 각 부문에서 실력양성에 총진군한 결과 국권을 잃고 나라가 식민지로 되어가는 절망적 4년이 도리어 '대각성의 시대'가 되고 '민족역량증강의 시대'로 전환되었다.

이 과정에서 애국계몽운동가들은 한국사회에 광범위하게 잔존한 중세적 요소를 철저히 비판했으며 시민사회를 향한 민중운동을 광범위하게 전개하였다. 독립협회 때 도시의 시민층과 일부 청년층에 한정되었던 시민사회 사상이 전 국민에게 확산되어 보편화되었다.

그들이 강조한 신국민은 바로 '애국심을 가진 시민적 국민'을 의미했으며, 신사회는 바로 '시민사회'를 의미한 것이었다. 국민을 신지식으로 교육하고 근대적 실업을 일으킨다는 것이 바로 시민사회를 만드는 일이었다. 이러한 운동은 매우 정력적으로 추진되어 예컨대 이 시기에 국민들이 자발적으로 세운 사립학교가 3천여 개나 되었다.[29]

그러나 애국계몽운동의 시민사회 건설운동은 두 가지 제약이 존재했음을 주목할 필요가 있다.

첫째는, 애국계몽운동이 ① 국권회복운동과, ② 계몽운동의 복합적 성격을 갖고 있었으나 본질적으로 국권회복운동의 일환이었기 때문에 일본 제국주의의 침략 속에서 언제나 '독립국가' 회복·유지의 문제의식이 선행되고 '시민사회' 건설의 문제의식은 부수적인 것이 되지 않을 수 없었다는 사실이다.

---

27) 朴殷植, "教育이 不興이면 生存을 不得", 《朴殷植全書》 하권, p. 86 참조.

28) 박은식, "大韓精神", 《朴殷植全書》 하권, p. 67 참조.

29) 〈皇城新聞〉, 1909년 5월 8일자, "雜報"(私立學校認許數) 참조.

둘째는, 시민사회 건설의 기초가 되는 계몽운동의 기간이 5년밖에 되지 않는 너무 짧은 기간의 것이었다는 사실이다. 서양에서는 시민사회를 건설하기 위한 계몽운동이 1세기 이상이나 계속되어 '계몽의 시대'가 존재한 데에 비해 한국에서는 이 시기가 너무 짧았다. 이 때문에 아무리 계몽운동이 정력적으로 전개되었다 할지라도 '중세비판'을 다 해내기가 어려웠으며, 시민사회를 건설하기 위한 준비를 다 해낼 수가 없었다.

이 시기에 획기적인 사실의 하나는 국권을 회복하여 다시 완전한 독립국가를 수립할 때에는 군주제를 완전히 폐지하고 '입헌공화국'을 수립할 것을 운동 목표로 설정하게 되었다는 사실이다. 애국계몽운동의 대표적 단체인 신민회(1907년 창립)는 그들의 '신국가'는 입헌공화국 건설임을 목표로 정하였다. 예컨대 신채호는 입헌공화국을 건설해야 국가가 국민의 낙원이 되며 국민은 국가의 주인이 된다고 밝히고 입헌공화국의 건설을 주장하였다.[30] 애국계몽운동의 시민사회 건설운동은 짧은 기간으로 성숙하기 전에 1910년 8월 일본 제국주의에 의해 식민지로 강점당하여 중단되게 되었다.

8. 맺음말

1910~1945년까지 35년간의 일제강점기에는 한국민족의 국가가 일제에 의해 소멸당하고 국민은 시민권을 전혀 갖지 못했으므로 시민사회의 수립 여부는 논의할 여지가 없었다.

일제의 식민지 통치하에서 한국인은 기본적 시민권을 모두 강탈당했고, 민족자본도 자유롭게 성장 발전할 수 없었으며, 따라서 자유롭

30) 신채호, "二十世紀 新國民", 《丹齋申采浩全集》 별집, p. 213 참조.

고 독립적인 시민층이 형성되어 성장 발전할 수 없었다. 도리어 일제의 식민지정책은 한국민족을 시민권도 없고 무권리한 식민지 노예로 만들려는 것이 일제의 정책 목표였다.

그러므로 1945년 8·15 해방이 달성된 후에야 한국사회는 시민사회 건설을 다시 추진할 수 있게 되었다. 해방 후 분단된 형태로나마 독립국가는 일단 건설했다고 볼 수 있으나, 그에 병행하여 근현대시민사회를 제대로 건설했는가는 반드시 돌이켜 보아야 할 과제이다. 한편으로 애국계몽운동 후에 중단되었던 작업을 계승 발전시키면서, 다른 한편으로 식민지시대의 잔재를 청산하여, 시대에 뒤떨어지지 않은 건전한 근현대시민사회를 건설하는 것이 해방 후 한국사회의 한 과제였다고 말할 수 있을 것이다.

(한국사회학회 편, 《한국사회의 전통과 변화: 한국사회는 어디로 가고 있나》, 1983. 10.)

제 2 장

1876년의 개항, 개방체계의 시작과 조·일 불평등 수호통상조약

1. 문제의 한정

한국 근대사회사와 일반근대사에서 주의 깊게 고찰해야 할 주제 중의 하나가 1876년에 체결된 '조·일 수호조규', '조·일 수호조규 부록' '조·일 통상장정'(무역규칙) 등의 성격과 그에 의거한 '개항'(開港), '개국'(開國)의 성격에 대한 것이다.[1)]

일부의 연구자들은 1876년의 불평등조약에 의거한 개항을 '근대의 기점'이라고 해석하는 견해들을 발표하고, 그 역사적 의의를 매우 높

1) ① 田保橋潔, "近代朝鮮における開港の研究", 《小田紀念朝鮮論集》, 1934.
② 奥平武言, "朝鮮の條約港と居留地", 《朝鮮社會法制史研究》, 1937.
③ 渡邊勝美, 《朝鮮開國外交史研究》, 1941.
④ 中國杜, "韓國の開國 — 雲揚號事件をめくって", 《日本外交史研究》, 1961.
⑤ 彭澤周, "江華島事件をめるぐる諸問題", 《明治初期 日韓淸關係の研究》, 1969.
⑥ 金敬泰, "丙子條約과 不平等條約關係의 構造", 〈梨大史苑〉, 제 11집, 1973.
⑦ 李鉉淙, "修好通商條約의 締結과 開港場", 《韓國開港場研究》, 1975.
⑧ Martina Deuchler, *Confucain Gentleman and Barbarian Envoys*, 1977.
⑨ Key-Hiuk Kim, *The Last Phase of the East Asian World Order*, 1980.
⑩ 李光麟, 《韓國史講座, 近代篇》, 1981.

이 평가하려는 관점을 개진하기도 하였다. 반면에 일부의 연구자들은 1876년의 개항을 반(半)식민지화의 기점이라고 해석하는 견해를 발표하고, 개항되자마자 조선은 일본의 반(半)식민지로 떨어진 것처럼 설명하기도 하였다.

필자는 이러한 두 가지 견해에 모두 찬성하지 않는 관점을 갖고 있다. 필자는 한국근대사에서 '근대의 기점'은 '19세기 중엽'(1850~1860년대)이라고 본다. 또한 비록 1876년의 '개항'과 '개국'이 불평등조약들에 의거해 이루어진 것이기는 하지만, 개항되자마자 조선이 바로 반(半)식민지 상태로 떨어진 것은 아니라고 생각한다. 1876년의 개항은 종래의 한국사회가 '폐쇄체계'에서 '개방체계'로 이행하는 기점이 되었다고 판단한다.

이 논문에서는 문제를 한정하여 '조·일 수호조규', '조·일 수호조규 부록', '조·일 통상장정'(무역규칙) 등 '불평등조약'의 체결과정과 그 특성을 고찰하고, 1876년 개항의 사회사적 성격을 논의하려고 한다.

2. 민비정권의 출현과 대(對)일본정책의 변화

1873년 대원군의 하야와 민비정권 출현의 직접적 배경은 대원군의 서원철폐 정책에 대한 유생들의 저항과 민비일파의 연합에 관련되어 있었다.

대원군이 1871년 신미양요 직후에 그 동안 두 차례 양요로 말미암아 일시 중단되었던 '서원철폐'를 강행하여 완료하자, 유생들 사이에서 대원군에 대한 본격적 저항이 일어나게 되었다.

대원군은 척족세도를 근절시키기 위하여 고아인 고(故) 민치록의 딸을 1866년 왕비로 간택했는데, 민비가 서서히 그의 일가친척들을 관직에 끌어들여 하나의 세력을 형성하기 시작하였다.

마침내 1873년 10월 유생을 대표하여 최익현이 대원군의 그 동안의 실정을 비판하는 상소를 올렸다. 대원군은 이에 격분했으나, 민비일파의 지원을 받은 국왕은 도리어 최익현을 호조참판에 임명하였다.[2] 이때에는 대원군이 집권한 지 10년이 되고, 국왕 고종도 나이가 22세나 되어 친정(親政)을 하고 싶었던 것이다.

국왕과 민비의 동태를 파악한 최익현은 다음 달인 1873년 11월 더욱 격렬한 문구로 만동묘(萬東廟)를 철폐한 대원군을 규탄하는 상소를 올리고 대원군의 하야를 요구하였다.[3] 국왕은 이를 받아서 최익현의 지나치게 격렬한 문구의 결례를 문책하여 그를 제주도로 귀양 보냄과 동시에 전격적으로 대원군을 정계에서 은퇴하도록 하고, 친정을 선포하였다.[4] 민비와 그의 친척오빠 민승호(閔升鎬) 등이 이를 적극 지원하였다. 대원군은 친정을 지연시켜 보려고 시도했으나, 국왕이 호위대를 보내어 강경하게 대응했으므로 할 수 없이 하야하였다.

이에 대원군 정권은 붕괴되고, 국왕의 친정 아래 민비의 영향력이 막강하게 된 민비정권이 탄생하게 되었다. 1873년 음력 11월 5일 국왕 친정과 동시에 새로이 집권한 민비정권은 대원군과 차별화된 정책을 시행한다는 구실로 대원군이 10년간 이루어 놓은 '전근대적 개혁'을 백지화하기 시작하였다. 우선 유생들의 환심을 사기 위하여 1864년 2월 13일 이미 철폐한 화양동의 만동묘를 복구하도록 명령하였다.[5] 또한 정계의 대원군파를 숙청하는 도중에, 일본에 대한 강경정책을 온건정책으로 바꾸겠다고 하여, 대원군 집권 때에 강경정책을 집행했던 동래부사 정현덕(鄭顯德)을 파면하여 귀양보내고,[6] 왜학훈도 안동준(安

2) 《高宗實錄》, 고종 10년(1863년) 10월 25일조 참조.

3) 《高宗實錄》, 고종 10년 11월 3일조 참조.

4) 《承政院日記》, 고종 10년 11월 5일조 참조.

5) 《高宗實錄》, 고종 11년 2월 13일조 참조.

6) 《高宗實錄》, 고종 11년 7월 3일조 참조.

東晙)은 파면했을 뿐만 아니라 처형하여 일본인의 비위를 맞추기 위해 왜관 앞 경계선상에다 효수하였다.7)

민비정권의 이러한 정책전환을 본 일본 명치정부는 1874년 5월 외무성 고관 모리야마 시게루(森山茂)를 부산 왜관에 파견하여 조선의 정세를 내탐해 보고하도록 하였다.8) 모리야마는 조선조정에 내분이 있고 민비정권의 대일본 강경파를 숙청했으므로 조선을 개항시킬 좋은 기회가 왔다고 보고하였다. 이에 일본 정부는 다시 히로쓰 히로노부(廣津弘信)를 모리야마의 부관으로 임명하여 부산 왜관에 추가 파견하면서 조선을 개항시킬 준비를 추진하게 하였다.

민비는 1874년 8월 심복인 금위대장 조영하(趙寧夏)를 부산왜관에 파견하여 일본관헌을 '허접'(許接)하겠다는 조영하의 비밀편지를 모리야마에게 전달하게 하였다.9) 물론 이것은 민비가 자기의 정권을 튼튼하게 하기 위해 일본의 환심을 사려고 대원군이 접수 거부한 새 양식의 일본 국서를 받겠다는 정도의 것이었다. 그러나 일본은 이러한 태도변화에서 허점을 발견하고 이 기회를 조선을 위협하여 개항시키는 데 이용하려고 하였다.

3. 운양호(雲揚號) 사건

부산 왜관에서 조선 정세의 내탐활동을 하던 히로쓰는 1875년 4월 일본정부에 군함을 조선에 파견해서 무력 위협으로 조선을 개항하게

7) 《高宗實錄》, 고종 11년 8월 29일조 및 고종 12년 3월 4일조 참조.

8) 《日本外交文書》, 제7권, 문서번호 210, (1875년) 6월 21일 朝鮮國出張 森山外務省出仕より寺島外務卿宛, 〈朝鮮國論一變の情況を報告か對策に付伺の件〉 부속서 1·2, pp. 362~365 참조.

9) 《日本外交文書》, 제7권, 문서번호 218, 〈明治七年五月より十月迄釜山に於げる尋交交涉報告の件〉의 부속서, pp. 404~414 참조.

하자는 건의서를 제출하였다.[10] 일본 내각회의는 이를 채택하여 운양호 등 군함 5척을 조선 연안에 파견하였다. 이 중에서 운양호와 제2 정묘호(丁卯號)는 부산항에 들어와 훈련을 구실로 함포의 위력을 과시해서 조선관리들을 위협하였다. 운양호는 다시 5월에 북상하여 영흥만에 들어갔다가 나가사키로 돌아갔다.

운양호는 나가사키에서 조선측을 도발하여 사건을 일으키라는 비밀 훈령을 받고 1875년 8월 강화도 앞바다를 찾아왔다. 운양호는 8월 21일 초지진(草芝鎭) 앞에서 정박한 채 보트를 한 척 내리어 20여명의 병사를 태우고 초지진 포대에 접근시켰다. 초지진을 지키던 조선 포병은 접근치 말라는 경고를 여러 번 알렸으나 이 보트는 경고를 무시하고 계속 포대 앞으로 접근해 왔다. 위험을 느낀 조선 포병은 당연한 책무로 더 이상의 접근을 중단시키기 위해 대포 한 방을 보트 앞쪽에 발사하였다. 운양호의 보트는 물론 피해 없이 모함으로 돌아갔다.

운양호는 기다렸다는 듯이 초지진으로 다가오면서 초지진 포대를 향하여 맹렬히 함포사격을 가하였다. 운양호의 함포는 신식이어서 초지진에 닿았지만, 초지진의 대포는 구식이어서 운양호에 닿지 않았다. 그럼에도 불구하고 초지진은 막강한 진지여서 약간의 훼손만 입혔을 뿐 더 이상 범접하기 어려웠다.[11]

운양호는 방향을 바꾸어 8월 22일 방어시설이 전혀 없이 민간인들만 거주하는 정산도(頂山島)를 습격하여 민가들을 불태우고 민간인들을 학살하였다. 운양호는 다음날인 8월 23일에는 약 100명의 군인과 500명의 주민이 살고 있는 영종진(永宗鎭) 포대에 함포사격을 가하여

---

10) 《日本外交文書》, 제8권, 문서번호 29, (1875년) 4월 23일 廣津副官よりの建議書, 〈朝鮮國內訌に際交涉促進の爲軍艦派遣あり度旨具申の件〉, pp.71~72 참조.

11) 《日本外交文書》, 제8권, 문서번호 57, 〈江華島事件の經過に關し報知の件〉의 부속서 1·2·3, pp.130~132 참조.

포대를 완전히 파괴한 후에 영종도(永宗島)에 상륙하였다. 조선 군인들이 완강히 저항하여 35명이 전사한 후, 운양호의 일본군은 성안에 들어와 민간인들을 거의 학살하고 영종진 시설을 모두 불태우고 돌아갔다.[12] 이것이 이른바 '운양호 사건'이라고 하는 것이다.

'운양호 사건'은 일본측이 고의로 일으켜 조선의 초지진 포대에 피해를 주고, 정산도를 습격했으며, 영종진을 집중 공격해서 조선 군인과 일반 민간인들을 대규모로 학살한 일본군의 침략 범죄 사건이었다.

4. 조·일 수호조규의 강요와 체결

일본은 '운양호 사건'을 조작하는 데 성공하자, 적반하장으로 이 사건을 역이용하여 조선을 무력위협으로 개항시키기로 결정하였다.

이 사이에 민비정권은 어떠한 대책을 세웠는가? '운양호 사건'이 발생한 지 3일 만에야 의정부는 국왕에게 사건을 보고하여 일본 군함의 침입인 것을 알면서도 정체불명의 이양선(異樣船)이 내해 안에 들어와 대포를 쏘고 불을 질렀는데 어느 나라 이양선인지, 왜 이런 짓을 했는지 모른다고 하였다. 또한 삼군부의 보고는 그것이 일본 군함의 짓인 줄 알면서도 민비의 대일본 유화정책으로 인한 처벌이 두려워 전날의 프랑스·미국 군함과 동류의 군함이라고 모호한 보고를 하였다.[13] 국방에 허점과 무능무책이 드러난 것이었다.

이 사실의 정보를 입수한 일본은 완전한 자신감을 갖게 되어 '포함외교(砲艦外交, *gun-boat diplomacy*)'를 강행하였다. 일본정부는 전권대사에 구로다 기요타카(黑田淸隆), 부대사에 이노우에 가오루(井上馨)

---

12) 《承政院日記》, 고종 12년 8월 25일조 참조.

13) 《高宗實錄》, 고종 12년 8월 23일조 및 8월 24일조 참조.

를 임명하고, 군함 6척에 약 800명의 병력을 탑승시킨 다음, 1875년 음력 12월 19일(이듬해 양력 1월 15일) 부산에 찾아왔다.[14] 그들은 무력시위를 한 다음 병력 4천 명을 탑재하고 강화도로 간다고 조선 관리에게 통고하면서 "앞서 통보한대로 일본국 전권대신이 장차 강화부(江華府)로 가서 귀국 병권대신(兵權大臣)과 회담할 터인바 만약 대신이 출접(出接)하지 않으면 서울로 직진할 것이다"[15] 라는 무력위협의 구술서를 전달하였다. 일본 군함들은 1876년 1월에 강화부 앞 남양만에 출현하였다.

조선조정은 1876년 음력 1월 3일 대신회의를 열고 대책을 논의하였다. 이 회의에서는 민비파의 의견에 따라 그들을 맞아 담판회담을 갖기로 하고, 정사(正使)에 신헌(申櫶, 일명 申觀浩), 부사에 윤자승(尹滋承)을 임명하였다.[16]

강화부 안의 연무당(鍊武堂)에서 1876년 음력 1월 12일부터 시작된 근대 최초의 한·일회담은 3 차례 열렸다. 제 1차 회담은 일본이 평화적으로 '짜지 않은 물'을 구하는 운양호에 먼저 포격을 가한 초지진을 비판하면서 만일 수호조약을 체결하면 별문제이지만 조약을 체결하지 않으면 그냥 물러나지 않겠다고 위협하였다. 조선은 운양호의 보트가 승낙 없이 초지진 포대에 접근한 잘못과 영종진을 침범한 만행을 규탄하였다.[17] 제 2차 회담에서는 일본이 작성해 온 '조·일 수호조규 초안'을 제출하여 조약체결을 강요하였다.[18]

제 3차 회담에서는 조선이 '금칙(禁則) 6조'를 일본에게 제시하여 초

---

14) 《日本外交文書》, 제 9권, 문서번호 3의 附記 1, 〈黑田辨理大臣 使鮮日記〉, pp. 3~23 참조.

15) 《承政院日記》, 고종 13년 정월 초 2일조 참조

16) 《承政院日記》, 고종 13년 정월 초 5일조 참조.

17) 《高宗實錄》, 고종 13년 정월 19일조 참조.

18) 《承政院日記》, 고종 13년 정월 20일조 참조.

안의 수정을 요구하였다. 조선이 수호조규에 포함시킬 것을 주장하여 제의한 '금칙' 6조는 다음과 같았다.

> 제1조. 조선국 재류 일본국민의 상평전(常平錢) 사용을 금지할 것.
> 제2조. 미곡의 교역을 금지할 것. 왜관에서도 미곡 교역을 하지 않을 것.
> 제3조. 교역을 물물교환만 하고 외상선매(外上先買)와 산채취식(散債取息, 高利貸利子收取)은 금지할 것. 이 양자를 허용하는 경우 양국 사이에 매우 큰 폐단을 일으키는 화근이 됨.
> 제4조. 조선은 일본과 교호(交好)할 뿐이니, 일본인은 타국인의 혼래(混來)를 명백히 금지할 것.
> 제5조. 조선국민은 아편을 흡연하지 않으며 서교(西敎)는 국법에 의해 엄금하니, 아편이나 성서를 전래시키면 양국의 친선관계를 파괴하는 것으로 인정할 것.
> 제6조. 양국의 표류민들을 서로 환송시키는 것은 옛날부터의 규정이므로 반드시 환송시킬 것. 또한 망명을 목적으로 고의적으로 표류한 자들은 반드시 적발하여 서로 본국에 환송해서 그 나라 법률에 의해 처단하게 할 것.[19]

조선의 이러한 '금칙 6조'는 양국 대표 사이에 채택하기로 '구두' 합의만 있었지, '수호 조규' 원본에는 추가 기록되지 않았다. 이 때문에 점차 '금칙 6조'는 잊혀지고 기록으로 남은 '조·일 수호 조규'에 의거해 통상·무역이 전개된 것이었다.

이 강화도 연무당의 한·일 회담 도중에 조선은 심하게 무력위협을 받았다. 일본은 군함에 탑승한 4천 명(실제는 800명)의 병력을 제물포·부평 지방에 상륙시킬 것이라고 위협했고, 회담 도중에 군함에서 '연습'이라 하여 해중에 함포사격을 실시해서 회담장의 목소리가 잘 안 들릴 정도였다.[20] 청국에서는 총리아문(總理衙門)이 일본과 수교하라

---

19) 《倭使日記》 권 2, 丙子 정월 26일조 참조.

고 권고하는 서한을 국왕에게 보내왔다.[21]

결국 조선은 이 무력위협에 위축되어 일본이 초안해온 '조・일 수호조규'(12개조)를 승인해서 조약을 체결하기로 하고, 조선이 제의한 '금칙 6조'의 추가는 문서로서가 아니라 구두로 약속하기로 합의하였다.

그리하여 1876년 음력 2월 3일(양력 2월 27일) 일본이 초안을 작성한 대로 거의 수정하지 못한 채 '조・일 수호조규'(일명 강화도조약)가 체결되었다. 그 내용을 조목별로 간추리면 다음과 같다.

제 1 조. 조선국이 자주국이며, 일본과는 평등권을 갖는다는 조항 (이 당연한 조항은 장차 일본의 대 조선정책에 청국이 간섭할 여지를 배제하기 위하여 명문화한 것이었다.)

제 2 조. 15개월 후의 일본대사의 수시 서울파견과, 조선사절단의 수시 일본파견에 의한 교제사무의 상의에 대한 조항

제 3 조. 양국의 왕래 공문을 일본은 일문을 사용하되 10년간 한문번역본 1통을 첨가하고, 조선은 한문을 사용한다는 조항

제 4 조. 부산을 개항하고, 초량을 일본인 거주지로 하며, 조선인 대지의 임차, 가옥의 건축과 임차를 편의에 맡긴다는 조항

제 5 조. 경기・충청・전라・경상・함경 5도 연해 중 통상에 편리한 2개 항구를 20개월 이내에 개항하기로 한 조항

제 6 조. 조난당한 일본 선박은 조선의 지방관민이 특별히 구조해야 하며, 표류한 선원은 구휼하여 지방관이 일본에 호송하거나 그 근방에 주재하는 일본국 관원에게 인도한다는 조항

제 7 조. 일본이 조선국 연해를 조사하여 지도를 편제할 수 있도록 허용한 조항

제 8 조. 조선국 지정 항구(개항장)에 일본이 일본관리(영사)를 주둔시켜 일본상인들을 관리하도록 허용한 조항

제 9 조. 양국 국민의 무역에 대하여 양국 관리가 조금도 간여하지 못

---

20) 《承政院日記》, 고종 13년 정월 19일조 및 정월 21일조 참조.

21) 《光緖中日交涉史料》, 上卷, No. 1: 1, p. 1 참조.

하도록 하며 양국 상민의 기만과 대금 미지불 등의 경우에는 양국관리가 포탈한 상민을 체포하여 변상하게 하고, 양국정부가 대신 보상하지 않는다는 조항

제 10 조. 조선국 지정항구(개항장)에서의 일본인의 범죄와 범법행위에 대해서는 일본국 관리(일본영사)가 재판하도록 영사재판권의 치외법권을 인정한 조항

제 11 조. 양국의 통상무역의 편의를 위하여 6개월 이내에 별도의 '통상장정'(通商章程)을 만들기로 약속한 조항

제 12 조. 양국이 영원히 신의를 갖고 위의 조항을 준수하기로 하여 조약서 2통을 작성해서 각국이 소지하기로 약속한 조항[22]

조선조정은 일본측의 요구에 응하여 1876년 4월 김기수(金綺秀)를 제 1차 수신사로 일본에 파견하였다. 김기수가 일본을 다녀온 후, 일본은 다시 '수호조규 부록'(修好條規 附錄, 13개조)과 '통상장정'(10개조)의 체결을 요구하였다.

5. '조 · 일 수호조규부록'의 체결

김기수 수신사 일행이 귀국한 직후, 일본은 '수호조규' 제 11관에 의거하여 '조 · 일 수호조규부록'과 '통상장정'을 체결하겠다고 이사관 미야모토 코야마(宮本小山)를 1876년 6월 10일(양력 7월 30일) 서울에 보냈다. 이에 조선조정은 형조참판 조인희(趙寅熙)를 강수관(講修官)으로 임명하여 협상하도록 하였다.[23] 일본은 이번에도 '수호조규 부록안'과 '통상장정안'(通商章程案)을 일방적으로 작성해서 제출했으므로, 자연히 조선은 이것을 심의하게 되었다.

---

22) 國會圖書館 立法調查局, 《舊韓末條約彙纂》, 上卷, pp. 12~16 참조.

23) 《日省錄》, 고종 13년 6월 12일조 참조.

일본이 작성해서 체결을 요구한 '수호조규 부록'은 13개조로, 조선정부는 이 중 제 1 조인 "일본국 공사(公使)의 조선국 수도 상주" 및 제 2 조인 "일본인 외교관 및 그 동반자의 조선내지 여행의 자유"와 제 5 조인 "개항장 조선리 100리(40㎞)의 유보(遊步)지역의 설치"에 강경히 반대하였다. 20일 동안에 13차례 회의를 거쳐 제 1 조는 삭제되고, 제 2 조는 일본 관리관(管理官)에 한해서 내지여행을 허가하기로 했으며, 제 5 조는 개항장 자유 유보지역을 조선리 10리(4㎞)로 하기로 합의하였다. 1876년 7월 6일(양력 8월 24일) 조인된 '조 · 일 수호조규부록'의 내용은 다음과 같다.[24)]

제 1 관. 각 항구에 거류하는 일본국민 및 관리관(管理官)은 일본 선박이 조선국 연해지방에서 조난당해 긴급을 요할 때 지방관에 고한 후 그곳에 가는 도로를 통과할 수 있다는 조항

제 2 관. 일본사신 또는 관리관에 발송하는 문서와 서신은 먼저 우송하고 그 비용은 사후에 지불할 수 있다는 조항

제 3 관. 개항장에서 일본국민이 지기(地基)를 임차할 때는 각 그 토지 주인과 상의하여 가격을 정하며, 조선정부의 국유지에 대해서는 조선인의 납부하는 지조(地租)와 동일한 액수를 납부하도록 한다는 조항. 또한 부산 초량의 왜관(倭館)에 세웠던 수문(守門) · 설문(設門)은 철폐하고 경계선 상에 표지를 설립하며, 앞으로 개항할 다른 2개 항구에서도 이 예에 준한다는 조항

제 4 관. 부산항에서 일본국민은 방파제로부터 4방 직경 10리(4㎞) 이내에서 자유롭게 통행하고 자유로운 상업 · 무역을 할 수 있다는 조항. 단 동래부(東萊府) 중에서는 10리 이외일지라도 특별히 왕래할 수 있다는 조항

제 5 관. 개항장에서 일본국민은 조선국민을 고용할 수 있으며, 조선국민은 조선정부의 허가를 받으면 일본국에 왕래해도 무방하다는 조항

24) 《日省錄》, 고종 13년 7월 5일조 참조.

제 6 관. 개항장에서 일본국민이 만약 사망할 때에는 적당한 곳을 선발하여 매장할 수 있다는 조항. 단 다른 2개 항구의 매장지는 부산매장지의 원근의 거리의 예에 의한다는 조항

제 7 관. 일본국민은 일본국의 화폐로써 조선국 국민의 소유물과 교환할 수 있고, 조선국 국민은 그 교환한 일본국의 화폐들로 일본국 소산의 화물들을 매득할 수 있으며, 일본국 화폐들을 개항장에서 양국 국민이 자유롭게 통용할 수 있도록 규정한 조항

제 8 관. 조선국 국민은 일본국 국민으로부터 매득한 화물 또는 증여받는 물품들을 자유롭게 사용해도 무방하다는 조항

제 9 관. 일본국의 측량선이 조선국 연해를 측량하다가 풍우를 만나는 등의 경우에는 조선관청은 먼저 근방 인가에의 안착과 물품 조달을 한 다음 후일에 그 비용을 청구한다는 조항

제 10 관. 조선국은 아직 다른 나라들과 통상을 하지 않고, 일본은 다른 나라들과 통상을 하고 있으므로, 다른 나라들의 선박이 조난당해 표착하는 경우 조선국 국민은 그를 구휼하며, 조난자들이 송환을 희망할 때에는 조선정부가 개항장의 일본인 관리관에게 보내어 본국에 송환한다는 조항.

제 11 관. 이 부록과 통상규칙은 모두 수호조규와 동일한 권리를 갖으며, 만일 이 부록을 개정하고자 할 경우에는 양국 정부는 그 의안을 속히 작성하여 1개년 전에 통지해서 협의·결정해야 한다는 조항.

이 '부록'에서 조선에 대하여 일방적으로 불리하게 약정된 것은 특히 제 7 관의 내용이었다. 개항장에서 일본화폐를 조선화폐와 동일한 권리(법화의 권리)를 갖고 통용하게 한 것은 ① 개항장의 유통경제를 일본 경제권에 종속시키고, ② 조선화폐와 일본화폐의 상략에 의한 환차익을 일본상인들이 갖도록 하며, ③ 법화를 이원화하여 경제혼란을 유발하고, ④ 일본의 불환지폐로 명목가격보다 실질가치가 훨씬 높았던 한국의 양화인 엽전들을 교환하여 일본으로 실어가게 하는 허점을 내포한 것이었다.

그리하여 '조·일 수호조규 부록'은 일본과 일본상인들에게만 일방적으로 유리하고, 조선과 조선상인들에게는 일방적으로 불리한 부록형식의 조약을 거듭 체결한 것이었다. 이에 1876년 음력 7월 6일(양력 8월 24일) 체결된 '조·일 수호조규 부록'에서는 ① 개항장에 일본인 전관조계(專管租界: 거류지) 설치, ② 개항장 10리(4㎞) 이내에서의 일본상인의 자유로운 상업활동(제 5 조), ③ 개항장에서의 일본화폐의 법화와 같은 자유로운 사용(제 7 조), ④ 일본관리의 조선내지의 여행(제 2 조) 등이 허용된 불평등조약의 특성을 포함하게 되었다.

6. 조·일 통상장정 (조·일 무역규칙) 의 체결

일본의 이사관 미야모토 고이치(宮本小一)는 '조·일수호조규부록안'을 심의하기 위해 제출할 때, 그들이 일방적으로 작성해 온 '통상장정안'(通商章程案)을 1876년 6월 16일(양력 8월 5일) 조선의 강수관(講修官) 조인희(趙寅熙)에게 동시에 제출하였다. 그리고 '수호조규 부록'을 축조설명한 후에 이어서 '통상장정안'을 축조설명하면서 이 안은 세계 각국의 통상무역의 관례를 그대로 옮겨 적은 것에 불과하다고 강조하였다.

조선의 조인희는 미야모토의 이 말을 그대로 믿고 엄밀한 축조심의와 토의를 하지 않은 채 '수호조규 부록'에 대한 심의와 조인이 끝나자마자, 오히려 일본 선박에 대한 항세(港稅) 면제의 1개 조항만을 추가하여 1876년 6월 18일(양력 8월 18일) 일본의 안대로 조인해 버리는 큰 실책을 범하고 말았다. 이렇게 하여 조인된 '조·일 통상장정'(통칭 '무역규칙')의 내용은 다음과 같다.

제 1 칙. 일본국 상선이 조선국 개항장에 입항할 때에 일본 무역관리관이 교부한 증서를 조선국 관청에 제출해야 한다는 조항

제 2 칙. 일본 상선이 화물을 양륙하고자 할 때에는 선주 또는 화물주가 화물의 명세서를 조선국 관청에 제출해야 한다는 조항

제 3 칙. 일본국 상선의 선주 또는 화물주는 조선국 관청의 면장(免狀)을 받은 후에 화물을 양륙하며, 조선국 조약관리가 만약 그 화물을 검사하고자 할 경우에는 화물주는 이를 거부할 수 없다는 조항

제 4 칙. 일본국 상선이 출항할 때에 입항 때와 동일한 양식의 서류와 화물 명세서 및 면장을 조선국 관청에 제출해야 한다는 조항

제 5 칙. 일본국 상선이 출항하고자 할 때에는 전날 정오 이전에 조선국 관청에 통지해야 하며, 조선관청은 보고를 받으면 이미 받아두었던 증서를 돌려주고 출항면장을 교부한다는 조항

단 일본국 우편선은 이러한 시한에 구애받지 않고 조선관청에 통지함으로써 수시로 출입할 수 있다는 조항

제 6 칙. 이후 조선 개항장에서 미곡 및 잡곡도 수출입을 할 수 있다는 조항

제 7 칙. 일본정부에 소속하는 선박들은 항세를 납부하지 않는다는 조항

제 8 칙. 조선국 정부 또는 국민이 물품들을 불개항장의 해안에 수송하고자 할 때에는 일본국 상선(商船)을 고용할 수 있다는 조항.

제 9 칙. 일본국 선박이 만약 불개항장의 항구에 내항하여 사적으로 매매함을 조선국 지방관이 발견했을 때에는 최근처 일본관리관에게 인도해야 하며, 관리관은 그 받은 바의 화폐와 물화 일체를 몰수하여 조선국 관청에 교부해야 한다는 조항

제 10 칙. 아편 매매를 엄금한다는 조항

제 11 칙. 이 규칙은 양국 위원의 합의에 의하여 개정할 수 있다는 조항[25]

이 '통상장정'에서 조선이 일본의 기만에 넘어간 것은 제 6 조와 제 7

25) 《舊韓末條約彙纂》, pp. 114~117 참조.

조였다. 제 6 조에서는 일본상인들이 개항장에서 조선의 미곡과 잡곡을 수출입할 수 있도록 해서 일본에서 긴급히 필요한 부족식량을 가격이 저렴한 조선에서 수입·조달하도록 함으로써, 후에 조선의 물가를 폭등시키고 조선의 식량부족을 가져와 '방곡령'(放穀令) 반포의 동기를 만들었다.

특히 제 7 조에서는 항세의 면세를 규정해 놓고서는 그 해석에서는 일본의 기만책에 속아 수출입 관세의 면세까지 허용해 버리고 말았다.

원래 일본에서는 조선과의 통상장정 교섭에 임할 때의 관세에 관한 지침요령으로서, '무관세' 무역을 가장 바라지만 만약 조선정부가 강력하게 수세법(收稅法)을 제기하여 이를 승낙하지 않으면 담판이 결렬될 위험이 있는 경우에는 조선국에게 수입세를 종가 5%로 하도록 승낙받으라고 태정대신(太政大臣) 산조 사네토미(三條實美)가 이사관 미야모토 고이치(宮本小一)에게 1876년 양력 6월 28일자로 다음과 같이 훈령했었다.

> 무역의 촉진을 요하므로 彼(조선) 我(일본)가 함께 수출입세를 징수함이 없는 것이 통상장정의 요지가 된다. 그러나 조선정부가 강력하게 수세법을 이제부터 제기하고자 하고 이를 승낙하지 않으면 담판의 결렬의 경우에 이르지 않을 수 없을 때에는 조선국에 수입품세를 종가(從價) 5분(分)으로써 승낙하도록 하고, 여기에 따라 수세법의 일관(一款)을 통상장정 중에 첨가하여 일을 의논할 것.[26]

미야모토는 이 훈령에 따라 제 7 조에서 일본상선의 항세의 면제를 규정한 장정에 조인하는 데 성공함과 동시에, 조선 강수관 조인희에게 그 해석을 수출입세(관세)의 면제까지도 확대하여 설정하려고 다음과

26) 《日本外交文書》, 제 9 권, 문서번호 71, (1876년) 6월 28일 "三條太政大臣より 宮本外務大丞の訓條", 〈朝鮮側との交涉要領指示の件〉, pp. 221~222.

같은 조회(照會)를 보냈다.

> 금번 협정한 바의 수호조규 제9조에 기초하여 양국인의 무역은 관유홍통(寬裕弘通)을 주지(主旨)로 함은 물론이요 이와 같은 폐단을 속히 삼제하지 않으면 안 될 것이다. 그러므로 아국 인민이 귀국에 수송하는 각 물건은 아국 해관(海關)에서 수출세를 부과하지 않았고 귀국으로부터 아국 내지에 수입하는 물산도 수년간 아국 해관에서 수입세를 부과하지 않은 것을 아국정부의 내의(內議)로 결정하였다. 관유(寬裕)의 의(議)가 이에 미칠 것은 달리 없을 것이다. 양국 인민으로 하여금 유무상통하고 장단을 서로 보충함으로써 이용후생하는 데 있는 것이다."[27]

여기서 미야모토가 한국과의 무역에서 해관이 있음에도 불구하고 일본정부가 수출입관세를 면제하고 무역하기로 결정했다는 것은 기만이었다. '수호조규'는 체결되었다 할지라도 아직 '통상장정'(무역규칙)이 협약되지 않았으므로 통상무역이 본격적으로 시작되지 않아서 어떻게 해야 할지 미정의 상태에 있었으며, 잠정적으로는 구미 각국과의 통상무역의 예에 따라 관세를 징수하고 있었다.

조선측 조인희는 근대지식이 부족하여 수출입관세의 면세무역인 '무관세' 무역이 조선에 얼마나 큰 손실을 주는 것인지를 알지 못하고 '무관세' 무역에 동의하는 답장을 1876년 7월 6일(양력 8월 24일) 다음과 같이 보내었다.

> 답장함. 귀하가 보인 양건의 하나는 통상규칙을 새로이 세우고 무귀관유(務歸寬裕)하되 관리의 사영토색(私營討索)과 상역(商譯)의 전리각고(專利榷酤)를 일체 삼제할 것과 인민들의 매매는 매회 조수(照數)를 요치 않게 하고 화물출입은 수년간 면세를 특별히 허락하자는 것임. …

---

27) 〈한·일무역의 혁폐와 관세에 관한 趙寅熙·宮本小一 간의 의정서〉, 《舊韓末條約彙纂》, 上卷, p. 118.

위의 건을 일일이 조령(照領)하고 귀하의 뜻이 양국 인민을 교편(交便)케 함에 있음이 섬세히 갖추어 있음에 더욱 탄복하였음. 마땅히 이에 의해 시행하며 장정을 영구히 준수할 것임.[28]

이에 '통상장정'(무역규칙) 체결에서 일본의 기만을 간취하지 못하고 '무관세' 무역을 일본에 특별히 허여하여 개항 후 통상무역에서 국내 유치산업과 국내시장을 관세로 보호하지 못하고 관세수입도 잃어버리면서 국내시장을 일본상인들의 시장으로 만드는 협약을 한 것이었다.

일본은 일찍이 1854년 미국과 제1차 화친조약을 체결할 때 미국 측에 기만당하여 무관세 무역을 허용했다가 속은 것을 알고, 1858년 미·일 수호통상조약에서 간신히 이를 개정하여 저율관세를 겨우 설정했었다. 일본은 만일 조선이 관세 설정을 주장하면 종가 5%의 저율관세를 설정하도록 준비했다가, 조선 관리가 '관세'를 모르고 있음을 알고 이를 기만하여 '무관세 무역'에 동의를 받은 것이었다.

조선과 일본은 이렇게 하여 1876년 체결한 '조·일 수호조규', '수호조규 부록', '통상장정(무역규칙)'에 의거하여 개항을 하고 본격적 통상무역에 들어가게 된 것이었다.

7. '조·일 수호조규' 등의 불평등조약의 특징

그러나 1876년 조선과 일본 사이에 체결된 '조·일 수호조규', '수호조규 부록', '통상장정(무역규칙)' 등은 전형적인 '불평등조약'이었다. 그 몇 가지 특징을 들면 다음과 같다.

---

28) 《舊韓末條約彙纂》, 上卷, p. 119 참조.

1) 개항장에 일방적으로 일본인의 독립된 전관조계(專管租界, 居留地)의 설치를 인정한 것은 국토 내에 일본의 상업무역기지와 치외법권 지역을 인정한 허점을 가진 것이었다. 조선은 일본 개항장에 이러한 전관조계 설치의 인정을 받지 못하였다.
2) 개항장에서의 일본인의 범죄와 범법행위에 대하여 조선 관헌이 이를 재판하지 못하고 일방적으로 일본영사의 재판권을 인정한 것은 개항장에서의 일본의 치외법권(治外法權)을 인정한 허점을 가진 것이었다. 이것은 조선의 자주독립의 주권을 훼손한 것이었다. 또한 이것은 일본상인이 상략으로 삼은 기만과 약탈을 일본영사가 보호하도록 특권을 허용한 것이었다. 조선은 일본의 개항장에서 동일한 종류의 영사재판권을 갖지 못하였다.
3) 조·일 무역에서 관세를 배제하고 무관세 무역을 규정한 것은 조선 국내의 유치산업 보호의 제일차적 기구가 되는 제도를 배제하여 국내 상공업을 무방비 상태에 둔 것이며, 조선 국내시장을 외국상품의 시장으로 범람하게 만드는 허점을 가진 것이었다. 중상주의적 무역에서 논책가들이 관세의 중요성을 얼마나 크게 강조했는가와 대비해 보면, 관세의 배제는 조선 국내 상공업 보호·육성의 가장 중요한 기제를 상실한 것을 의미하는 것이었다.
4) 개항장에서의 일본화폐의 법화와 다름없는 통용은 일본상인의 행위의 일방적 편의, 환율조작, 법화의 이원화에 의한 경제혼란의 유발, 조선 개항장 경제의 일본경제에의 종속을 가져오도록 만드는 허점을 가진 것으로서, 일본상인에게만 일방적으로 유리한 것이었다. 조선화폐는 일본의 개항장에서는 통용이 허용되지 않았다.
5) 일본이 조선의 해안과 연안을 조사·측량하여 지도를 편제할 수 있도록 허용한 것은 해안방위와 국방에 허점을 만든 것이었다. 조선은 일본의 해안과 연안에 대한 동일한 조사·측량·지도편

제의 권리를 갖지 못하였다.

이러한 불평등조약에 의거하여 1876년 10월에 부산을 개항하고, 1880년 4월에 원산[29], 1883년 1월에 인천[30] 등 3개 항구를 개항한 것이 '제 1 차 개항'이다.

8. 1876년 개항의 사회사적 성격

이상과 같은 과정으로 시작된 우리나라의 개항은 사회사적으로 '근대의 기점'이 아니라 '개방체계의 기점'이라는 사실을 주목할 필요가 있다.

한국근대사에서의 '근대의 기점'은 1850~1860년대의 사회신분제의 해체, 매뉴팩처(*manufacture*)의 성장, 자본주의적 사회경제관계 맹아의 발전, 개화사상과 동학사상 등 근대사상 성립의 시기라고 볼 수 있다.

이러한 '근대의 기점' 이후의 근대적 사회요소들은 상대적인 '폐쇄체계' 안에서 성장해 나가다가 '개항'을 맞이하였다. 1876년 개항은 '개방체계'의 기점이 되어, 그 후 근대적 요소는 '개방체계' 안에서 다른 여러 나라의 근대적 요소들과 교류·경쟁·갈등을 겪으면서 성장하게 된 것이었다.

비유가 반드시 정확한 것이라고는 볼 수 없지만, 이해를 돕기 위하여 이를 '개혁'과 '개방' 용어에 비유하면, '개혁의 기점'이라고 비유할 수 있는 '근대의 기점'은 1850~1860년대의 사회변동이었고, '개방의 기점'이라고 비유할 수 있는 것이 1876년의 '개항'이라고 해석할 수 있을 것이다.

---

29) "元山津開港豫約", 《舊韓末條約彙纂》, 중권, pp. 4~6 참조.

30) "仁川港日本租界條約", 《舊韓末條約彙纂》, 중권, pp. 9~13 참조.

세계체제론의 관점에서 보면, 1876년의 조선의 개항은 종래 은둔의 나라 조선의 제 2 차 세계체제(산업자본주의 세계시장체제)에의 최후의 편입을 의미한 것이었다고 볼 수 있다.

여기서 우리가 처음부터 주의하지 않으면 안 될 것은 1876년 한국의 개항은 중국·일본을 포함하여 다른 어떤 나라의 개항과도 다른 두 가지 불리한 특징을 가지고 있었다는 사실이다.

첫째는, 한국 개항 후의 외래 자본주의의 도전이 중상주의와 산업자본주의의 이중의 중첩된 도전이었다는 사실이다. 다른 나라의 개항은 산업혁명을 거친 서구제국이 근대공장제 상품을 판매할 시장을 확대하기 위한 산업자본주의적 개항이었다. 이러한 조건에서는, 자기나라의 토착상인은 외국무역과 국내 상업에 종사하여 비교적 자유로운 분위기 속에서 용이하게 상업자본의 축적을 진전시킬 수 있는 것이며, 또 국가의 산업정책 여하에 따라서는 이 축적된 상업자본이 산업자본으로 전환될 수 있는 것이었다.

1876년 한국의 개항은 이와 달리, 산업자본을 성립시키기 이전의 일본상인이 우리나라에 건너와서 상업자본의 축적을 목적으로 하여 이루어진 중상주의적 개항이라는 데 문제가 더욱 심각한 것이었다. 일본이 한국의 개항을 강요했을 때, 일본은 산업자본을 확립시킬 수 있을 것인가의 전망도 전혀 뚜렷하지 못한 훨씬 이전의 단계에서, 일부의 상인자본과 무사계급이 결합하여 서구의 근대국가체제와 군사체제를 도입하고 있었다. 따라서 조선에 대한 일본의 개항요구는 조선을 일본 상업자본의 원시적 축적의 수렵장으로 이용하고, 무사층의 불만의 배출구로 사용하려는 중상주의와 군국주의가 결합한 형태의 개항이었다. 이러한 조건 하에서 조선의 상업자본과 정부는 개항 초부터 개항을 강요한 측의 힘과 충돌하여 조선의 상업자본의 축적마저도 어려운 험난한 도정을 걷게 되었다. 또 이 도전을 극복하여 상업자본을 성공적으로 축적하는 경우에도 다시 이를 산업자본으로 전환시키려 할 때에는 선진 서구 산업자본의 압력과 충돌이 기다리게 된다. 조선의 개항은 조선을 약탈적인 중상주의적 원시축적의 수렵장으로 하려는 일본의 요구와 그것을 근대상품의 새로운 추가시장으로 하려는 서구 산업자본의 잠재적 요구가 이중으로 중첩된 도전의 서장이었다.

둘째는 개항이 앞서 쓴 바와 같이 기만적인 불평등조약에 의하여 이루어졌다는 사실이다. 일본에 일방적으로 유리하고 조선에 일방적으로 불리한 불평등조약을 강요하기 위하여 일본은 앞서 밝힌 바와 같이 '운양호 사건'을 조작하고, 또한 자기들이 초안해온 '조·일 수호 조규'를 그대로 조인하라고 강요하면서 '포함외교'를 전개했던 것이다.

따라서 오늘날의 일본 역사교과서 및 현대사회 교과서들이 '운양호 사건'에 대하여 "정부는 조선과의 수호를 꾀하였으나 교섭은 진전되지 않았다. 강화도 앞바다에서 측량 등의 시위행동을 한 일본 군함이 한국 포대로부터 공격을 받고 일본도 포격을 가했다"(《新編日本史》)고 운양호의 침략범죄 행위를 '정당방위'인 것처럼 기술한 것은 전적으로 역사의 진실을 왜곡한 것이다. 또한 일본의 역사교과서들이 일본의 1876년의 '조·일 수호조규' 체결 요구에 대하여 "선의의 수호통상을 하고자 하나 조선이 응하지 않았기 때문에 무력위협을 가했다" 라고 한 것도 '불평등조약' 강요를 은폐한 역사적 사실의 전적인 왜곡이다.

일본이 강요한 '불평등조약'의 불리한 조건하에서 조선은 종전까지의 통상과는 질적으로 다른 산업자본주의 세계체제 안에 들어가게 된 것이다. 그러나 1876년 '조·일 수호조규'에 의한 조선의 개항은 일본만을 대상으로 한 부분적 개항이며 서구와는 간접적으로 접촉하게 된 것이었다. 조선이 서구자본주의와 직접적으로 접촉하여 전면적 개항을 하게 된 것은 1882년 '한미 수호조규'를 비롯하여 서구제국과 일련의 통상조약을 체결하고 3개 항구 이외의 다수의 항구를 개항한 후부터이다. 여기서 참고로 1876년부터 1910년간의 대외 개항과 그 관련 통상조약을 다음과 같이 세 단계로 구분하여 두기로 한다.

■ 제1차 개항기

개항장	부산 (1876년 10월) | 원산 (1880년 4월)
통상조약	조 · 일 수호조규 (1876년 2월)

■ 제2차 개항기

개항장	인천 (1883년 1월) | 양화진 (1883년 8월)
	서울 (1883년 10월) | 경흥 (1888년 7월)
통상조약	조 · 미 통상조약 (1882년 3월)
	조 · 영 통상조약 (1882년 4월)
	조 · 독 통상조약 (1882년 4월)
	조 · 중 상민수륙무역장정 (1882년 8월)
	조 · 러 통상조약 (1884년 5월)
	조 · 이태리 통상조약 (1884년 5월)
	조 · 불 통상조약 (1886년 5월)
	조 · 러 육로통상장정 (1888년 7월)
	조 · 오스트리아 통상조약 (1892년 5월)

■ 제3차 개항기

개항장	진남포 (1897년 10월) | 목포 (1897년 10월)
	평양 (1898년 8월) | 군산 (1899년 5월)
	마산 (1899년 5월) | 성진 (1899년 6월)
	용암포 (1906년 8월) | 청진 (1908년 4월)
	신의주 (1910년 8월)
통상조약	한 · 벨기에 수호통상조약 (1901년 3월)
	한 · 덴마크 통상조약 (1902년 8월)

이 중에서 제1차 개항기는 조선의 대외경제관계의 범위가 일본에 한정되던 시기로서, 상업과 무역을 조선 상인과 일본상인이 독점하고 있던 시기이다.

제 2 차 개항기는 '조미 수호조규'의 체결을 계기로 하여 조선의 대외무역 범위가 중국과 서구제국에까지 확대되어 직접 접촉하게 된 시기이며, 접촉의 강도는 종합적으로 강화된 한편 국가별로 비교적 균형이 이루어진 시기이다. 이 시기에는 세계 각국의 상업자본이 본격적으로 한국에 침입하여 개방경쟁을 전개하였으므로 조일 경제관계도 이 세계 각국과의 경제관계의 일부에 불과한 시기였다.

제 3 차 개항기는 조선의 대외경제의 범위가 확대되나 그 강도는 일본의 비중이 증대된 시기이다. 이 시기에는 일본이 본격적으로 한국을 식민지화하려는 침략정책을 강화했으므로 한국민족의 반항투쟁이 격화된 시기이다.

한국은 1876년 일본에 의해 무력위협 아래서 '불평등조약'에 의하여 '개항 = 개방체계'로 들어갔고 일본 상업자본의 중상주의적인 자본의 원시적 축적의 장으로 되었기 때문에, 극히 불리한 조건에서 자주적 근대화를 추구하지 않으면 안 되게 되었다.

(〈韓國學報〉, 제 88집, 1997)

제 3 장

한반도에서의 열강의 이권침탈 외교

1. 머리말 : 이권 (Concession)의 개념과 특징

여기서 '이권'이란 일반용어가 아니라 역사적 개념의 용어로, 19세기 세계사에서 열강이 다른 나라에 침투하여 획득했던 특수한 권리인 'Concession'의 번역 용어이다. 이때의 이권은 선진자본주의 열강이 상대적 후진국가에 침투하여 후진국 정부와의 협약 하에 후진국가의 국토(토지) 나 자연자원, 경제시설, 용역에 대해 일정 기간 치외법권을 가지고 점유하여 직접투자(또는 간접투자) 를 통해 독점적 초과이윤을 획득하는 특수한 권리를 의미한다.

이 경우의 이권은 그것을 획득한 나라(또는 그 대리인으로서의 회사) 가 이권에 대하여 일정기간 치외법권적 지배권을 갖기 때문에 적어도 그 이권 부분에 한해서는 이권을 양여한 나라에 대하여 주권 침해의 성격을 갖고 있는 것이라고 볼 수 있다. 따라서 대부분의 학자들은 이권(Concession) 을 침략의 초기 형태 또는 그 한 측면이라고 간주하는 것이 일반적 견해이다.

이권의 대상은 광범위하였다. 예컨대, 토지의 조차(租借), 광산 채굴권, 철도 부설권, 전선 가설권, 삼림 벌채권, 어채권(漁採權), 연안

해운권 내지 통상권, 은행·상업·산업기관 설치권 등 치외법권적 지배로 폭리를 취할 수 있는 가능성이 있는 것은 거의 모두 적용되었다.

역사적으로 보면 이권은 자본주의의 세계적 팽창에 의한 세계체제 형성과정에 완전 식민지에서 일어난 현상이 아니라, 한 나라가 독립적인 후진 약소국가로 있을 때나 또는 반식민지 상태에 있을 때에 나타나는 현상이라고 볼 수 있다. 즉 그것은 선진 자본주의 열강이 후진 지역에 침입하여 한 나라를 완전 식민지화하지 못했을 때 제한된 영역과 부문에 대하여 그 후진 약소국가와 협정을 체결하여 치외법권적 지배권을 획득해서 경제적 폭리를 획득하는 방법이었다. 따라서 열강이 후진 약소국가의 완전 식민지화를 추구할 경우에는 이권은 경제적 폭리를 추구하는 방법으로서만이 아니라 완전 식민지화로의 침략을 위한 전 단계의 정치적·사회적 도구로서도 사용되었다. 그 결과 이권을 양여하거나 침탈당한 후진 약소국가는 자원피탈, 투자기회의 상실, 경제적 피착취, 기간산업과 교통·통신수단의 피지배, 열강의 정치적 침투와 문화의 침투 등에 의해 식민지로 전락할 큰 위험을 안게 되는 것이 일반적이었다.

이러한 특징을 가진 이권은 19세기 중국에서 열강에 의해 가장 광범위하게 침탈되었으며 19세기 한국에서도 자행되었고, 그 밖에 18~19세기 아시아·아프리카·라틴 아메리카 지역의 열강의 침입을 받은 모든 나라들에서 자행되었다.

열강의 이러한 침탈의 추진자는 물론 열강의 정부와 외교관들이었다. 기업과 회사가 교섭활동을 한 경우도 있었으나 부차적이었다. 19세기 열강의 외교문서들에는 이권침탈에 관련된 왕복문서들이 큰 비중을 차지하고 있다.

근대 한국에서 자행된 열강의 이권침탈의 경쟁외교는 다음과 같이 4단계로 나누어 볼 수 있다.

제 1단계는 1876년 2월부터 1882년 7월까지의 단계이다. 이 단계에서는 일본이 조·일 수호조규(朝日修好條規)의 불평등 조약 체제에 의거하여 전관조계(專管租界)를 설치하고 이권을 독점적으로 획득하여 침투한 것이 특징이었다.

제 2단계는 1882년 8월부터 1896년 1월까지의 단계이다. 이 단계에서는 청국이 1882년 8월 조·중 상민수륙무역장정(朝中商民水陸貿易章程) 체결 후에 각종 이권을 획득하며 일본과 이권침탈 경쟁을 전개한 것이 특징이었다. 즉 청·일 양국의 이권 경쟁 단계라고 할 수 있다. 일본과 청국은 대자본의 투자가 소요되지 않는 부문의 이권침탈에 집중했으며, 서양 열강도 광산조사 등을 행하면서 이권침탈의 기회를 노렸다.

제 3단계는 1896년 2월부터 1898년 12월까지의 단계이다. 1896년 2월 11일 아관파천에 의하여 조선 국왕 고종이 러시아 공사관에 체류하면서 정사를 보게 되자, 이번에는 러시아, 미국, 독일, 영국, 프랑스 등 서양 열강이 다투어 가면서 이권을 침탈하였다. 즉 이 단계는 서양 열강을 중심으로 한 이권침탈의 다국적 경쟁 단계라고 할 수 있다. 이 단계에서는 청국과 일본은 서양 열강에 밀렸다. 또 이권의 대상도 광산 채굴권과 철도 부설권 등 대자본의 투자가 소요되는 부분이 중심이 되었다. 이 단계에서 열강의 이권침탈이 경쟁적으로 자행되자 한국민족이 독립협회를 중심으로 강력하게 저항하고 이권침탈 반대운동을 전개하여 열강의 한국에서의 이권침탈이 한 때 저지되기도 하였다.

제 4단계는 1899년 1월부터 1905년 11월까지의 단계이다. 이 단계는 주로 러시아와 일본이 치열한 이권침탈의 경쟁외교를 전개한 러시아·일본 양국의 이권침탈경쟁 단계라고 할 수 있다. 1904년 2월 일본이 마침내 러·일 전쟁을 도발하고 1905년 9월 일본이 승리함으로써 러시아의 이권침탈은 종결되었다. 1905년 11월 17일 일본이 무력 위협으로 이른바 '을사 5조약'을 강요하고 대한제국의 외교권을 강탈하면서 모든 이권문제는 일본 제국주의자들의 지배하에 들어가게 되었다.

이 글에서는 한국에서의 열강의 이권침탈외교를 위에 언급한 4단계로 구분하여 간략히 고찰하기로 한다.[1)]

2. 제 1차 개항의 불평등조약체제와 일본의 이권침탈

조선왕조는 일본의 무력 위협에 굴복하여 1876년 2월 27일 불평등조약으로서의 조·일 수호조규(12개조)를 체결하고, 이어서 1876년 8월 4일 조·일 수호조규부록(11개조)과 무역규칙(10측)을 체결하여 부

---

1) ① 李培鎔, "舊韓末 美國의 雲山金鑛採掘權 獲得에 대하여", 〈歷史學報〉 제 50·51합집, 1971.

② ＿＿＿, "開港後 韓國의 鑛業政策과 列强의 鑛山探査", 〈梨大史苑〉 제 10집, 1972.

③ 愼鏞廈, "19世紀末의 韓國對外貿易의 展開와 商權問題", 〈亞細亞研究〉 제 17권 제 2호, 1974.

④ 金正起, "朝鮮政府의 淸借款導入", 〈韓國史論〉 제 3집, 1976.

⑤ 愼鏞廈, 《獨立協會研究》(一潮閣), 1976.

⑥ 董德模, 《韓國의 開國과 國際關係》(서울대출판부), 1980.

⑦ 金正起, "朝鮮政府의 日本借款 導入", 《韓㳓劤博士 停年 紀念 史學論叢》, 1981.

⑧ 鄭在貞, "韓末·日帝初期(1908~1916) 鐵道運輸의 植民地的 性格 — 京釜·京義鐵道를 중심으로", 〈韓國學報〉 제 29·30집, 1982.

⑨ 朴萬圭, "韓末 日帝의 鐵道 敷設·支配와 韓國人動向", 〈韓國史論〉 제 8집, 1982.

⑩ 李培鎔, 《舊韓末 鑛山利權과 列强》(韓國研究院), 1984.

⑪ 朴性根, "京仁線敷設權과 美日關係", 《南都泳博士 華甲 紀念 史學論叢》, 1984.

⑫ 鄭在貞, "京義鐵道의 敷設과 日本의 韓國從貫鐵道支配政策", 〈放通大論文集〉 제 3집, 1984.

⑬ 朴萬圭, "開港以後 金鑛業實態와 日帝侵略", 〈韓國史論〉 제 10집, 1984.

⑭ 金雲泰, 《日本帝國主義의 韓國統治》(博英社), 1986.

⑮ 李培鎔, "列强의 利權侵奪과 朝鮮의 對應", 〈韓國史市民講座〉 제 7집, 1990.

⑯ 金正起, "자본주의 열강의 利權侵奪 연구", 〈역사비평〉 제 11호, 1990.

산(1876년 개항), 원산(1880년 개항), 인천(1883년 개항)의 3항구를 개항하면서 개방체계에 들어갔다.[2)]

이때 조선왕조가 일본과 체결한 조·일 수호조규와 그 부록 및 무역규칙 등은 모두 불평등 조약이었으며, 그 대표적 불평등 조항으로서는 ① 전관조계(專管租界) 설치, ② 영사재판권의 승인에 의한 치외법권 인정, ③ 무관세 무역 승인, ④ 개항장에서의 일본화폐의 통용권 승인, ⑤ 일본의 조선해안의 측량 및 지도 작성의 자유권 승인 등이 중요한 것이었다고 할 수 있다.

이 가운데서 사실은 매우 크고 중요한 이권(*Concession*)이었음에도 불구하고 이권으로 인식되지 못한 것이 있는데, 그것이 바로 개항장의 '전관조계'이다. 개항장에서 전관조계의 설치권을 침탈한 것은 수교한 국가들 가운데서 일본과 청국 두 나라뿐이었다.[3)] 그런데 일본이 이를 '일본인 거류지'라고 표기했기 때문에 명백히 전관조계(*Concession*의 일종)였음에도 불구하고 이권임을 간과해온 것이었다. 그러나 개항장의 일본인 전관조계는 영어로 표기하면 'Settlement'(주거지)가 아니라 명백하게 'Concession'(조계)이다.

조·일 수호조규 제4관은 부산과 다른 두 곳의 항구를 개항하여 일본인의 내왕과 통상을 허용하되, 동 지역에 지기(地基)를 차관하여 가옥을 조영하고 거주인가옥도 편리에 따르게 한다고 하였다. 또한 제8관에는 "장차 일본국 정부는 조선국이 지정한 각 항구에 때에 따라 일본국의 상민을 관리할 관리를 설치할 수 있으며, 만일 양국이 교섭할 안건이 있을 때에는 이 관원이 그곳의 지방장관과 회상하여 변리한다"라고 하여 일본영사(또는 관리)를 개항장에 파견할 수 있음을 규정하였다. 이어 제10관은 "일본국 인민이 조선국 지정의 각 항구에 재류

---

2) 董德模, 《韓國의 開國과 國際關係》(서울대출판부), 1980.

3) 李鉉淙, 《韓國開港場硏究》(一潮閣), 1975 ; 高秉雲, 《近代朝鮮租界史の研究》(雄山閣, 東京), 1987 참조.

중 죄를 범한 것이 조선국 인민에 관계되는 사건을 일으켰을 때에는 모두 일본관원이 심판할 것이다" 라고 하여 치외법권인 '영사재판권'을 승인하였다.

일본은 이러한 불평등조약에 의거하여 조선정부와 '부산항거류지차입약서'(1877)를 체결하여 1877년 부산항에, '원산진개항조약'(1879) 및 '지조협정서'(1881)를 체결하여 1881년 원산항에, '인천일본인거류지차입약정'(1883)을 체결하여 인천항에 일본인 특별거류지인 '일본전관조계'를 설치하였다(일본은 그 후 마산항에도 1902년에 일본전관조계를 설치하였다).

이 개항장의 일본인 전관조계는 일본 정부에서 파견한 일본관원인 이사관(및 일본거류민단)이 행정을 관리했으며, 일본 거류민의 한국인과의 분쟁이나 범법행위는 일본영사가 영사재판을 시행했고 조선관원은 전혀 행정과 재판에 간여하지 못하였다. 한국 영토 안에 한국의 통치권이 전혀 미치지 못하는 치외법권 지역으로 일본전관조계가 만들어진 것이었다. 조일수호조규체결 때 조선은 일본 내에 이러한 조선 전관조계 설치를 약정받지 못하였다.

일본은 이러한 치외법권 지역으로 일본전관조계를 설치한 뒤에, '조·일 수호조규 부록'과 '무역규칙' 체결에 의해 획득한 불평등 특권으로 일본화폐의 통용과 무관세 무역을 행하여 한국에 본격적으로 침투하기 시작하였다. 일본화폐의 통용은 태환보장이 없는 일본지폐로 한국의 상품을 구입·거래해 가면서 개항장을 일본경제권에 통합시키는 작용을 했으며, 화폐교환율을 조작하여 한국경제에 불리한 거래를 하도록 작용하였다. 또한 무관세 무역은 한국의 미숙한 산업에 대한 보호장치 없이 외국상품을 무제한 침투하게 하여 한국의 수공업을 붕괴시키는 작용을 하였다. 이러한 무관세 무역이 1883년 7월 관세가 설정될 때까지 7년간 계속되어 한국에 막대한 손실을 입히고 일본만 일방적 이익을 획득하였다.

일본은 조선의 부산·원산·인천 3개항장에 조선왕조의 통치권이 행사되지 않는 일본 전관조계를 설치하였다. 그리고 여기서 일본관리가 일본정부의 명령과 지시에 따라 행정을 하며, 일본영사가 일본법에 의거하여 영사재판을 하면서, 일본화폐를 통용케 하고, 무관세 무역을 하며, 한국에 대한 경제침투를 추진하는 거점을 만든 것이었다. 이러한 일본 전관조계는 조선왕조의 주권과 통치권이 전혀 미치지 못하는 '국가내의 소국'(*Un petit état dans l'état*)과 같은 것으로, 명백하게 이권(*Concession*)이었다고 볼 수 있다.

일본은 구미 선진자본주의 열강의 포함외교(*gunboat diplomacy*)를 흉내 내어 조선왕조정부를 위협해서 불평등조약을 체결하고 전관조계 설치, 치외법권으로서의 영사재판권의 허용, 일본화폐 통용, 무관세 무역, 조선해안·연안의 측량과 지도제작권 등의 이권들을 침탈했던 것이다. 조선왕조가 일본과 체결한 불평등조약으로서의 조·일 수호조규는 그 후 조선왕조가 각국과 체결한 수호조약의 선례가 되어 한국근대사에서 불평등조약체제가 나라를 지배하도록 만든 근원이 되었다. 그 후 조선왕조는 이러한 불평등조약체제 하에서 열강과 외교를 하고 국가를 운영해야 하는 처지에 서게 되었다.

3. 제2차 개항기의 열강의 이권침탈

1) 청국의 이권침탈

조선에서 1882년 7월 '임오군란'이 일어나 대원군이 집권하고, 정권을 상실한 민비가 비밀리에 개입요청을 하자, 청국은 이전까지의 정책을 바꾸어 조선에 대한 적극간섭정책과 속방화정책을 추구하였다. 청국은 조선이 조공의 허례를 지키고 있었으나 본질적으로는 조선이 자주국가임을 인정하고 1876년의 조·일 수호조규 체결 때에는 전혀 간여하지 않았으며, 도리어 일본과 실화(失和)하지 말 것을 권고했었다. 그러나 개항 후 일본세력이 독점적으로 급속히 조선에 침투하자 청국은 1879년부터 이이제이(以夷制夷) 정책을 적용하여 조선에게 서양열강과도 수호통상조약을 체결하도록 권고해서 서양 열강의 견제력으로 일본의 독점적 조선침투를 막으려는 정책을 취하기 시작하였다. 그러다가 1882년 7월 23일 임오군란이 일어나자 청국은 이 기회에 조선에 대한 적극간섭정책을 실시해서 조선왕국을 실질적 속방으로 개편하려는 정책을 채택하였다. 청국은 1882년 8월 20일 청군 3,000명을 서울에 파견하여 대원군을 청국으로 납치하고 민비정권을 재수립함과 동시에 '조·중 상민수륙무역장정' 체결을 강요하였다.

조선왕조가 청군의 직접적 무력 위협 하에 적극 간섭당하던 매우 불리한 시기인 1882년 10월 4일(음력 8월 23일)에 조인한 조·중 상민수륙무역장정은 청국의 초안의 강요에 따라 그 전문에 '속방'이라는 문자를 지우지 못한 채로 맺어진 매우 불평등한 협약이었다. 청국은 조·중 상민수륙무역장정에 의거하여 총판조선상무위원에 진수당(陳樹棠)을 임명하여 청국상인의 조선 침투를 적극 추진케 하였다. 이홍장(李鴻章)은 독일인 묄렌도르프(Paul Georg von Möllendorff)를 조선정부에 추천하여 해관총세무사(海關總稅務使)·외아문협판(外衙門協辦)에 임명하도록 해서, 진수당과 묄렌도르프 사이에 1882년 '윤선왕래상해조선공도합약장정'을 체결하게 하고 상해·인천 윤선정기운항권을 청국의 초상국(招商局)의 이권으로 침탈하였다.

청국은 이에 그치지 않고 민비친청수구파 조선정부에 압력을 가하여 1882년에 한성개잔권(漢城開棧權)(서울에서의 상점 개설권)을 획득했으며, 평안도·황해도 연안 어채권도 이권으로 침탈하였다.[4]

---

4) 金正起, "자본주의 열강의 利權侵奪연구", 〈역사비평〉, 제 11호, 1990 참조.

또한 청국은 일본의 선례에 따라 1883년 원산과 부산에, 1884년에는 인천에 청국 전관조계를 설치하였다. 이 청국 전관조계는 청·일전쟁이 종결될 때까지 치외법권을 갖고 청국영사가 관장하였다. 청국은 청국 전관조계 설치이후 위안스카이(袁世凱)를 중심으로 청국세력의 침투확대를 적극 추진하였다. 그 결과 청국상인들이 조선으로 이주하는 일이 날로 증가했다. 또한 조선에 청국상인들이 적극적으로 침투·활동하여 일본상인들과 치열한 경쟁을 벌이고, 여기에 조선상인들이 대항하면서 상권을 지키려고 활동하여, 치열한 상업·무역경쟁에서의 3파전이 조선에서 전개되었다.

조선은 일본, 청국에 이어서 미국(1882), 영국(1883), 독일(1883), 러시아(1884), 이탈리아(1884), 프랑스(1886), 오스트리아·헝가리제국(1892), 벨기에(1901), 덴마크(1902) 등 11개국과 수호통상조약을 체결했는데, 이들은 전관조계를 설치하지 않았다. 전관조계를 설치한 것은 일본과 청국뿐이었다.

묄렌도르프는 이홍장의 추천으로 1882년 12월에 조선에서 관리가 되어 외아문협판, 해관총세무사, 전환국(典圜局)총재 등을 역임하면서 2년 9개월간의 재임기간에 이권침탈에 깊이 간여하였다. 그는 20만 냥의 해관창설 기금을 청국으로부터 차관하여 그 차관을 구실로 해관의 운영권을 청국에 예속시켰다.[5] 중국에 진출한 영국회사 이화양행(怡和洋行, Jardine and Matterson Co.)에 대해 아무 조건없이 상해·인천 정기윤선운항권을 양여하였고, 독일인 지질학자 곳체(Carl Christian Gottsche)와 광산기술자들을 불러들여 전국의 광산 매장량을 조사했으며, 중국 관리들과 광산채굴 계약을 맺었고, 해관 관리의 채

---

5) 金敬泰, "開港直後의 關稅權回收問題", 〈韓國史研究〉, 제 8집, 1981 ; 夫貞愛, "韓國海關의 創設經緯", 〈韓國史論〉, 제 1집, 1973 ; 金正起, "朝鮮政府의 淸借款導入", 〈韓國史論〉 제 1집, 1976 ; 崔泰錫, "開港以後 海關을 둘러싼 列强의 角逐", 〈東洋學〉, 제 9집, 1979 참조.

용계약도 맺었다.[6] 1983년 7월 25일 조·일 통상장정과 해관세칙을 일본과 체결할 때, 묄렌도르프는 일본선박의 조선연해 무역권과 연해 운항권을 인심 쓰듯이 넘겨주었고, 당시로서는 파격적인 저율관세를 협정하여 조선에 큰 손실을 입히고 일본에 큰 이익을 주었다. 그는 이어 매우 불평등한 조·영 수호조약을 영국의 요구대로 체결해 버림으로써 불평등조약체제의 고착에 결정적 역할을 하였다.[7]

일본은 청국이 상업이권 침탈에 열중하던 1882~1884년의 시기에 전선가설권과 조선연안 어채권 침탈에 열중하였다. 왜냐하면 전선가설은 정치적 지배와 직결된 것이었고, 어채권은 자본의 투자가 요구되지 않는 이권이었기 때문이다. 일본은 조선정부와 1883년 1월 기만적인 '부산구설해저전선조관'을 체결하여 부산-하관 해저전선 가설권을 먼저 침탈하였다.[8] 이어서 일본은 같은 해에 전라·경상·강원·함경도연안 어채권과 조선연안 화물운송권을 침탈하였다.

청국이 적극간섭정책·속방화정책·이권침탈정책을 전개하자 조선의 초기개화파가 이에 저항하여 갑신정변까지 일으켰다. 이에 청국은 조선에 대한 적극간섭정책 시행에 본국과의 신속한 통신연락이 필요했고, 일본의 전선 가설권 침탈에 큰 자극을 받아 역시 전선 가설권 침탈을 시작하였다. 청국은 조선정부와 1885년 6월 '의주전선합동' 조약을 맺고 '인천-서울-평양-의주'에 이르러 청국전선과 연접되는 1천여 리의 이른바 서로전선을 가설하였다.[9] 이 서로전선은 청국이 이권으로 침탈하여 가설해 운용·관리권을 가졌던 전선이었다. 청국은 서울에 한성전보총국(통칭 華電局)이라는 전보국을 설치하고 이 전선을 조

---

6) 李培鎔, "列强의 利權侵奪과 朝鮮의 對應", 〈韓國史市民講座〉 제 7집, 1990 참조.

7) 金正起, "자본주의 열강의 利權侵奪 연구" 참조.

8) 《古文書》(奎章閣소장 No. 3319) 참조.

9) 《統理機務衙門日記》, 1885년(고종 22) 6월 11일조 참조.

선에 대한 적극간섭정책을 실시하는 데에 필요한 본국과의 신속한 통신·연락을 위해 주로 사용하였다.[10] 청국은 이러한 이권침탈을 위해서 동순태(同順泰)·초상국(招商局) 등의 회사를 통한 차관제공과 정치적 압력을 활용하였다.

2) 일본 전선 이권 침탈과 기타 이권침탈

일본은 청국의 서로전선가설에 강력히 항의하면서 서울-부산 간의 전선가설권 침탈 운동을 벌였다.[11] 이에 조선정부는 이를 막기 위하여 1885년에 조선정부의 소유 전선으로 서울-부산 간의 남로전선을 가설했으며, 1891년에는 서울-원산 간의 북로전선을 가설하였다.

1894년 동학농민혁명 운동이 일어나자 일본은 조선정부의 요청이 없었음에도 불구하고, 청국과의 천진조약을 내세워 인천에 8천 명의 대병력을 불법상륙시킬 때에 800명의 야전전신대를 인솔 상륙시켰다. 일본은 조선정부의 허가도 없이 서울-인천 간의 군용전선을 자의로 불법 가설했을 뿐 아니라, 조선정부의 남로전선(서울-부산)이 있음에도 불구하고 이를 사용하지 않고 그들 전용의 서울-부산 간 군용전선을 별도로 가설하겠다고 조선정부에 요구하였다. 조선정부는 이것이 주권을 침해하는 요구이므로 물론 강력히 거부하였다. 그러나 일본은 조선정부의 거부에도 불구하고 자의적으로 '부산-대구-충주-서울'을 연결하는 군용전선을 불법 가설하였다. 그리고는 1894년 8월에 무력위협을 가하여 조선정부와 잠정합동조관을 맺어 그 동안 불법 가설한 서울-인천 간의 군용전선과 서울-부산 간의 군용전선을 합법화시켰다.

일본은 청·일 전쟁이 일본의 승리로 기울어지자 지금까지 화전국

10) 金正起, "西路電線의 가설과 反淸意識의 형성", 《金哲俊博士華甲紀念論叢》, 1983 참조.

11) 《統理機務衙門日記》, 1885년 11월 25일조 참조.

에서 관할하던 서로전선을 전리품으로 접수하여 그들의 군용으로 전용시켜 버렸다. 서로전선은 1885년 조선정부가 청국과 조약을 맺을 때 관리는 청국이 하되 소유권은 조선정부에 있다고 규정했으므로 전리품이 될 수 없는 것이었으나, 일본은 이를 전리품이라고 억지주장을 하면서 불법 접수해 버린 것이다. 또한 일본군은 뒤이어 조선정부의 북로전선도 군사작전상 필요하다고 주장하면서 불법으로 침탈해 버렸다.[12)]

그 결과 일본은 서로전선, 북로전선, 서울-부산 간 군용선 등을 모두 장악하여 일본이 전국전신망을 장악하게 되었다. 조선정부가 아직 남로전선을 소유 관장하기는 했으나 다른 전선로와 연접되지 않아서 극히 부분적인 불구의 것이었다. 조선의 전국전신망은 사실상 일본이 장악한 것이 되었다.

뿐만 아니라 일본은 1895년 1월 조선정부에 강요해 '조·일 전선설치조관속약개정안'을 만들어 조선정부의 남로전선까지 일본이 관리하려고 획책했으며, 앞으로 설치하는 모든 전선의 가설·관리 및 업무를 모두 일본이 대행하도록 하여 한반도 안의 모든 전선을 일본이 이권으로 완전히 독점하려고 획책했다. 일본이 이 시기에 조선의 모든 전신망을 탈취하고 전선가설·관리권을 독점한 것은 조선을 일본의 종속국으로 만들어 지배하려는 정치적 목적과 직결된 것이라고 볼 수 있다.

그러나 1895년 4월 23일의 삼국간섭으로 열강이 일본에 대해 견제하기 시작하고, 1895년 10월 8일 민비시해 만행으로 조선국민의 일본에 대한 증오와 저항이 격렬해졌으며, 1896년 2월 11일 아관파천이 일어나서 친일적인 제3차 김홍집 내각의 갑오개혁 정부가 붕괴되자, 일본의 세력과 정치적 영향력은 순식간에 없어지다시피 격감하였다.[13)]

---

12) 李培鎔, "列强의 利權侵奪과 朝鮮의 對應" 참조.

13) 崔文衡, "國際關係를 통해 본 淸日開戰의 動因과 經緯", 〈歷史學報〉, 제99~100합집, 1983 참조.

러시아공사관 안에서 조직된 조선의 신정부가 일본에 대하여 불법 침탈한 서로전선 및 북로전선의 반환과 서울-부산 간 일본군용전선의 철거를 강력히 요구하자, 일본은 세력을 잃은 상태에서 더 버티지 못하고, 1896년 7월 불법 탈취했던 서로전선과 북로전선을 조선정부에 반환하였다. 그러나 서울-부산 간의 일본군용전선은 철거되지 않고 일본이 전선수비대를 파견 배치하여 관할하게 되었다.

제 2차 개항 이후 청·일 전쟁 종료 때까지 일본과 청국은 전선가설권만 침탈한 것이 아니었다. 〈표 3-1〉에서 보듯이 일본은 1883년에 전라·경상·강원·함경도연안 어채권, 조선연해 화물운송권, 1885년에 조선-일본 윤선정기운항권, 1886년에 부산절영도저탄소 설치권,[14] 1887년에 제주도연안 어채권, 1888년에 경기도연안 제한 어채권,[15] 1891년에 인천월미도 저탄소 설치권,[16] 경상도연해 포경권 등을 이권으로 침탈하였다.[17]

일본은 기회가 있으면 보다 큰 이권을 침탈하려고 노리고 있었으나, 조선정부의 강력한 저항과 청국 및 열강의 견제로 일본세력이 수세로 밀려 이를 실현시킬 수 없었을 뿐이었다. 예컨대 임오군란 때 일본공사관이 철수하면서 일본관원에게 일본공사관에 방화하도록 한 후 조선난민이 방화했다고 누명을 씌워 작성한 일본정부가 하나부사(花房) 일본공사에게 내린 훈령 속에는 서양 열강의 중국에 대한 이권 요구를 흉내 낸 이권침탈요구 시도의 내용이 포함되어 있었다.

---

14) 《外部去來牒》(奎章閣도서) 建陽元年 5월 28일조 및《古文書》(奎章閣 소장) No. 3293 참조.

15) 《議政府案》, 제 2책, 建陽 2년 3월 22일조 및《古文書》(奎章閣소장) No. 3353 및 No. 3355 참조.

16) 《古文書》(奎章閣소장) No. 3292 및《외부거래판》, 建陽元年 5월 28일조 참조.

17) 《外部牘來件》(奎章閣도서), 光武 2년 9월 8일조 및《農商工部來去文》(奎章閣도서, 光武 2년 9월 3일조, 9월 16일조 및 9월 19일조 참조.

〈표 3-1〉 열강의 한국에서의 이권침탈 일람표(1876~1905)

연도	이 권	침탈국가
1876	일본전관조계 개항장 설치권 일본화폐 통용권 무관세 무역권	일본 일본 일본
1882	청국전관조계 개항장 설치권 상해·인천 윤선운항권 한성개잔(상점 개점)권 평안·황해도 어채권	청국 청국 청국 청국
1883	부산·하관(下關) 해저전선 부설권 전라·경상·강원·함경도연안 어채권 조선연해 화물운송권 상해·인천 윤선정기운항권	일본 일본 일본 영국
1885	인천·서울·의주 전선 가설권 서울·부산 전선 가설권 조선·일본 윤선정기운항권 부산·인천 전선 가설권	청국 청국 일본 일본
1886	부산절경도저탄소 설치권	일본
1887	제주도연안 어채권	일본
1888	경기도 연안 제한 어채권 두만강 운항권	일본 러시아
1891	창원금광(경상도) 채굴권 인천월미도저탄소 설치권 경상도 여안 포경권 원산항 저탄소 설치권	일본 일본 일본 러시아
1892	인천·서울·한강 운항권	청국
1894	경부철도 부설권(1898 재추인)	일본
1895	인천·대동강, 인천·부산·함경도 윤선정기운항권 운산금광(평북) 채굴권	일본 미국

연도	이 권	침탈국가
1896	경인철도 부설권	미국
	경원·경성광산(함북) 채굴권	러시아
	인천월미도 저탄소 설치권	러시아
	두만강·압록강유역, 울릉도 삼림 벌채권	러시아
	동해안 포경권	러시아
	경의철도 부설권	프랑스
1897	금성 당현금광(강원도) 채굴권(1898 재추인)	독일
	부산 절영도 저탄소 설치권	러시아
	한·러은행 설치권	러시아
	서울 전기·수도 시설권	미국
	서울 전차 부설권	미국
1898	운산금광(황해도) 채굴권(1900년 재추인)	영국
	평양석탄광 석탄전매권	일본
1899	울산·성진·진보·포경근거지 설치권	러시아
1900	마산 율구미 조차권	러시아
	경상·강원·함경도 연안 포경권	일본
	경기도 연안 어채권	일본
	식산금광 채굴권	일본
1901	창성금광(평북) 채굴권	프랑스
1902	마산 일본전관조계 설치권	일본
	일본제일은행권 통용권	일본
1903	관삼(官蔘) 위탁판매권	일본
1904	동해안 포경근거지 설치권	일본
	경의철도 강제 착공	일본
	충청·황해·평안도연안 어채권	일본
1905	후창금광(평북) 채굴권	이탈리아 및 각국
	일본제일은행 한국국고관리 및 화폐주조권	일본
	통신기관 관리권	일본
	연안 및 내하 자유항행권	일본
	관세사무 관리권	일본
	수안금광(황해) 채굴권	영국

* 자료: ① 愼鏞廈, 《독립협회연구》(1976), pp. 151~152, ② 金正起, "자본주의 열강의 이권침탈연구", 〈역사비평〉 제 11호(1990), pp. 83~84에서 작성함.

즉 그 내용은 ① 조선정부의 문서에 의한 사죄, ② 피해자 유족에 대한 위자료 지급, ③ 범인의 체포와 처벌, ④ 정부나 당국자가 군란을 교사했을 경우 일본은 그 요구를 더 강화할 것, ⑤ 조선정부의 책임이 중대할 경우 거제도 또는 울릉도를 할양하게 할 것, ⑥ 인천의 보장 점령, ⑦ 조선군대에 의한 일본공사관의 경호, ⑧ 함흥·대구·양화진의 개시(開市), ⑨ 일본 공사관원·영사관원의 내륙여행의 자유 등이었다.[18]

물론 일본공사는 이 훈령을 전혀 집행할 수는 없었지만 거제도·울릉도의 할양까지 꿈꾸고 그 침탈을 실행하기 위해 인천의 보장 점령까지 훈령했다는 것은 일본의 이권침탈 야욕이 얼마나 강렬했는지를 잘 보여주는 것이라고 할 수 있다.

일본은 갑신정변 후에는 청국의 공세가 심하고 아직 축적된 자본도 부족하여, 자본 투자가 별로 소요되지 않으면서 정치적 영향력과 경제적 이익이 큰 통신·교통부문의 전선가설권과 윤선운항권, 연안 어채권 등의 침탈에 집중했으며, 더 큰 이권의 침탈은 아직 요구하지 못하였다. 일본도 1891년 경상도 창원금광의 채굴권을 획득한 일이 있으나 별 이익을 내지 못하고 포기하게 되었다.[19]

그러나 일본은 1894년 청·일 전쟁을 도발하고 1895년 전세가 일본의 승리로 굳혀지자 전선 이권들을 모두 침탈함과 동시에 조선정부를 협박하여 '경부철도' 부설권을 요구하였다. 조선정부가 완강히 저항하여 협약 체결을 거부하자, 일본은 1894년 7월 조선정부를 위협하여 금후 경부철도부설권을 일본에게 허여하고 적당한 시기에 합동조관을 체결하겠다는 조선정부 외부대신의 각서를 받아내었다.[20] 일본은 이 단

---

18) 金容九, 《世界外交史》(서울대학교 출판부) 上卷, 1989, p. 299 참조

19) 李培鎔, "開港後 日本의 韓國鑛山 侵奪에 대한 연구", 〈梨大史苑〉 제 20집, 1983 참조.

20) 《閣案》(奎章閣도서), 제 3책, 建陽元年 8월 3일조, 〈講議書〉 참조.

계에서 이권침탈의 수단으로 정부 또는 일본 제일은행 · 일본 정금은행 등 금융기관의 차관 제공을 협박과 함께 자주 사용하였다.

3) 서양열강의 이권침탈

서양 열강도 조선과 통상조약을 체결하고 외교관을 파견한 후에는 즉각 이권 침탈에 큰 관심을 쏟았다. 서양 열강의 관심은 처음부터 대자본의 투입이 소요되고 이익도 큰 금광과 철도의 이권에 집중되어 있었다. 조선에서 금이 많이 산출된다는 소문이 열강 사이에 널리 퍼져 있었고, 금 · 은 귀금속일 뿐 아니라 그 자체가 국제화폐였으므로 양질의 금광 채굴권을 획득하기만 하면 일확천금을 획득할 수 있다고 생각했기 때문이었다. 또한 철도는 수익이 높고 독점시장을 개척 점유하면 정치적 영향력도 큰 부문이었기 때문에 금광 다음의 큰 관심을 받았다.

서양 열강은 통상조약을 체결한 직후부터 영국 · 독일 · 미국 등이 각각 광산기술자들을 보내어 광산조사들을 자행하면서 금광 채굴권 침탈을 모색하였다. 이 중에서 선두에 선 것이 선교사 알렌(Horace N. Allen)을 앞세운 미국이었다. 알렌은 선교사이면서 동시에 의사였다. 마침 1884년 12월 4일 갑신정변 때 민비의 조카 민영익이 개화당에게 중상을 당하여 목숨이 위태한 것을 구제하여 치료해준 인연으로 알렌은 고종과 민비의 두터운 신임을 받아 기독교 포교의 자유를 얻어 내고, 광혜원이라는 서양의학의 왕립병원을 설립했으며, 고종의 시의가 되어 고종 측근에서 여러 가지 자문에 응하게 되었다. 1887년 고종으로부터 나라의 막대한 부채와 일본 · 청국 등의 정치적 간섭 문제를 해결할 방책을 질문받게 되자, 알렌은 이 기회에 금광 채굴권을 획득하고자 금매장량이 가장 풍부한 평안도 운산금광의 독점 채굴권을 미국에게 주어 여기서 산출된 금으로 부채도 상환하고 미국세력의 도움으로 청국세력과 일본세력도 견제할 것을 건의하였다.[21)]

국왕 고종은 이 제안을 받아들였으나 미국으로부터는 채굴기술만 도입하고 금광의 소유권은 왕실이 갖기를 희망하였다. 알렌은 국왕의 의중을 거슬려 운산금광의 채굴권을 독점 이권으로 미국에 넘겨줄 능력은 없었으므로, 우선 미국인 광산기술자들을 고용하여 조선정부 주관으로 운산금광을 채굴하기로 결정하였다. 이에 따라 조선정부의 광무국에 1888년 피어스(Aillerd Ide Pierce)라는 광산기술자를 알렌의 주선으로 고용하여 1년간 정밀한 광산조사를 하고, 풍부한 매장량이 확인되자 1889년 미국으로부터 광산기술자 5명과 근대식 채굴기계들을 도입하여 본격적인 운산금광 채굴작업을 시작하였다.[22] 운산금광의 광질이 매우 우수한 것이 판명되자, 알렌은 운산금광의 채굴권을 침탈하기 위해서 미국인 모르스(J.R. Morse)를 소개하여 1895년 7월 조선정부와 모르스 사이에 운산금광 채굴계약이 성립되었다.[23] 그러나 이것은 계약의 구체적 내용을 확정하지 못한 잠정적인 것이었고, 완전히 치외법권적 이권으로 침탈하기에는 조선정부의 규제가 매우 강한 것이었다.

다른 열강도 금광과 철도의 이권에 매우 큰 관심을 갖고 이권침탈의 기회를 노리고 있었으나, 광산조사만 실행하고 있었을 뿐, 이권침탈 요구는 아직 감행하지 못하였으며, 미국의 운산금광 이권의 추이를 예민하게 주목하였다.

---

21) *Allen Papers*, "Allen to Everett", 1887년 7월 2일조 참조.

22) 李培鎔, 《舊韓末 鑛山利權과 列强》(韓國硏究院), 1984, pp. 56~66 참조.

23) 《美案》(奎章閣도서), 문서번호 1449, 1896년 4월 14일조 참조.

4. 아관파천 직후의 열강의 이권침탈

조선국왕 고종이 1896년 2월 11일 러시아공사관으로 긴급히 거처를 옮기는 '아관파천'이 일어나서 갑오개혁 내각이 붕괴됨과 동시에 새로운 친러정부가 러시아공사관 안에서 수립되고 고종이 1년간 러시아공사관 안에서 체류하자, 조선국왕이 러시아공사관 안에 연금된 형편이 되었다. 이에 그동안 서양 열강의 금광이권 등을 요구하지 못하게 막던 둑이 일시에 모두 무너지게 되었다.

아관파천에 협조한 러시아와 미국 등을 비롯해서 모든 서양 열강은 치열한 '이권침탈의 경쟁외교'를 전개하면서 고종의 신변보장을 약속하고 각종 이권들을 요구하였다. 한 나라 공사가 이권을 획득하면 다른 나라 공사·영사가 경쟁적으로 고종을 알현하여 최혜국 조관을 내세우며 이권을 요구하였다. 고종은 '을미사변'으로 일본공사관과 일본 낭인배들에게 민비가 시해당하는 참상을 체험한 이후 공포에 시달려 확고한 신변보장을 약속받으면 국왕의 전제권을 발휘하여 열강의 요구에 응해서 각종 이권들을 열강에게 할양해 주었다.

고종은 1년 후 1897년 2월 20일 경운궁으로 환궁하고, 1897년 10월에는 고종이 대군주에서 황제로 승격함과 동시에 국호도 '대한제국'으로 바뀌면서 대외적 자주독립을 재선언했지만 열강의 이권침탈은 그치지 않았다. 그리하여 아관파천 기간과 그 직후에 한국의 중요한 이권들이 열강에 의해 집중적으로 침탈당하게 되었다.

이권침탈에 가장 기민하게 먼저 활동한 것은 미국이었다. 알렌의 주선으로 미국인 모르스는 먼저 1896년 3월에 '경인철도 부설권'을 침탈하였다.[24] 알렌과 모르스는 서울·인천 간의 철도가 큰 이권임을 간취하고 운산금광 채굴권 약속 때인 1895년에도 경인철도 부설권 획득

---

24) 《雜案》(奎章閣도서)(外部編), 建陽元年 3월 19일조 참조.

을 시도했으나 조선정부의 반대로 성공하지 못했었는데, 아관파천 직후에 즉각 이를 침탈한 것이었다.

경인철도 부설권의 내용에는 관리상의 치외법권적 특권뿐만 아니라, 공사용·운전용 재료의 도입에 관세를 면제하고, 철도에서 획득하는 수입과 회사재산에도 과세하지 않는 치외법권적 특권을 포함하였다. 또한 이 외에 경인철도 부설의 이권을 소유·양도·처분할 수 있다는 치외법권적 특권을 획득하였다.[25]

모르스는 경인철도 부설권을 침탈한 후 미국인 타운센드(W. Townsend)와 함께 한국개발회사(Korea Development Co.)를 설립하고, 콜브란(H. C. Collbran)을 기사장으로 하여 1897년 3월 기공식을 거행하였다. 그러나 공사 2개월 만에 자본이 고갈되자, 모르스는 경인철도 부설권을 1898년 4월 일본〔시부자와(澁澤榮一)을 대표로 하는 경인철도인수조합〕에게 거금 190만 달러를 받고 매도하였다.[26] 모르스는 경인철도 부설권을 이권으로 침탈하여 2개월간 극소액의 자본을 투입하고는 일거에 거금을 획득한 것이었다.[27]

미국은 이어서 알렌의 주선으로 1896년 4월 평안북도 운산금광 채굴권을 침탈하여 외부대신 이완용과 모르스 사이에 협약이 재조인되었다. 그 내용은 채굴기한을 25년으로 하고 조선왕실이 주식의 4분의 1을 소유하며, 채굴에 필요한 기계와 물자에는 일체 과세하지 않는다는 것이었다.[28] 모르스는 이 운산금광 이권도 1897년에 3만 달러의 가격으로 미국인 헌트(Leigh S. J. Hunt)와 파세트(J. L. Sloat Fasset)에게

---

25) 《外部謄來件》(奎章閣도서), 제 1책, "朝鮮政府命令合同" 참조.

26) 朴性根, "京仁線敷設權과 美日關係", 《南都永博士華甲紀念史學論叢》, 1984 참조.

27) 李培鎔, "列强의 利權侵奪과 朝鮮의 對應" 참조.

28) 《美案》(奎章閣도서), 제 10책, 문서번호 1449, 1896년 4월 14일조 및 문서번호 1489, 1986년 8월 18일조 참조.

매도하였다. 그들은 동양광업개발회사(Oriental Consolidated Mining Co.)를 조직하여 본격적 채금을 시작했는데, 채금 성적이 좋자 매년 상납금 25,000원을 내는 조건으로 조선왕실의 1/4의 주식을 10만 달러에 구입해 버렸으며, 1900년에는 매년의 상납금 대신 일시불로 12,500달러를 왕실에 지급하고 계약기한을 15년 더 연장하여 40년간 채금할 수 있도록 하였다. 또한 이 회사는 1909년에는 운산 및 그 부근의 삼림 벌채권까지 침탈하여 목재까지도 벌채해서 판매하였다.

이 회사의 40년간의 결산을 보면 운산금광 채굴권을 침탈하여 한국황실에 총계 11만 2천 달러를 내고는, 900만 톤의 금광석을 채굴해서 5,000만 달러의 금을 산출·판매했으며, 순이익만도 1,500만 달러에 달하였다.[29]

이어서 미국인 콜브란은 1897년 12월에 서울시내 전기·수도 시설권을 획득했으며,[30] 1898년에는 서울시내 전차부설권을 획득하였다.[31]

한편 러시아는 조선 국왕 고종이 그들의 공사관 안에 들어와 있으므로 비교적 용이하게 여러 가지 이권들을 침탈할 수 있었다. 러시아는 1896년 4월 우선 러시아인 니시첸스키(M. D. Nishchensky)가 대표가 되어 함경북도 경원·경성 광산 채굴권을 획득하였다.[32]

러시아는 이어서 1896년 9월 무산 등 두만강유역·압록강유역·울릉도의 삼림 벌채권을 침탈하였다.[33] 이 세 지역의 삼림 벌채권을 획

29) 李培鎔, 《舊韓末 鑛山利權과 列强》, pp. 66~108 참조.

30) 《農商工部來去文》, 제 11책, 光武 7년 2월 23일조 참조.

31) 《駐韓美軍公使館報告》(*Communications to the Secretary of State from U. S. Representatives in Korea*: *H. N. Allen*), No. 73, 1898년 2월 5일조 "Proposed Electric Trolley Street Railway in Seoul" 참조.

32) 〈古文書〉(奎章閣 소장, No. 3133 및 3134) "慶源·鏡城兩處의 鑛山採掘權을 準許하는 契約書" 참조.

33) 《閣案》(奎章閣도서), 建陽元年 9월 10일조 "指令" 참조.

득했다는 것은 당시 한국의 최량의 삼림지대의 목재 벌채권을 모두 독점했다는 것을 의미하는 것이었다.[34] 당시 원시림의 삼림·목재는 선박 제조용으로 전 세계에서 수요가 팽창하고 있었기 때문에 벌채하여 수출하면 일확천금을 할 수 있는 큰 이권이었다.

러시아는 당시 얼지 않는 군항의 획득을 목적으로 남하정책을 실시하고 있었으므로 한국연안의 섬들에 관심이 많았다. 그리하여 러시아는 1896년 8월 인천 월미도의 석탄고 기지 설치권을 침탈했으며, 1897년 10월에는 부산 절영도의 석탄고 기지 설치권을 침탈하였다. 이어서 러시아는 1897년 12월 한국의 금융·재정을 장악하기 위해서 대한제국 탁지부의 재정수입금을 예치하고 관리하는 특권을 가진 한러은행(Russo-Korea Bank)의 설치권을 침탈하였다.

특히 러시아 공사가 종래의 온건한 웨베르(Karl Ivanovich de Waeber)로부터 1897년 9월에 스페이어(Alexei de Speyer)로 교체된 이후에는 러시아의 이권침탈정책과 침략간섭정책은 더욱 강화되었다. 스페이어는 착임하자마자 우선 세 가지 정책을 강력히 추구하였다.

첫째는 한반도에서의 군사기지 설치의 제1차 준비작업으로 부산 절영도(지금의 영도)의 석탄고 기지의 조차를 강력히 요구하였다.[35] 그들은 부산·진해·마산만 일대에 그들의 얼지 않는 군항을 건설할 준비작업을 시작한 것이었다.

둘째는 대한제국의 군사권을 장악하기 위해서 시위대를 러시아 군제로 편성하고 훈련하기 위해 13명의 러시아군 장교를 데려왔으며,[36]

34) 姜英心, "舊韓末 러시아의 森林利權과 森林의 採伐상태", 〈梨花史學研究〉, 제17·18 합집, 1988 참조.

35) 《駐韓日本公使館記錄》, 1897년(명치 30년) 9월 24일조 "機密 제60호, 絶影島 借地二關スル件" 및 1898년 1월 5일조 "機密京 제1호, 露國石炭庫敷地二關スル件" 참조.

36) 《奏議》(奎章閣도서), 제6책, 建陽 2년 4월 30일조, "奏本 제95호, 我國敎鍊師及諸員聘用事" 참조.

1897년 11월 러시아인 레미노프(Reminoff)를 기기창(병기창) 고문으로 임명하였다.[37] 스페이어는 또한 서울에 1,000명의 러시아육군을 상주시키고, 러시아공사관에 300명의 코사크기병을 주둔시켜, 모두 1,300명의 러시아군대를 대한제국의 수도에 주둔시킬 계획을 추진하였다.[38]

셋째는 대한제국의 재정권을 장악하기 위하여 러시아는 전 재무대신서리 알렉세프(K. A. Alexeiev)를 한국정부의 재정고문으로 임명하여, 1898년 10월 5일 알렉세프는 비서관 가필드(Stephan Garfield)를 대동하고 서울에 도착했으며, 10월 25일에는 영국인 탁지부 재정고문 브라운(L. J. McLeavy Brown)을 해고하고 알렉세프로 교체하도록 하였다.[39] 이러한 작업 후에 대한제국 탁지부의 국고를 관리하는 특권을 가진 한러은행을 창설하도록 한 것이었다.[40]

러시아는 이 무렵 대한제국에서 뿐만 아니라 중국에서 더욱 적극적으로 이권침탈을 자행하고 있었다. 러시아는 영국함대에 대비한다는 구실로 1897년 12월 요동반도의 여순(旅順)을 점령하고, 이듬해인 1898년 3월 하순에는 청국과 '요동반도조차조약'을 체결하여 요동반도의 25년간 조차와 군항 설치권을 침탈하였다. 러시아의 한국에 대한 이권침탈은 정치적·군사적 성격을 가진 것이 큰 특징이었다.

프랑스는 앞으로 철도가 큰 이익을 발생시키리라고 예견하고 1896년 7월 경의철도 부설권을 침탈하였다. 경의철도는 그 정치적·지리적 특성 때문에 일본과 청국이 이권으로 침탈하고자 주목했었으나 아

37) 《議政府去來文》(奎章閣도서), 제3책, 建陽 2년 5월 6일조 "指令 제33호" 참조.

38) 《駐韓日本公使館記錄》, 1898년(明治 31년), "機密 제5호, 露兵招來拒絶ニ關スル件" 참조.

39) *The Independent*, 1987년 10월 5일자, "Local Items" 참조.

40) 《俄案》(奎章閣도서), 문서번호 972, 光武 2년 1월 27일조 및 문서번호 987, 光武 2년 2월 22일조 참조.

관파천 이전에는 상호견제와 조선정부의 완강한 태도로 제의조차 못했다가, 아관파천 기간에 러시아의 도움을 받아 프랑스의 피브-리유(Fives-Lille) 회사가 부설권을 획득하였다.[41] 그러나 이 회사는 자본이 부족하여 약정한 3년 내에 착공을 하지 못하고, 그 후 "이 철도를 부설하게 될 경우 프랑스의 기사와 재료를 사용하도록 한다"는 조건을 붙여서 경의철도 부설권을 대한제국 정부에 반납하였다.[42]

독일은 아관파천 기간에 미국과 러시아가 경쟁적으로 이권을 침탈하는 것을 보고 고종에게 집요하게 요청하여 1897년 3월 우선 광산 한 곳의 채굴권을 허여하는 약정문서를 받아내는 데 성공하였다.[43] 그러나 이것은 아직 특정 광산을 지정한 것은 아니었다. 독일은 궁내부 소속의 황해도 운산금광을 요구했으나, 대한제국 정부는 왕실소유의 금광을 지정할 수는 없다고 거절하였다.

독일은 함부르크에 있는 메이어(Meyer) 회사의 한국지점인 세창양행을 대행자로 하여 강원도 금성 당현금광의 지정을 요청하였다.[44] 이때 독일영사 크리인(F. Krien)이 금성 당현 금광 채굴권을 허가하지 않는다고 대한제국 외부대신서리를 모욕한 사건이 일어나서 독립협회로부터 규탄을 받고 24시간 내에 크리인을 출국시키도록 정부가 조치를 내리라는 요구를 받기도 하였다.[45] 독일영사는 당황하여 외부대신서리를 방문하여 공식 사과하고, 한국정부에 공식 사죄문을 제출함으로써 이 문제는 일단락되었다.[46] 그러나 그 후 1898년 7월 고종은 1년

---

41) 鄭喬, 《民會實記》, 光武 2년 7월 19일조 참조.

42) 《農商工部來去文》, 제 7책, 光武 3년 6월 30일조, "照會 제 26호" 참조.

43) 《議政府案》(奎章閣도서), 제 4책, 建陽 2년 3월 8일조 "指令 제10호" 및 3월 30일조, "議政府會議" 참조.

44) 《農商工部來去文》, 제 6책, 光武 2년 12월 27일조, "조회" 참조.

45) 《駐韓日本公使館記錄》, 1898년 7월 31일조, "機密 제 30호, 韓國鑛山ニ對シ獨逸領事ヨリ申込ニ關スル件" 참조.

46) 《駐韓美國公使館報告》(*Communications to the Secretary of State from the*

전의 외국과의 문서에 의한 약속은 지켜야 한다고 전제권을 행사해서 금성 당현 금광의 채굴권을 독일에게 허가하여 침탈당하였다.[47]

영국은 한반도에서 열강에 비해 이권침탈에 뒤늦었다고 조급하게 생각하여 영국정부가 주한 영국공사에게 훈령을 보내서 러시아·미국이 획득한 것과 유사한 이권(*Concession*)을 획득하라고 계속 독촉했으며,[48] 1898년 초부터 영국동양함대의 군함을 인천에 입항시켜 무력시위까지 하며 이권을 요구하였다.[49] 고종은 영국이 다른 나라들에게는 모두 금광 채굴권을 허가하면서 왜 영국에만 허여하지 않느냐며 심한 압력을 가해 오자, 1898년 9월 광지를 지정하지 않고 광산 1처의 채굴권 허여를 약속하였다.[50] 그러나 당시에는 독립협회가 이권침탈 반대 운동을 격렬하게 전개하고 있었기 때문에 영국과 고종은 더 이상 이것을 진전시키지 못하였다.

독립협회가 1898년 말 강제 해산당하자, 영국은 1899년에 뜻밖에도 대한제국 정부가 독일에게 허여하기를 거부했던 은산금광을 지정하여 요구했을 뿐 아니라, 한국정부의 허가도 받지 않고 일본인 광부들을 고용하여 은산금광에 보내어서 저항하는 한국인 광부들에게 발포까지 하면서 영국기를 걸고 불법적으로 은산금광의 채굴을 강행하였다.[51] 대한제국 정부는 영국의 강압에 굴복하여 우여곡절 끝에 1900년 3월

U. S. Representatives in Korea: H. N. Allen), No. 120. 1898년 7월 8일조, "Alleged Assault by German Consul upon Foreign Minister" 참조.

47) 《議政府案》, 제 6책, 光武 2년 11월 2일조, "金城礦民補郎" 참조.

48) 《駐韓英國領事館報告》(*Reports and Communications from the British Consul in Seoul*), 1898년 4월 30일조 "報告書 제 18호": 5월 17일조 "機密報告書 제 60호" 및 7월 16일조 "報告書 제 78조" 참조.

49) 《尹致昊日記》, 1898년 7월 15일조 참조.

50) 《農商工部來去文》, 제 6책, 光武 2년 7월 28일조; 9월 27일조 및 10월 14일조 참조.

51) 《元帥府案》(奎章閣도서), 光武 4년 2월 27일 "照遷 제 1호" 참조.

은산근광 채굴권을 영국에게 허여하여 침탈당하였다.[52)]

일본은 아관파천으로 하루아침에 조선 궁중에서 세력과 영향력을 상실한 뒤에 러시아·미국·프랑스·독일·영국 등 열강이 모두 이권을 침탈해 가는 것을 보고 매우 초조하여 우선 1895년에 갑오개혁 내각의 외부대신으로부터 부설권 약속을 문서로 받아 둔 경부철도 부설권 침탈에 집중하기로 하였다. 1898년 1월 29일 일본은 3년 전에 조선 정부가 약속한 경부철도 부설권의 인준을 대한제국 정부에 공식적으로 요구했으며, 이를 지원하기 위해 군함 2척의 인천 입항을 통고하여 위협하였다.[53)]

일본공사 가토(加藤增雄)는 1898년 2월 1일 고종을 알현하여 일본에 있는 한국인 망명정객들의 위협으로부터 고종의 신변안정을 절대 보장해 주겠다고 약속하고 경부철도 부설권의 인준을 재차 촉구하였다.[54)] 고종과 외부대신 조병식은 이를 인준해 주려 했으나, 그 바로 직전에 러시아는 이것은 너무 큰 이권이라고 판단하여 반대하고 외부대신을 이도재로 교체하게 함으로써 이를 중단시켰다.[55)] 일본은 을미년에 한국 의병들에게 살해당한 일본인의 배상금 9만 7천여 원을 지불할 것을 한국정부에 정식으로 요구하여 압력을 가하는 한편,[56)] 8월 24일 이토 히로부미(伊藤博文)를 한국에 파견하여 고종을 알현케 하고

---

52) 《宮內府案》(奎章閣도서), 光武 4년 3월 19일조 "照會" 참조.

53) 《駐韓美國公使館報告》(*Communications of the Secretary of State from U.S. Representatives in Korea*: *H. N. Allen*) No. 69. 1898년 1월 30일조, "Railroad Concession Demanded by Japan" 참조.

54) 《駐韓日本公使館記錄》(加藤公使時代極秘書類), 1898년 2월 24일조, "機密西外大臣必親殿, 御身上擔保之儀ニ付韓帝ヘ內奏及勅答之件" 참조.

55) 《駐韓美國公使館報告》(*Communications to the Secretary of State from U. S. Representatives in Korea*: *H. N. Allen*), No. 70, 1898년 2월 1일조, "Change in Foreign Ministers, Russia and Japan" 참조.

56) 《日案》(奎章閣도서), 문서번호 4728, 光武 2년 6월 29일조 참조.

이어서 정부대신들에게 공작한 결과, 마침내 고종은 1898년 9월 8일 경부철도 부설권을 인준하여 침탈당하기에 이르렀다.[57]

일본은 한국에 대한 침략의 수단으로 철도이권 장악을 매우 중요시하였다. 일본은 경부철도 부설권을 획득하자 즉각 시부자와(澁澤榮一)를 대표로 경부철도주식회사의 조직·발기를 시작하였다.[58] 또한 역시 시부자와를 대표로 한 경인철도인수조합이 1898년 12월 미국인 모르스로부터 경인철도 부설권을 매입했으므로, 일본은 한국 철도의 간선인 경인철도와 경부철도를 이권으로 모두 장악하게 되었다.[59]

열강이 이와 같이 한국에서 아관파천 기간과 그 직후에 경쟁적으로 이권을 침탈하자 한국인들 사이에서 독립협회가 중심이 되어 저항운동이 일어나게 되었다. 러시아가 부산 절영도 석탄고 기지를 요구하여 1897년 12월 대한제국 외부가 이를 허여하기로 결정한 사실이 알려지자, 독립협회는 1898년 2월 20일부터 항의집회를 연달아 개최하고 항의결의문을 연달아 제출했으며, 관련 대신들에 대한 규탄운동을 전개했고, 3월 10일에는 서울에서 만민공동회를 개최하였다.

이 만민공동회는 당시 17만 명의 서울시민 중에서 1만여 명의 시민들이 참가하여 러시아와 일본 등 외세의 침략시도를 격렬히 규탄하고, ① 부산 절영도 석탄고 기지 조차 반대, ② 러시아의 군사교관 및 재정고문 철수 요구, ③ 3월 1일 개점한 한러은행의 폐쇄, ④ 일본의 부산 절영도 석탄고 기지 및 인천 월미도 석탄고 기지의 환수 등을 결의하여 연속적으로 대중투쟁을 대대적으로 전개하였다.[60] 독립협회를

57) 《議政府案》 제 6책, 光武 2년 9월 8일조, "指令 제 71호" 참조.

58) 鄭在貞, "京釜鐵道 敷設에 나타난 日本의 韓國侵略性의 性格", 〈韓國史硏究〉 제 44집, 1984 참조.

59) 朴萬圭, "韓末 日帝의 鐵道敷設支配와 韓國人動向", 〈韓國史論〉 제 8집, 1982 참조.

60) 愼鏞廈, 《獨立協會硏究》, pp. 284~299 참조.

선두로 한 한국 국민들의 이 운동은 마침내 성공하여 1898년 3월 17일 러시아는 절영도 석탄고 기지 조차요구의 철회와 재정고문 및 군사교관의 철수를 통고해 왔다.[61] 대한제국 정부는 3월 19일 러시아 군사교관들을 해임하고[62] 재정고문 알렉세프도 해임하여 돌려보냈고[63] 한러은행도 폐쇄하였다.[64] 일본의 절영도 석탄고 기지와 월미도 석탄고 기지도 환수되었다.[65] 열강의 이권침탈이 한국인들의 저항으로 일단 크게 후퇴하고 한국의 자주독립이 크게 강화된 것이었다.

러시아는 한반도에서 일보 후퇴하여 1898년 3월 하순 청국과 '요동반도조차조약'을 체결하고 여순(旅順)과 대련(大連)에 군항과 요새를 설치하기로 결정하여 요동반도로 물러가게 되었다. 또한 러시아는 아직 시베리아 철도가 완공되지 않아 대규모 병력수송이 어려운 조건에서 이권침탈을 지나치게 앞질러 추진했다가 후퇴하는 결과를 낳은 스페이어 공사를 해임하고 마튜닌(N. Matunine)으로 교체하였다.[66] 러시아세력과 일본세력이 일보씩 후퇴하면서 생긴 한반도에서의 러·일 세력의 진공상태에서 러시아와 일본은 1898년 4월 25일 '로젠-니시 협약'(Rosen-Nish Agreement)을 체결하여 한반도에서의 국제열강의 세력균형이 성립되었다.

그러나 열강이 이권침탈 기도를 포기한 것은 아니었다. 독립협회와 한국민족의 저항운동에 밀렸을 뿐이었다. 러시아는 한국정부가 일찍

---

61) 《俄案》, 문서번호 1002, 1898년 3월 17일조, "露士官顧問官의 撤收 및 韓國大使特派를 거절하는 조패" 참조.

62) 《奏議》, 제 13책, 光武 2년 3월 19일조, "奎本 제 33호" 참조.

63) 《奏議》, 제 13책, 光武 2년 3월 19일조, "奎本 제 34호" 참조.

64) *The Independent*, 1898년 4월 9일자, "Local Items" 참조.

65) 鄭喬, 《大韓季年史》(국사편찬위원회 판), 上卷, p. 183 참조.

66) 《駐韓美軍公使館報告》(*Communications to the Secretary of State from U. S. Representatives in Korea*: *H. N. Allen*), No. 96. 1898년 4월 12일조 "Changes Among Russian Officials in Seoul" 참조.

이 1898년 1월 9일자 및 1월 15일자의 문서로 목포와 진남포 조계 밖 사방 10리 안에 있는 모든 섬들을 러시아가 매수하는 것에 동의했었다고 지적했다. 그리고 1898년 5월 7일 러시아 공사 마튜닌이 쓰드렐비스키 장군을 파견하여 섬의 매수를 위해 현지조사를 실시하니 대한제국 정부의 협조를 요청한다는 외교문서를 대한제국 외부에 보내왔다.[67] 이것은 물론 이 섬을 매수하여 군사기지화하려는 시도였다.

또한 프랑스 공사 플랑시(Collin de Plancy)는 1898년 5월 5일 대한제국 외부에 공문을 보내어, 1896년 5월 31일 외부대신 이완용으로부터 양여를 약속받은 평양부근 석탄광 한 곳을 비롯해서 약속받은 세 곳의 광산 채굴권의 허가를 요구하였다.[68]

독립협회는 이 사실을 알고 1898년 5월 18 ~ 5월 26일 만민공동회를 개최하는 등 완강하고 격렬한 이권침탈 반대운동을 전개하여, 결국 5월 27일 정부로부터 러시아의 목포 · 진남포 부근 도서 조차와 프랑스의 3개처 광산 채굴권은 허가하지 않기로 결정했다는 통보를 받았다.[69] 이것은 독립협회가 열강의 이권침탈을 저지시킨 중요한 성과 중의 하나였다.

또한 독립협회는 앞서 기술한 바와 같이 독일영사가 1897년 3월에 약속한 금성 당현 금광 채굴권을 즉각 인준해 주지 않는다고 1898년 6월 29일 대한제국 외부대신서리를 밀치며 모욕한 사건이 일어나자, 7월 1일 ~ 7월 4일 만민공동회를 개최하여 독일의 이권요구와 독일영사의 무례함을 규탄하고 독일영사를 24시간 내에 추방할 것을 요구하였다.[70] 독일영사는 이에 크게 당황하여 한국 외부대신서리를 방문하

---

67) 《俄案》 문서번호 1053, 光武 2년 5월 7일조 참조.

68) 《法案》(奎章閣도서), 문서번호 885, 光武 2년 5월 5일조 및 문서번호 890, 光武 2년 5월 16일조 참조.

69) 〈독립신문〉, 1898년 6월 2일자 "雜報" 및 《大韓季年史》, 上卷, pp. 193~194 참조.

여 사과했을 뿐 아니라 공식사죄문을 의정부에 제출하여 이 문제는 일단락되었다.[71] 그러나 그 후 고종은 여전히 외국과의 약속을 지켜야 한다는 주장하면서 전제권을 행사하여 금성 당현 금광 채굴권을 독일의 세창양행에게 양여해 주었음은 전술한 바와 같다.[72]

러시아는 뒤이어 1898년 6월에 네포로즈네프(N. I. Neporozhnev)를 실질적 대장으로 한 특별원정대를 한국에 파견하였다. 이 원정대에는 다수의 지질학자, 지리학자, 기술자, 삼림감독관 등이 포함되었다. 이 러시아 특별원정대는 한국에 있는 모든 광산의 이권을 침탈하려고 계획하고, 우선 북한에 있는 양질의 두 곳의 광산 채굴권을 한국정부에 요청했는데, 국왕과 내부대신은 이에 찬성했으나 독립협회의 위협적 반대시위가 일어나서 거절당하였다.[73]

한편 일본은 1898년 6월 29일 주한일본공사가 1895년에 약속한 경부철도 부설권 지분을 요구함과 동시에 을미의병 때 피살당한 일본인의 배상금 9만 7천여 원의 지불을 요구하는 공문을 외부에 보내왔다.[74] 독립협회는 7월 16일 만민공동회를 개최하여 일본의 경부철도 부설권 요구와 배상금 요구를 격렬히 규탄하고 정부가 이를 거절하도록 강경하게 요구하였다. 대한제국 정부는 독립협회의 요구를 받아들여 일본의 두 개 요구를 모두 거절하였다. 그러나 앞서 서술한 바와

---

70) 《駐韓日本公使館記錄》, 1898년 7월 31일조 "機密 제 30호, 韓國鑛山ニ對シ獨逸領事ヨリ申込ニ關スル件" 참조.

71) 《駐韓美軍公使館報告》(*Communications to the Secretary of State from U.S. Representatives in Korea: H. N. Allen*), No. 120, 1898년 7월 8일조, "Alleged Assanlt by German Consul upon Foreign Mister" 참조.

72) 洪淳鎬, "韓國修交 100年 關係詞", 〈國際政治論叢〉 제 23호, 1983 참조.

73) 辛承權, "露日戰爭直後의 러시아와 韓國, 1898~1905", 《韓露關係 100年史》(한국사연구협의회 편), 1984 및 *Allen Papers*, "Allen to Hay", No. 214, 1898년 1월 18일조 참조.

74) 《日案》, 문서번호 4728, 光武 2년 6월 29일조 참조.

같이, 그 후 1898년 8월 24일 이토 히로부미(伊藤博文)가 서울에 파견되어 고종을 알현하고 정부대신들에게 공작을 하자,[75] 고종은 외국과의 지난 약속은 지켜야 한다고 주장하면서 1898년 9월 7일 전제권을 행사하여 경부철도 부설권을 일본에게 허가하고 비준하였다.[76]

독립협회는 1898년 9월 4일 회의를 개최하여 열강의 이권침탈에 대한 포괄적 조사와 대책을 수립하기로 결의하고, 9월 11일 조사위원의 조사결과를 보고받았다. 그 조사보고 중에 1898년 9월 현재 영국공사 조르단(J. N. Jordan)과 프랑스공사 플랑시가 각각 한 곳씩의 광산 채굴권을 요구하여 맹렬히 교섭하고 있음을 알고, 독립협회는 즉각 이를 중단시키며 더 이상의 열강의 어떠한 이권침탈도 용인하지 않기로 결의하여 정부에 통보하였다.[77] 독립협회의 투쟁결의에 당황한 정부도 이 결의를 수용하여 그 이후 열강은 독립협회 존속기간에는 더 이상 이권침탈을 강행하지 못하였다.

독립협회는 이 결의 직후 1898년 9월에 황제와 미국인 고문 그레이트하우스(Clarence R. Greathouse: 具禮)가 1898년 9월 외국인 퇴역군인들로 구성된 황실호위 외인부대를 창설하여 황제를 호위하게 하려고 외국군인 30명(영국인 9명, 미국인 9명, 독일인 6명, 프랑스인 5명, 러시아인 2명)을 고용하여 상해로부터 서울로 데려오자, 이것이 전제권을 가진 전제군주국가의 황제를 외국인에게 맡기는 매우 위험한 정책이라고 판단하고 이에 대한 반대운동을 전개하였다.[78] 독립협회는 "이것은 이리를 사오십 마리 궐내에 두는 것보다도 더 위태하다"라고 지적

75) 《農商工部來去文》, 光武 2년 9월 3일조 "照會" 참조.

76) 〈駐韓英國領使館報告〉(*Reports and Communications from the British Consul in Seoul*), 1898년 9월 10일조 "機密報告 제 91호" 참조.

77) 《大韓季年史》上卷, p. 207 참조.

78) 《駐韓日本公使館記錄》, 1898년 10월 5일조, "機密 제 39호, 三拾人, 傭外國巡査排斥 1件" 참조.

하고, 1898년 9월 16 ~ 9월 20일 연속하여 민중대회를 개최하여 이를 격렬하게 규탄하고 반대운동을 전개한 결과 마침내 황실호위 외인부대 창설을 저지하고 외국군인들을 돌려보내는 데 성공하였다.[79]

독립협회는 그 이후 열강의 이권침탈을 막는 일에는 황제의 전제권에 의한 정책결정 과정이 매우 취약한 것이라고 지적하고, 국민의 힘으로 열강의 침략과 이권침탈을 막고 나라의 독립을 지키려면 국민이 참정하는 의회를 설립하여 전제군주제도를 입헌대의군주제도로 개혁해서 모든 외국·외국인과의 조약·협정체결(이권협정 포함)을 반드시 의회의 동의와 비준을 얻어야 하도록 제도화해야 한다고 주장하였다. 독립협회는 이를 위해 의회설립운동을 맹렬히 전개하다가 성공 직전에, 고종과 친러수구파와 러시아·일본 등 열강이 결탁하여 1898년 독립협회를 불법적 단체로 지명하여 강제 해산당하게 되었다.

독립협회 해산 후에 이권침탈 반대운동의 효과가 1899년까지는 남아 있는 듯했으나, 1900년에 들어서자 러시아와 일본을 비롯한 열강의 이권침탈은 다시 경쟁적으로 치열하게 전개되었다.

5. 1900년 이후의 열강의 이권침탈

독립협회가 강제 해산당하여 열강의 이권침탈에 대한 한국민족의 저항운동이 조직화되지 못하게 되자 가장 적극적으로 이권침탈에 나선 것은 일본과 러시아였다. 일본과 러시아는 대한제국을 종속국 내지 식민지로 점유하려는 의도를 갖고 그러한 정책의 일환으로 치열한 이권침탈 경쟁을 전개하였다.

일본은 황제고종과 대한제국 정부에게 이권균점을 강력하게 요구하

---

79) 《度支部來去案》(奎章閣도서), 제 16책, 光武 2년 9월 24일조 "照會 제 76호" 및 〈皇城新聞〉, 1898년 9월 21일자 "雜報"(新産將歸) 참조.

면서 집요하게 외교적 압력을 가하여 1900년에 먼저 충청남도의 직산(稷山) 금광 채굴권을 이권으로 침탈하였다.[80] 그러나 일본은 바로 광구를 정하지 않고 직산군 일대의 모든 산들을 파헤쳐 채금을 하면서 한국 정부에 대해서는 광구미정이라는 구실을 내세워 약정된 세금도 전혀 납부하지 않았으며, 이 일대에서 채금하는 한국 광부들과 도처에서 끊임없이 충돌만 일으켰다.[81]

일본은 직산 금광 채굴권 침탈에 만족하지 않고 불법적으로 전국 각지의 광산을 답사하며 광산조사를 자행했고,[82] 제멋대로 시굴작업을 자행한 후 양질의 광산을 골라 한국정부에 채굴 이권을 요구하는 압력을 가하였다.[83] 이러한 과정으로 고른 것 중에서 평안북도 후창(厚昌) 금광 채굴권을 러·일 전쟁 기간 중에 한국정부에 압력을 가하여 침탈하였다.[84]

일본은 광산이권과 함께 이 시기에 무엇보다도 한국 내의 모든 철도 이권의 침탈에 열중하였다. 그 이유는 당시 일본은 철도가 한국을 종속국 또는 식민지로 침투하여 지배하는 가장 중요한 전략적 수단의 하나로 간주했었기 때문이었다. 일본은 1899년에 시부자와(澁澤榮一)를 사장으로 한 경인철도합자회사를 설립해서, 앞서 미국인 모르스로부터 인수한 경인철도의 부설공사를 진행하여 1900년 7월에 경인철도를 완공하였다. 일본은 이어서 1901년 6월에 역시 시부자와를 사장으로 한 경부철도주식회사를 설립하고,[85] 자본이 절대적으로 부족하자 일

80) 《稷山鑛約》(奎章閣도서), 光武 4년 8월 16일조 및 《議政府案》 제 11책, 光武 9년 3월 16일조 "照會 제 25호" 참조.

81) 《內部來去案》, 제 13책, 光武 4년 3월 26일조, "照會 제 4호" 참조.

82) 朴萬圭, "開港以後 金鑛業實態와 日帝侵略", 〈韓國史論〉 제 10집, 1984 참조.

83) 《內部案》, 제17책, 光武 9년 3월 1일조, "照會 제 8호" 참조.

84) 李培鎔, 《舊韓末 鑛山利權과 列强》, pp. 172~194 참조.

85) 朴萬圭, "韓末 日帝의 鐵道 敷設·支配와 韓國人動向", 〈韓國史論〉 제 8집, 1982 참조.

본 전국에서 국민주를 모집하여 자본을 공급해서, 1902년 8월 경부철도를 착공하여 러·일 전쟁 도중인 1905년 5월에 준공하였다.[86)]

일본은 경의철도도 불법으로 침탈하였다. 프랑스가 원래 경의철도 부설권을 대한제국에 반환하자, 한국 민간인들은 경의철도 부설을 위해 대한철도회사를 조직했고, 정부는 서북철도국을 설치하여 한국인 소유 철도로서의 경의철도 건설을 추진하였다. 그러나 착공도 보기 전에 1904년 2월 일본이 러·일 전쟁을 도발하고 한국에 불법 상륙하여 궁궐을 포위·협박해서 1904년 2월 23일 이른바 제1차 '한·일 의정서'를 강제 체결하였다. 여기에는 일본군 전용의 한국토지 수용과 러·일 전쟁에서 한국정부가 일본에 대해 협력하는 조항이 포함되어 있었다. 일본은 경의철도를 군용철도로서 부설하겠다고 한국정부에 일방적으로 통보하고, 1904년 3월 12일 불법으로 경의철도를 착공하였다. 일본은 경의철도 부설 과정에서 실로 광대한 철도 부지를 거의 무상과 다름없는 가격(시가의 1/10~1/20)으로 군용토지로서 수용했을 뿐 아니라 정거장과 역원관사의 부지를 무상으로 필요 면적보다 10여 배씩 수용했고, 이 위에 일본군의 군용지로서 300만 평 이상의 토지를 요구하였다.[87)] 이 방대한 규모의 토지는 후에 일본인 이주민들에게 불하되어 그들의 거류지가 되었고, 토지를 일본군에게 수용당한 한국인들은 격렬하게 저항하다가 가혹한 탄압과 학살을 당하였다.

또한 일본은 경의철도 부설에 소요되는 노동력으로 철도연변의 한국농민들을 강제 징발하여 사역시켰기 때문에 한국농민들의 결렬한 저항과 그에 대한 일본군의 잔혹한 학살·탄압이 있었다.[88)] 일본의 이

86) 鄭在貞, "韓末·日帝初期(1905~1916) 鐵道運輸의 植民地的 性格(上·下)", 〈韓國學報〉, 제 29~30집, 1982 참조.

87) 《內部案》, 제16책, 光武 8년 7월 22일조, "照會 제 42호" 참조.

88) 愼鏞廈, "韓末 義兵運動의 起點에 대한 新考察", 《韓國近代民族運動史研究》, (一潮閣), 1988, pp. 8~14 참조.

러한 불법 침탈과 한국인의 이러한 막대한 희생 위에서 1905년 4월 경의철도가 준공되어 일본군과 군수물자 수송에 동원되었다.[89] 일본은 1905년말까지 당시 한국 내 철도의 전부인 경인철도 · 경부철도 · 경의철도를 모두 침탈 장악하여 한국 침략과 식민지화의 도구로 이용하게 되었다.

일본은 이 시기에 자본투하가 소요되지 않는 이권으로 어채권 침탈에도 적극 집중하였다.[90] 일본은 1900년에 경상 · 강원 · 함경도 연해 어채권, 1901년에 경기도연해 어채권, 1904년에는 충청 · 황해 · 평안도연해 어채권을 침탈하였다.[91] 이것은 1904년까지 일본이 한반도의 3면의 연해 어채권 모두를 침탈했음을 의미하는 것이었다.

일본은 또한 이 시기에 금융이권을 장악하여 일본제일은행권을 법화(法貨)로 한국 내에서 통용하게 하는 특권까지 침탈하였다. 일본은 그 방법으로서 1901년 9월 일본제일은행이 한국정부에게 조세를 담보로 50만 원의 차관을 주도록 하는 방법을 사용하였다. 이어서 일본은 1902년 5월에는 일본제일은행의 1원권을 한국에서 법화로서 사용하도록 하는 이권을 획득하여 화폐발행권을 침탈하였다. 일본은 드디어 1905년 1월에는 대한제국 정부에 강요하여 일본제일은행이 대한제국의 국고 취급 및 '화폐정리사업'의 일체를 위임받도록 해서 중앙은행의 금융 · 재정권을 모두 침탈하기에 이르렀다.[92]

일본은 이밖에도 1905년에는 일본군의 무력위협으로 한국정부에 강요하여 통신관리권 및 하천운행권을 침탈하여 전국의 교통 · 통신을 완

89) 鄭在貞, "京義鐵道의 敷設과 日本의 韓國從貫鐵道支配政策", 《放通大論文集》 제 3집, 1984.

90) 《農商工部來去文》, 제 9책, 光武 4년 2월 14일조, "照會 제 9호" 참조.

91) 《農商工部來去文》, 제 11책, 光武 8년 6월 18일조, "照會 제 6호" 참조.

92) 村上勝彦, "第一銀行朝鮮支點と植民地金融", 〈土地制度史學〉, 제 61호, 1973 참조.

전히 장악하였다.

일본과 치열한 경쟁을 벌이면서 이 시기에 이권침탈을 적극 추구한 것은 러시아였다. 러시아는 우선 마산항에 해군기지를 건설하고자 하여 주한 러시아공사관 슈타인(Stein)이 1899년 6월 러시아군함 코리피스호를 타고 석탄차 기지를 물색한다는 명분하에 마산포의 현지조사를 하였다. 이를 안 주한 일본공사는 러시아의 의도를 파악하고 일본거류민에게 명령하여 러시아가 물색한 토지를 먼저 매입해 버리도록 하였다. 이에 러시아는 거제도를 조차하고 싶었으나, 일본의 저항이 더 클 것이라는 해군제독 티르토프(Tyrtov)의 주장에 따라, 마산항 부근에서 해군기지용 토지의 조차를 추진하기로 하였다. 러시아는 1900년 3월 16일 3척의 군함을 인천에 보내어 무력시위를 한 후, 1900년 3월 30일 한·러 간에 거제도협약을 맺어 마산포의 율구미(栗九味)를 조차하고, 거제도를 어떠한 외국에도 조차하지 않을 것이라는 약속을 받아내었다.[93]

청국에서 1900년 여름에 의화단 운동이 일어나자, 러시아는 동청철도를 보호한다는 구실을 내세워 12,000명의 대군을 만주에 파병하였다. 이에 당황한 일본은 러시아에게, 러시아의 세력범위를 만주로 하고 일본의 세력범위를 한국으로 분할하여 교환하자는 만한교환론(滿韓交換論)을 제의하였다. 이에 대해 러시아는 한국을 39도선에서 분할할 것을 제의했고, 일본은 이에 반대하여 양국의 타협은 성립되지 않았다. 모두 한국인의 의사는 묻지 않은 제국주의 외교였다. 러시아는 1901년 1월 7일 한국의 중립화를 제의했으나 일본은 이를 거절하였다.[94]

---

93) 辛承權, "露日戰爭前後의 러시아와 韓國, 1898~1905" 및 *Allen Papers*, "Allen to Hay", No. 245, 1900년 4월 21일조, "Diplomatic Despatches, Korea" 참조.

94) 《日本外交文書》, 제 33권, 제 3책, pp. 952~953 참조.

일본은 단독으로 러시아에 대항할 실력이 없다고 판단되자 1901년 7월부터 영일동맹을 추진하였다. 영국도 남아프리카에서 '보어(Boer) 전쟁'을 하고 있었으므로 극동에서 러시아의 남하정책을 저지하기 위해서는 일본과의 동맹이 필요하다고 판단하여, 마침내 1902년 1월 30일 제 1차 영일동맹이 체결되었다. 이것은 일본이 한국을 식민지화하기 위하여 러시아와 일전을 전개할 각오로 외교적 전쟁준비를 한 것이었다.

러시아에서는 그 사이에 온건파가 퇴진하고 국무비서 베조브라조프(A. M. Bezobrazov)를 중심으로 한 대(對)일본 강경파가 실권을 장악하게 되었다. 이때 러시아가 침탈한 이권인 삼림 벌채권이 러·일 전쟁을 앞당기는 요인이 되었다. 베조브라조프는 일찍이 브린너가 1896년에 획득한 압록강유역 삼림 벌채권을 인수하여 1902년에 압록강목재회사를 설립했는데, 이 회사의 주요 주주들은 모두 러시아 정치계의 거물들이었다. 이들은 자연히 대일본 강경파가 되어 만주로부터의 러시아철병을 반대하면서, 베로브라조프를 중심으로 러시아의 만주·한국 지배를 강력히 추구하였다.95)

1903년 4월에는 러시아인과 병사 약 300명이 신의주의 외항인 용암포에 들어와서 벌목을 시작했으며, 5월에는 러시아군 병력 200명을 용암포에 증파하여 포대를 설치하였다. 7월에는 러시아가 만주 안동과 한국 용암포 사이에 전선을 가설하고, 7월 8일 러시아의 군사기지로 사용하려고 대한제국 정부에게 용암포의 조차를 요구해 왔다.

러시아의 이러한 정책은 한국을 병탄하여 식민지화하려고 노리는 일본에게 위협감을 주어 일본과 영국은 1903년 8월 10일 대한제국에게 용암포조차 반대의사를 통고하고 의주의 개항을 요구하였다. 대한제국 정부는 용암포 조차와 의주 개항을 모두 거부하였다. 그러나 한

---

95) 金容九, 《世界外交史》上卷, pp. 424～442 참조.

국을 지배하려는 일본과 러시아 사이의 러·일 전쟁의 기운은 점차 가열되었다.

러·일 전쟁의 전운이 급박해오자 양국은 이의 조정을 위한 교섭을 하였다. 러시아의 기본 입장은 만주는 러시아의 배타적 세력범위로 하고 39도선 이북의 한국을 중립지대로 하며, 39도선 이남의 한국은 일본의 정치적 경제적 우월권을 인정하되 군사적 우월권은 인정하지 않는다는 것이었다. 반면에 일본의 기본입장은 만한교환론에 입각하여 한국을 일본의 보호령으로 하고, 만주에서의 러시아의 우월권은 인정하되 기회균등원칙을 주장하는 것이었다. 몇 차례 외교교섭을 주고받았으나 합의에 도달하지 않았다.[96)]

러·일 전쟁의 전운이 더욱 급박해지자 대한제국은 1904년 1월 23일 독립을 강조하면서 러시아와 일본 사이에서 '엄정중립'을 선언하였다. 그러나 실제적인 힘이 없는 나라의 독립과 엄정중립의 선언을 일본은 인정해주지 않았다.

일본은 1904년 2월 8일 인천과 대련에 있는 러시아 군함 각 2척을 기습 공격하여 격침시킨 후, 이틀 뒤인 2월 10일 대러시아 선전포고를 하면서 러·일 전쟁을 도발하였다. 한국에 불법 상륙한 일본군의 강요에 의해 대한제국은 1904년 5월 18일 모든 한러조약들을 폐기했으며, 러시아가 침탈했던 이권인 두만강 유역·압록강유역·울릉도 삼림 벌채권의 러시아에의 허여를 취소하였다. 이 조치에 의하여 그동안 한국에서 러시아가 획득했던 이권들은 모두 취소되었다.

이 시기에 일본과 러시아 이외의 이권을 침탈한 나라는 영국이었다. 영국은 1900년 3월 황해도 은산금광 채굴권을 침탈하였다. 이어서 영국은 피어스가 1905년 각국 자본을 모아 한국신디케이트(Korea Syndicate)

---

96) 《日本外交文書》, 제 35권, pp. 339~403 및 辛承權, "露日戰爭前後의 러시아와 韓國, 1898~1905" 참조.

를 설립해서 황해도 수안(遂安) 금광 채굴권을 침탈하였다.[97] 그러나 이 금광들은 금광석 매장량이 풍부하지 않아 그들은 큰 이익을 내지 못했다.

러·일 전쟁에서 일본이 승리하여 1905년 9월 5일 강화조약(포츠머스조약)이 체결되고, 일제에 의해 1905년 11월 17일 이른바 '을사 5조약'이 강요되어 대한제국의 외교권이 박탈되었으며, 1906년 2월 1일 일제 통감부가 서울에 개청되자 대한제국은 일본의 지배하에 들어가게 되고 한국민족의 국회복운동이 본격적으로 전개되기 시작했다.

6. 맺음말: 열강의 이권침탈의 귀결

일본이 1905년 11월 17일 이른바 '을사 5조약'을 강요하여 대한제국의 외교권을 박탈하고 일제 통감부가 대한제국의 외교업무를 담당하게 되자 열강은 그 이전에 이미 침탈한, 문서상으로 증명되는 이권을 제외하고는 이권침탈이 불가능하게 되었으며, 모든 이권은 일본이 독점하게 되었다.[98]

일제 통감부는 1906년 6월 광업법을 제정하여 대한제국 정부의 이름으로 공포하였다. 그 내용의 요점은 외국인(실제는 일본인)에게도 광업권을 신청하여 허가받을 수 있게 개방하고 광업권을 저당·양도의 목적물로 설정할 수 있게 한 것이었다. 이에 따라 일본인들이 물밀 듯이 광업권을 신청하고 한국인은 극소수가 이것을 신청했는데, 통감부(명의는 대한제국 정부)의 허가는 대부분 일본인에게 나와서 1906년 이후의 한국광산은 일본의 지배하에 들어가게 되었다.[99]

97) 《議政府案》 제 11책, 光武 9년 10월 30일조, "請議書 제 70호" 참조.

98) 金雲泰, 《日本帝國主義의 韓國統治》 (博英社), 1986 참조.

99) 李培鎔, 《舊韓末 鑛山利權과 列强》, pp. 40~46 참조.

일본은 청·일 전쟁에서 승리하여 강화조약을 체결할 때 한반도에서 청국이 침탈했던 이권을 모두 소멸시켰고, 러·일 전쟁에서 승리하여 러시아의 이권을 모두 소멸시켰다. 한반도에서 가장 많은 이권을 침탈했던 것은 일본·청국·러시아였는데, 이제 일본의 이권만 그대로 남은 것이었다. 그 밖의 서양 열강의 이권에 대해서는 일본은 한국 식민지화에 대한 서양 열강의 묵인을 얻기 위해서라도 그 특권을 인정할 필요가 있었으므로, 서양각국이 대한제국과 체결한 이권침탈 조약의 효력을 일본은 보호한다고 약속하였다. 서양 열강의 잔존한 이권은 금광이권이었는데, 프랑스는 1900년 광산 채굴권 한 곳을 침탈했다가,[100] 1907년 평안도 창성금광으로 확정했으며,[101] 광질이 우수하여 1928년까지 채광하고 철수하였다.[102] 이탈리아도 일본의 지원을 받고 1905년 광산 채굴권 한 곳을 획득했다가 1907년 평안북도 후창금광으로 확정했는데,[103] 광질이 미흡하여 1911년에 이를 포기하고 철수하였다. 가장 오랫동안 남아 있던 것은 미국이 획득한 운산금광으로서 1939년 약정만료 기한까지 채금하고 철수하였다.

철도는 일본의 철도국유화 정책에 따라 1906년 3월 31일 경부철도 매수법을 제정 공포하여 일제 통감부·총독부의 소유로 만들었다. 그리하여 한반도 내의 모든 전선과 철도가 직접 통감부의 관장하에 들어가게 되었다.

러시아가 벌채권을 획득했던 압록강유역·두만강유역 삼림에 대해서는 일제 통감부가 1907년 4월 1일 영림창관제를 제정 공포하여 통감부의 영림창에서 압록강유역·두만강유역 삼림 벌채와 관리의 사무를

---

100) 洪淳鎬, "韓佛人事交流와 프랑스 顧問官의 來韓", 《韓佛修交 100년사》(한국연구협의회 편), 1986 참조.

101) 《農商工部來去案》, 제 1책, 光武 10년 12월 2일조, "照會 제 311호" 참조.

102) 李培鎔, 《舊韓末 鑛山利權과 列强》, pp. 200~209 참조.

103) 《農商工部去來案》, 제 1책, 隆熙元年 8월 26일조, "照會 제 62호" 참조.

관장하도록 하여 일본이 이를 직접 침탈하였다.

군사기지와 토지의 조차에 대해서는 일본이 1906년 8월 21일 진해만과 영흥만 일대를 군항예정지로 결정했으며, 치외법권을 가진 청국 전관조계와 러시아의 마산항 율구미의 조차는 물론 모두 폐지하였다. 오직 일본 전관조계만이 1910년 8월까지 존속했다가 1910년 8월 29일 이후 조선총독부의 관장하에 모든 한국 국토와 함께 포괄적으로 점령 · 이관되었다.

한국의 1876년 개항 이후 한반도에서의 열강의 이권침탈은 한반도에서 열강의 정치적 세력의 크기에 의해 좌우되었으며, 결국 일본이 대한제국을 반식민지(이른바 '보호국') 화하고 식민지화함에 따라 일본의 강점하에 들어간 것이었다.

(한국정치외교사학회 편, 《한국외교사》, 제 1권, 1993)

제 4 장

한국 근대 국제통상무역의 전개과정, 1876~1910

1. 머리말

한국이 서구자본주의 상품과 본격적으로 접촉하여 선진자본주의의 도전을 크게 받고 그에 대해 응전을 전개한 것은 1876년 2월 26일 일본과 '강화도조약'이라고 알려진 '조·일 수호조규'(朝日修好條規)를 체결하여 부산과 원산을 개항한 것이 그 계기가 된다.

물론 그 수세기 이전부터 한국은 중국 북경(北京)과의 사신왕래와 남방의 표류서구인을 통하여 서구의 문물을 접하여 왔고, 이것이 일부의 선각적 지식인과 관료들의 사상과 행동에 상당한 영향을 끼친 것이 사실이지만, 아직 본격적이라고 하기에는 너무 미미한 것이었다.

한국을 포함하여 동아시아가 막강한 무력을 배경으로 한 서구의 거부할 수 없는 강압적 통상요구에 직면한 것은 19세기 초부터라고 할 수 있다. 산업혁명을 통하여 산업자본주의를 확립한 서구제국은 근대공장제도의 기계생산에 의하여 근대적 상품을 대량생산하게 되자 적극적으로 통일된 세계시장의 형성을 추구하게 되었으며, 새로운 상품의 판로를 구하여 그들의 상선(商船)과 군함이 동아시아까지 통상을 요구하여 왔다. 어떠한 운둔의 나라, 폐쇄된 지역도 서구산업자본주의의 근대적 무력을 배경으로 한 통상 요구 앞에는 문호를 개방하여 상품을 받아들이지 않으면 안 되었다. 1842년 중국이 불가피하게 개항하게 되고, 1858년에는 미국군함 페리호의 함포의 위협 아래에서 일본이 불평등조약에 의해 개항하지 않을 수 없었다.

서양 열강은 한국과의 통상도 꾸준히 요구했으나 성공하지 못했다. 그런데 1876년에 뒤늦게 서구를 모방하여 근대국가체제를 갖춘 일본이 자기나라가 서양에 의해 강압적으로 개항당했던 경험을 바탕으로 한국을 함포로 위협하여 개항을 강요하였다. 1876년 한국의 개항은 최후의 은둔국을 개항시켜 서구자본주의 세계시장에 편입시킨 것이었다.

1876년의 한국 개항은 중국과 일본을 포함한 다른 나라의 개항과 처음부터 성격이 상이하게 출발했음을 주의할 필요가 있다. 다른 나라의 개항은 산업혁명을 거친 서구제국이 근대공장제 상품을 판매할 시장을 확대하기 위한 산업자본주의적 개항이었다. 한국의 개항은 간접적으로는 이러한 성격을 띠었다 할지라도 직접적으로는 산업자본을 성립시키기 이전의 일본에 의한 상업자본주의적 개항이었다. 일본이 한국의 개항을 강요했을 때 일본은 산업자본을 확립시킬 수 있을 것인가의 전망도 뚜렷하지 못한 단계로 일부의 상업자본과 무사계급이 결합하여 서구의 근대국가체제를 도입하고 있었다. 따라서 한국에 대한 일본의 개항요구는 산업자본 성립 이전의 그 준비단계로서의 상업고리대자본(商業高利貸資本)의 원시적 자본축적 요구와 무사계급의 팽창주의가 결합된 중상주의적·군국주의적 개항요구라는 특색이 있었다. 세계사적으로는 서구자본주의의 세계시장형성운동의 대리역을 일본이 맡은 것이지만, 한국사의 입장에서는 이중의 도전을 받은 것이었다.

1876년의 '조·일 수호조규'에 의한 3항의 개항은 일본을 대상으로 한 부분적 개항이며, 서구와는 간접적으로 접촉하게 된 것이었다. 한국이 서구자본주의와 직접적 전면적으로 접촉하게 된 것은 1882년

'조·미(朝美) 수호통상조약'을 비롯하여 서구제국과 일련의 통상조약을 체결하고 3항 이외에 다수의 항구를 개항한 이후부터이다. 따라서 한국의 개항과 개국은 시기적으로 이를 몇 단계로 구분하여 고찰하는 것이 편리하다. 이 글에서는 1876~1910년의 한국의 대외무역을 한국과 외국과의 접촉의 범위와 강도를 기준으로 하여 다음의 3시기로 구분하여 고찰하려고 한다.

■ 제1차 개항 (1876~1882)

부산 (1876년 10월)	1876년의 조·일 수호조규
원산 (1880년 4월)	1876년의 조·일 수호조규 및 1879년의 원산 개항예약 7관

■ 제2차 개항 (1883~1893)

인천 (1883년 1월)	1876년의 조·일 수호조규 및 1882년의 제물포조약
양화진 (1883년 8월)	1882년의 제물포조약
서울 (1883년 10월)	조·중 상민수륙무역장정 및 한·영 수호조약
경흥 (1888년 7월)	조·러 육로통상장정

■ 제3차 개항 (1894~1910)

진남포 (1897년 10월) | 목포 (1897년 10월) | 평양 (1898년 8월)
군산 (1899년 5월) | 마산 (1899년 5월) | 성진 (1899년 6월)
용암포 (1906년 8월) | 청진 (1908년 4월) | 신의주 (1910년 8월)

이 중에서 제1차 개항기는 한국의 근대적 대외무역의 범위가 일본에 한정되었던 시기로서, 상업무역을 한국상인과 일본상인이 독점하고 있던 시기이다. 제2차 개항기는 '조·중 수륙무역장정' 및 '조·미 수호통상조약'의 체결을 계기로 하여 한국의 대외무역의 범위가 중국과 서구제국에까지 확대되어 직접적 전면적 접촉을 하게 된 시기이다. 이 시기에는 세계 각국의 상업자본이 본격적으로 한국에 진출하여 개방경쟁을 전개한 시기이다. 제 3차 개항기는 대외적으로 계속 한국의 대외무역의 범위를 확대하고 대내적으로 국내 주요항구를 모두 개방한 시기이다. 이 시기는 무역경쟁이 열전화되고 전쟁의 영향이 대외무역에 미쳤으며 일본이 우세를 보이면서 한국이 식민지화의 위험에 직면한 시기이다.

이하 시기별로 1876~1910년간의 한국의 대외무역을 고찰하기로 한다.

2. 제 1차 개항기의 국제무역

1) 조 · 일 수호조규(강화도조약) 중의 통상관계 조항의 문제점

1876년 2월 26일 한국과 일본 간에 체결된 '조 · 일 수호조규'의 내용 검토는 매우 중요하다. 이 조약에 의거하여 조선이 서구상품을 전면적으로 수입하였고, 수입된 상품이 점차적으로 조선왕조의 전통적 경제 조직을 분해시켰을 뿐만 아니라, 그 이후의 다른 나라와의 수호통상조약의 내용에도 큰 영향을 미쳤기 때문이다. 그러나 그 통상관계조항을 검토하는 것에서부터 우리의 논의를 시작하지 않을 수 없다.

1876년 체결된 조일 수호조규 12개 조항 가운데 통상관계조항의 내용은 다음과 같다.[1)]

> 제 4관. 조선국 부산의 초량항에는 일본공관이 있어 오랫동안 양국인의 통상지였다. 금후에는 종전의 관례와 세견선(歲遣船) 등의 일

1) 國會圖書館 立法調査局, 《舊韓末條約彙纂》 上卷, pp. 13~16; 〈朝日條修好條規〉 참조.

을 혁제하고 신립(新立)된 조관에 빙준(憑準)하여 무역사무를 조변(措辨)할 것이다. 또한 조선국정부는 별도로 제 5관 소재의 2항구를 개항하여 일본국 민인의 왕래, 통상을 준허(准許)한다. 그 항구 내의 지면을 임차하여 가옥을 조영(造營)하거나 혹은 해(該)소재 민인의 가옥에 교우(僑寓)함은 각각 편리한 방법대로 한다.

제 5관. 경기 · 충청 · 전라 · 경상 · 함경 5도의 연해 중 통상에 편리한 항구 2처를 택하여 지명을 지정한다. 항구를 개항하는 시기는 일본력 명치(明治) 9년 2월, 조선력 병자(丙子)년 2월부터 기산하여 공히 20개월 내로 한다.

제 6관. 이후 일본국 선척(船隻)이 조선국 연안에서 대풍을 만나거나 신량(薪糧)이 궁갈(窮竭)하여 지정된 항구에 도달하기가 불능할 때에는 연안의 어떠한 지항(支港)에라도 기박(寄舶)하여 피위보결(避危補缺)하고 선구(船具)를 수선하며 시탄(柴炭) 등을 매득할 수 있다. 그 지방에서 공급한 물품에 대한 비용은 반드시 선주가 배상해야 되지만 무릇 이러한 사실에 관하여 지방관민들은 특히 인휼(燐恤)의 뜻으로 구원하여 보급함이 부족하지 않게 하여 주어야 한다. 또한 양국의 선척이 대양 중에서 파괴되어 승무원이 표도(漂到)하였을 때에는 그 지방인민은 즉시 그들을 구휼하여 생명을 보전케 하고 지방관에 품하여 그 관(官)은 그들을 본국으로 호송하거나 혹은 근처에 재류하는 본국관리에게 교부케 한다.

제 7관. 조선국 연안의 도서 · 암초는 종전에 심검을 거치지 않아 극히 위험하다. 일본국의 항해자가 자유로이 해안을 측량하도록 준허하여 그 위치의 심천(深淺)을 상심(詳審)하며 도지(圖志)를 편제하여 양국의 선객들이 위험을 피하고 안전을 도모할 수 있게 한다.

제 8관. 이후에 일본정부는 조선국이 지정한 각 항구에 때에 따라 일본국의 상민(商民)을 관리할 관원을 설치할 수 있다. 만약 양국이 교섭할 안건이 있을 때에는 그 관은 소재지방장관과 회상(會商)하여 변리(辨理)한다.

제 9관. 양국은 이미 통호하였으니 피차인민은 각자 임의로 무역할 수 있다. 양국관리는 조금도 이에 간예하지 못하며 또 제한·금지하지 못한다. 만약 양국의 상민(商民)이 기망충매(欺罔衝賣) 하거나 대차(貸借)한 것을 보상하지 아니할 시는 양국관리는 그 통상민(通商民)을 엄핵나수(嚴覈拏囚) 하여 채결(債缺)을 추판(追辦)할 것이다. 단 양국정부는 이를 대상(代償)할 수 없다.

제10관. 일본국 인민이 조선국 지정의 각항에 재류중 죄를 범한 것이 조선국 인민에게 관계되는 사건을 일으켰을 때에는 모두 일본관헌이 심단(審斷)할 것이다. 만약 조선국 인민이 죄를 범한 것이 일본국 인민과 교섭할 일이 생겼을 때에는 조선관헌이 사변(査辨)할 것이다. 단 각각 그 국 법률로 신단하되 조금도 회호(回護) 조비(袒庇)함이 없이 공평 윤당(允當)하도록 하여야 한다.

제11관. 양국이 이미 통호하였으므로 따로이 통상장정을 설정하여 양국상민의 편의를 도모할 것이다. 또한 아울러 현하에 설정한 각조관중 다시 세목을 보첨(補添)하여 조건에 준조(遵照)함에 편리케 할 것이다. 이것은 지금부터 6개월 이내에 양국이 따로 위원을 조선국 경성 또는 강화부에 파견하여 회상하여 정립케 한다.

이 규정에 의하여 1876년 7월 8일 '수호조규 부록' 11관과 '어조선국의정제항 일본인민무역규칙'(於朝鮮國議定諸港日本人民貿易規則) 11칙(則)을 의정·조인한바, 이러한 일련의 조규를 통하여 일본이 획득한 통상무역상의 권리를 간추려 보면 다음과 같다.

① 부산과 그 이외 경기·충청·전라·경상·함경의 5도 중에서 통상에 편리한 2항구를 개항하여 통상을 개방하도록 한 점(수호조규 제 4관 및 제 2관)

② 개항장에서 일본상인이 토지를 임차하고 가옥을 건축하여 거류할 수 있도록 한 점(수호조규 제 4관 및 부록 제 3관)[2]

③ 일본상인은 개항장의 부두로부터 동서남북 직경 4㎞내에서 자유로이 통상 왕래할 수 있으며, 특히 동래부(東萊府) 1처에는 자유로이 왕래할 수 있도록 한 점(부록 제 4관)[3]

④ 양국상인은 각자 임의로 무역할 수 있으며 양국관리는 이에 간예제한·금지할 수 없도록 하고 또 한국인민은 일본상인으로부터 매득한 재화를 임의로 사용할 수 있도록 보장한 점(수호조규 제 9관 및 부록 제 8관)[4]

⑤ 특히 개항장에서 일본상인이 양미(糧米)나 잡곡을 자유롭게 수출입할 수 있도록 규정한 점(무역규칙 제 6칙)[5]

⑥ 개항장에서 일본상인이 한국인과 일본화폐로써 거래할 수 있도록 인정한 점(부록 제 7관)[6]

---

2) 《舊韓末條約彙纂》 上卷, pp. 20~23; 〈朝日條修好條規 附錄〉· 수호조규부록 제 3관은 다음과 같다.

"議定된바 조선국의 通商各港口에서 일본국 인민으로 租賃地에 거주하는 자는 모름지기 지수와 상의하여 그 액수를 정하고 관속지일 때에는 조선국 인민과 같은 액수의 조를 납하여야 한다. 부산 초량항의 일본관에 종전에는 守門·設門을 設하였는데 금후부터 이를 철폐하고 新定된 程根에 의하여 界上에 立標하며 다른 二港도 역시 이 예에 照한다."

3) 《舊韓末條約彙集》 上卷, p. 21; 수호조규부록 제 4관은 다음과 같다.

"이후 부산항에서 일본국 인민이 다닐 수 있는 도로의 里程은 부두로부터 기산하여 동서남북 각 직경 10리(조선 里法)로 한다. 동래부 1처는 특히 왕래할 수 있으며 이 里程 내에서 일본국 인민은 수의로 통행하고 土宜 및 일본국 물산을 매매할 수 있다."

4) 《舊韓末條約彙集》 上卷, p. 22; 수호조규부록 제 8관은 다음과 같다.

"조선국 인민은 일본국 인민으로부터 매득한 화물이나 또는 贈遺된 각물을 수의로 사용하여도 무방하다."

5) 《舊韓末條約彙纂》 上卷, pp. 114~116; 〈貿易規則〉 참조. 무역규칙 제 6칙은 다음과 같다.

"이후 조선국 제 항구에 往留하는 일본인은 양미 및 잡곡을 수입할 수 있다."

6) 《舊韓末條約彙集》 上卷, p. 22; 수호조규부록 제 7관은 다음과 같다.

"일본국 인민은 본국에 현행되는 제 화폐로 조선국 인민이 소유하고 있는 물자

⑦ 개항장에서 수출입에 관세를 부과하지 못하도록 관세조항을 삭제하고 항세조항만을 넣은 것(무역규칙 제7칙)

⑧ 일본국 정부에 속한 선박들은 항세를 제외하도록 한 점(무역규칙 제 7칙)[7]

⑨ 개항장에 일본상민을 관리할 일본인 관리관(영사)를 상주케 한 점(수호조규 제 8관)

⑩ 개항장에서의 일본상인의 대(對)한국인 관계범죄를 일본관헌이 처리케하여 치외법권을 인정한 점(수호조규 제10관)

⑪ 개항장에서 일본인은 한국인을 고용할 수 있고, 한국인이 정부의 윤허를 얻으면 일본으로 데리고 갈 수 있도록 한 점(부록 제5관)[8]

⑫ 한국정부나 인민이 개항장 이외의 타 항구로 화물을 운수하려 할 때 일본선박을 고용할 수 있도록 한 점(무역규칙 제8칙)[9]

와 교환할 수 있으며, 조선국 인민은 그 교환된 일본의 제 화폐로써 일본국 토산의 제 화물을 매득할 수 있고, 이로써 조선국이 지정한 제 항구에서 인민들은 호상 통용할 수 있다. 조선국 銅貨幣를 일본국 인민이 사용·운수할 수 있으며, 양국 인민이 錢貨를 私鑄할 경우 각각 國律을 적용한다."

7) 《舊韓末條約彙集》 上卷, p. 116; 무역규칙 제 7칙은 다음과 같다.
- 항세
連桅檣 상선 및 증기선은 세금 5원(부속 脚艇은 제외함)
單桅檣 상선은 세금 2원(5백석 이상의 화물을 적재할 수 있는 것)
單桅檣 상선은 세금 1원 50전(5백석 이하의 화물을 적재할 수 있는 것)
일본국 정부에 소속된 제 선박은 항세를 납부하지 않음.

8) 《舊韓末條約彙集》 上卷, p. 21; 수호조규부록 제 5관은 다음과 같다.
"의정된바 조선의 각 항구에서 일본국 인민은 조선국 인민을 賃雇할 수 있으며, 만약 조선국 인민이 그 정부의 允准을 얻으면 일본국으로 가는 것도 無礙하다."

9) 《舊韓末條約彙集》 上卷, p. 116~117; 貿易規則 제 8칙은 다음과 같다.
"조선국정부나 인민이 지정한 무역항 이외의 他口岸으로 각 물건을 운수하려 할 때 일본국 상선을 고용할 수 있다. 雇主가 만약 인민일 경우에는 조선국

⑬ 일본인이 한국의 연안 도서 암초를 측량하고 도지(圖志)를 작성할 수 있도록 한 점(수호조규 제 7관 및 부록 제 9관)

⑭ 일본선박이 조난을 당했을 경우에는 한국의 관민이 이를 구휼하여 수용물을 판급(辦給)하고 가장 근접한 일본인관리에게 이첩하거나 송환시키도록 한 점(수호조규 제 6관 및 부록 제 9관, 제10관)[10]

⑮ 개항장에 주재하는 일본인관리는 한국 연안에서 일본선박이 치패(致敗) 긴급할 때 지방관에게 통고하고 그 지방 연로를 통과할 수 있도록 한 점(부록 제 1관)[11]

이 중에서도 특히 ① 개항장에서 일본인 전관조계(專管租界; 거류지)의 설치 인정, ② 일본상인의 대(對)한국인관계 범죄를 한국법정에서가 아니라 일본인 주재관리가 다루도록 치외법권(治外法權) 인정한 것, ③ 개항장에서 일본상인과 한국인의 거래에 일본화폐를 상용토록

정부의 準單에 照한 뒤에 雇役하여야 한다."

10) 《舊韓末條約彙集》 上卷, p. 15; 수호조규 제 9관 및 제10관은 다음과 같다.
- 제 9관
"수호조규 제 7조에 기재된 바에 따라 일본국 측량선이 小船을 내어 조선국 연안을 측량하다가 풍우를 만나거나 退潮로 본선으로 돌아오지 못할 경우에는 그곳의 里正으로부터 近地의 인가에 安接시키며 만약 수용물품이 있으면 官에서 판급하고 추후에 計價한다."
- 제10관
"조선국은 아직 해외제국과 통신하지 않고 있으나 일본은 이와 달리 제국과 수호한 지가 오래되었고 締盟한 제국과 우의를 보유하고 있다. 이후 諸國 선박이 풍류로 궁박되어 연변 지방에 漂到하게 되면 조선국 인민은 마땅히 愛恤하고 그 표민이 본국으로 송환되기를 바란다면 조선국 정부는 각 항구에 있는 일본 관리관에게 遞置하여 본국에 송환한다."

11) 《舊韓末條約彙集》 上卷, p. 20; 수호조규부록 제 1관은 다음과 같다.
"각 항구에 往留하는 일본국 인민 관리관은 조선국 연해지에서 일본국의 제선박이 致敗·긴급할 시 지방관에게 고하고 그 지방 沿路를 경과할 수 있다."

한 것, ④ 중상주의적 교역의 개방을 요구하면서 관세조항을 넣지 아니한 것, ⑤ 일본측의 조선해안 측량권 인정 등은 이 조약의 불평등성을 단적으로 나타내는 측면이라고 할 수 있다.

이상과 같은 내용의 조약에 기초하여 1876년 10월 먼저 부산이 개항되고, 다음으로 1880년 4월 원산이 개항되어, 한국은 일본상인을 통해서 서양 근대공장제의 상품과 본격적으로 접촉하게 되었다. 서양 산업자본주의 공장제 상품의 수입은 그 이전에 이미 서서히 분해되던 조선왕조사회의 경제조직을 더욱 급속히 분해시켰다. 1876년의 부산 개항을 시점으로 한 조선왕조의 개항은 영국의 산업혁명에 비하여 약 150여년, 중국의 개항에 비하면 34년, 일본의 개항에 비하면 18년 후의 일이다. 1876년의 한국의 개항이야말로 서구자본주의의 세계시장 완성에 최후의 은둔지역을 부가한 것이며, 우리나라의 역사에 지금까지와는 전혀 다른 새로운 충격을 준 것이었다.

2) 제 1차 개항기의 수입무역

1876년 10월 부산이 개항되고 1880년 4월 다시 원산이 개항되자 일본상인들은 일확천금의 꿈을 안고 바다를 건너왔다. 그들은 기선과 범선에 각종의 서구공장제 상품과 투기적 상인, 경찰, 영사를 싣고 개항장에 도착하였다.

원산의 경우에는 1880년 개항 당시 영사 및 경찰, 군의, 서기 등 영사관 직원 75명, 직공 약 100명, 상인 65명이 상륙했으며, 경찰은 경부 2명 순사 30명이 배치되었음을 밝히고 있다.[12] 상인 65명에 경찰 35명의 비율이었다. 그들은 개항장에 도착하여 전관조계지(專管租界地)로서의 '일본인 거류지'[13]를 세우는 한편 일본경찰의 적극적 호위아

---

12) 高尾新右衛門 편 : 《元山發展史》, pp. 22~23.

13) 元山港의 일본인 거류지에 대해서는 *British Consular Reports*(이하 B.C.R.

래 상업활동을 개시하였다.

그러나 1876년부터 1882년까지의 제1차 개항기에는 '거류지 무역'이라 하여 개항장의 부두로부터 4㎞ 이내로 외국인의 상업활동의 범위가 제한되어 있었고, 한국인 상하가 일치하여 그들을 기피하였으므로, 그들의 상업활동은 처음부터 여의치 않았다. 일본인들은 그들의 거류지내에서 상점을 열거나 또는 개항장의 정기적 "향시"(鄕市)에 모험적으로 나가서 상업행위를 하기도 하고, 객주(客主), 여각(旅閣) 등 한국의 도매상인들의 거류지에 잠입하여 거래하기도 하였다. 통상무역이 제 1차 개항기에 현저히 증가하기는 했으나 개항초기에는 일본상인이 기대했던 바와 같은 활발한 진전은 없었다.

이러한 사정에 대하여 러시아 대장성(大藏省) 편 《韓國誌》는 다음과 같이 서술하고 있다.

> 한국시장에서 일본상업의 경쟁자인 외국상인의 출현을 두려워하면서, 진기 조약(강화도조약) 체결을 마치자마자 일본상인은 용이하게 또한 신속히 이익을 획득할 희망을 가지고 즉시 이곳으로 향하였다. 그러나 결과는 예상에 반하여 개항장에서는 항상 탄성을 듣지 않는 일이 없고, 1881년에서 1883년까지 사이에 상점을 폐쇄하고 본국으로 귀환하지 않을 수 없는 자 많게 되었다.
>
> 그 주요인이라 볼 수 있는 것은 한국정부가 조약상의 의무를 이행하지 않는 부덕의(不德義)에 있었다. 원래 한국이 조약을 체결한 것은 심중 이것을 좋아하지 않으면서 일본의 무력적 위협에 억압되어 할 수 없이 이에 응했기 때문에 한국인은 아시아에서 보통인 교활한 마음을 가지고 여러 가지 교묘한 구실을 붙여서 압제에 의하여 획득당한 조약이 실시되는 것을 연인(延引) 시키려고 도모하였다. 이렇게 하여 한국정부는 수출금지에 관한 여러 가지 수단을 세우고, 비황저축(備荒貯蓄)의 명의하에 농업지방에 방곡령(防穀令)을 발표하여 일본상업을 방해했으

로 약칭) *Japan No. 1* (1883), *Despatch from Her Majesty's Minister in Japan Forwarding a Report on Corea*, pp. 4~5에 상세히 기술되어 있다.

> 며, 만일 이들의 물산의 수출이 정부로부터 허가되더라도 통례 지방관리의 힐책이 심한 고로 이러한 때는 한국인(객주 등 한국상인 — 인용자)은 숨어서 또는 몰래 이것을 일본인 창고에 송치공급하였다. 수입에 관해서도 역시 동일한 부자유한 방법을 취했으며, 수인의 한국상인에게 수입의 전권을 부여하였기 때문에 수입품 가격의 현저한 등귀를 초래한 일까지 있었다. 아스톤 씨의 말에 의하면 1880년 5월 1일 일본상점을 위하여 개항된 원산에서도 관리는 잊지 않고 최하급의 소리 및 통역에 이르기까지 세세한 물품에서 특별세를 징수하여 대금을 만들었다. 또한 일본에 반항하는 민심의 격앙은 기업의 위험을 증가시키고, 상업상에 크게 장해를 주었다.
>
> 이러한 사정에 의하여 일본인은 부산에서도 군함이 정박하지 않으면 상업을 영위하는 것이 불가능한 상태에 빠졌고, 군함이 가버리면 한국관리의 강한 요구를 두려워하여 상품을 진열할 수 없었다. 그러나 외국무역은 이러한 불합리한 사항이 있었음에도 불구하고 1876년 조약으로부터 큰 진보를 이루었다. 여하튼 한국인은 이때부터 일본인을 매개로 하여 유럽 사람을 알았다.[14]

이 시기의 각종 자료들을 보면 "한국의 관리와 인민은 일본인을 극히 경멸하여" 일본상인을 적대시하고, 일본상인과의 상거래를 멸시하여 기피했던 것 같다. 일본인의 《元山發展史》의 기록을 보면 "한국상하일반은 … 일본인을 왜노(倭奴)라고 멸시한다. 그러므로 거류민이 발을 한 걸음 거류지 밖에 내놓으면 '왜노 온다'라고 소리치고 욕설을 하며 움직이기라도 하면 투석하는 것도 결코 이상한 것이 아니다"[15]라고 쓰고 있다.

한편 일본상인은 일거에 폭리를 획득하려고 기만적 상략(商略)을 썼으므로 일본상인이 개항장의 정기시장에 진출할 경우 양국인 사이에 자주 충돌이 일어났다. 당시 일본상인의 책임자로서의 일본영사가

---

14) 露國大藏省 편, 日本農商務省 역; 《韓國誌》, pp. 11~12.

15) 1880년(明治 13년) 12월 17일자, 元山總領事諭達, 《元山發展史》, p. 19.

이 문제에 매우 당황하여 고심한 흔적이 보인다. 예컨대 원산총영사가 원산항 거류지의 일본상인에 대해 시달한 두 개의 예를 들면 다음과 같다.

> 과반래 점점 아(일본—인용자) 인민도 개시일(開市日)에 나간다는 말을 듣는데 아직 저들 인민(한국인—인용자) 중에 심득하지 못한 자도 있으므로 금반 다시 그 뜻을 조회해 두었다. 당분간 취체하기 위하여 원산진 개시일에는 순사 약간 명을 출장시켰으니, 만일 그들이 물품의 매도를 거절하거나 소폭(疎暴)한 거동을 취하더라도 될 수 있는 한 우리 쪽에서 손을 대지 말고 온건하게 상대방을 잡아 누르고 즉시 당방 순사에게 넘기도록 하기 바란다. 그리고 예방을 위하여 우리인민도 지금부터 결코 단신으로 원산진에 가는 것을 단념하고 반드시 3~4명이상 동행하도록 할 것을 유달한다.[16]

> 근래 곡물을 구매함에 제하여 종종 분의(紛議)를 야기함에 대해서 자유무역의 취의에 벗어나지 않도록 수회 저들 측(한국—인용자)에 조회했던바, 만일 그들이 상로를 막는 능의 사태가 있을 때는 그 사유를 사세히 보고해 지시를 받게 되었으니, 혹은 자진하여 그들의 판찰소(辦察所)에 가거나 혹은 그(한국측—인용자) 취체인에 대해 거친 거동을 한다는 말을 듣는데 이는 간과치 못할 일이다. 차등은 양국 교제상 용이치 않은 일로써, 차후 이와 같은 말을 듣게 되면 엄중히 취체하여 법류로써 처단할 것이니 일동은 심득하여 틀림없이 주의하도록 하달한다.[17]

일본 무역상인의 일확천금을 노린 기만적 상략과 한국인의 일본상인에 대한 경멸과 기피로 말미암아 충돌이 자주 일어났으나, 그 중간에 한국의 도매상인인 객주·여각 등과 중개인이 개입함으로써 통상교역량은 점차 증대하여갔다.

무역량의 증대추세를 보면 〈표 4-1〉에서 볼 수 있는 바와 같이

16) 1880년(明治 13년) 12월 17일자, 元山總領事諭達, 《元山發展史》, p. 19.
17) 1881년(明治 14년) 3월 22일자, 元山總領事諭達, 《元山發展史》, p. 28.

1877년 7월 1일부터 1878년 6월 30일까지의 수입액이 22만 8,554원, 수출액이 11만 9,538원이었다. 이것은 개항 직전인 1875년의 수입액 6만 8,930원, 수출액 5만 9,789원에 비하여 현저하게 증가한 것이며, 개항의 해인 1876년의 수입액 8만 1,374원과 수출액 8만 2,572원보다도 역시 증가한 액수인 것이다.

1879년 이후 무역량은 현저히 증가하여 1881년에는 수입액이 194만 4,732원, 수출액이 188만 2,657원에까지 달했으며, 1877년 7월 1일

〈표 4-1〉 제 1차 개항기의 무역액 누년표

(단위: 원)

	수 입	수 출	합 계	수출 초과
1877년 7월 1일~ 1878년 6월 30일	228,554	119,538	348,092	△109,016
1878년 7월 1일~ 1878년 12월 31일	142,618	154,707	297,325	12,089
1879년	566,953	677,061	1,244,014	110,108
1880년	978,013	1,373,671	2,351,684	395,658
1881년	1,944,732	1,882,657	3,827,389	△ 62,075
1882년 1월 1일~ 1882년 6월 30일	742,562	897,225	1,639,787	154,663
5개년 총계	4,603,437	5,104,859	9,708,296	501,422

* 자료 : 《韓國誌》, pp. 112~113. △표는 수입초과임.

〈표 4-2〉 개항 직전의 한·일 무역

(단위: 원)

연 도	수 출 (A)	수 입 (B)	A / B
1873	52,382	59,664	87.8
1874	55,935	57,522	97.2
1875	59,787	68,930	86.7
1876	82,572	81,374	101.5

* 자료 : 《韓國誌》, p. 110.

부터 1882년 6월 30일까지 만 5개년간의 총계는 수입액이 460만 3,437원, 수출액이 510만 4,859원에 달하였다.

제 1차 개항기의 수입품을 구주(歐洲, 유럽) 상품과 일본상품으로 구분하여 보면 〈표 4-3〉에서 볼 수 있는 바와 같이 5개년 총계는 구주상품이 88.3%이고 일본상품은 11.7%에 불과하였다. 즉 일본상인이 한국에 판매한 상품은 일본제품이 아니라 그 대부분이 서구제품이었다. 당시 일본은 근대산업자본의 확립 훨씬 이전의 단계에서 오히려 산업자본 형성에 필요한 상업자본의 축적을 진전시키고 있었기 때문에 일본제 상품을 수출할 만큼 전혀 국내 산업이 성장하지 않았다.

〈표 4-3〉 제 1차 개항기 수입품의 일본상품과 구주상품 비율

(단위: 원, %)

	일본상품		구주상품		합계	
	가액	비율	가액	비율	가액	비율
1877년 7월 1일~1878년 6월 30일	87,149	38.1	141,405	61.9	228,554	100.0
1878년 7월 1일~1878년 12월 31일	29,342	20.6	113,286	79.4	142,618	100.0
1879년	55,647	9.8	511,306	90.2	566,953	100.0
1880년	116,130	11.9	861,883	88.1	978,013	100.0
1881년	202,069	10.4	1,742,668	89.6	1,944,737	100.0
1882년 1월 1일~1882년 6월 30일	47,519	6.4	695,043	93.6	742,562	100.0
5개년 총계	537,846	11.7	4,065,591	88.3	4,603,437	100.0

* 주 1. 《韓國誌》, pp.113~114. 일본세관, 일본무역에 관한 보고서에서 Longford가 발췌한 것을 작성.

2. 《韓國誌》, p.113에는 1877. 7. 1~1878. 6. 30 및 1878. 7. 1~1878. 12. 31분 일본상품의 가액이 각각 81,149원 및 19,332원으로 되어 있는바, 이것은 87,149원 및 29,332원의 오식이라고 인정되어 이 표에서는 이를 시정하였음.

일본상인은 주로 홍콩 등지에서 구주제상품을 고베(神戶), 나가사키(長崎), 오사카(大板), 시모노세키(下關) 등지에 수입해다가, 일부는 일본 국내에서 판매하고, 일부는 다시 한국에 수출하는 중계무역에 종사하고 있었을 뿐이었다.

수입품 중 서구제품으로 중요한 것은, 〈표 4-4〉에서 볼 수 있는 바와 같이, 면직물이 총수입액의 77.2%를 차지하여 수위를 점하고 있고, 다음이 염료의 3.9%, 석(錫)이 1.5%, 모직물이 0.8%, 니켈이

〈표 4-4〉 제1차 개항기의 수입품 내역표

(단위: 원, %)

일본상품			구주상품		
품목	가액	비율	품목	가액	비율
쌀	22,692	0.5	셔츠지	2,305,990	50.1
술	22,755	0.5	세마포	907,446	19.7
동(銅)	197,909	4.3	T인 면포	151,457	3.3
석(錫)	6,666	0.1	각종 면포	145,470	3.2
철공품	7,862	0.2	견사	38,403	0.8
라스트링	75,935	1.6	생면	20,703	0.4
견지제품	29,717	0.6	우사(羽絲)	38,819	0.8
마스린	2,980	0.1	견(絹)	13,337	0.3
마직물	9,883	0.2	염료	180,889	3.9
우산(傘)	4,921	0.1	석(錫)	67,644	1.5
거울(鏡)	6,528	0.1	니켈	27,775	0.6
모기장	2,761	0.1	아연	10,596	0.2
칠기	8,067	0.2	동화(銅貨)	37,681	0.8
도자기	7,403	0.2	총기	8,604	0.2
성냥	22,262	0.5	파리(玻璃)	9,595	0.2
잡품	109,405	2.4	육두구제품 및 약재품	18,272	0.4
			잡품(가격 크지 않은 것)	82,910	1.8
합계	537,846	11.7	합계	4,065,591	100.0

* 자료 : 《韓國誌》, pp. 114~115.

〈표 4-5〉 제 1차 개항기 수입품 유별 비율표

(단위: 원, %)

품목 분류	가 액	비 율
직물·피복 및 염료	3,918,149	85.1
금속 및 금속제품	367,767	8.0
식료품	45,447	1.0
잡 품	272,074	5.9
합 계	4,603,437	100.0

0.6%, 육두구(肉荳蔲)제품 및 약품이 0.4%, 견직물이 0.3%, 아연이 0.2%, 기타 등이었다.

한편 일본제품으로는 동(銅)이 총수입액의 4.3%로서 수위를 점하고 있고, 다음이 견직 라스트링의 1.6%, 견지(絹地)제품이 0.6%, 주류가 0.5%, 쌀이 0.5%, 성냥(燐寸)이 0.5% 등으로 되어 있다.

이상의 수입상품들을 품목별로 대별하여 보면, 〈표 4-5〉에서 볼 수 있는 바와 같이 직물 및 염료가 총수입액의 85.1%라는 높은 비율을 차지하며, 다음 금속 및 금속제품이 8.0%, 음료품이 1.0% 기타 잡품이 5.9%의 비중을 차지하였다.

여기서 우리가 알 수 있는 것은 제 1차 개항기의 수입품목의 대종을 이루는 것이 바로 서구제 직물 그 중에서도 특히 면직물이라는 사실이다. 총수입액의 77.2%를 차지하는 면직물과 2.5%를 차지하는 견직물, 0.8%를 차지하는 모직물, 0.2%를 차지하는 마직물 등이 한국에 수입되어 소비됨으로써 기존의 수공업제품과 경쟁을 하게 되고 기존 직물수공업의 분해를 촉진한 것이다. 총수입액의 8.0%를 차지하는 금속 및 금속제품의 수입은 한국인의 수요와 일본상인의 거류지 건설의 수요에 의하여 수입된 것이었다. 총수입액의 1%를 차지하는 음료품의 수입은 주로 일본상인과 거류민들의 수요에 의한 수입이었다. 개항이 되자마자 서구자본주의의 면직물과 각종 신기한 근대상품은 일본상인의 손을 거쳐 동방의 은둔의 나라의 촌락 공동체에까지 침투하여 전통적 한국농민을 근대상품의 소비자로 전환시키고 전근대적 경제조직을 그 근저에서부터 분해시키기 시작하였던 것이다.

제1차 개항기의 연도별 수입액을 일본상품과 구주(歐洲)상품으로 나누어 보면 일본상품에 비해서 구주상품의 수입증가가 더욱 현저하다는 것을 알 수 있다. 일본상품 중에서 현저한 증가를 보이는 주요상품은 〈표 4-6〉에서 볼 수 있는 바와 같이 동(銅)과 견직 라스트링뿐이고, 그 외 우산과 일본거류민용의 주류가 소규모의 증가를 보이고 있

〈표 4-6〉 제1차 개항기의 일본제품의 연도별 수입액

(단위: 원)

	1877.7.1 ~ 1878.6.30	1878.7.1 ~ 12.31	1879	1880	1881	1882.1.1 ~ 6.30	합 계
동	22,105	7,190	20,155	44,861	87,134	16,464	197,909
도자기	-	-	-	965	4,376	2,062	7,403
마직물	1,635	7,373	870	105	-	-	9,983
철공품	-	-	-	804	6,147	911	7,862
칠기	-	-	-	1,145	5,932	990	8,067
술	2,257	1,229	4,446	14,072	751	-	22,755
기계기구	-	-	-	-	2,980	-	2,980
성냥(燐寸)	592	-	1,347	10,162	8,843	1,318	22,262
경(鏡)	133	121	2,322	1,887	2,065	-	6,528
모기장	245	-	279	2,237	-	-	2,761
쌀	22,692	-	-	-	-	-	22,692
견직라스트링	9,586	3,121	5,622	8,805	39,516	9,285	75,935
견제품	1,751	-	3,313	9,215	13,320	2,118	29,717
석(錫)	2,966	2,640	-	-	190	870	6,666
우산	391	246	946	1,141	1,736	461	4,921
기타 잡품	22,796	7,412	16,347	22,968	26,842	13,040	109,405
합 계	87,149	29,332	55,647	116,130	202,069	47,519	537,846

* 자료 : *British Consular Reports: Memorandum respecting the Trade between Japan and Korea*, 1877~1882, p.9.

을 뿐이다. 그리고 미의 수입은 부산개항 초인 1877년에 단 1회 있었을 뿐이다.

반면에 구주상품은 〈표 4-7〉에서도 볼 수 있는 바와 같이 면직물의 수입액이 연도별로 현저히 증가하고 있음이 주목된다. 면직물 이외에 생면과 생사의 수입액도 해마다 증가하고 있으며, 이외에도 염료와 석(錫), 니켈의 수입도 연도별로 증가추세를 보였다.

〈표 4-7〉 제 1차 개항기의 서구제품의 연도별 수입액

(단위: 원)

	1877.7.1 ~ 1878.6.30	1878.7.1 ~ 12.31	1879	1880	1881	1882.1.1 ~ 6.30	합 계
우사 (낙타천)	-	-	-	4,915	31,030	2,874	38,819
동화	-	-	-	-	-	37,681	37,681
면직제품							
세마포	3,518	8,500	2,433	105,105	511,952	205,938	907,446
셔츠천	92,145	73,584	354,892	546,788	903,770	334,811	2,305,990
T 인면포	19,902	12,318	28,573	76,066	14,598	-	151,457
기타 면포	1,059	1,217	3,666	12,420	91,492	35,616	145,470
생면	9,164	614	2,250	8,675	-	-	20,703
면사	1,685	1,511	14,276	19,243	2,048	-	38,403
약품	-	-	834	775	11,487	5,076	18,172
염료	11,809	6,549	24,167	40,789	75,295	22,280	180,889
유리	-	1,292	2,377	546	4,359	1,021	9,595
총기	-	5,865	-	2,739	-	-	8,604
니켈	1,205	-	1,399	7,612	17,559	-	27,775
견제품	-	-	-	1,801	3,717	7,819	13,337
석(錫)	-	-	486	23,854	35,943	7,411	67,694
아연	918	-	-	3,563	5,507	608	10,596
기타 잡품	-	2,196	5,953	6,992	33,911	33,908	82,960
합계	141,405	113,286	511,306	861,883	1,742,668	695,043	4,065,591

* 자료 : *British Consular Reports: Memorandum respecting the Trade between Japan and Korea*, 1877~1882, p. 10.

3) 제1차 개항기의 수출무역

제1차 개항기의 5개년 간의 우리나라의 총 수출액은 5,104,850원으로 총 수입액 4,603,437원에 비해 501,422원의 수출초과를 보였다. 이 기간 동안의 수출액은 품목별로 보면 〈표 4-8〉에서 보듯이 쌀이 총 수출액의 30.0%를 차지하여 수위를 점하였고, 다음이 금이 19.0%, 피혁이 16.2%, 두류(豆類)가 10.9%, 곤포(崑布)가 3.5%, 생사가 3.4%, 해삼이 3.4%, 은이 1.7%, 건어가 1.7%, 모포가 1.3%, 골(骨)이 1.3%, 명주(綢)가 1.2%, 인삼이 1.2% 기타 등으로 되어 있다.

이를 품목별로 분류하면, 〈표 4-9〉에서와 같이 쌀·콩류 등 농산물이 총 수출액의 58.6%를 차지했고, 다음으로 금·은 등 광산물이 20.9%의 비중을 차지했으며, 직물이 10.3%, 해산물이 5.4%, 인삼 및 약재가 2.1%, 기타 잡물이 2.7%의 비중을 각각 차지했다. 수출총액 중에서 농산물 및 광산물의 비중이 79.5%나 차지한 것을 주목할 필요가 있다.

〈표 4-8〉 제1차 개항기 수출품 내역표

(단위: 원, %)

품목	가액	비율	품목	가액	비율
쌀	1,529,636	30.0	건어	86,620	1.7
두류	557,057	10.9	곤포	178,018	3.5
피혁	829,132	16.2	모포	67,175	1.3
골(骨)	67,131	1.3	마직물	43,342	0.8
두조(豆糟)	9,395	0.2	생사	174,019	3.4
청동	7,356	0.1	명주(綢)	62,463	1.2
금	972,242	19.0	인삼	60,202	1.2
은	87,056	1.7	약품	48,805	1.0
포(鮑)	19,298	0.4	잡품	130,098	2.5
모발	4,432	0.1			
해삼	171,382	3.4	5개년 수출총계	5,104,859	

* 자료 : 《韓國誌》, pp. 115~116.

〈표 4-9〉 제 1차 개항기 수출품 유별 비율표

(단위: 원, %)

품목 분류	가 액	비 율
쌀·콩류 등 농산물	2,992,351	58.6
금·은 등 광산물	1,066,654	20.9
직물	525,017	10.3
해산물	277,300	5.4
인삼 및 약재	109,007	2.1
잡품	134,530	2.7
합 계	5,104,859	100.0

결국 이 시기의 가장 중요한 수출품목은 ① 쌀, ② 금, ③ 피혁, ④ 콩류(豆類), ⑤ 곤포(昆布), ⑥ 생사(生絲), ⑦ 해삼, ⑧ 은, ⑨ 건어, ⑩ 모피 등과 같은 것이었고, 가장 중요한 수입 품목은 ① 면직물, ② 견직물, ③ 마직물, ④ 동 및 동화(銅貨), ⑤ 염료, ⑥ 석(錫), ⑦ 성냥, ⑧ 니켈, ⑨ 술(酒), ⑩ 잡화 등과 같은 것이었다.

다른 기록에 의하면 일본으로부터의 수입품목의 중요한 것은 영금건(英金巾), 영면직(英綿織), 영수자(英繻子), 한랭사(寒冷紗), 백동(白銅), 절석(折錫) 등이고, 한국의 주요 수출품은 사금(砂金), 마제은(馬蹄銀), 우피(牛皮), 인삼 등이었다.[18] 한편 영국영사보고서는 가장 중요한 수출품으로서 쌀, 금, 우피, 콩류 등을 들었다.[19]

이제 수출 중요품의 연도별 수입증가 추세를 보면 〈표 4-10〉과 같다. 이 중에서 가장 중요한 수출품인 쌀의 수출액을 보면 5개년 간에 총 1,529,636원의 가액이 수출되었다. 이 액수는 연평균 309,879원이 수출된 셈이나, 실제로 표에서도 알 수 있는 바와 같이, 미곡의 수출

18) 《元山發展史》, p. 28.

19) *B. C. R. Japan No. 2* (1883) *Memorandum respecting the Trade between Japan and Corea: 1877~1882*, p. 5.

은 연도별로 매우 변동이 큰 특성을 갖고 있었음을 주목할 필요가 있다. 즉 1878년의 후반기 반년에 22,367원으로부터 1879년에 351,494원으로 급격히 증가했으며, 1880년에는 727,996원으로 역시 급속히 증가했으나, 1881년에는 381,295원으로 급속히 감소했고, 1882년의 전반기에는 16,487원으로 감소하였다. 1880년에 비하여 1881년의 감

〈표 4-10〉 제1차 개항기의 연도별 수출액

(단위: 원)

	1877.7.1 ~ 1878.6.30	1878.7.1 ~12.31	1879	1880	1881	1882.1.1 ~12.31	합계
포(鮑)	-	-	2,133	5,556	9,827	1,782	19,293
콩류	16,022	13,309	99,122	119,246	199,060	110,293	557,057
해삼	1,704	8,103	16,330	18,034	60,584	66,624	171,382
골(骨)	5,297	7,359	12,721	18,570	13,782	9,402	67,131
청동	1,528	1,937	1,442	937	1,512	-	7,356
면포	-	-	-	995	14,043	52,137	67,175
건어	1,655	2,438	16,608	29,585	20,630	15,704	86,620
인삼	544	2,014	2,816	8,325	46,019	484	60,202
금	12,221	17,727	54,263	113,517	468,380	306,134	972,242
모발	-	-	-	-	-	4,432	4,432
마직물	-	-	-	10,092	33,250	-	43,342
피혁	19,546	50,450	59,229	193,133	330,437	176,337	829,132
약품	-	-	-	506	26,731	21,568	48,805
두조	-	-	566	1,806	3,238	3,785	9,395
쌀	29,997	22,367	351,494	727,996	381,295	16,487	1,529,636
생사	4,921	9,673	8,833	71,266	73,070	6,256	174,019
명주	12,840	1,278	1,972	3,236	38,685	4,452	62,463
김	4,610	7,215	21,705	27,724	86,130	30,634	178,018
은(銀)	1,238	2,830	10,624	3,929	42,251	26,184	87,056
기타잡품	7,415	8,007	17,200	19,218	33,733	44,525	130,098
합계	119,538	154,707	677,061	1,373,671	1,882,657	897,225	5,104,859

* 자료 : *British Consular Reports: Memorandum respecting the Trade between Japan and Korea*, 1877~1882, p. 11.

소는 346,701원에 달하는 액수이며, 이것은 1881년의 총수출 무역량이 1880년에 비하여 508,986원이 증가하고 1879년에 비해서는 거의 3배가 증가한 것을 고려하면 매우 큰 감소라고 말할 수 있다.[20)]

미곡수출액의 변동 폭이 큰 이유로는 세 가지 사실이 중요하다. 첫째는 한국에서의 풍흉, 둘째는 일본에서의 풍흉, 셋째는 한국정부의 농산물 수출금지정책이다. 영국영사보고서에 의하면 평년에 한국의 쌀값은 일본의 쌀값의 3분의 1에 불과하다고 보고했으므로, 미곡무역은 매우 이윤이 높은 품목이었음을 명확히 알 수 있다.[21)] 따라서 첫째와 둘째의 요인보다는 셋째의 요인인 한국의 '방곡령'의 실시를 비롯한 한국정부의 수출통제책이 중요한 요인이었던 것 같다. 물론 방곡령은 한국 미작(米作)의 흉작에도 기인하지만 그에 못지않은 이유로, 일본으로의 미곡의 수출 증가가 국내의 쌀값을 오르게 하고 이것이 또한 다른 물가의 상승을 자극하기 때문에 실시된 것이었다. 영국영사보고서의 한 부분은 1881년과 1882년의 미곡수출의 감소 원인을 일본에서의 미곡의 풍작으로 보았고[22)] 다른 보고서는 한국정부의 수출통제정책을 주원인으로 보았다.[23)]

다른 주요 수출품인 금, 우피, 두류는 표에서 볼 수 있는 바와 같이 매년 꾸준히 현저한 증가를 보였다.

개항 초부터 이미 면직물을 선두로 한 서구자본주의 상품은 한국의

20) *B. C. R. Japan No. 2* (1883) *Memorandum respecting the Trade between Japan and Corea: 1877~1882*, Table 4.

21) B. C. R. *Japan No. 2* (1883) *Memorandum respecting the Trade between Japan and Corea: 1877~1882*, p. 5.

22) *B. C. R. Japan No. 1* (1883), *Despatch from Her Majesty's Minister in Japan forwarding a Report on Corea*, "Mr. Aston to Sir H. Parkes", September 13, 1882, p. 5.

23) *B. C. R. Japan No. 2* (1883), *Memorandum respecting the Trade between Japan and Corea: 1877~1882*, p. 6.

도시와 농촌에 침투하여 조선왕조사회의 전근대 경제조직을 분해시키기 시작하였다.[24] 일본상인은 서구제 상품을 한국사회에 투입하는 대신 식량·원료·금·은 등을 교환하여 산업자본의 확립에 필요한 전제로서의 원시적 자본축적을 진전시켰다.

제1차 개항기에 교역량이 증대되고, 서구의 근대공장제 상품이 한국농촌에 침투하여 전근대적 경제조직을 분해시키지만 이것은 그 중간에 한인의 도매상인이 개입하여 이루어진 것이었고, 개항장의 정기 '시장'에서 일본상인과 한국인 소비자 사이에 직접 거래되는 상품의 양은 극소하였다. 대부분의 상품은 한국재래의 도매상인인 객주·여각 등 도매상인이 일본인 거류지에 출입하면서 일본상인의 수입상품을 도매하여 다시 한국의 소매상인에게 전매함으로써, 객주·여각 등 한국 도매상인의 손을 거쳐 조선왕조 말기의 전근대적 경제조직 속으로 침투하기 시작하였다.[25]

즉 서구상품의 판매에서는 한상(韓商)의 객주업자가 일본인 거류지에 들어가 일본상인으로부터 '상품'을 도매하거나 위탁받아 이것을 '보부상' 등 소매상인과 상설점포에 공급하면, 한국의 소비자는 '시장'에서 한국의 소매상인으로부터 이것을 구매하였다. '일본상인→객주업자→보부상 및 상설점포→(시장)→한국소비자'의 통로를 통하여 서구상품은 한국의 도시와 농촌에 침투한 것이다.

개항 초기에 아직 농촌에서 서구상품에 대한 기호와 수요가 형성되지 않았을 때에는 먼저 도시에 있어서의 수요에 의존하여 서구상품이 침투하고, 다음에 점차적으로 농촌지역으로 그 범위를 확대하여 갔다고 말할 수 있다.[26] 영국영사보고서에 의하면 원산항의 개항 초기에는 원산항에의 수입상품의 10분의 7 내지 10분의 8은 서울과 평양의

24) 《統理機務衙門日記》 제2책, 1883(계미)년, 8월 28일 및 8월 29일조 참조.

25) 《統理機務衙門日記》 제2책, 1884(갑신)년, 6월 15일조 참조.

26) 《統理機務衙門日記》 제2책, 1883(계미)년, 8월 15일조 참조.

소비자를 위하여 수송되고, 서울까지의 면직물의 수송에는 복마(卜馬, *pack horse*) 6일이 소요되었다고 보고되었다.[27]

한편 한국토산물의 수집에서는 객주업자가 자기의 수하에 있는 매집상(買集商)이나 거간(居間)을 통하여 농산물을 수집해서 거류지의 일본상인에게 도매 공급하였다.[28] 즉 '농민(및 수공업자) → 매집상(혹은 거간) → (시장) → 객주업자 → 일본상인'의 통로를 통하여 한국의 농산물이 상품화되어 일본무역상인이 구매하게 되었다. 이에 대하여 《韓國誌》는 다음과 같이 기술하였다.

> 외국인은 조약상 한국에서 거류지 및 그 부근에 있는 구역을 제외하고 부동산 매매는 물론 그 조차(租借)하는 권리조차 이를 갖지 못했으므로 외인의 내지(한국내지 — 인용자) 상업은 단지 수입품의 수송 및 내지물산의 매입에 불과하다. 그러므로 외국인은 특히 대판기관(代辦機關)을 가지고 이로써 내지의 한인에 수입품을 공급하며 또한 내지 물산을 매입한다. …[29]

> 한국에는 여러 가지 계급으로 분화된 토착의 중개업자가 많아서 이들은 토지의 상관습을 숙지하고 외국인에 비하면 내지의 상업에 훨씬 유리한 위치에 있는 것으로써, 현재는 외국품의 공급 및 내지물산의 구매는 거의 모두 이 종류의 영업자의 손을 거쳐 행하여진다. 내지의 수요자 및 생산자와 외인과의 거래는 모두 단지 거류지 부근의 범위에 한정되어 있다. 그리하여 개항장에 거주하는 외국상인은 그 법정지구 내에 나누지 못하는 상품은 이를 대판업자(代辦業者) 특히 토착의 대판업자에게 위탁할 필요가 있다. 이들 대판업자는 혹은 육로를 통하여 내지에 운반

---

27) *B. C. R. Japan No. 1* (1883), *Despatch from Her Majesty's Minister in Japan forwarding a Report on Corea*, "Mr. Aston to Sir H. Parkes", September 13, 1882, p. 6.

28) 金允植, 《陰晴史》 하권, 1883(계미)년, 6월조 참조.

29) 《韓國志》, p. 126.

> 하거나 혹은 이를 토착의 선박에 탑재하여 부근의 금지항에 운송하고 그로부터 주즙(舟楫)에 의하여 내(川)를 건너 마침내는 또 육로에 의하여 멀리 내지에 운반하고 이를 내지물산과 교환하여 외국상인에 공급한다.[30]

외국상인의 직접적 상행위의 범위를 부두로부터 직경 10리(4㎞) 이내로 한정시킨 결과, 외국상인과 한국소비자 간에 중계상인이 개재할 조건이 성립되었으며, 이 조건 위에서 한국의 도매상인은 상당한 정도로 자본을 축적시킬 수 있었던 것 같다.

객주·여각 등 한국 도매상인과 소매상인들은 제1차 개항기에 상당히 성장했으며, 만일 조선왕조 정부가 이러한 조건을 잘 유지시켜 주었다면 더욱 성장할 수 있었을 것임을 알 수 있다.

제 1차 개항기의 근대상품의 침투가 아직 조선왕조 사회의 경제조직을 완전히 분해시킬 정도로 대량은 아니었다 할지라도 이미 서구제 근대상품은 폐쇄되었던 한국농촌에까지 침투하여 농업과 결합된 수공업 특히 방직수공업을 파괴하기 시작하였다. 그리고 상품유통, 화폐유통을 전국적으로 더욱 확대시키면서 전근대적 생산방법에 의하여 생산되는 한국농민의 생산물을 상품화하여 일본으로 수출하기 시작하였다.

한국농민과 수공업자는 상품생산자가 될 내재적 조건이 아직 충분히 성숙치 못한 단계에서 상품생산자가 되었으며, 그들은 또한 다른 한편으로 상품소비자가 되어 화폐상품경제 속으로 더욱 급격히 말려들기 시작하였다.

조선왕조사회의 경제조직은 개항 후 외국상품의 투입을 통한 외래자본주의의 충격으로 그 분해과정이 더욱 급속하게 진전되기 시작한 것이다.

---

30) 《韓國志》, p. 127.

4) 제 1차 개항기의 해운

제 1차 개항기의 서구상품 수송을 담당한 교통수단은 당시의 무역이 일본 한 나라와만 전개되었기 때문에 전부 일본선박을 사용하였다. 한국과의 무역에 종사한 일본선박을 구주형기선, 범선 및 일본재래의 정크선으로 구분하여 보면, 〈표 4-11〉에서 볼 수 있는 바와 같이, 1877년 7월 1일부터 1881년 12월 31일까지의 4년 반 사이에 구주형 기선이 137척(39,166톤) 구주형 범선이 264척(21,424톤), 구주형 선박이 합계 401척(60,590톤)이었으며, 일본 재래형 선박은 1,707척(20,580톤)이었다.

이 중 구주형 기선은 대부분 미쓰비시(三菱)회사의 소유선박이었다. 특히 미쓰비시 회사 소속의 기선 '즈르가마루'는 원산·부산과 나가사키(長崎)·고베(神戸)를 매월 1회씩 정기 취항하였다고 보고되었다.[31)]

이 기간 중에 구주형 선박이 총 취항선박 중에서 차지하는 비중을 보면, 척수에서 19.0%, 톤수에서 74.6%를 차지하고 있다.

이러한 구주형 선박의 증가추세를 보면, 〈표 4-12〉에서 볼 수 있는 바와 같이, 1876년을 기준으로 할 때, 1881년에 구주형 선박은 약 9배 증가한 데에 반해 일본형 선박은 약 2배 증가했다. 1879년을 기준으로 할 때에는 1881년에 구주형 선박은 약 4배 증가했는 데 반해 일본 재래형 선박은 2분의 1로 감소되었음을 알 수 있다. 여기서 제 1차 개항기의 한국취항 선박에서도 점차적으로 구주형 선박이 일본식 재래형 선박을 대체해갔음을 알 수 있다.

제 1차 개항기의 국제무역이 일본의 독점상태에 있었던 관계로 한국의 재래형 선박은 거의 무역상품의 운수에 취항하지 못하였다.

---

31) *B. C. R. Japan No. 1* (1883), *Despatch from Her Majesty's Minister in Japan forwarding a Report on Corea*, "Mr. Aston to Sir H. Parkes", September 13, 1882, p. 3 및 *B. C. R. Japan No. 2* (1883), *Memorandum respecting the Trade between Japan and Corea: 1877~1882*, p. 7.

〈표 4-11〉 제1차 개항기 한국취항 선박유형 (1877. 7. 1 ~ 1881. 12. 31)

선박유형	척 수	톤 수
구주형 선박(A)	401	60,590
기 선	137	39,160
구주형 범선	264	21,424
일본형 선박(B)	1,707	20,580
총 계	2,108	81,170
A / A+B	19.0	74.6

* 자료 : 《韓國誌》, pp. 116~117.

〈표 4-12〉 제1차 개항기 한국취항 선박수

	구주형 선박수			일본형 선박수 (정크)
	기선	범선	합계	
1876	20(범선포함)		20	100
1877	6	-	66	318
1878	13	-	13	236
1879	30	11	41	644
1880	39	118	157	495
1881	51	135	186	232

* 자료 : 《韓國誌》, p. 117.

3. 제2차 개항기의 대외무역

1) 제2차 개항과 국제무역의 개괄

한국의 국제무역이 확대되고, 외국의 상업자본이 본격적으로 한국에 투입되어 보다 자유롭게 활동하면서 한국사회에 커다란 충격을 가하게 된 것은 1882년 '조·중 상민수륙무역장정'과 '조·미 수호통상조약'을 비롯하여 1883년의 '조·영 수호통상조약', '조·독 수호통상조약', 1884년의 '조·이 수호통상조약', '조·러 수호통상조약', 1886년의 '조 · 불 수호통상조약' 등 각국과의 통상조약이 체결됨으로써, 한국이 일본을 중개로 하지 않고 직접 구미자본주의 제국과 통상을 하게 된 제 2차 개항 이후부터이다.

이 제 2차 개항에 의하여 한국은 본격적으로 구미 선진자본주의 제국의 상품시장으로 세계시장의 전면에 등장하게 되었으며, 각국 상업자본이 한국에 투입되어 치열한 상업무역 경쟁을 전개하게 되었다.

제 1차 개항기의 5개년 동안에 일본무역 상인에게 가해지던 각종 제한, 특히 거류지로부터 4㎞ 이내에서의 상행위의 제한과 내지 여행의 금지는 1882년의 조선과 청국 사이의 '조 · 중 상민수륙무역장정'의 체결에 의하여 해제되기 시작하였다. 즉 이 장정의 제 4조에 의하면 중국 상인이 내지에 들어가 행상을 개점하는 것은 허가되지 않지만 한국 상품의 매입을 위하여 내지에 들어가는 것은 양국 상무위원(商務委員)과 지방관의 합의하에 증명서를 발급하여 이를 허가하도록 규정하였다.[32] 이것은 아직 외국상인의 내지에서의 상행위의 완전한 자유를 허락한 것은 아니지만, 사실상 중국 상인에게 내지에서의 상행위의 특권을 허여함으로써 내지의 개방을 시작한 것이었다.

이 전례에 의거하여 그 이듬해의 '조 · 영 수호통상조약'에서 그 제 4관 제 6항에 영국상인이 내지 각처를 돌아다니며 자기의 상품을 내지에 수송하여 판매하거나 또는 토산물을 자유로이 매입할 수 있으며,

---

32) 《舊韓末條約彙集》 하권, pp. 399~400; '조 · 중국상민수륙무역장정' 제 4조는 다음과 같다. "兩國商民 前往彼此 已開口岸貿易 如安分守法 准其租地賃房建屋 所有土産與非干例禁之貨 均許交易 除進出貨物 應納貨稅船鈔 悉照彼此海關通行章程續納外 其有欲將土貨 由此口運往彼口者 於已納出口稅外 仍於進口時 驗單完納出口稅之半 朝鮮商民 除在北京 例准交易 與中國商民准入朝鮮楊花津漢城 開設行棧外 不准將各色貨物 運入內地 坐肆賣 如兩國商民 欲入內地採辦土貨 應票請彼此商務委員與地方官 會銜給與執照塡明 採辦處所 車馬船隻 聽該商自雇 仍照納沿途應完釐稅 如有彼此人內地遊歷者 應票請商務委員與地方官會銜 給予執照然後 前往其於沿途地方 有犯法等事 統由地方官狎交就近通商口岸 照第二條懲辦 途中止可拘禁 不得凌虐."

이 경우 영국영사 발급 조선지방관 사증(査證)의 집조(執照, 여권)를 휴대하도록 규정하였다.[33] 이 한·영 수호통상조약을 계기로 해서 국내가 완전히 개방되었으며, 외국상인은 국내각처를 자유로이 여행하면서 합법적으로 자유로운 상행위를 할 수 있게 된 것이다.

제2차 개항 후 외국인의 국내에서의 자유로운 상업활동이 허용되자 일본, 중국, 미국, 독일, 영국, 제정 러시아, 프랑스, 네덜란드, 이탈리아 등 각국의 무역상인들이 한국에 본격적으로 진출하기 시작하였다. 그러나 그 중에서도 가장 두드러지게 진출하여 치열한 상업무역 경쟁을 전개한 것은 일본과 중국의 무역상인이었다.[34] 제2차 개항 직후인 1883년의 군인을 제외한 통상관계의 한국재류 외국인수를 보면, 〈표 4-13〉이 나타난 바와 같이, 일본인이 2,399명, 중국인이 194명, 영국인이 10명, 독일인이 10명, 미국인이 4명, 제정 러시아인이 4명, 이탈리아인이 2명, 오스트리아인이 1명, 네덜란드인이 1명, 프랑스인이 1명의 순위로 되어 있다. 이미 제1차 개항기에 한국에 재류하던 다수의 일본상인 이외에도 제2차 개항이 이루어지자마자 중국인을 비롯하여 다수의 외국상인이 한국에 진출하기 시작했음을 알 수 있다. 그리하여 1883년에는 수입무역가액이 2,091,400 달러, 수출무역가액이 1,592,179 달러, 합계 3,683,678 달러에 달하게 되었다.[35]

---

33) 《高宗實錄》 권 20 (국사편찬위원회 판), p. 117. 고종 20년 계미 10월 27일 '조·영수호조약' 제4관 제3항의 내용은 다음과 같다. "離通商各處百里內者(朝鮮里) 或將來兩國所泒官員 彼此議定界內 英民均可任便游歷 勿庸請領執照 惟英國民人 亦準持照 前往朝鮮各處 遊歷通商 竝將各貨 運進出售 (惟朝鮮政府不允之書籍印板字帖等 不準在內地銷售) 及購買一切土貨 所經過之處 如地方官 飭交驗照 卽應隨時呈驗 無訛放行 至雇覓所需車船人夫等裝運行李貨物 亦聽其便 如英民 逾越以上界限 竝無執照 或在內地 有不法情事 應行挐交就近領事官懲辦 其逾界無照英民 卽可酌罰 竝行監禁 或只罰不禁 惟罰款 不得逾墨洋百元 禁期不得逾一月."

34) *B. C. R. foreign Office, 1889, Annual Series No. 565, Corea. Report for the year 1888 on the Trade of the Corea*, p. 2.

제 2차 개항기의 한국 국제무역은 그 무역량이 현저히 증가하였다. 1882년의 무역량은 2,311,550 달러로 증가되고, 그 이듬해인 1883년에는 3,683,678 달러, 1891년에는 최고 8,631,812 달러로 증가되었으며, 무역이 부진했던 1893년에도 5,578,271 달러에 달하였다.

그러나 제 2차 개항기의 한국의 국제무역은 수입량의 증가가 수출량의 증가를 상회하여 만성적 수입초과 현상을 나타냈다. 제 1차 개항기에는 5개년 평균 수출초과가 나타났고, 수출입액의 변동을 고려할지라도 수입과 수출은 대체로 균형을 이루고 있었다. 그러나 제2차 개항기부터는 수입초과 현상이 지배적으로 되어 국제지수의 만성적 적자가 나타나게 되었다.

〈표 4-13〉 제 2차 개항초기의 한국거류 외국인(군인제외, 1883)

	합계	서울	양화진	인천	부산	원산
미국인	4	4	-	-	-	-
오스트리아·헝가리인	1	1	-	-	-	-
영국인	10	2	-	1	6	1
중국인	194	99	23	72	-	-
네덜란드인	1	-	-	-	1	
프랑스인	1	-	-	1	-	-
독일인	10	2	-	3	-	5
이탈리아인	2	-	-	1	1	-
일본인	2,399	269	-	400	1,730	200
러시아인	4	-	-	4		
	2,626	377	23	482	1,738	206

＊자료 : *British Consular Reports*: *Reports on Corea No. 1* (1885), *Commercial Reports, 1882~1883, No. 2*, p. 23.

35) *B. C. R. Corea No. 1* (1885), *Commercial Reports by Her Majestys Consul-General in Corea, 1882~1883, No.2, Report on the Trade of Corea for the year 1883*, pp. 22~23.

〈표 4-14〉 제2차 개항기의 무역가액

(단위: 달러)

	수 입	수 출	합 계	수입초과
1883[1)	2,091,499	1,592,179	3,683,678	499,320
1884[2)	-	-	-	-
1885	1,671,562	388,023	2,059,585	1,283,539
1886	2,474,185	504,225	2,978,410	1,969,960
1887	2,815,441	804,996	3,620,437	2,010,445
1888	3,046,443	867,058	3,913,501	2,179,385
1889	3,377,815	1,233,841	4,611,656	2,103,974
1890	4,727,839	3,550,478	8,278,317	1,177,360
1891	5,265,468	3,366,344	8,631,812	1,899,124
1892	4,598,485	2,443,739	7,042,224	2,154,746
1893	3,880,155	1,698,116	5,578,271	2,182,039

＊자료 : 1) 1883년도는 *British Consular Repots, Reports on Corea No. 1* (1885) *Commercial reports, 1882~1883, No. 2,* pp. 22~23.
2) 1884년은 자료를 발견하지 못하여 생략함.
3) 1885~1893년간은 《朝鮮通商三關貿易冊》 각 년도에서 작성.

〈표 4-15〉 제2차 개항기의 국제무역가액 나라별 비율표

(단위: %)

	중 국	일 본	러시아	미 국	계
1885	15.1	84.8	0.1	-	100.0
1886	15.3	84.2	0.5	-	100.0
1887	20.8	78.9	0.3	-	100.0
1888	23.5	75.7	0.7	-	100.0
1889	25.9	73.9	0.2	-	100.0
1890	20.8	79.1	0.1	-	100.0
1891	25.3	74.5	0.2	-	100.0
1892	31.3	68.4	0.3	-	100.0
1893	36.6	62.6	0.8	-	100.0

＊자료 : 《朝鮮通商三關貿易冊》 각 년도에서 작성.

수입초과액을 보면, 〈표 4-14〉에서 보듯이, 1883년에 499,320 달러를 비롯하여, 1885년에 1,238,539 달러, 1886년에 1,969,960 달러, 1887년에 2,010,445 달러, 1888년에 2,179,385 달러, 1889년에 2,103,974 달러, 1890년에 1,177,360 달러, 1891년에 1,899,124 달러, 1892년에 2,154,746 달러, 1893년에 2,182,039 달러에 달했으며, '수입 대 수출'의 비율은 평균 '2.5 : 1'의 불균형을 보였다.

제 2차 개항기의 한국 국제무역의 또 하나의 특징은 교역상대국의 다원화이다. 제 1차 개항기에는 일본만을 교역상대국으로 했으나, 제 2차 개항기에는 중국을 비롯하여 기타 구미제국과도 교역이 전개되었다. 그에 따라 국제교역량 중에서 일본의 비중은 점차 감소되었다. 제 2차 개항기의 국제무역량의 나라별 비율을 보면, 〈표 4-15〉에서 알 수 있는 바와 같이, 1885년에는 일본이 84.8%, 중국이 15.1%, 제정 러시아가 0.1%, 기타 제국이 소액을 차지하고 있으나, 1893년에 오면 일본이 62.6%로 저하하고, 중국이 36.6%, 러시아가 0.8%로 증가하고 있으며, 기타제국이 소액을 차지하게 되었다.

2) 제 2차 개항기의 수입무역

제 2차 개항초인 1883년의 수입가액을 보면 〈표 4-16〉과 같다. 이것을 품목별로 분류하여 보면 면직물이 40.1%, 금속류가 38.9%, 동화 및 그 재료가 2.1%, 부채가 2.0%, 아니린 염료가 1.8%, 견직물이 1.5%, 사탕이 0.3%, 유리가 0.2%, 성냥이 0.2% 기타 12.9%의 비중을 차지하였다. 제 2차 개항초에도 제 1차 개항기와 마찬가지로 면직물을 중심으로 하여 일상소비품목이 대량 수입되었음을 알 수 있다. 오직 그 전후와 약간 특이한 점은 금속류의 수입비중이 현저히 증대했다는 점이다. 이것은 동년에 한국정부가 화폐경제가 급격히 발달함에 따라 격증하는 화폐수요에 충당하기 위하여 화폐주조용의 동과

〈표 4-16〉 제2차 개항기의 중요 수입품가액

(단위: 달러)

	1882	1883
동화(銅貨) 및 동(同) 재료	-	43,118
면직물 소계	895,844	839,529
셔츠 천	668,267	498,139
리넨 천	197,200	306,910
터키 레드	12,998	13,555
기타 면직물	17,379	20,925
금속류 소계	46,156	813,211
황동	-	7,037
청동	-	28,486
동	21,637	582,660
납(鉛)	-	122,676
아연	22,582	45,308
주석(錫)	1,937	14,064
금속제품	-	8,673
기타 금속류	-	4,307
아니린 염료	57,461	37,706
일본제 부채	120	41,907
유리	1,083	4,952
성냥(오스트리아 製)	1,947	3,954
견직물	11,640	30,754
사탕	-	5,872
기타 잡류	124,707	271,396
총 수입액	1,138,958	2,091,499

* 자료 : *British Consular Reports*: *Reports on Corea No. 1* (1885), *Commercial Reports, 1882~1883, No. 2*, p. 922.

납, 아연, 석 등을 대량 수입했기 때문에 급증한 것이었다.[36]

그 이후인 1885~1893년간의 중요 수입품의 수입가액을 간추려 보면 〈표 4-18〉과 같다(1884년도의 수입품세목은 자료를 발견하지 못하여 본고에서는 보류하였다). 이것을 중요 수입품목별로 분류하여 제 2차 개항기인 1885~1893년간의 수입비중을 산출하여 보면, 〈표 4-19〉에서 알 수 있는 바와 같이, 면직물이 53.7%, 금속류가 10.8%, 견직물이 6.6%, 석유가 2.2%, 염료가 1.6%, 주류가 1.2%, 모직물이 0.9%, 면화가 0.9%, 기계기구가 0.7%, 기타 각종직물이 0.1%의 비중을 차지하였다. 즉 직물류가 총수입액의 61.3%를 차지하였으며, 면직물 하나만의 비중도 53.7%에 달하고 있다. 제 2차 개항기에 무역상대국도 다원화되고 수입품목도 제 1차 개항기에 비하여 다양화되기는 했지만, 면직물 중심의 수입유형에는 변화가 없음을 알 수 있다.

〈표 4-17〉 제 2차 개항초(1883)의 중요 수입품가액 비율표

(단위: 달러, %)

품 목	가 액	비 율
동화 및 재료	43,118	2.1
면직물	839,529	40.1
금속류	813,211	38.9
아니린 염료	37,706	1.8
부채	41,007	2.0
유리	4,952	0.2
성냥	3,954	0.2
견직물	30,754	1.5
사탕	5,872	0.3
기타 잡화	271,396	12.9

36) *B.C.R. Corea No.1* (1885), *Commercial Reports by Her Majesty's Consul-General in Corea*, 1882~1883, *No.2*, *Report on the Trade of Corea for the year 1883*, p. 7 및 pp. 12~13.

〈표 4-18〉 제 2차 개항기의 중요 수입품 수입품가액

(1) (단위: 달러)

	면직물	모직물	견직물	잡양 직물	금속류
1885	1,103,518	15,382	57,390	481	75,719
1886	1,300,613	12,307	25,318	634	64,718
1887	1,884,497	46,962	166,632	3,463	124,738
1888	1,925,086	22,645	216,873	2,517	213,981
1889	1,680,541	33,891	172,468	4,377	533,985
1890	2,640,179	54,857	306,959	5,229	637,460
1891	2,819,567	52,662	429,117	20,661	539,598
1892	2,130,103	31,713	378,522	11,326	759,364
1893		31,992	362,426	10,381	520,462
계	17,133,058	302,411	2,115,705	59,069	3,470,025

(2)

	면 화	염 료	기계기구	석 유	酒 類
1885	18,841	41,508	-	32,964	11,201
1886	5,188	38,660	60,207	20,159	30,110
1887	9,827	84,592	31,987	30,144	29,301
1888	35,524	49,198	18,078	44,178	35,553
1889	28,601	61,397	16,074	82,231	44,986
1890	34,628	63,004	22,943	79,036	53,065
1891	55,270	70,148	4,162	102,480	57,671
1892	42,350	64,778	16,083	135,643	58,937
1893	71,455	60,816	65,316	184,836	62,743
계	301,684	534,101	234,850	711,671	383,567

* 자료 :《朝鮮通商三關貿易冊》각 년도에서 작성.

〈표 4-19〉 제 2차 개항기의 중요 수입품가액 비율표 (1885~1893)

(단위: 달러, %)

품 목	가 액	비 율
면직물	17,133,058	53.7
모직물	302,411	0.9
견직물	2,115,705	6.6
잡양 직물	59,069	0.1
금속류	3,470,025	10.8
면화	301,684	0.9
염료	534,101	1.6
기계기구	234,850	0.7
석유	711,671	2.2
주류	383,567	1.2

면직물은 주로 원색포(*grey shirtings*), 자코넷(*jaconets*), 고급무명(*cambrics*), 얇은 무명(*muslins*), 얇은 리넨(*lawnos*) 기타 각종 면포로 구성되어 있었는데 대부분이 영국제, 인도제, 미국제 면직물이었다. 그 중에서도 압도적인 대부분이 영국제(맨체스터 產) 면직물이었다.

제 2차 개항기의 말기에 오면 일본이 영국제 면직물을 모방하여 만든 일본제 면직물을 영국제 면직물보다 훨씬 저렴한 가격으로 한국시장에서 판매하기 시작하였다. 예컨대 길이 38½야드, 폭 38인치의 영국제 원색포(原色布)를 최고 4달러 85센트에 판매한 데에 비해, 일본제 면직물은 길이 39야드 폭 38인치의 원색포를 최고 4달러에 판매하였다.[37] 그러나 이것이 현저하게 영국제 면직물의 경쟁품목으로 등장한 것은 청·일 전쟁 이후이며 아직은 큰 위협이 되지 아니하였다.

특히 수입무역에서 급속히 진출하고 있던 중국상인은 전적으로 영국제 면직물을 상해등지로부터 인천, 원산 등지에 수입하여 영국제 면

37) B. C. R. *Foreign Office* (1895), *Annual Series No. 1582, Corea. Report for the year 1894 on the Trade & C. of the Corea*, pp. 5~6.

직물의 강력한 판매상의 역할을 하였다. 뿐만 아니라 일본 무역상인들도 제 2차 개항기간에는 홍콩·상해등지로부터 영국제 면직물을 나가사키(長崎)로 수입하여 옮겨 싣고 한국에 수출하였다. 나가사키에서는 외국제 상품을 항구 안에서 옮겨 실으면 관세가 면제되었기 때문에 대부분의 일본상인이 이 통로를 취하였다. 1883년에 이 방식으로 수입된 것이 621,450 달러에 달하였고, 이 방식을 취하지 않고 나가사키로부터 한국에 수출된 것은 47,309달러에 불과하였다.[38]

그러므로 무역상인의 국적은 중국과 일본이었으나, 제 2차 개항기에 그들은 영국제 면직물의 판매상인의 구실을 했음을 알 수 있다.

견직물은 그 4분의 3이 중국제로서 전통적으로 가장 오래된 사치품목의 수입직물이었다. 조선왕조 정부는 제 2차 개항기간에 한때 상류층의 사치풍조를 막기 위하여 수입견직물의 착용을 법으로 금지했으나 잘 지켜지지 않았으며, 그 수입액이 총수입액의 6.6%라는 높은 비중을 차지할 만큼 광범위하게 수요되었다.[39]

모직물은 한국인의 관습에 친숙하지 않아서 수입직물 중에서 가장 작은 비중을 차지하였다. 1887년의 수입증가는 일시적인 경우로서 이때는 한국군대의 제복을 짓는 데 이것이 소요되었기 때문이었다.[40] 모직물 수입액은 전반적으로 저조하였다.

면화와 면사는 그 4분의 3이 봄베이에서 수입되어 동한기에 재래식 방법으로 직조되었다.[41] 제 2차 개항기의 말기에 오면 일제면사도 점

---

38) B. C. R. *Corea No.1* (1885), *Commercial Reports by Her Majesty's Consul-General in Corea, 1882~1883, No.2, Report on the Trade of Corea for the year 1883*, p. 12.

39) B. C. R. *Foreign Office* (1891), *Annual Series No.918, Report for the year 1890 on the Trade of Corea*. p. 4 참조.

40) B. C. R. *foreign Office* (1889), *Annual Series No.565, Report for the year 1888 on the Trade of the Corea*, pp. 4~5.

41) B. C. R. *Foreign Office* (1891), *Annual Series No.918, Report for the year*

차 수입되어 봄베이 면사 및 영국제 면사와 경쟁을 시작하였다.[42]

금속류는 각종의 금, 납, 아연, 석, 철 등을 포함하는데 그 대종을 이룬 것이 동과 아연이었다. 그것은 금속류의 수입이 대부분 화폐주조용 동과 아연이었기 때문이었다. 따라서 금속류의 수입액은 정부의 화폐주조액에 따라 크게 변동하였다. 이 외에 병기제조를 위하여 철이 약간 수입되었다. 화폐주조를 위한 동은 주로 일본으로부터 수입되었다.

염료는 제 1차 개항기부터 주요한 수입품목이었으며 주로 독일제의 염료가 수입되었다. 제 2차 개항기의 말기에는 일본제 염료가 진출하기 시작하여 독일제 염료와 경쟁하기 시작하였다.[43]

석유는 제 2차 개항기부터 주요한 수입품목으로 등장했으며, 주로 등화용으로 널리 수요되었다. 초기에는 주로 미국제 석유가 수입되었으나 후에 러시아제 석유가 시장에 진출하여 경쟁을 시도하였다.[44] 그러나 러시아제 석유는 크게 진출하지 못했는데 그 큰 요인은 케이스통이 미국제처럼 견고하지 못했기 때문이었다. 그래서 거친 사용과 운반에는 미국제가 더욱 잘 견디기 때문에 한국의 수요자가 미국제를 더 선호하였다.[45] 특히 미국이 일본에 석유탱크를 만들어 더욱 저렴하고 적절하게 포장된 석유가 수입됨으로써 시장을 독점적으로 확대하였다.[46]

1890 on the Trade of the Corea, p. 3.

42) B. C. R. *foreign Office* (1895), *Annual Series No. 1582, Report for the year 1894 on the Trade & C. of the Corea*, pp. 5~6.

43) B. C. R. *foreign Office* (1895), *Annual Series No. 1582, Report for the year 1894 on the Trade & C. of the Corea*, p. 8.

44) B. C. R. *foreign Office* (1890), *Annual Series No. 740, Report for the year 1889 on the Trade of Corea*, p. 4.

45) B. C. R. *foreign Office* (1891), *Annual Series No. 918, Report for the year 1890 on the Trade of Corea*, p. 4.

주류는 일본청주, 중국주, 각종 양주가 이에 포함되었다. 양주는 구미제를 모방하여 만든 일제가 종종 유럽제 상표를 사용하면서 다량 수입되었으며, 그 가격은 저렴하였으나 품질이 매우 나빴다.[47] 주로 일본인 거류지와 한국인의 소비용으로 저렴하게 판매되었다.

기계기구는 화폐주조기계 병기 등 한국정부의 정책에 의하여 시설재가 도입되었으나 그 액수는 크지 못하였다.

성냥은 제1차 개항기부터 중요한 수입품목이었으며, 거의 전부 일본제 성냥이 수입되었다. 일본제 성냥은 스칸디나비아제 성냥에 비하여 품질은 나쁘나 가격이 저렴했으므로 소비자들은 일본제 성냥을 더 선호하였다.[48]

1889년의 수입상품의 제조국별 비율을 영국영사보고서는 다음과 같이 계산하였다.[49]

영국제	54%	일본제	24%	중국제	13%
독일제	6%	미국제	2%	러시아제와 프랑스제	1%

또한 1890년에 있어서의 수입상품의 제조국별 비율은 다음과 같이 보고되었다.[50]

---

46) *B. C. R. foreign Office* (1894), *Annual Series No. 1417, Report for the year 1893 on the Trade of Corea,* p. 13.

47) *B. C. R. foreign Office* (1895), *Annual Series No. 1582, Report for the year 1894 on the Trade & C. of the Corea,* p. 8.

48) *B. C. R. foreign Office* (1894), *Annual Series No. 1417, Report for the year 1893 on the Trade of Corea,* p. 13.

49) *B. C. R. foreign Office* (1890), *Annual Series No. 740, Report for the year 1889 on the Trade of Corea,* p 4.

50) *B. C. R. foreign Office* (1891), *Annual Series No. 918, Report for the year 1890 on the Trade of Corea,* p. 5.

영국제	57%	일본제	19%	중국제	12%
독일제	8%	미국제	3%		
러시아제 · 프랑스제 · 오스트리아제			1%		

즉 수입상품의 제조국을 보면, 어느 경우에나 영국제가 과반수를 초과하는 높은 비율을 차지했으며, 다음이 일본제로 20%내외, 중국세 10%내외, 다음이 독일제 6~8%, 미국제 2~3%, 제정 러시아 · 프랑스 · 오스트리아제의 1%의 비율로 분포되어 있었음을 알 수 있다.

한편 제 2차 개항기의 수입품가액을 무역대상국별로 살펴보면 〈표 4-20〉과 같다. 이것을 비율로 계산해 보면, 〈표 4-21〉에서 보듯이, 1885년에는 일본이 81.9%, 중국이 18.0%, 제정 러시아가 0.1%, 기타제국이 소액을 차지하였다. 그러나 1893년에 이르러서는 일본이 50.2%, 중국이 49.1%, 러시아가 0.7%, 기타제국이 소액을 차지하게 되었다. 이 통계는 제 2차 개항기의 한국의 수입무역의 대상국이 거의 선석으로 일본, 중국, 러시아였으며, 그 중에서도 특히 일본과 중국이 그 거의 전부를 차지했음을 보여주고 있다. 또한 제 2차 개항기의 후기에 오면 올수록 중국으로부터의 수입액이 증대되어, 중국무역상인의 진출이 현저했음을 나타내주고 있다.

제 2차 개항기 수입무역에서는 주로 일본상인과 중국상인이 적극적으로 진출해 경쟁을 벌였지만, 그들이 한국에서 판매한 상품은 자국제 상품이라기보다 실제로는 제1차로 영국제 상품을 중계무역을 통하여 판매했으며, 여기에 낮은 비율의 자국제 상품을 첨가하여 수입판매한 것이라고 볼 수 있다.

제 2차 개항기의 말기에 오면 일본 무역상인은 자국제상품의 판매에도 많이 종사한 데에 비해 중국상인은 시종일관 서구제상품의 중계무역에 종사했으며, 특히 영국제 면직물의 수입판매에는 중국 무역상인의 활동이 매우 컸다고 보고되었다.[51]

〈표 4-20〉 제 2차 개항기의 국가별 수출입 가액표 (1885~1893)

(1) 1885~1889

		1885	1886	1887	1888	1889
중국	수입	300, 989	439, 360	732, 726	847, 862	1, 085, 756
	수출	9, 479	15, 977	18, 873	71, 946	109, 798
	계	310, 468	455, 337	751, 599	919, 808	1, 195, 554
일본	수입	1, 369, 771	2, 020, 630	2, 071, 719	2, 178, 606	2, 284, 628
	수출	377, 775	488, 041	783, 752	785, 238	1, 122, 276
	계	1, 747, 546	2, 508, 671	2, 855, 471	2, 963, 844	3, 406, 904
러시아	수입	802	14, 036	10, 996	19, 975	7, 431
	수출	769	207	2, 371	9, 874	1, 767
	계	1, 571	14, 243	13, 367	29, 849	9, 198
미국	수입	-	159	-	-	-
	수출	-	-	-	-	-
	계	-	159	-	-	-
합계	수입	1, 671, 562	2, 474, 185	2, 815, 441	3, 046, 443	3, 377, 815
	수출	388, 023	504, 225	804, 996	867, 058	1, 233, 841
	계	2, 059, 585	2, 978, 410	3, 620, 437	3, 913, 501	4, 611, 656

(2) 1890~1893

		1890	1891	1892	1893
중국	수입	1, 651, 816	2, 044, 449	2, 050, 854	1, 905, 698
	수출	70, 922	136, 464	149, 861	134, 085
	계	1, 722, 738	2, 180, 913	2, 200, 715	2, 039, 783
일본	수입	3, 070, 778	3, 204, 285	2, 542, 486	1, 949, 043
	수출	3, 475, 098	3, 219, 887	2, 271, 928	1, 543, 114
	계	6, 545, 876	6, 424, 172	4, 814, 414	3, 492, 157
러시아	수입	5, 245	7, 734	5, 145	25, 414
	수출	4, 458	9, 993	21, 950	20, 917
	계	9, 703	17, 727	27, 095	46, 331
미국	수입	-	-	-	-
	수출	-	-	-	-
	계	-	-	-	-
합계	수입	4, 727, 839	5, 256, 468	4, 598, 485	3, 880, 155
	수출	3, 550, 478	3, 366, 344	2, 443, 739	1, 698, 116
	계	8, 278, 317	8, 622, 812	7, 042, 224	5, 578, 271

51) *B. C. R. foreign Office* (1895), *Annual Series No. 1582, Report for the year 1894 on the Trade & C. of the Corea,* p. 6.

〈표 4-21〉 제 2차 개항기의 수입가액 국가별 비율표(1885~1893)

(단위: %)

	중 국	일 본	러시아	미 국	계
1885	18.0	81.9	0.1	-	100.0
1886	17.8	81.7	0.5	-	100.0
1887	26.0	73.6	0.4	-	100.0
1888	27.8	71.5	0.7	-	100.0
1889	32.1	67.6	0.3	-	100.0
1890	34.9	65.0	0.1	-	100.0
1891	38.9	61.0	0.1	-	100.0
1892	44.6	55.3	0.1	-	100.0
1893	49.1	50.2	0.7	-	100.0

3) 제 2차 개항기의 수출무역

제 2차 개항초인 1883년의 수출무역가액을 금·은 등 귀금속을 포함하면 〈표 4-22〉와 같다. 이를 상품액별 비율로 보면, 〈표 4-23〉와 같이, 금·은 등 귀금속이 총수출액의 38.5%, 우피가 15.3%, 면제품이 4.3%, 인삼이 3.4%, 두류가 3.2%, 약품 및 약재가 3.0%, 생면이 3.0%, 쌀(米)이 2.7%, 생견이 2.1%, 기타상품이 24.5%의 순이다.

그러나 1883년의 수출무역은 예년에 비하여 특수한 경우의 것임을 유의해 둘 필요가 있다. 그 중에서 무엇보다 주목되는 것은 쌀, 맥류, 두류 등 곡물의 수출액이 격감하고 반면에 귀금속의 수출액은 격증하고 있다는 사실이다. 이것은 주로 동년의 농업생산의 흉작에 기인한 것이었다.[52] 농산물의 흉작으로 인하여 수입무역 가액에 대한 결제의 부족분을 충당하기 위하여, 같은 해 금·은 등 귀금속의 수출액이 곡물수출액의 추이와는 반대로 격증했다고 해석된다.

52) *B. C. R. Corea No. 1*(1885), *Commercial Reports by Her Majesty's Consul-General in Corea, 1882~1883, No. 2, Report on the Trade of Corea for the year 1883*, p. 8.

1883년 1월 1일의 인천개항 및 각국과의 통상조약의 확대로 같은 해의 무역가액은 현저히 증대되리라고 예측되었다. 그러나 실제 무역가액은 1,055,387달러밖에 증가하지 않았다. 이 증가액도 주로 수입무역에서 나타났으며, 특히 수출무역에서는 453,221달러밖에 증가하지 않은 부진의 상태를 보였다.

영국영사보고서는 1883년의 대외무역 부진 원인을 4가지로 들었다.[53)]

〈표 4-22〉 제2차 개항초의 중요수출품 가액

(단위: 달러)

	1882	1883
귀금속 소계	370,939	613,325
사금(砂金)	353,087(지금 포함)	258,189
지금(地金)		216,581
은	17,852	126,440
은화	-	12,155
곡물 소계	237,062	95,532
두류	221,680	51,350
쌀	14,007	43,497
맥류	1,375	685
면제품	69,025	69,025
생면	10,610	47,209
우피	197,487	242,923
약품	18,725	35,845
약재 잡류	6,527	11,463
인삼	41,931	54,388
생견	-	32,891
기타 잡화	220,286	403,968
총 수출액	1,172,592	1,592,179

＊자료 : *British Consular Reports*, *Reports on Corea No. 1*(1885), *Commercial reports, 1882~1883*, *No. 2*, pp. 22~23.

53) *B. C. R. Corea No.1*(1885), *Commercial Reports by Her Majesty's Consul-General in Corea, 1882~1883*, *No. 2*, *Report on the Trade of Corea for the year 1883*, p. 11.

〈표 4-23〉 제2차 개항초(1883)의 중요수출품 가액 비율

(단위: 달러, %)

품 목	가 액	비 율
귀금속(금·은)	613,325	38.5
두류	51,350	3.2
쌀	43,497	2.7
맥류	685	-
면제품	69,025	4.3
생면	47,209	3.0
우피	242,923	15.3
약품 및 약재	47,308	3.0
인삼	54,388	3.4
생견	32,891	2.1
기타 잡화	403,968	24.5

첫째는 통화제도의 불비이다. 이것은 국내 화폐제도의 불비, 양화의 부족, 일본화폐의 통용과 그 밖의 타국화폐의 불통용, 환율의 불안정 등을 포함하였다. 둘째는 농업생산의 흉작이다. 1883년에는 농업생산이 평년작 이하의 흉작이었다. 셋째는 관세의 새로운 부과이다. 그 이전까지는 수출입상품에 대하여 관세가 없었으나 1883년 11월부터 처음으로 관세를 징수하기 시작하였다. 넷째는 대자본을 가진 한국상인의 결여이다. 소자본을 가진 한국상인은 대규모 거래에는 부적합하였고, 또 한국의 수출생산물은 소규모판매의 수집이었으며 시간을 많이 소모하는 거래였으므로, 한국대상인의 결여가 저해요인으로 되었다고 보고되었다.

그러나 이 가운데 가장 의미 있는 저해요인은 둘째인 농업생산의 흉작이었다고 말할 수 있다. 그 이유는 수출무역의 가장 중요한 품목이 농산물이었기 때문이다. 농산물 수출액은 제1차 개항기에 총수출액의 58.6%를 차지하였다. 제2차 개항기에도 이러한 수출형태는 변하지 않아 농산물이 가장 중요한 수출품목의 지위를 지속하였다. 따라

서 농산물이 흉작인 연도에는 필연적으로 수출액이 감소되었다. 또한 농산물 흉작으로 인한 한국인의 구매력 감소는 수입액 감소를 결과하였다. 즉 농산물의 흉작은 직간접적으로 수출액과 수입액을 감소시킴으로써 국제무역 부진의 가장 중요한 요인으로 작용한 것이다.

〈표 4-24〉 제2차 개항기의 중요 수출품 수출가액표

(1) (단위: 달러)

	쌀	두류	우피	인삼	면화
1885	15,691	28,884	282,357	1,457	-
1886	12,193	51,733	382,066	7,815	-
1887	90,071	335,415	299,884	3,712	-
1888	21,810	471,541	210,631	4,634	964
1889	77,578	645,429	222,409	1,976	18,620
1890	2,037,868	1,005,156	147,463	3,385	27,540
1891	1,820,319	913,939	214,642	8,469	20,085
1892	998,519	797,884	291,080	22,637	3,608
1893	367,165	628,324	274,682	9,465	5,578
계	5,441,214	4,878,305	2,325,214	63,550	76,395

(2)

	건어물	해삼	김	약재 각류	한지
1885	1,025	10,114	15,736	4,788	-
1886	2,978	8,444	9,288	4,024	-
1887	10,787	10,118	13,992	1,929	1,989
1888	29,461	7,477	17,898	2,005	13,061
1889	78,993	15,125	30,803	2,804	7,959
1890	60,160	10,529	32,340	635	26,444
1891	75,879	9,502	42,781	1,459	30,325
1892	88,801	16,381	41,784	1,675	44,669
1893	151,801	31,905	48,504	3,140	43,567
계	499,885	119,595	253,126	22,459	168,014

* 자료 :《朝鮮通商三關貿易冊》각 년도에서 작성.

〈표 4-25〉 제2차 개항기의 중요 수출품 가액 비율표(1885~1893)

(단위: 달러, %)

품 목	가 액	비 율
쌀	5,441,214	36.6
두류	4,878,305	32.8
우피	2,325,214	15.6
인삼	63,550	0.4
면화	76,395	0.5
건어물	499,885	3.3
해삼	119,595	0.8
김	253,126	1.7
약재각류	22,459	0.1
한지	168,014	1.1

제2차 개항기(1885~1893년)의 수출무역을 금·은 등 귀금속을 제외하고 그 주요 수출품만을 간추려 보면 〈표 4-24〉와 같다. 이것을 품목별로 총수출액에 대한 비율을 계산하여 보면, 〈표 4 25〉에서 알 수 있는 바와 같이, 1885~1893년간에 총수출액에서 미곡이 차지하는 비중은 36.6%, 두류가 32.8%, 우피가 15.6%, 건어물이 3.3%, 김이 1.7%, 한지가 1.1%, 해삼이 0.8%, 면화가 0.5%, 인삼이 0.4%, 약재각류(藥材各類)가 0.1%의 순위로 되어 있다.

수출품목 중에서 미곡·두류·우피가 3대 품목으로서 총수출액의 85.0%라는 압도적인 비중을 차지하고 있음을 알 수 있다. 이제 이들 수출상품을 품목별로 보면 다음과 같다.

미곡은 1889년까지 두류와 우피 다음으로 제3위의 수출품목이었으나, 1890년부터 그 수출액이 급증하여 가장 중요한 수출품목의 지위를 차지하였다. 미곡은 대부분 일본으로 수출되었으며, 오직 극소액만 중국으로 수출되었다. 한국의 미곡가격은 일본의 미곡가격의 약 1/3이었기 때문에,[54] 일본의 무역상인은 미곡수출에 매우 적극적이었다.

1883～1889년까지에는 일본으로의 미곡수출액은 다음 두 가지 요인에 의해서 결정되었다고 볼 수 있다. 첫째는 한국에서의 미곡의 풍작도와 그에 따른 가격변동, 둘째는 일본에서의 풍작도와 그에 따른 가격변동이다. 그러나 1890년 이후부터는 일본은 급속한 인구증가와 공업화에 수반하여 지속적인 식량부족 국가가 되었기 때문에 일본에서의 풍작도와 큰 관계없이 한국의 미곡을 다량 수입하지 않으면 안 되었다.

일본으로의 다량의 미곡 수출은 한국 내에서의 미곡가격 앙등을 결과했으며, 쌀값이 선도하는 인플레이션을 야기하였다. 이에 한국정부는 흉작시기에는 쌀값을 안정시키기 위하여 조약에 근거해서 방곡령을 발표하여 미곡수출을 금지하는 조치를 취하였다. 그 대표적인 것이 1888년과 1893년의 방곡령이었다.

한국정부가 정책적으로 곡물수출에 개입한 후에 미곡수출액은 한국농산물의 풍작도, 한국정부의 수출금지정책의 정도, 일본 농산물의 풍작도 등의 세 가지 요인에 의해 결정되었다.

일본이 1890년 이후에는 지속적인 식량부족 상태에 빠지고 한국과 일본 양국의 미곡의 가격 차이가 매우 컸기 때문에, 일본의 무역상인들은 미곡 수출원을 저렴하게 확보하여 폭리를 꾀하기 위해 입도선매나 수확 전에 미곡을 담보로 고리대부를 하였다.[55] 또한 일본 무역상인들은 한국식으로 도정한 미곡이 일본인의 기호에 부적합하므로 한국 도정공장에 상당한 자본을 투자하여 일본식으로 도정해서 수출하였다.[56]

미곡수출이 이러한 내용을 가지고 있었기 때문에 제 2차 개항기의

---

54) B. C. R. *Japan No. 2* (1883), *Memorandum respecting the Trade between Japan and Corea, 1877～1882*, p. 5.

55) B. C. R. *foreign Office* (1894), *Annual Series No. 1417, Report for the year 1893 on the Trade & C. of the Corea*, p. 4.

56) B.C.R. *foreign Office* (1891), *Annual Series No. 918, Report for the year 1890 on the Trade of the Corea*, pp. 2～3.

미곡수출량은 다른 어떤 품목보다도 변동량이 컸다. 그리고 이 미곡수출량의 변동의 큰 폭이 총수출액의 변동을 결정하는 가장 큰 요인으로 작용하였다.

두류는 미곡과 마찬가지로 대부분이 일본으로 수출되었다. 주로 일본에서 장유의 제조용으로 수요되고, 일부가 일본에서 타국으로 재수출되었다.[57] 두류는 1886년까지는 우피 다음으로 중요한 수출상품으로 제 2위의 지위를 차지하다가, 1887~1889년간은 우피수출액을 능가하여 제 1의 수출품목이 되었으며, 1890년부터는 미곡수출의 격증으로 미곡 다음가는 제 2위의 수출품목이 되었다.

두류 수출의 특징은 같은 농산물이면서도 미곡과는 달리 수출액의 변동 폭이 크지 않을 뿐만 아니라, 수출량과 수출가액이 1890년까지는 연평균 50%씩 현저히 증가했다는 점이다. 두류수출의 현저한 증가가 꾸준히 이루어질 수 있었던 이유는 수요의 증대에 대응하여 공급이 증대될 수 있었기 때문이며, 공급이 용이하게 증대될 수 있었던 이유는 두류가 비교적 생육이 쉽고 두류를 재배할 토지가 상대적으로 풍부하게 존재했기 때문이라고 해석되었다.[58]

1893년의 두류 수출액이 상당히 감소한 것은 같은 해 가을의 태풍으로 인한 흉작 때문이었다. 그러나 이 해에 부산항과 인천항에서는 두류 수출액이 감소했으나, 두류 수출의 중심지인 원산항에서는 여전히 두류수출의 큰 증가가 있었다.[59] 두류는 미곡과 마찬가지로 방곡령의 적용을 받았으나 그 영향은 미곡처럼 심각하지 않았다. 두류는

---

57) *B. C. R. foreign Office* (1894), *Annual Series No. 1417, Report for the year 1893 on the Trade of the Corea*, p. 9.

58) *B. C. R. foreign Office* (1889), *Annual Series No. 565, Report for the year 1888 on the Trade of the Corea*, p. 3.

59) *B. C. R. foreign Office* (1894), *Annual Series No. 1417, Report for the year 1894 on the Trade of the Corea*, p. 9.

제 2차 개항기의 수출액의 대부분을 차지했던 농산물 중에서도 가장 안정적으로 수출액이 증가한 중요한 품목이었다.

우피는 1886년까지는 미곡과 두류를 제외하고 수출가액이 가장 큰 제 1위의 수출품목이었다가, 1887년부터 두류 수출액의 격증으로 제 2위의 수출품목이 되었고, 1890년부터는 다시 미곡의 급격한 수출증가로 제 3위의 주요 수출품목이 되었다. 우피 수출의 특징은 제 2차 개항기의 전 기간을 통하여 수출량과 수출가액이 큰 변동 없이 가장 안정적이었다는 사실이다. 이는 우피 생산과정의 특수성에서 연유한 것으로서, 생우의 도살장이 정부의 감독 하에 있었고 역축(役畜)의 확보를 위하여 정부는 생우의 도살을 법으로 제한했으며,[60] 생우의 공급탄력성은 양육과정의 특성으로 매우 작아서 수출을 위한 생우의 공급은 비교적 일정했기 때문이었다고 말할 수 있다. 예컨대 생우의 도살수를 보면 지방에 따라서 크게 다르지만 원산에서는 1일 1두였으며, 평양에서는 1일 30두이었다.[61] 우피는 대부분 일본으로 수출되고, 소량이 중국과 기타 제국으로 수출되었다.

일본에 수출된 우피는 일본 국내에서 사용된 것이 아니라, 영국을 중심으로 서유럽에 재수출되었다.[62] 즉, 우피의 궁극적 시장은 서유럽이었으며, 따라서 서구제국은 한국의 우피 수출무역에 큰 관심을 가지고 있었다. 우피 수출에 대하여 일본 무역상인은 오직 중계상인으로 종사했을 뿐이었다.

우피 공급의 원천인 생우에 대해 외국상인과 외교관들은 그 품질의

---

60) *B. C. R. Corea No. 1* (1885), *Commercial Reports by Her Majesty's Consul-General in Corea, 1882~1883, No.2, Report on the Trade of Corea for the year 1883*, p. 8.

61) *B. C. R. Foreign Office* (1894), *Annual Series No. 1417, Report for the year 1893 on the Trade of the Corea*, p. 10.

62) *B. C. R. Foreign Office* (1885), *Annual Series No. 218, Report for the year 1886 on the Trade of the Corea*, p. 2.

우수함을 매우 높이 평가했으며, 가격이 1두당 평균 4파운드로 매우 저렴하다고 평가했다.[63] 그러나 우피의 품질과 판매과정에 대해서는 불만을 표현하였다. 외국 무역상인들은 우피의 공급은 직접적으로 가축의 전염병이 창궐하는 정도에 따라 변동함을 지적하고, 우피의 공급이 증가하는 경우에도 다음의 두 가지 요인에 의하여 고급 품질을 유지하기 어렵게 된다고 보고하였다. 첫째는 생우가 대부분 역축이기 때문에 우피의 가장 좋은 부분인 등 안장 부분에 경결을 만들기 때문이고, 둘째는 우피의 제조과정에서 한국인들은 껍질 벗기는 방법이 불완전하고 부주의하여 종종 피혁에 상처를 내며, 건조하는 데도 매우 부주의한 방법으로 하기 때문이라고 지적하였다.[64] 또한 우피 거래는 한국정부로부터 독점 특허를 얻은 동업조합이나 회사가 이를 독점하여 자유판매를 제한하고 있기 때문에 가격이 점차 상승하고 있다고 지적되었다.[65]

우피 수출의 높은 수익성은 1887년에 그쳤고, 1888년부터는 수출액이 고정되는 점까지 수익성이 낮아졌다고 보고되었다.[66]

건어물은 주로 원산항과 부산항에서 일본으로 수출되었으며, 인천항의 수출액은 많지 않았다. 건어물의 주요품목은 정어리와 연어 등이었으며, 그 수출액은 완만히 증가하다가 1889년 한국과 일본 간에 '한일통어장정'이 체결되어 일본어선이 한국의 연안어업에 종사하면서 급격히 증가하였다.

예컨대 1890년 부산항의 건어물 수출액은 2,000톤을 상회했으며, 원산항의 건어물 수출액은 200톤을 초과하였다. 또한 1890년 부산항

63) *B. C. R. Corea No. 1* (1884), *Report by Mr. Carles on a Journey in Two of the Central Provinces of Corea October 1883*, p. 10.

64) *B. C. R. foreign Office* (1894), *Annual Series No. 1417*, *Report for the year 1893 on the Trade of the Corea*, pp. 9~10.

65) *Ibid*, p. 10.

66) *B. C. R. foreign Office* (1889), *Annual Series No. 565*, *Report for the year 1888 on the Trade of the Corea*, p. 3.

에 등록한 일본 어선 수는 716척이었으며, 3500명의 어부가 이에 종사하였고, 어선 1척당 평균 수익은 연평균 약 600달러였다.[67] 또한 어업이 한국의 매우 중요한 부의 원천이었으나, '한일통어장정'의 내용은 불평등하게 일본에 유리하게 작성되어 이윤은 모두 일본으로 귀속되고 있다고 보고되었다.[68] 건어물의 수출증대는 일본어선단이 개입해 있기 때문에 주의 깊게 다루어야할 항목이다.

김(해태)은 제2차 개항기의 전 기간을 통하여 꾸준히 수출가액이 증가한 주요 수출품목이었다. 그것은 주로 부산항에서 일본 오사카로 수출된 품목이었으며, 품질을 높이기 위하여 부산과 오사카의 상업회의소가 품질검사를 추진하였다.[69] 1885~1893년까지 253,126달러어치가 수출되었다.

해삼은 일본과 중국에 수출된 품목으로 그 수출액은 해마다 상당히 변동하였다. 통어장정이 한국과 일본 사이에 체결된 이후 서구식 잠수도구가 부분적으로 도입되어 수출량이 약간 증가했으나 수익은 일본으로 귀속되었다.[70] 1885~1893년까지 119,595달러가 수출되었다.

한지는 한국의 전통적인 주요 생산물로써 1887년 이후 일본과 중국에 수출되어 주요 수출품목으로 등장하였다. 1887~1893년까지 168,014달러가 수출되었다.

면화는 1888년부터 수출품목으로 등장하기 시작하여 주로 부산항에서 일본으로 수출되어, 일본에서 면직물로 가공된 다음 원산항으로 수입되어 해외 면직물의 주요소비지인 한국의 북부 및 동북부 지역에 판

---

67) *B. C. R. foreign Office* (1891), *Annual Series No. 918, Report for the year 1890 on the Trade of the Corea*, p. 3.

68) *B. C. R. foreign Office* (1894), *Annual Series No. 1417, Report for the year 1893 on the Trade of the Corea*, p. 9.

69) *B. C. R. foreign Office* (1894), *Annual Series No. 1417, Report for the year 1893 on the Trade of the Corea*, p. 11.

70) *Ibid*, p. 11.

매되었다.[71]

또한 1893년에는 한국산 면직물도 부산항에서 원산항으로 수출되어 영국제품과 경합하였는데, 이것은 공급 면에서 한국의 재래식 면포의 주요산지인 남한에서 생산이 증가한 반면에 수요 면에서 주요 소비지인 북한 및 동북한에서 은화가격이 하락하여 외국제 면직물의 가격이 앙등한 데 비해 한국산 면포의 가격은 그 영향을 받지 않았기 때문이었다.[72] 그러나 이것은 그 해의 예외적 현상이었고, 재래식 한국산 면직물은 전반적으로 외국제 면직물과 경쟁을 할 수 없었다. 1888~1893년까지의 면화 수출액은 76,395달러였다.

인삼은 제 1차 개항기와 마찬가지로 제 2차 개항기에도 주요한 수출 품목으로서 전적으로 중국에 수출되었으며, 유럽 무역상인은 이에 관심을 갖지 않았다.[73]

인삼 중에서 홍삼은 국가의 전매품으로서 개항장에서의 무역이 금지되었다. 오직 육로를 통한 중국에의 정부전매하의 수출이 허가되었다. 왕실 자신이 인삼의 판매과정에서 재정수입의 상당한 양을 취득했으므로 많은 양이 육로를 통하여 중국으로 수출되었으나 관세의 통계에는 포함되지 않았다. 예컨대 1886년에 육로를 통하여 중국에 수출되었으면서도 수출통계에 포함되지 않은 인삼이 40,000파운드 이상이었고, 그 가격은 1파운드에 1리브라(*libra*)라고 하여도 40,000리브라를 상회할 것이라고 보고되었다.[74] 또한 1888년의 경우에도 중국상인에 의해서 관세통계에 나타난 만큼의 밀수출이 있었다고 보고되었다.[75]

---

71) *Ibid*, pp. 10~11.

72) *Ibid*, p. 11.

73) *B. C. R. Corea No.1* (1885) *Commercial Reports by the Majesty's Consul-General in Corea 1882~1883, No. 2. Report on the Trade of Corea for the year 1883*, p. 8.

74) *B. C. R. foreign Office* (1887), *Annual Series No. 218, Report for the year 1886 on the Trade of the Corea*, p. 2.

따라서 관세통계는 1885~1893년간의 인삼수출액이 63,550달러로 산출되어 있지만, 중국무역상인의 밀수출액까지 합치면 인삼수출액은 이를 크게 초과했을 것임은 명백한 것이다.

지금까지 보아온 바와 같이 제2차 개항기의 한국의 국제상품무역은 주로 면직물, 견직물, 금속류, 석유, 염료 등 소비재를 수입하고, 미곡, 두류, 우피, 건어물 등 농산물과 해산물을 수출하는 형태의 무역이었다. 이 중에서도 그 특징을 상징적인 한마디로 표현한다면 "외국제 면직물과 한국산 미곡·두류의 교환"이었다. 이것은 다른 측면에서 말한다면 근대공장제 제품과 전근대적 생산방식의 농업생산물과의 교환이었다고 말할 수 있다.

면직물을 비롯한 서구의 근대공장제 상품은 개항장을 통하여 한국에 수입되어 한국의 재래 방직수공업제품과 경쟁하여 가격과 품질에서 재래품을 시장에서 구축시킴으로써, 한국의 방직수공업을 더욱 급속히 붕괴시키기 시작했으며, 종래 공업제품에 대하여 자급자족했던 한국경제를 해외로부터의 수입에 의존하도록 변화시켰다.

제 1차 개항기와는 달리 제 2차 개항기에는 한국의 재래의 수공업은 현저히 그리고 급속히 분해과정이 진행되었다.

한편 수출 면에서 전근대적 방법에 의하여 생산된 농산물이 해외에 다량 수출됨으로써 한국의 생산자는 화폐경제와 대외무역에 더욱 깊숙이 휘말려 들어갔다.

이제 제 2차 개항기의 수출액의 상대국별 비율을 보면, 〈표 4-26〉에서 알 수 있듯이, 1885년에는 일본에의 수출이 총수출의 97.4%, 중국에의 수출이 2.4%, 러시아에의 수출이 0.2%를 차지하였다. 또한 1893년의 경우를 보면 일본에의 수출이 총수출의 90.9%, 중국에

75) *B. C. R. foreign Office* (1889), *Annual Series No. 565*, *Report for the year 1888 on the Trade of the Corea*, pp. 3~4.

〈표 4-26〉 제 2차 개항기의 수출가액 국가별 비율표

(단위: %)

	중 국	일 본	러시아	기 타	계
1885	2.4	97.4	0.2	-	100.0
1886	3.2	96.8	-	-	100.0
1887	2.3	97.4	0.3	-	100.0
1888	8.3	90.6	1.1	-	100.0
1889	8.9	91.0	0.1	-	100.0
1890	2.0	97.9	0.1	-	100.0
1891	4.1	95.6	0.3	-	100.0
1892	6.1	93.0	0.9	-	100.0
1893	7.9	90.9	1.2	-	100.0

의 수출이 7.9%, 러시아의 수출이 1.2%를 차지하였다. 제2차 개항기의 전 기간에 결쳐 총수출액의 약 94.0%가 일본으로, 5.5%가 중국으로 그리고 0.5%가 제정 러시아로 수출되었음을 알 수 있다.

제 2차 개항기의 수출무역이 수입무역과 또 하나 다른 점은, 위의 통계에서도 나타나는 바와 같이, 일본이 한국의 수출무역의 독점적 상대국이었다는 사실이다. 수입무역에서는 제 2차 개항기의 각국의 상업자본의 진출에 의하여 일본의 비중은 1885년의 81.9%로부터 1893년의 50.2%로 현저히 감소했는 데 비하여, 수출무역에서의 일본의 비중은 같은 기간에 97.4%에서 90.9%로 약간의 감소밖에 나타나지 않았다. 이것은 제2차 개항기의 한국의 수출무역이 일본 무역상인에 의하여 독점되었으며, 한국의 수출 무역품목이 일본경제의 구조와 필요에 의하여 크게 좌우되었음을 말해주고 있다.

중국의 생산구조는 한국의 생산구조와 근본적으로 성격이 유사했기 때문에 한국으로부터의 수입에 대한 필요성이 절실하지 않았다. 따라서 중국의 무역상인은 서구제 상품의 중계상인으로서 한국에서 상품판매에는 적극적으로 노력했으나 한국 생산물의 구입에는 노력하지 않았다.

반면에 일본은 식량부족 및 공업화의 시작에 수반하는 원료공급과 자본축적의 필요가 절실했으므로 서구제 상품의 판매상인으로 한국에서의 상품판매에도 적극적이었을 뿐만 아니라, 한국으로부터의 식량을 비롯한 각종생산물의 구입에서도 매우 적극적이었다. 따라서 한국의 수출무역은 한국의 생산구조와 일본경제의 필요에 의해 미곡, 두류, 우피, 건어물, 김, 한지, 해삼, 면화 등을 중심으로 구성되었던 것이다.

그러나 제2차 개항기의 한국의 국제무역은 격증하는 수입 증가에 비하여 수출 증가가 균형을 이룰 수가 없었다. '수입 대 수출'의 비율은 '2.5대 1'의 극심한 불균형을 보였으며, 그 결과 제2차 개항기의 한국의 국제무역은 방대한 수입초과에 시달리게 되었다. 이 방대한 수입초과의 일부를 결제하기 위하여 금·은 등 귀금속이 해외로 유출되었다.

4) 제2차 개항기의 금·은의 유출

구래의 한국의 금·은은 전근대적 경영과 기술에 의하여 생산되었으나, 금광이 풍부하고 역사상 일찍부터 착안되어 채광된 관계로 그 질적 우수성과 함께 상당한 양이 역사적으로 축적되어 있었으며, 또한 매년 상당량이 생산되고 있었다.

1876년의 제1차 개항후 원산항을 중심으로 하여 한국의 금·은(특히 사금)이 일부 일본에 수출되었으나, 그것이 본격적으로 대량유출되기 시작한 것은 제2차 개항후의 청국상인들이 금·은을 적극적으로 매입하고 일본상인들이 금·은 흡수정책을 전개한 이후부터이다.

제2차 개항 후 한국에 들어온 중국 무역상인은 한국에서 서구상품을 판매한 다음 그들이 구입해 갈 상업이윤이 높은 특정품목을 발견하기 어려웠으므로 그 결제를 극력 금·은 등으로 하려 했으며, 또 중국

자신이 대(對)서구무역에서 수입초과 상태에 있어 그 결제가 금·은 등으로 보충됨으로서 금·은 가격이 급등하고 있었으므로, 자기나라의 국제수지 결제상의 필요로 극력 금·은을 구입하였다. 즉 중국은 서구자본주의 제국과의 교역에서 수입초과에 시달리고 있었으므로 한국시장에 대한 서구제 상품의 중계상인으로 등장하여 면직물·견직물을 판매한 대가는 그것을 상업이윤이 높은 금·은으로 교환하여 본국에 유출시켰다. 이에 대하여 한 일본자료는 다음과 같이 보고하였다.

> 사금도 근래에는 본방으로 수출되는 것이 적어졌으나 그럼에도 불구하고 지나(중국)로 향하여 수출되는 것은 많다. 그 이유는 다름이 아니라 지나에서는 화물을 수입하는 것이 많으나 지나에 수출할 만한 화물이 많지 않다. 그러므로 사금과 같은 것을 가지고 돌아가는 일이 수년 많아지는 형세가 된 것이다.[76]

또한《朝鮮通商口岸三關貿易冊》은 "專辦洋貨兌換金沙"라고 하여 전적으로 서구상품을 사금과 교환하는 상무역을 하고 있었음을 보고하였다.[77]

또한 일본 무역상인들도 국제수지 결제의 수단으로 금·은을 흡수했으며, 일본 국내에서 화폐자본으로서의 금 보유와 금화주조가 진전되자 더욱 적극적으로 금·은을 수출하였다. 이에 대하여 영국영사보고서는 다음과 같이 보고하였다.

> 사금 및 기타 형태의 금·은 수출의 최대품목이다.… 그것은 화폐송금의 대용물로서 수출하기 위하여 주로 추구되었으며, 극히 저렴한 가격으로 일본인에 의하여 매점되었고, 구매자는 그가 교환하는 영국재화와 상대할 때는 고가를 요구함으로써 자기이익을 보장받았을 것이다.[78]

---

76) 東邦協會 編 : 〈朝鮮彙報〉 8, 朝鮮の外國貿易, p. 277.

77)《光緒十五年朝鮮通商三關貿易冊》元山口朝鮮貿易情形論略, p. 21b.

〈표 4-27〉 제2차 개항기 금의 국가별 수출가액과 비율

(단위: 달러, %)

	중국		일본		기타		계	
	가액	비율	가액	비율	가액	비율	가액	비율
1886	218,743	19.3	911,745	80.7	-	-	1,130,488	100.0
1887	210,294	15.1	1,177,975	84.9	-	-	1,388,269	100.0
1888	348,564	25.4	1,025,401	74.6	-	-	1,373,965	100.0
1889	373,677	38.0	608,414	62.0	-	-	982,091	100.0
1890	474,600	63.3	275,099	36.7	-	-	749,699	100.0
1891	415,790	60.3	273,288	39.7	-	-	689,078	100.0
1892	485,791	57.0	366,960	43.0	-	-	852,751	100.0
1893	493,651	53.7	425,008	46.3	-	-	918,659	100.0

* 자료 : 《朝鮮通商三關貿易冊》 각 년도에서 작성.

금 수출액의 관세통계를 보면, 〈표 4-27〉에서 볼 수 있듯이, 1886~1893년의 8년간 총액이 8,085,000달러로 연평균 100만 달러를 상회하였다. 그러나 이것은 공식통계에 불과하며, 실제의 금 수출액은 이를 수배 상회한 것으로 추정된다. 당시 금의 수출에 대해서는 관세가 없었고, 오직 세관의 통계작성을 위하여 신고만 하도록 되어 있었다. 이에 외국 무역상인들은 금·은 크기가 작아 숨기기 용이했으므로 번거로운 신고를 피해 금을 숨겨 수출했으며, 세관도 관세를 부과하지 않는 품목에 대해서는 감시를 하지 않는 것이 보통이었기 때문에 해마다 막대한 양의 금이 세관통계에 계상되지 않고 수출되었다. 이러한 사정에 대하여 《韓國誌》는 다음과 같이 기록하였다.

> 한국수출의 일대 요품으로 금의 수출이 있는데 세관이 보고하는 것은 전적으로 실제와 상위하기 때문에 그 양액은 아직 정확하지 않다. 순금

78) *B. C. R. Corea No. 1* (1885), *Commercial Report by Her Majesty's Consul-General in Corea, 1882~1883, No.2. Report on the Trade of Corea for the year 1883*, p. 8

은 봉금의 형태로 무관세수출을 허하며, 단 수출자는 통계조제를 위하여 세관리에 현품을 제시하는 의무를 진다고 할지라도 그 검사의 수속이 완만하여 시간을 요하며, 또한 일방으로는 용량이 작아서 은닉하기 편리하고, 일방으로는 관리도 무세품에 대해서는 감독을 엄하게 하지 않음으로써 청인 및 일본인은 관리의 눈을 숨겨서 이를 수출하는 것이 많기 때문에, 관세의 보고에 기재되는 것은 실로 수출중의 일소부분에 불과하다.[79]

또한 영국영사보고서는 다음과 같이 보고하였다.

그러나 봉금과 사금의 형태로서의 금의 수출이 한국의 대외무역 중 하나의 중요한 요소임을 명기해 두어야 한다. 작년에 세 조약항에서(모두 중국과 일본으로) 수송된 양은 188,414파운드였다. 그러나 이것은 오직 세관에 보고된 금의 양을 표시할 뿐이며, 결코 총수출을 의미하지 않는다.[80]

1888년의 세관에 보고된 금 수출량은 217,544파운드로 이것은 전년의 231,378파운드에 대비된다. 그러나 이전에도 지적되어 온 바와 같이 이 양은 아마 그 기간에 실제로 이 나라를 떠나는 귀금속 가액의 절반도 못되는 것을 표시한다. 매번 기선 편으로 출국하는 중국선객과 일본선객 중에는 다량이든 소량이든 세관에 보고하지 않고 금을 가져가는 사람들이 언제나 존재한다.[81]

금의 수출에는 현저한 증가가 있었다. 그러나 그 숫자는 이 나라를 떠나는 양의 오직 극소 부분만을 표시한다.[82]

---

79) 《韓國誌》, pp. 152~153.

80) *B. C. R. foreign Office*(1887), *Annual Series No. 218, Report for the year 1886 on the Trade of the Corea*, p. 2.

81) *B. C. R. foreign Office*(1889), *Annual Series No. 565, Report for the year 1888 on the Trade of the Corea*, p. 4.

82) *B. C. R. foreign Office*(1895), *Annual Series No.1582, Report for the year 1894 on the Trade and C. of the Corea*, p. 5.

영국영사보고서는 이상과 같이 실제의 금 수출량이 세관통계의 약 2배를 상회하는 것이라고 추정하였다.

한편《朝鮮通商口岸貿易情形論》은 금 수출액이 매년 300만 달러를 불하할 것이라고 추정했는데,[83] 이것을 이 자료의 세관통계에 의한 금의 연평균 수출액 약 100만 달러와 비교하여 보면, 실제의 금 수출액은 세관통계의 3배가 된다는 결론이 나온다.

이외에도 당시 개항장이 아닌 다른 항구에서 밀무역이 번성했으므로, 개항장이 아닌 항구에서의 금의 밀수출까지 합계하면, 제 2차 개항기의 금의 수출액은 세관 통계를 수 배나 더 초과할 것은 명확하다.

제 2차 개항기의 금의 수출은 초기에는 주로 일본으로 향했으나 후기에는 중국으로 향하는 비중이 더 높게 되었다. 1886년에는, 〈표 4-27〉에서 볼 수 있는 바와 같이, 금 수출 총액 중에서 일본으로의 수출 비중이 80.7%, 중국으로의 수출 비중이 19.3%이었다. 그러나 1890년부터는 중국의 비중이 일본을 능가하여 일본으로의 수출 비중은 36.7%로 급격히 감소한 반면에 중국으로의 수출 비중은 63.3%로 현저히 증가하였다. 또한 1893년에도 금 수출총액 중에서 일본으로의 수출 비중은 46.3%이었는 데 비하여 중국으로의 수출 비중은 53.7%로서 중국으로의 수출 비중이 일본보다 높았음을 알 수 있다.

이것은 수입무역에서의 중국 무역상인의 진출과 관계가 있는 것으로서 중국상인들이 수입품에 대한 결제의 일부를 적극 금으로 행했음을 추정케 하는 것이다. 다른 품목의 수출은 일본의 비중이 압도적으로 높은 데 비해 금 수출은 중국의 비중이 더 높다는 사실이 이 추정을 더욱 보강해준다고 할 것이다.

국제통화제도가 고도로 발달되지 않는 시대에는 금·은 등 귀금속은 가장 안정된 가치를 가진 국제통화이다. 일국의 금의 보유는 대외

83) 朝鮮開國 496年《朝鮮通商口岸貿易情形論》仁川海關·出洋生金, p. 16a.

적으로는 오늘날의 외환보유의 기능을 수행하고, 대내적으로는 국내 화폐자본축적 기능을 동시에 수행한다. 그러므로 당시의 산업발전을 위한 자본축적은 국내의 금의 보유량과 결부되었으며, 따라서 근대자본주의의 성립을 위해서는 그 필수적 전제조건으로 금·은의 확보가 절실한 문제가 되는 것이다.

제 1차 개항 및 제 2차 개항 후 한국에 침투한 외국 상업자본이 다른 수출품과 함께 적극적으로 금·은을 유출시켜 간 것은 그 나라들의 화폐자본축적에 기여한 데 비해 한국에서는 축적된 화폐자본을 고갈시켜 근대자본주의 성립의 중요한 전제조건의 하나를 상실하게 만든 것이었다.

5) 제 2차 개항기의 해운

제 2차 개항기의 해운상태를 보면, 1885～1893년간 한국의 조약 항에 입항한 선박 척수는 총 9,763척이었고, 그 톤수는 3,311,528톤이었다.

이것을 국별로 보면, 〈표 4-28〉 및 〈표 4-29〉에서 보듯이, 일본 선박이 8,595척, 2,017,266톤으로서 척수에서 총수의 88.0%, 톤수에서 총수의 87.3%라는 압도적 비중을 차지하였다.

다음은 한국 선박이 551척, 77,240톤으로써 척수에서 총수의 5.6%, 톤수에서 총수의 3.3%를 차지하였다. 이는 한국 해운의 비중을 나타내는 것이기도 하다.

그 다음 중국 선박이 306척, 67,330톤으로 척수에서 총수의 3.1%, 톤수에서 2.9%의 비중을 차지했고, 독일 선박이 169척, 68,192톤으로 총 척수의 1.7%, 톤수에 있어서 3.0%의 비중을 차지하였다.

러시아는 선박이 105척, 64,741톤으로, 총 척수의 1.1%, 톤수에 있어서 전체의 2.8%를 차지하였고, 노르웨이의 선박이 24척, 13,320톤으로서 총 척수의 0.2%, 총 톤수의 0.6%를 차지하였다. 영국은 선박이 7척, 3,024톤으로, 척수에서 전체의 0.1%, 톤수에 있어서도

〈표 4-28〉 제2차 개항기의 입항선 척·톤 국가별 대비표

		1885	1886	1887	1888	1889	1890	1891	1892	1893	계
중국	척	33	21	5	29	30	59	44	48	37	306
	톤	1,335	320	107	4,595	12,411	7,932	11,263	15,000	14,376	67,339
영국	척	2	-	-	-	-	-	2	3	-	7
	톤	1,618	-	-	-	-	-	1,430	426	-	3,024
미국	척	-	3	1	-	-	-	-	-	1	5
	톤	-	249	72	-	-	-	-	-	80	401
독일	척	20	16	12	28	20	31	19	15	8	169
	톤	7,478	5,944	4,165	10,007	8,229	12,298	7,657	6,046	6,368	68,192
일본	척	403	506	673	920	1,161	1,486	1,335	1,155	956	8,595
	톤	68,557	153,344	172,337	176,622	220,804	284,001	311,754	325,623	304,224	2,017,266
노르웨이	척	-	-	-	-	1	1	-	22	-	24
	톤	-	-	-	-	444	3,108	-	9,768	-	13,320
러시아	척	-	-	-	-	-	-	30	45	30	105
	톤	-	-	-	-	-	-	18,893	24,855	20,993	64,742
이탈리아	척	1	-	-	-	-	-	-	-	-	1
	톤	5	-	-	-	-	-	-	-	-	5
한국	척	-	10	25	27	12	38	51	98	290	551
	톤	-	1,583	4,616	4,871	2,322	6,508	7,148	8,780	41,466	77,240
계	척	459	557	716	1,004	1,224	1,621	1,501	1,386	1,322	9,763
	톤	79,013	161,901	181,297	196,041	244,210	313,847	358.145	390,497	387,507	2,311,528

* 자료 : 《朝鮮通商三關貿易冊》 각 년도에서 작성.

〈표 4-29〉 제2차 개항기 국가별 입항선 척·톤 비율(1885~1893)

	척 수	비율(%)	톤 수	비율(%)
중국	306	3.1	67,339	2.9
영국	7	0.1	3,024	0.1
미국	5	0.1	401	-
독일	169	1.7	68,192	3.0
일본	8,595	88.0	2,017,266	87.3
노르웨이	24	0.2	13,320	0.6
러시아	105	1.1	64,741	2.8
벨기에	1	-	5	-
한국	551	5.6	77,240	3.3

전체의 0.1%를 차지하였다. 이외에 미국의 선박이 5척, 401톤 입항했으며, 이탈리아의 선박이 1척 5톤 입항했으나 모두 0.1% 미달의 낮은 비중에 불과하였다.

제 2차 개항기의 해운의 특징을 보면 무엇보다도 먼저 일본선박이 독점적 지위를 누리고 있다는 것을 뚜렷이 알 수 있다. 제 2차 개항초인 1883년에는 미쓰비시 회사의 기선 1척이 부산을 거쳐 인천과 나가자키 사이를 매월 1회 정기 취항했고,[84] 그 외에는 범선들이 부정기적으로 한국무역에 취항하였다. 곧 이이서 '일본우선회사'(日本郵船會社)가 한국의 각 조약 항에 기선을 정기 취항시켜 독점적 지위를 확보했기 때문에 타국 기선의 취항은 일본의 이 회사와 심한 경쟁을 각오하지 않으면 안 되었다.[85] 일본우선회사는 부정기적 취항 기선을 제외하고도 3척의 기선을 끊임없이 정기적으로 한국무역에 취선시켰다.[86] '일본우선회사'의 성공에 뒤이어, '대판상선회사'(大阪商船會社)가 경쟁회사로 처음에는 고베·부산 간, 다음에는 고베·인천 간의 정기취항에 종사하게 되었다. 양 회사의 경쟁의 결과 운임이 하락하여 일본의 범선해운에 큰 타격을 주었다.[87] 그러나 이것은 장기적으로는 기선에 의한 범선과 정크의 대체를 의미하는 것으로 한국무역과 관련된 해운에서 일본의 독점적 지위를 더욱 강화하는 작용을 하였다.

다음으로 주목할 것은 1896년부터 한국선박의 운항이 통계상에 나

---

84) *B. C. R. Corea No.1* (1885). *Commercial Reports by Her Majesty's Consul-General in Corea, 1882~1883, No 2, Report on the Trade of Corea for the year 1883*, p. 8.

85) *B. C. R. foreign Office* (1889), *Annual Series No 565, Report for the year 1888 on the Trade of the Corea*, p. 2.

86) *B. C. R. foreign Office* (1890), *Annual Series No 740, Report for the year 1889 on the Trade of the Corea*, p. 2.

87) *B. C. R. Foreign Office* (1894), *Annual Series No. 1417, Report for the year 1893 on the Trade of the Corea*, p. 7.

타나기 시작하여 제2차 개항기에는 그 척수와 톤수가 현저히 증가했다는 사실이다. 조선정부는 1884년 10월 14일 최초의 기선회사(汽船會社)를 설립하였다.[88] 1886년에는 기선이 7척, 범선이 3척으로 총톤수 1,583톤에 달하였고[89], 1887년에는 기선 19척, 범선 6척, 총톤수 4,616톤으로 급격히 증가했으며,[90] 1888년에는 기선 25척, 범선 3척, 총톤수 4,817톤으로 증가하였다.[91] 그러나 1889년에는 한국선박의 해운량이 현저히 감소하여 기선 10척, 범선 2척, 총톤수 2,322톤으로 떨어졌다가[92], 1890년에는 다시 현저한 증가를 보아 기선 23척, 범선 15척, 총톤수 6,508톤으로 상승했으며,[93] 마침내 1893년에 이르러서는 한국선박의 해운량은 격증을 보아 기선 141척, 범선 149척, 총톤수 41,466톤에 달하게 되었다.[94]

한국에는 기선이나 서구식 범선의 조선소가 없었으므로 한국선박의 해운량의 증가는 외국으로부터의 선박의 구입에 의한 것이었다. 《한국지》의 기록을 보면 다음과 같다.

> 1884년 한국정부는 내지 제항으로부터 인천에 향하는 조곡의 수송을 관리하기 위하여 운송국을 설치하고 운송국에서 3척의 기선 '해룡'호, '청룡'호 및 '현익'호를 갖추었다. 이를 기선업의 효시로 삼는다. 이들 기선은 신정의 국기를 게양하여 항해를 개시하고 조곡 외에 군대 및 기타 관용화물의 운송에 종사하였다. 그러나 정부는 더욱 이익을 증진시킬 것을 기도하여 1892년 이운사(利運社)라고 칭하는 운송회사의 설립에 협력하여 이에 전기 기선을 부여하고 운송국 관리하에 조곡의 운송을

88) 《統理機務衙門日記》 제2책, 1884(甲申)년 10월 14일조 참조.
89) 《光緒十二年朝鮮通商三關貿易冊》, p. 9b.
90) 《光緒十三年朝鮮通商三關貿易冊》, p. 9b.
91) 《光緒十四年朝鮮通商三關貿易冊》, p. 10b.
92) 《光緒十五年朝鮮通商三關貿易冊》, p. 12b.
93) 《光緒十六年朝鮮通商三關貿易冊》, p. 13b.
94) 《光緒十九年朝鮮通商三關貿易冊》, p. 15a.

> 취급케 하였다. 그 후 회사는 독일기선 '챠오·쵸·후'호를 매입하여 '이운'호라고 개명하고 회사관리를 위하여 일본인 수명을 초빙하였다. 이로부터 기선은 일정의 운임표를 만들어 사개인의 하물 및 보통여객의 운송도 취급하였다.[95]

영국영사보고서도 같은 사실을 기록하였다.

> 한국에는 외국식 선박을 제조할 시설이 없으므로 그러한 증가는 모두 해외로부터의 구입에 의한 것이다. 제물포에서는 이의 대부분은 1892년 말에 '운송국'에 의하여 운영되던 한국정부의 선박들을 인수하여 설립된 회사인 이미 언급한 이운사에 의하여 시행되었다. 작년까지 이들은 주로 군대나 정부미의 운송에 종사하였으나 지금은 여객과 화물을 수송하고 있다.[96]

같은 자료는 또한 한국기선회사가 일본에서 소형기선들을 구입하여 조약항과 비개항장과의 운항에 취항시키고 있음을 기록하였다.[97]

이러한 자료들에서 보면, 제2차 개항기의 한국선박의 해운량의 증가는 이 기간에 '이운사' 등 해운회사들이 정부의 강력한 지원 아래 설립되고, 이 해운회사들이 외국으로부터 선박을 도입하여 해운활동에 적극적으로 진출했기 때문임을 알 수 있다.

중국선박의 해운은 제 2차 개항초기에는 상당한 진출을 하는 듯 보였으나 일본과의 경쟁에 압도되어 큰 진출을 보지 못하였다. 일본선박 톤수 대 중국선박 톤수는 1889년에는 16:1이었으나,[98] 1893년에는 21:1

---

95) 《韓國誌》, pp. 83~84.

96) *B. C. R. Foreign Office* (1894), *Annual Series No. 1417, Report for the year 1893 on the Trade of the Corea*, p. 7.

97) *Ibid*, pp. 7~8.

98) *B. C. R. Foreign Office* (1890), *Annual Series No. 740, Report for the year 1889 on the Trade of the Corea*, p. 2. 및 《光緒十五年朝鮮通商三關貿易冊》, p. 12a.

로 확대되었다.[99] 중국선박은 기선 1척이 상해와 제물포 사이를 주 3회에 1회씩 정기 취항하도록 되어 있었으나, 그 취항이 매우 불규칙적이어서 고객들이 안정하여 그 출항에 의존할 수 없었으며, 따라서 경쟁회사인 일본기선회사들에 어떠한 의미 있는 정도의 경쟁상 영향도 미치지 못하였다.[100] 제2차 개항초기에 진출했던 중국의 재래식 정크선은 각국 기선들의 적극적 취항에 의하여 후기에는 쇠퇴를 면치 못하였다.

제2차 개항기의 해운에 독일선박의 운수량이 높은 것은 사실은 한국정부가 독일로부터 구입한 기선의 취항이었으나 아직 한국정부측이 대금을 완불하지 못하여 독일국기를 게양하고 취항했기 때문이었다.[101] 따라서 독일선박은 한국정부미와 정부의 물자의 수송에 주로 종사했으며, 일반무역상품의 운송에는 소극적으로 활동하였다.

러시아 선박은 소형기선이 '부산 - 원산' 간의 곡물운송에 종사하다가 1893년부터 이것이 중단되었다. 그 이외에는 '상해 - 블라디보스토크' 간의 취항선이 한국의 조약항에 기항한 것이었다.[102]

영국의 선박은 제2차 개항초인 1883년에 자르댕상회(Messrs' Jarding, Matheson Co.)에 속한 '나우징(Nauzing)'호가 '상해-인천-부산-나가사키' 간을 2주 1항로 취항했으나 운임의 고액에도 불구하고 수익성은 없었으며, 손실을 보았다.[103] 따라서 이 취항은 곧 철회되

---

99) 《光緖十九年朝鮮通商三關貿易冊》, p. 14b.

100) *B. C. R. Foreign Office* (1890), *Annual Series No.740*, *Report for the year 1889 on the Trade of the Corea*, p. 2.

101) *B. C. R. Foreign Office* (1889), *Annual Series No.565*, *Report for the year 1888 on the Trade of the Corea*, p. 2.

102) *B. C. R. Foreign Office* (1894), *Annual Series No. 1417*, *Report for the year 1893 on the Trade of the Corea*, p. 7.

103) *B. C. R. Corea No.1* (1885), *Commercial Reports by Her Majesty's Consul-General in Corea, 1882~1883, No.2, Report on the Trade of Corea for the year 1883*, p. 8.

고,[104] 그 이후 영국선박의 정기취항은 없었다. 통계상에 나타나는 영국선박의 입항은 부정기적 기항의 집계이다.

그 외에 노르웨이, 미국, 벨기에 선박의 입항은 모두 부정기적인 일시의 기항을 나타내는 것이다.

제 2차 개항기의 해운에서는 상품무역과 달리 시종일관 일본이 독점적 지위를 유지했으며, 구조적으로도 기선에 의한 범선의 대체가 진전되었다. 또한 이 점이 그 이후 각국의 상업무역 경쟁에서 궁극적으로 일본이 승리할 수 있었던 요인의 하나였음을 추측해 볼 수 있다.

이와 더불어 가장 주목할 사실은 이 시기에 한국정부가 해운업에 적극적 관심을 보이고 외국선박을 도입하여 기선회사의 설립을 지원하는 등 근대적 해운업의 발전에 적극적으로 활동하여 한국선박의 진출이 현저했다는 사실이다.

6) 각국 상업자본의 무역경쟁

제 2차 개항이후 일본 · 중국 · 미국 · 독일 · 영국 · 제정 러시아 · 프랑스 등 각국 상업자본이 한국에 진출하여 치열한 상업무역전을 전개했지만, 그 중에서도 가장 두드러지게 진출하여 경쟁을 전개한 것은 일본과 중국의 무역상인이었다.

일본의 상업자본은 이미 제 1차 개항기에 독점적 지위를 확보하고 있었으므로 제 2차 개항기에도 계속 진출하여 경쟁을 전개한 것은 제 1차 개항기의 상업무역의 연속으로서 새삼 새로운 것은 아니었다. 새로이 제 2차 개항기의 문호개방에 의하여 급속히 한국시장에 진출한 것은 중국의 무역상인으로, 그들은 '조 · 중 상민수륙무역장정' 체결 이후 적극적으로 한국에 진출하여 일본 무역상인에 경쟁이 되는 세력으로

104) *B. C. R. Foreign Office* (1894), *Annual Series No. 1417, Report for the year 1893 on the Trade of the Corea*, pp. 6~7.

성장하게 되었다. 특히 중국은 1882년 임오군란에 대병을 파견하여 조선왕조 내정에 적극 간섭하면서 상병(商兵) 정책을 실시하여 정책적으로 중국 무역상인의 한국에의 진출과 활약을 지원하였다. 이에 대하여 일본 무역상인들도 자기나라 정부의 정책적 지원 하에 제1차 개항기에 닦아놓은 세력기반을 확대하면서 전력 이에 대항하여 한국 내에서 격렬한 상업무역전쟁이 전개되었다.

제 2차 개항기의 중국 무역상인과 일본 무역상인의 상업무역 경쟁을 보면, 수출무역에서는 여전히 일본이 독점적 우세를 차지하였다. 《조선통상구안삼관무역책》에서 수입통계를 작성해 보면, 〈표 4-26〉에서 보듯이, 1885년에 수출가액의 국가별 비율은 일본으로의 수출이 97.4%, 중국이 2.4%, 러시아가 0.2%의 비중을 차지하였다. 1893년에 이르면 이 비율은 일본으로의 수출이 90.9%, 중국이 7.9%, 러시아가 1.2%로 되어, 중국 무역상인의 수출부문에서의 진출이 약간 증가한 것을 반영하기는 하지만 여전히 일본 무역상인이 한국 총수출액의 90% 이상에 관여하고 있음을 나타내었다.

그러나 수출무역부문에서의 중국 무역상인의 소극성과 일본무역상인의 독점적 지위는 이 시기의 상업무역 전쟁을 충분히 반영시켜 주지 않는 것이다. 왜냐하면 중국의 생산구조와 한국의 생산구조가 유사하여 중국 무역상인으로서는 한국으로부터 중국으로 수출할 상업이윤이 높은 품목을 발견하기가 용이하지 않았기 때문이다. 따라서 중국 무역상인은 한국 수입무역에서는 적극적이면서도 수출무역에서는 수입상품의 결제를 주로 각종 외국화폐, 인삼, 금·은 등으로 행하여 수출하는 데 주력하였다. 이것은 중국 무역상인이 상품수출무역에서 차지하는 비중은 극히 적지만 금 수출에 있어서는 높은 비중을 차지하고 있는 사실에서도 단적으로 나타나고 있다. 즉 중국으로의 금 수출의 비중은, 〈표 4-27〉에서 보듯이, 1886년에는 19.3%이었으나, 1890년에는 63.3%, 1893년에는 53.7%에 달하였다. 이것은 동년에의 상품수출 3.2%, 2.0%, 7.9%와 대조적인 높은 비율이다.

반면에 일본은 심각한 식량부족 상태에 있었고 특히 1890년대 이후에는 지속적 식량부족국가가 되었으므로 한국에서 식량구입에 적극적이었을 뿐만 아니라, 1890년대부터는 공업화의 진전이 시작되어 공업 원료로서의 농산물과 광산물 구입에도 적극적으로 활동하였다. 이러한 상황 속에서 일본 무역상인들은 경쟁자 없이 수출무역 부문에서 독점적 지위를 확보할 수 있었다.

그러나 수입무역 부문에서는 사정은 전혀 판이하였다. 중국 무역상인들은 수입무역부문에서 매우 적극적으로 진출하여 일본상인과 치열한 경쟁을 하면서 점차 일본 무역상인을 압도해 나가기 시작하였다. 〈표 4-21〉에서 보듯이, 1885년에는 중국으로부터의 수입가액의 비율은 18.0%이었던 것이 1893년에는 49.1%로 급격히 증대하였다. 이것은 중국 무역상인이 수입무역 부문에서 초기에는 일본에 비하여 열세였으나 그 후 급속히 진출하여 1893년에는 일본과 대등한 지위에 올라섰으며, 짧은 시일에 일본 무역상인을 압도했음을 명백히 나타낸다.

이에 대조적으로 일본의 무역상인은 중국 무역상인인과의 경쟁에서 패배하여 그 지위가 상대적으로 급속히 저하되었다. 즉 1885년에는 일본으로부터의 수입가액의 비율은 81.9%이었던 것이, 1893년에 이르러서는 50.2%로 급격히 감소하여, 수입무역 부문에서의 일본의 수세와 상대적 패퇴를 나타내고 있다.

이 사실은 다른 자료에서도 다시 확인할 수 있는데, 〈표 4-30〉에서 보듯이, 한국의 대(對)중국 및 대(對)일본 수입가액의 비율은 1885년에 청국이 18.5%에 불과하고, 일본이 81.5%이었던 것이, 7년 후인 1892년에 이르면 중국이 44.6%로 눈부시게 증가한 데 비하여 일본은 55.4%로 급격한 감소를 보였다. 이것을 당시의 3개항장인 인천, 부산, 원산의 항구별로 보면, 〈표 4-31〉에서 알 수 있는 바와 같이, 인천항에서는 일본으로부터의 수입비율은 1885년의 75.0%로부터 1892

년에는 43.5%로 급격히 감소한 반면에, 중국으로부터의 수입비율은 1885년의 25.0%로부터 1892년의 56.5%로 급속히 증가하였다. 동표는 1890년부터 인천항에서 중국 무역상인의 수입무역이 일본 무역상인을 압도하고 있으며, 1892년에 이르러서는 '56.5대 43.5'의 비율로 중국 무역상인이 일본 무역상인을 능가하고 있음을 보여준다.

〈표 4-30〉 제2차 개항기의 청·일 양국 수입가액 및 비율표

(단위: 달러, %)

	청국		일본	
	가액	비율	가액	비율
1885	313,342	18.5	1,377,392	81.5
1886	455,015	18.1	2,064,353	81.9
1887	742,661	26.3	2,080,787	73.7
1888	860,328	28.1	2,196,115	71.9
1889	1,101,585	32.4	2,299,118	67.6
1890	1,659,542	35.0	2,086,897	65.0
1891	2,148,294	40.0	3,226,468	60.0
1892	2,055,555	44.6	2,555,675	55.4

* 자료 : 《朝鮮通商事情》, pp.57~63.

〈표 4-31〉 제2차 개항기의 인천항 청·일 양국 수입가액 대비표

(단위: 달러, %)

	청국		일본	
	가액	비율	가액	비율
1885	242,680	25.0	726,760	75.0
1886	406,856	30.2	941,550	69.8
1887	641,340	43.7	827,113	56.3
1888	636,092	37.7	1,049,486	62.3
1889	729,037	39.6	1,113,647	60.4
1890	1,312,614	51.0	1,259,218	49.0
1891	1,738,044	54.9	1,426,463	45.1
1892	1,716,231	56.5	1,323,588	43.5

* 자료 : 《朝鮮通商事情》, p.57.

부산항에서는, 〈표 4-32〉가 보여주듯이, 수입무역에서도 일본 무역상인이 여전히 독점적 지위를 누리고 있었음을 알 수 있다. 즉 수입비율은 1886년에 일본이 96.1%를 점하고 있으며, 1892년에 이르러서도 97.2%라는 압도적 비중을 계속 차지하고 있다. 부산항에서의 일본 무역상인의 수입무역은 중국 무역상인의 진출에도 불구하고 그 영향을 받

〈표 4-32〉 제2차 개항기의 부산항 청·일 양국 수입가액 대비표

(단위: 달러, %)

	청국		일본	
	가액	비율	가액	비율
1885	-	-	335,789	-
1886	17,102	3.9	416,893	96.1
1887	-	-	661,891	-
1888	-	-	642,239	-
1889	50,565	6.3	755,949	93.7
1890	3,576	0.2	1,435,413	99.8
1891	43,465	2.9	1,439,169	97.1
1892	28,940	2.8	997,297	97.2

* 자료 : 《朝鮮通商事情》, p.63.

〈표 4-33〉 제2차 개항기의 원산항 청·일 양국 수입가액 대비표

(단위: 달러, %)

	청국		일본	
	가액	비율	가액	비율
1885	70,662	18.3	314,843	81.7
1886	31,057	4.2	705,910	95.8
1887	101,321	14.6	591,783	85.4
1888	224,236	30.8	504,390	69.2
1889	321,982	42.8	429,552	57.2
1890	343,352	46.7	392,266	53.3
1891	266,885	42.5	360,836	57.5
1892	310,384	56.9	234,790	43.1

* 자료 : 《朝鮮通商事情》, p.61.

지 않고 계속 이전과 같은 독점적 지위를 누리고 있었음을 알 수 있다.

그러나 원산항에서의 중국으로부터의 수입비율은, 〈표 4-33〉이 보여주듯이, 1885년에 18.3%이었던 것이 1892년에는 56.9%로 급속히 증가하여 일본을 능가한 반면에, 일본으로부터의 수입비율은 1885년에 81.7%이었던 것이 1893년에는 43.1%로 급격히 감소하였다. 그리하여 결국 1893년에 오면 '56.9 대 43.1'의 비율로 원산항에서도 중국 무역상인이 일본 무역상인을 압도하게 되었다.

제2차 개항기의 후기에 이르면 일본 무역상인은 지리적 조건이 일본상인에게 극히 유리하고 전통적으로 일본의 상관이 존속하여 일본상인의 뿌리가 깊었던 부산항에서만 중국무역상인의 도전을 극복하고 그 이전과 같은 독점적 지위를 지속할 수 있었을 뿐, 인천항과 원산항에서는 패퇴를 면치 못하였다.

한국 제1의 소비시장인 서울과 그 주변에 직결되어 있는 인천항의 상권이 중국 무역상인에게 넘어가고, 콩을 비롯한 농산물과 사금(砂金) 산지를 배후에 둔 원산항에서도 중국 무역상인이 일본상인을 압도하게 된 사실은 일본 무역상인에게는 지극히 큰 위협으로 받아들여졌다. 당시 일본인이 쓴 기록들을 보면 중국 무역상인의 급속한 진출에 한결같이 비명을 올리고 있었으며, 한국에서의 일본 무역상인의 위기를 입을 모아 절규하고 있었다.

중국 무역상인이 어떻게 하여 이러한 눈부신 진출을 할 수 있었는가에 대하여 일본인 기록들의 몇 가지 예를 보면, 당시 원산주재 일본 부영사는 본국정부에의 보고에서 다음과 같은 점을 지적하였다.[105]

① 수입품목 중에서 중요한 영국제품(이른바 金巾, 寒冷紗 등)의 구매가 유리한 점
② 자국산의 견직물이 한국인의 기호에 적당한 점

105) 《秘書類纂朝鮮交涉資料》上卷, p. 161.

③ 자본이 풍부하며 금리가 저렴한 점
④ 결속을 잘하며 합의한 규약을 준수하는 점

한편 한 일본인 여행자는 《한반도》에서 중국 무역상인이 우세하게 된 원인을 다음과 같이 10가지를 들었다.[106]

① 상업자본이 윤택한 점
② 신용거래를 많이 행하는 점
③ 고리에 지배되지 않는 점
④ 상업도덕을 중시하는 점
⑤ 수입무역이 내국무역의 방침에 있지 않고 외국무역의 방침에 있는 점
⑥ 수입품목 가운데 원가가 저렴한 것이 많은 점
⑦ 투기적 상업이 적은 점
⑧ 상업상의 연락이 기민한 점
⑨ 질박검소하고 인내의 특성이 있는 점
⑩ 비생산적 소비가 적은 점

한편 영국영사보고서는 중국 무역상인이 우세한 이유 세 가지를 들었다.[107]

① 상업수완이 더욱 능숙한 점
② 한국인에게 보다 인기가 있는 점
③ 거래에서 폐쇄적이 아닌 점

여기서 우리가 주의할 것은, 중국 무역상인의 진출 배경에는 중국상인의 상도덕도 하나의 요인이었지만, 그와 더불어 무엇보다도 청국정부가 정치적·무력적으로 무역상인의 진출과 활동을 보호하고 장려했

106) 信夫淳平 : 《韓半島》, pp. 17~26.
107) *B. C. R. Foreign Office* (1895), *Annual Series No. 1582, Report for the year 1894 on the Trade & C. of the Corea*, p. 7.

다는 사실을 간과해서는 안 된다. 제2차 개항 이후부터 청·일 전쟁까지 한국에 진출한 중국 무역상인의 대부분이 청국정부의 상병정책(商兵政策)과 관련을 가진 것이며, 당시 청국의 주조선상무총판이던 위안스카이(袁世凱)가 정치적 지위를 이용하여 중국 상인자본의 투입과 상로개척에 수단방법을 가리지 않고 전력을 다한 것이 중국 무역상인의 진출에 매우 중요한 역할을 한 것이다.

상병정책(商兵政策)에 입각하여 급속하게 진출하는 중국 무역상인의 도전에 대하여 물론 일본정부와 상인은 필사적인 응전과 경쟁, 공격을 전개하였다. 예컨대 일본선박은 당시 한국항로를 독점하고 있던 것을 기화로 하여 만재(滿載)를 이유로 중국 무역상인의 화물운송을 거부하는 것이 일쑤였다. 또한 일본정부는 외교통로를 통하여 서울에서의 중국 무역상인의 침투와 상행위 금지를 한국정부에 요구하였다. 또한 일본 무역상인의 독점적 상행위를 도모하며, 중국 무역상인의 진출을 견제하기 위하여 평안도와 황해도에서의 중국상인의 잠상(潛商)·밀무역의 금지와 철도개항을 한국정부에 요구하는 등 중국무역상인의 진출을 방해할 모든 외교 활동을 적극적으로 전개하였다.

뿐만 아니라 일본정부와 국책금융기관은 일본 무역상인의 활동을 강화하고 중국 무역상인과의 경쟁에서 승리하기 위하여 강력한 보조금정책을 시행하였다. 《한국지》의 기록을 통하여 일본정부의 보조금정책의 내용을 보면, 다음과 같은 점이 지적되었다.[108]

① 한국항로에 취항하는 선박에 대하여 보조금을 지급
② 한국에 각 은행 지점을 설치하는 데 보조금을 지급
③ 재한국의 각 은행 지점은 한국에 수출하는 일본선박의 화물을 저당으로 자금을 대부
④ 한국에 도착한 화물은 1개월 100분의 3의 수수료로 보관·관리

108) 《韓國誌》, pp. 132~133.

⑤ 일본으로 화물을 발주할 때에는 송주간의 거래감정을 인수
⑥ 정부의 보조금으로 일본보관회사의 대리점을 설치하여 일본선박의 적재화물에 대하여 보험계약

이러한 자본·금융·보험·운송 상의 편의는 전적으로 일본 무역상인에게 한정하여 지원된 것이며, 중국 무역상인은 전혀 이러한 편의와 보조금의 지원을 갖지 못하였다. 특히 일본이 한국에서 일본화폐를 통용할 수 있는 권리를 일찍이 획득한 것은 중국상인의 활동에는 매우 큰 저해요인으로 작용한 반면에, 일본 무역상인에게는 매우 유리한 조건을 조성하여 주었다.

이러한 일본정부의 강력한 지원정책과 여러 가지 유리한 조건에도 불구하고 일본 무역상인은 중국 무역상인과의 치열한 경쟁에서 상대적인 패퇴를 면치 못했다. 일본 상인의 패퇴의 원인에 대해서는 일본관리와 상인 간에 논란이 많았으나 비판의 초점은 일본상인들의 부도덕성·기만성[109]·약탈성에 맞추어졌다.[110] 일본인 스스로가 지적한 것으로는 쓰시마(對馬) 상인의 나태, 나가사키(長崎) 상인의 일확천금벽, 모험적 도선자(渡船者)로서 상인전신자(商人轉身者)의 무자각, 대판상인의 조잡품(粗雜品) 남매(濫賣)주의 등이 특히 문제점으로 지적되었다. 하나의 예로 대판상업회의소의 《한국산업시찰보고서》는 다음과 같이 지적하였다.

> 현시 한국에 수입되는 우리(我) 잡화를 검(檢)하건대 비교적 상등품은 재류방인의 수용품으로 한인에게 파는 것은 특히 조조(粗造)한 것이거나 혹은 내지(일본)의 매잔품으로써 한민의 기호를 참작하여 이에 적당한 특종의 제작을 하는 것은 희소하다. 한국에 판매하는 것은 하급 방인(일본인)이라 할지라도 사용하지 못할 만한 하등품으로써 기실 일회

109) 《訴狀》(外部편), 제2책, 1897년 2월 2일조, 〈商民金星吾訴狀〉 참조.
110) 《訴狀》(外部편), 제5책, 1901년 9월조, 〈商民金斗原訴告書〉 참조.

> 의 사용에도 견디지 못할 열등품을 떠맡기면서 더욱 판로를 확장하려고 하는 것은 우망(愚妄)도 태심(太甚)하다 할 것이다.[111]

또한 다른 일본인 여행자들과 거류민 및 상인들도 유사한 사실을 지적하였다. 그들은 "일본상인의 상거래에 있어서 최저명한 현상은 그 상업도덕이 열등한 곳에 있다"[112] 든가, 또는 "본방(일본) 상인은 신의가 없고 계약에 책임이 없으며 한마디로 하면 기만하여 취하는 것을 상략의 가장 교묘한 것으로 한다"[113] 는 점을 특히 지적하였다.

또 다른 자료는 지적하기를 "우리 소상인은 토착인을 기만하여 기리(奇利)를 횡재하려고 욕심을 내어 한 번만 쓰고 두 번 다시 쓸 수 없는 것과 같은 물품을 팔아먹어 사람들의 신용을 잃고, 지금은 일본의 모직 같은 것은 전연 돌아보지 않게 되었다"[114] 라고 말하였다.

또한 대판상업회의소는 거듭 보고서에서 "현재 우리나라(일본) 상인의 시장판매업에 종사하는 자가 과연 어떠한 업체를 주로 하고 있는지를 말하면 전항 기재의 잡화업, 과자제조업 등의 성실한 상인은 사실 소수로써, 일본제품도 오히려 청인에게 맡기고 돌아보지 않으며, 대다수는 도박에 유하는 방법으로 한민의 약점을 이용하여 부정한 이익를 취하기에 급급함은 유감천만이다"[115] 고 지적하였다.

일본인 스스로가 지적한 이러한 도덕성의 결여 때문에 일본정부의 적극적 지원과 기타 여러 가지 유리한 조건에도 불구하고 일본 무역상인은 중국 무역상인의 도전에 효율적으로 응전하지 못하고 경쟁에서 패퇴를 면치 못하였다.[116] 뿐만 아니라, 시간의 경과와 함께 한국에

---

111) 大阪商業會議所, 《韓國産業視察報告書》, p. 36.

112) 《韓半島》, p. 21.

113) 《韓半島》, p. 20.

114) 東邦協會 編, 〈朝鮮彙報〉 8, "朝鮮の外國貿易", p. 264.

115) 大阪商業會議所, 《韓國産業視察報告書》, p. 35.

116) 《內部來去文》(外部편), 제 8책, 1896년 5월 10일조, 〈照會第20號〉 및 5월

서의 일본 무역상인의 지위는 더욱 불리한 위치로 전락하였다. 여기서 마침내 일본은 무력에 호소하여 청·일 전쟁을 도발하면서, 청·일 양국 간의 무역경쟁은 청·일 전쟁의 열전으로 발전했다.

일본 무역상인과 중국 무역상인 이외의 다른 외국 상업자본의 침투와 활동은 상대적으로 큰 비중을 차지하지 못하였다. 일찍이 1884년에 독일 함부르크의 상인 마이어(Heinrich Constantin Edward Meyer)가 '마이어상사'(E. Meyer & Co., 世昌洋行)의 인천지점을 개설하고, 뒤이어 미국인 타운센드(W. D. Townsend)가 '타운센드 상회'(W. D. Townsend & Co)를 인천에 설치하여 무역업에 종사했으나, 그 비중이 크지 않았고 잠재력만 형성했을 뿐이었다.

제 2차 개항기 이후 한국에 대한 서구 무역상인의 진출이 왜 적극적이 아니었는가에 대하여는 여러 가지 요인을 들 수 있겠으나, 적어도 다음과 같은 세 가지 중요한 점을 강조하여 지적할 수 있을 것이다.

① 시장의 협소함

한국의 시장권이 협소하고 당시 한국농촌과 도시의 구매력이 서구 대무역상인의 적극적 관심을 끌기에는 충분하게 크지 않았다.

② 중국 및 일본 무역상인의 중계무역 종사

당시 중국 무역상인과 일본 무역상인이 한국에 투입하는 상품은 그 대부분이 서구제 상품이었다. 서구 대상업자본은 동양시장에의 진출에서 직접 소매상업에 종사하지 않고 중국의 매판상인에게 도매 위탁하는 방법을 취했으므로 중국 및 일본 무역상인이 서구제 상품의 중계무역에 종사하는 한, 서구 무역상인의 한국 진출 필요성은 감소했다. 즉, 한국에 진출한 중국 및 일본 무역상인의 서구자본에 대한 매판적 성격이 서구 상업자본의 직접 진출의 필요를 절실하게 하지 않았다.

③ 중국 대시장에서의 서구제국 상업자본의 쟁패전

18일조, 〈照覆〉 참조.

중국의 대규모 시장에서 각국 상업자본이 판로독점과 이권침탈을 둘러싼 쟁패전을 전개하고 있었다. 이에 서구 무역상인들은 이해관계가 큰 중국시장에 집착했으며, 타 지역의 소규모 시장에 적극적 진출을 할 여유가 없었다. 즉 당시 국제열강의 상업전에서 중국에서의 패퇴는 동시에 한국시장에서의 후퇴를 의미하는 것이었기 때문에 서구무역상인의 관심은 중국시장에 집중되어 있었다.

4. 제3차 개항기의 국제무역

1) 제3차 개항기의 국제무역 개괄

1894년 청·일 전쟁이 발발하여 전쟁이 청국의 패배로 종결되자 한국의 국제무역은 새로운 국면을 맞게 되었다.

청·일 전쟁 이전까지 일본 무역상인과 치열한 경쟁을 전개해 오던 중국 무역상인들이 전쟁기간 동안 한국을 떠나게 된 것을 계기로 중국 무역상인의 급격한 후퇴가 나타나고, 일본 무역상인의 독점적 지위가 다시 확보되기 시작하였다.[117]

서구제국의 상업자본도 소규모나마 진출을 시도하다가 1905년 러일 전쟁 후 일본의 한반도 지배가 굳혀지자 후퇴하였다.

이 중에서도 특기할 것은 한국의 상업자본이 상당한 정도로 성장하여 일본의 무역상인과 경쟁을 전개해간다는 점이다.[118]

청·일 전쟁 직후인 1896년 한국에 재류하는 외국 상관(商館)의 수를 《한국지》를 통하여 보면, 일본 상관이 210개로써 단연 수위를 점하고 있고, 다음이 중국의 42개, 독일의 2개, 미국의 2개, 영국의 1개, 프랑스의 1개의 순위로 되어 있었다.[119]

---

117) 《農商工部來去文》(外部편), 제38책, 1896년 12월 5일조, 〈外部照覆〉 및 《內部來去文》(外部편), 제4책, 1897년 12월 2일조, 〈照會第10號〉 참조.

118) 《秦議》(의정부 편), 제23책, 1898년 9월 29일자, 〈秦本 第218號〉 참조.

일본의 상관은 부산에 132여 개소로 가장 많고, 다음이 원산의 52개소, 그리고 인천에 26개소가 설치되어 있었다. 중국의 상관은 인천에 16여소가 재류하고, 다음이 부산의 14개소와 원산의 12개소가 재류하였다. 그 외 독일, 미국, 영국, 프랑스의 상관은 모두 인천에 재류하였다.

일본은 청·일 전쟁 이후는 정치적으로 중국 무역상인의 진출을 억제하면서 독점적 지위를 확보할 수 있었다.[120]

중국 무역상인의 진출이 저지된 후, 제정 러시아의 상업자본이 진출하여 1896년 4월 니시첸스키(Nisichensky)가 함경북도 경원과 경성의 광산 채굴권을 침탈했다.[121] 같은 해 9월에는 브린너(Bryner)가 무산, 압록강유역 및 울릉도의 삼림 벌채권을 획득했다.[122] 1898년 3월에는 러시아 상업자본의 진출을 지원하기 위해 서울에 '한러은행'이 설립되었다.[123] 이 무렵 제정 러시아와의 무역량도 일시적으로 약간의 증대를 보였으나, 1905년 러일전쟁이 발발하여 제정 러시아가 패전한 결과 러시아의 진출은 저지되고 일본의 독점적 지위가 확고히 세워졌다.

청·일 전쟁 후 각국 상업자본의 지위의 변동을 수입무역 부문을 통하여 보면, 일본으로부터의 수입은 1893년에는 총수입액의 50.2%를 점하였으나 1906년에 이르면 77.3%로 현저히 증가한 데에 반해, 중국으로부터의 수입은 1893년의 49.1%로부터 1906년의 13.8%로 급격한 감소를 보였다. 러시아로부터의 수입은 1893년의 0.7%로부터 1906년의 0.2%의 감소를 보였으나 전 기간을 통하여 미소한 비중을 차지하였을 뿐이다. 즉 제 3차 개항기에는 중국 무역상인의 지위가 상

119) 《韓國誌》 p. 137.

120) 《京畿道來去案》(外部편), 제 2책, 1899년 2월 9일조, 〈경기도관찰사보고서〉 참조.

121) 《高宗實錄》 권 34, 建陽元年 4월 22일조(국사편찬위원회-영인본) 중, p. 585.

122) 《高宗實錄》 권 34, 建陽元年 9월 9일조(국사편찬위원회-영인본) 중, p. 597.

123) 《韓國誌》, p. 489.

대적으로나 절대적으로나 현저히 상승되어 독점적 지위를 확보하여가는 반면에, 중국 무역상인의 지위는 절대액은 약간 증가했으나 상대적으로 급격히 몰락했음을 특징으로 지적할 수 있다.

제 3차 개항기의 대외무역의 또 하나의 특징을 보면, 제 1차 및 제 2차 개항기에 비하여 무역가액이 매우 현저히 증가한 것을 알 수 있다. 영국영사보고서는 1894년과 1895년의 예상 밖의 무역량 증대의 요인을 두 가지로 들었다.[124]

첫째 요인은 청·일 전쟁 중의 중국군의 주둔으로 인한 외국물자의 수요의 증대이다. 즉 전쟁의 결과로 인하여 한국 국민들은 여러 가지 형태로 고통을 받았으나, 일본군의 일시적 주둔은 군수물자의 구매를 위한 상당한 양의 화폐지출과 운반수단의 구입, 병참부의 토산물의 구입, 운수를 목적으로 한 상당한 보수를 지급하는 다수 노동자의 고용이 필요했으므로, 이러한 방법에 의하여 전체적으로 국민의 구매력이 현저히 증대되었으며, 외국상품의 구득을 위하여 더 많은 화폐를 지출할 수 있었다.

둘째 요인은 1895년 4월에 일본정부가 한국정부에 3백만 달러의 차관을 줌으로써 한국의 외화보유량이 증가되고 이것이 같은 해에 이미 약 3분의 2가 지출되면서 외국상품에 대한 구매력을 형성했다고 보고되었다.[125]

그러나 〈표 4-34〉에서도 볼 수 있듯이, 그 이후에도 제 3차 개항기간의 전반을 통하여 무역량은 현저히 증가되었으며, 특히 1901년 이후의 무역량의 증가는 매우 현저하여 군사비지출에 의한 구매력 증가

---

124) *B. C. R. Foreign Office* (1896), *Annual Series, No. 1754, Report for the year 1895 on the Trade of Corea,* p. 2.

125) 《英國領事報告書》의 이 설명은 사실과 다르다. 일본의 주조선공사 井上馨은 갑오개혁 개화파 정부에 300만원의 차관을 약속은 했으나 일본정부는 그 후 이를 실행하지 않았다.

만으로서는 도저히 이를 충분히 설명할 수 없는 것이다.

여기서 우리가 주목할 것은, 〈표 4-34〉에서와 같이, 제 3차 개항기의 국제무역량의 증대가 수출부문의 증대를 통해서가 아니라 주로 수입부문의 현저한 증대를 통하여 이루어졌다는 점이다. 따라서 제 3차 개항기에는 그 이전 어느 시기에 비해서도 수입초과액이 증대되었으며 이는 전 기간을 통하여 누적되었다. 특히 1897년부터는 종래 분리하여 계산되던 금 수출 통계를 일반수출 통계에 포함시켜 계산했으므로,[126] 이 점을 고려하면 수입초과액은 더욱 증대되었다.

〈표 4-34〉 제 3차 개항기의 국제무역 가액

(단위: 원)

	수 입	수 출	합 계	수입초과
1894	5,923,996	2,403,648	8,327,644	3,520,348
1895	8,339,978	2,733,573	11,073,551	5,606,405
1896	6,669,612	4,866,988	11,536,600	1,802,624
1897	10,179,196	9,085,577	19,264,773	1,093,619
1898	11,921,296	5,813,223	17,734,519	6,108,073
1899	10,279,474	5,049,979	15,329,453	5,229,495
1900	11,069,361	9,568,768	20,638,129	1,500,593
1901	14,777,234	8,542,713	23,319,947	6,234,521
1902	13,692,842	8,468,503	22,161,345	5,224,339
1903	18,410,711	9,669,131	28,079,842	8,741,580
1904	27,402,591	7,530,715	34,933,306	19,871,876
1905	32,971,852	7,916,571	40,888,423	25,055,281
1906	30,304,522	8,902,509	39,207,031	24,402,013
1907	41,611,530	16,983,936	58,595,466	24,627,594
1908	41,025,523	14,113,310	55,138,833	26,912,213
1909	36,648,770	16,248,888	52,897,658	20,399,882
1910	39,782,756	19,913,843	59,696,599	19,868,913

* 자료 : 《朝鮮貿易年表》.

126) *B. C. R. Foreign Office* (1898), *Annual Series, No. 2132, Report for the year 1897 on the Trade and Commerce of Corea*, p. 5.

막대한 수입초과액이 누적되면서 수입증대를 통한 무역량의 증대가 어떻게 하여 이 시기에 특징적으로 나타나게 되었는가는 좀더 다른 각도에서 고찰해 볼 필요가 있다. 제3차 개항기에 한국은 진남포·목포·평양·군산·마산·성진·용암포·청진·신의주 등을 개항해 어느 때보다도 많은 도시를 개항했으며, 사실상 전국을 완전히 개방했다고 말할 수 있을 정도였다.[127] 이러한 전국의 개방은 외국상품이 국내에 보다 크고 전폭적인 충격과 영향을 주었음을 의미하는 것이며, 한국이 더욱 본격적으로 외국상품의 시장으로 등장했음을 의미하는 것이다.[128]

우리가 여기서 주목해야할 사실은 제 3차 개항기는 외국상품에 대한 국내시장의 완전한 개방에 의하여 한국의 전통적 생산조직과 경제조직이 급격히 분해되면서 이것이 다시 대외무역에 반영되는 시기라는 점이다. 제 3차 개항기의 면직물의 수입증대는 종래의 한국의 직물수공업을 해체하고 파괴시켰다. 한국인은 제 1차 및 제 2차 개항기에도 상당한 부분을 국내수공업에 의하여 자급하던 면직물을 제 3차 개항기에는 훨씬 더 많은 양을 외국으로부터의 수입에 의존하게 되어 면직물 수입량은 더욱 더 증대되었다.

또한 국내의 완전한 개방은 종래 사용하기 시작하던 상품의 수입량을 증대시켰을 뿐만 아니라, 전혀 새로운 품목의 수입도 활성화하여 수입량은 현저히 증대되었다. 화폐·상품경제의 급격한 발전은 비단 생산력을 현저히 증대시키지 아니하고서도 종래 상당한 정도로 존재하였던 수요를 온존시킨 채 전통적 생산방법과 경제조직을 해체하면서 국내시장을 확대시킬 수 있었다. 이것이 국내의 전통적 생산시설이 파

---

127) 《京畿道來去案》(外部편), 제 1책, 1898년 12월 12일조, 〈경기도관찰사報告書 제 9호〉 및 同부록 〈별록〉 참조.

128) 《京畿道來去案》(外部편), 제 2책, 1899년 2월 9일조, 〈경기도관찰사報告書〉 참조.

괴되어버린 상태에서 외국상품의 수입증대로 나타나게 된 것이었다.

뿐만 아니라 제3차 개항기에는 교통운수 부문과 특수한 생산부문에서 근대적 시설과 생산방법의 도입이 시도되어 수입무역량을 증대시키는 요인으로 작용하였다. 수입증대에 대한 결제는 부분적으로는 전통적 생산물의 수출증대에 의하여 일부 보전되었으나, 이것이 도저히 충분한 것이 아니었기 때문에 금 생산의 증대가 시도되었다. 그러나 이러한 일부의 수출증가로서도 입초액은 더욱 확대되고 누적되었기 때문에 차관이 이루어지고, 토지를 비롯한 부동산의 외국인에의 양도가 나타나게 되었으며, 만성적인 국제수지역조에 시달리게 된 것이다.

제3차 개항기의 국제무역량의 증대는 수입증대를 통하여 형성된 것이며, 이것은 한국이 외국상품의 시장으로 완전히 개방되어 국내 생산조직이 분해되면서 더욱 급속히 나타난 것이었다. 또한 이것은 생산증가와 수출증가에 의하여 충분히 결제될 수 없는 것이었기 때문에 식민지시장으로 전락될 위험성을 내포한 것이었다. 이 점을 주목하면서 이것을 수입·수출부문으로 나누어 보다 구체적으로 고찰해 보겠다.

2) 제3차 개항기의 수입무역

제3차 개항기의 수입무역을 보기 위하여 먼저 1901~1910년간의 주요 수입품 15개 품목을 들고 그 수입량을 보면 〈표 4-35〉와 같다. 이것을 같은 해의 총수입액에 대한 비율로 계산해 보면, 〈표 4-36〉에서 나타나는 바와 같이, 면직물이 총수입액의 23.9%, 면직사가 5.6%, 견직물이 3.7%, 마직물이 3.0%, 모직물이 0.6%, 목재 및 목판이 3.3%, 석유가 3.1%, 연초가 3.0%, 청주가 1.9%, 석탄이 1.9%, 사탕이 1.8%, 볏짚가마니가 1.4%, 지류가 1.2%, 면이 1.1%, 맥주가 0.7%를 차지한다.

이 중에서 면직물·면직사·면 등 면직류를 합하면 총수입액의

30.6%를 점하며, 면직·견직·마직·모직 등 직물류를 합하면 총수입액의 36.8%를 차지하게 된다.

〈표 4-35〉 제3차 개항기의 중요 수입품 가액표

(1) (단위: 원)

	면직물	면직사	견직물	마직물	모직물
1901	5,051,935	1,217,271	1,231,101	504,531	140,134
1902	4,321,678	1,043,148	849,450	564,648	63,831
1903	4,808,746	964,175	821,667	609,784	58,892
1904	6,301,759	1,591,566	1,024,877	418,726	85,339
1905	9,063,009	2,361,366	1,186,739	1,004,939	165,560
1906	6,287,494	1,583,504	708,035	817,348	152,269
1907	9,434,040	2,670,829	1,371,587	995,789	180,442
1908	8,883,071	2,026,647	1,472,545	1,649,905	219,960
1909	7,586,821	1,288,820	1,244,276	1,530,000	249,263
1910	9,300,529	1,807,470	1,085,474	906,085	425,014
계	71,039,082	16,554,796	10,995,751	9,001,755	1,740,704

(2)

	지류	청주(일본)	면	목재 및 목판	석유
1901	77,711	134,614	222,369	96,517	620,999
1902	74,753	151,989	158,513	158,698	664,531
1903	112,667	180,659	177,375	333,348	554,543
1904	291,692	659,567	415,252	649,141	848,969
1905	268,816	742,261	471,706	732,670	882,581
1906	353,605	799,533	313,233	1,155,392	1,009,351
1907	425,436	726,836	405,181	1,828,352	1,068,176
1908	577,406	700,470	392,701	1,897,176	1,441,526
1909	600,820	759,207	371,391	1,287,263	934,303
1910	704,455	735,607	368,210	1,681,036	1,261,260
계	3,487,361	5,590,743	3,295,931	9,819,593	9,286,239

(3)

	석탄	볏짚가마니	사탕	연초	맥주
1901	78,042	257,804	123,358	172,898	34,217
1902	146,283	277,340	147,320	198,638	36,603
1903	152,998	270,368	243,194	316,734	50,149
1904	232,779	288,188	305,308	1,127,030	157,324
1905	367,085	334,864	573,683	1,298,123	226,812
1906	688,802	488,824	676,363	1,161,245	199,037
1907	803,587	472,790	801,697	1,241,309	312,968
1908	1,370,580	543,459	852,113	1,178,465	373,439
1909	882,641	577,805	838,202	1,168,276	312,617
1910	794,937	707,949	862,228	935,364	287,635
계	5,517,734	4,219,391	5,423,466	8,798,082	1,990,801

* 자료 : 《朝鮮輸移出入品十五年對照表》.

〈표 4-36〉 제 3차 개항기의 중요 수입품가액 비율표(1901~1910)

(단위: 원, %)

	가액	총수입에 대한 비율
면직물	71,039,082	23.9
면직사	16,554,796	5.6
견직물	10,995,751	3.7
마직물	9,001,755	3.0
모직물	1,740,704	0.6
지류	3,487,361	1.2
청주	5,590,743	1.9
면	3,295,931	1.1
목재 및 목판	9,819,593	3.3
석유	9,286,239	3.1
석탄	5,517,734	1.9
고입(藁叺)	4,219,391	1.4
사탕	5,423,466	1.8
연초	8,798,082	3.0
맥주	1,990,801	0.7

제 3차 개항기에도 제 1차 및 제 2차 개항기와 마찬가지로 면직물이 가장 큰 비중을 차지하는 수입품목이었다. 그러나 제 3차 개항기의 면직물 수입은 그 이전에 비하여 수입절대액은 현저히 증대했으나 그 상대적 비중은 감소했음을 알 수 있다. 이것은 제 3차 개항기에 수입품목이 다양화되었으며, 방대한 신품목이 추가되고 증가되면서 면직물의 상대적 비중이 저하했기 때문이었다. 그러나 그 수입절대량은 수배 증가했음을 표에서 용이하게 알 수 있다.

면직물과 관련하여 주목할 것은 제 3차 개항기에는 영국제 면직물과 일본제 면직물이 치열한 경쟁을 전개했다는 점이다. 청·일 전쟁 직전에 일본제 면직물은 영국제를 모방하여 한국시장에서 판매를 시도한 적이 있었다. 그러나 일본제 면직물은 가격은 비록 저렴할지라도 품질에서 매우 큰 차이가 있어 영국제 면직물과 경쟁이 되지 않았다. 제 1차 및 제 2차 개항기는 영국제 면직물의 독점기이며 중국 및 일본무역상인은 그 중계무역에 종사한 셈이었다.

그러나 제 3차 개항기에 들어오면 사정은 크게 달라졌다. 특히 1896년부터는 일본제 면직물이 한국시장에 진출하여 영국제와 본격적으로 경쟁을 시작했으며, 일본제의 수입량은 현저히 증대된 반면에 영국제의 수입량은 상대적으로 위축되었다. 영국영사보고서는 일본제 면직물이 성공적으로 한국시장에 진출하여 영국제와 효율적으로 경쟁할 수 있었던 이유를 다음과 같이 들었다.

> ① 한국인의 기호에 맞는 면직물 생산의 노력
> 즉 일본의 방직공업자는 한국인의 기호에 영합하기 위하여 한국재래의 면포와 매우 유사한 품질과 길이와 너비의 면직물을 제조해 판매하였다.[129] 반면에 영국제품은 종래의 품질과 길이와 너비를 답습하였다.

---

129) *B. C. R. Foreign Office*(1896), *Annual Series, No. 1754, Report for the year 1895 on the Trade of Corea*, p. 6.

영국영사보고에 의하면, 일본제 면직물은 한국인들이 재래의 한국면포의 내구성과 18인치의 편리한 너비를 좋아하는 점에 부합하여 재래의 한국면포를 매우 근사하게 모방했다. 그리고 부산 등지에서 한국산 면포와 혼입시켜 더욱 용이하게 판매하고 유리한 가격을 받을 수 있었다고 보고하였다.130)

② 저렴한 가격
일본제 면직물은 품질에서는 영국제보다 열등했으나 가격이 저렴하여 영국제와 경쟁할 수 있었다고 하였다. 일본제 면직물은 한국면포보다도 훨씬 저렴했다고 보고되었다.131)

③ 중국 상인의 몰락과 일본상인의 대거 진출
청·일 전쟁 이전까지 영국제 면직물을 주로 판매하던 상인은 중국 무역 상인이었는데, 청·일 전쟁 패전 후 그들이 후퇴하고 개항장에 더욱 많은 일본 무역상인들이 들어온 것이 영국제 면직물 판매의 쇠퇴 원인의 하나라고 지적되었다.132)

④ 지리적 위치의 인접성으로 인한 수송비 및 포장비가 저렴

⑤ 식량수입을 수출로서 결제하려는 공업국의 욕구 133)

제 3차 개항기에 면직사는 면직물과 마찬가지로 일본제품이 진출하여 영국제 면사를 물리치고 우위를 차지하기 시작하였다. 1895년 이후에는 수입면사의 75%가 일본제 면사였으며, 나머지 25%가 영국제와 인도제였다.134) 일본제 면사는 영국제 면사에 비하여 품질이 열악

130) B. C. R. Foreign Office (1897), *Annual Series, No. 1957, Report for the year 1896 on the Trade and Commerce of Corea*, p. 7.

131) B. C. R. Foreign Office (1896), *Annual Series, No. 1754, Report for the year 1895 on the Trade of Corea*, pp. 5～6.

132) B. C. R. Foreign Office (1897), *Annual Series, No. 1957, Report for the year 1896 on the Trade and Commerce of Corea*, pp. 6～7.

133) *Ibid*, p. 7.

134) B. C. R. Foreign Office (1896), *Annual Series, No. 1754, Report for the year*

했으나, 가격 면에서 영국제가 일본제보다 1고리당 10원(1파운드) 더 고가였기 때문에 일본제에 압도당하기 시작하였다.[135]

그러나 면제품에서는, 영국영사보고서가 지적하고 있는 바와 같이, 일본제품이 가격이 저렴한 점 등 여러 가지 유리한 점을 가지고 있었음에도 불구하고 그 질에 있어서 영국제가 우수했기 때문에 일본제가 영국제를 완전히 대체하지 못하였다. 1909년의 수입면제품의 수입국별 비율을 계산하여 보면 일본제가 61.6%, 영국제가 37.3%, 중국제가 1.1%가 비율을 각각 차지하고 있었다.[136]

견직물은 청·일 전쟁 직후 중국 무역상인이 일거에 출국하고서는 수입액이 일시 격감했으나 중국 상인이 다시 돌아오자 증대했으며, 특히 사치풍조의 방지를 위하여 중국제 견직물의 착용을 금지하는 법이 1895년에 철폐되면서 제3차 개항기에 견직물 수입액은 표에서 볼 수 있는 바와 같이 증가하였다.[137]

모직물은 한국의 일기가 한랭함에도 불구하고 한국인의 기호에 적합하지 못하여 그 수입액은 언제나 기대하는 것만큼 크지 않았다.[138]

마직물은 전통적으로 한국인의 기호물이었으며, 전적으로 중국으로부터 수입되었다.[139]

석유는 미국제, 러시아제, 수마트라제가 수입되었으나, 포장과 질에서 미국제가 우수하여 미국제 등유가 러시아제품을 점차 대체하였

1895 on the Trade of Corea, p. 6.

135) *B. C. R. Foreign Office* (1899), *Annual Series, No. 2303*, *Report for the year 1898 on the Trade and Commerce of Corea*, p. 10.

136) 《第三次統監府統計年報》, pp. 408~409에서 계산.

137) *B. C. R. Foreign Office* (1896), *Annual Series*, *No. 1754*, *Report for the year 1895 on the Trade of Corea*, p. 7.

138) *B. C. R. Foreign Office* (1897), *Annual Series*, *No. 1957*, *Report for the year 1896 on the Trade and Commerce of Corea*, p. 7.

139) 《明治四十二年度, 第四次朝鮮總督府統計年報》, p. 714.

다. 수마트라 석유는 상해의 탱크에서 포장되어 제물포에 수입되어 미국제 석유보다 약 20~30센트 저렴하게 판매되었으나, 불꽃이 나고 저질이어서 경쟁에서 패퇴하였다.

등유의 수입은 한국의 농촌과 도시생활에 큰 변혁을 가져왔다. 각 지방이 석유램프를 사용하게 되어 수요가 크게 증대되었으므로 스탠더드 석유회사(The Standard Oil Company)는 제물포 앞 바다의 한 섬에 약 50,000 상자의 저장능력을 가진 두개의 저유창고를 설립하여 증대된 수요량을 충당하였다.[140]

목재 및 목판은 건축자료로서 일본에서 약 70%, 중국에서 약 25%, 기타 제국에서 약 5%를 수입하였다.[141]

지류는 거의 전적으로 일본으로부터 수입되었으며, 관공서용과 출판용으로서 사용되었다. 짚가마니(蒿叺)는 전적으로 일본으로부터 수입되어 곡물의 포장에 사용되었다.[142]

연초는 일본으로부터 약 65%, 중국으로부터 약 20%, 기타제국으로부터 약 15%가 수입되어 한국인 사이에 애용되었다. 영국영사보고서는 한국인이 상습적 끽연가이며 상당한 양의 연초가 국내에서 생산되고 있음에도 불구하고 공급부족으로 연초가 수입되고 있음을 지적하였다.[143]

석탄은 약 70%를 일본에서, 나머지 30%를 중국에서 수입하여 주로 이운사(利運社) 소속의 기선의 연료와 경인선 개통 이후에는 기선과 기차의 연료로 사용하였다.

---

140) *B. C. R. Foreign Office*(1898), *Annual Series, No. 2132, Report for the year 1897 on the Trade and Commerce of Corea*, p. 11.

141) 《第四次朝鮮總督府統計年報》, p. 716.

142) 《第三次統監府統計年報》, p. 410.

143) *B. C. R. Foreign Office*(1897), *Annual Series, No. 1957, Report for the year 1896 on the Trade and Commerce of Corea*, p. 8.

청주와 맥주는 거의 전적으로 일본에서 수입하였는데, 영국영사보고서는 일본인들이 서구의 주류를 모방하여 열악한 질의 주류를 제조하여 한국에 수출하고 있다고 보고하였다. 이 보고서는 한국인들은 매우 음주를 즐기는 국민으로, 20년간 중국에서 본 것보다 일주일간 서울에서 더 취한 사람들을 많이 보았다고 비교하였다.[144)]

이제 제3차 개항기의 말기인 1909년의 수입품의 종류별 비율을 보면, 직물 및 면사가 35.6%, 음식물이 13.1%, 금속 및 금속제품이 7.0%, 약재 및 염료가 1.9%, 유류가 3.6%, 의복 및 부속품이 2.7%, 지류가 3.3%, 기계기구가 4.8%, 연초가 3.2%, 기타 19.5%, 소포우편물이 5.3%의 비중을 차지하였다. 이것은 앞서 본 1901~1910년간의 주요수입품 통계와 대동소이한 비율을 보이는 것이다.

이것을 다시 수입품 제조국별로 살펴보면 직물류 및 면사에서는 일본제가 44.7%, 영국제가 32.9%, 중국제가 21.4%, 기타가 1.0%의 비중을 차지하였다. 중국제의 비중이 높은 이유는 거의 전부를 중국에서 수입하던 견직물, 갈포 등이 이에 포함되어 있기 때문이었다.

음식물의 수입은 67.4%가 일본제품이고, 12.2%가 중국제품이며, 1.4%가 영국제품, 그리고 나머지 19.0%가 기타 제국의 제품이었다.

금속 및 금속제품은 46.6%가 영국제품이었고, 34.5%가 일본제품이었으며, 1.5%가 중국제품이었고, 나머지 17.4%가 기타 제국의 제품이었다.

약재 및 염료는 48.7%가 일본제품이었고, 15.1%가 영국제품이었으며, 5.6%가 중국제품이었고, 나머지 30.6%가 독일을 비롯한 기타 제국의 상품이었다.

---

144) *B. C. R. Foreign Office* (1896), *Annual Series, No.1754, Report for the year 1895 on the Trade of Corea*, p. 7 및 *B. C. R. Foreign Office* (1897), *Annual Series, No. 1957, Report for the year 1896 on the Trade and Commerce of Corea*, p. 8.

유류는 13.9%가 일본으로부터 수입되고, 1.9%가 영국, 1.0%가 중국으로부터 수입되었으며, 나머지 84.9%의 대부분이 미국과 러시아 등 기타 제국으로부터 수입되었다.

의복 및 부속품에서는 90.4%가 일본상품이었으며, 6.6%가 중국상품이었고, 1.3%가 영국상품이었으며, 나머지 1.7%만이 기타제국의 제품이었다.

지류는 92.1%가 일본제품이었고, 2.2%가 영국제품이었으며, 2.1%가 중국제품이었고, 나머지 2.6%가 기타 제국의 상품이었다.

기계기구는 44.8%가 일본상품이었고, 25.2%가 영국제품이었으며, 0.1%가 중국상품이었고, 나머지 29.8%가 독일 등 기타 제국의 상품이었다.

연초는 65.8%가 일본제품이었고, 20.2%가 중국제품이었으며, 3.3%가 영국제품이었고, 나머지 10.7%가 기타 제국의 제품이었다.

같은 해 총수입품목의 제조국별 비율을 보면, 총수입액의 59.6%가 일본상품이었고, 17.7%가 영국상품이었으며, 12.2%가 중국상품이었고, 나머지 10.5%가 기타 제국의 상품이었다.[145)]

제 3차 개항기의 수입상품의 수입국별 가액을 보면, 〈표 4-37〉과 같다. 이것을 비율로 계산해 보면, 〈표 4-38〉에서 보듯이, 일본으로부터의 수입은 제 2차 개항기의 말기인 1893년에는 총수입액의 50.2%에 불과했었는데, 청·일 전쟁이 발발하여 중국 무역상인이 대거 철수한 1895년에는 일거에 72.2%로 증가했으며, 1906년에 이르러서는 다시 77.3%로 증가하였다. 일본으로부터의 수입액이 1907년부터 약간 감소한 통계가 나오는 것은 동년부터 통계작성 방식을 상품생산국별 분류로 바꾸었기 때문이었다. 즉 1894~1906년까지의 통계는 상품수입국별 통계이고, 1907~1910년까지는 상품제조국별 통계이다.

145) 《第四次朝鮮總督府統計年報》, pp. 714~716에서 산출.

따라서 1910년의 일본의 63.7%는 총수입액 중에서 일본제품이 차지하는 비율이다.

제3차 개항기에 일본 무역상인은 수입무역 부문에서 다시 독점적 지위를 확보해 갔을 뿐만 아니라, 이 기간에 종래의 중계무역에서 점차 자국제 상품의 판매로 질적 전환을 이루어 갔음을 알 수 있다.

반면에 중국으로부터의 수입은 제2차 개항기의 말기인 1893년에는 49.1%를 차지했었는데, 청·일 전쟁이 발발하여 일본군이 한국에 주둔하자 1894년에는 35.4%, 1895년은 26.2%로 급격히 감소하였다. 1896년부터는 철수했던 중국 무역상인의 일부가 다시 진출하여 1898년에는 41.7%까지 상승을 보이기도 했으나, 그 이후는 정체되어

〈표 4-37〉 제3차 개항기의 수입품가액 국가별 누년표

(단위: 원)

	일 본	중 국	러시아	영 국	미 국	기 타	합 계
1893	1,949,043	1,905,698	25,414	-	-	-	3,880,155
1894	3,646,722	2,064,821	120,019	-	-	-	5,831,563
1895	5,838,739	2,119,641	129,833	-	-	-	8,008,213
1896	4,294,005	2,159,064	78,255	-	-	-	6,531,324
1897	6,432,060	3,535,918	99,536	-	-	-	10,067,514
1898	6,777,171	4,929,483	110,908	-	-	-	11,817,562
1899	6,658,200	3,471,313	97,827	-	-	-	10,227,340
1900	8,241,296	2,581,704	117,460	-	-	-	10,940,460
1901	9,051,881	5,617,741	26,848	-	-	-	14,696,470
1902	8,689,220	4,832,308	19,881	-	-	-	13,541,409
1903	11,554,969	5,358,600	126,972	780,265	398,377	-	18,219,183
1904	19,007,287	5,053,310	88,517	767,151	1,813,115	76,000	26,805,380
1905	23,561,899	5,945,312	101,649	363,897	1,978,812	8,013	31,959,582
1906	22,914,154	4,105,036	37,549	33,059	2,557,511	7,109	29,654,418
1907	27,363,872	4,465,696	-	5,517,596	3,295,558	793,527	41,436,249
1908	24,040,465	4,882,246	45,234	6,781,715	4,194,529	1,081,334	41,025,523
1909	21,852,245	4,473,209	44,404	6,478,224	2,396,975	1,403,713	36,648,770
1910	25,348,085	3,845,274	17,970	6,226,524	3,204,668	1,140,235	39,782,756

* 자료 : 四方博, 《朝鮮に於ける 近代資本主義の成立過程》.

1906년에는 13.8%까지 하락하였다. 1910년의 중국제품의 수입비율은 9.7%에 불과하였다.

러시아로부터의 수입은 1894년에는 2.1%, 러일전쟁이 발발한 1905년에는 0.3%에 불과했으며, 1909년의 러시아 제품의 수입비율은 0.1%에 불과하였다. 러시아는 한국과 인접하여 한국에의 정치적 진출을 시도하고 일본이 도전하여 러일전쟁까지 일어났으나, 제3차 개항기의 전 기간을 통하여 경제적 진출은 미미하였다.

영국으로부터의 직접 수입은 1903년에 4.3%, 1906년에는 0.1%에 불과했으나, 1907년부터 수입상품의 생산국별 통계가 작성되자, 그

〈표 4-38〉 제3차 개항기의 수입품 가액 국가별 비율표

(단위: %)

	일본	중국	러시아	영국	미국	기타	합계
1893	50.2	49.1	0.7	-	-	-	100.0
1894	62.5	35.4	2.1	-	-	-	100.0
1895	72.2	26.2	1.6	-	-	-	100.0
1896	65.8	33.0	1.2	-	-	-	100.0
1897	63.9	35.1	1.0	-	-	-	100.0
1898	57.4	41.7	0.9	-	-	-	100.0
1899	65.1	33.9	1.0	-	-	-	100.0
1900	75.3	23.6	1.1	-	-	-	100.0
1901	61.6	38.2	0.2	-	-	-	100.0
1902	64.2	35.7	0.1	-	-	-	100.0
1903	63.4	29.4	0.7	4.3	2.2	-	100.0
1904	70.9	18.9	0.3	2.9	6.8	0.2	100.0
1905	73.7	18.6	0.3	1.2	6.2	-	100.0
1906	77.3	13.8	0.2	0.1	8.6	-	100.0
1907	66.0	10.8	-	13.3	7.9	2.0	100.0
1908	58.6	11.9	0.1	16.5	10.2	2.7	100.0
1909	59.6	12.2	0.1	17.7	6.6	3.8	100.0
1910	63.7	9.7	-	15.6	8.1	2.9	100.0

비율은 증가하여 1907년에 13.3%, 1910년에는 15.6%의 영국제상품이 수입되었음을 나타내었다.

미국으로부터의 직접 수입은 1903년에 2.2%, 1906년에는 8.6%이었으나 역시 1907년부터의 생산국별 통계 작성방법 때문에 1907년에는 7.9%, 1910년에는 8.1%의 미국제 상품이 수입된 것을 알 수 있다.

제3차 개항기의 수입품가액을 항구별로 보면 〈표 4-39〉와 같다. 이것을 비율로 계산해 보면, 〈표 4-40〉에서 볼 수 있는 바와 같이, 1905년까지 총수입상품의 50% 이상을 인천항을 통하여 수입해 왔음을 알 수 있다. 인천항의 수입비율은 1898년의 65.1%에서 1909년의 36.4%로 감소했지만, 이것은 그 간에 있어서의 진남포, 서울, 군산, 목포, 신의주 등의 개항의 영향에 기인한 것이며, 인천항은 처음부터 끝까지 서울을 배경에 둔 가장 중요한 수입항이었다.

부산은 인천 다음가는 수입항으로 1898년에는 총수입상품의 21.2%가 이 항구를 통하여 수입되었다. 상대적으로 안정된 지위를 유지하여 1909년에도 총수입의 22.7%가 부산항을 통하여 수입되었다.

원산은 1906년까지는 세 번째의 수입항이었으나 다른 항구들의 연이은 개항과 발전으로 상대적 쇠퇴를 보였다. 1898년의 원산항의 수입은 총수입의 12.1%이었으나 1909년에는 7.3%로 저하하였다.

수입상품의 항구별 수입비율은 수입상품을 통한 외래자본주의의 충격이 어느 지점에 어떠한 강도로써 주어져 전국에 확산되었는가를 보는 데 의미가 있다. 1909년의 항구별 수입비율은 총수입에 대하여 인천이 36.4%, 부산이 22.7%, 서울이 13.4%, 진남포가 8.8%, 원산이 7.3%, 청진이 2.8%, 군산이 2.5%, 신의주가 2.3%, 목포가 2.0%, 마산이 1.0%, 성진이 0.9%의 비중을 차지하였다.

〈표 4-39〉 제3차 개항기의 항구별 수입 가액표(1898~1909)

(1) 1898~1903 (단위: 원)

	1898	1899	1900	1901	1902	1903
인천	7,694,459	6,252,036	6,782,608	9,121,398	7,978,485	10,109,210
부산	2,508,638	2,382,269	2,216,023	2,718,226	2,711,204	4,210,632
원산	1,427,216	1,215,883	1,440,527	2,087,230	1,876,267	2,180,764
진남포	45,180	131,862	153,368	389,258	621,092	915,824
서울	-	-	-	-	-	-
군산	-	3,876	19,196	75,315	103,070	411,045
목포	142,069	239,888	314,100	256,954	210,850	311,653
마산	-	1,235	13,687	45,615	32,979	29,212
성진	-	300	951	2,474	7,462	50,843
신의주	-	-	-	-	-	-
청진	-	-	-	-	-	-
합계	11,817,562	10,227,340	10,940,460	14,696,470	13,541,409	18,219,183

(2) 1904~1909

	1904	1905	1906	1907	1908	1909
인천	16,164,951	16,178,802	13,621,482	20,751,854	17,892,584	13,350,584
부산	6,410,318	8,148,386	7,829,700	8,722,805	9,258,086	8,307,944
원산	1,058,245	3,927,623	3,366,168	3,366,168	2,884,613	2,686,691
진남포	2,316,900	2,917,654	2,874,447	3,904,823	3,057,586	3,215,383
서울	-	-	248,610	1,497,292	3,920,490	4,902,640
군산	594,102	360,823	488,266	915,244	973,442	913,436
목포	200,165	316,998	410,984	668,299	659,102	724,440
마산	48,897	105,858	389,293	835,719	358,160	355,835
성진	11,802	3,438	120,487	298,650	371,315	334,700
신의주	-	-	172,342	740,843	1,186,856	833,274
청진	-	-	-	-	436,289	1,023,843
합계	26,805,380	31,959,582	29,521,779	41,436,249	41,025,523	36,648,770

* 자료 : 《제 1~3차 통감부통계연보》, 《제 4차 조선총독부통계연보》에서 작성.

〈표 4-40〉 제3차 개항기의 항별 수입가액 비율표 (1898~1909)

(단위: %)

	인천	부산	원산	진남포	서울	군산	목포	마산	성진	신의주	청진	합계
1898	65.1	21.2	12.1	0.4	-	-	1.2	-	-	-	-	100.0
1899	61.1	23.3	11.9	1.3	-	0.1	2.3	-	-	-	-	100.0
1900	62.0	20.3	13.2	1.4	-	0.2	2.9	0.1	-	-	-	100.0
1901	62.1	18.5	14.2	2.6	-	0.5	1.7	0.3	-	-	-	100.0
1902	58.9	20.0	13.9	4.6	-	0.8	1.6	0.2	0.1	-	-	100.0
1903	55.5	23.1	12.0	5.0	-	2.3	1.7	0.2	0.3	-	-	100.0
1904	60.3	23.9	3.9	8.6	-	2.2	0.7	0.2	0.1	-	-	100.0
1905	50.6	25.5	12.3	9.1	-	1.1	1.0	0.3	-	-	-	100.0
1906	46.1	26.5	11.4	9.7	0.8	1.7	1.4	1.3	0.4	0.6	-	100.0
1907	50.1	21.1	7.5	9.4	3.6	2.2	1.6	2.0	0.7	1.8	-	100.0
1908	43.6	22.6	5.6	7.5	9.6	2.4	1.6	0.9	0.9	2.9	1.0	100.0
1909	36.4	22.7	7.3	8.8	13.4	2.5	2.0	1.0	0.9	2.3	2.8	100.0

3) 제3차 개항기의 수출무역

제3차 개항기의 수출무역을 보기 위하여 1901~1910년간의 주요수출품 10개 품목의 수출가액을 보면 〈표 4-41〉과 같다.

〈표 4-41〉 제3차 개항기의 중요 수출 가액표

(1) (단위: 원)

	쌀	맥류	두류	인삼	면
1901	4,195,309	37,155	1,890,674	517,143	5,277
1902	3,524,619	197,119	1,810,394	1,200,219	58,739
1903	4,224,721	58,013	1,675,975	986,988	174,524
1904	1,300,790	51,293	2,515,467	982,559	195,949
1905	889,273	78,541	2,696,583	1,107,084	61,459
1906	1,603,648	201,405	3,602,273	13,462	90,207
1907	7,558,505	456,679	3,935,652	1,202,963	63,452
1908	6,484,831	166,754	3,494,026	1,759	103,507
1909	5,530,557	741,617	3,779,050	854,798	273,095
1910	6,277,752	361,293	5,726,082	179,804	304,864
계	41,590,005	2,349,869	31,126,176	5,529,636	1,331,073

(2)

	생우(生牛)	우피	비료	철광	석탄
1901	168,166	650,415	97,902	8,849	488
1902	189,693	693,715	75,028	3,378	953
1903	282,874	982,633	90,622	270	5,615
1904	27,612	1,073,536	92,898	1,257	7,195
1905	89,699	697,603	127,209	3,425	28,733
1906	460,104	658,818	131,953	35,360	45,956
1907	775,220	676,527	319,909	51,756	15,968
1908	717,054	518,290	273,241	162,883	45,326
1909	426,249	815,934	381,848	249,064	223,357
1910	634,081	1,004,735	432,080	339,861	362,419
계	3,770,752	7,772,206	2,022,690	856,103	736,010

* 자료 : 《朝鮮輸移出入品十五年對照表》.

이것을 총수입액에 대한 비율로 환산해 보면, 〈표 4-42〉와 같이, 총수출에 대하여 미곡이 35.2%, 두류가 26.3%, 맥류가 2.0%, 인삼이 4.7%, 면이 1.1%, 우피가 6.6%, 생우가 3.2%, 비료(주로 해산물)가 1.7%, 철광이 0.7%, 석탄이 0.6%의 비중을 차지하였다.

이것을 다른 자료에서 거듭 확인해 보면, 〈표 4-43〉에서 보듯이, 1894~1902년 사이에 총수출액 중에서 농산물 수출액이 차지한 비중이 어느 해나 90%를 상회하였고, 농산물 수출액 가운데 미곡이 차지한 비중이 평균 40%를 상회했으며, 대두가 차지한 비중이 평균 25%를 상회하였다.

1902년의 경우에는 총수출액 중에서 농산물 수출이 차지한 비중은 94%이며, 농산물 수출액 중에서 미곡수출이 차지한 비중이 44%이고, 대두 수출이 차지한 비중이 23%이었다. 미곡은 일본에 있어서의 식량부족을 충당하기 위하여 가장 중요한 품목으로 등장하였다.

영국영사보고서는 그 이전 시기에 비하여 제 3차 개항기에는 미곡수출을 증가시킨 두 가지 요인이 조성되었다고 보고하였다.[146]

〈표 4-42〉 제3차 개항기의 중요 수출품 가액 비율표(1901~1910)

(단위: 원, %)

	가 액	총수출에 대한 비율
쌀	41,590,005	35.2
맥류	2,349,869	2.0
두류	31,126,176	26.3
인삼	5,529,636	4.7
면	1,331,073	1.1
생우	3,770,752	3.2
우피	7,772,206	6.6
비료	2,022,690	1.7
철광	856,103	0.7
석탄	736,010	0.6

〈표 4-43〉 수출품 중에서의 농산물·미곡·대두의 지위

(단위: 원, %)

	수출 총액	농산물 수출액	총수출액에서 농산물의 비율	쌀	농산물 수출액에서 쌀의 비율	대두	농산물 수출액에서 대두의 비율
1893	1,698,116	1,502,080	0.88	367,165	0.24	628,324	0.41
1894	2,321,215	2,119,460	0.91	979,292	0.46	506,888	0.23
1895	2,481,808	2,315,955	0.93	738,830	0.31	923,695	0.39
1896	4,728,700	4,532,734	0.95	2,509,343	0.55	1,277,071	0.28
1897	8,973,895	8,712,628	0.97	5,556,700	0.63	1,710,121	0.19
1898	5,709,489	5,428,352	0.95	2,759,046	0.50	1,124,048	0.20
1898	4,997,845	4,508,772	0.90	1,417,842	0.31	1,974,863	0.43
1900	9,439,867	8,696,831	0.92	3,625,629	0.41	2,368,545	0.27
1901	8,461,949	7,687,066	0.90	4,187,353	0.54	1,890,674	0.24
1902	8,317,070	7,848,808	0.94	3,524,619	0.44	1,818,081	0.23

* 자료 : 加藤末郎, 《韓國農業論》, p. 19.

146) *B. C. R. Foreign Office* (1897), *Annual Series, No. 1957*, *Report for the year 1896 on the Trade and Commerce of Corea*, pp. 3~4.

첫째는 1894년 개혁에 의하여 지세를 더 이상 현물로 납부하지 않고 화폐로 납부하게 된 결과, 종전에는 서울에 운송되어 일상의 상거래 통로를 통해서 구매되어 수출되던 미곡이 이제는 각 개항장에서 바로 구매되어 수출될 수 있게 된 점이다.

둘째는 미국인과 일본인 주도하에 미곡의 도정을 위한 현대식 기계와 설비를 갖춘 동력 도정공장이 개항장에 설립되었다는 점이다.

이 두 가지 조건은 미곡의 상품화율을 높이고 수출증대를 자극했을 것임에 틀림없다. 미곡의 일본으로의 계속적 수출은 한국에서의 쌀값 앙등의 가장 중요한 원인이 되었다.[147]

두류는 식용으로서 전적으로 일본에 수출되었으며, 북한지역에 풍부한 산지를 갖고 있었으므로 일본에서의 수요량이 수출량을 결정할 만큼 유리한 품목이었다.

인삼은 종래에는 왕실의 독점수출물로서 개항장에서의 수출을 금지하고 육로를 통한 중국으로의 정부허가의 수출만이 인정되었으나, 1895년 11월부터 개항장에서의 인삼수출을 승인한 법규를 공포함으로써 인삼수출액이 증가하였다. 신법규는 인삼의 연산출량을 약 15,000근으로 제한하고 1근에 10불의 수출관세를 징수했으나, 실제로는 15,000근을 훨씬 넘는 양의 인삼이 생산되어 제 1차 및 제 2차 개항기보다 더 많은 가액의 인삼의 수출실적을 올렸다.[148]

우피는 생우의 도살수가 비교적 일정했으므로 우피 수출량도 절대액에서는 비교적 고정되어 있었으나, 제 3차 개항기에는 미곡·대두 등의 수출가액이 크게 증대되면서 우피수출의 비중은 상대적으로 제1차 및 제2차 개항기에 비해 훨씬 저하되었다. 우피는 대부분 일본으로

---

147) *B. C. R. Foreign Office* (1898), *Annual Series, No. 2132, Report for the year 1897 on the Trade and Commerce of Corea*, p. 6.

148) *B. C. R. Foreign Office* (1897), *Annual Series, No. 1957, Report for the year 1896 on the Trade and Commerce of Corea*, p. 4.

수출되어 일부는 일본피혁공업의 원료로 공급되고, 일부는 서유럽으로 재수출되었다. 총수출액의 3.2%를 차지한 생우는 육용과 피혁공업용으로 주로 러시아로 수출되었다.

총수출액의 1.1%를 차지한 면은 전부가 일본으로 수출되어 일본 방직공업의 원료가 되고, 면직물로 제조된 다음 다시 수입되는 식민지형 무역의 형태를 보였으나, 아직 그 가액은 많지 않았다.

총수출액의 1.7%를 차지한 비료는 그 내용이 어류 등 수산물로서 일본으로 수출되어 농업용 비료로 사용되었다.

총수출액의 각각 0.7%와 0.6%를 차지한 철광과 석탄은 거의 전부가 일본으로 수출되어 공업용으로 사용되었다.

제3차 개항기의 수출무역의 내용을 품목류별로 분류하여 1909년의 경우를 예로 들어보면, 같은 해의 총수출액 가운데서 곡물류가 63.7%의 비중을 차지하고, 식용 해산물이 5.0%, 약재 및 우지(牛脂)가 5.7%, 면이 1.8%, 광물 및 금속이 5.5%, 기타품목이 18.3%의 비중을 각각 차지하였다.[149]

1909년에 총수출액의 63.7%의 비중을 차지한 곡물류는 이 중에서 81.4%가 일본으로 수출되고, 14.5%가 중국으로 수출되었으며, 나머지 4.1%가 러시아 등 기타 제국으로 수출되었다. 다시 곡물류의 내용을 보면 곡물 수출액 가운데서 미곡이 53.4%, 두류가 36.5%, 맥류가 7.2%, 기타 곡류가 2.9%의 비중을 각각 차지하였다.

미곡 수출은 그 수출액의 71.3%가 일본으로의 수출이며, 20.9%가 중국으로의 수출이고, 나머지 7.8%가 기타 제국으로의 수출이었다.

두류 수출은 그 수출액의 95.0%가 일본으로의 수출이고, 나머지 5.0%가 중국으로의 수출이었다.

맥류에서 대맥 수출은 84.9%가 일본으로의 수출이고, 15.1%가 중

149) 《第四次朝鮮總督府統計年報》, pp.712~713에서 산출.

국으로의 수출이었다. 소맥수출은 그 99.8%가 일본으로의 수출이고, 나머지 0.2%가 중국으로의 수출이었다.

1909년의 총수출액의 5.0%를 차지한 식용해산물은 그 수출액 가운데서 81.7%가 일본으로 수출되고, 16.7%가 중국으로 수출되었으며, 나머지 1.6%가 기타 제국으로 수출되었다.

1909년에 총수출액의 5.7%를 차지한 약재료의 수출 내용을 보면, 그 수출액의 91.7%가 인삼이고, 4.7%가 우지이며, 나머지 3.6%가 기타 약재였다. 인삼은 그 수출액의 99.9%가 중국으로 수출되었고, 나머지 0.1%만이 일본으로 수출되었다. 반면에 우지는 그 85.6%가 일본으로 수출되었고 나머지 14.4%만이 중국으로 수출되었다.

1909년에 총수출액의 1.8%를 차지한 면의 수출 내용을 보면, 그 수출액의 49.5%가 생면이고, 46.1%가 조면이며, 나머지 4.4%가 면사 등 다른 형태를 취하였다. 생면은 100% 전부 일본으로 수출되었으며, 조면은 99.9%가 일본으로 수출되고 나머지 0.1%가 기타제국으로 수출되었다.

1909년에 총수출액의 5.5%의 비중을 차지한 광물 및 금속의 내용을 보면, 그 수출액의 27.9%가 철광이고, 25.0%가 석탄이며, 금광(석)이 8.2%, 동광이 3.8%, 동괴가 3.4%, 흑연이 16.8%, 기타 광물이 14.9%의 비중으로 구성되어 있었다. 철광은 100% 전부 일본으로 수출되었다. 석탄은 91.9%가 일본으로 수출되었고, 나머지 9.0%가 중국으로 수출되었다. 금광(석)은 86.3%가 중국으로 수출되었고, 나머지 13.7%가 일본으로 수출되었다. 동광은 11.6%가 일본으로 수출되었고, 나머지 88.4%가 기타 제국으로 수출되었다. 동괴는 100% 전부가 일본으로 수출되었다. 흑연은 99.8%가 일본으로 수출되었으며, 나머지 0.2%가 기타 제국으로 수출되었다.

1909년에 우피의 수출은 총수출액의 5.0%를 차지하였다. 그 중에서 82.1%가 일본에 수출되었고, 17.9%가 중국에 수출되었다.

1909년에 생우의 수출은 총수출액의 2.6%를 차지하였다. 그 중에서 10.7%가 일본으로 수출되었고, 9.6%가 중국으로 수출되었으며, 나머지 79.7%가 러시아 등 기타 제국으로 수출되었다.[150]

제3차 개항기의 수출상품의 연도별 가액을 수출 대상국별로 보면 〈표 4-44〉와 같다.

이것을 비율로 환산해 보면 〈표 4-45〉와 같이, 일본으로의 수출은 1894년의 88.4%로부터 1910년의 77.2%로 약간 감소했는 데 비하여, 중국으로의 수출은 같은 해 안에 7.0%로부터 15.2%로 상당히

〈표 4-44〉 제3차 개항기의 수출품가액 국가별 누년표

(단위: 원)

	일 본	중 국	러시아	영 국	미 국	기 타	계
1893	1,543,114	134,085	20,917	-	-	-	1,689,116
1894	2,050,910	161,752	98,553	-	-	-	2,311,215
1895	2,366,427	91,683	23,698	-	-	-	2,481,808
1896	4,396,346	263,941	68,413	-	-	-	4,728,700
1897	8,090,039	736,317	147,539	-	-	-	8,973,895
1898	4,522,963	1,129,970	56,556	-	-	-	5,709,489
1899	4,205,382	685,459	107,004	-	-	-	4,997,845
1900	7,232,416	1,968,650	238,801	-	-	-	9,439,867
1901	7,402,116	800,092	259,741	-	-	-	8,461,949
1902	6,549,646	1,536,114	231,310	-	-	-	8,317,070
1903	7,599,624	1,549,206	328,773	-	-	-	9,497,603
1904	5,697,371	1,232,954	2,524	655	-	-	6,933,504
1905	5,389,914	1,501,817	12,350	220	-	-	6,904,301
1906	6,916,848	699,664	500,744	14,703	225	660	8,132,884
1907	12,649,267	3,179,845	657,629	-	-	11,715	16,498,456
1908	10,963,353	2,247,459	772,772	5,746	45,106	78,875	14,113,310
1909	12,081,738	3,203,461	784,528	50,126	68,978	60,057	16,248,888
1910	15,378,643	3,025,836	1,155,357	24,719	304,867	24,421	19,913,843

* 자료 : 四方博, 〈朝鮮に於ける 近代資本主義の成立過程〉.

150) 《第四次朝鮮總督府統計年報》, p. 713.

증가하였다. 이것은 수입무역 부문과는 대조되는 추세로 종래 수입무역에만 집착하던 중국 무역상인이 수출무역에도 상당수 종사하여 수입품에 대한 결제를 수출상품으로서 행했음을 말해주는 것이다.

이는 제 2차 개항기와 달리 제 3차 개항기에는 금의 수출을 중국 무역상인이 아니라 일본인이 독점한 사실을 고려할 때 명쾌히 이해할 수 있다. 중국으로의 수출증대는 주로 정미, 인삼, 해삼, 한지, 목재 및 목판 등의 수출증가에 의해 이루어졌다.

1910년의 수출무역의 대상국별 비율은 일본이 77.2%, 중국이 15.2%, 러시아가 5.8%, 영국이 0.1%, 미국이 1.6%, 기타 제국이 0.1%의 비중을 각각 차지하였다.

〈표 4-45〉 제 3차 개항기의 수출품가액 국가별 비율표

(단위: %)

	일 본	중 국	러시아	영 국	미 국	기 타	계
1893	90.9	7.9	1.2	-	-	-	100.0
1894	88.8	7.0	4.2	-	-	-	100.0
1895	95.3	3.7	1.0	-	-	-	100.0
1896	93.0	5.6	1.4	-	-	-	100.0
1897	90.2	8.2	1.6	-	-	-	100.0
1898	79.2	19.8	1.0	-	-	-	100.0
1899	84.2	13.7	2.1	-	-	-	100.0
1900	76.6	20.9	2.5	-	-	-	100.0
1901	87.5	9.5	3.0	-	-	-	100.0
1902	78.8	16.4	2.8	-	-	-	100.0
1903	80.2	16.3	3.5	-	-	-	100.0
1904	82.2	17.8	-	-	-	-	100.0
1905	78.1	21.8	0.1	-	-	-	100.0
1906	85.1	8.6	6.1	0.2	-	-	100.0
1907	76.7	19.3	4.0	-	-	-	100.0
1908	77.8	15.9	5.4	-	0.6	0.3	100.0
1909	74.4	19.7	4.8	0.3	0.4	0.4	100.0
1910	77.2	15.2	5.8	0.1	1.6	0.1	100.0

수출무역 부문에서 일본의 독점적 지위는 수입무역 부문과 함께 해운에서의 일본의 독점적 지위에 의해 뒷받침되었다. 예컨대 1907년의 출입항 선박의 국가별 척수와 톤수를 대비해 보면 〈표 4-46〉 및 〈표 4-47〉과 같다.

이를 비율로 계산해 보면, 입항은 〈표 4-48〉에서 알 수 있는 바와

〈표 4-46〉 입항선박 국가별 척수 · 톤수표(1907)

	기선		범선		정크		합계	
	척수	톤수	척수	톤수	척수	톤수	척수	톤수
한국	468	63,735	354	6,015	274	5,038	1,096	74,788
일본	4,741	2,569,647	722	47,881	3,014	51,475	8,477	2,669,003
미국	251	141,029	45	1,119	-	-	296	142,148
영국	35	73,010	-	-	-	-	35	73,010
청국	4	226	-	-	1,056	11,933	1,060	14,149
독일	45	67,420	-	-	-	-	45	67,420
노르웨이	50	44,070	-	-	-	-	50	44,070
러시아	2	4,083	-	-	-	-	2	4,083
합 계	5,605	2,965,210	1,121	55,015	4,344	68,446	11,070	3,088,671

* 자료 : 《제2차 통감부통계연보》.

〈표 4-47〉 출항선박 국가별 척수 · 톤수표(1907)

	기선		범선		정크		합계	
	척수	톤수	척수	톤수	척수	톤수	척수	톤수
한국	460	62,692	367	6,257	278	5,083	1,105	74,032
일본	4,765	2,573,383	700	47,630	3,047	53,020	8,512	2,674,033
미국	253	142,725	43	1,078	-	-	296	143,803
영국	35	73,010	-	-	-	-	35	73,010
청국	4	2,216	-	-	1,054	11,893	1,058	14,109
독일	47	69,903	-	-	-	-	47	69,903
노르웨이	53	44,070	-	-	-	-	53	44,070
러시아	11	4,083	-	-	-	-	11	4,083
합 계	5,628	2,972,082	1,110	54,965	4,379	69,996	11,117	3,097,043

* 자료 : 《제2차 통감부통계연보》.

같이, 척수에서 일본이 76.6%, 한국이 9.9%, 중국이 9.6%, 미국이 2.7%, 노르웨이가 0.5%, 독일이 0.4%, 영국이 0.3%의 지위를 각각 점하고 있었으며, 톤수에서는 일본이 86.4%, 미국이 4.6%, 한국이 2.4%, 영국이 2.4%, 독일이 2.2%, 노르웨이가 1.4%, 중국이 0.5%, 러시아가 0.1%의 지위를 각각 점하고 있었다.

〈표 4-48〉 입항선박 국가별 비율표(1907)

(단위: %)

	기선		범선		정크		합계	
	척수	톤수	척수	톤수	척수	톤수	척수	톤수
한국	8.3	2.1	31.6	10.9	6.3	7.4	9.9	2.4
일본	84.6	86.7	64.4	87.0	69.4	75.2	76.6	86.4
미국	4.5	4.8	4.0	2.1	-	-	2.7	4.6
영국	0.6	2.5	-	-	-	-	0.3	2.4
청국	0.1	-	-	-	24.3	17.4	9.6	0.5
독일	0.8	2.3	-	-	-	-	0.4	2.2
노르웨이	0.9	1.5	-	-	-	-	0.5	1.4
러시아	0.1	0.1	-	-	-	-	-	0.1
합 계	100.0	100.0	100.0	100.0	100.0	100.0	100.0	100.0

〈표 4-49〉 출항선박 국가별 비율표(1907)

(단위: %)

	기선		범선		정크		합계	
	척수	톤수	척수	톤수	척수	톤수	척수	톤수
한국	8.2	2.1	33.1	11.4	6.3	7.3	9.9	2.4
일본	84.7	86.6	63.1	86.7	69.6	75.7	76.6	86.3
미국	4.5	4.8	3.8	1.9	-	-	2.7	4.6
영국	0.6	2.5	-	-	-	-	0.3	2.4
청국	0.1	0.1	-	-	24.1	17.0	9.5	0.5
독일	0.8	2.4	-	-	-	-	0.4	2.3
노르웨이	0.9	1.5	-	-	-	-	0.5	1.4
러시아	0.2	0.1	-	-	-	-	0.1	0.1
합 계	100.0	100.0	100.0	100.0	100.0	100.0	100.0	100.0

이를 선박 종류별로 구분해 보아도 일본은 기선톤수의 86.7%, 범선톤수의 87.0%, 정크선 톤수의 75.2%라는 압도적 비중을 차지했다.

출항선박의 국가별 비율을 볼 경우에도 〈표 4-49〉에서 볼 수 있는 바와 같이, 입항선박의 경우와 거의 같은 비율로 일본이 독점적 지위를 차지하고 있었음을 알 수 있다.

제3차 개항기의 수출품 가액을 항구별로 보면, 〈표 4-50〉과 같다. 이것을 비율로 환산해 보면, 〈표 4-51〉과 같이 부산이 제1위의 수출항으로, 1898년에는 총수출액의 49.3%, 1909년에는 총수출액의 31.7%가 부산항을 통하여 수출되었음을 알 수 있다. 다음 제2위의 수출항은 인천으로, 1898년에는 총수출액의 40.6%, 1909년에는 20.4%를 수출하였다. 제3위의 수출항은 진남포로, 1909년에 총수출액의 12.8%를 수출하였다. 제4위의 수출항은 군산으로 1909년에 총수출액의 12.6%를 수출하였다. 제5위의 수출항은 목포로 1909년에 총수출액의 7.4%를 수출하였다.

수입무역에서는 제3위를 다투는 원산항이 수출무역에서는 제6위의 항구가 되어 1909년의 경우 총수출액의 6.5%를 수출하고 있을 뿐이다. 다음이 신의주, 성진, 마산 등의 순위로 되어 있다.

여기서의 특징은, 첫째, 수입무역에서는 인천이 제1위의 항구였으나 수출무역에 있어서는 단연 부산이 제1위의 수출항이었다는 사실이다. 둘째, 수입무역에서 제3위의 원산항이 수출무역에서는 진남포·군산·목포 다음가는 제6위의 항구로 비중이 낮아진다는 사실이다.

이것은 수출대상국이 제1차로 일본이었고, 수출품목이 미곡·대두를 중심으로 한 농산물이었으며, 특히 미곡이 가장 중요한 수출품목이었으므로, 미곡산지를 배경에 가진 평야지대의 항구의 비중이 증대하게 된다는 사실과 관련된 것으로 해석된다. 즉 항구별 수출액은 수출구조를 직접 반영하고 있었다고 말할 수 있다.

〈표 4-50〉 제3차 개항기의 항구별 수출가액(1898~1909)

(1) 1898~1903 (단위: 원)

	1898	1899	1900	1901	1902	1903
인천	2,319,478	1,614,562	4,238,150	2,807,592	2,642,415	3,497,826
부산	2,812,646	1,822,283	3,326,936	3,105,963	2,607,876	1,964,783
원산	245,135	571,137	814,183	944,937	1,001,204	768,531
진남포	86,219	566,725	405,600	540,364	927,343	1,087,969
서울	-	-	-	-	-	-
군산	-	8,148	74,693	258,741	311,066	841,981
목포	246,011	411,509	574,101	731,981	730,577	1,029,609
마산	-	382	6,204	19,731	71,895	87,422
성진	-	3,063	-	52,640	24,694	199,482
신의주	-	-	-	-	-	-
합계	5,709,489	4,997,845	9,439,867	8,461,949	8,317,070	9,477,603

(2) 1904~1909

	1904	1905	1906	1907	1908	1909
인천	2,498,060	2,303,861	1,872,017	4,626,209	2,554,220	3,316,498
부산	1,619,362	2,024,571	2,848,722	4,302,415	4,471,349	5,155,983
원산	645,569	617,855	932,515	1,205,623	1,002,548	1,054,669
진남포	1,054,970	1,078,614	1,131,618	2,028,555	1,978,744	2,075,979
서울	-	-	4,064	4,278	25,296	41,762
군산	416,484	360,753	643,056	1,922,977	1,833,392	2,049,530
목포	663,490	477,027	423,283	1,306,389	860,732	1,203,186
마산	35,568	37,262	65,741	335,418	250,717	142,636
성진	1	4,358	100,790	197,208	325,478	268,649
신의주	-	-	111,039	569,384	808,357	923,878
합계	6,933,504	6,904,301	8,132,844	16,498,456	14,113,310	16,248,888

* 자료 : 《제 1~3차 통감부통계연보》 및 《제 4차 조선총독부통계연보》.

〈표 4-51〉 제3차 개항기의 항구별 수출가액 비율표(1898~1909)

(단위: %)

	인천	부산	원산	진남포	서울	군산	목포	마산	성진	신의주	합계
1898	40.6	49.3	4.3	1.5	-	-	4.3	-	-	-	100.0
1899	32.3	36.5	11.4	11.3	-	0.2	8.2	-	0.1	-	100.0
1900	44.9	35.2	8.6	4.3	-	0.8	6.1	0.1	-	-	100.0
1901	33.2	36.7	11.2	6.4	-	3.1	8.7	0.2	0.6	-	100.0
1902	31.8	31.4	12.0	11.1	-	3.7	8.8	0.9	0.3	-	100.0
1903	36.9	20.7	8.1	11.5	-	8.9	10.9	0.9	2.1	-	100.0
1904	36.0	23.4	9.3	15.2	-	6.0	9.6	0.5	-	-	100.0
1905	33.4	29.3	8.9	15.6	-	5.2	6.9	0.5	0.1	-	100.0
1906	23.0	35.0	11.5	13.9	-	7.9	5.2	0.8	1.2	1.4	100.0
1907	28.0	26.1	7.3	12.3	-	11.7	7.9	2.0	1.2	3.5	100.0
1908	18.1	31.7	7.1	14.0	0.2	13.3	6.1	1.8	2.3	5.7	100.0
1909	20.4	31.7	6.5	12.8	0.3	12.6	7.4	0.9	1.7	5.7	100.0

4) 제3차 개항기의 금·은의 유출

제3차 개항기의 대외무역 중에서 수출무역과 별도로 반드시 논급하고 넘어가야 할 중요 부문으로 금·은의 대외유출이 있다. 〈표 4-52〉에서 볼 수 있는 바와 같이, 이 시기에 막대한 양의 금·은화 및 지금이 해외로 유출되어 그 수입을 감안할지라도 실로 방대한 액수의 수출초과가 해마다 누적되었다.

그러나 이러한 막대한 양의 금·은의 유출 통계도 실제의 유출량의 일부에 불과한 것이었다. 이미 지적한 바와 같이 금·은은 무세품이었기 때문에 관세통계에 계상되는 것은 극히 그 일부에 불과하였다. 영국영사보고서는 적어도 다시 세관 보고액 만큼의 밀수출이 있을 것이라고 보고했으며, 연평균 수출량이 3백만 달러, 연 산출량은 5백만 달러를 상회할 것이라고 추계하였다.[151)]

151) *B. C. R. Foreign Office*(1898), *Annual Series*, No. 2132, *Report for the year*

제 2차 개항기에는 중국 무역상인이 수입상품의 결제를 극력 금으로 행하면서 금·은의 중국으로의 유출이 큰 비중을 차지하였다. 즉 중국은 서구제국과의 교역에 있어서 수입초과에 시달리고 있었으므로 한국 시장에서는 서구제 상품의 중계상인으로 등장해 서구제품을 판매한 대가를 상업이윤이 높은 금·은으로 교환하여 본국에 유출시켰다.

그리하여 제 2차 개항기에는 중국으로의 금·은의 유출액이 일본으로의 유출액보다 큰 비중을 차지했으며, 제 3차 개항기에도 그 초기에는 중국으로의 유출이 상당히 높은 비중을 차지하였다. 《한국농업론》

〈표 4-52〉 제 3차 개항기의 금·은화 및 지금 수출입표

(단위: 원)

	수 출	수 입	수출초과
1894	1,417,277	896,868	520,409
1895	2,347,490	1,825,270	522,220
1896	1,677,594	861,493	816,101
1897	2,273,016	2,071,280	201,736
1898	3,859,400	692,314	3,167,086
1899	4,513,393	350,796	4,162,597
1900	4,300,333	601,671	3,698,662
1901	5,349,565	1,510,014	3,839,551
1902	5,739,276	291,905	5,447,371
1903	5,737,874	798,756	4,939,118
1904	5,112,447	526,724	4,585,723
1905	5,632,218	2,060,306	3,571,912
1906	6,258,281	1,670,222	4,588,059
1907	6,714,119	2,700,796	4,013,323
1908	5,025,781	3,523,972	1,501,809
1909	7,074,799	1,293,563	5,781,236
1910	9,199,638	1,876,120	7,323,518

* 자료 : 《조선무역연표》.

1897 on the Trade and Commerce of Corea, p. 7.

의 통계를 비율로 환산하여 보면 1894년의 중국으로의 금유출의 비율이 관세를 통한 총유출액의 31.6%를 차지했으며, 1896년에는 42.3%를 차지하였다.[152] 금의 유출가격은 1895년의 경우를 예로 들면, 1량(=580 *grains troy*)에 45달러 50센트, 스털링으로는 약 5파운드에 달하였다.[153]

〈표 4-53〉 수출입 국가별 금·은 가액(1902~1910)

(1) 수출 (단위: 원)

	수 출			
	일본	청국	기타 제국	합계
1902	5,818,661	675,726	10,048	6,504,435
	*5,004,301	*59,805		*5,064,106
1903	5,940,648	585,509		6,526,157
	*5,456,187	*210		*5,456,397
1904	5,670,734	586,932		6,257,666
	*4,998,646	*10,950		*5,009,596
1905	7,404,347	774,458		8,178,805
	*5,205,005	*1,800		*5,206,805
1906	7,398,701	1,279,532	5,128	8,683,361
	*4,601,888	*64,242		*4,666,130
1907	6,910,814	750,411	14,501	7,675,726
	*4,467,950	*150,000		*4,617,950
1908	5,551,067	379,895	183,605	6,114,567
	*4,771,226			*4,771,226
1909	7,379,105	451,928	186,003	8,017,036
	*6,112,479	*197		*6,112,676
1910	9,119,538	258,053	120,222	9,497,813

152) 加藤末郎, 《韓國農業論》, p. 12.

153) *B. C. R. Foreign Office* (1896), *Annual Series, No. 1754, Report for the year 1895 on the Trade of Corea*, p. 5.

(2) 수입

	수 입			
	일본	청국	기타 제국	합계
1902	2,281,143	20,742	-	2,301,885
1903	1,756,409	185,847	100	1,942,356
1904	8,922,902	240,363	-	9,163,265
1905	5,024,182	1,395,401	-	6,419,583
1906	8,726,622 *100,500	114,707	-	8,841,329 *100,500
1907	10,408,320 *9,555	119,371	3,000	10,530,691 *9,555
1908	11,633,761 *850,010	756,582	- *6,074	12,396,417 *856,084
1909	16,047,449 *500,000	29,787	16,014	16,093,250 *500,000
1910	10,713,043	509,989	-	11,223,032

* 주 : *印을 附한 것은 금의 수출입을 표시함.
* 자료 : 《제 3차 통감부통계연보》 및 《제4차 조선통감부통계연보》.

그러나 중국 무역상인의 금유출의 우세는 일본의 1897년 금본위제도의 확립과 산업자본 형성의 필요로 인한 적극적 금흡수 정책으로 극히 단기간에 끝났다. 특히 제 3차 개항기에는 서구자본의 금광에 대한 투자가 적극적으로 시행되었는데, 1896년의 미국자본의 운산금광투자, 1898년의 독일자본의 금성 당현의 금광투자, 1898년 11월부터의 영국의 프리차드(Prichard), 모간(Morgan) 등의 각지의 금광 채굴권 침탈 등이 있었다.[154]

---

154) *B. C. R. Foreign Office* (1899), *Annual Series, No. 2304, Report for the year 1898 on the Trade and Commerce of Corea*, pp. 7~8.

1900년대에 들어서는 일본자본의 금광투자도 적극화되어 제3차 개항기는 전반적으로 금생산량이 현저하게 증대되었다. 이러한 금생산량의 증가시기에 금·은 등 귀금속이 대부분 일본으로 유출되었으므로, 절대액에 있어서는 제1차 및 제2차 개항기 때보다도 거대한 액수의 금이 제3차 개항기에 집중적으로 일본에 유출되었다.

이제 1902~1910년간의 한국의 금·은의 수출입 가액을 보면, 〈표 4-53〉과 같다. 표에서 보듯이 약간의 은의 수입이 있는 반면에 수출에서는 실로 막대한 액의 금·은의 수출이 있었으며 특히 금수출이 해마다 거액에 달했음을 알 수 있다.

금·은의 해외로의 유출을 국별로 보면, 〈표 4-54〉에서 볼 수 있듯이 1902년에는 일본으로의 유출이 89.5%, 중국으로의 유출이 10.4%, 기타제국으로의 유출이 0.1%를 차지하고 있으며, 1909년에 있어서는 일본으로의 유출이 92.0%, 중국으로의 유출이 5.6%, 기타제국으로의 유출이 2.4%를 차지하였다.

이를 금유출만을 택하여 보면 〈표 4-55〉와 같이 1902년에는 98.8%가 일본으로 유출되었고 나머지 1.2%만이 중국으로 유출되었으며, 1909년에는 100% 전부가 일본으로 유출되었다.

일본은 한국으로부터 금을 흡수하기 위해 간접적인 방식인 무역차액제도뿐만 아니라, 직접 지금을 매입하여 본국으로 수송하는 지금주의(*Bullionism*, 地金主義)와 같은 적극적 방식을 채택하였다.

일본은 당시 한국에서 중앙은행의 역할을 하던 '일본제일은행'(日本第一銀行)에 자금과 사업을 위탁하여 적극적으로 한국산 지금 매입에 총력을 기울였다. 특히 1897년에 일본은 태환준비의 금을 충분히 갖추지 못한 채 금본위제를 채택한 결과 화폐자본의 부족으로 공업화의 진행에 매우 큰 지장을 받게 되어, 이를 극복 하고자 일본의 금흡수 정책은 더욱 적극적으로 강행되었다.

그 좋은 예의 하나가 일본제일은행이 1900년부터 서울·평양·원산

등지에 '지금분석소'를 설치해서 이 기구를 통해 직접 지금을 분석·매입하여 실로 막대한 지금을 흡수한 사실이다. 제일은행이 흡수한 지금을 비롯하여, 한국에서 일본으로 유출된 막대한 양의 금은 일본은행을

〈표 4-54〉 수출입 금·은가액 국가별 비율표(1902~1910)

(단위: %)

	수출				수입			
	일본	청국	기타제국	합계	일본	청국	기타제국	합계
1902	89.5	10.4	0.1	100.0	99.1	0.9	-	100.0
1903	91.0	9.0	-	100.0	90.4	9.6	-	100.0
1904	90.6	9.4	-	100.0	97.4	2.6	-	100.0
1905	90.5	9.5	-	100.0	78.3	21.7	-	100.0
1906	85.2	14.7	0.1	100.0	98.7	1.3	-	100.0
1907	90.0	9.8	0.2	100.0	98.8	1.1	0.1	100.0
1908	90.8	6.2	3.0	100.0	93.8	6.2	-	100.0
1909	92.0	5.6	2.4	100.0	99.7	0.2	0.1	100.0
1910	96.0	2.7	1.3	100.0	95.5	4.5	-	100.0

〈표 4-55〉 수출입 금가액 국가별 비율표(1902~1909)

(단위: %)

	수출				수입			
	일본	청국	기타제국	합계	일본	청국	기타제국	합계
1902	98.8	1.2	-	100.0	-	-	-	-
1903	100.0	-	-	100.0	-	-	-	-
1904	99.8	0.2	-	100.0	-	-	-	-
1905	99.9	0.1	-	100.0	-	-	-	-
1906	98.6	1.4	-	100.0	100.0	-	-	100.0
1907	96.8	3.2	-	100.0	100.0	-	-	100.0
1908	100.0	-	-	100.0	99.3	-	0.7	100.0
1909	100.0	-	-	100.0	100.0	-	-	100.0

거쳐서 일본조폐국에 송치되거나 시중에 유통되어 일본의 금본위제도의 확립과 공업화를 위한 화폐자본의 공급에 지대한 역할을 하였다.

일본상업자본이 한국과의 무역에서 막대한 '무역차액'을 획득하고 일본정부와 금융기관이 '지금주의' 정책에 의하여 막대한 금·은 등 귀금속을 착출해 간 것은 일본이 한국에 대하여 '무역차액'과 '귀금속의 유입'을 기본적 특징으로 하는 중상주의적 무역정책을 행하여 일본공업화를 위한 원시적 축적을 강행했음을 단적으로 증명하는 것이다.

제1차 개항기로부터 제3차 개항기에 이르기까지 일본의 대한국무역은 중상주의적 무역이었으며, 이것은 이 시기에 한국에 침입한 일본자본이 상업고리대자본의 성격을 갖고 있었다는 사실과 표리의 관계를 갖는 것이다.

중상주의적 무역관계에서 수입초과를 보는 무역의 상대국은 스스로 근대자본주의를 성립시킬 능력을 크게 상실한다. 그 가장 중요한 원인의 하나가 '국제화폐'이자 '국내화폐자본'인 금·은이 유출되어 나가기 때문이다.

일본은 한국에 대하여 중상주의적 무역정책과 지금주의의 금흡수 정책 등을 통하여 자본의 원시적 축적을 강행시키면서 일본공업화의 전제조건의 하나를 형성했으나, 한국은 이로 인해 공업화의 전제조건 가운데 하나를 상실하였다. 일본에 유출된 한국의 금은 단순한 '무역상품'으로서의 지위와는 다른 의미로, 일본자본주의 확립을 위한 한국의 '축적된 화폐자본'의 유출이기도 하였다.

5. 맺음말

이상과 같이 한국의 1876~1910년의 국제무역을 3단계로 나누어 고찰하면서, 국제무역이 경제력만이 아니라 정치력에 의해 좌우되었음을 알 수 있었다.

제 1차 개항기(1876~1882년)는 한국의 국제무역을 일본이 독점했던 시기로서, 조·일수호조규의 불평등조약의 허점을 최대로 악용하여 일본상인들은 한국을 상업무역의 양도이윤 획득과 축적의 대상으로 정하여 침투하였다.

당시 일본은 아직 산업자본주의 성립 훨씬 이전의 상인자본주의 단계로, 일본상인 자본은 국제무역과 새롭게 개항시킨 한국 국내시장 침투로 자본의 원시적 축적을 강행하기 시작하였다.

일본은 조선왕조정부를 기만하여 무관세 무역도 얻어내고 일본 화폐의 개항장에서의 법화 통용권도 얻어냈으나, 개항장 4km(10리) 이내에서의 상행위만 허용받아 상행위의 자유에 제한을 받았다.

한국상인은 이러한 여건에서 객주(客主)·여각(旅閣) 등 일부 도매상인들이 일본 무역상인들이 싣고 온 서양제품들을 구입하여 국내 소매상인들에게 도매 공급하면서 약간의 상업자본축적을 달성할 수 있었다.

이 시기에 일본상인들이 가져온 수입품들은 직물류가 무려 85.1%에 달했으며, 그 다음이 금속류의 8.0%였다. 일본상인들은 자기나라의 제품이 없으므로, 영국제 면직물을 비롯하여 서구상품의 중계상인으로서 활동하면서 상업이윤을 노리었다.

이 시기의 수출품은 미곡·두류 등 농산물이 총수출액의 58.6%를 차지했으며, 다음이 20.9%의 금·은 등 광산물로서 주로 귀금속이었다.

즉 근대 한국의 국제무역은 일본 중개상인을 통하여 서구제 면직물과 한국농산물 및 금·은의 교환 유형으로 시작한 것이었다. 이것은 선진 공업국 대 후진 농업국의 수탈적 무역구조였으며, 그 수탈이익은 이를 담당한 일본무역 상인의 양도이윤 및 상업이윤이 되어 그 후 일본 산업자본주의 확립을 위한 원시적 자본축적분으로 되었다.

제 2차 개항기(1883~1893년)에는 교역대상국이 중국·미국·영국·독일·러시아·이탈리아·프랑스 등으로 확대되었고, 관세도 낮은 비율이지만 설정되었다.

그러나 청국이 1882년 '조·중 상민수륙무역장정' 체결을 강요하여 개항장 40km(100리)까지 중국상인의 자유로운 상행위를 강요해 규정하고, 다른 체약국과도 최혜국 조항을 적용하여 균등하게 개방되었으며, 개항장도 인천·양화진·서울·경흥이 추가 되었으므로 사실상 조선왕국은 전세계에 개방된 것이나 다름이 없었다.

이 시기에 조선왕조정부가 한국상인과 상업자본을 정책적으로 적극 육성하는 대책을 실시했더라면 한국상업은 성장할 수 있었을 터인데, 실상은 청국이 조선 조정을 장악하여 억압하면서 청국상인의 대(對)조선무역진출과 상업이윤 축적을 적극 추진하는 상병(商兵)정책을 강행하였다. 그 결과 청국 무역상인의 진출이 현저하게 나타나게 되고, 한국 국제무역에서 청국상인과 일본상인이 각각 자기나라 정부의 적극적인 지원을 받으면서 치열한 무역전쟁을 전개하게 되었다.

청국상인은 수입무역에서 1892년 인천항의 총수입량의 56.5%(일본은 43.5%)로 일본을 압도했으며, 원산항에서도 56.9%로 일본을 압도하였다. 일본은 지리적 이점과 기존 조직을 활용하여 부산에서만 97.2%의 압도적 우위를 유지하였다. 제2차 개항기인 1892년에 한국 총수입무역에서 청국이 44.6%, 일본이 55.4%로 청국이 일본을 맹추격한 것을 알 수 있다.

한국 상인자본은 이 시기에 경쟁에 나서기는 했으나 조선왕조 정부의 지원을 받기는커녕 간접적 압박을 받아 활동을 별로 강화하지 못하였다. 그러나 청국의 압력을 상대적으로 덜 받고 정부가 호의적인 해운 부문에서는 이운사(利運社)라는 기선회사가 설립되고 기선과 각종 범선이 활동하여 청국을 추월하면서 일본에 대항하여 연안 해운을 지키려는 상당한 활동을 하였다.

이 시기 청국상인들에게 일본상인들이 크게 패퇴한 것은 일본상인들의 상행위가 중상주의적 상략과 기만을 항다반사로 하여 일본 제품이 한국인들로부터 외면당했기 때문이었다.

제 3차 개항기(1894~1910년)에는 1894~1895년 청·일 전쟁에서 일본이 승리하여 청국상인들을 정치적으로 점차 추방하면서 일본상인의 독점기가 다시 도래하게 되었다.

일본상인들은 종래 영국제 등 서구제 면직물과 상품을 수입 판매하던 중계상인의 성격을 약간 벗어나, 조잡하지만 염가의 일본제 면직물을 한국시장에 수출하기 시작하였다. 일본제 상품이 서구제 상품을 크게 대체하지는 못했지만, 이제 한국은 일본 공업제품 판매와 상인자본의 원시적 축적을 위한 본격적 사냥터가 되어버리고 말았다.

일본상인들이 수입해 들어오는 서구제 면직물 등의 상품과 일본제 상품들은 한국 농촌의 오지에도 침투하여 종래의 한국 면직 수공업을 비롯해서 가내공업과 수공업을 현저하게 해체시키기 시작하였다.

뿐만 아니라 제 1·2차 개항기에도 급속히 증가하던 금·은 등 귀금속의 유출은 일본이 태환 준비의 금을 충분히 갖추지 못한 채 금본위 제도를 채택하게 되자, 은본위 제도를 채택한 한국으로부터 제 3차 개항기에 금의 유출이 더욱 격증하게 되었다. 일본 제일은행은 한국에서 중앙은행의 역할을 탈취한 후 한국의 금 흡수정책을 강행하였다. 한국 금의 국가별 유출을 보면 일본으로의 유출이 1902년에 98.8%, 1909년에는 100%가 일본으로 유출되었다.

일본은 중상주의 무역정책으로 한국으로부터 금을 흡수하여 금본위 제도를 확립하고 공업화의 전제조건인 자본의 본원적 축적을 달성했으나, 한국은 금마저 흡수당하여 당시 '국제화폐'이자 '국내화폐자본'인 금을 대량으로 계속 일본으로 유출당하게 되었다.

1876~1910년의 한국 근대의 국제통상무역은 구한말 조선왕조정부의 무능무책과 일본·청국·러시아·미국 등 열강의 중상주의적 수탈적 무역정책으로 한국은 개항만 해놓고 국내시장이 국내자본의 무대가 아니라 일본자본 등 열강의 원시적 자본축적을 위한 사냥터가 되어버

린 형세였다.

일본 무역상인들은 일본정부의 강력한 지원을 받으며 이 과정에서 한국과의 국제무역을 통하여 일본공업화에 필요한 필수적 전제인 자본의 원시적 축적과 국제화폐로서의 금을 조달했으며, 한국은 막대한 수입초과의 무역역조와 금유출로 자본축적을 달성하지 못하게 되었다.

(新稿)

제 5 장

대한제국 초기의 동북아시아 정세와 자강운동

1. 머리말

대한제국 초기에 해당하는 19세기 말의 동북아시아의 정세는 열강이 앞다투어서 중국과 한국의 국토·광산·철도·삼림·전신·전기 등 각종 이권(利權, *concession*)을 침탈하여 치외법권적 침략거점을 만들고 경제적 폭리를 추구하면서 중국과 한국을 독점적으로 종속국화하여 지배하려고 치열하게 각축하는 상황이었다. 열강은 처음에 중국의 이권과 중국에 대한 침략·이권침탈에 전념하더니, 19세기 말부터는 한국에 대한 침입압력이 급속히 증가하였다.

열강의 한국에 대한 정책의 특징을 보면, 러시아와 일본은 이권침탈과 함께 한반도를 식민지 종속국화하려는 침략정책을 자행하고 있었으며, 청국은 청·일 전쟁에서 패배하여 종래의 한반도에 대한 속국화정책을 포기하고 자국의 방어에 급급한 형편이었고, 미국·영국·프랑스 ·독일 등은 이권침탈에 분망하고 있었다. 이 중에서 19세기 말에 한국을 종속국화하려고 첨예하게 대립하던 열강은 러시아와 신흥 제국주의 국가 일본이었다.[1)]

---

1) 朴泰根, "러시아의 동방경략과 수교 이전의 한·러 교섭"; 崔文衡, "한·러

2. 19세기 말 동북아시아의 정세

일본은 정한론(征韓論) 정립 이후 한국을 식민지화하기 위한 침략정책을 꾸준히 자행해 오다가, 1894년 동학농민혁명운동이 일어나 민비수구파의 조선조정이 이의 '진압'을 목적으로 청군(淸軍)의 파병을 요청하자 일본은 천진조약을 구실로 하여 조선조정의 요청이 없었음에도 침략 목적으로 대규모의 일본군을 한반도에 불법 상륙시켰다. 일본군은 동학농민군이 관군과 전주화약(全州和約)을 성립시켜 일단 해산함에 따라 농민군 진압의 구실이 없어지고 조선조정의 강경한 철병요구가 몇 차례 거듭되었음에도 불구하고 철병을 거부하였다. 그리고 마침내 사전에 계획했던 침략작전을 1894년 7월 23일 개시하여, 아산만에 주둔한 청군을 기습해서 청·일 전쟁을 일으킴과 동시에 조선 궁궐을 포위 침입하여 조선군을 무장해제시키고 민비수구파 정권을 붕괴시킨 다음 김홍집 내각을 수립케 하였다.

일본은 1895년 4월 청·일 전쟁에서 승리하자 1882년 임오군란 이후 조선조정에 친청수구파 정권을 세우고 막강한 영향력을 행사해오던 청국세력을 한반도에서 거세하여 일본의 독점적 영향력을 만들었을 뿐 아니라, 청국으로부터 전리품으로 대만과 요동반도(遼東半島)를 획득하였다.

한편 러시아는 얼지 않는 해군 군항을 구하여 처음에는 발칸반도로 진출하려다가 터키를 내세운 영국·프랑스와 충돌하여 크리미아 전쟁(1853~1856)에서 패배하고 발칸반도로의 남진정책이 저지당하였다. 이에 러시아는 방향을 돌려 멀리 동북아시아에서 얼지 않는 군항과 군사기지를 획득하기 위해 1860년 청국과 북경조약을 체결해서 연해주를

수교의 배경과 경위"; 任桂淳, "한·러 밀약과 그 후의 한·러 관계(1884~1894)"(《한·러 관계 100년사》, 한국사연구협의회, 1984) 참조.

빼앗아 블라디보스토크 군항을 건설하였다. 그러나 블라디보스토크도 1년에 수개월은 얼어붙어서 해군의 작전을 동결시켰다. 러시아는 1885년 조선과 수호통상조약을 체결한 후 조선조정에 친러세력을 만들려고 노력해 가면서 '부산-진해-마산' 일대에 얼지 않는 군항 설치를 추진하였다. 러시아는 이와 동시에 그 정책의 일환으로 1891년부터 시베리아 철도를 부설하기 시작하였다(블라디보스토크까지의 시베리아 횡단철도는 1902년에 완공되었다).

러시아는 이러한 동북아시아에서의 남진정책(南進政策) 실행 도중에 1895년 4월 17일 일본이 청·일 전쟁에서 승리하여 중국의 요동반도를 전리품으로 획득하게 되어 큰 타격을 입었다. 일본이 요동반도를 획득하고 여기에 군사기지를 설치하는 것은 한반도뿐 아니라 만주까지 지배하는 근거지가 될 수 있기 때문이었다. 이에 러시아는 프랑스·독일과 연합하여 요동반도를 중국에게 돌려줄 것을 일본에게 요구하는 이른바 삼국간섭(三國干涉)의 외교각서를 종전 1주일 후인 1895년 4월 23일 일본에 전달하고 위협하였다. 일본이 이를 거절하려면 러시아와 일전(一戰)을 벌일 각오를 해야 했는데, 당시 아직 러시아와 실력으로 맞설 수 없는 일본은 마침내 이에 굴복하여 17일 후인 5월 10일 요동반도를 중국에 돌려주었다. 이것을 기다리고 있던 러시아는 요동반도가 중국에 환부된 것은 러시아의 공이라 하여 중국에 강요해서 요동반도를 러시아의 조차지(租借地)로 만들어 버렸다. 이에 사실상 만주는 러시아의 세력권에 들어가기 시작한 것이다.[2)]

일본은 국력이 약하여 요동반도를 러시아에게 빼앗기고 절치부심하면서 한국을 식민지화하기 위해서는 러시아와의 일전이 불가피하다고 판단하여 국내에서 러일전쟁 준비를 위한 군사력 증강에 국민을 총동

2) 金元洙, "청·일 전쟁 및 삼국간섭과 러시아의 對韓 정책"; 李鉉淙, "아관파천"; 辛承權, "러일전쟁 전후의 러시아와 한국(1898~1905)"(《한·러 관계 100년사》(1984)) 참조.

원하였다. 또한 일본은 동시에 청·일 전쟁 후 조선조정에 대해 장악한 영향력을 잃지 않기 위해 내정간섭을 대폭 강화해서 조선의 정치를 실질적으로 모두 좌우하려고 획책하였다.

조선조정에서는 전쟁의 결과도 아니고 오직 외교각서만으로도 러시아의 압력에 굴복하여 일본이 전리품인 요동반도를 돌려주는 것을 보고 일본의 내정간섭을 물리치기 위해서는 막강한 러시아의 힘을 빌리고자 하는 민비(閔妃) 중심의 친러정책과 세력이 대두하기 시작하였다. 일본은 이에 대응하여 일본공사의 지휘하에 공사관 호위 일본군과 낭인배를 동원하여 밤중에 몰래 궁궐을 기습해서 민비를 시해하는 세계에 유례없는 만행을 자행하였다. 외교책임자가 주동이 되어 공사관 호위병과 깡패들을 출동시켜서 1895년 10월 8일 남의 나라 궁궐을 밤중에 습격해서 주재국의 왕비를 살해한 세계에 유례없는 침략만행이었다. 일본의 지원을 받는 갑오개혁의 제3차 김홍집내각은 정부는 일본의 이 만행을 호도하려고 획책했으며, 이 위에 1895년 12월 30일 '단발령'을 제정하여 1896년 1월 1일부터는 단발을 시작하도록 명령하였다.

일본군의 민비시해 만행과 갑오개혁 정부의 단발령에 분격한 유생들은 의병운동을 일으키기 시작하였다. '을미의병'이 이것이었다. 이에 당황한 김홍집 내각이 지방 의병의 '진압'을 위해 황실호위를 담당하는 친위대까지 지방에 파견하지 않을 수 없게 되어 수도 서울과 황실의 경비가 허술해지자, 친러파들이 중심이 되어 1896년 2월 11일 국왕 고종을 러시아 공사관에 옮기는 '아관파천'(俄館播遷)이 일어나게 되었다. 아관파천으로 일본의 지원을 받는 김홍집 내각의 갑오개혁 정권은 붕괴되고, 고종이 러시아 공사관에 체류한 채 친러파 정부가 수립되었으며, 전제권을 가진 국왕 고종이 러시아의 막강한 영향을 받으면서 조선을 통치하게 되었다. 이에 조선조정에 대한 국제열강의 세력구성은 극적으로 역전되어 일본의 지배력과 영향력은 하루아침에 몰락하고 러시아가 조선 국왕을 자기의 공사관 안에 체류시킨 채 막강한 영향력을 행사하게 되었다.

러시아를 비롯한 모든 열강은, 아관파천으로 조선 국왕 고종이 러시아 공사관에 머무는 동안, 고종의 신변의 안전을 보장해 준다는 약속의 대가로서 온갖 방법으로 다투어 가면서 조선의 광산·철도·삼림·전기·전선·어장 등의 이권을 침탈하였다. 고종은 열강으로부터 신변안전 보장의 미끼와 위협을 받을 때마다 전제군주제의 국왕 전제권(專制權)을 행사하여 국내의 귀중한 자원들과 이권들을 열강에게 넘겨주었다.

예컨대, 러시아는 1896년 4월에 경원(慶源)·경성(鏡城) 광산 채굴권, 8월에는 인천 월미도(月尾島) 저탄소(貯炭所) 설치권, 9월에는 무산(茂山)·두만강변·압록강변·울릉도의 삼림 벌채권 등을 침탈하였다. 미국은 1896년 3월에 전년의 운산(雲山) 금광 채굴권을 재확인 받음과 동시에 경인철도(京仁鐵道) 부설권을 침탈하였다. 프랑스는 1896년 7월에 경의철도(京義鐵道) 부설권을 침탈하였다. 일본은 연전에 각서로 약속한 경부철도(京釜鐵道) 부설권의 정식비준을 요구하였다. 이 밖에 정식비준은 아직 안했지만, 영국은 은산(殷山)금광 채굴권의 각서를 받아갔으며, 독일은 금성(金城) 당현(堂峴) 금광 채굴권의 채굴권을 각서를 받아갔고, 프랑스도 다시 3개처의 광산 채굴권의 각서를 받아 침탈해갔다. 아관파천 기간에 열강은 조선의 중요한 자원을 거의 모두 '이권'으로 침탈하거나 침탈의 약속을 받아냈다.[3)]

러시아와 일본은 이권침탈과 함께 궁극적으로 조선을 식민지 속국화하려고 기회를 호시탐탐 노리고 있었으며, 미국·영국·프랑스·독일 등은 이 기회를 포착하여 이권침탈에 혈안이 되어 있었으므로 아관파천 기간에 조선의 자주독립은 열강에 의해 크게 침해당하였다.

조선은 아관파천 1년 만인 1897년 2월 20일 국왕을 경운궁으로 환

---

3) 愼鏞廈, 《獨立協會硏究》(一潮閣, 1976), pp. 150~158 참조.

궁시키고, 1897년 10월 13일에는 고종을 대군주로부터 '황제'로 격상시킴과 동시에 국호를 '조선'군주국으로부터 '대한제국'(大韓帝國)으로 바꾸어 열강과 동등한 대한제국의 대외적 완전 자주독립을 재확인하였다. 그러나 그것은 명목상의 것이었고 실제로는 국력이 취약했으므로 열강의 이권침탈과 주권침해는 계속해서 자행되었다.

특히 러시아는 대한제국이 수립되었지만 집권한 것은 여전히 동일한 친러수구파이므로 배후에서 친러수구파 정부를 조종하면서 그들의 남진정책을 계속 집행하였다. 러시아는 1897년 9월 2일 주한 러시아 공사를 온건한 웨베르(Karl Ivanovich Waeber)에서 스페이어(Alexei de Speyer)로 교체하여 식민지 속국화의 적극적 침략 간섭정책을 강화하였다. 스페이어는 착임하자마자 우선 세 가지 정책을 실시하려 하였다.

첫째, 얼지 않는 군항 설치의 제1차 작업으로서, 우선 부산 절영도(絶影島; 지금의 영도)의 석탄고 기지 조차(租借)를 요구했다.[4] 러시아는 대한해협의 길목인 '부산-진해-마산' 일대에 얼지 않는 군항을 건설할 준비를 시작한 것이었다.

둘째, 대한제국의 군사권을 장악하기 위해 ① 한국황실의 시위대를 장악해서 러시아 군제에 따라 편성하고 훈련시키려고 일찍이 13명의 러시아군 장교와 다수의 사병을 데려 왔으며,[5] ② 무기 공급처를 장악하기 위해 11월에는 레미노프(Reminoff)를 기기창(機器廠; 병기창) 고문으로 임명하였고,[6] ③ 대한제국 지배를 위한 현지 무력으로 서울

---

4) 《駐韓日本公使館記錄》(機密本省往信), 1897년(明治 30년) 9월 24일조, "機密 제6호, 絶影島借地ニ關スル露公使ノ申込" 참조.

5) 《奏議》(議政府편), 제6책, 建陽 2년 4월 30일조, "奏本 제95호, 俄國敎鍊師及諸員聘用事" 및 《駐韓日本公使館記錄》(機密本省往信), 1898년(明治 31년) 1월 21일조, "機密 제5호, 露兵招來拒絶ニ關スル件" 참조.

6) 《議政府來去文》(外部編), 제 3책, 建陽 2년 5월 6일조 "指令 제33호" 및 《奏議》(의정부 편), 제6책, 建陽 2년 3월 8일조, "奏本 제98호, 器機廠俄國使官 우렘노프 雇傭續約事" 참조.

에 1,000명의 러시아육군을 상주시키고 러시아공사관에 300명의 코사크 기병을 주둔시켜 도합 1,300명의 러시아군을 서울에 주둔시키려고 하였다.[7]

셋째, 대한제국의 재정권을 장악하기 위해 ① 대한제국 탁지부 고문을 영국인 브라운(L. J. McLeavy Brown)에서 러시아의 전 재무장관 대리 알렉세프(Kir Alexeiev)로 교체하고,[8] ② 한국의 탁지부 재정 자금과 황실의 금융자금을 관리하는 은행으로서 러한은행(露韓銀行, The Russo-Korean Bank)을 창립하여 본점은 러시아 수도인 페테르부르크에 두고 지점은 서울에 두어 한국의 재정과 금융을 러시아의 지배하에 두려고 하였다.[9] 이 러한은행은 한국정부의 위임 아래서 화폐 발행도 담당하도록 하였다.[10] 이것은 러시아가 러한은행을 한국 중앙은행으로 삼으려는 내용을 갖춘 것이었다.

19세기 말 러시아의 이러한 정책은 한국을 러시아의 종속국으로 만들고 궁극적으로는 그 속주(屬州)로 편입시키려는 것이었다. 당시 러시아의 한국에 대한 정책을 현지에 와서 관찰하고 돌아간 러시아의 중진 기자 시로미안타니코프(M. Syromiantanikoff)는 런던의 〈데일리 그래픽〉(*The Daily Graphic*)지와의 인터뷰에서, 대한제국이 러시아의 속국이 될 운명에 있다고 솔직히 공언하고, 러시아는 한국을 그의 식민지로 만들 필요가 있음을 강조하면서, "한국은 지금 막 러시아 제국의 일속주(一屬州)가 되어가고 있다(Korea in bound to become a province of the Russian Empire)"[11] 라고 공언하는 형편이었다.

---

7) 《駐韓日本公使館記錄》(機密本省往信), 1898년(明治 31년) 1월 28일조, "機密 제5호, 兵招來拒絶ニ關スル件" 참조.

8) *The Independent*, 1897년 10월 5일자, "Local Items" 참조.

9) 《俄案》, 문서번호 972, 光武 2년 1월 27일조 및 문서번호 987, 光武 2년 2월 22일조; *The Independent*, 1898년 2월 12일자, "Local Items" 참조.

10) *The Independent*, 1898년 3월 1일자, "Russo-Korean Bank" 참조.

11) *The Independent*, 1898년 3월 22일자, "A Prophetic Journalist" 참조.

그러므로 19세기말 동아시아의 국제정세는 한반도에 한정해서 볼 때 한국을 식민지 또는 종속국으로 편입하려는 러시아와 일본이 치열하게 대립하면서 러시아가 실질적으로 조선조정을 더 많이 장악하여 심대한 영향력을 발휘하고 있었다고 볼 수 있다. 일본은 이에 대항하여 러일전쟁을 준비하면서 일본상인에 의한 한국에의 경제침투를 독려하고 있었다. 이에 편승하여 미국·영국·프랑스·독일 등 다른 열강은 식민지화의 영토적 야심은 엄두를 내지 못하고 이권침탈에 분망하고 있었다.

3. 독립협회의 창립

1896년을 전후하여 이러한 국제정세와 열강의 이권침탈 및 주권침해의 압력 속에서 나라의 자주독립을 유지 강화하고 새로운 내정개혁을 추진 수행하려고 당시의 한국민족의 개혁파 인사들이 창립한 단체가 독립협회(獨立協會)였다.[12)]

---

12) ① 崔 埈, "고종시대 커뮤니케이션 형태의 고찰", 〈史學硏究〉 제 3집(1959).
② ______, "독립신문의 판권과 한·미 교섭", 〈중앙대논문집〉 제 13집(1969).
③ 韓興洙, "독립협회의 정치집단화과정", 〈延世大社會科學論集〉 제 3집(1970).
④ 柳永烈, "독립협회의 민권사상연구", 〈史學硏究〉 제 22집(1973).
⑤ ______, "독립협회의 민권운동 전개과정", 〈史叢〉 제 17·18합집(1973).
⑥ ______, 《개화기의 윤치호연구》(한길사, 1985).
⑦ ______, "독립협회의 성격", 〈韓國史硏究〉 제 73집(1991).
⑧ 朴成根, "독립협회의 사상적 연구", 《이홍직박사 화갑 기념 한국사논총》(1969).
⑨ 朴宗烈, "독립협회의 민중계발운동에 관한 고찰", 《춘천교대 논문집》(1972).
⑩ 姜在彦, "독립신문·독립협회·만민공동회", 〈조선사연구회논문집〉 제9집(1972).
⑪ 千寬宇, "독립협회의 국회개설운동", 《한국사의 재발견》(一潮閣, 1975).
⑫ 愼鏞廈, "독립협회의 사회사상", 〈韓國史硏究〉 제 9집(1973).
⑬ ______, "독립협회의 창립과 조직", 《독립협회의 사회사상연구》(서울大

당시 개혁파들이 독립협회를 창립함에는 서재필(徐載弼)의 지도와

韓國文化研究所, 1973).

⑭ ______, "독립협회의 자주민권자강운동", 《독립협회의 민족운동연구》(서울大 韓國文化研究, 1974).

⑮ ______, "독립협회의 독립문 건립과 토론회의 계몽활동", 《獨立協會의 民族運動研究》(1974).

⑯ ______, "1898년의 관민공동회", 《獨立協會의 民族運動研究》(1974).

⑰ ______, "〈독립신문〉의 창간과 그 계몽적 역할", 〈韓國史論〉 제 2집 (1975).

⑱ ______, "만민공동회의 자주민권자강운동", 〈韓國史研究〉 제 11집 (1975).

⑲ ______, "독립협회의 사회사상의 사회학적 해석", 《獨立協會研究》(一潮閣, 1976).

⑳ ______, "독립협회와 황국중앙총상회의 상권수호운동", 《獨立協會研究》(1976).

㉑ ______, "광무개혁론의 문제점", 〈창작과 비평〉 제 49집 (1978).

㉒ ______, "독립협회의 의회주의사상과 의회설립운동", 《이해영교수 추념논문집》(1985).

㉓ ______, "서재필의 민주주의 사상", 《서재필과 한국민주주의》(1990).

㉔ ______, "독립협회의 민족주의와 의회민주주의", 〈韓國社會史研究會論文集〉 제 23집, 《한국근현대의 민족문제》(문학과 지성사, 1990).

㉕ 李光麟, "서재필의 〈독립신문〉 간행에 대하여", 〈진단학보〉 제 39집 (1975).

㉖ ______, "서재필의 개화사상", 〈동방학지〉 제 18집 (1978).

㉗ 全鳳德, "서재필의 법률사상", 〈韓國史研究〉 제 10집 (1974).

㉘ 朴永信, "독립협회 지도세력의 상징적 의식구조", 〈동방학지〉 제 20집 (1978).

㉙ 金容燮, "광무개혁의 사상적 기반 : 양전감리 김성규의 사회경제론", 〈亞細亞研究〉 제 15권 제 3호 (1975).

㉚ 宋炳基, "광무개혁연구", 〈사학지〉 (檀大) 제 10집 (1976).

㉛ 姜萬吉, "대한제국의 성격", 〈창작과 비평〉 제 48집 (1978).

㉜ 崔德壽, "독립협회의 정체론 및 외교론연구", 〈민족문화연구〉 제 13집.

㉝ 金淑子, "독립협회의 교육사상", 〈韓國史研究〉 제 30집 (1980).

㉞ ______, "독립협회의 역사인식", 〈호서사학〉 제 8 · 9합집 (1981).

㉟ 李萬甲, "독립신문에 표시된 가치관", 《한우근박사 화갑 기념 논문집》(1981).

㊱ 朱鎭五, "독립협회의 경제체제개혁 구상과 그 성격", 《한국민족주의론》(창작과 비평, 1985).

㊲ 李玟源, "독립협회에 대한 열국공사의 간섭", 〈청계사학〉 제 5집 (1988).

㊳ ______, "칭제논의의 전개와 대한제국의 성립", 〈청계사학〉 제 5집 (1988).

㊴ ______, "대한제국의 성립과정과 열강과의 관계", 〈韓國史研究〉 제 64집

자문의 도움이 컸다. 서재필은 국내 개화파(갑오개혁파)의 요청에 응하여 갑신정변 후의 오랜 미국 망명생활을 끝내고 1895년 12월 26일 귀국했다.[13] 서재필은 갑오개혁 내각의 외부협판에 추천되었으나,[14] 당시 개화파 정부와 국민들 사이에 큰 괴리와 불신이 있는 것을 보고 입각을 거절한 후 국민과 관인들을 계몽하기 위한 신문창간 사업을 제의하였다.[15] 이에 갑오개혁 정부는 1896년 정부예산에 신문창간비를 책정하였고, 2월 11일 아관파천이 일어나서 갑오개혁 정부가 붕괴되었음에도 불구하고 친러파 신정부에 들어가 있던 개화파에 의하여 이 예산은 집행되어, 서재필은 마침내 1896년 4월 7일 〈독립신문〉을 창간하는 데 성공하였다. 〈독립신문〉은 순국문과 쉬운 국어쓰기로 발행되어 창간 직후부터 바로 국민의 의식과 사상의 개명진보에 커다란 계몽적 역할을 수행하기 시작하였다.

서재필은 〈독립신문〉을 창간한 다음, 곧 종래 사대(事大)정책의 상징이었던 영은문(迎恩門)을 허문 자리에 독립문(獨立門)을 세우고, 모화관(慕華館)을 개수하여 독립관(獨立館)과 독립공원(獨立公園)을 건립할 것을 구상하여 이것을 국내 개화파들에게 제의하였다. 당시 국내 개화파들은 일부가 갑오개혁 정부를 수립했다가 몰락하거나 망명했고, 갑오개혁 정부의 대(對) 일본 의존적 자세에 비판적이었던 다른 일부 개화파들은 재야에 있었으나, 모든 개화파들이 고종의 아관파천과 열강의 이권침탈 및 주권침해를 개탄하면서 나라를 구하기 위한 개혁단체 결성의 필요를 절감하고 있었다. 이에 국내 개화파들과 서재필은 새로운 정치사회단체로서 독립협회를 구성하기로 합의하였다.

(1989) 참조.

13) 《尹致昊日記》, 1895년 12월 26일조 참조.

14) 《外部請議書》(內閣編錄과), 제 1책, 개국 504년 5월 10일조, "請議 제 2호" 참조.

15) 《尹致昊日記》, 1896년 1월 28일조 및 1월 31일조 참조.

서재필과 함께 독립협회 창립에 참가한 국내 개화파는 주로 다음 3 세력이었다.

첫째는 이른바 건양협회(建陽協會) 창립 추진세력이었다. 이들은 주로 온건개화파로 구성되어 갑오개혁에 참가했으며, 서재필을 귀국시키고 〈독립신문〉의 창간을 지원해준 개화세력이었다. 그들은 1896년 1월부터 연호를 건양(建陽)이라고 고치고 각종의 개화정책을 실행하면서 군주를 대군주(大君主)로 높인 다음 다시 황제(皇帝)로 높일 것을 계획했으며, 청국에 대한 자주독립을 강력하게 추진하던 세력이었다. 그들은 1896년 2월 8일 47명의 발기위원이 모여 건양협회를 조직하기로 합의하고 2월 23일 정식으로 건양협회의 창립초회를 개최할 예정이었다.[16] 그러나 2월 11일 아관파천이 일어났기 때문에 건양협회 창립은 유산되고 말았다. 그러나 아관파천 후에도 갑오개혁 정부 각료급들은 망명하고 타살되거나 유배되었지만, 그 밖의 대부분 인사들은 그대로 남아서 활동하게 되었다. 예컨대 안경수(安駉壽)·김가진(金嘉鎭)·김종한(金宗漢)·민상호(閔商鎬)·권재형(權在衡) 등이 그 대표적 인물들이었다.

둘째는 이른바 정동구락부(貞洞俱樂部) 세력이었다. 이들은 주로 외교계 관료로 구성되어 외국 외교관들과 널리 교제를 가지고 있던 개화세력이었다. 정동구락부의 한국인 주요회원은 민영환(閔泳煥)·윤치호(尹致昊)·이상재(李商在)·서재필·이완용(李完用) 등이었고, 외국인 주요회원은 주조선 미국공사 실(John M. B. Sill), 프랑스 영사 플랑시(Collin de Plancy), 한국정부 고문 다이(William M. Dye)와 리젠드어(Charles W. Legendre), 미국선교사 언더우드(Horace G. Underwood)와 아펜젤러(H. G. Appenzeller) 등이었다.[17] 정동구락부는 조선을 중

16) 金允植, 《續陰晴史》(국사편찬위원회 판) 上卷, p. 391, 建陽元年 2월 8일 조 참조.

17) 文一平, 《湖岩全集》 제 1권, pp. 195~197 참조.

립국으로 만들기 위한 중립화안(中立化案)을 작성하려는 모임이었다고 한다.

셋째는 위의 두 조직에 가담하지 않고 개별적으로 개화독립정책을 추구하던 중견 독립파 개화세력이었다. 예컨대 남궁억(南宮檍)·오세창(吳世昌)·송헌빈(宋憲斌)·정현철(鄭顯哲)·심의석(沈宜碩)·팽한주(彭翰周) 등은 건양협회나 정동구락부와는 직접 관계없는 독립파 개화세력이었다고 볼 수 있다.

위의 세 개의 흐름의 개화파 세력과 서재필 등은 드디어 1896년 7월 2일 외부 건물을 빌어 독립협회 창립총회를 개최하고 정식으로 독립협회를 창립하였다.[18] 이날의 독립협회 창립총회에서는 전문 21개조로 된 독립협회 규칙(회칙)을 제정하여 채택하고, 임원을 선출했으며, 국민들에게 독립협회의 제1차 사업인 독립문·독립관·독립공원 건립에 지원을 호소하는 '독립협회윤고'(獨立協會輪告)를 채택하였다.

독립협회 회칙에 의거하여 창립 당시의 독립협회 결의를 보면, ① 독립협회의 제1차 사업목표를 독립문·독립관·독립공원 건립으로 확정시키고, ② 임원은 회장 1명, 위원장 1명, 위원 20명, 서기 약간명, 회계장 1명을 두며, ③ 회원은 위의 사업에 보조금을 내는 국민이면 누구나 개방하여 허락해서 제한을 두지 않고, ④ 회의는 통상회와 특별회로 나누어 통상회는 매주 토요일 오후 2시에 개최하고 특별회는 필요할 때마다 서기가 각 회원에게 통지하여 소집하며, ⑤ 모든 안건은 위원이 회의에 제출하여 다수결로 결정하도록 하였다.

창립총회에서 선출된 독립협회의 최초의 임원은 다음과 같았다.[19]

---

18) 〈독립신문〉 1896년 7월 4일자, "논설" 및 〈대조선독립협회회보〉 제1호, 1896년 11월 30일자 '독립협회규칙' 참조.

19) 〈독립신문〉, 1896년 7월 4일자, "논설" 참조.

■ 독립협회 최초의 임원진

고 문 : 서재필
회 장 : 안경수
위원장 : 이완용
위 원 : 김가진 · 김종한 · 민상호 · 이채연(李采淵) · 권재형
현흥택(玄興澤) · 이상재 · 이근호(李根浩)
간사원 : 송헌빈 · 남궁억 · 심의석 · 정현철 · 팽한주 · 오세창
현제복(玄濟復) · 이계필(李啓弼) · 박승조(朴承祖)
홍우관(洪禹觀)

서재필은 국적이 미국으로 되어 있어서 법률상 외국인이었으므로 회원이 되지 않고 고문의 역할을 하기로 하였다. 회장에는 건양협회 계통의 안경수가 선출되었으며, 위원장에는 정동구락부 계통의 이완용이 선출되었는데, 이완용은 이권양여에 관계되었음이 얼마 후에 들어나서 독립협회로부터 추방되었다. 뒤에 독립협회 회장으로 활약한 윤치호는 당시 민영환의 수행원으로 러시아 황제 니콜라이 2세의 대관식에 조선사절단 일원으로 파견되어 있었기 때문에 독립협회의 창립총회에는 참가하지 못하였다.

독립협회는 이와 같이 창립 때에는 발기위원이 중심이 되어 '고급관료 클럽'처럼 출발하였다. 그러나 이는 다음과 같은 조직상의 특징 때문에 시민의 세력이 성장하기만 하면 바로 '시민의 단체'로 급속히 전화할 내부 구조를 갖고 있었다.

첫째, 독립협회의 회원가입이 전적으로 개방되어 있었다. 누구의 추천을 받거나 보증이 필요한 것이 아니라, 누구나 국민 각자가 독립문 건립 헌금표에 가입 신청만 하면 접수되어 독립협회의 정회원이 되도록 가입이 완전히 개방되어 있었다.

둘째, 입회의 첫째 사업목적이 독립문 · 독립관 · 독립공원 건립으로 뚜렷하게 구체화되어 있었고 헌금을 요구했기 때문에, 입회가 개방되

어 있으면서도 광범위한 국민들 속에서 애국적 인사들을 집결시킬 수 있었다.

셋째, 독립협회의 운영규칙이 민주주의 원리에 의거하고 있어서 모든 사항의 결정을 회원이나 임원의 다수결에 의하여 결정하도록 규정했으므로, 시민이 다수 입회했을 때에는 시민의 의사대로 독립협회를 운영해 갈 수 있는 통로가 개방되어 있었다.

넷째, 모든 임원을 회원의 투표에 의하여 선출하였으므로, 시민이 다수 회원이 되는 경우에는 그들의 의사에 따라 임원을 선출하고 임명할 수 있었다. 보조금 헌납액의 다소에 관계없이 모든 회원은 균일하게 1인 1표의 권리를 갖고 있었다.

다섯째, 회원은 규칙에 의거해 누구든지 위원을 통해 어떠한 사항이든지 독립협회 회의에 상정시킬 수 있는 권리와 통로를 갖고 있었다.

독립협회는 이와 같은 조직원리에 의거하여 창립 후 ① 고급관료 주도기(1896년 7월 2일~1897년 8월 28일), ② 시민진출기(1897년 8월 29일~1898년 2월 26일), ③ 시민주도기(1898년 2월 27일~1898년 8월 27일), ④ 시민투쟁기(1898년 8월 28일~1898년 12월 25일)의 4단계를 거치면서 크게 발전하였다. 시민투쟁기인 1898년 12월 현재의 독립협회 등록 회원수는 4,173명이었다.[20] 또한 독립협회가 가장 활발한 민족운동을 전개한 시민투쟁기의 임원진의 구성을 보면 다음과 같았다.[21]

■ 독립협회 시민투쟁기의 임원진

회 장 : 윤치호
부회장 : 이상재
서 기 : 박치훈 · 한만용(韓晩容)

---

20) 鄭喬, 《大韓季年史》(국사편찬위원회판) 上卷, p.364 참조.

21) 〈독립신문〉, 1898년 8월 30일자 "雜報(협회임원)" 및 《大韓季年史》 上卷, 9월 이후의 평의원 기술에서 작성.

회 계 : 이일상
사법위원 : 남궁억 · 정교(鄭喬)
평의원 : 이상재 · 남궁억 · 이건호(李建鎬) · 정교 · 방한덕(方漢德)
김두현(金斗鉉) · 염중모(廉仲模) · 김구현(金龜鉉)
유맹(劉猛) · 현제창(玄濟昶) · 정항모(鄭恒謨) · 홍정후(洪正厚)
조한우(趙漢禹) · 변하진(卞河進) · 윤태흥(尹泰興)
나수연(羅壽淵) · 임진수(林鎭洙) 등 20명.

독립협회는 창립 후 〈독립신문〉을 기관지와 같이 활용하였다. 또한 그 후 독립협회 회원들이 〈황성신문〉(皇城新聞)을 창간하게 되자 이 신문도 독립협회의 기관지와 같이 활용되었다.[22]

4. 독립문 · 독립관 · 독립공원의 건립

독립협회는 창립 당시 제 1차 사업목적을 독립문 · 독립관 · 독립공원의 건립으로 결정했으므로, 창립총회 때에 각계각층의 국민들에게 '독립협회윤고'를 발송하여 독립문 건립사업에의 적극적 참여를 국민들에게 호소하였다.

독립협회는 이때 독립문 · 독립관 · 독립공원의 건립사업은 반드시 국민의 성금으로 이루어져야 한다고 결정하고 추진하였다. 왜냐하면 독립문의 건립은 국민들과 함께 자주독립의 결의를 다짐하고 후손들에게 나라의 완전한 자주독립을 지키도록 당부하는 것이므로 반드시 국민들의 정성어린 헌금을 모아 건립해야 뜻이 있는 것이라고 생각했기 때문이었다. 〈독립신문〉도 이 뜻을 알려 국민들에게 성금의 헌납을

22) 朴殷植, 《한국독립운동지혈사》, 《박은식 전서》(단국대동양학연구소 판) 上卷, p. 457 참조.

호소하였다.

독립협회의 독립문 · 독립관 · 독립공원 건립사업은 순조롭게 진전되었다. 외세의 주권침해 압력에 대항하여 국민들의 자주독립에 대한 열망이 팽배되고 있었기 때문에 각계각층의 국민들이 독립협회의 목적을 지지하고 성금을 자발적으로 헌납했기 때문이었다.

독립협회는 창립 2개월 후인 1896년 9월 6일 서재필로 하여금 독립문 건립을 담당하도록 계약하고, 그 비용을 3,825원으로 책정하였다.[23] 독립문의 설계는 서재필이 프랑스 파리의 개선문을 모형으로 하여 비용관계로 축소해서 기본설계를 하고,[24] 독일 공사관의 스위스인 기사(일설에는 러시아인 기사 사바틴, Sabatin)가 서재필을 도와서 세부설계를 작성했으며,[25] 공역(工役)은 한국인 기사 심의석(沈宜碩)이 담당하였다.[26] 심의석은 당시 유명한 건축기사로서 독립협회의 발기인이 되어 간사원에도 선출되었다. 독립문 건립의 실제 담당기사는 심의석이었음을 명기해 둘 필요가 있다. 석공은 한국인 고급기술자들이 담당하고, 역사(役事)는 주로 중국인 노동자들을 고용하였다. 윤치호는 중국을 사대하던 영은문(迎恩門)을 철거한 자리에 중국인 노동자들이 독립문을 세우는 노동을 하고 있음을 보고 역사의 영고성쇠(榮枯盛衰)라고 술회하였다.[27]

독립협회는 1896년 11월 21일 독립문 정초식(定礎式)을 성대하게 거행하였다. 이날의 정초식에는 무려 5~6천명의 내외귀빈이 참석했으며, 독립협회 회원들뿐만 아니라, 정부 각부의 대신들, 각 학교 학

---

23) 《大韓季年史》 上卷, p. 146 참조.

24) *The Korean Repository* (Vol. 4 No. 11), 1897년 11월호, "Editorial Department"중의 "The Independence Club", p. 438 참조.

25) *The Korean Repository* (Vol. 5 No. 8), 1898년 8월호, "The Independence Club", p. 285 참조.

26) 〈독립신문〉, 1898년 1월 18일자, "雜報" 참조.

27) 《尹致昊日記》, 1897년 2월 22일조 참조.

생들, 각국 공사·영사와 외국인들도 참석하여 이를 축하하였다.[28]

독립문이 준공된 것은 정초한지 만 1년 후인 1897년 11월이었다. 그간 각계각층의 국민들은 1897년 8월까지 5,897원 19전 2리의 성금을 자발적으로 헌납하였다. 독립협회는 이 헌금으로 독립문 건립뿐만 아니라 독립관과 독립공원 건립에도 지출했으므로 비용이 부족하여, 독립문 준공 후에도 다시 국민들의 보조금을 받아서 이를 완결하였다.

독립문은 한국에서 가장 널리 쓰이는 석재인 화강암을 자료로 하여 건립되었다. 독립문은 높이가 42척, 폭이 33척, 깊이(세로)가 21척, 터널의 폭이 17척의 크기로 건립되었으며, 탑의 서쪽에는 독립문의 지붕 위로 올라가는 나선형의 층계를 만들었다. 또한 독립문의 남쪽 서울시를 향한 머리에는 국문으로 독립문이라고 새겨놓고 좌우에 태극기를 새겨 넣었으며, 중국을 향한 독립문의 북쪽 머리에는 한자로 '獨立門'(독립문)이라고 새겨 넣고 좌우에 태극기를 새겨 넣었다. 독립문의 정면에 건물 이름을 국문(한글)으로 새겨 넣은 것부터가 독립협회의 독립의지와 개혁의지를 단적으로 나타낸 것이었다.[29]

독립관은 독립문 부근의 모화관(慕華館)을 개수한 것이었다. 모화관은 중국 사신이 올 때 하마연(下馬宴)이라 하여 환영연을 베풀고, 출국 할 때 상마연(上馬宴)이라 하여 송별연을 베풀던 중국 사신을 위한 영빈관으로서, 갑오개혁 이후 사용하지 않아 방치되어 있던 건물이었다. 독립협회는 이 모화관을 개조하고 수리하여 독립관이라 이름하고 독립협회의 집회장소로 사용하기로 하였다.[30] 독립관 개수는 1897년 5월 23일 완공되었다. 독립협회는 독립관 개수가 완공되자 5월 23

---

28) 〈대조선독립협회회보〉 제 2호, 1896년 12월 15일자, "會事記" 참조.

29) *The Korean Repository* (Vol. 5 No. 8), 1898년 8월호, "The Independence Club", p. 285 참조.

30) *The Korean Repository* (Vol. 4 No. 11), 1897년 11월호, "Editorial Note" 중의 "The Independence Club", p. 436 참조.

일 황태자가 국문으로 친서한 독립관의 현판식을 거행했으며, 매 일요일 오후 3시에 회원들이 독립관에 모여서 강연회를 갖기로 하였다.[31] 또한 독립협회는 독립관을 독립협회 사무소로도 사용하였다.[32]

독립공원은 당시 독립문과 독립관 일대가 공지였으므로 이 지역에 식수를 하여 공원을 조성한 것이었다. 원래 독립공원의 건설계획은 여기에 과수와 관상목과 화초와 여러 가지 나무를 심어서 공원을 조성함과 동시에 실험단지를 만들고, 또한 공원을 세 부분으로 나누어 그 일부는 옥외운동을 위한 운동장을 조성하고, 또 일부는 시민들의 산책과 휴식을 위한 휴식처를 만들며, 다른 일부는 시민들이 1주일 1·2회씩 시사문제에 대한 강연과 토론을 하는 장소로 만들 계획이었다.[33] 이 계획에는 막대한 경비가 소요되었으므로, 자금 부족으로 인하여 독립공원은 원래의 계획대로는 건설되지 못했으나 당시로서는 상당히 큰 규모의 공원을 건립하였다.[34]

이렇게 하여 건립된 독립관·독립공원은 지금은 없어졌지만 독립문은 오늘날 보는 바와 같이 화강암의 견고한 건축물로서 이 시대 한국인의 민족운동의 기념물로 남아서 당시의 국민들과 그 후의 후손들에게 영구하게 자주독립의 중요성과 독립의지를 각성시켜 주고 있는 것이다.

---

31) 〈독립신문〉, 1897년 5월 25일자 "雜報" 참조.

32) 尹致昊, 〈독립협회의 활동〉, 〈東光〉 제26호, 1931년 10월호, p. 35 참조.

33) *The Korean Repository* (Vol. 5 No. 8), 1898년 8월호, "The Independence Club", p. 284 참조.

34) *The Korean Repository* (Vol. 5 No. 8), 1898년 8월호, "The Independence Club", p. 286 참조.

5. 토론회의 계몽활동

독립협회는 독립문 · 독립관 · 독립공원의 건립사업이 실현되기에 이르자, 1897년 8월 8일 통상회에서 매 일요일 토론회(討論會)를 개최하여 독립협회의 사상 확립 발전과 계몽활동을 추진하기로 결정하고, 그 준비위원으로 윤치호 · 권재형 · 박세환(朴世煥)을 지명하였다.[35] 3인 위원회에서는 매 일요일마다 오후 3시에 독립관에 모여 토론회를 열며, 다음과 같은 규칙에 의거하도록 준비하였다.

① 논쟁이 될 수 있고 회원과 방청인의 지식에 유조한 주제를 1주일 전에 선정한다.
② 연사(演士; 토론자) 4명을 1주일 전에 선정하여 주제의 결정을 찬성하는 우편(右便)과 반대하는 좌편(左便)으로 양분하여 토론을 준비시킨다.
③ 토론일 당일 회원들도 토론자로서 토론에 참가할 수 있다.
④ 회원 이외의 방청인의 참관을 적극 권상한다.
⑤ 토론 후의 승부(勝負)는 참석한 회원과 방청인의 다수 의견에 따라 결정한다.

이 토론회는 1897년 8월 29일 오후 3시 독립관에서 '조선의 급선무는 인민의 교육'을 주제로 처음에는 약 76명의 회원이 참가한 가운데 제 1회 토론회가 개최된 것을 시작으로 성공적으로 진행되었다.[36]

제 2회 토론회에는 방청인만도 2백 명이나 참석했으며,[37] 토론회 참가자와 방청인수는 계속 증가하여 제 8회 토론회부터는 약 5백 명이 참가하기에 이르렀다.[38] 그리하여 독립협회 토론회는 1898년 12월 3

35) 《尹致昊日記》, 1897년 8월 8일조 참조.
36) *The Independent* , 1897년 8월 31일자, "Local Items" 참조.
37) *The Independent*, 1897년 9월 16일자, "Here and There" 참조.
38) *The Korean Repository*(Vol. 4 No. 11) 1897년 11월호, "Editorial

일까지 모두 34회에 걸쳐 진행되어 큰 성공을 거두었다.

토론회의 주제는 모두 당시의 정치·경제·사회·문화·과학·국방의 모든 부문에 걸친 긴급한 주요문제들을 선택한 것이었다. 〈독립신문〉 등에 보도된 독립협회 토론회의 주제를 차례로 들면 다음과 같다.

■ 독립협회 토론회 주제

제1회(1897. 8. 29) : 조선의 급선무는 인민의 교육
제2회(1897. 9. 5) : 도로 수정하는 것이 위생에 제일 방책.
제3회(1897. 9. 12) : 나라를 부강케 하는 데는 상무가 제일.
제4회(1897. 9. 19) : 도적을 금하는 데는 길가에 밤이면 등불을 켜는 것이 긴요함.
제5회(1897. 9. 26) : 부녀를 교육하는 것이 의리상과 경제상에 마땅함.
제6회(1897. 10. 17) : 국문을 한문보다 더 쓰는 것이 인민교육을 성대케 하는 데 유조하다.
제7회(1897. 10. 24) : 국중에 상무를 흥케 하고 자주권을 견고케 하는 데는 경편하고 실로 보배로운 화폐를 그 나라에서 지어 쓰는 것이 요긴하다.
제8회(1897. 11. 1) : 동포 형제간에 남녀를 팔고 사고하는 것이 의리상에 대단히 불가하다.
제9회(1897. 11. 7) : 대한이 세계 각국과 비견하여 제일 상등국이 되려면 근일 새 법과 새 학문을 배우지 말고 한·당 풍속과 예절을 본받는 것이 마땅하다.
제10회(1897. 11. 14) : 벙어리와 판수들을 정부에서 재예로 교육하는 것이 마땅하다.
제11회(1897. 11. 28) : 대한인민들이 이때까지 부유하고 공명함은 각기 조상의 분묘들을 좋은 땅에 쓴 까닭임.
제12회(1897. 12. 5) : 인민을 위생코저 하려면 의약의 학문이 급선무임.

Department"중의 "The Independence Club", p. 437 참조.

제 13회(1897. 12. 12) : 인민의 심지를 쾌활케 하고 독립의 권리를 보호하려면 상문(尙文)하는 것보다 상무(尙武)하는 것이 더 긴요함.

제 14회(1897. 12. 19) : 겸년(흉년) 인민을 구제하려면 채과(菜果)를 미곡보다 더 많이 무종하는 것이 긴요함.

제 15회(1897. 12. 26) : 인민의 귀로 듣고 눈으로 보는 것을 개명케 하려면 우리나라 신문지며 다른 나라의 신문지들을 널리 반포하는 것이 제일 긴요함.

제 16회(1898. 1. 2) : 나라를 영원 태평케 하려면 관민 간에 일심 애국하는 것이 제일 긴요함.

제 17회(1898. 1. 16) : 청국을 각국이 분파하게 되었으니 대한이 조린지의(助隣之義)로 가서 구원하는 것이 가하다.

제 18회(1898. 1. 23) : 국가를 부유케 하려면 금·은·동·철·석탄 등 광산을 확장케 하는 것이 제일 긴요함.

제 19회(1898. 1. 30) : 공력과 증기력과 전기력을 인력보다 더 힘쓰는 것이 경제학상에 유조할 뿐더러 인민의 생애가 더 흥왕함.

제 20회(1898. 2. 6) : 선악(善惡)과 이해(利害)와 장단(長短)을 알면서도 행사(行事)는 경계를 알지 못하고 하는 것과 같게 하는 자는 인품이 당초에 분간 없는 사람보다 더욱 더러움.

제 21회(1898. 2. 13) : 사람의 목숨이 지극히 귀하나, 남에게 종이 되고 살기를 얻는 것은 지극히 귀한 인명을 천하게 대접하는 것이요, 하느님과 사람 사이에 죄를 얻음.

제 22회(1898. 3. 6) : 대한국 토지는 선왕의 간신코 크신 업이요, 일천 이백만 인구의 사는 땅이니, 한 자와 한 치라도 다른 나라 사람에게 빌려주면 이는 곧 선왕의 죄인이요, 일천 이백만 동포형제의 원수임.

제 23회(1898. 3. 20) : 재정은 사람의 일신에 혈맥과 같으니 그 혈맥을 보양하기는 각기 자기들에게 있지 남에게 있지 아니함.

제 24회(1898. 3. 27) : 민·국을 안보하려면 일정한 법률을 긴급히 준행하여야 함.

제 25회(1898. 4. 3) : 의회원(議會院)을 설립하는 것이 정치상에 제일 긴요함.

제 26회(1898. 4. 17) : 각처에 독립협회 지소를 설립하는 것이 본회의 제일 요무임.

제 27회(1898. 5. 1) : 실직 없는 이가 나라의 정치 가부를 의론하는 것이 독선(獨善)하는 도에 불합함.

제 28회(1898. 5. 8) : 백성의 권리가 튼튼할수록 임금의 지위가 더욱 높아지시고 나라의 형세가 더욱 크게 떨침.

제 29회(1898. 5. 15) : 약한 이를 강한 자가 업신여기는 것이 권리와 인정에 당연함.

제 30회(1898. 6. 5) : 국가를 흥왕케 하기는 관민이 일심으로 하는 데 있지 강토의 대소에 있지 아니함.

제 31회(1898. 6. 12) : 국법을 튼튼히 지키기는 백성에게 있음.

제 32회(1898. 7. 3) : 무당과 점쟁이를 믿어 혹하는 것이 인민의 큰 폐막임.

제 33회(1898. 7. 19) : 인재의 선하고 악한 것은 천품에 있고 학문에 있지 아니함.

제 34회(1898. 12. 3) : 신(信)과 의(義)를 튼튼히 지키는 것은 본국을 다스리는 데와 외국을 사귀는 데 제일 긴요함.

독립협회 토론회는 크게 성공하여, 1897년 가을의 예를 들면 매회 평균 약 5백 명이 토론회에 참석하여 열띤 토론들을 전개함으로써 토론회는 회원과 시민들의 토론마당이 되고 활기에 넘치게 되었다.[39]

많은 회원들과 시민들이 토론회를 통하여 ① 자기 나라와 사회가

---

39) 〈독립신문〉, 1897년 9월 23일자 "雜報" 및 10월 2일자 "雜報"; *The Korean Repository*(Vol. 4 No. 11), 1897년 11월호, "Editorial Department" 중의 "The Independence Club", p. 437 참조.

당면한 문제가 무엇인가를 알았으며, ② 자주독립과 자유민권과 자강개혁을 위한 운동이 절실히 요청됨을 알았고, ③ 많은 회원들이 군중 앞에서 연설하고 토론하는 훈련을 받았으며, ④ 토론과정에서 회원들이 주제를 중심으로 서로의 견해를 교환함으로써 독립협회의 집단의식으로서의 독립협회의 사상을 확고하게 형성하였고, ⑤ 회원들뿐만 아니라 다수의 시민들을 독립협회의 사상에 의해 계몽하게 되었으며, ⑥ 회원과 시민들이 토론회를 통하여 서로 얼굴을 마주 보고 공동의 집단의식을 형성함과 동시에 굳은 연대감(連帶感)을 갖게 되기에 이르렀다.

특히 토론회를 통하여 자주국권론·이권침탈반대론·자주중립외교론·개화자강독립론·민족문화론 등을 주요내용으로 하는 독립협회의 자주 독립사상(근대 민족주의 사상)과, 국민의 생명·재산의 자유권론, 국민의 언론·출판·집회·결사의 자유권론, 국민평등권론, 국민주권론, 국민참정권론, 의회설립론 등을 내용으로 하는 독립협회의 자유민권사상(근대 민주주의 사상)과, 입헌대의정체론, 행성·재성 개혁론, 신교육 실시론, 산업개발론, 근대국방론, 사회관습개혁론 등을 내용으로 하는 독립협회의 자강개혁사상(자주적 근대화사상)이 확고하게 정립되어 회원과 시민들에게 계몽되고 보급되었으며 상호 연대감까지 형성한 것은 큰 성과였다고 볼 수 있다.

6. 대한제국의 성립

독립협회가 독립문·독립관·독립공원의 건립운동을 전개한 것은 열강의 침략시도 속에서 자주독립의 강화를 목적으로 한 것이었는데, 국왕 고종은 '아관파천'에 의해 러시아 공사관에 체류하여 그 속에서 정사를 보고 있었으므로 우선 국왕이 하루 속히 환궁하는 것이 독립협회로서도 매우 긴급한 과제가 되었다.

이에 독립협회 개혁파는 자주적 수구파와 연합하여 고종 환궁을 아관파천 직후부터 추구하게 되었다.[40] 서재필도 러시아 공사관으로 고종을 찾아뵙고 환궁을 청원하였다.[41] 그리하여 아관파천 1년 만인 1897년 2월 20일에는 고종이 경운궁(慶運宮)으로 환궁하게 되었다.[42]

이어서 독립협회 개혁파의 일부와 자주적 수구파들은 연합하여 이 기회에 갑오개혁 때 일본의 반대와 압력으로 달성하지 못했던 칭제건원(稱帝建元)을 실행하려고 하였다.[43] 이 사업에 대해서는 고종도 표면적으로는 사양하였으나 내심으로는 이를 적극적으로 열망했으므로 일은 순조롭게 진전되어, 연호를 광무(光武)로 결정해서 1897년 8월 15일 공포하였다.[44]

칭제문제는 독립협회 회원(농상공부 협판) 권재형을 비롯하여 수백명의 신사와 유생들이 칭제 건의의 상소를 올린 후에 고종이 이를 수락하는 형식을 취하여 1897년 10월 3일 마침내 고종의 재가가 내려졌다.[45] 국호에 대해서는 고종 자신이 다음과 같은 뜻으로 대한(大韓)을 택하였다.

> 임금이 가로되, 우리나라는 곧 삼한(三韓)의 땅인데, 국초에 명을 받아 하나로 통합되었다. 이제 천하를 둔 이름을 정함에 있어서 대한(大韓)이라고 하여 불가할 것이 없다. 또한 매번 각국 문자를 일찍이 보면 조

---

40) 李光麟, 《한국사 강좌》 근대편(一潮閣, 1981), pp. 439~443 참조.

41) 徐載弼, 《회고 갑신정변》; 閔泰瑗, 《갑신정변과 김옥균》(1947), p. 91 참조.

42) 〈官報〉, 建陽 2년 2월 20일자 참조.

43) 李玟源, 〈대한제국의 성립과정과 열강과의 관계〉, 〈韓國史硏究〉 제64집(1989); 李玟源, 〈稱帝論議의 전개와 대한제국의 성립〉, 〈청계사학〉 제5집(1988) 참조.

44) 〈官報〉, 建陽 2년 8월 17일자 참조.

45) 《高宗實錄》, 권35, 光武 元年 10월 3일조 참조.

선(朝鮮)이라고 하지 않고 한(韓)이라고 하였으니 오히려 앞에 징험이 있어 오늘을 기다린 느낌이 있다. 천하에 성명(聲明)을 하지 않아도 천하가 모두 대한(大韓)의 이름을 알고 있다.
(上曰 我邦乃三韓之地 而國初受命 統合爲一 今定有天下之號 曰大韓 未爲不可. 且每嘗見各國文字 不曰朝鮮 而曰韓者 抑有符驗於前 而有竢於今日 無待聲明於天下 而天下皆知大韓之號)[46]

그리하여 1897년 10월 12일(음력 9월 17일) 원(환)구단(圜丘檀)에서 황제 즉위식을 거행하여 고종을 대군주로부터 황제로 승격시키고 국호를 대한제국(大韓帝國)으로 바꾸면서 자주독립을 재천명하였다.[47] 이튿날인 10월 13일에는 각국 외교관들을 초청하여 알현식을 거행해서 대한제국의 성립과 고종의 황제로의 등극을 각국이 모두 본국에 보고하게 하였다.[48]

대한제국의 성립은 한국이 전통적으로 자주독립국이며, 임오군란 이후의 청국의 간섭, 청·일 전쟁 이후의 일본의 간섭, 아관파천 이후의 러시아의 간섭과 같은 것을 더 이상 받지 않을 의지를 상징적으로 선언한 것이었다. 이것은 내실이 없이 다분히 명분상의 것이었으나, 청국에 대해서는 실제로 큰 영향을 발휘한 것이었고, 다른 나라들에 대해서도 상징적으로 독립의지를 재천명한 것이었으며, 국내의 유생과 국민들에게도 자주독립 의식을 촉성하게 한 것으로서, 독립강화의 중대한 사건이었다.

대한제국이 성립되자 독립협회는 그 정치체제를 전제군주제로부터 입헌군주제로 개혁하여 국민을 참정시켜서 자주독립의 기초를 공고히 하고자 하였다.

---

46) 《高宗實錄》, 권36, 光武 元年 10월 11일조 참조.

47) *The Independent*, 1897년 10월 14일자, "Coronation Ceremony" 참조.

48) 〈독립신문〉, 1897년 10월 14일자; *The Independent*, 1897년 10월 19일자, "Imperial Edict" 참조.

7. 제1차 만민공동회와 러시아·일본의 침략정책 규탄·배제

독립협회가 토론회의 계몽운동을 전개하고 있는 동안에도 열강은 이권침탈을 위하여 대한제국 정부에 온갖 압력을 넣었다. 특히, 러시아는 1897년 9월 2일 주한 러시아 공사를 웨베르로부터 적극적 침략간섭정책을 주장해 오던 스페이어(Alexei de Speyer)로 교체시키면서 속국화를 위한 침략간섭정책을 강화하였다. 스페이어는 착임하자마자 ① 군사기지 설치의 제1차 작업으로 부산 절영도(絶影島; 지금의 영도) 석탄고 기지 조차(租借) 요구, ② 러시아인 레미노프(Reminoff)의 기기창(機器廠; 병기창) 고문 임명 및 1,300명의 러시아 군대의 서울 주둔 계획, ③ 러시아의 전 재무장관 서리 알렉세프(Kir Alexeiev)의 한국 재정 고문 임명과 러한은행(The Russo-Korean Bank)의 창설 등을 추진하였다. 대한제국의 군사권과 재정권을 다 장악하고 남해안에 러시아 해군기지를 설치할 속셈이었다.

1898년에 들어서면서 러시아의 침략정책은 더욱 본격화되었다. 러시아는 1월 초부터 부산 절영도 조차의 인준을 다시 강력하게 요구함과 동시에 이를 실현하기 위해 1898년 1월 21일 러시아 군함 시우치호를 부산에 입항시키고 수병(水兵)들을 절영도에 상륙시켜서 대한제국을 위협하며 그들의 결의를 과시하였다.[49]

열강은 서로 견제하면서도 러시아의 침략정책에 편승하여 다투어 가면서 이권침탈에 더욱 혈안이 되었다. 일본은 전에 약속한 경부철도 부설권의 인준을 공식적으로 요구해 오면서 무력시위를 자행하였다.[50] 미국·영국·프랑스·독일 등도 이에 편승하여 이권을 침탈하

---

49) 《駐韓日本公使館記錄》(各領事館氣密往來信), 1898년(明治 31년) "機密京 제1호", "露國石炭敷地ニ關スル件" 참조.

50) 《駐韓美國公使館報告》(*Communications of the Secretary of State from U. S. Representatives in Korea: H. N. Allen*), No. 69, 1898년 1월 30일조,

려고 압력을 가해 왔다. 밖으로부터는 러시아의 본격적인 침략정책의 강화와 열강의 경쟁적인 이권침탈 요구가 자행되었고, 안으로는 친러(親露) 수구파 내각이 수립되어 이에 굴복·야합하는 경향이 있었으므로, 1898년에는 연초부터 대한제국의 모든 부원(富源)과 자주독립을 이 해에 다 잃고 나라가 반(半) 식민지 상태에 놓일 위협에 직면하게 되었다.

이에 독립협회는 1898년 2월 13일 토론회에서 열강의 침략정책에 반대하는 구국운동을 전개하기로 결의하고, 우선 그 제 1차 작업으로 황제에게 구국운동의 시작을 알리는 상소를 올리기로 결정하였다.[51]

독립협회는 1898년 2월 21일 구국운동을 선언하는 강경한 상소문을 황제에게 정납하였다. 이 구국운동 선언 상소에서 독립협회는 두 가지 사실을 강조하였다. 첫째는, 나라의 나라됨은 자립(自立)하여 타국에 의뢰하지 않는 것인데, 외국(러시아)이 군사권과 재정권을 장악하고 있으므로 칼자루는 외국에게 쥐게 하고 칼날은 자기가 쥔 것 같이 되어 국가 주권(主權)이 지극히 위태롭게 되어 있다는 사실을 들어 규탄하였다. 둘째는, 나라의 나라됨은 자수(自修; 내정개혁)하여 온 나라 안에 자기의 정법(政法)을 행하는 것인데, 나라의 법률이 잘 지켜지지 않고 개혁이 진전되지 않아서 백성이 도탄에 빠져있어 나라가 위태롭게 되어 있다는 사실을 들어 규탄하였다.[52]

이어 독립협회는 1898년 2월 27일 독립관에서 통상회를 개최하고 러시아의 절영도 조차 요구에 대한 격렬한 반대성토를 전개하였다. 독립협회 회원들은 번갈아 가며 등단하여 러시아의 침략정책과 절영도 조차 요구를 승인해 주려는 외부대신 서리 민종묵(閔種默)에 대한 격

"Railroad Concession Demanded by Japan" 참조.

51) 《尹致昊日記》, 1898년 2월 13일조 참조.

52) 《上疏存案》(의정부 편) 제 5책, 光武 2년 2월 21일조, "中樞院議官安駉壽等疏" 및 《大韓季年史》 上卷, pp. 173~175 참조.

렬한 규탄 연설을 한 다음, 이상재·정교·조한우를 총대위원으로 선출하고 외부에 강경한 항의문을 발송하였다.[53]

외부대신 서리 민종묵은 크게 당황하여 사임을 청원하였다. 그러나 러시아 공사관과 친러파들은 곧 반격을 시작해서 황제 고종에게 압력을 가하여 민종묵을 외부대신 정임(正任)으로 승진 발령시켰다. 독립협회는 이에 분격하여 더욱 강력하고 효율적인 투쟁을 준비하였다.

러시아는 또한 절영도 조차 요구와 함께 뒤이어 1898년 3월 1일에는 한국의 재정권을 장악하기 위한 중앙 금융기관으로서 서울에 러한은행(露韓銀行; The Russo-Korean Bank)을 개설하여 사무를 시작하였다.[54]

독립협회는 3월 6일 독립관에서 회의를 개최하여 러한은행 설립을 규탄하고 이 은행의 철거를 요구하기로 결정하였다. 독립협회는 이튿날인 3월 7일 러한은행이 한국의 전국 재정권을 장악하려 하여 자주독립을 침해하고 있다고 규탄하는 항의문을 탁지부에 발송하였다.[55] 그러나 탁지부와 친러수구파 정부는 러시아 공사관의 후원만 믿고 동문서답의 회피하는 대답만 보내 왔다.

독립협회는 러시아의 침략정책에 반대하는 운동을 전개하면서 동시에 일본의 침략정책에 반대하는 운동도 함께 전개하였다. 독립협회는 1898년 3월 3일 회의를 열어 그 이전에 일본에게 조차된 절영도 내의 일본 석탄고 기지도 환수하기로 결의하고, 3월 7일에는 일본 석탄고 기지의 회수를 요구하는 공한을 외부에 발송하였다.[56]

러시아 공사 스페이어는 러시아의 대한제국에 대한 침략정책이 독립협회의 민족운동에 의하여 전면적 저항에 부딪히게 되자, 본국 정부와

---

53) 鄭喬, 《民會實記》, 光武 2년 음력 2월초 8일조 참조.

54) 〈독립신문〉, 1898년 3월 3일자 "광고" 및 《大韓季年史》 상권, pp. 180~181 참조.

55) 《民會實記》, 光武 2년 음력 2월 15일조 및 《大韓季年史》 上卷, p. 181 참조.

56) 《大韓季年史》 上卷, p. 179 참조.

의 전신을 통한 협의 후에 3월 7일 하오 2시 장문의 외교문서를 대한제국 외부에 보내어 대한제국 정부를 협박하였다. 그 협박 내용은 무뢰배들(독립협회)이 러시아를 배반하는 것을 러시아 황제는 불쾌하게 여기고 있는바, 만일 한국 황제와 정부가 러시아의 원조와 보호가 필요하지 않다면 러시아는 군대와 고문과 모든 원조를 철수할 것이니 24시간 내에 회답을 보내달라는 최후통첩이었다.[57] 이것은 아관파천 후 황실 호위부대조차 제대로 편성이 완료·훈련되지 못하여 러시아 공산관의 군대와 군사 교관들이 황실호위를 담당하고 있는 조건 속에서 황제 고종이 이를 거절하지 못할 줄 알고 고종을 협박하여 대한제국을 더욱더 러시아의 예속적 지위에 두면서, 황제 고종과 정부가 독립협회를 탄압하는 강경한 조치를 취하도록 압력을 가한 협박장이었다.

대한제국의 황제 고종과 정부는 러시아의 이 최후통첩을 받고 매우 당황하고 낭패하여, 우선 24시간의 회답시한을 3일간(72시간)으로 연기해 주도록 러시아 공사관에 요청해 놓고, 외국 공사들에게 자문을 구하는 등 대책 수립에 부심하였다.

이 소식이 알려지자 독립협회는 이 기회에 러시아의 침략간섭정책을 완전히 배제해 버려야 한다고 판단하고, 즉각 정부가 러시아의 군사교관과 재정고문이 불필요하다는 회답을 러시아에 보내고 그들을 철수시켜 나라의 자주독립을 확립해야 한다고 주장하였다.

이에 독립협회는 1898년 3월 10일, 서울 종로에서, '만민공동회'(萬民共同會)라는 민중·시민대회를 개최하여 국민의 힘으로 러시아의 침략정책을 배제하고 완전한 자주독립의 확립을 실현하기로 하였다. 만민공동회라는 새로운 운동방법의 착안은 서재필이 내어 정교에게 밀청(密請)한 것이라고 한다.[58] 독립협회는 회원들에게 3월 10일 오후 2

57) 《俄案》 제12책, 문서번호 998, 1898년 3월 7일조, "露敎鍊士官 및 度支部 顧問官의 繼續駐韓의 希願與否를 24시간 내에 회답하라는 통첩" 참조.

58) 《大韓季年史》 上卷, p. 182 참조.

시에 종로에서 집회를 열 것이므로 참석할 것을 통고했으며, 〈독립신문〉도 이것을 기사로 보도하였다.[59]

독립협회가 개최한 3월 10일의 최초의 만민공동회에는 놀랍게도 서울 시민의 약 20분의 1이 넘는 1만여 명의 독립협회 회원과 시민들이 운집하여 러시아의 침략정책을 격렬히 규탄하였다. 이 제1차 만민공동회에서 시민들은 미전(米廛) 쌀장수 현덕호를 회장으로 선출하여 백목전(白木廛) 다락 위에 연단을 차리고 연설을 하였다. 그들은 러시아의 침략정책을 규탄하고, 대한제국 정부가 나라의 자주독립을 수호하기 위해 러시아의 군사교관들과 재정고문을 철수시켜 줄 것을 열망한다는 전신을 러시아 공사와 러시아 외부대신에게 발송할 것을 요구하는 결의문을 통과시키자고 주장하였다. 자발적 연사들은 배재학당 학생들과 출신들이 많았으며, 특히 현공렴(玄公廉)·홍정후(洪正厚)·이승만(李承晩)·조한우·문경오 등이 군중을 감동시키는 열정적 연설을 하였다.

만민공동회에 참가한 1만여 명의 시민들은 연사들의 연설을 들은 다음 모두 박수와 외침으로서 '가'(可)라고 결의하여 연사들의 주장을 열렬히 지지하였다. 만민들은 총대위원으로서 이승만·장붕(張鵬)·현공렴 등을 선출하여 다음과 같은 결의 편지를 정부에 보내었다.

> 경계자는 아라사(러시아) 공사가 외부에 조회한 사건에 대하여 일만 백성이 공동 회의하여, 대한에서 아라사로부터 고빙한 탁지부 고문관과 군부의 교련 사관을 일병 해고하여 대한의 자주권을 튼튼케 할 일로 가(可)하다는 의론을 결정하여 이에 앙포하니, 조량하오셔 만민의 동심앙망하는 것을 맞추게 하심을 바란다.[60]

독립협회가 개최한 제1차 만민공동회는 큰 성공을 거두었다. 모임에 참가한 국민들의 수에서도 기대 이상으로 1만여 명의 시민들이 자

59) 〈독립신문〉, 1898년 3월 10일자, "雜報" 참조.

60) 〈독립신문〉, 1898년 3월 12일자, "雜報"참조.

발적으로 참석했으며, 만민공동회(萬民共同會)라는 새로운 이름의 시민대회가 생기고, 이 시민대회에서 자주권의 수호를 주장하며 러시아 침략정책을 규탄하고 러시아의 재정고문·군사교관의 해고와 철수를 요구하는 결의를 하여 그 결의문을 정부에 제출하였고, 시민들과 연사들이 모두 이성적이면서도 대한의 자주독립권 수호를 위한 확고한 결의를 과시하였다. 도대체 종래 피치자인 시민들이 대규모 민중·시민대회를 개최하여 정치적 결의를 하고 결의문을 정부에 제출하여 민중·시민대회의 결의대로 집행해 줄 것을 요구한 일은 대한역사상 처음 있는 새로운 것이었다.

당시 러시아 공사와 공사관 직원들을 비롯해서 많은 외국인들이 이 만민공동회를 관람하고 경악하였다. 또한 만민공동회가 대규모 민중·시민대회로서 크게 성공한 사실은 즉각 당시의 서울의 외교계와 대한제국 정부에 큰 충격을 주어 모두 한국민족의 성장에 놀라움을 표시하였다.[61]

황제 고종과 정부는 독립협회·만민공동회의 압력과 러시아의 압력 사이에서 크게 고심하면서 연일 대신회의를 열고 대책 수립에 부심하였다. 격렬한 쟁론 끝에 정부는 3월 11일 밤 마침내 만민공동회의 결의에 따르기로 결정하고 러시아 공사에게 외교문서로서 회답을 발송하였다. 이 회답문에서 대한제국 정부는 러시아 공사에게 탁지부와 군부에서 러시아 고문과 외국인을 고용하지 않을 뜻을 밝히고, 재정고문과 군사교관을 소환해 주기를 희망하며, 대한제국 정부의 이 뜻을 본국에 조회하여 관철시켜 줄 것을 요망한다는 내용을 전하였다.[62]

이 회답문을 받은 러시아 공사는 경악하고 당황하여 통역관을 입궐

61) *The Independent*, 1898년 3월 12일자, "People's Mass Meeting" 참조.

62) 《尹致昊日記》, 1898년 3월 12일조 및 《俄案》 제12책, 문서번호 1001, 光武 2년 3월 12일조 "露士官 및 顧問官의 今後不用事 및 同援助에 대한 謝意 표명차 露京으로 대사를 특파한다는 통고" 참조.

시켜서, 이 회답을 러시아 공사에게 보이면 큰 일이 일어나므로 종전과 같이 러시아에 의뢰하기를 바란다는 회답문을 보내야 한다고 황제께 상주해 줄 것을 간청하였다. 그러나 내관(內官)은 황제가 조금 전에 취침했으므로 깨울 수 없다는 구실을 내세워 이를 거절하여 돌려보냈다.[63] 러시아 공사는 대한제국 황제와 정부를 협박하려고 최후통첩을 보냈다가 대한제국 정부가 독립협회·만민공동회의 결의를 수용하여 러시아 세력의 철수를 요청하자 매우 당황하여 사태를 만회해 보려고 진력하였다. 그러나 외교문서상으로 각국 공사들이 주시하는 속에서 러시아가 먼저 최후통첩을 보냈다가 만민공동회의 결의에 따라 러시아의 군사교관들과 재정고문 등의 철수를 요청받게 되었으므로 러시아 공사관은 진퇴양난의 어려운 처지에 빠지고 말았다.

여기에 또 하나 놀라운 일은 3월 12일에 평민들이 사는 지역인 남촌의 서울 시민들에 의하여 독립협회와 직접 관계없는 시민의 자발적인 제 2차 만민공동회가 이틀 전 독립협회의 제 1차 만민공동회와 같은 장소에서 개최되어 그전보다 더 많은 수만 명의 시민들이 운집했다는 사실이다. 시민들의 이 제 2차 만민공동회에서 자발적으로 등단한 연사들은 이 기회에 러시아와 모든 외국의 간섭과 침입을 배제하고 대한의 자주독립의 기초를 견고히 하자고 열렬하게 연설했으며, 수만 명의 군중들이 일제히 손뼉을 치며 가(可)라고 환호하였다.[64]

이 예기치 않은 서울 시민들의 자발적인 제 2차 만민공동회는, 물론 독립협회의 만민공동회를 본받은 것이지만, 독립협회의 직접적인 지도를 받음이 없이 시민들이 자발적으로 개최한 것이라는 점에서 일단 구분해 보아야 할 새로운 것이었다. 이것은 독립협회 뒤에 있는 한국 국민의 커다란 힘을 나타낸 것으로서, 정부관료들뿐만 아니라 외국인

63) 《駐韓日本公使館記錄》(機密本省往信), 1898년(明治 31년) 3월 31일조, "機密 第16號", "排露熱勃興幷ニ露國士官顧問官撤退一件" 참조.

64) 〈독립신문〉, 1898년 3월 15일자, "雜報" 참조.

들에게도 깊은 인상과 놀라움을 주었다.

러시아는 두 차례의 만민공동회의 결의와 각국 외교계의 동정을 고려하여 후퇴하지 않을 수 없게 되자, 러시아 본국에서 강경파와 온건파 사이에 이 문제를 심각하게 검토하였다. 강경파는 무력위협으로 대한제국 정부를 굴복시키고자 했으나, 위테(Sergei Yulevich Witte)를 중심으로 한 온건파는 아직 시베리아 철도가 완성되지 않아 대병력 수송이 어렵고 만주에서의 이권을 확고히 보장하는 것이 더 시급하다고 주장하여, 결국 온건파의 주장이 채택되었다. 이에 마침내 러시아 정부는 3월 17일 주한러시아 공사에게 "이미 한국민중의 여론이 이와 같으면 고문과 군사교관들을 일제히 해환(解還)하는 것이 가(可)하다" 라고 하여 재정고문과 군사교관들의 환국을 훈령하여 왔다. 이에 따라서 러시아 공사도 한국정부에 절영도 석탄고 기지 조차요구의 철회와 재정고문 및 군사교관의 철수를 통고하였다.[65] 대한제국 정부는 1898년 3월 19일 러시아의 군사교관들과 재정고문을 정식으로 해고하였다.[66] 뒤이어 러한은행도 철폐되었다.[67]

러시아 정부는 한국에 대한 침투정책에 실패한 스페이어 공사를 4월 12일자로 마튜닌(N. Matunine)으로 교체함과 동시에 한반도에서 대폭 후퇴하여 그들의 군사기지를 요동반도(遼東半島)에 설치하도록 계획을 변경시켰다. 일본도 이에 따라 할 수 없이 그들의 절영도 석탄고 기지를 한국정부에 반환하였다.[68]

이에 재정권과 군사권이 완전히 대한제국 정부에 복귀되어 대한제

---

65) 《俄案》 제 12책, 문서번호 1002, 1898년 3월 17일조, "露士官・顧問官의 철수 및 대국대사특파를 거절하는 照覆" 참조.

66) 《奏議》(의정부 편) 제13책, 光武 2년 3월 19일조, "奏本 제33호", "俄國士官以下回還旅費를 예산외지출청의서" 및 "奏本 제34호", "顧問官・俄國人夏櫟變解任回費請議書" 참조.

67) *The Independent*, 1898년 4월 9일자, "Local Items" 참조.

68) 《大韓季年史》 上卷, p. 183 참조.

국의 자주독립은 크게 강화되었다. 러시아와 일본은 일단 한반도에서 후퇴하여 1898년 4월 25일 로젠-니시 협약(Rosen-Nishi Convention)을 체결하고 두 나라가 한국의 독립을 존중하여 한국의 일에 간섭하지 않도록 '불간섭' 정책을 협약하였다. 이에 독립협회·만민공동회의 민족운동의 성과의 하나로 대한제국을 둘러싸고 일시적인 국제 세력균형이 형성되게 되었다. 이 세력균형이 1904년 2월 러일전쟁이 발발할 때까지 약 6년간 지속된 것이었다.

8. 생명·재산의 자유권 수호운동과 탐관오리의 규탄

독립협회의 만민공동회 운동의 승리 직후에 친러수구파 정부는 황제의 특명에 의해 1898년 3월 15일 독립협회 주요회원인 이원긍(李源兢)·여규형(呂圭亨)·지석영(池錫永)·안기중(安沂中) 등 4인을 갑자기 구속하였다.[69] 또한 정교(鄭喬)를 절영도 조차 반대의 문제로 러시아와 화목을 잃게 하였다는 혐의로 체포하려 하여, 이것을 미리 안 정교는 도피하였다.[70]

독립협회는 국민의 생명(신체)·재산의 자유권과 국민의 언론·출판·집회·결사의 자유권을 기본권으로서 매우 중시했으며, 국민이 나라의 주인으로서 관리의 부정을 고발해야 하고 정치에도 적극 참정해야 한다는 국민주권론과 국민참정권론을 주장하여 자유민권사상을 계몽하고 보급하고 있었으므로, 황제와 정부의 이 보복적 처사는 독립협회 회원들을 격분케 하였다.

독립협회는 이건호(李建鎬) 등을 총대위원으로 선출하여 3월 20일

---

69) 《起案》(法部編) 제53책, 光武 2년 3월 21일조, "훈령경무청 제11호" 및 《尹致昊日記》 1898년 3월 16일조 참조.

70) 《大韓季年史》 上卷, p.185 및 〈독립신문〉, 1898년 3월 29일자, "雜報" 참조.

경무사에게 강경한 항의서를 제출하였다.[71] 그러나 이날 정부는 황제의 특명에 의해 체포된 회원들을 인심을 선동했다는 막연한 죄목을 붙여 10년의 정배(定配)에 처해 버렸다. 이것은 황제 자신이 신법률의 재판 절차를 무시하고 중세의 관행대로 황제의 자의에 의하여 형량을 정하고 정배시킨 것이었으며, 죄목도 유언비어의 전파라는 애매모호한 것이었다.

독립협회는 3월 26일 독립관에서 이 문제를 토론하기 위한 특별회를 개최하여 황제와 정부의 법률 위반을 비판하고 법부대신에게 강경한 항의공한을 보내어 그들을 신법률에 의거해서 공개재판으로 처리해 줄 것을 강력하게 요구하였다.[72] 또한 독립협회는 계속하여 3월 27일 제24회 토론회의 주제를 "민·국을 안보하려면 일정한 법률을 긴급히 준행하여야 함"으로 정하고, 황제일지라도 반드시 법률을 준행해야 하며 국민의 생명(신체)·재산의 자유권은 목숨을 걸고 수호해야 한다고, 황제와 법부의 횡포를 규탄하였다.[73]

독립협회의 국민자유권 수호운동의 결과로 황제 고종은 마침내 이들 4명을 특명으로 석방하기에 이르렀다.

이때 법부대신 이유인(李裕寅)이 홍재욱이라는 평민의 분쟁에 들어가 있는 가옥을 늑탈하려는 사건이 발생하였다. 독립협회는 이것이 국민의 재산의 자유권 침해라고 간주하여 맹렬한 반대운동을 전개해서 평민의 가옥을 찾아 주었을 뿐 아니라, 6월 10일 이유인을 법부대신 겸 고등재판소장에서 면직시키는 데 성공하였다.[74] 독립협회는 여기에 그치지 않고 법부대신이 평민의 재산을 침탈하는 데 동조한 판사 마준영도 6월 26일자로 마침내 면직시키는 데 성공하였다.[75]

---

71) 《大韓季年史》上卷, p. 185 참조.

72) 〈독립신문〉, 1898년 3월 29일자, "雜報" 및 《大韓季年史》上卷, p. 186 참조.

73) 〈독립신문〉, 1898년 3월 29일자, "雜報" 참조.

74) 《大韓季年史》上卷, pp. 197~198 참조.

이때 경무사 신석희(申奭熙)가 평민 최학래를 사주전(私鑄錢) 기계를 갖고 있는 혐의로 구속하고 그 가산(家産)을 몰수했다가, 그 무죄가 밝혀져 피의자를 석방했으나 그의 몰수한 재산은 돌려주지 않는 사건이 발생하였다. 독립협회는 이것이 국민의 재산의 자유권에 대한 중대한 침해라고 보아 6월 20일 경무사에게 강경한 규탄 항의문을 보내고, 6월 23일에는 내부대신에게 독립협회가 국민의 생명과 재산의 자유권을 수호하기 위해 끝까지 투쟁할 것임을 통고하는 항의문을 보냈다.[76]

독립협회의 이러한 운동 개시에 당황한 경무사 신석희는 마침내 최학래의 재산을 반환하였다. 뿐만 아니라 독립협회의 재산의 자유권 수호운동의 결과 신석희는 7월 8일 마침내 경무사에게 해임되기에 이르렀다.[77]

독립협회는 불우한 평민들이 권세 있는 양반 관료들에게 생명(신체)과 재산의 자유권을 침해당함을 용납하지 않았다. 그들은 죄인에게까지도 국민의 기본적인 생명(신체)과 재산의 자유권을 보장해 주려하였다. 독립협회는 국민의 생명과 재산의 자유권을 침해하는 사람이라면, 황제든지, 법부대신이든지, 경무사든지 가리지 않고 모두 규탄했으며, 모든 국민의 생명과 재산의 자유권 수호를 위해 투쟁하였다. 이것은 독립협회에 대한 국민의 신망을 매우 두텁게 한 반면에 부패한 관료들이 독립협회를 두렵게 생각하게 하였다.

이 무렵 황제 고종을 둘러싸고 황제의 신임을 얻은 막료로서 특히 조병식(趙秉式)과 이용익(李容翊)의 부정부패와 전횡이 심하였다. 독립협회는 탐관오리를 규탄하고 파면하여 정부를 청정하게 하는 것은

75) *The Independent*, 1898년 7월 16일자, "The Club versus the Judge" 및 《大韓季年史》 上卷, pp. 198~199 참조.

76) 《大韓季年史》 上卷, pp. 200~201 참조.

77) *The Independent*, 1898년 7월 9일자, "Local Items" 참조.

국민의 당연한 권리와 의무라고 주장했기 때문에 먼저 의정부 참정 조병식의 부정부패를 낱낱이 고발하고 규탄해서, 마침내 스스로 사임하게 하였다.[78]

독립협회는 이어서 광산감독 · 전환(典圜) 국장 · 철도감독 · 삼정(蔘政) 감독을 겸하고 있으면서 황제 고종의 사고(私庫)를 채움과 동시에 사복을 채우고 있던 부패한 황제 고종의 총신 이용익의 부정부패를 낱낱이 고발하였다. 황제 고종이 이용익을 비호했으나, 독립협회는 굽히지 않고 그의 부정과 부패를 고발하여 마침내 그를 해임시키는 데 성공하였다.[79]

의정부 참정 조병식과 광산감독 이용익의 면직은 부패한 수구파 관료들이 음모와 부정을 일삼는 경우에는 황제의 비호에도 불구하고 독립협회가 국민을 대변하여 그들을 규탄하고 독립협회와 국민의 압력으로 그들을 파면시킬 수 있음을 온 나라에 보여주었다.

9. 이권침탈 반대운동과 자주국권 수호

독립협회가 국민의 생명 · 재산의 자유권 수호운동과 탐관오리 규탄운동을 전개하고 있던 시기에, 러시아는 친러수구파가 집권한 것을 기화로 목포와 진남포 부근의 섬들을 점유하여 군사기지를 설치할 계획을 다시 세우고 그 매수를 요구해 왔으며,[80] 프랑스도 이에 편승하여

78) 《駐韓美國公使館報告》(*Communications to the Secretary of State from U. S. Representatives in Korea: H. N. Allen*), No. 125, 1898년 7월 26일조, "Political Agitation in Seoul" 및 〈독립신문〉, 1898년 7월 24일자, "雜報(조병식 씨 면관)" 참조.

79) 《大韓季年史》上卷, pp. 199~223 및 〈매일신문〉, 1898년 8월 27일자, "雜報" 참조.

80) 《俄案》 문서번호 1053, 1898년 5월 7일조 참조.

세 곳의 광산 채굴권을 요구하였다.[81]

독립협회는 이 소식을 듣고 즉각 반대운동을 시작하였다. 독립협회는 1898년 5월 16일 외부대신에게 강경한 항의문을 발송하였다. 이어서 독립협회는 5월 22일 남궁억 등 총대위원들을 외부에 보내어, 한 조각의 국토라도 타국에 빌려주는 것을 절대로 용인하지 않겠으며, 광산은 우리나라 사람들이 채굴하여 부강책을 기해야 하므로 외국에게 광산 채굴권을 양여하는 것을 결코 용인하지 않겠다고 강경한 투쟁 결의를 서면으로 통고하였다.[82]

독립협회의 강경한 항의와 반대운동의 시작에 당황한 친러수구파 정부와 러시아 공사관은 당초의 계획을 포기했으며, 프랑스 공사관도 광산 채굴권 요구를 중지하였다.[83]

이것은 독립협회의 민족운동의 큰 성과 가운데 하나였다. 독립협회의 강경한 이권침탈 반대운동의 시작으로 친러수구파 정부와 러시아·프랑스는 당초의 계획을 변경했으며, 결국 독립협회의 반대운동에 의하여 열강의 이권침탈이 일단 저지된 것이었다.

이 무렵 독일에서는 대한제국 정부가 1897년 3월 세창양행(世昌洋行)에게 약속한 바 있었던 강원도 금성(金城) 당현(堂峴) 금광 채굴권을 즉허하지 않는 데에 불만을 표시하고 결국 6월 29일 독일영사관에서 독일영사 크리인(F. Krien)이 대한제국 외부대신 서리를 모욕하는 사건이 발생하였다.

독립협회는 일개 외국영사가 주재국의 외무대신을 자기 의사에 따르지 않는다고 모욕한 것은 국가에 대한 모독이라고 간주하고, 7월 4일 집회를 열어 이에 항의하는 공한을 발송했다. 만국공법(萬國公法)

---

81) 《俄案》 문서번호 885 1898년 2월 5일조 및 문서번호 890, 1898년 5월 16일조 참조.

82) 《大韓季年史》 上卷, pp. 191~193 참조.

83) 〈독립신문〉, 1898년 6월 2일자, "雜報" 및 《大韓季年史》 上卷, pp. 193~194 참조.

에 규정된 바에 의해 주재국 관리를 능욕한 독일영사의 행위는 것은 곧 그 나라를 능욕한 것이므로 인책이나 추방의 대상이니, 국체를 유지하기 위해서도 적절한 조치를 취할 것을 강경하게 요구하였다.[84]

또한 시민들의 자발적 만민공동회가 7월 1일과 2일 양일에 걸쳐 종로에서 개최되어 독일영사의 무례를 규탄하였다.[85] 7월 4일에는 시민들의 만민공동회가 정부에 공한을 발송하여, 정부는 마땅히 독일영사를 힐책하고 독일영사가 24시간 내에 출국하도록 처분할 것을 요구하기로 결의했음을 통고하였다.[86]

독일영사 크리인은 독립협회·만민공동회의 움직임에 매우 당황했으며, 결국 대한제국 외부대신 서리를 방문해서 공식적으로 사과하고, 공식 사죄문을 의정부에 제출했으므로 이 문제는 일단락되었다.[87]

독립협회는 열강의 이권요구에 대한 정부의 반대 태도가 확고하지 않자, 지금까지 열강에게 침탈당하고 양여한 이권과 그 관계자를 조사하여 열강의 모든 이권침탈을 즉각 중지시키기로 결의하고, 그에 대한 조사를 시작하였다. 독립협회는 9월 4일 정교를 조사위원으로 선출하여 이권침탈 조사를 실시했으며, 정교는 그 조사결과를 9월 11일 독립협회에 보고하였다.[88]

독립협회는 이에 열강의 이권침탈이 대한제국의 자주독립을 침해하

---

84) 《民會實記》, 光武 2년 음력 5월 16일조, 《大韓季年史》 上卷, p. 204 및 〈독립신문〉, 1898년 7월 6일자, "雜報" 참조.

85) 〈독립신문〉, 1898년 7월 4일자, "雜報(만민공동회)" 참조.

86) 《駐韓日本公使館記錄》(機密本省往信), 1898년(明治 31년) 7월 31일조, "機密 제30호", "韓國鑛山ニ對シ獨逸領事ヨリ申込ニ關スル件" 참조.

87) 《駐韓美國公使館報告》(*Communications to the Secretary of State from U. S. Representatives in Korea: H. N. Allen*), No. 120, 1898년 7월 8일조, "Alleged Assault by German Consul upon Foreign Minister" 참조.

88) 《大韓季年史》 上卷, pp. 228~230 및 〈독립신문〉, 1898년 9월 13일자, "雜報(금광 철로 삼림)" 참조.

는 것이므로 열강의 모든 이권침탈을 저지하기로 다시 결의하고, 이권 양여에 가담한 전 회장 이완용을 독립협회에서 제명하여 추방하였다.[89]

독립협회가 그 존속기간에 외국의 이권침탈과 양여에 반대하여 가장 강력히 저항하고 비판한 이권의 중요 항목을 정리해 보면 다음과 같다.[90]

1. 국토조차(國土租借) 반대
① 러시아의 부산 절영도(絶影島) 석탄고 기지 조차 요구의 반대
② 러시아의 목포·진남포 조계(租界) 조차 요구의 반대
③ 일본의 인천 월미도(月尾島) 석탄고 기지 조차의 회수
④ 일본의 부산 절영도 석탄고 기지 조차의 회수

2. 광산 채굴권 침탈 반대
① 러시아의 경원(慶源)·경성(鏡城) 광산 채굴권 침탈의 반대
② 미국의 운산(雲山) 금광 채굴권 침탈의 반대
③ 독일의 금성(金城) 당현(堂峴) 금광 채굴권 침탈의 반대
④ 영국의 은산(殷山) 금광 채굴권 침탈의 반대
⑤ 프랑스의 3개처 광산 채굴권 요구의 비판과 반대

3. 철도·전선 부설권 침탈 반대
① 일본의 전선 부설권 침탈에 대한 비판과 반대
② 미국의 경인철도(京仁鐵道) 부설권 침탈의 반대
③ 프랑스의 경의철도(京義鐵道) 부설권 침탈의 반대
④ 일본의 경부철도(京釜鐵道) 부설권 침탈의 반대
4. 삼림 벌채권 침탈 반대
① 러시아의 두만강 상류 우변 무산(茂山) 삼림 벌채권 침탈의 반대
② 러시아의 울릉도 삼림 벌채권 침탈의 반대

---

89) 《大韓季年史》 上卷, p. 207 참조.

90) 愼鏞廈, "독립협회의 민족주의와 의회민주주의", 〈韓國社會史硏究會論文集〉 제 23집, 《한국근현대의 민족문제》 (문학과 지성사, 1990) 참조.

③ 러시아의 압록강유역 조선변지(朝鮮邊地) 삼림 벌채권 침탈의 반대

5. 연해 어장(漁場) 침탈 반대
① 일본의 경상도·전라도·충청도 연안 어획권 침탈의 반대
② 일본의 경상도 연안 포경권(捕鯨權) 침탈의 반대

6. 외국 상인의 상권(商權) 침탈 규제 요구
① 외국상인 상행위권(商行爲圈)의 외국인 거류지 내로 규제 요구
② 러한은행(露韓銀行) 철수 요구
③ 일본화폐(日本第一銀行券) 통용 반대
④ 외국상인의 고리대부 행위의 규제 요구

7. 재정권 간섭 반대
① 러시아 재정고문 알렉세프 철환의 요구
② 영국인 재정고문 브라운에 대한 러시아의 부당해고의 반대

8. 군사권 간섭 반대
① 러시아의 군사고문 및 교관 철수의 요구
② 황실호위 외인부대 창설의 반대

9. 외국의 정치적 차관 반대
① 러시아와 일본의 정치적 차관 제공 밀약의 반대
② 일본의 정치적 차관 제의 반대

10. 불평등조약의 폐지·수정요구
① 각국과의 불평등조약의 수정 및 치외법권 폐지의 요구
② 외국상인 면세특혜의 폐지 요구
③ 해관(海關) 세무사(稅務司)의 한국인 임명 요구
④ 관세자주권(關稅自主權) 확립 요구

독립협회가 본격적 민족운동을 전개하기 이전 고종의 러시아 공사관 체류 시기와 그 직후 외국에게 침탈당했거나 약속한 것을 제외하고, 독립협회 존속시기에는 독립협회의 완강한 이권침탈 반대운동에

힘입어 열강의 이권침탈은 일단 저지되었다. 이것은 1898년에 중국이 열강의 경쟁적 이권침탈로 이 해에 중요한 이권을 거의 모두 침탈당한 것과는 매우 대조적인 것이었다. 19세기말 열강의 이권침탈정책이 중국과 한국에서 동시에 가혹하게 자행되었는데, 중국은 이를 막지 못하고 1898년 집중적으로 이권을 침탈당한 것에 비해서, 한국은 1898년에 일단 열강의 이권침탈이 저지된 것은 독립협회의 완강한 이권침탈 반대운동의 전개에 의거한 것이었다. 이것은 독립협회가 이 시기 한국 민족사에 이룩한 큰 공헌의 하나가 되었다.

10. 황실호위 외인부대 창설 저지운동

이 무렵 고종과 법부고문 그레이트하우스(Clarence R. Greathouse; 具禮)는 황실 경호를 위한 특수부대로서 외인용병부대(外人傭兵部隊)를 창설하려고 하였다. 고종과 그레이트하우스가 황실호위 외인부대의 창설을 계획하게 된 것은 고종이 독립협회는 물론이고 황실의 친위대까지 믿지 못하여 불안해 했기 때문이었다.

황제 고종은 1898년 8월, 그레이트하우스와 장봉환(張鳳煥)을 중국 상해에 파견하여 군인출신 외국인들을 모집해 오게 하였다. 이에 그레이트하우스와 장봉환은 상해에서 1인당 월급 70원과 왕복여비를 지불하기로 하여 우선 1년 계약으로 외국인 30명(영국인 9명, 미국인 9명, 독일인 6명, 프랑스인 5명, 러시아인 2명)을 고용하여 이들을 데리고 9월 15일 서울로 돌아왔다.[91)]

독립협회는 이를 알자 크게 격분하여 9월 17일 독립협회 사무소에

---

91) *The Independent*, 1898년 9월 7일자, "Local Items" 및 《大韓季年史》 上卷, pp. 236~238 참조.

서 회의를 열어 외인부대(外人部隊) 창설에 대한 반대를 결의하고, 정부 각 부에 총대위원들을 보내어 외국 용병들의 즉각 철환을 요구하는 항의문을 전달하였다.[92]

또한 독립협회는 이틀날인 9월 18일 외부 문 앞에서 대규모 민중대회를 개최하고 다음의 6가지 이유를 들어 황실 호위 외인부대를 즉각 추방하도록 강력하게 요구하였다. 즉, 독립협회는 ① 자주독립 국가인 대한제국의 황실에는 외인부대의 호위가 불필요하다는 점, ② 외인부대의 창설은 한국 군인들의 반발을 야기한다는 점, ③ 외인부대의 창설은 황실과 국민을 이간시킨다는 점, ④ 외인부대의 창설은 자주국권(自主國權)을 위협하고 열강과의 국제분쟁을 야기한다는 점, ⑤ 5개국 국적을 가진 외인부대를 대한제국 정부가 통제하지 못한다는 점, ⑥ 외인부대 창설은 황실이 국민과 정부를 불신하는 것이라는 점 등을 들어 외인부대 용병들의 즉각 철환을 강경하게 요구한 것이었다.[93]

〈독립신문〉도 또한 대한의 법률로 현재 이미 국내에 들어와 있는 외국인의 행패도 아직 엄중히 다스리지 못하는 처시에 서양 되역군인들을 고용하여 황실보호의 큰 권리를 준다면 이들이 잘못이 있을 때에도 통제하지 못한다는 점을 들어 이를 통렬히 비판하고, "이것이 시랑(이리)을 사오십 마리 궐내에 두는 것보다 더 위태하다"[94]고 규탄하였다.

독립협회는 9월 19일에도 다시 외부 문 앞에서 민중대회를 개최하고 황실호위 외인부대의 철환에 대한 정부와 고종의 결단을 강경하게

---

92) 《大韓季年史》上卷, p. 236 및 *The Independent*, 1898년 9월 20일자, "The Foreign Guard" 참조.

93) 《주한영국공사관보고》(*Reports and Communications from the British Consul in Seoul*), 1898년 9월 27일조, "機密報告書 제 97호" 및 *The Independent*, 1898년 9월 20일자, "The Foreign Guard" 참조.

94) 〈독립신문〉, 1898년 9월 8일자, "믿지 못할 일" 참조.

촉구하였다. 독립협회의 강력한 반대운동에 부딪쳐 정부대신들도 외인부대의 철환을 주장하게 되었다.

황제 고종은 사면초가에 빠져서 할 수 없이 독립협회의 압력에 굴복하여 외인부대의 철환을 승인하였다. 이에 정부는 1898년 9월 24일 외국인 용병들에게 1년 고용비 1인당 840원씩 합계 2만 5,200원을 지불하여 그들을 철환시켰다.95)

외국인 용병을 고용하여 황실호위 외인부대를 창설함으로써 전제권(專制權)을 가진 황실을 외국인의 수중에 두려는 이 위험한 정책은 독립협회의 완강한 투쟁에 의하여 마침내 저지되었다. 이것은 독립협회가 나라의 자주독립과 안전을 수호하기 위해 달성한 큰 성과 가운데 하나였다.

11. 새 개혁정부의 수립과 관민공동회

독립협회는 나라의 자주독립을 지키고 공고히 하기 위해서 대개혁을 단행해야 할 시기에 친러수구파 정부가 하는 일마다 밖으로는 외세에 의뢰하고 안으로는 부정부패를 자행하는 것을 경험하고, 독립협회가 추구하는 나라의 대개혁을 단행하기 위해서는 먼저 친러수구파 정부를 해체시키고 새로운 개혁정부를 수립해야 함을 통감하여 이 운동을 전개하게 되었다.

이 무렵, 전 러시아공사관 통역관 김홍륙이 권좌에서 추방당한 것에 원한을 품고 그의 부하를 시켜 고종의 커피잔에 아편을 넣은 반역사건이 발생하였다. 친러수구파 정부와 중추원은 민영기(閔泳綺)·신기선(申箕善) 등이 중심이 되어 이것을 기회로 갑오개혁 때 폐지된 노륙법

95) 《度支部來去案》(外部編), 제 16책, 光武 2년 9월 24일조, "照會 제76호" 참조.

(孥戮法)과 연좌법(連坐法)을 부활시키려고 하였다.[96] 이것은 내심으로는 당시 전제군주제를 입헌대의군주제로 개혁하려는 자유민권 운동을 탄압하기 위한 준비의 성격을 포함한 것이었다.

독립협회는 수구파의 노륙법 및 연좌법 부활 시도를 규탄하기 위하여 1898년 10월 1일부터 매일 연속적으로 민중·시민대회를 개최하다가, 10월 8일부터는 황제에게 상소를 올려서 친러수구파 정부의 핵심 인물인 신기선·이인우(李寅祐)·심순택(沈舜澤)·윤용선(尹容善)·이재순(李載純)·심상훈(沈相薰)·민영기(閔泳綺) 등의 탄핵을 낱낱이 들어 파면을 주장하고 전면 개각에 의한 새로운 개혁정부의 수립을 요청하였다.[97]

독립협회는 밤에도 해산하지 않고 독립협회 대표들과 다수의 시민들이 남아서 10월 8일 밤과 9일 밤을 철야했으며, 낮에는 다시 인화문 앞에 모여 민중대회를 개최하면서 황제에게 두 차례나 상소를 올려 수구파 7대신을 규탄하고 정부대신들의 전면교체에 의한 새로운 개혁정부의 수립을 요구한 후, 이것을 승낙하는 황제 고종의 비납이 내려지기를 기다렸다.[98]

독립협회의 수구파 7대신 규탄과 개혁정부 수립의 철야 상소투쟁은 즉각 광범위한 국민의 호응을 얻었다. 서울 시내와 전국 각 지방에서 보내온 의연금이 6백여 원에 이르렀다.[99] 나무장수와 군밤장수까지도 의연금을 보내어 왔고,[100] 감옥의 재소자까지도 긴 격려 편지와 함께

96) *The Independent*, 1898년 9월 27일자, "The Privy Council at Work" 및 《大韓季年史》 上卷, pp. 240~241 참조.

97) 〈매일신문〉, 1898년 10월 10일자, "독립협회(재소소본)"; 〈皇城新聞〉, 1898년 10월 10일자, "별보(독립협회재소)" 및 《大韓季年史》 上卷, pp. 249~251 참조.

98) *The Independent*, 1898년 10월 11일자, "Local Items" 참조.

99) 《大韓季年史》 上卷, p. 248 참조.

100) 〈皇城新聞〉, 1898년 10월 10일자, "雜報(孰使然哉)" 및 〈독립신문〉, 1898

의연금을 거두어 보내왔다.[101]

그러나 독립협회의 상소에 대하여 황제 고종은 7대신에게 경고만 하고 교체시키지 않겠다고 응답했으며, 시민들에게 즉각 해산하여 물러가라고 명령하였다.

독립협회는 여기서 물러가지 않고 인화문 앞에서의 집회를 더욱 확대해 가면서 제 3차 상소를 올리어 더욱 강경하게 7대신 파면과 새 개혁정부의 수립을 요구하였다.[102] 이날 독립협회의 인화문 앞 시민대회에는 각급학교의 학도들까지 참석하여 집회는 더욱 대규모화 되었다.[103] 또한 황국중앙총상회(皇國中央總商會)의 지도하에 서울 시내의 각전 상인들이 일제히 철시하여 독립협회의 새로운 개혁정부 수립운동을 적극적으로 지원하였다.[104]

독립협회는 10월 10일과 11일에도 물러가지 않고 인화문 앞에 모여서 7대신의 해임과 개혁정부의 수립을 요구하였다. 학도들과 시민들의 참가가 증가하여 독립협회의 시민대회는 더욱 대규모로 확대되었다. 외국인들도 이 시민대회를 구경하면서 독립협회와 시민들의 정부교체 요구에 큰 관심을 표명하고 한국 국민의 성장에 놀라움을 표시하였다.[105] 10월 12일부터는 시민들과 학도들의 참가가 더욱 증가하여 독립협회의 시민집회는 더욱 대규모화 되었으며, 서울 시내는 완전히 철시상태에 들어갔다.

년 10월 10일자, "雜報(충애감동)" 참조.

101) 〈皇城新聞〉, 1898년 10월 12일자, "雜報(縷人長書)" 참조.

102) 《承政院日記》, 고종 光武 2년 음력 8월 26일(양력 10월 11일) 조 "中樞院一等議官尹致昊等疏"; 〈매일신문〉, 1898년 10월 11일자, "별보" 및 〈皇城新聞〉, 1898년 10월 11일자, "별보(獨立協會三疏)" 참조.

103) 〈皇城新聞〉, 1898년 10월 12일자, "雜報(學員赴會)" 참조.

104) 〈독립신문〉, 1898년 10월 12일자, "雜報(각전철시)" 및 〈皇城新聞〉, 1898년 10월 12일자, "雜報(各廛撤市)" 참조.

105) *The Independent*, 1898년 10월 13일자, "Local Items" 참조.

독립협회와 시민들의 이 완강한 개혁정부 수립 요구와 집회의 대규모화 추세를 도저히 막을 수 없음을 안 황제 고종은 독립협회와 시민의 요구에 굴복하여 마침내 법부대신 신기선을 파면하고, 군부대신 심상훈, 탁지부대신 민영기, 의정부 참정 윤용선, 의정부 의정 심순택 등 7대신을 모두 해임하였다.[106]

그리고 황제는 10월 12일자로 개각을 단행하여 의정부 의정 서리에 박정양(朴定陽), 군부대신에 민영환(閔泳煥), 탁지부대신에 조병호(趙秉鎬), 법부대신에 서정순(徐正淳), 궁내부대신에 윤용구(尹用求)를 임명했으며 뒤이어 개각이 계속되어 마침내 개혁파 내각이 성립되었다.[107]

이것은 친러수구파 정부가 붕괴되고, 1898년 10월 12일자로 독립협회가 신임하는 박정양을 수반으로 해서, 문제의 군권을 장악하는 군부대신에 민영환이 임명된, 박정양·민영환 내각의 새로운 개혁정부가 독립협회의 평화적 방법에 의해 완강한 투쟁 끝에 마침내 수립된 것을 의미하는 것이었다.

각국 외교관들도 사태의 추이를 예리하게 지켜보다가 독립협회와 시민들의 평화적 방법의 정치운동에 의하여 개혁정부가 수립되는 것을 보고 경탄을 표시하면서 하나의 '평화적 혁명'(*a peaceful revolution*)에 의하여 갑오개혁(1894) 때와 유사한 전면적 개각이 이루어졌다고 자기 나라에 보고하였다.

> 이 도시(서울—인용자)는 지금 막 집중적 열광의 시기를 통과했음을 보고한다. 하나의 평화적 혁명(*a peaceful revolution*)이 일어났다. 군중들의 요구에 의하여 거의 전면적 개각이 이루어졌다. 이러한 개각의 변동은 1894년 일본이 한국을 실질적으로 장악했을 때(갑오개혁을 가리킴

---

106) 〈官報〉, 光武 2년 10월 10일자, "號外" 및 10월 12일자, "號外" 참조.

107) 《承政院日記》, 고종 光武 2년 음력 8월 27일(양력 10월 12일) 조 "詔" 참조.

—인용자) 일어난 일이 있었다.[108]

박정양을 수반으로 하는 새로운 개혁정부의 수립은 독립협회와 시민들의 대승리를 의미하는 것이었다. 독립협회는 이제 새로운 대개혁정책의 실시를 기대할 수 있게 되었으므로 총대위원을 보내어 신 개혁정부와의 협조를 약속하였다.

독립협회는 개혁정부의 수립에 성공하자 한편으로 의회설립운동, 언론과 집회의 자유권운동, 상권수호운동 등을 전개하면서, 다른 한편으로 관민공동회(官民共同會)의 개최를 추진하였다. 독립협회는 의회를 설립하여 대한제국의 정치체제를 전제군주제(專制君主制)로부터 입헌대의군주제(立憲代議君主制)로 개혁해서 독립협회가 주도하는 의회와 새로운 개혁정부와 애국적 국민이 일치단결하여 국정전반에 걸친 대대적 개혁을 단행하여 열강의 침략 압력으로 조성된 민족적 위기를 타개하려 하였다.

독립협회는 이의 실현을 다짐하기 위한 관민공동회의 대집회를 개최하여 국민이 국정개혁의 대원칙과 구상을 결의하고, 관(官)의 합의 선서를 얻음으로써 수구파의 반격을 근본적으로 누르고 자강 개혁정책을 큰 길 위에 올려놓으려고 하였다.

관민공동회는 1898년 10월 28일부터 11월 2일까지 6일간 서울 종로에서 개최되었는데, 이 자리에는 약 4천여 명의 각계각층의 시민들과 독립협회 회원들과 학생들이 참가하였다. 그리고 제2일에는 정부 대신들이 참가하여 10월 29일 대회에서 다음과 같은 헌의(獻議) 6조의 결의안을 관·민이 합동하여 채택하였다.[109]

---

108) 《駐韓美國公使館報告》(*Communication to the Secretary of State from U. S. Representatives in Korea: H. N. Allen*), No. 152, 1898년 10월 13일조 "*Change of Cabinet, Peaceful Revolution, Independence Club*" 참조.

109) 《奏本存案》(의정부 편), 光武 2년 10월 30일조, "奏本 제220호"; 〈皇城新

■ 헌의 6조 결의안

1. 외국인에게 의부(依府) 하지 아니하고 관·민이 동심합력(同心合力) 하여 전제황권을 견고케 할 것.
2. 광산·철도·석탄·삼림 및 차관 차병과, 모든 정부와 외국인과의 조약(條約)의 일은 각부 대신과 중추원 의장이 합동으로 서명하여 날인하지 않으면 시행하지 못할 것.
3. 전국 재정은 어떠한 조세를 막론하고 모두 탁지부로 하여금 관장케 하되 다른 부(府)·부(部)와 사회사(私會社)는 간섭할 수 없게 하고, 예산과 결산을 인민에게 공표할 것.
4. 이제부터 시작하여 모든 중대 죄범은 공개재판을 시행하되, 피고가 끝까지 설명하여 마침내 자복(自服)한 후에 시행할 것.
5. 칙임관은 대황제 폐하께서 정부에 자순(諮循)하여 그 과반수에 따라 임명할 것.
6. 장정(章程)을 실천할 것.

이에 대하여 황제 고종은 이를 승인하고 헌의 6조와 함께 실천할 기타 사항으로 10월 31일 다음과 같은 조칙(詔勅) 5소를 내렸다.[110]

■ 조칙 5조

1. 간관(諫官) 폐지 후 언로가 막히어 상하가 권면 격려의 뜻이 없기로 중추원장정(中樞院章程)을 제정하여 실시할 것.
2. 각항 규칙은 일정한 것을 말한 것이 있는데, 회(會)와 신문이 역시 방한(防限)이 없을 수 없으므로 회규(會規)는 의정부와 중추원에 명해서 시의(時宜)를 참작하여 신문조례(新聞條例)를 정하고, 내부와 농상공부에 명령하여 각국 예에 따라서 시행할 것.
3. 관찰사 이하 지방관 및 지방대(地方隊) 장관 등 현임과 전임을 물론

聞〉, 1898년 11월 1일자, "별보" 및 *The Independent*, 1898년 11월 1일자, "An Assembly of All Caste" 참조.

110) 《承政院日記》, 고종 光武 2년 음력 9월 16일조, "詔" 및 〈皇城新聞〉, 1898년 11월 1일자, "別報" 참조.

하고 공금을 건몰(乾沒)한 자는 법률에 따라서 처벌하고, 민재(民財)를 편취(騙取)한 자 중에서 뚜렷한 것은 본주(本主)에게 돌려준 후 법률에 따라 처벌할 것.

4. 어사(御史)와 시찰(視察) 등의 작폐자는 그 지방 백성이 내부와 법부에 가서 소(訴)하는 것을 허락하도록 명령하여 조사해서 다스릴 것.
5. 상공학교를 건립하여 민업(民業)을 권장할 것.

고종의 조칙에는 독립협회와 의견 차이를 보이는 요소도 있었지만, 고종이 관민공동회의 헌의 6조를 무수정 재가했을 뿐 아니라 조칙 5조까지 내렸으므로, 이것으로 일단 독립협회의 목적은 달성된 것이었다고 볼 수 있다.

특히 주목해야 할 것은 관민공동회의 헌의 6조가 독립협회와 개혁정부의 합의된 개혁정책의 지침과 정강의 성격을 가진 것이었다는 사실이다. 헌의 6조의 제1조는 대외적으로 국가의 자주독립을 확고히 지켜 외국에게 의부하지 않고 관·민이 일치단결하여 우리나라 황제가 다른 열강의 여러 황제들과 나란히 서도록 자주국권(自主國權)을 확고히 세우고 강화할 것을 정책 강령으로 설정하였다.

제2조에서는 광산·철도·삼림 등 이권침탈·양여와 차관·차병 및 외국인과의 조약은 정부대신 회의와 앞으로 의회로의 개편을 전제로 한 중추원의 의결을 거쳐 통과되어서 합의되지 않고는 시행하지 못하게 하였다. 이로써 황제의 전제권이나 정부 단독으로 이권을 양여하는 것을 금지하고, 사실상 의회로 개편되는 중추원의 활동에 의해 이권침탈을 종결시킬 것을 강령화한 것이었다.

제3조는 재정을 탁지부에서만 관리하도록 하여, 당시 궁내부와 농상공부와 권력자들의 개인 사회사가 백성들로부터 잡세를 징수하던 폐단을 근절시키고, 재정제도를 근대화하여 예산과 결산을 국민에게 공개해서 재정을 국민의 감시하에 두도록 한 것이었다.

제 4조는 죄인을 공개재판 하되 피고의 변호권을 인정하고 피고가 자복한 후에 벌을 주도록 하여 국민의 자유민권(自由民權)을 철저하게 보장하려 한 것이었다.

제 5조는 정부의 대신·협판·국장 등을 비롯한 칙임관의 임명을 황제가 자의로 하지 못하도록 막고, 정부내각 회의의 과반수의 의결에 의하여 임명하도록 하여 칙임관의 선임권을 사실상 황제로부터 정부로 옮겨 놓으려 한 것이었다. 이것은 전제군주권에 근본적인 제약을 가하고 내각제도에 의한 내각책임의 행정을 실시하려 한 것이었다.

제 6조는 갑오개혁 때의 홍범 14조와 함께 나라의 법률과 규칙(장정)을 그대로 실천하여 입헌정치와 법치행정(法治行政)을 하도록 강령화한 것이었다.

관민공동회가 일단 성공했으므로, 이제 의회를 설립하여 전제군주제를 입헌군주제로 개혁해서 헌의 6조에 의거한 대개혁을 단행하면 자주 부강한 나라를 이룩할 수 있는 전망이 뚜렷이 보이게 되었다.

12. 의회설립운동

독립협회는 1898년 3월 만민공동회의 운동이 성공하자 다음 달인 4월부터는 한국 역사상 처음으로 의회(議會)설립운동을 추진하였다. 독립협회는 국민의 자유민권을 신장시키면서 한편으로 의회를 설립하고 당시의 부패무능한 친러수구파 정부를 자주적 개혁정부로 교체하려 하였다. 또한 참정한 국민과 정부와 의회가 일치단결해서 전제군주제(專制君主制)를 입헌대의군주제(立憲代議君主制)로 개정하여 국정 전반에 대한 대대적 개혁을 단행하면서 민주적 국민국가를 수립하여 참정한 국민의 힘과 정부와 의회가 합력하여 열강의 침략시도를 극복하고 나라의 자주독립과 발전을 실현해 나가려고 하였다. 여기서 핵심적 위치를 차지하고 있던 과제가 '의회설립'이었다.

독립협회가 의회설립 운동을 시작한 것은 1898년 4월 3일 제 25회 토론회의 주제를 "의회원(議會院)을 설립하는 것이 정치상에 제일 긴요함"으로 정하고 회원들과 시민들에게 의회설립의 긴급한 중요성을 계몽·토론하고 합의한 때부터였다고 할 수 있다.[111] 이 토론회에서 참석한 회원들과 시민들이 의회설립의 긴급한 필요성을 공동으로 절감하고 의회설립 운동의 시작에 합의했음은 물론이다.

당시 친러수구파 정부는 이에 놀라 법부고문 리젠드어(Charles W. Legendre; 李善得)를 1898년 4월 14일 독립협회 부회장 윤치호에게 보내어 서재필·윤치호 등 독립협회 지도자들이 주장하는 '완전한 대의정부'(代議政府, *thoroughly representative government*)의 수립은 시기상조이며, 그 대신 정부의 행정을 감시하는 기관으로 '자문원'(諮問院, *Consultation Board*)의 설치가 합당하다는 의견을 제시하였다. 그리고 의회설립 운동의 시작에 반대하는 정부의 입장을 전달하였다.[112]

독립협회는 정부의 이러한 반응에 대하여 1898년 4월 30일자 〈독립신문〉에 장문의 논설을 게재하여, 의회설립이 국민 뿐 아니라 황제와 대신들에게도 매우 유익한 제도이며, 나라의 독립과 부강을 가져온 제도임을 설명하여 의회를 반드시 설립해야 한다고 강조하였다. 그 요지를 간추리면 다음과 같다.

1. 의회가 설립되면 국민의 의사와 주장이 나라 정치에 충분히 반영되어 국민에게 한없이 유리하게 법률과 정책이 제정된다.
2. 의회가 설립되면 입법부와 행정부가 엄격히 분리되어 전문화되기 때문에 입법과 행정이 모두 능률이 높아지고 정밀하게 된다.
3. 의회가 설립되면 국민의 의사를 대변하는 의원들이 선출되어 공개 토

---

111) 〈독립신문〉, 1898년 4월 9일자, "雜報" 및 3월 29일자, "雜報" 참조.

112) 《尹致昊日記》, 1898년 4월 14일조 참조.

론과 심의 후에 법률이 입법되므로 공평하고 좋은 법률이 입법된다.

4. 의회가 설립되면 의원들의 공개토론 후에 법률과 정책이 제정되므로 간신들이 사리사욕으로 황제의 눈을 어둡게 하는 폐해와 황제의 독단적 결정의 폐해를 배제할 수 있다.
5. 의회가 설립되면 행정부는 의회가 결정한 법률과 정책을 집행만 하면 되고 의회의 감시를 받게 되므로 부정부패와 폐정이 개혁되고 행정이 빠르고 능률적으로 된다.
6. 의회가 설립되면 의회를 통해 국민이 참정을 실현하여 국민이 나라일을 자기 일로 생각해서 애국심이 배가 되고 국민과 정부 사이에 전에 없던 소통과 연대가 생긴다.
7. 의회가 설립되어 국민과 정부가 상합(相合) 단결하고 국민이 나라를 지키는 데 나서는 것을 보면 외국이 침략을 하지 못하게 된다.[113)]

독립협회는 이와 동시에 의회를 설립할 경우 의원들의 의사 진행 절차에 관한 훈련이 필요함을 절감하고 이에 대한 준비로 로버츠(Henry M. Roberts; 1837~1923)의 *Pocket Manual of Rules of Order for Deliberative Assemblies*(의회의 의사진행 규칙 요람)를 번역하기로 하였다. 이 책은 영국의 상·하원의 의사 진행 과정과 미국의 상·하원의 의사 진행 및 결의의 수천 건의 자료를 검토하여 의회진행법을 간결하게 규칙화해 정리한 책이었다.[114)]

이 책은 2부로 구성되어 있는데, 제1부는 *Rules of Order. A Compendium of Parliamentary Law, based upon the Rules and Practice of Congress*(의사진행의 규칙, 국회의 규칙과 관행에 기초한 국회법의 대요)로 의회(국회)에서의 의사 진행 규칙을 조목별로 간결하고

---

113) 〈독립신문〉, 1898년 4월 30일자, "논설" 참조.

114) Henry M. Roberts, *Pocket Manual of Rules of Order for Deliberative Assemblies* 1876, pp. 11~12, "Preface" 및 *Robert's Rules of Order, Newly Revised*(edited by Sarah Corbin Robert), 1970, pp. 27~42, "Introduction" 참조.

알기 쉽게 정리한 것이었다. 제 2부는 *Organization and Conduct of Business*(사업의 조직과 경영)이라고 하여 기업체와 일반단체에서의 회의진행 방법을 역시 조목별로 간결하고 알기 쉽게 정리한 것이었다.[115] 이 책의 제 1부는 당시 영국의 상·하의원 및 미국의 상·하원을 비롯하여 전 세계의 의회들에게 채택된 세계적으로 유명한 의회의 회의진행법이었으며, 오늘날까지도 개정판을 내어 채택되고 있는 책이므로, 독립협회가 이 책을 번역하여 의회설립 때의 준비를 한 것은 매우 적절한 것이었다고 볼 수 있다.[116]

이 책의 번역은 독립협회 부회장 윤치호가 담당해서 1898년 3월 18일부터 제 1부만 번역하기 시작하여,[117] 이를 완수해서 1898년 4월에는 《의회통용규칙》(議會通用規則)이라는 제목으로 29쪽의 국한문혼용 번역책자를 만들어서 독립협회 회원들에게 배포하고, 일반국민들에게도 1책 당 5전씩에 판매하기 시작하였다.[118] 독립협회는 1898년 6월부터는 《의회통용규칙》을 독립신문에 광고를 내 널리 선전하였다.[119]

독립협회는 의회설립의 주장을 널리 계몽하다가 마침내 1898년 7월 3일 황제에게 간곡한 문투로 상소를 올려 ① 동양사상에서도 사람을 쓸 때에는 한 사람을 쓰거나 퇴임시키거나 간에 나라사람의 의론을 반드시 존중하며, ② 유럽 여러 나라들은 전제정치일지라도 상·하의원

---

115) Henry M. Roberts, *Pocket Manual of Rules of Order for Deliberative Assemblies* 1893년판 참조. 이 책은 1876년판, 1893년판, 1904년판, 1915년판, 1918년판, 1921년판 등이 있는데, 독립협회가 번역한 판은 1893년판이었다.

116) Roberts의 *Rules of Order*는 오늘날에도 의회를 비롯한 모든 의회체에서의 회의진행법의 표준으로 사용되고 있는데, 최신판은 Sarah Corbin Robert가 Henry M. Robert 3세, James W. Cleary, William J. Evans의 도움을 받아서 수정판을 낸 *Robert's Rules of Order, Newly Revised*(1970)이다.

117) 《尹致昊日記》, 1898년 3월 18일조 참조.

118) *The Korean Repository*(Vol. 5 No. 4) 1898년 4월호, "Literary Department" p. 157 참조.

119) 〈독립신문〉, 1898년 6월 2일자부터 6월 21일까지의 '의회통용규칙' 광고 참조.

을 설립하여 언로(言路)를 여는바, ③ 이것은 만국 통용의 제도이니 우리도 의론을 광순박채(廣詢博採)할 대책을 세울 것을 주장하면서 우회적으로 의회설립을 간곡하게 제의하였다.[120]

이에 대하여 황제 고종은 비답에서 "말하는 바가 비록 조정의 일을 걱정하고 사랑한 데서 나온 것 같으나 분수를 벗어나서 망론(妄論)하지 말라"[121]고 즉각 거부 반응을 보였다.

또한 친러수구파들은 독립협회가 의회설립 운동을 전개하는 것은 '프랑스대혁명'(法國民變)과 같은 혁명을 일어나게 하는 것이라고 독립협회를 공격하였다. 독립협회는 이에 대하여 독립협회가 의회를 설립하려 하는 것은 나라의 독립을 굳히고 황실까지도 견고하게 하기 위한 것이라고 반박하였다.[122]

독립협회는 황제의 거부 반응과 수구파의 공격에 굴하지 않고 7월 12일 재차 의회설립을 요구하는 상소를 올려 ① 홍범실준(洪範實遵), ② 현량경선(賢良更選), ③ 민의박채(民意博採)를 거듭 강조하면서, 의회설립이 나라와 백성을 구하는 길임을 강경하게 주장하였다.[123] 황제와 수구파는 지난번과 마찬가지로 역시 거부 반응을 보였다.[124]

독립협회의 의회설립운동의 전략은, 황제와 친러수구파의 강경한 반대를 고려해서, 의회를 상원과 하원의 양원제로 하고 우선 중추원(中樞院)을 개편하여 '상원'(上院)을 설립한다는 것이었다. 독립협회는

---

120) 《上疏存案》(의정부 편) 제6책, 光武 2년 7월 3일조 및 《承政院日記》, 고종 光武 2년 음력 5월 21일조, "中樞院一等議官尹致昊等疏" 참조.

121) 《承政院日記》, 고종 光武 2년 음력 5월 21일조, "中樞院一等議官尹致昊等疏批旨" 참조.

122) 〈독립신문〉, 1898년 7월 9일자, "민권이 무엇인지" 참조.

123) 《承政院日記》, 고종 光武 2년 음력 6월 초2일조, "前中樞院議官尹致昊等疏" 참조.

124) 《承政院日記》, 고종 光武 2년 음력 6월 초2일조, "前中樞院議官尹致昊等疏批旨" 참조.

당시 도시에서 세력이 성장하고 있었고, 지방 농촌은 여전히 위정척사파 수구세력의 막강한 지배하에 있었을 뿐만 아니라, 전국의 일반 보통선거에 의해 하원부터 설립하는 것은 오랜 시일과 준비가 필요한 데 비해, 의회설립의 긴급성에 비추어 상원부터 설립하면 비교적 단시일에 이를 성취할 수 있다고 보았다. 또한 기존의 중추원을 개편하여 상원을 설립하면 명칭이 여전히 '중추원'으로 남아있기 때문이 황제와 수구파의 반대도 약화시킬 수 있는 가능성이 있었다.

이에 독립협회는 먼저 중추원을 개편하여 긴급히 상원부터 설립해서 상원의 주도권을 장악하여 의회의 역할과 기능을 모두 수행하면서 국정을 개혁하고, 다음에 농촌에도 독립협회의 세력을 성장시키면서 하원을 설립하려고 하였다.[125]

반면에 황제 고종과 친러수구파 정부는 독립협회의 본격적 의회설립 운동의 시작에 두 가지 대책으로 맞서려고 하였다. 하나는 정부의 유명무실한 자문기관인 중추원을 실제적 자문기관으로 활성화시켜 '자문기관'을 가지고 '의회'설립을 저지하는 것이다. 다른 하나는 고종과 수구파가 그들의 친위단체로 조직한 황국협회(皇國協會)를 시켜 상원 설립을 서둘 것이 아니라 충분한 시일을 갖고 상원과 하원의 동시 설립을 제안하게 하여 지연작전을 추진해서 의회설립을 저지하는 것이었다. 황제와 친러수구파 정부는 이 작전에 의거하여 7월 13일 독립협회 회원 중에서 윤치호·이건호·윤하영·정교 등 의회설립 주장이 강한 회원들을 포함한 신임 의관(議官) 40명을 임명하였다.[126]

그러나 독립협회는 이러한 호도책에 반대하고 중추원을 명실상부한 의회(상원)로 개편할 것을 요구하였다.[127] 또한 독립협회는 황국협회의 지연전술에 대해서는 의회설립이 당장 긴급한데 하원의 설립은 막

125) 〈독립신문〉, 1898년 7월 27일자, "하의원은 급치안타" 참조.

126) 〈官報〉(제1000호), 光武 2년 7월 13일조 참조.

127) 〈독립신문〉, 1898년 7월 16일자, "이게 중추원 조직인지" 참조.

대한 시일이 걸리니 우선 상원부터 설립하는 것이 의회설립을 가능하게 하는 실제적 방법이라고 주장하여 황국협회의 지연전술을 반박하였다.128)

독립협회는 친러수구파 정부와 고종이 의회설립에 완강히 반대하자 친러수구파 정부를 그대로 두고는 의회설립이 불가능함을 알고 작전을 바꾸어 수구파 정부를 퇴진시키고 박정양·민영환 등의 개혁정부를 먼저 수립한 후 이 개혁정부와 협의하여 상원을 설립하는 방법을 택하게 되었다. 이에 독립협회는 전술한 바와 같이 수구파 각료 7대신 규탄과 개혁정부 수립을 위한 완강한 철야 상소시위투쟁을 전개하여 마침내 10월 12일에 박정양·민영환 등의 개혁정부 수립에 성공하였다.

독립협회는 개혁정부가 수립되자 사전에 교섭하여 의회설립을 협의하기로 해서 즉각 1898년 10월 15일 독립협회 총대위원과 정부대표가 회담하고 독립협회에서 의회설립을 위한 원칙으로서 '조규(條規) 2안'을 제출하였다. 그 요점은 ① 외국의 의회규칙에 의거하여 중추원을 개편해서 의회(상원)를 설립하되, ② 의원의 절반은 정부에서 추천하고 다른 절반은 독립협회가 국민을 대신하여 투표로 선출하기로 하여, ③ 의장은 정부 추천의 의원 중에서 선출하고 부의장은 독립협회 선출의 의원 중에서 의원들이 투표로 선출하는 것을 원칙으로 한다는 것이었다.129)

이것은 독립협회가 정부에서 중추원을 개편하여 외국의 의회제도에 의거한 의회설립을 요구한 것이었다. 독립협회의 기관지 〈독립신문〉의 영문판인 *The Independent*는 이것이 바로 "국회(國會) 설립" (*The formation of Assembly*)이라고 썼으며, 독립협회가 이를 통해서 한반도에 "정치의 새로운 요인을 도입하는 것"(*introducing a new factor of*

128) 〈독립신문〉, 1898년 7월 27일자, "하의원은 급치안타" 참조.

129) 《大韓季年史》 上卷, p. 262 참조.

politics in Peninsular) 이라고 해설하였다.[130]

독립협회는 황제와 수구파의 반격 시도를 봉쇄하면서 마침내 10월 24일에는 독립협회가 작성한 '중추원관제 개편안'(상원설립안)을 새 개혁정부에 제출하였다.[131] 독립협회의 이 상원설립안은 중추원을 상원으로 개편하여 의회의 입법권을 갖게 하고, 그 의원은 절반인 25명을 정부가 추천하여 황제가 임명하고 나머지 절반인 25명은 민선의원으로 하여 독립협회가 선출해서 대행한다는 것이었다. 개혁정부는 처음에 독립협회의 상원설립안(중추원관제 개편안)에 찬성하였다.[132]

그러나 황제는 상원이 독립협회의 개혁파에게 지배당할 것을 우려하여 민선의원의 선출을 황국협회에도 독립협회와 더불어 맡기도록 법규화 할 것을 지시하였다.[133] 이렇게 되면 황제가 임명한 황제파 의원들과 황국협회 선출 의원을 합하여 상원의 3분의 2석 이상을 확보할 수 있기 때문에 상원이 설립되어도 황제의 지배하에 상원이 놓이게 되고 독립협회가 개혁정치를 할 수 없게 되기 때문이었다. 독립협회는 이에 반대하여 만일 독립협회의 개혁파가 의원수의 절반을 담당해서 개혁파와 황제파가 동수의 균형을 유지하지 못할 바에는 독립협회는 상원 구성에서 철수하고, 황국협회만으로 상원의 민선의원을 구성하든지, 아니면 독립협회만으로 상원의 민선의원을 구성하든지 양자택일 할 것을 정부에 요구하였다.[134]

정부가 황국협회에 대해 민선의원 전원 선출과 의회 운영 전담의 수락 여부를 묻자 황국협회는 며칠간의 검토 끝에 '불능'이라고 회답을 보내왔다.[135] 황국협회는 황제와 친러수구파가 독립협회에 대결하기

---

130) *The Independent,* 1898년 10월 18일자, "A Forward Movement" 참조.

131) 《大韓季年史》 上卷, pp. 272~273 참조.

132) *The Independent*, 1898년 10월 27일자, "The Privy Council" 참조.

133) 《大韓季年史》 上卷, pp. 273~274 참조.

134) 〈제국신문〉, 1898년 10월 26일자, "雜報" 참조.

위해 급조한 보부상들의 폭력단체였기 때문에 '의회'가 무엇인지, '회의' 진행조차 알지 못하는 사람들로 구성되어 있었으며, 그들이 민선의원으로 되었다가는 전 국민의 웃음거리가 될 형편에 있었으므로 기회를 모두 주어도 '불능'의 회답을 보낸 것이었다.

독립협회는 이제 총의석의 절반을 가지고 그들의 주도하에 상원 설립이 가능하게 되었으므로 개혁정부와 의회설립(중추원개편)에 대한 협의를 급속히 진전시켰다. 사태를 예리하게 관찰하고 있던 각국 외교관들도 이제 한국인들이 언론의 자유를 획득하고 일반보통선거(*popular election*)에 의한 입법부의 설립(*the establishment of legislative body*)을 가져올 수 있는 일종의 국민의회(*a sort of popular assembly*)의 설립을 보장받는 데 성공했다고 평가했다. 예컨대 주한 미국공사는 다음과 같이 본국에 보고하였다.

> 이제 나는 그들이(독립협회 — 인용자) 언론의 자유를 인정하는 조칙을 획득하는 데 성공했고, 또 그들이 내각의 반대파들을 해임시키는 성공적 운동 후에 일반보통선거(一般普通選擧)에 의하여 입법부(立法府)를 확립할 수 있는 일종의 국민의회(國民議會, *a sort of popular assembly*)를 보장받는 데 실질적으로 성공했음을 보고한다. 독립협회는 의원의 반수를 독립협회가 지명하는 중추원의 개편을 요구했으며, 이 협회는 중추원의 활동을 결정하는 규칙을 작성하는 일을 주도할 것으로 전망된다.[136]

또한 주한 영국영사는 자기나라에 독립협회가 중추원을 개편하여 절반 국민의회(*semi-popular assembly*)를 설립하고, 그 의원의 반수를 획득하는 데에 성공했다고 보고하였다.[137] 영국이 이를 '절반 국민의

---

135) 《大韓季年史》上卷, p. 276 참조.

136) 《駐韓美國公使館報告》(*Communications to the Secretary of State from U. S. Representatives in Korea: H. N. Allen*), No. 154, 1898년 10월 27일조, "Recent Actions Taken by the Independence Club of Korea" 참조.

회'라고 한 것은 영국의 상원은 국왕이 임명하는 귀족으로만 구성되고 하원은 민선의원으로 구성되므로, 중추원 의원의 절반이 민선의원으로 구성되는 상원은 영국제도에 비추어 절반의 하원에도 해당하는 것이었기 때문이었다고 해석된다.

독립협회는 그들의 의회설립 운동이 일단 성공 직전에 도달하게 되자 전술한 바와 같이 이를 굳히기 위해서 10월 28일~11월 2일까지 6일간 종로에서 관민공동회를 개최하였다. 이 관민공동회의 10월 29일의 대회에서 결의된 헌의 6조의 제 2조에는 "광산·철도·석탄·삼림 및 차관·차병과, 모든 정부와 외국인과의 조약의 일은 각부 대신과 중추원 의장이 합동으로 서명하여 날인하지 않으면 시행하지 못할 것"이라는 상원설립과 관련된 조항을 결의하였다. 이 조항은 중추원을 개편하여 상원을 설립할 것을 전제로 하고, 모든 외국과의 조약 체결은 황제 및 정부가 단독으로 체결 할 수 없게 하고 상원으로 개편된 중추원 의장의 비준을 받도록 하여 상원(중추원)의 조약비준권의 정립을 명백히 한 것이었다. 이것은 독립협회의 의회설립이 민권뿐만 아니라 ① 광산·철도·석탄·삼림 등 모든 이권침탈·양여와, ② 차관, ③ 차병(借兵), ④ 그밖에 모든 외국 및 외국인과의 조약 체결은 중추원 의장의 비준을 받아야 하도록 하여 의회(상원) 설립이 나라의 자주독립(自主獨立)의 수호도 목적으로 한 것임을 명백히 나타낸 것이었다.

또한 관민공동회의 10월 30일 대회에서 황제가 내린 조칙 5조의 제 1조에는 "간관 폐지 후 언로가 막히어 상하가 권면 격려의 뜻이 없기로 중추원 장정을 제정하여 실시할 것"이라는 조항이 포함되어 있었다. 이 조항은 사실상 중추원관제의 개정에 의한 상원의 설립을 황제가 조칙으로써 공식적으로 승인한 것으로 해석되는 것이었다.

---

137) 《주한영국영사관보고》(*Reports and Communication from the British Consul in Seoul*), 1898년 11월 12일조, "機密報告書 제108호"참조.

독립협회가 주최한 6일간의 관민공동회도 대성공리에 끝나고 중추원 관제의 개정에 대한 황제의 공식 승인도 획득하게 되자, 박정양·민영환의 개혁정부는 그동안 독립협회의 요청에 의해 그와 협의하며 준비한 '중추원신관제'(中樞院新官制; 상원설립법)를 1898년 11월 2일자로 만들어 11월 3일 황제의 재가를 얻고, 11월 4일 공포하였다.[138] 이것이 한국역사상 최초의 의회설립법에 해당하는 것이었다.

1898년 10월 24일 독립협회가 최초로 정부에 제출한 '중추원개편안'과 11월 4일 개혁정부가 독립협회와 협의 제정해서 공포한 '중추원신관제'를 표로 만들어 대비해 보면 〈표 5-1〉과 같다. 표에서도 알 수 있듯이 개혁정부의 '중추원신관제'는 독립협회의 '중추원개편안'(상원설립안)을 거의 그대로 반영한 것이었다. 약간 다른 점이 있다면 독립협회의 안에서는 민선의관 25명의 선출을 독립협회가 담당하는 것으로 고정시킨 데에 비해, 개혁정부의 중추원신관제에서는 이를 '인민협회'라고 고쳐서 앞으로의 다른 협회들의 참가의 길을 열어놓고 제 16조에 당분간 독립협회가 이를 담당하도록 한정했으며, 의원의 피선거 자격을 규정하고 있는 점 정도이다.

새 중추원이 상원의 기능을 갖고 있는가를 또 한 번 검증하기 위하여 이를 '심의의 기능'과 '대표의 기능'으로 나누어 고찰해 볼 필요가 있다.

먼저 '심의의 기능'을 보면, 신중추원의 기능과 역할은 현대 민주주의 국가의 의회의 기능을 모두 갖추고 있음을 알 수 있다. 제 1조에서 볼 수 있는 바와 같이 신중추원은 모든 법률의 제정·폐지·개정의 모든 입법권을 갖고 있었으며, 또한 군주제하에서 칙령(勅令)의 제정·폐지·개정의 모든 권리를 갖고 있었다. 이 밖에도 의정부(정부)가 황제에게 상주하는 모든 사항은 반드시 사전에 중추원의 동의를 얻도록 되어 있다. 즉 신중추원은 ① 입법권, ② 조약비준권, ③ 행정부의 정

138) 〈官報〉(제1097호), 光武 2년 11월 4일조 참조.

〈표 5-1〉 독립협회의 '중추원개편안'과 개혁정부의 '중추원신관제'의 비교

	독립협회의 중추원개편안	개혁정부의 중추원신관제
중추원의 권리와 기능	(제1조) 중추원은 의정부의 자순(諮詢)을 응하여 중추원 건의를 위하여 다음 사항을 심사 의정(議定)하는 처소로 함. 1. 법률칙령안(法律勅令案) 2. 의정부에서 경의(經義)하는 일체 사항 3. 중추원에서 임시 건의하는 사항 4. 인민 헌의를 채용하는 사항	(제1조) 중추원은 다음 사항을 심사 의정하는 처소로 함. 1. 법률(法律)·칙령(勅令)의 제정·폐지 혹은 개정에 관한 사항 2. 의정부에서 경의·상주(上奏)하는 일체 사항 3. 칙령을 인(因)하여 의정부로서 자순하는 사항 4. 의정부로서 임의 건의에 대하여 자순하는 사람 5. 중추원에서 임시 건의하는 사항 6. 인민의 헌의(獻議)하는 사항
구성	(제2조) 중추원은 다음의 직원으로 합성(合成)함. : 의장 1인, 부의장 1인, 의관 50인, 주임(奏任), 반수는 독립협회에서 회원으로 투표 선거함. 참서관(參書官) 2인 이하 주임, 주사(主事) 4인 이하 판임(判任).	(제2조) 중추원은 다음의 직원으로 합성함. : 의장 1인, 부의장 1인, 의관 50인, 참서관 2인, 주사 4인.
선출	(제3조) 의장·부의장은 칙임(勅任)이요, 의관(議官)은 주임(奏任)으로 하되 등급(等級)은 무(無)함. 단, 칙임은 의정(議政)이 주칙서임(奏勅敍任)하고 주임은 의정(議政)이 상주서임(上奏敍任)함.	(제3조) 의장은 대황제께옵서 성간(聖簡)으로 칙수(勅授)하시고, 의관 반수는 정부에서 국가에 노예(勞勩)가 증유(曾有)한 자로 회의 주천(奏薦)하고 반수는 인민협회(人民協會)에서 27세 이상의 인(人)이 정치·법률·학식에 통달한 자로 투표 선거함.
서등과 임기	(제4조) 의장·부의장 및 의관의 임기는 12개월로 정함.	(제4조) 의장은 칙임 1등이요, 부의장은 칙임 2등이요, 의관은 주임(奏任)이니 서등(敍等)은 무(無)하고 임기는 각각 12개월로 정함. 단, 의관이 기만(期滿)하기 전 1개월에 후임 의관을 예선(豫選)함.

	독립협회의 중추원개편안	개혁정부의 중추원신관제
서등과 임기		(제 5조) 참서관은 주임(奏任)이요, 주사는 판임(判任)이니 서등은 일반 관리와 동(同)함.
부의장 이하의 임명절차		(제 6조) 부의장은 중추원 통첩(通牒)을 대(待)하여 정부로서 상주(上奏)하는 조칙(詔勅)으로 임명하심을 공준(恭竣)하고, 의관은 정부에서 상주서임(上奏敍任)하고, 참서관은 중추원 천첩(薦牒)을 대하여 정부에서 주임(奏任)하고, 주사는 의장이 경의전행(經議專行) 함.
의장·부의장의 직능	(제 5조) 의장은 중추원에 속하는 일체 사무를 총관(摠管)하고 또 중추원에서 하는 일체 공문(公文)에 명(名)을 서(署)함.	(제 7조) 의장은 중추원의 대소사무를 총할(總轄)하고 일체 공문에 서명(署名)함.
		(제 8조) 부의장은 의장의 직무를 보좌하고 의장이 유고(有故)한 시(時)는 그 직을 대판(代辦)함.
사무관의 직능	(제6조) 참서관은 의장의 지휘를 승(承)하여 중추원의 서무(庶務)를 장(掌)함.	(제9조) 참서관은 의장 및 부의장의 지휘를 승하여 서무를 장함.
	(제 7조) 주사는 상관(上官)의 지휘를 승(承)하여 서무에 종사함	(제 10조) 주사는 상관의 지휘를 승하여 서무를 장함.
중추원의 권한		(제 11조) 중추원에서 각항조건(各項條件)에 대하여 의결(議決)하는 권(權)만 유(有)하고 상주(上奏) 혹은 발령(發令)을 직행(直行)함을 득(得)치 못함.

	독립협회의 중추원개편안	개혁정부의 중추원신관제
중추원의 동의권	(제 8조) 의정부와 중추원에서 의견이 불합(不合)하는 시(時)는 부(府)·원(院)이 합석협의(合席協議)하여 타당가결(妥當可決)한 후에 시행함.	(제 12조) 의정부와 중추원에서 의견이 불합하는 시는 부·원이 합석협의하여 타당가결한 후에 시행하고 의정부에서 직행(直行)함을 득(得)치 못함.
국무대신의 출석과 의안설명	(제 9조) 국무대신(國務大臣)이 위원(委員)을 명(命)하여 그 주임(奏任)하는 사항으로 의정부의 위원이라 하여 중추원에 지(至)하여 의안(議案)이 이취(理趣)를 판명(辨明)하게 함.	(제 13조) 국무대신이 위원을 명하여 그 주임하는 사항으로 의정부의 위원이라 하여 중추원에 지하여 이취를 판명함.
국무대신의 列席	(제 10조) 국무대신 및 각부 협판(協辦)은 중추원에 내회(來會)하여 의관(議官)이 되어 열석(列席)함을 득(得)하나, 단 그 각 주임사항(主任事項)으로는 결의하는 원수(員數)에 가(加)하지 못함.	(제 14조) 국무대신 및 각부 협판은 중추원에 내회하여 의관이 되어 열석함을 득하나, 단 그 주임사항으로는 의결(議決)하는 원수에 가하지 못함.
부칙	(제 11조) 본령(本令)을 반포일로부터 시행함.	(제 15조) 개국 503년 칙령 제 40호 중추원관제는 본관제(本官制) 반포일로부터 폐지함.
		(제 16조) 본관제 제 3조 중 인민선거(人民選擧)는 현금간(現今間)에는 독립협회(獨立協會)로서 행함.
		(제 17조) 본령(本令)은 반포일로부터 시행함

	독립협회의 중추원개편안	개혁정부의 중추원신관제
제정일·주체	광무(光武) 2년 10월 24일 독립협회(獨立協會) 대표위원 윤치호(尹致昊)·이상재(李商在)·정교(鄭喬)·이건호(李建鎬)	광무(光武) 2년 11월 2일 봉칙(奉勅) 의정부(議政府) 참정(參政) 박정양(朴定陽)

책에 대한 심사권, ④ 심사권을 통한 사실상의 감사권, ⑤ 건의권, ⑥ 행정부의 문의에 대한 자순권을 갖고 있었다. 이것은 민주주의 국가들에서 전형적인 의회만이 가졌던 권리들이며, 19세기 말의 영국·프랑스·미국·독일 등 모든 의회주의 국가들의 의회의 권리도 이 이상이 아니었다. 심의의 기능 면에서는 신중추원은 19세기 말의 모든 민주주의 국가들의 의회와 완전히 동일한 입법부의 권리를 갖춘 것이어서 의회로 규정해도 전혀 손색이 없는 것이었다.

한편 '대표의 기능' 면에서 보면, 신중추원은 상원으로서는 충분히 합당한 것이었으나 하원으로서는 요건에 크게 미달되는 것이었다. 하원은 국민의 투표에 의하여 선출된 의원들(국민대표들)로 구성되는 것인데, 신중추원에서는 국민대표들은 총의원수의 절반밖에 되지 않았다. 그리고 그 민선의원들도 국민이 직접 선출한 것이 아니라 독립협회에 선출권을 위임하여 독립협회 회원들이 투표에 의해 선출하도록 한 것이었다. 그러나 신중추원은 상원으로서는 훌륭한 요건을 넘치게 갖고 있었다. 또 실제로 독립협회는 처음부터 중추원 개편에 의해 상원을 설립하려는 목적으로 만들어졌으며, 신중추원은 당시 상원으로서 설립 공포된 것이었다.[139]

139) 〈독립신문〉, 1898년 7월 27일자, 〈하의원은 급치안타〉 및 《尹致昊日記》, 1898년 5월 2일조 참조.

19세기 말엽의 각국의 상원의 대표성을 보면, 하원과는 달리 상원은 거의 대부분 국왕 및 정부의 임명제에 의거하고 있었다. 19세기 말 영국의 상원은 모두 국왕 및 정부의 임명제에 의거하고 있었다. 독일도 마찬가지였다. 일본도 이 시기에는 의회를 설립했었는데 상원은 국왕 및 정부가 귀족과 국가 공로자 중에서 임명하는 제도였다. 상원을 민선위원으로 구성한 것은 공화국인 프랑스와 미국뿐이었는데, 프랑스는 상원의원의 다수를 국민이 간접선거로 선출하고 소수의 상원의원을 정부가 탁월한 인물 중에서 추천하여 임명하였다. 19세기 말에는 미국만 상원의원도 하원의원과 마찬가지로 국민의 직접선거에 의하여 선출하였다.

이러한 19세기 말의 의회제도의 발전의 단계를 고려할 때, 독립협회가 상원으로서의 중추원 의원에 국민의 직접선거에 의한 의원 선출을 하지 않고 독립협회가 국민대표로서의 위탁을 자임하여 이를 대신 투표로 선출한 것은 당시의 관행제도에서는 조금도 이상한 일이 아니었다.

상원으로서의 신중추원은 50명의 총의원 중에서 25명은 정부가 추천하여 황제가 임명하고, 25명은 인민을 대표하여 독립협회가 투표에 의해 선출하고 있는데, 이것은 19세기 말에 있어서 공화국인 프랑스와 미국의 상원보다는 후진적이었지만, 입헌군주국인 영국과 독일과 일본의 상원보다는 훨씬 더 공화주의적 요소를 도입한 선진적인 것이었다. 적어도 상원의 반수는 국민대표로서의 민선의원이며, 민간단체가 투표로 선출하기 때문이었다. 주한 영국공사가 이 신중추원에 대해 본국에 보고하기를 '절반 국민의회'(*semi-popular assembly*)라고 규정했었는데, 이것은 신중추원이 상원으로서는 매우 진보적이어서 이를 벗어나 절반은 하원의 성격도 일부 갖추고 있는 것으로 보았기 때문이라고 해석된다. 즉 신중추원은 의회의 하나로서 매우 진보적인 상원의 특징을 갖고 있었음을 알 수 있다.

개혁정부는 1898년 11월 4일 상원설립을 위한 '중추원신관제'를 공포함과 동시에 독립협회에 공한을 보내어 중추원신관제 제 3조와 제 16조에 의거하여 독립협회에서 25명의 민선의원을 11월 5일 안으로 선출하여 그 명단을 보내달라고 요청하였다.[140] 독립협회는 이에 11월 5일 오전에 독립관에서 전체회원의 투표에 의하여 신중추원(상원)의 민선의원 선거를 실시할 것을 11월 4일 널리 공고하였다.

그러나 독립협회와 개혁정부의 의회설립운동은 친러수구파가 모략전술을 사용하여 황제의 칙명으로 개혁정부를 붕괴시키고 독립협회를 강제해산시켰으며 중추원신관제를 취소 폐기했기 때문에 개원 직전에서 좌절당하였다. 친러수구파들은 독립협회가 추진한 관민공동회가 성공하고 의회설립이 눈앞에 현실화되자, 의회가 개설되면 독립협회와 의회와 개혁정부가 단결하여 국정 전반에 대개혁을 단행할 것이고 민권은 더욱 급속히 성장하여 자기들은 정권에서 영구히 탈락하게 되는 것이라고 생각하였다.

이에 친러수구파들은 모략전술을 채택하여, 11월 5일 오선의 독립협회의 선거는 의회의원 선거가 아니라 공화정 수립을 위한 대통령 선거임을 알리는 독립협회 명의의 익명서(비밀전단)를 만들어 11월 4일 밤에 서울 시내의 요소에 비밀리에 붙였다.[141] 이 익명서는 경무관에 의해 수거되어 황제 고종에게 제출되었고, 놀란 황제의 질문에 대기하고 있던 친러수구파들은 11월 5일의 독립협회 선거가 국체를 '공화국'으로 변개하여 대통령에 박정양, 부통령에 윤치호를 선출하고 독립협회 간부들을 대신으로 한 공화정부를 수립하려는 선거라고 모략하여 보고하였다.[142]

---

140) 《大韓季年史》 上卷, p. 289 참조.

141) 윤치호, 〈독립협회의 始終〉, 〈新民〉 제 14호, 1926년 6월호, p. 59 참조.

142) The Independent, 1898년 11월 10일자, "Molayo's Accounts of Recent Events in Seoul" 및 《大韓季年史》 上卷 p. 289 참조.

자기가 폐위된다는 모략 보고에 놀란 황제 고종은 11월 4일 밤부터 11월 5일 새벽에 걸쳐 경무청을 총동원해서 독립협회 간부들을 기습적으로 체포하고, 개혁정부를 해산시킨 후 조병식을 행정수반으로 한 친러수구파 정부를 다시 수립하였다.

친러수구파 정부는 즉각 독립협회를 '반역단체'로 규정하고 독립협회를 강제 해산시켰다.[143] 친러수구파 정부는 물론 '중추원신관제'(상원설립법)도 폐지했다.[144] 이에 19세기 말 한국민족의 개혁파가 의회를 설립해서 전제군주제를 입헌대의군주제로 개혁하여 국민을 참정시켜서 자유민권을 신장시키며 국민의 힘으로 나라의 자주독립을 지키려고 한 의회설립 운동은 성공 일보 직전에서 좌절당하게 되었다.

13. 독립협회의 자주 · 민권 · 자강운동의 역사적 의의

독립협회가 의회설립 직전에 해산당하고 독립협회의 간부들이 체포당했으며, 개혁파 정부가 붕괴되고 다시 친러수구파 정부가 수립되었다는 소식을 들은 서울 시민들은 11월 5일 궐기하여 자발적으로 만민공동회를 조직하였다. 그리고 42일간에 걸쳐 한국 근대사상 최장의 철야시위를 하면서 ① 구속된 17명의 독립협회 지도자 석방, ② 독립협회 재설립 승인, ③ 수구파 5대신 규탄과 개혁정부 재수립, ④ 김덕구(金德九) 만민장(萬民葬) 시위운동, ⑤ 헌의 6조 실천, ⑥ 친러수구파와 황제파의 폭력단체인 황국협회(皇國協會)의 공격 저지,

---

143) 《起案》(법부 편) 제68책, 光武 2년 11월 5일조 및 《奏議》(의정부 편) 제24책, 光武 2년 11월 7일조, "奏本 제237호, 諸會爲名一切革罷事" 참조.

144) 《奏議》(의정부 편) 제24책, 光武 2년 11월 12일조, "奏本 제238호, 중추원 관제 중 개정에 관한 건" 참조.

⑦ 중추원의 의회로의 개편과 의전의 중추원신관제 시행, ⑧ 대신후보 인물의 추천과 전면개각 등을 요구하는 운동을 맹렬하게 전개하였다.

이 시기에 친러수구파들은 다시 집권했으나 만민공동회 운동에 밀려 독립협회 지도자들을 석방하고 독립협회 재설립을 허용하는 등 시민세력의 운동 압력에 굴복할 수밖에 없었다.[145] 각 지방에서도 독립협회의 지회들이 자발적으로 설립되어 개혁세력은 지방에서도 급속히 성장하는 추세를 보이기 시작하였다.[146]

그러나 1898년 12월 25일, 러시아와 일본의 양해와 동의를 얻은 황제 고종과 친러수구파 정부는 주한 일본공사의 건의에 따라 시위대(侍衛隊)를 동원해서 서울 시내를 계엄상태에 두면서 무력으로 만민공동회를 기습적으로 해산하고 한때 재설립되었던 독립협회를 영구히 해산시켰으며, 독립협회·만민공동회의 간부들을 일거에 340여명이나 검거하여 개혁파의 자주민권자강운동을 철저히 금지하고 탄압하였다. 이에 독립협회·만민공동회의 자강운동은 실패로 돌아가고 말았다.[147]

그 후 1904년 2월 러일전쟁이 발발할 때까지 정권을 장악한 친러수구파는 국민은 피치자이므로 정치참가나 정치적 공언(公言)을 해서는 안되고 관인(官人)이 정치를 전담한다고 천명했으며, 국민주권과 국민 참정권은 물론이고 언론·집회·출판·결사의 자유를 엄격히 금지하였다. 그들은 대한제국이 영구히 전제군주체제(專制君主體制)임을

---

145) 《奏議》(의정부 편) 제24책, 光武 2년 11월 22일조, "奏本 제241호, 獨立協會旣已從民願復設矣仍前設會事" 및 《大韓季年史》上卷, p. 344 참조.

146) 〈독립신문〉, 1898년 12월 15일자, "雜報(본회답장)" 및 《大韓季年史》上卷, pp. 378~380 참조.

147) 《各部法照存案》(의정부 편) 제2책, 光武 2년 12월 26일조, "照會內部·軍部"; 《獨立協會沿歷略》, "독립협회" 및 《大韓季年史》上卷, pp. 404~407 참조.

밝히는 '대한국 국제'(大韓國國制)를 제정·공포하고, 황실의 전제권과 각종 권력을 강화하였다.

독립협회의 자강운동의 실패의 원인은 친러수구파의 무력탄압과 그에 대응하는 시민층의 미성숙에 근본 요인이 있었지만, 그 외에도 독립협회 지도자들의 지도력의 빈곤과 민족운동·자주민권자강운동을 지나치게 도시 중심으로만 전개하고 농민층에의 침투력이 부족한 곳에도 중대한 원인이 있었다.

독립협회의 민족운동은 비록 실패했지만, 다음의 몇 가지 점에서 그 후의 한국근대민족운동의 발전에 큰 영향을 끼쳤으며, 큰 역사적 의의를 가진 민족운동이 되었다.

첫째, 독립협회는 19세기 말 열강이 이권침탈과 식민지화 정책을 본격화 한 매우 위험한 해인 1898년 초에 만민공동회 운동을 통하여 이를 역전시켜 러시아·일본 등 외세를 후퇴시키고 마침내 한반도를 둘러싼 '국제 세력균형'을 획득하는 데 성공하였다. 결국 이 세력균형이 러일전쟁 발발 때까지 만 6년간 계속되어 국민이 민족적으로 성장할 수 있는 시간을 번 것이었다.

둘째, 독립협회의 운동에 의하여 개화독립 사상과 국민대중이 결합하는 데 성공하였다. 독립협회에 의해 민중·시민들이 크게 각성하여 근대 민족주의 사상과 개화독립 사상을 갖게 된 것이었다. 이때의 민중은 도시 시민층과 지식인층과 청년학생층이 중심이 되지만, 독립협회에 의하여 개화독립 사상과 민중이 결합되었기 때문에 장기적으로 볼 때에 이후에 시민·민중에 의하여 자주적 근대화운동이 전개되고 민족운동의 주체와 방향과 추진력이 문제를 해결할 수 있도록 사회의 역사적 발전의 대세에 합치되어 전개된 것이었다.

셋째, 독립협회의 운동은 당시와 그 후의 자주독립 유지에 기여하고 개혁정책에 부분적으로 반영되어 한말의 국가와 사회의 발전에 상당한 영향을 끼쳤다. 단기적이었지만 독립협회의 자강운동은 열강의 이권침탈을 저지시키고 나라의 자주독립을 강화했으며, 장기적으로는 특히 교육과 실업부문에서 독립협회의 개혁안이 일부 반영되고 채택되어 민족의 발전에 크게 기여하였다.

넷째, 독립협회 운동에 의하여 한국사에서 처음으로 민주주의와 공화정 사상이 한국인의 사회사상으로 정립 발전하게 되었다. 한국에서 근대민주주의 사상의 성립은 독립협회에서 본격적으로 비롯된 것이었다. 한국의 민족주의는 독립협회에 이르러 민주주의 사상과 결합되면서 '근대적' 특성을 강화하여 대폭적으로 발전하게 되었다.

다섯째, 독립협회의 운동은 청년학생층을 중심으로 하여 수많은 애국자들을 양성하였다. 그 후 한국의 민족운동의 주체세력을 실증적으로 보면 그들이 모두 독립협회·만민공동회에 참가하여 큰 영향을 받은 이들로, 독립협회의 운동이 길러낸 인물들임을 알 수 있다.

여섯째, 독립협회의 운동은 그 후의 애국계몽운동, 일부의 의병운동, 민족문화운동, 항일독립운동의 원류를 이룬 것이었다. 특히 한말 애국계몽운동은 독립협회의 운동을 직접적으로 계승한 운동이었다.

다수의 외국학자들은 개항 후 한국인의 사상과 민족운동에는 강렬한 저항민족주의(예컨대 동학·갑오농민혁명운동)는 있었으나 그 뒤에 새로운 국민국가와 시민사회를 건설할 근대시민적 민족주의와 자주근대화·자유민권사상과 운동이 없었기 때문에 제국주의 열강에 종속되는 것은 불가피했으며, 서구 제국주의 열강의 식민지가 되기 전에 일본 제국주의가 선점(先占)한 것에 불과하다는 역사해석을 자주 발표해 왔다.

그러나 독립협회의 사상과 자강운동은 이미 19세기 말에 한국인들이 스스로 국민국가와 시민사회를 수립 발전시킬 근대시민적 민족주의와 구체적 방안을 만들었을 뿐 아니라, 이를 실천하는 강렬한 민족운동을 전개했음을 보여준다. 만일 러시아와 일본이 고종과 수구파를 지원해서 이 구국개혁운동을 탄압하고 침략하지 않았더라면 한국민족은 이미 19세기 말에 자신의 힘으로 자유롭고 독립적이며 자주 부강한 국민국가와 시민사회를 건설할 수 있었다고 말할 수 있을 것이다.

(국사편찬위원회, 《한민족 독립운동사》, 제 11권, 1992)

제 6 장

1905년 을사조약의 불성립과 무효

1. 머리말 : 문제의 한정

1905년 11월 18일 일본 제국주의의 강요에 의하여 대한제국과 일본제국 사이에 체결된 것으로 알려져 있는 '을사조약'은 대한제국의 외교권을 박탈하고 한국을 '보호국'이라는 이름의 반(半)식민지 상태로 만든 조약이었다.

그러나 이 '을사조약'에 대해서는 당시부터 오늘날까지 합법적 조약인가 불법적 조약인가에 대한 끊임없는 의문이 제기되어 왔다. 규장각이 1992년 5월 11일 을사조약의 원본에는 광무황제(고종)의 서명·날인이 없고 비준서도 없다고 원본을 공개하여 발표하자, 을사조약의 불법성과 무효 문제에 대한 논의가 다시 일어나게 되었다.[1] 필자는 처

1) 규장각 발표 전후 이 문제를 다룬 논설·논문들을 발표순으로 배열하면 다음과 같다.

① 尹炳奭, "乙巳五條約의 신고찰", 〈國史館論叢〉 제23집, 1991. 12.

② 愼鏞廈, "虛僞文書로 韓半島 强占", 〈東亞日報〉, 1992년 5월 12일자.

③ ______, "을사5조약은 國際法上 無效다", 〈역사산책〉, 1992년 6월호.

④ ______, "을사5조약의 無效 판명과 우리의 적극 대응의 필요", 〈殉國〉,

음부터 이 논의를 시작하여 '을사조약'의 불법성과 무효를 주장하였다. 필자는 그 직후 정신대 문제와 관련하여 '을사조약'의 불법성과 무효 문제를 밝히고자 필자의 연구실을 방문한 UN 인권 변호사 토츠카 에쓰로(戸塚悦朗) 씨와 토론하고 자료수집에 협력했으며, 일본 국회의원들이 규장각을 방문하여 을사조약 문제의 자료를 문의했을 때에도 물론 협력하였다.

그런데 최근에 일본에서 우노(海野福壽) 교수가 이 문제에 대하여

1992년 7·8월호.

⑤ 戸塚悦朗, "乙巳保護條約の不法性と日本政府の法的責任", 國際人權研究會, 《1905年 '韓國保護條約'は 成立していたのか》, 1993, 2.

⑥ 愼鏞廈, "1905년 韓·日간 '乙巳5條約'의 締結不成立과 無效문제", 1993년 7월 23일 中國 北京大學 韓國學 硏究中心講演論文, 〈韓國學論文集〉(中國北京大學), 제 2집, 1993.

⑦ 李泰鎭, "'乙巳條約'과 '丁未條約'의 法的 결함과 道德性 문제", 1993년 7월 30일 일본 東京 국제심포지엄 발표논문, 이태진 편저, 《일본의 대한제국 강점》(까치), 1995. 8.

⑧ ______, "純宗 勅令 僞造署名의 발견경위와 그 意義", 1993년 3월 23일, 한·일 문화교류기금 제 25차 강연, 《통감부의 대한제국 宝印 탈취와 純宗皇帝 署名僞造》에 수록.

⑨ 金基奭, "光武帝의 主權守護 外交, 1905~1907", 서울대 교육연구소, 1993. 8.

⑩ 李泰鎭, "條約의 명칭을 붙이지 못한 乙巳保護條約", 이태진 편저, 《일본의 대한제국 강점》에 수록, 1995. 8.

⑪ ______, "공포 칙유가 날조된 '日韓併合條約'", 이태진 편저, 전게서 수록.

⑫ 金吉信, "すべての舊'條約'は 不法, 無效虛僞文書"(발표일자 불명), 海野福壽 편, 《日韓協約と韓國併合》(東京, 明石書店), 1995. 6.

⑬ 琴秉洞, "乙巳保護條約の 强制調印と問題點"(발표일자 불명), 海野福壽 편, 전게서 수록, 1995. 6.

⑭ 海野福壽, "硏究の 現狀と問題點", 海野福壽 편, 전게서, 1995. 6.

⑮ ______, "韓國保護條約について", 海野福壽 편, 전게서, 1995. 6.

⑯ 李相燦, "을사조약과 병합조약은 성립되지 않았다", 〈역사비평〉 제 31호, 1995. 겨울호.

여러 사람의 논문을 모아 《일한협약과 한국병합》이라는 책으로 편찬했다. 그는 책에 수록된 그의 논문에서 을사조약이 형식적 적법성을 갖춘 조약이라고 주장하고, 필자의 을사조약의 불법성과 무효를 논증하는 견해를 비판했다.

> 1992년 5월 12일의 한국지는 서울대학교 규장각에 보존된 을사조약(제2차 일한협약)의 '원본'에는 황제의 서명 날인이 없으며, 조약 체약의 전권위임장도 발견되지 않았다고 보도했다.
>
> 이를 받아서 신용하(愼鏞廈) 서울대 교수는 동아일보 1992년 5월 12일자에 "허위문서로 한반도 강점 / 외교권 박탈 / 식민정책 모두 불법 / 국사교과서를 수정하고 배상 기준년도를 끌어올려야"라는 제목을 붙인 주장을 특별기고 하였으며, 또한 〈역사산책〉 6월호에 "을사 5조약은 국제법상 무효다"라는 글을 썼다. 조약체결권을 가진 황제의 친필 서명과 옥새 날인을 필요조건으로 하는 을사조약에 그것이 없고, 외부대신과 일본공사의 서명 날인이 있는 것만으로는 국가 간의 조약체결이라고는 할 수 없으므로 "을사조약은 허위 조약이고 본래부터 국제법상 무효이다"라는 주장이다.[2)]

우노 교수가 '을사조약'의 형식적 적법성을 주장하는 논지의 근거는 일본외무성 조약국의 《각국의 조약 및 국제약속 체결 수속에 관한 제도》를 보면 국제조약과 약속에는 3종이 있다는 것이다.

> 제1종. 비준에 의하여 체결되는 조약으로, 추밀원(樞密院)에 자순(諮詢)을 요하는 것.
>
> 제2종. 비준을 요하지 않으며, 오직 폐하(일본 천황을 의미 — 인용자)의 재가(裁可)를 갖고서 체결하는 국제약속.
>
> 제3종. 폐하의 재가를 앙청함이 없이, 정부 간에서 체결하는 국제약속.

---

2) 海野福壽, 〈研究の 現狀と問題點〉, 《日韓協約と韓國併合》, 1995. 6. p. 12.

우노 교수는 일본정부가 의도적으로 비준을 피하기 위하여 을사 5조약을 '제 2종'으로 간주하여 합법적 체결로 보아야한다고 주장하였다. 그는 한·일 양국 간의 조약을 보면, 1876년의 '조·일 수호조규', '조·일 수호조규 속약' 만 비준서 교환이 행해졌고, 그 밖의 모든 조약은 비준서 없이 체결되었으므로, 1905년 을사 5조약이 비준서 없이도 적법하게 체결된 것으로 보는 것이 합당하다고 주장하였다.[3)]

우노 교수의 이러한 주장은 당시의 일본 제국주의의 입장만 고찰하여 옹호한 것이며, 국제조약의 국제성도 이해하지 못한 그야말로 '초보적 오해'에 불과한 것이다.

국제조약은 상대국이 있는 조약이 아닌가. 따라서 일제도 처음에는 한국 황제의 비준을 받으려고 했었다. 그러나 한국 황제의 비준을 받아내는 데에 실패하자, '을사 5조약'을 후에 그들의 분류상 '제 2종'으로 '비준서' 없이 체결할 수 있는 조약이라고 일방적으로 간주하였다. 그런데 남의 나라 외교권을 침탈하고 이른바 '보호국(半식민지)'으로 전락시키는 조약을 체결하면서 국제공법과 상대국 조약체결권자·대표의 동의와 비준을 무시한 일제의 이러한 조치가 국제적으로도 과연 적법한지 의문이다.

당시의 국제공법은 국제조약의 체결요건으로 ① 조약을 체결하는 나라들은 반드시 국가를 대표하는 조약체결권자(또는 그 위임장을 가진 자)가 조약에 서명·날인해야 하고, 조약체결권자가 누구인지는 각각 그 나라의 국내법에 의해 결정하는 것이며, ② 그 조약체결권자가 국제조약에 서명·날인하여 조약이 형식상 체결된 경우에도, 그 국가 대표자에 대해 개인적인 위협과 강박 아래 서명·날인이 이루어진 경우에는 그 형식상 체결된 조약은 무효라고 간주하고 있었다.

이 글에서는 이러한 당시의 기준에 비추어서도 '을사조약'이 과연 형

---

3) 海野福壽, 전게서, pp. 13~22 및 pp. 327~380 참조.

식상으로도 적법한 것인지의 문제를 다시 검토하기로 한다.

2. 대한제국의 국제조약체결권자

1897년 10월 국호를 '대조선국'으로부터 '대한제국'으로 고친 후, 정치체제를 놓고 황제 및 집권한 수구파의 '전제군주제' 주장과 개혁파인 독립협회의 '입헌군주제' 주장이 첨예하게 대립하게 되었다. 수구파는 모든 권력을 황제에게 집중시키고자 하였고, 대외조약 체결에 있어서도 그 체결권자를 종전과 같이 오직 군주인 '황제'로 하고자 하였다. 이에 비하여 개혁파인 독립협회는 중추원을 개편하여 의회를 설립해서 입헌체제를 수립하려 했고, 대외 조약 체결에 있어서도 정부와 황제의 결정 후에 반드시 의회의 '비준'을 받게 하고자 하였다.

결국 황제와 수구파가 승리하여 1898년 12월 25일 독립협회는 해산되고, 대한제국의 정치체제는 '전제군주제'로 굳어지게 되었다. 황제와 수구파는 1899년 8월 17일자로 대한제국의 정치체제를 규정한 기본법(헌법에 해당)인 전문 9조의 '대한국 국제'(大韓國國制)를 제정 공포하였다.

'대한국 국제'의 제 9조에서는 대외관계의 황제의 권리로서 "대한국 대황제께옵서는 각유약국(各有約國)에 사신을 파송 주찰(駐紮)하옵시고 선전 강화급 제반 조약(條約)을 체결하옵시나니, 공법에 위(謂)한 바 자견사신(自遣使臣)이니라"라고 하여 조약체결자가 바로 황제임을 분명하게 규정하였다.

'대한국 국제'의 전문은 다음과 같다.

> 제 1조. 대한국은 세계만국의 공인되온바 자주독립하온 제국이니라.
> 제 2조. 대한제국의 정치는 유전즉(由前則) 오백년 전래하시고 유후즉

(由後則) 선만세(亘萬世) 불변하오실 전제정치이니라.

제3조. 대한국 대황제께옵서는 무한하온 군권(君權)을 향유하옵시나니 공법에 위(謂)한바 자립정체이니라.

제4조. 대한국 신민(臣民)이 대황제의 향유하옵시는 군권을 침손하올 행위가 유(有)하면 그 기행(已行) 미행(未行)을 물론하고 신민의 도리를 실(失)한 자로 인(認)할지니라.

제5조. 대한국 대황제께옵서는 국내 육해군을 통솔하오셔 편제를 정하옵시고 계엄 해엄(解嚴)을 명하옵시나니라.

제6조. 대한국 대황제께옵서는 법률을 제정하오셔 그 반포와 집행을 명하옵시고, 만국의 공공한 법률을 효방하사 국내 법률도 개정하옵시고, 대사(大赦) 시사(時赦) 감형 복권을 명하옵시나니, 공법에 위(謂)한바 자정율례(自定律例)이니라.

제7조. 대한국 대황제께옵서는 행정각부부(行政各府部)의 관제와 문무관의 봉급을 제정 혹 개정하시고, 행정상 필요한 각항 칙령을 발하옵시나니, 공법에 위한바 자행치리(自行治理)이니라.

제8조. 대한국 대황제께옵서는 문무관의 출척임면(黜陟任免)을 행하옵시고 작위훈장 급(爵位勳章 及) 기타 영전(榮典) 수여 혹 처탈(處奪)하옵시나니, 공법에 위(謂)한바 자선신공(自選臣工)이니라.

제9조. 대한국 대황제께옵서는 각유약국(各有約國)에 사신을 파송 주찰케 하옵시고 선전 강화급 제반 조약(條約)을 체결하옵시나니, 공법에 위(謂)한바 자견사신(自遣使臣)이니라.[4]

'대한국 국제'에서 외국과 관련된 황제의 권리는 ① 통상조약 체결 국가에 대한 사신 파송・주찰권 ② 대외국 선전 및 강화권 ③ 대외국 제반 조약 체결권 등이었다.

여기서 주의해 두어야 할 것은 대한제국의 위의 ③의 '대외국 제반 조약체결권'의 소유자는 '황제'라는 사실이다. 이 조약은 외국과 체결하는 '제반 조약'으로서 비단 수호통상조약이나 국권에 관련된 조약뿐

---

4) 《官報》(1346호) 光武 3년 8월 22일자. 光武 3년 8월 17일 제정 반포.

만 아니라, 외국과 체결되는 '제반'(여러 가지) 조약이 모두 해당되는 것이었다.

그러므로 여기서 명백히 해두어야 하는 것은 대한제국에서는 외국과 체결되는 어떠한 조약이더라도 황제의 승인 · 서명 · 날인이 있어야 한다는 사실이다.

그 양식은 물론 조약서에 서명 · 날인할 수도 있고, 비준서에 서명 · 날인할 수도 있으며, 위임장에 서명 · 날인할 수도 있었다. 그러나 그 어떠한 조약도 황제의 승인 · 서명 · 날인이 있어야하며, 그것이 없는 것은 조약체결의 요건을 못 갖춘 것으로서 체결이 성립되지 않은 것이었다. 조선왕조에서는 전통적으로 조약서의 끝 상단에 국왕이 직접 서명 · 날인하는 것이 기본 양식이었으며, 개항 후부터는 비준서나 위임장을 사용하였다.

이것은 당시의 〈국제공법〉에서도 물론 인정하고 있을 뿐만 아니라 그렇게 규정되어 있었다. 예컨대 부른칠리(Johannes Bruntschili)가 저자이고 조선의 학부가 번역하여 널리 보급한 《공법회통》(公法會通, 1896년 刊)의 제 404장은 "조약을 의정하는 사람은 반드시 국가의 대표의 권(權)을 가져야 하며 만일 이 권(權)이 없으면 그 조약은 반드시 준수할 책임이 없다"[5] 라고 규정하였다.

또한 이용무(李用戊)가 1908년에 서양국제법 서적을 번역하여 편찬한 〈국제공법〉(國際公法)에서는 조약체결의 대표자에 대하여 다음과 같이 설명하였다.

> 대표자라 함은 주권의 위임에 인하여 조약체결의 권한을 유(有)한 자를 위(謂)함이라. 이차권한(而此權限)은 국가의 국내법에 의하여 정함이라, 군주국가에서는 군주가 스스로 조약을 체결함이 가하고 대의정체국(代議政體國)에서는 다수는 혹 형식에 의하여 제한을 피하나니, 즉

5) 《公法會通》(1896) 권 5, p. 1.

> 헌법의 국회의 협찬을 경(經)하는 사(事)가 조약체결의 조건이라 한 국가에서는 본래 차(此)조건을 불충(不充)하면 조약을 체결하기 부득하나니라.[6)]

국제공법 상으로도 대한제국의 조약체결권자는 광무황제임이 여기서도 명백히 재확인되는 것이다.

당시의 국제공법은 이러한 조약체결권자가 반드시 자유의사에 의하여 서명·날인해야지 조약체결권자 개인에 대한 강박(强迫, *duress*)이 있는 경우에는 그 조약은 무효라고 간주하였다. 전기 〈국제공법〉은 이에 대하여 "대표자의 신상에 가한 강포(강박)는 그 조약을 무효하게 한다 한다는 것이 정설"[7)] 이라고 설명하였다.

당시의 국제법상으로도 대한제국의 조약체결권자인 광무황제의 신상에 강박을 가하여 서명·날인을 받았다면 그 조약은 무효인 것이다.

3. 일본 제국주의의 '을사조약' 강요와 강박

일본 제국주의자들은 러·일 전쟁에서 사실상 승리하여 1905년 9월 5일 포츠머스 강화조약의 체결에 성공하자 즉각 한국의 국권을 빼앗아 지배하기 위한 정책 집행을 서둘렀다.

일본 외상(小村壽一朗)은 포츠머스로부터 1905년 9월 16일 귀국하여, 훈령을 받고 미리 귀국해서 대기하던 주한일본공사(林權助)와 즉각 이른바 '보호조약' 체결의 구체적 공작을 의논하였다. 일본외상은 여기서 합의된 내용을 일황(日皇)의 어전회의에서 주청하여 재가를 얻은 후에 다시 1905년 10월 27일의 내각회의에서 문서화하여 다음과 같은 8개항

---

6) 〈國際公法〉(平時之部), 1908, p. 183.

7) 〈國際公法〉(平時之部), p. 182.

으로 정리하여 거듭 의결하였다. 그 전문을 보면 다음과 같다.

한국보호권 확립 실행에 관한 각의결정(閣議決定)의 건

한국에 대한 아보호권(我保護權)을 확립함은 이미 묘의(廟議: 내각회의 — 인용자)에서 일결한 바 있으나 이의 실행은 금일로써 최호(最好)의 시기로 한다. 왜냐하면 우에 대하여 영 · 미 양국은 이미 동의를 주었을 뿐만 아니라 이외의 여러 나라들도 일 · 한 양국의 특수한 관계와 전쟁의 결과와를 고려하여 최근에 발표된 일 · 영 동맹 및 일 · 러 강화조약의 명문에 비추어서 한국이 일본의 보호국이 되는 것은 피할 수 없는 결과인 것을 묵인하고, 특히 이번의 강화에서 아국(일본 — 인용자)이 한 양보는 열국(列國)이 인정하여 일대영단이라 하는 바이며, 따라서 또 열국은 일본이 이렇게 양보하여 화국(和局)을 맺은 이상 그 수득한 권리 및 이익은 어디까지나 이를 확수활용(確守活用)하려는 결심으로 믿고 있기 때문이다.

이에 다음과 같은 방법과 순서에 의하여 차제에 이를 결행함으로써 우리의 소망을 관철함을 기한다.

1. 대체로 별지와 같은 조약을 한국정부와 체결하고 동국 외교관계를 전연 아수중(我手中)에 거둘 것.
2. 조약이 성립한 때에는 발표 전에 영 · 미는 물론이고 불 · 독 정부에도 내밀히 통첩하고, 이에서 발표와 동시에 공연히 하나의 선언을 하여 제국(일본 — 인용자)이 한국에 대하여 보호권을 확립하기에 이른 이유를 설명하며, 한국과 열국과의 조약을 유지하고, 한국에 있어서의 열국 상공업상의 이익은 이를 상해하지 않을 뜻을 성명할 것.
3. 실행의 시기는 11월 초순으로 할 것.
4. 조약 체결의 전권은 하야시공사(林公使)에게 위임할 것.
5. 특히 칙사를 파견하여 한국 황제에게 어친한(御親翰)을 송부할 것.
6. 하세가와(長谷川) 사령관에 대하여 하야시공사에게 필요한 원조를 줌으로써 본건의 만족한 성공을 기할 요지의 명령을 발하도록 할 것.
7. 경성(서울 인용자) 주둔의 목적으로 수송중인 제국군대(일본군 — 인

용자)를 가급적 본건 착수 이전에 모두 입경시킬 것.

8. 착수 중에 도저히 한국정부의 동의를 얻을 전망이 없을 때는 최후의 수단으로써 일방(一方) 한국에 대해서는 보호권을 확립한다는 뜻을 통고하고, 열국에 향해서는 제국정부(일본정부)가 위의 조치로 나아가지 않을 수 없었던 이유를 설명하며 아울러 한국과 열국과의 조약을 유지하고 한국에 있어서의 열국의 상공업상의 이익은 이를 상해하지 않을 뜻을 선언할 것.[8)]

여기서 일본정부의 결정의 내용에서 특히 다음과 같은 것을 주목해 둘 필요가 있을 것이다.

① 일본은 이때 한국의 외교권을 박탈하는 '조약(*treaty*)'을 체결하려고 하였지, 협약(*agreement*)을 체결하려고 한 것이 아니었다(우노 교수는 이 사실을 감추고 있다).

② 조약의 체결의 시기는 1905년 11월 초순으로 한다.

③ 조약 체결의 공작 책임자는 3인을 한 조로 편성하였다. 우선 조약 체결의 전권은 주한일본공사(林權助)가 담당하고 주한 일본공사관이 그 공작의 현장 근거지가 된다.

④ 다음에는 일본 황제 명치의 칙사(伊藤博文을 임명)를 파견하여 명치의 친서를 전달하고 한국 황제에게 압력을 가하여 위협하는 역할을 수행하게 한다.

⑤ 서울에 주둔한 2개 사단 규모의 한국주차군 사령관(長谷川好道)에게는 그 일본군을 동원하여 무력위협을 가해서 주한일본공사(林權助)의 조약 체결의 만족한 성공을 원조하도록 명령한다.

⑥ 러·일 전쟁에 참전했던 일본군들을 가급적 조약 체결 공작 착수 이전에 서울에 입경시킨다. 이것은 무력위협을 더욱 배가하기 위한 조치였다.

⑦ 조약 체결 공작 착수 후 도저히 한국정부의 동의를 얻을 가능성이

---

8) 《日本外交文書》, 제 38권 제 1책, 사항 11, 문서번호 No. 259, "韓國保護權確立實行ニ關スル閣議決定ノ件", pp. 526~527.

없을 때에는 최후의 수단으로서 한국에 대해서는 동의를 더 구할 것 없이 일방적으로 보호권이 확립되었음을 통고하고 무력으로 밀어붙여 버린다. 우노 교수는 이 사실도 언급하지 않고 있다.

⑧ 세계열강에게는 한국의 동의를 받지 못하고 한국을 보호국으로 만들어 버렸지만 한국과 열국이 맺은 조약이나 한국에서의 열국의 경제적 이익은 이를 해치지 않을 뜻을 성명하여 열국을 안심시키도록 한다는 것이었다(우노 교수는 이 사실도 언급하지 않고 있다).

일본정부 내각회의 이 결정의 별지조약안은 '을사 5조약'의 내용의 초안이었다. 그렇다면 일본 제국주의자들은 이 내각회의의 결정을 어떻게 실제로 집행했는가?

일제는 먼저 하야시(林權助)와 서울에 귀임하여 사전준비를 다해 놓으면 칙사(伊藤博文)가 서울에 도착하여 그 길로 '보호조약'을 바로 체결하려는 일정을 작성하였다. 일본정부는 이토 히로부미(伊藤博文)를 1906년 11월 2일 한국에의 특파대사(칙사)로 임명하였다.

11월 2일 임지인 서울에 귀임한 하야시는 일본이 작성한 '한국의 외교권을 일본에 위임할 것을 주장하는 선언서'를 일진회(一進會)의 이름으로 발표하게 하였다. 마치 한국인의 일부에 '보호조약' 체결을 요구하는 여론이 있는 것처럼 외부세계에 위장하기 위한 것이었다. 이에 대하여 즉각 황성기독교청년회(서울 YMCA), 헌정연구회, 국민교육회, 대한구락부, 정우회 등에서 일진회 선언서를 반박하고 규탄하는 성명을 잇달아 발표하였다.

하야시는 하세가와(長谷川, 한국주차 군사령관)에게 통보하여 한국주차군의 병력을 미리 서울 시내와 궁궐의 안팎에 치밀하게 중점 배치시켰다.[9] 또한 학부대신 이완용(李完用)을 먼저 매수하여 '보호조약'안에 찬성하도록 내략해 두었다[10].

---

9) 《日本外交文書》, 제 38권 제 1책, 사항10, 문서번호 No. 268, "日韓協約調印事情報告ノ件", pp. 534~536. 참조.

특파대사 이토 히로부미가 서울에 도착한 것은 1906년 11월 9일 오후 7시였다. 그는 11월 10일 12시경 광무황제를 알현하여 일본 명치황제의 친서를 전한 다음, '보호조약' 체결의 준비 상황을 점검하였다. 이토 히로부미는 조약 체결의 준비가 완결되었다고 판단하고 11월 15일에 하야시와 함께 '보호조약' 초안을 광무황제에게 알현하여 제출하며 그 승인과 날인을 강요하였다.

이때 광무황제는 일본이 제출한 조약안을 대한제국 국민의 의향을 살펴보아서 의정하겠다고 응답하였다.

이에 대하여 이토는 다음과 같이 광무황제를 협박하였다.

> 폐하가 정부 신료(대신)들에게 자문하는 것은 지당한 처사이오니, 외신(外臣)도 역시 감히 금일에 결재를 소망코자 하는 의향은 없습니다. 그러나 국민의 의향을 살핀다는 말씀에 접하여서는 기괴천만이라고 생각합니다. 왜냐하면 귀국은 헌법정치가 아니라 만기(萬機)를 무릇 폐하의 친재(親裁)로 결정하는 이른바 군주전제국이 아닙니까. 따라서 인민 의향 운운함은 기실은 틀림없이 인민을 선동하여 일본의 제안에 반항을 시도코자 하는 폐하의 심려로 추찰됩니다. 이러한 생각은 중대한 책임을 폐하 자신이 짊어지게 되지 않을까 우려하는 바입니다.11)

여기서 주목할 것은 이토 히로부미 자신도 전제군주국에서는 대신회의가 자문기관에 불과하고 황제(전제군주)의 친재(親裁)가 있어야 조약 체결 요건이 갖추어진다는 것을 잘 알아 지적하면서 광무황제를 강박했다는 사실이다.

조약 체결의 작전일자는 일본에 의하여 11월 17일로 선택되었다. 이날의 일제의 전략과 전술과 행동에 대해서는 하야시의 그 후의 증언

---

10) 《日本公使館記錄》, 〈1905年 保護條約〉 1, pp. 114~117, "菊池란 日人이 荻原日代理公使에게 보낸 書翰"; 尹炳奭, 전게논문 참조.

11) 春畝公追頌會, 《伊藤博文傳》 하권, p. 689.

을 볼 필요가 있을 것이다(증언번호는 인용자가 붙임).

① 드디어 약속과 같이 伊藤씨는 1주일 후 경성에 도착하였습니다. 조선은 이러한 것은 참으로 싫어했으나 할 수 없는 것입니다. 그 사이 나는 여러 가지로 생각해 본 결과, 다음과 같이 하려고 생각하고 그 방법을 伊藤씨와 약속했습니다.

조선정부의 각 대신을 여하튼 아침부터 일본공사관으로 모이게 하여 그 석상에서 나는 이 담판을 시작할 것이므로 잘 되어 갈 때에 자리를 함께 하여 주기를 원하게 될지도 모릅니다. 그러나 우선 오전 중에는 매듭을 지을 수 없다고 보아도 틀리지 않을 것입니다. 그렇게 하면 매듭을 지을 수 없으므로 점심이라도 들면서 어떻게든지 해서 국왕 앞에 가서 칙재를 바라게 될는지 모른다고 생각되었습니다. 그때에는 물론 나도 따라갈 예정입니다. 그리고 담판의 진행에 따라서 그곳에는 꼭 伊藤께서 와주셔야겠습니다. 물론 그 경우에는 궁중에서 곧 준비되도록 준비를 해 두겠습니다.

② 또 하나 주선할 것으로서는 長谷川 대장에게 의뢰하여 어떤 감시를 하는 것입니다. 그것은 미리 짠 대로 내가 있는 곳으로 각 대신이 모이는 것입니다. 그 대화의 내용은 조선으로서는 대단히 큰 문제인 것으로 물론 별석한 대신들은 싫어할 것이 틀림없습니다. 한번 철수하여 공사관에서 궁중으로 가는 것으로 하면 그 도중에서 도망하는 사람도 나올 것이 틀림없습니다. 이 염려 때문에 헌병이라도 미리 배치하여 두어 도중에 도망하지 못하도록 감시하여주기 바랍니다. 물론 명목은 '호위'라는 형식을 취하는 것입니다.

③ 그리고 또 한 가지는 국새입니다. 나는 외부에 이른 아침부터 사람을 보내어 그 국새 보지관을 감시하지 않으면 안 됩니다.

④ 또 한 가지는 그것도 長谷川 대장에게 의뢰하지 않으면 안 됩니다. 그것은 어찌하여도 좋을 것이지만 바야흐로 조약이 체결되어 각원 중에 한두 사람은 자살할 자가 있을 것이라는 근심입니다. 나는 아무렇지도 않게 생각하나 만일이라도 그런 일이 없도록 이것도 주의하도록 계획을 정하였습니다.

⑤ 그리하여 만사를 伊藤씨와 약속하여 놓고는 이튿날(17일 — 인용자)

> 각 대신을 나의 관저로 소집하기로 하였습니다. 회의는 일찍부터 열렸으나 과연 오전 사이에는 결정되지 않았습니다. 그리고 모인 각 대신은 다 질려 있었습니다. 점심때가 되었으므로 식사를 하였습니다. 과연 내가 상상한 것과 같이 내각원만으로는 결정할 수 없는 대사건이기 때문에 드디어 국왕 앞에 가서 국왕의 의향을 들을 수밖에 없게 되었습니다.[12]

여기서 명백한 것은 하야시(林權助)와 이토 히로부미 사이에 약속한 것들 중에 다음과 같은 것을 특히 주목할 필요가 있다는 점이다.

① 일제는 대한제국 대신들이 '보호조약' 체결회의에 출석하지 않아서 회의 자체가 유산될 것을 두려워하여, 먼저 주한일본공사관에 초청해서 정식회의 아닌 곳에 오게 하여 사전 합의를 이룬 다음 고종황제 앞에서의 어전회의와 칙재를 얻으려 하였다.

② 회의 후에 해산하지 않고 일본공사관으로부터 궁중까지 林權助와 함께 집단으로 이동하는데, 이동 도중 도망하는 대신들의 도망을 방지하고 감시하기 위하여 長谷川이 파견한 일본헌병들이 '호위'라는 형식으로 함께 따라오면서 감시케 하였다.

③ 일제는 '보호조약'에는 국새를 날인하려고 했으며, 이를 위하여 미리 국새 보지관을 감시하고 있도록 하였다. 우노 교수는 이 사실을 감추고 있다.

④ 조약이 체결되면 대한제국 대신들 중 자살자가 1~2명 나올 수 있으므로, 이것도 長谷川의 책임하에 일본헌병이 방지하고 감시하도록 하였다.

일본공사 하야시는 대한제국 정부 대신들을 11월 17일 아침 일찍 자기 공사관 관저로 초청하여 11시부터 회의를 시작하였다. 대한제국 대신들은 서울에 2개 사단의 일본군을 주둔시키고 있는 실력자 일본공

---

12) 林權助, 《わか 七十年を語る》(제1書房) 1935, pp. 223~227.

사의 간곡한 초청을 거절할 수 없어 일본공사의 초청에 응하기는 했으나, 일개 외국공사가 남의 나라 각료 전원을 자기 공사관에 초청하는 것부터가 방자하기 짝이 없는 무례였다. 일본공사의 제의는 이른바 '보호조약'에 대한 찬동 요청이었다. 대신들은 사전 내락을 한 이완용 등만 태연했지 그 외는 모두 아연실색하였다. 대신들은 모두 질려서 누구도 일제의 '보호조약'안에 찬동하지 않았다. 오전 내내 회의를 해도 찬동이 나오지 않으므로 점심식사를 한 다음 대신들만으로는 결정할 권리가 없는 대사건이기 때문에 궁중으로 가서 황제 앞에서 어전회의를 하기로 합의하였다.

주한 일본공사 하야시가 만든 작전대로 일본 헌병대가 '호위'의 명목으로 대한제국 대신들의 도망을 감시하고 호송해서 일본공사관으로부터 궁중으로 집단 이동하였다.

이날(17일)과 18일에 일본군은 서울 종로부근에서 합동 연습을 실시하여 시내를 일본군의 무력시위장으로 만들었다. 또한 이날(17일) 오후 3시부터 경운궁에 수옥헌에서 이른바 '보호조약' 안을 논의하는 회의가 열리자, 일본군은 대병력을 궁궐 안에 투입하여 궁궐을 점령하고 회의장을 포위하였다. 이에 대하여 정교(鄭喬)는 "하세가와 요시미치(長谷川好道)와 그 부하 각 무관 다수, 보병 · 기병 · 헌병들과 순사 및 고문관 · 보좌원들이 풍우처럼 연속하여 궁궐 안으로 달려 들어와서 각 문을 파수하고 수옥헌 지척을 겹겹으로 포위하여 섰으며, 총도(銃刀)를 철통같이 삼열(森列)했고, 내정부 및 궁중에도 일본군들이 역시 울타리를 치듯이 배열해 서서 그 공갈의 기세가 말로 표현하기 어려웠다"[13] 라고 기록하였다.

대신회의는 일본군의 불법적인 궁궐점령과 무력 포위 속에서 11월 17일 오후 3시부터 8시가 넘도록 계속되었다. 광무황제(고종)는 '환

---

13) 鄭喬, 《大韓季年史》(국사편찬위원회판), 하권, p 172.

후'(患候)를 이유로 이 회의에의 참석을 거부하였다. 일본공사 하야시는 옆방에서 회의결과를 기다렸다. 일본군의 삼엄한 포위와 노골적인 무력강박 속에서도 대한제국 대신회의는 마침내 일본의 요구인 '보호조약'안을 거부하기로 의결하였다.

대한제국 대신회의가 일본군의 무력강박 속에서도 일본의 '보호조약'안을 부결시키자, 당황한 하야시는 한국주차군 사령관 하세가와에게 일본군 무력으로 회의를 마치고 돌아가는 대한제국 대신들을 돌아가지 못하도록 막고 긴급하게 이토 히로부미를 궁궐로 불렀다. 달려온 이토 히로부미는 참정(의정서리, 내각수반) 한규설(韓圭卨)에게 대신회의의 재개를 요구했으나, 한 참정에게 거절당하였다.

이토 히로부미는 광무황제에게 알현을 요청하였다. 황제는 이 때 환후를 이유로 역시 알현을 거부하면서, 이토 히로부미의 지척까지 찾아와서 거듭되는 알현요청에 대하여 "불필요견(不必要見)이오 출거(出去)하야 정부대신과 협의하라"[14] 라고 하유(下諭)했다고 한다. 이것이 사실인지도 불명확하거니와, 이것도 알현을 거부하는 표현으로서 "정부대신과 협의하라"는 것이지 "협의하여 결정하라"는 것은 전혀 아니었음을 주의할 필요가 있다.

이토 히로부미는 황제에의 알현에 실패하고 나오면서 "정부대신과 협의하라"는 회의재개의 허락을 얻었다고 '어명'이라고 견강부회하면서 참정 한규설에게 회의 재개를 강청하였다.

재개된 대신회의에는 불법적으로 특파대사 이토 히로부미, 일본군 사령관 하세가와, 주한 일본공사 하야시 등이 배석하여 직접 회의를 관찰하며 감시하였다. 이것은 완전히 불법이고 강박이었다. 회의장 주위는 착검한 일본군으로 겹겹이 포위되어 무력강박이 삼엄하였다. 이러한 무력강박과 공포분위기 속에서 온갖 논란 끝에 의정부 참정 한

14) 〈皇城新聞〉, 1905년 11월 20일자, "五件條約請締顚末".

규설, 법무대신 이하영, 탁지부대신 민영기가 '보호조약'안을 끝까지 반대하였다. 한편 학부대신 이완용, 군부대신 이근택, 내부대신 이지용, 농상공부대신 권중현 등은 결국 일제의 강요에 굴복하여 '을사조약'안에 찬성하였고, 외부대신 박제순은 자구 수정을 조건으로 찬성하였다. 결국 일제는 대한제국 대신을 강박하여 5 대 3으로 '을사조약'에 찬성자를 더 많이 만들어 낸 것이었다. 그러나 이토 히로부미가 잘 알고 말한 바대로 대신회의는 조약체결권자가 아니었기 때문에 이것만으로 조약 체결이 되는 것은 아니었다. 조약체결권자인 광무황제의 승인과 비준이 반드시 있어야 조약이 체결되는 것이었다.

이 때 대신회의에 상정된 일제의 '을사조약(보호조약)'의 내용(후에 약간의 자구수정된 것)은 다음과 같은 것이었다.

한·일 을사조약(1905년)

일본국 정부 및 한국 정부는 양 제국을 결합하는 이해공통의 주의를 공고히 하고자 한국의 부강의 실을 인정할 수 있을 때에 이르기까지 이 목적으로써 이의 조관을 약정함

제1조 일본국 정부는 재동경 외교원을 경유하여 금후 한국의 외국에 대한 관계 및 사무를 감리·지휘할 것이며, 일본국의 외교대표자 및 영사는 외국에 재류하는 한국의 신민 및 이익을 보호함이 가함.

제2조 일본국 정부는 한국과 타국과의 사이에 현존하는 조약의 실행을 완수할 임무가 있으며, 한국 정부는 금후 일본국 정부의 중개를 거치지 않고는 국제적 성질을 가진 어떠한 조약이나 또는 약속을 하지 않기를 상약함.

제3조 일본국 정부는 그 대표자로 하여금 한국 황제폐하의 궐하에 통감을 두고, 통감은 오로지 외교에 관한 사항을 관리하기 위하여 서울에 주재하며, 친히 한국 황제폐하에게 내알하는 권리를 가짐. 일본국 정부는 또한 한국의 각 개항장 및 일본국 정부가 필요하다고 인정하는 지역에 이사관을 둘 권리를 가지되, 이사관은 통감

의 지휘하에 종래 재한국 일본역사에게 속하던 일체의 직권을 집행하고 아울러 본 협약의 조관을 완전히 실행하기 위하여 필요로 하는 일체의 사무를 장리(掌理) 함이 가함.

제 4조 일본국과 한국과의 사이에 현존하는 조약 및 약속은 본 협약에 저촉되지 않는 한 모두 다 그 효력을 계속하는 것으로 함.

제 5조 일본국 정부는 한국 황실의 안녕과 존엄을 유지함을 보증함.

위 증거로 하여 하명은 각 본국정부에서 상당한 위임을 하여 본협약에 기명조인 함

광무 9년 11월 17일 외부대신 朴齋純
명치 38년 11월 17일 특명전권공사 林權助

이 조약안은 일제가 대한제국의 외교권을 박탈하고 서울에 일제 통감을 상주하게 하여 내외정을 지휘·감독하는 국권박탈 조약이었다.

일제는 대신회의가 끝나자 외부대신 박제순에게 '을사조약'에 대한 서명날인을 요구하였다. 그러나 외부대신의 관인을 날인받는 것이 문제였다. 정교는 이에 대하여 "(주한일본) 공사관 통역관 전간공작(前間恭作) 과 외부 보좌원 조야(詔野) 가 외부(外部) 로 가서 칙명이라고 칭하면서 '외부대신지장(外部大臣之章)'이라고 새긴 외부인(外部印) 을 요구하자 스티븐스가 이를 내주었으며, 무수한 일본군들이 외부를 둘러싸고 그 누실을 방비했고, 일본공사관 서기관 국분(國分象太朗) 이 수옥헌 문 앞에서 기다리고 있다가 그 인(印) 을 받아서 회의석으로 들어가 이를 날인했는데, 때는 10월 21일(양력 11월 18일) 상오 1시 경이었다"[15] 라고 기록하였다.

한편 〈차이나 가제트〉(*China Gazette*) 는 1905년 11월 23일자 석간에서 다음과 같이 보도하였다.

---

15) 《大韓季年史》, 下卷, p. 173

> 본월 17일 일본공사 등은 보호조약에 조인시키기 위해 궁중에 요청했으나 황제를 비롯해서 내각원은 극력 이에 반항하고 조인을 거부하였다. 오후 8시에 이토 히로부미 후작은 하야시 공사의 청에 의해 하세가와 대장과 함께 일본병 및 순사의 1대를 인솔하고 궁중에 갔으나 여전히 성공의 희망이 없었다. 마침내 헌병대를 외부대신 관저에 파견하여 이튿날인 18일 오전 1시에 외교관보 조야(詔野)가 그 관인을 탈취하여 궁중으로 돌아와서 실랑이의 끝에 같은 날 1시 반 일본전권(日本全權) 등은 자의로 이를 취권서(取權書)에 날인하고 그 조인이 끝났음을 내각원에게 선언하였다.
>
> 황제는 아직 국새의 날인을 거부하고 있으나 일본의 강압에 위포하여 마침내 조인함에 이를 것으로서 실로 이 조인은 사술로서 이루어진 것이다.[16)]

'을사조약'에의 외부대신의 인장은 강제로 빼앗아 일본이 겨우 찍은 것이었다. 그러나 외부대신은 조약체결권자가 아니었고 황제의 위임장을 받은 적도 없으므로 이것으로 '을사조약'이 체결되는 것은 아니었다. 조약체결권자인 광무황제의 승인과 비준(서명 · 날인)을 강박에 의하지 않고 자발적으로 받아내어야 비로소 '을사조약'은 형식상으로 체결이 성립되는 것이었다.

4. 광무황제(고종)의 '을사조약' 승인 · 비준 거부

대한제국의 대외관계 조약체결권자인 광무황제는 일제가 '을사조약'을 강요할 때부터 이를 승인하거나 동의하기는커녕 반대해 왔으며, '을사조약'이 한국 정부 대신회의에서 5명의 찬성을 얻었다고 일제가

16) 《日本外交文書》 제38권 제1책, 사항 11, 문서번호 No. 287, "日韓協約調印事情ニ關スル新聞記事ニ付報告ノ件", pp. 550~551.

을사조약의 '체결'을 세계에 선포하자 이의 승인과 비준을 단호하게 거부하였다.

광무황제는 그뿐 아니라 조약체결권자는 황제인 그 자신이므로, 그가 승인·동의·비준·서명·날인의 어떠한 것도 하지 않은 이른바 '을사보호조약'이란 성립되지 않은 것이며 따라서 무효임을 비밀 외교통로를 통하여 국제사회에 알리려고 온갖 노력을 다 하였다.

대한제국 국민들이 일제가 체결되었다고 세계에 선포한 '을사조약'에 반대하여 전개한 광범위한 항일 국권회복운동(항일 의병무장투쟁과 애국계몽운동, 상소운동, 항일 시위운동 등)은 우리의 논제의 집중을 위하여 여기서는 다루지 않기로 한다. 여기서는 오직 조약체결권자인 광무황제의 '을사조약'의 불성립과 무효를 세계에 알리려는 노력만을 간단히 항목화하여 정리하면 다음과 같다.[17]

① 광무황제는 일제가 '을사조약'을 체결하기로 일본 내각회의에서 결정하고 한국에 특파대사를 파견한 무렵인 1905년 10월, 미국 대통령에게 한국의 주권수호를 위하여 '조·미 통상수호조약'의 약속에 의거한 협조를 요청하는 친서를 작성해서 헐버트(Homer B. Hulbert)에게 전달하는 활동을 하였다. 헐버트는 1905년 11월 17일 워싱턴에 도착하여 친서 전달을 위한 활동을 하였다.

② 광무황제는 일제가 무력위협으로 11월 18일 새벽 '을사조약'에 대한 정부 5대신의 동의를 받아내자 즉각 중국 지부의 비밀통로를 통하여 1905년 11월 26일 워싱턴에 있는 헐버트에게 긴급전문을 보내어서 미국 정부에게 '을사조약'이 위협과 강박아래 강요된 것이며, 황제가 동의한 바 없는 무효인 것을 전달하도록 하였다. 그 전문의 내용은 다음과 같다.

17) 金基奭, 전게논문 및 尹炳奭, 《李相卨傳》(一潮閣), 1984 참조.

> I declared that the so-called treaty of protectorate recently concluded between Korea and Japan was extorted at the point of the sword and under duress and therefore is null and void. I never consented to it and I never will. Transmit to American Government. —The Emperor of Korea[18)]
>
> (번역) 짐은 총칼의 위협과 강요 아래 최근 한국과 일본 사이에 맺어졌다고 한 소위 보호조약이 무효임을 선언한다. 짐은 이에 동의한 적도 없고 금후에도 결코 아니할 것이다. 이 뜻을 미국정부에 전달하기 바란다. —韓國 皇帝

③ 광무황제는 1905년 10월, 헐버트를 미국에 파견한 직후 주 프랑스 한국공사 민영찬에게 즉각 미국에 건너가 황제의 뜻을 미국정부에 전달하는 외교활동을 전개하도록 비밀훈령을 내렸다. 민영찬은 미국으로 건너가 1905년 12월 11일 미국 국무장관 루트(Elihu Root)와 회담하고 대한제국 황제가 을사조약에 동의하지 않았으며 을사조약이 무효이라는 황제의 뜻을 전달하고 미국의 협조를 요청하였다.

④ 광무황제는 '을사조약'이 강요된 직후인 1905년 11월 22일~11월 30일 경에 밀사를 통해서 전 주한미국공사 알렌(Horace N. Allen)에게 밀지를 내리고 황제의 의사를 미국정부에 제출하는 활동을 전개하도록 위탁하였다. 황제의 밀지는 한성전기회사의 변호사 엘리어트를 통하여 상해의 사주 콜브란(Henry Collbran)을 거쳐서 샌프란시스코 본사의 동업자 보스트위크(Harry Bostwick)에게 전달되었으며, 보스트위크는 이를 다시 알렌에게 전달하였다. 알렌은 대한제국 광무황제의 밀지와 조약 비준 거부 사실을 미국 정부와 주요 정치가들에게 알리려고 여러 가지 활동을 하다가 별 효과가 없다고 판단하자 1906년 2월 19일자로 밀지 봉행이 불가능하다는 답신과 활동비용 중 사용하고 남은 경비를 반납하였다.[19)]

---

18) Homer B. Hulbert, *Echoes of The Orient : A Memoir of Life in the Far East, manuscript* ; 金基奭, 전게논문에서 재인용.

⑤ 광무황제는 1906년 1월 29일 국새를 날인한 친서를 비밀리에 영국의 〈런던 트리뷴〉지 기자 스토리(Duglus Story)에게 위탁하여 영국정부에 전달해주도록 위촉하였다. 스토리 기자는 광무황제의 이 친서를 지부 주재 영국 총영사를 통하여 북경주재 영국공사에게 전달하였다. 이 친서의 원본은 그 후 행방불명이 되었다. 이의 사본을 스토리기자는 1906년 12월 6일자 〈런던 트리뷴〉지에 공개하여 사진과 함께 소개 보도하였고, 서울의 〈대한매일신보〉는 이를 받아서 다시 이를 공개하여 보도하였다. 〈대한매일신보〉가 보도한 광무황제의 친서의 내용은 다음과 같은 것이었다(신문보도이기 때문에 '짐'이 '황제'로 표현되고 있음).

> 一. 1905년 11월 17일 日使與朴齊純締約 五條는 황제께서 初無認許 又 不親押.
> 一. 황제께서는 此條約을 일본이 擅自頒布함을 반대.
> 一. 황제께서는 독립제권을 일호도 타국에 양여함이 無.
> 一. 日本之勒約於外交權도 無據온 況內治上에 一件事라도 何可認准.
> 一. 황제께서는 통감의 내주함을 무허하고 황제권을 일호도 외인이 擅行함을 허함이 無.
> 一. 황제께서는 세계 각대국이 한국외교를 동위보호함을 원하시고 限은 以五年 확정.
>
> 光武 10년 1월 29일[20]
>
> (국새날인)

이때 광무황제가 친서에서 밝힌 내용은 ㉮ 1905년 11월 17일 일본공사와 박제순이 체결한 조약5조(을사5조약)에 대해 광무황제는 처음부터 인허하지도 않았고 수결도, 국새 날인도 하지 않았다. ㉯ 황제는 이 '조약'을 일본이 (체결되었다고) 제멋대로 반포함을 반대하였다. ㉰ 황제는 독립의 황제권을 털끝만큼도 다른 나라에 양보한 일

19) 金基奭, 전게논문 참조.

20) 〈大韓每日申報〉, 1907년 1월 16일자, 보도 및 문서 사진.

이 없다. ㉣ 일본의 외교권 박탈의 늑약도 체결한 적이 없는 근거 없는 것인데, 하물며 내치상의 한 건의 일이라도 어찌 인준할 리 있겠는가. ㉤ 황제는 일본통감이 와서 상주하는 것을 허락하지 않았고, 황실권을 털끝만큼도 외국인이 제멋대로 행사함을 허락지 않았다. ㉥ 황제는 (일본의 침략을 막고 견제하기 위하여) 세계열강 몇 나라가 5년간의 기간을 확실하게 정하여 한국외교를 한 가지로 보호함을 원한다는 것이었다.

⑥ 광무황제는 1906년 6월 22일 친서를 작성하여 헐버트를 특별위원으로 임명해서 영국・프랑스・독일・러시아・오스트리아・헝가리・이탈리아・벨기에 및 청국 등 한국과 수호통상조약을 체결한 각국에 전달하고 한국을 도울 의논을 요청하도록 하였다.

이 친서 중에서 현재 공개되어 있는 러시아황제에게 보낸 다음과 같은 친서 내용을 보면 다른 나라에 보낸 친서의 내용도 미루어 알 수 있다.

〔…〕 We hereby declare that the so called treaty of November 18th, 1905 was fraudulent, because (1) the signatures of certain member of our Cabinet was obtained by intimidation and under duress, (2) we never authorized the Cabinet to sign the document, and (3) the meeting of the Cabinet at which it was signed was illegal, having been convened neither at our call nor that of the Prime Minister but by the Japanese themselves. 〔…〕[21]

〔…〕 짐은 여기서 다음과 같은 이유로 1905년 11월 18일의 조약이 사기협잡임을 선언합니다. (1) 일부 우리 대신의 서명은 협박과 강박 아래서 획득한 것입니다. (2) 짐은 어떠한 대신에게도 그 (조약) 문서에 서명하도록 허가를 해준 일이 없습니다. (3) 그 조약의 (대신의) 서명이 있었던 대신회의는 짐의 소집에 의해 열린 것도 아니고 의정부의정(총리대신격)이 소집한 것도 아니라, 일본인 자신들에 의해 소집되어 열렸기 때문에 불법입니다.

⑦ 광무황제는 1907년 6월 네덜란드의 헤이그에서 제 2차 세계평화회의가 열리게 되자 이상설 · 이준 · 이위종의 3특사(밀사)를 헤이그에 파견하여 황제가 '을사조약'을 승인 · 비준 · 서명 · 날인의 어떠한 것도 해준 일이 없이 일본이 강박과 위협에 의해 강제로 요구된 것임을 세계에 알리는 외교활동을 하도록 하였다. 이것은 잘 알려져 있기 때문에 생략하기로 한다.[22)]

⑧ 광무황제는 3 특사를 헤이그로 파견할 무렵인 1907년 6월에 헐버트를 다시 헤이그로 파견하여 일본의 위협과 강박에 의한 을사5조약의 강요가 있었으나 황제는 이를 단연코 거절하고 그 조약에 대해 승인 · 동의 · 서명 · 날인의 어떠한 것도 해준 일이 없으며 따라서 공법을 위반한 불법이며 무효의 것임을 선언하는 친서를 각국 대표들에게 전하고, 헤이그의 국제사법재판소에도 제소할 것을 위탁하였다.

이상의 8가지 광무황제의 활동에서도 명백히 밝혀지는 것은 당시 광무황제 자신이 이른바 '을사조약'은 국제공법을 위반한 불법적인 것이며 무효인 것을 잘 알고 이를 선언 · 선포했으며, 이를 세계 각국에도 알리려고 비밀외교 통로를 만들어가면서 완강한 외교활동을 전개했다는 사실이다.

5. 맺음말 : 을사조약의 불성립과 무효

지금까지의 고찰에서 명백히 되는 바와 같이 '을사조약'은 2중의 의미에서 성립되지 않는 것이며 무효인 것이다.

첫째는 '을사조약'은 조약체결권자(대한제국의 경우에는 광무황제 고

---

21) 서울대학교 韓國教育史庫 자료총서 ①《高宗皇帝의 주권수호 외교 자료집》, p. 29.

22) 尹炳奭,《李相卨傳》, 참조

종)가 서명날인 했다고 가정하더라도 그 서명날인이 그 조약체결권자에 대한 위협과 강압·강박에 의하여 이루어진 것이면 무효인 것이다.

을사조약이 체결된 1905년경의 《만국공법》(국제공법)의 문헌들은 그때에도 이미 조약체결권자(대표자)에 대한 위협과 강박에 의해 서명·날인 되어 조약이 체결된 경우에는 그 조약이 무효이라고 규정하였다.

예컨대, 널리 알려진 바와 같이 당시 파리대학의 국제법학자 레이(Francis Rey)는 1906년 〈국제공법〉이라는 잡지 제 13호에 게재한 "한국의 국제적 지위"라는 논문에서 '을사조약'이 대한제국의 황제와 대신들로부터 서명·날인을 받은 것인 줄 알고 있다가 일본군대의 '호위'아래 서명·날인을 받아낸 것이라는 소식을 듣고 강박에 의하여 서명·날인된 '을사 5조약'은 '무효'이라고 다음과 같이 설명하였다.

> 그런데 극동의 소식통에 따르면 이 11월 조약은 일본과 같은 문명국이 도덕적으로 비열한 방법과 물리적인 강박에 의하여 한국정부에 강요되어 체결되었다. 조약의 서명은 전권대사인 이토 히로부미 후작과 하야시(林權助) 공사가 일본군대의 호위를 받는 압력 속에서 한국 황제와 대신들로부터 얻었을 뿐이다. 이틀 동안 저항한 후, 대신회의는 체념하고 조약에 서명했지만, 황제는 즉시 강대국, 특히 워싱턴에 대표를 보내 (그에게) 가해진 강박에 대하여 맹렬히 이의를 제기하였다.
>
> 서명이 행해진 특수한 상황을 이유로 우리는 '1905년의 조약'이 무효라고 주장하는 데 주저하지 않는다.[23)]

레이는 황제가 조약에 끝까지 동의하지 않고 서명·날인을 거부했음에도 불구하고 일본이 '을사조약'이 체결되었다고 공포했으리라고는 상상하지 못했다. 그는 일본군의 강박 아래 한국 황제와 대신들이 서

---

23) Francis Rey, "La Situation Internationale de la Coree", *Revue General de Droit Internationale Publique*, Tome 13, 1906 : (번역) 최종고·한창희, "大韓帝國의 國際法的 地位", 《法學》 제 27권 제 2·3호, 1986.

명했다는 소식을 듣고 이때의 한국 황제와 대신들의 서명은 강박에 의한 것이므로 '1905년 조약' 무효를 주장한 것이었다.

이어서 이 해석의 전통은 국제사회에서 당연한 해석으로 확립되었다. 예컨대, 1927년 미국 국제법학회가 하버드대학교 법과대학에 '국제조약법' 초안의 작성을 의뢰하자, 하버드 법대는 당시 미국의 대표적 국제법학자 48명으로 자문위원회를 구성하여 '국제조약법'을 기초했다. 여기서 제 32장의 '强迫(Duress)'조항에서 "'강박'이란 국가를 대표하여 조약에 서명·비준·승인하는 개인에게 직접적으로 가해진 강압을 의미한다. 국가를 대표하여 조약에 서명한 개인에게 강압이 가해지면, 그 후 강압 없이 조약이 비준되었다 하더라도 강압·행사가 밝혀지면 그 조약은 성립되지 않는다"라고 규정하였다. 그리고 그 사례로, 1773년 러시아군대가 폴란드 의회를 포위하고 체결한 '폴란드분할조약'과 20세기 초의 예로서 "이미 몇 차례 인용된바, 일본 전권공사가 일본군대를 동원하여 1905년 11월 17일 조약을 체결하기 위해 한국 황제와 대신들에게 가한 강박"을 들었다.[24] 하버드 법대의 '국제조약법'도 1905년 '을사조약'을 성립되지 않은 것이며 무효라고 판단한 것이었다.

이러한 판단과 해석은 1960년대의 UN 국제법위원회에서도 채택되었다. 1963년 UN 총회에 제출된 UN 국제법위원회 보고서는 "조약의 서명·비준·수락 또는 승인을 얻기 위하여 개인의 인신 또는 개인적 능력에 대해 강제 또는 강박을 가하는 행위는 국가가 조약의 무효성을 주장하는 것을 필연적으로 정당화한다는 사실에 대해서는 일반적으로 인정하고 있다고 생각된다"라고 하며 그 몇 가지 대표적 사례들의 하나로 "'보호조약'의 수락을 얻기 위하여 한국 황제와 내각 대신들

---

24) Harvard Law School, *Research in International Law III, Law of Treaties*, Vol. 29, 1935, pp. 1149~1151. 戶塚悅朗, 전게논문 및 金基奭, 전게논문 참조.

에게 가해진 강제"를 들었다.[25] 즉, 1963년의 UN 국제법위원회도 '을사조약'이 한국 황제의 승인과 서명·날인을 얻었다 할지라도 그것은 한국 황제와 대신들에 대한 강제와 강박에 의한 것이므로 을사조약의 무효성 주장은 필연적으로 정당화된다고 판단한 것을 총회에 보고한 것이다.

둘째는 '을사 5조약'은 조약체결권자인 대한제국의 광무황제가 처음부터 이 조약을 동의·승인은 물론이요, 강박 속에서도 끝까지 비준·서명·날인을 하지 않았으니 처음부터 성립되지도 않는 것이며, 일본이 이를 체결되었다고 선언하고 강제 집행한 것은 처음부터 불법이며 무효인 것이다. 이 사실은 본론에서 이미 설명했으므로 결론에서 다시 되풀이하지 않기로 한다.

이 '을사조약'의 불성립과 무효를 증명하는 2중의 사실들을 놓고 볼 때 필자의 '을사조약' 무효론에 대한 우노(海野) 교수의 비판이 전적으로 부당한 것임을 알 수 있다. 우노 교수는 '을사조약'의 불법성에 대한 첫째의 증명인 '강박'(強迫)에 의한 조약과 불법성은 인정한다. 국제사회의 국제법학자들과 UN 국제법위원회까지 인정하여 UN총회가 접수한 엄연한 사실을 한 사람의 일본 사회과학자가 부정할 수 없음을 그도 잘 알고 있었을 것이다.

그러나 우노 교수는 규장각에서 을사조약 원본이 공개되어 한국 황제의 서명·날인이나 위임장·비준서가 없다는 것이 확인되었으며, 필자가 이를 토대로 '을사조약'의 무효를 주장한 것은 잘못된 것이라고 비판하였다. 왜냐하면 일본은 '을사조약'을 황제의 비준서가 필요한 '조약'(條約, *Treaty or Convention*)으로 취급한 것이 아니라, 황제의 비

25) United Nations, *Yearbook of the International Law Commission, 1963*, Vol. 2, "Documents of the fifteenth session including the report of the Commission to the General Assembly", (UN Doc. A/5509), p. 197. 戸塚悦朗, 전게논문 참조.

준서나 서명·날인이 필요 없는 '협약'(協約, *Agreement*)으로 취급했기 때문에 비준서나 서명·날인이 없다고 해서 무효가 아니라는 것이다.

그러나 이것은 전적으로 잘못된 것이다. 조약이나 협약은 단독 결정하는 것이 아니라 쌍방 이상의 합의로 체결하는 것이다. 어느 일방의 조약체결권의 불성립도 전체 조약의 불성립의 결과를 낳는 것이다. 우노 교수의 주장은 일본제국주의 침략행위를 억지로 합리화하는 것에 불과한 것이다.

대한국 국제(大韓國國制, 1899년 제정)는 외국과의 조약체결권자는 오직 황제임을 명백히 규정했으며 모든 조약과 협상은 황제의 승인·허락·동의·비준이 필요함을 명백히 하였다. 따라서 1905년의 '을사조약'도 반드시 한국 황제의 승인·허락·동의·비준·서명·날인이 필요한 것이었다.

일제도 당시 이를 알고 있었기 때문에, 주한 전권공사 하야시가 을사조약 강압계획에 황제의 국새를 찍으려고 계획하고 그것을 지키는 한국관리를 감시하도록 한 것이 아닌가. 그리고 만일 황제와 대신들이 끝까지 동의하지 않고 국새 날인을 거부하는 경우에는 일본군을 이용해 강압적으로 밀어붙이고 일방적으로 보호국이 되었음을 선포한 후 통보하려고 계획하지 않았는가(우노 교수는 이 자료부분을 그대로 인용하지 않고 해설로 처리하면서 이 부분을 제외하고 있다).

일본 제국주의자들은 을사조약에 한국 조약체결권자인 한국 황제의 승인·비준·서명·국새날인 중 어떠한 것도 획득하지 못하자 일본의 관례로서도 '조약'이 체결되지 못한다는 것을 알고, 사후적으로 이를 '협약'이라고 이름 붙여 처리하고 일본 일방의 조약체결 요건에라도 맞추려고 하였다. 그러나 한 나라의 외교권 등 국권을 박탈하는 '조약'을 맺으려 하면서, 상대국의 조약체결권자인 황제의 승인과 비준을 못 받아도 성립하도록 '협상'으로 처리했다고 하면 국제사회는 물론이고 어느 양심적 일본인이 이를 믿을 것인가.

일제는 이에 황제의 승인과 비준도 없이 국권을 강탈한 불법을 조금이라도 감추기 위하여 '을사조약'을 할 수 없이 '한일협상조약(한일협약)'이라고 하여 일본에서 억지해석을 할 수 있도록 하였다. 그리고 그 영역에서는 'Treaty'를 사용하지 못하고 'Agreement'를 사용한 것이다.

그로부터 90년이 지나서 한 한국 학자(필자)가 '을사조약'은 조약체결권자인 한국 황제의 동의·승인·서명·날인·비준 중 어느 것도 얻지 못하여 성립되지 않은 조약이며 무효라고 주장하자, 우노 교수는 이를 반박·비판하면서 을사조약은 "'조약'(條約)이 아니라 '협약'(協約)이므로 한국 황제의 비준이나 서명·날인이 필요 없으니 이 부분은 조약의 요건을 갖춘 정당한 것"이라고 한 것이다. 우노 교수는 일본 제국주의의 부정당한 시기협잡과 강점을 정당화하기 위한 논문을 쓰고 책을 편집하면서 필자를 비판해 온 것이다.

일본의 일부 학자들이 역사적 진실을 그대로 밝히려 하지 않고, 과거 일본 제국주의자들의 무도한 침략행위를 변호하고 옹호하며 합리화하려고 시도하는 것은 진리탐구를 생명으로 하는 학문 연구에서 참으로 부끄럽고 개탄스러운 일이다.

우노 교수는 을사조약이 만일 형식과 조약구성요건 상으로도 성립되지 않고 무효라면, 을사조약과 통감부를 기초로 한 1907년의 '정미 7조약'과 1910년 8월 '경술조약'도 불법이고 무효이니 심각하고 큰 문제라고 지적하였다.

정확한 지적이다. '을사조약'은 처음부터 불법이고 불성립한 것이며, 무효인 것이었다. 을사조약에 의거해서 설립했다는 통감부가 주체가 되어 강압적으로 체결한 1907년 '정미 7조약'과 1910년 한국을 병탄한 '경술조약(1910년 8월의 한국병탄조약)'은 원인무효가 되어 모두 처음부터 불법이며 처음부터 무효인 것이다.

〔제 3회 1996년도 아시아·태평양지역 한국학 국제학술회의(호주 시드니대학) 주제발표논문〕

제 7 장

동양척식주식회사의 대(對)한국 및 동북아시아 수탈경영

1. 머리말

이 글은 한국이 일제의 식민지로 침략·강점당하고 있던 시기에 일본 제국주의의 대행 국책회사인 '동양척식주식회사'가 한국과 동북아시아지역에서 시행한 각종 식민지정책과 식민지투자 수탈과정의 분석을 목적으로 한다.

동양척식주식회사는 일제의 한국에 대한 식민지정책에서 특수한 지위를 차지하고 있던 회사이다. 그것은 형식상 주식회사의 형태를 갖추었으나, 실체는 일반 회사와는 전혀 다른 특권과 임무를 가진 일본정부의 '대행기관'이었다. 동양척식주식회사 스스로 "국가(일본)의 별체(別體)"라고 자부한 바와 같이, 일본정부는 그들의 식민정책 집행의 특수기관으로 동양척식주식회사를 설립하여, 이 회사에 자금을 공급하고 일본상법의 제약을 받음이 없이 사실상 무제한 사채발행과 식민지투자를 자유로이 할 수 있는 각종 특권을 부여하였다. 동시에 총재와 중역의 임명에서 비롯하여, 각종 식민지 투자의 결정에 이르기까지 모든 일반 업무를 일본정부의 지휘와 감독을 받도록 규제하여 일본 제국주의 식민정책의 직접적인 대행기관으로 활동하게 하였다.

일본정부와 동양척식주식회사의 설립자들은 마치 영국의 대(對)인도 식민지 통치에서 '동인도회사'(*The East India Company*)가 수행한 역할을 일본의 대(對)한국 및 동북아식민정책에서 '동양척식주식회사'(*The Oriental Development Company*)가 수행해 줄 것을 공공연히 강조하고 기대하였다.

동양척식주식회사는 발기당시에 '한국척식주식회사'로 최초의 명칭안이 제안될 만큼, 한국을 경제적으로 식민지화하여 한국에서의 식민지 초과이윤 수취를 집적 목적으로 설립되어 활동하였다. 1908년, 바로 한국 서울에 본사를 설치하면서 한일합작회사의 형태로 창립되어 1945년 8·15해방으로 해체될 때까지 동양척식주식회사는 한국에서 거대한 규모의 식민지 초과이윤을 수취하고 집적했을 뿐 아니라, 한국에서 축적한 자본으로 뒤이어 한국 이외의 다른 지역에도 식민지투자를 확장하였다.

1917년 10월 본사를 서울에서 동경으로 이전하고 1930년대에는 만주, 몽고, 시베리아, 중국 동북부, 필리핀, 보르네오, 남양제도(南洋諸島), 말레이반도, 타일랜드, 브라질 등지까지 투자지역을 확대하였다. 투자대상 업종도 최초에는 토지 투자에 집중했으나 점차 투자범위를 확대하여 임업, 축산업, 수산업, 광업, 제조업, 전력, 철도, 제염(製鹽), 금융, 고리대, 주택, 부동산중개업에까지 투자하였다.

뿐만 아니라 1917년의 동양척식주식회사법 개정에는 다른 식민지투자회사의 주식과 사채를 인수하고 다른 회사에 자금을 공급할 수 있게 하여, 무려 60개사에 달하는 자회사를 설치·인수하면서 동양척식주식회사는 일제세력권 내에서 대외투자의 정상에 위치한 일종의 독점체로 비대화하였다.

동양척식주식회사의 이러한 비대화와 대외투자의 확장은 '한국에서의' 식민지 수탈을 근간으로 하여 이루어진 것이었다. 일본 제국주의가 한국에서의 식민지 수탈을 경제팽창의 기반으로 한 것과 마찬가지로 일제의 분신인 동양척식주식회사도 한국에서의 식민지 수탈을 기반으로 비대화되고, 대외투자를 확장시켜나가면서 식민지독점체로 군림할 수 있었다. 한국에서의 동양척식주식회사의 식민지투자에 따라, 한국의 호남, 영남, 호서, 황해도의 비옥한 평야는 대부분 '동척'(東拓)의 소유지로 흡수되었으며, 함경남북도와 강원도의 울창한 삼림과 전국의 주요 광구가 동척의 소유물로 화하였다. 일본 제국주의가 한국을 강점하던 시기에 동양척식주식회사는 그 어떠한 기관보다도 대규모이고 조직적인 식민지 초과이윤의 수탈·집적기관이었으며, 일본 제국주의 식민지정책의 대표적 집행기관이었다.

그러므로 한국에 대한 일본의 식민지정책을 구명하려면 반드시 동양척식주식회사의 한국에 대한 '식민지 수탈·경영'을 구명하지 않으면 안 된다. 즉 동양척식주식회사에 대한 연구는 일본 제국주의 식민지정책의 사례연구에 해당하는 것이다. 그러나 이것이 사례연구인 한, 그 궁극적 목적은 어디까지나 일제의 식민지정책에 대한 연구 자체에 있으며, 그 일환으로서의 의의를 갖는 것이다. 우리는 동양척식주식회사의 '식민지 수탈·경영'의 분석을 통하여 이른바 일본 제국주의 식민지정책의 본질을 구체적으로 분석할 수 있다.

동양척식주식회사에 대한 연구의 중요성이 매우 큼에도 불구하고 이 연구에는 상당한 제약이 존재한다. 그것은 동양척식주식회사 본사가 1917년 서울에서 동경으로 이전하여 그 곳에서 제2차 세계대전의 종전을 맞았으므로, 비공개료(非公開料)의 대부분이 동경에서 소각되고 일부 소장된 외에 조선지사의 서류와 문헌은 일본인 철수시에 이를 모두 소각시켜 버렸으므로 한국에서는 자료수집에 기본적으로 난관이 존재하기 때문이다. 또한 제2차 대전 발발 이후부터는 동척의 투자실적을 대부분 비밀사항에 포함하여 공개하지 않았으며, 일부 공개한 통계수치도 사실과 다른 것이 대부분이므로, 제2차 세계대전 중의 동척의 경제활동의 정밀한 분석은 반드시 비공개 자료를 수집하여 엄밀한 자료검증을 시행할 필요가 있을 것이다.

이 연구에서는 동양척식주식회사의 한국에 대한 식민지정책과 투자실적을 전반적으로 모두 고찰하였다. 그러나 자료수집의 부족으로 비공개자료에 의한 더욱 깊은 분석은 다음으로 미루지 않을 수 없었다. 여기서는 공개된 자료에 의하여 1908~1940년 사이의 동척 활동의 전반을 개괄적으로 고찰하였다.[1)]

2. 동양척식주식회사의 설립

1) 회사설립의 목적

일제는 1905년 러일전쟁에 승리하여 대한제국에서 그들의 지배적 지위를 확고히 하고 대한제국을 식민지화할 전망이 뚜렷해지자, 이제는 본격적으로 경제적 측면에서도 대한제국을 식민지화하여 식민지 수탈을 감행하려고 시도하였다. 동양척식주식회사는 이러한 일본정부의 정책에 부응하여 경제적으로 한국을 식민지화하고 여기에서 본격적인

---

1) ① 權寧旭, 《東洋拓殖株式會社と宮三面事件》, 〈朝鮮硏究〉 제 78호, 1968.
② 君島和彦, 〈東洋拓殖株式會社の設立過程(上・下)〉, 〈歷史評論〉 제 282・제 284호, 1973, 1974.
③ 金錫俊, "東洋拓殖株式會社의 사업전개과정", 〈韓國社會史硏究會論文集〉, 제 2집, 1986.
④ 安秉珆, "東洋拓殖株式會社の土地收奪について", 〈龍谷大社會科學硏究年報〉 제 7호, 1976.
⑤ 河合和男, "東洋拓殖株式會社と植民地政策", 〈靑丘學術論集〉 제 2집, 1992.
⑥ 함한희, "조선말・일제시대 宮三面 농민의 사회경제적 지위와 그 변화", 〈韓國學報〉 제 66집.
⑦ 李圭洙, "전남 나주군 '궁삼면'의 토지소유관계의 변동과 동양척식주식회사의 토지집적", 〈한국독립운동사연구〉 제 14집, 2000 참조.

식민지 수탈을 하기 위한 구체적 집행기관으로 설립되었다.

러일전쟁 이전에도 일본의 한국에 대한 경제적 침략이 없었던 것은 아니다. 그러나 러일전쟁 이전까지의 일본의 한국에 대한 정책은 정치적 · 군사적 · 외교적 측면에서 한국에 대한 지배권을 확립하려고 한 것이 주류였고, 경제적으로는 아직 본격적 식민지정책을 실시하지 못하였다. 그때까지 일본의 한국에 대한 경제정책은 한국에서의 일본상인자본의 원시적 자본축적을 지원하고, 주로 무역 면에서 지금주의(*Bullionism*, 地金主義)에 의한 금 · 은 등 귀금속의 수취 · 집적과 무역차액(*favorable balance of trade*)에 의한 원시적 자본축적에 치중하는 일종의 중상주의적 식민지통상정책이었다. 물론 이 시기에도 일부 일본상인자본이 토지에 대한 투자를 시도했으나, 토지를 유일한 생산수단으로 하는 한국의 봉건관료와 농민의 완강한 저항을 받아 대부분 실패하였다. 일부 토지점유에 성공한 예가 있다고 해도 아직 극소규모이었고 비조직적인 것에 불과하였다.

그러나 러일전쟁 이후에는 양상이 일변하였다. 정치적으로 1905년 11월에 이른바 '을사조약'을 강제하여 외교권을 박탈하고, 통감부를 설치하여 정치 · 경제 · 군사의 모든 면에서 한국의 모든 내정을 장악하였다. 특히 경제적으로 종래와는 달리 본격적 식민지투자를 시도하여 통감부 주관하에 '토지농산조사', '광산조사', '수산자원조사'를 실시하면서 조직적인 경제적 식민지 수탈을 준비하였다. 이러한 일본의 한국에 대한 정책의 최초의 구체적 표현이 '동양척식주식회사'의 설립이었다. 동양척식주식회사의 설립을 전기로 하여 일본의 한국에 대한 경제정책 내용이 일전한다는 사실에 특히 주목해둘 필요가 있다.

동양척식주식회사의 설립 목적에 대하여 종래 식자들 사이에 약간의 혼란스러운 해석이 존재하였다. 그것은 동양척식주식회사가 한국의 농업, 특히 토지매수를 목적으로 설립되었다는 견해이다. 동양척식주식회사는 공식적으로 회사설립의 목적을 다음과 같이 밝혔다.

일 · 한 양 민족간의 교통 경제관계는 극히 멀리 유래할지나 근대에 들어 일 · 한 양국 간에 조약으로 이를 규정하게된 것은 명치 9년(1876년 — 인용자)의 일 · 한 수호조약에서 비롯된다. 이래 피아(彼我) 통상무역의 편익 더욱 열리어 그 경제관계 밀접을 가(加)하고, 다시 명치 37~38년(1904~1905년 — 인용자) 일러전쟁의 전첩(戰捷)의 결과 한국에 있어서 아국(我國: 일본 — 필자)의 우월권을 인정받고 뒤이어 명치 38년(1905년) 11월 및 익년 7월 체결된 양국의 협의에 의하여 아국은 정치적 방면뿐만 아니라 경제적 방면에서도 이를 지도유액(指導誘掖) 식산흥업(殖産興業)의 길을 깨우치고 부원(富源)을 개척하여 민력(民力)의 함양을 도모하여 한국인이 문명의 혜택을 입도록 하는 중책을 대(帶)하기에 이르렀다.

피아(彼我) 양국정부 자(玆)에 보는 바 있어 한국에서 척식사업을 경영함을 목적으로 하는 회사를 설립하여 일본정부는 이에 일정기간 상당액의 자금의 보급을 하고 한국정부는 사업용지의 일부에 공(供)하기 위하여 국유지를 출자함으로써 동국(同國)의 자원개발 식산진흥(殖産振興)에 당하게 하며, 아국으로부터 선량근면하고 경험이 풍부한 농민을 이식하여 진보된 농법의 범(範)을 보임과 함께 기업자에 대해서는 저리의 자금을 공급하여 척식사업에 자(資)하게 하는 바 되었으니 이것이 본사 창립의 근원이다.[2]

또한 동양척식주식회사(東洋拓植株式會社)의 다른 기록에는 다음과 같이 쓰여 있다.

내선인(內鮮人) 교류의 역사는 유래하는바 극히 요원할지나 … 명치 37~38년 전첩(戰捷)의 결과 및 명치 39년 일 · 한신협약의 체결을 계기로 하여 일본은 정치적 뿐만 아니라 경제적으로도 한국을 지도유액(指導誘掖)하여야 할 중책을 띠기에 이르렀다. 그리하여 먼저 한국의 부강을 꾀하고 일반민생 문화의 은택(恩澤)을 입게 하는 가장 유효적절한 방법으로서 동국(同國)의 농업을 개발함을 목적으로 하여 …[3]

---

2) 東洋拓植株式會社, 《東洋拓植株式會社二十年誌》, pp. 1~2.

한국인을 위하고 한국을 개발하기 위하여 동양척식주식회사를 설립하였다는 일본의 거짓 주장은 여기서 논구할 가치가 없지만, 동척이 농업에 대한 투자 또는 토지매수를 목적으로 설립되었다는 소론에는 일언이 필요하다. 왜냐하면 동척은 회사설립 당초부터 그 목적을 "한국농업의 개발을 위하여"라고 기회 있을 때마다 강조했고, 한국인사이에도 동척은 한국의 농토를 매수하기 위하여 설립된 것이라고 이해되어 오랫동안 동척 설립의 목적을 '토지'와 관련시켜 생각하는 사고방식이 정립되어 있었기 때문이다.

그러나 동양척식주식회사 설립의 목적이 결코 농업투자나 토지매수에만 있었던 것은 아니었다. 그것은 하나의 수단에 불과한 것이었고 궁극적인 설립목적은 "식민지 초과이윤의 수탈과 집적"에 있었다. 구태여 이 점을 명백히 하고자 하는 것은 설립 후의 동척의 투자행위를 분석하는 데 발생하는 혼란을 근본적으로 배제하기 위한 것이다. 이 점을 명백히 하지 않으면 때때로 본질과 현상, 목적과 수단을 혼동할 수 있다.

동양척식주식회사는 일본 제국주의의 식민지 또는 그 세력권내에서 식민지 초과이윤을 수탈·집적하여 그것을 일본으로 이송 축적할 것을 목적으로 설립된 회사이며, 이 목적을 더욱 충실히 실행하기 위하여 일제의 식민지와 세력권 확대의 경제적 측면을 담당한 회사이다. 따라서 농업투자나 토지매수 또는 이민정책은 모두 이러한 목적을 위한 하나의 수단에 불과하였다. 이것은 후에 동척이 농업이나 토지뿐만 아니라 식민지 초과이윤을 집적할 수 있는 사업이면 어떠한 업종에도 투자한 사실이 잘 증명하고 있다. 단지 당시 한국의 경제 상태는 토지 투자가 가장 유리했기 때문에 한국 농업개발을 목적으로 한 것처럼 일제는 공식적으로 위장했었을 뿐이다. 또한 일부 한국인은 직접적으로 토

---

3) 東洋拓植株式會社, 《東拓事務要覽》, 1940년 판, p. 4.

지 수취에 의하여 동척의 투자행위를 실감하고 경험했기 때문에 현상을 목적으로 보는 선입관을 갖게 된 것이다.

동양척식주식회사의 설립 입안자들은 당초부터 영국의 '동인도회사'를 모방하여 동척 설립을 구상한 것 같다. '동인도회사'가 인도식민지 통치에서 수행한 역할과 같이 동척이 한국에서 식민지 초과이윤 수탈·집적의 역할을 수행해 줄 것을 기대하였던 것으로 보인다. 동양협회에서 동척설립안을 일본제국의회에 제출하였을 때 제안의원들은 이것을 동인도회사와 비교하여 설명하였다.

> 일한관계는 현상대로 방임할 수 없다. 국고 회계상으로 보면 다소 무리의 감이 있을지라도 특별한 시설경영을 단행할 필요가 있다. 이 계획에 대해서는 일러전쟁 당시부터 다소의 고찰을 하여 동인도회사와 같은 취지에 기초한 회사를 설립해서 일·한 양국을 밀착시킬 필요를 인정하였음에도 불구하고, 제종(諸種)의 관계가 있어 실행에 착수할 기회를 얻지 못하였던 것이다. 그러나 다행히 동양협회의 발기로서 금회 정부의 종래의 방침에 일치하는 건의가 나오게 되었다. 그러므로 이 건의를 채용하기 바라는 바이다.[4)]

뿐만 아니라 동척 설립을 추진한 대표자인 동양협회 회두(會頭) 가쓰라 다로(桂太郎)도 처음부터 동인도회사의 일본판을 구상하고 있었다고 전해진다.[5)]

동양척식주식회사는 이와 같이 처음부터 일반상사로서의 주식회사로 출발한 것이 아니라, 국책회사로서 일본 제국주의 식민지정책의 '대행기관'으로 설립된 것이다. 일본 제국주의자들은 동양척식주식회사를 설립하여 먼저 한국을 경제적으로 침탈해서 명실상부하게 식민지

---

4) 〈外交時報〉 제 126호, 1909년 5월, p. 15.

5) 《東拓三十年の足跡》에는 東洋協會 會頭 桂太郎이 일찍부터 한국침략에 관심을 가지고 영국의 동인도회사와 같은 성격의 특수회사를 설립하려 하여 東拓을 그것으로 생각하였다고 기술하고 있다(北崎房太郎). 1938, p. 2.

화하고 식민지 초과이윤을 수탈함과 동시에 그것을 대륙침략의 실질적 발판과 도구로써 이용하려고 획책하였다. 이는 동척 설립 당초부터 동척의 사명이라고 널리 강조된 것이다. 동척은 스스로 밝히기를 "항상 국가의 제정책(諸政策)에 순응 협력하는 것을 신조로 하고 있다"[6] 라고 하여 '국책대행기관'[7] 으로서 설립된 것임을 자인하였다.

동척이 일본식민정책의 '대행기관'으로서 어떠한 목적으로 설립되어 그 목적을 어떻게 달성하였는가는 다음에 회사설립의 과정을 보면서 더욱 구체적으로 확인하며 밝히려고 한다.

2) 회사설립의 경과

일본이나 대한제국은 동양척식주식회사가 한·일양국의 합의와 공동출자로 설립한 합자회사라고 말하였다. 그러나 한 걸음만 깊이 들어가 보면 사실은 그렇지 않다는 것을 알게 된다.

일본에는 일찍이 몰락한 귀족, 무사, 지주, 정치인, 낭인(浪人), 무뢰한, 상인 등으로서 일정한 직업이 없거나 실직한 식민주의자들이 주요 구성원인 '동양협회'(東洋協會)라는 단체가 있었다. 그들은 원래 '대만협회'(臺灣協會)라는 것을 조직하여 일찍이 그들의 식민지가 된 대만에서 '이권'을 얻어 보려고 활동했었다. 그러다가 일본군국주의 세력이 한국에까지 뻗치고 다시 대륙 침략이 전망되자 1907년에 명칭을 바꾸어 '동양협회'라고 개칭하고, 일본세력권 내에 일찍이 진출하여 "이권과 식민지 수탈"을 획책하였다. 그러나 공식적으로는 "동양에서 평화문명의 사업을 일으키고, 대만은 물론 한국 및 만주에서의 제반의 사항을 강구함으로서 피아(彼我)의 사정을 소통하고 상호의 복리를 증진함을 목적"[8] 으로 표방하면서 조직된 단체였다.

---

6) 東洋拓植株式會社, 《東拓會社要覽》 1938년, p. 13.

7) 《東拓會社要覽》 1938년, p. 3.

동양협회는 전(前) 수상이었던 회두 가쓰라 다로[9]를 비롯하여 일단의 식민주의자들이 정계요인의 사전양해를 구해가면서 동양협회 내에 특별위원회를 설치하고 한국에 대한 식민지 수탈을 목적으로 하는 '동양척식주식회사 창립취의서', '동(同) 설립요강', '동 업무세칙'을 1907년 9월에 작성하였다.

그런데 이 설립요강의 원안에는 동양척식주식회사를 한·일 양국의 합자회사로 설립한다는 구상이나 의도는 전혀 없었고 처음부터 전적으로 일본의 식민지투자회사로서 일본인과 일본자본으로 설립할 것을 계획하였다. 이 동척설립안을 가지고 동양협회는 일본대장성과 예산관계, 특히 정부보조금에 대해 교섭하면서 일본정부와 정계 막후에서 대체적인 내락(內諾)을 얻고 다시 한국문제에 대하여 매우 큰 발언권과 영향력을 가지고 있던 당시의 한국통감 이토 히로부미(伊藤博文)에게 의견을 요청하였다.

일본정부에서는 동양협회의 동척설립원안을 처음부터 적극적으로 지지하여 보조금지출까지 내락하였다. 그러므로 1907년 12월 15일 동양협회 회두 가쓰라 다로가 원로 및 각료회의에 출석하여 동척설립에 관한 상세한 설명을 하고 찬부에 부쳤던바, 원로와 각료회원이 만장일치로 이를 찬성하고 공식화하여 정부에 건의할 것을 결정하였다. 이에 동양협회는 다시 원안을 정밀화하여 '동양척식주식회사설립에 관한 보고서', '동(同) 창립취의서', '동 사업설계예산서'를 1907년 12월 22일자로 정부에 제출하였다. 대장성에서는 이를 접수하여 원안대로 '동양척

---

8) 東洋拓植株式會社, 《東洋拓植株式會社創立顚末書》, p. 2.

9) 東洋拓植株式會社設立案의 책임자인 동양협회 회두 桂太郎은 일본정부의 수상으로 있다가 1906년 1월 제1차 桂內閣이 해산되어 수상직을 사임하고 동양협회 회두로 취임하였으나, 1908년 7월 西園寺내각의 뒤를 이어 다시 제2차 桂內閣을 조직하고 수상에 취임하여, 직접 동양척식주식회사 설립을 일본정부 입장에서 추진한 장본인이다.

식주식회사법안'이라고 명칭을 바꾸어 대장 대신의 이름으로 같은 해, 같은 달 26일 수상 사이온지(西園寺)에게 제출하였다. 이에 동척설립안은 동양협회의 손을 떠나 정식으로 일본정부안으로서 조정 채택되었는데, 이 모든 과정이 사전 내락에 의하여 일사천리로 진행되었다.

한편 동양협회 회두 가쓰라 다로는 한국정부와 사전교섭을 해 둘 필요를 느끼고 같은 해 11월, 일본 황태자(大正)와 더불어 한국에 건너와서 당시 총리대신 이완용과 내무대신 송병준 등을 만나보고 '동양척식주식회사 설립요강'을 수교하는 일방 4일내에 각의를 개최하여 이것을 통과시켜주고 회답해 주기를 기한부로 요구하였다. 가쓰라는 이완용과 송병준으로부터 대체로 찬성한다는 회답을 입수했다고 한다.

그러나 1908년 1월에(그 다음달)에 이토 히로부미가 동양척식주식회사 설립법안에 대한 의견서를 제출했는데, 이것은 동양협회의 그것과는 약간 다른 것이었다. 이토 히로부미는 동척설립의 목적과 취의에는 전적으로 찬동하지만 그 실행방법에서는 동회사를 전적으로 일본자본에 의한 일본인의 회사로 설립하는 것이 한국인을 자극하여 격렬한 반대운동에 부딪칠 것이며, 이후 식민지정책 집행에 지대한 방해가 될 위험성이 있다고 하여, 형식적으로 한국정부를 끌어넣어 한·일합자회사의 외양이라도 갖추어야 할 것이라는 의견서를 제출하였다. 이토 히로부미는 동양협회의 가쓰라 다로보다도 더 교활하였다. 이토 히로부미의 의견서의 주요 부분은 다음과 같다.

> (전략) 본 회사 설립의 취의에는 이의 없다. 그러나 그 실행방법에 관해서는 일·한 현재의 정치적, 경제적 관계에 비추어 크게 숙고를 요하는 바이다. 대장대신으로부터 각의에 제출되어 지금 성립중인 동양척식법안을 보면 해(該)회사의 주식은 일한양황실(日韓兩皇室), 정부 및 신민이 이를 소유하는 것이 가능하다 할지라도, 회사 그것은 즉 순연한 일본의 회사로 만들어 제국법에 의해서 이것을 조직하고 제국법에 따라서 한국에서의 사업을 경영하게 하고, 중요한 역원(役員)은 개(皆) 제

국정부 스스로 이를 임명하려고 하는 것과 같이 되어 있다. 그러나 이와 같은 방법을 가지고 한국에 임하면 단지 회사가 그 목적을 달할 수 없을 뿐 아니라 제국정부의 대한정책상에도 여러 가지 영향을 미칠 우려가 있다.

유래 한국인은 시의심(猜疑心)이 깊고 특히 일본에 대해서는 역사상의 관계로부터 염오(厭惡)의 념(念)이 심하고 깊어 언젠가 일본에 의하여 사직이 멸하고 병탄의 비운에 조우(遭遇)하리라는 것은 상하일반의 내심에 개포(介抱)하는 위우(危虞)이다. 그럴지나 거(去) 명치 39년 통감부 개설 이래 아(我)의 진의(眞意)가 한국을 부식(扶殖)함에 재(在)하고, 합병의 뜻 없음을 밝히어 예의 그 의혹을 풀기에 노력한 결과 이제야 소수의 구안자(具眼者)는 석일(昔日)의 의념을 풀고 아(我)의 성의를 한국 상하에 관철하여 일한(日韓)의 교의(交誼) 점차 원만 친밀을 보고 있다고 할지라도, 그러나 다수의 한인은 아직 일본의 야심을 의심하는 상태임을 면(免)하지 못하고 있다. 연(然)이나 돌연 대규모의 척식회사를 조직하여 순연한 일본의 회사로서 요부(要部)는 모두 일본인을 가지고 이를 충당하고 대자본을 운용하여 다수의 일본인을 한국에 이주 시키고 토지를 개간하며, 경우에 따라서는 임업, 축산업, 수산업, 광업에 종사하고 심하게는 농산물을 원료로 하는 각종의 제조업까지도 경영케 하려 할 때에, 듣건대 그 풍평(風評)만으로는 일반 한인은 물론 의혹을 품어 차계우(此計禹)란 필의(畢意) 척식이라는 미명하에 한국의 토지를 약탈하려고 하는 일본정부의 책략이라고 단정하고 장삼등길랑(長森藤吉郎)의 황무지개간계획의 때와 같이 각 방면으로부터 격렬한 반항운동이 개시되리라는 것은 식자의 견해를 빌리지 않고서도 명백한 것이다. (후략)[10]

요컨대 이토 히로부미는 일본인들이 개발이라는 미명하에 한국인의 토지를 약탈하기 위하여 이러한 대규모회사를 설립하고 한국을 병탄하지 않을까 한국인이 의혹하고 있으며, 또한 대중과 지식인들 간에 다방면의 격렬한 반항운동이 일어날 것이 명백하므로, 이를 저지하고 동

10) 《東洋拓植株式會社創立顚末書》, p. 163.

척 본래의 목적을 무난히 달성하기 위해서는 이를 순연히 일본의 회사로 할 것이 아니라 한국과의 합자회사로서 설립하여야 한다고 강조한 것이었다. 계속하여 이토 히로부미는 동척의 성패여부가 한 회사의 문제 또는 주주의 득실의 문제가 아니라 일본의 한국에 대한 정책에 중대한 영향을 미치는 문제이므로 동양척식주식회사는 통감부시정에 부응하여 경영되도록 규제하여야 할 것을 강조하였다. 또한 이토 히로부미는 동양협회 일부에서 주장하는 명칭인 '한국척식주식회사'가 한국인에 호감을 주지 않는다고 하여 극력 반대하고 '동양척식주식회사'로 확정할 것을 제의하였다.[11]

일본정부는 이에 대하여 정부 내에 특별조사위원회를 설치하고 조선 내에도 '회사법'을 공포할 것인지의 문제와 더불어 이토 히로부미의 건의를 토의한 결과 이를 받아들이기로 하고, 같은 해 3월에 이토 히로부미의 견해를 따른 수정된 '동양척식주식회사법안'을 제 24회 일본제국의회에 제출하였다. 이 수정된 '동척회사법안'은 1908년 3월 18일 다른 의사일정을 뒤로 미루어가면서 심의에 들어갔다. 출석한 정부위원이 "만약 본기(本期)의 의회에서 이 법안이 통과되지 않는다면 그 결과는 1년 지연케 되는 것이며 그렇게 된다면 현금 및 장래의 사정에 비추어 도저히 허락할 수 없는 것이다. 그러므로 차제에 어쨌든 본안이 통과되지 않는다면 국가를 위하여 비상히 불리한 것이다"[12] 라는

---

11) '東洋拓植株式會社'라는 명칭에 대해서는 伊藤博文과 桂太郎은 동상이몽을 한 것 같다. 伊藤博文은 '한국척식'이라는 구체적인 국명을 피하고 한국인에게 자극을 주지 않기 위하여 지역명인 '동양척식'을 주장한 것 같으나, 가쓰라 다로는 처음부터 동양척식주식회사가 한국침략에 국한하여 업무활동을 할 것이 아니라, 한국을 대륙진출의 제일보로 하여 점차 대륙으로 나아가서 업무활동을 확대할 것을 전제로 하고 '동양척식'에 찬성하였다. 《東拓三十年の足跡》에는 다음과 같은 구절이 보인다. "동양척식회사는 그 설립 당초의 의미에 있어서도 그 명칭이 동양인 것과 같이 결코 조선만에 국한하여야 할 의미는 아니었다. 그러나 당장 필요한 것은 조선이기 때문에 주로 조선의 업무를 한 것이다." 《東拓三十年の足跡》, p. 39.

요지의 강박적인 설명내용을 들어가면서, '동양척식주식회사 법안'은 같은 해 1908년 3월 26일 일본중의원과 귀족원의 양원을 완전히 통과하였다.

우리가 알고 있는 이른바 '동양척식주식회사'는 이러한 과정을 통하여 한·일합자회사의 외양을 갖추고 설립되도록 법제화된 것이다.

한일합자회사로서의 외양을 갖추어 일본의회를 통과한 새로 조정된 '동양척식주식회사법안'은 즉시 한국정부에 이송되었다. 일본인단독회사로서 설립할 예정이었던 당초의 동양협회안에 대해서도 1907년 10월 22일 일본황태자(大正)와 동양협회(東洋協會) 회두 가쓰라 다로가 방한했을 때 찬의를 표했던 친일파의 대한제국 정부가 새로이 조정되어 한·일합자회사로 된 안(案)에 표면상 반대할 리가 없었다. 또 설사 한국정부에 반대의사가 있었다 할지라도 이미 일본통감부의 직접적 지배하에서 '보호국'의 지위에 있던 한국정부가 반대의사를 표할 수 없었음은 자명한 일이다. 대한제국정부는 공식적으로 '동양척식주식회사'의 설립을 환영한다는 뜻을 발표했고, 당시 농사공부 대신이었던 송병준은 "동양척식의 사업은 실로 한국의 빈약을 구제하고 한국인의 행복을 증진하는 방안으로서 최적절한 경영이라고 사료됨으로서 일일(一日)이라도 조속히 착수되도록 한국의 관민은 열심히 경영을 환영한다"[13] 라는 성명을 발표하였다.

이에 한국통감부와 일본의 양측에서 본격적인 동척설립 작업이 착수되어 일본에서는 일본정부 및 동양협회에서 창립준비위원과 이사후보가 선정되고 정관안 및 설립사무안이 의정되었다. 한국에서도 한국정부와 통감부에서 출자문제 및 이사후보가 선정되었다. 이에 일본에서는 1908년 8월 16일에 법령 제63호로, 한국에서는 같은 해 8월 27

---

12) 〈大日本帝國議會誌〉 제7권, 제24회 貴族員議事錄條.

13) 《東洋拓植株式會社創立顚末書》, p. 45.

일에 법률 제22호로서 '동양척식주식회사법'을 정식으로 공포하기에 이르렀다.[14]

동양척식주식회사의 설립위원은 일본 82명, 한국 33명으로 하고, 각각 양국정부에서 임명했으며, 이들은 동경에서 집합하여 일본정부의 동척 정관안을 재확인 가결하였다. 정관에 따라서 총자본금은 1,000만원으로 하고 총주식수는 20만주로 하여, 일본정부는 매년 30만원씩 향후 8년간 보조금을 지출하기로 했으며, 한국정부는 현금 출자능력이 없으므로 토지로써 출자하되 6만주에 해당하는 300만원 상당분으로 답(畓) 5,700정보, 전(田) 5,700정보, 계 11,400정보를 출자하기로 하였다.

또한 1,000주는 중역에게 우선배당하고 나머지 13만 9,000주를 일본에서 일본인과 한국인을 대상으로 공개모집하였다.

일반 공개모집 결과 전 응모수가 총 466만 5,621주에 달하여 모집수의 35배에 달하게 되었다. 일본에서도 동척의 주식이 얼마나 유리한 '이권'으로 간주되었는지를 알 수 있다.

한국정부의 출자토지분에 대해서는 원래 일본정부가 매년 30만원씩 8년간 보급금을 회사에 투입하는 데 대응하여 그에 상당하는 자본을 투자한다는 명분하에, 당시 한국정부의 형편으로는 현금을 가지고 불입하는 것이 극히 곤란한 상태였으므로 "회사의 경영에 대해 편리한 토지를 가지고 출자함으로써 처리"[15] 하기로 하였다. 그러나 동척 그 자체가 식민지 초과이윤 수탈·집적의 가장 효율적 수단으로 농업, 특히 토지에 대한 투자를 노렸으므로 한국정부가 현금으로 출자하지 않고 토지로 출자하는 것은 오히려 간절히 바라는 바였다.

한국정부의 출자토지는 이른바 역둔토(驛屯土)[16] 중에서 전답 각

---

14) 《日本外務省特殊調査文書》(高麗書林 편, 1989), 59, pp.815~832, "東洋拓殖株式會社法" 참조.

15) 《東洋拓植株式會社創立顚末書》, p.106.

5,700정보, 계 11,400정보를 300만원으로 평가하여 연차별로 불입케 하였다. 역둔토 11,400정보를 300만원으로 추정한 근거를 담당 실무자이었던 일본인 탁지부차관[17] 의 계산을 인용해 보면 다음과 같다.

> (전략) 토지는 출자로써 척식회사에 제공할 시에는 관유지는 순수입의 17배 반, 민유지는 20배를 가지고 출자가격으로 한다는 것을 창립위원총회에서 채택했으므로 이에 따라서 역둔토의 출자가격을 평정한 것이다. 그리고 역둔토의 순수입을 여하히 하여 조사했는가 하면 역둔토는 작년에 비로소 궁내부에서 탁지부로 인계했을 뿐이므로 물론 전국의 역둔토는 조사되어 있지 않다. 그러므로 그 당시 전국에서 역둔토의 집단화 되어있는 개소중(箇所中) 9개소에 대하여 그 중등지의 순수입을 실지(實地)에 나가 조사한바 그 9개소 중 1개소는 법외로 높았기 때문에 이를 제외하고 나머지 8개소의 분(分)을 평균하여 순수입을 산출하였다. 그런즉 답(畓)은 일본의 1반보(反步)에 환산하여 순수입이 2원이고, 전(田)은 99전 정도가 된다. 그것을 17배(倍) 반(半)한 것이 즉 평가액으로 된 것이다. (중략) 순수입의 17배 반은 대체로 연 5분 7리의 이윤에 해당하는 것이다. (하략)[18]

즉 역둔토 중 중등지 9개 지역을 표본 추출하여 이 중에서 이례적으로 수익률이 높은 1개 지역을 제외하고 나머지 8개 지역에서 실지조사를 해본 결과 전답 11,400정보의 토지가격은 297만 4,563원이 되며, 약 300만 원으로 추정한 것이라고 설명한 것이다.

그러나 이 역둔토 가격의 평가에는 더 정밀히 검증해야 할 문제가 남아있다. 그것은 역둔토전답 11,400평을 300만 원으로 평가한 데 대

---

16) 여기서 역둔토는 역토, 둔토, 궁장토 및 능원부속지 등을 총칭하여 당시의 국유지의 대용어로 사용되고 있다.

17) 당시 한국정부가 통감부의 지배하에 보호국으로 되어 있었으므로 탁지부차관에는 일본인 荒井賢太郎이 취임하고 있었다.

18) 〈東洋時報〉 129호, 1909년 6월 pp.5~6.

하여 재한 일본인거류민 일부에서 한국의 토지가격은 반보당(反步當) 20원 내외로써 총 200여만 원 정도밖에 되지 않는데 300만 원은 과대평가되었다고 일부 일본 설립위원들이 이를 반대하였다. 한편 일부 한국 여론은 옥답이 정확한 토지면적 측량도 없이 헐값으로 넘어간다고 몹시 분개하였다. 그러나 최초에 역둔토가격을 과대평가되었다고 반대하던 일본 설립위원들도 "통감부와 한국 탁지부와의 교섭에서 여하튼 그렇지 않을 수 없는 내정이 있을 것이므로 원안대로 결정할 사(事)"[19] 라고 하여 찬성한 것이라든지, 동척의 일본인 중역이 "내정을 알지 못하는 세인이 동척의 대결손이라고 떠드는 것은 무리가 아닐지 모르지만 실제에 있어서는 동척이 한국정부로부터 수취하게 된 역둔토는 전답을 합하여 약 3만 정보에 달하게 되므로 회사는 결코 결손 같은 것을 받는 것이 아니다"[20] 라고 한 것을 보면, 어떤 간계가 있지 않았는지 추측되었다. 실제로 후에 출자지를 실측한 결과 약 78.3%의 면적증가가 있었다.[21]

실제로 당시의 역둔도라는 것은 역토, 둔토, 궁장도 및 능원묘부속지(陵園墓附屬地) 등을 총칭하는 것으로, 1894년 갑오개혁의 결과 역둔토는 모두 궁내부의 관리하는 바가 되었다가, 1908년 한국정부의 왕실재산정리의 결과 한국정부 탁지부가 관리하게 되었다. 이 역둔토의 토질은 일본인들이 "직접 역리(驛吏)의 수입에 영향을 미치었기 때문에 피등(彼等)은 극력 미전(美田)을 택하여 이를 역토에 편입시켜 자손세습하여 그 수확을 취하고 있는 것으로서 현하의 국유지 중에서는 가장 비옥한 것에 속한다"[22] 라고 지적하는 바와 같이 한국의 가장

19) 《東洋拓植株式會社創立顚末書》, p. 285.

20) 〈京城新聞〉 1909년 4월 810자.

21) 東洋拓植株式會社, 《東洋拓植株式會社十年史》(이하 《東拓十年史》로 약함), p. 36.

22) 〈朝鮮〉 제 2권 제 3호, 1908년 11월, p. 37.

비옥한 토지를 동척에 출자하게 된 것이다.

뿐만 아니라 당시 한국의 토지면적 측정에 쓰이던 척도(도량형제도)는 결수(結)와 두락(斗落) 등이었는데, 이는 그 자체가 조선왕조시대에서 전수되어온 면적계산상 부정확한 것이었다. 일본인들이 지적하고 있는 바와 같이 이것은 "토지의 비척(肥瘠), 파종의 후박(厚薄)에 의하여 면적에 차등 있음을 면하지 못하였다. 개략 답1두락은 내지(일본—인용자)의 4정보 내지 6정 20보이고 전(田)1두락은 2정보 내지 3정 10보이지만 왕왕(往往) 답1두락이 2정보 이하인 것도 있으며 혹은 1반보 이상 되는 것도 있다. 전(田)도 역시 이에 유사하여 그 면적이 극히 부동(不同)함을 면하지 못하였다."[23] 또한 결(結)제도 이와 유사했으므로 일본인 기사(技師)들이 역둔토 11,400정보를 할당해갈 때 일본인 동척 중역이 스스로 지적한 바와 같이 실제로는 3만 정보를 할당했는지도 알 수 없다. 이것이 과장되었다고 평하는 자가 있다고 할지라도, 어쨌든 실제로 11,400정보에 그 78.3%를 합한 것(11,400정보+8,926정보=20,326정보)보다는 훨씬 많은 면적을 300만원 출자분으로 가져갔음이 틀림없다. 이것은 앞으로 더 조사하여야 할 숙제로 남아있다.

이와 같은 상태에서 1909년 5월 7일 동대문 밖에 있는 역둔토 340정보의 인도를 시작으로 하여 제1회 불입금 75만원에 해당하는 전답 각 1,425정보, 계 2,850정보의 인도가 집행되었다. 그러나 동척은 "전(田)은 관리수입 기타 점에서 유리하지 않음이 적지 않으므로 실지 인도의 경우에는 이윤이 양호한 것 이외에는 이를 답(畓)으로 환산교환"[24]하여 답 1,830정보, 전 605정보를 인도했으며, 나머지 4분의 3에 대해서도 "그 불입기일이 끝날 때까지는 명치 41년도(융희 2년,

23) 《東拓十年史》, p.37.

24) 〈朝鮮〉 제3권 제4호, 1909년 6월, p.87.

1908년)에 구한국정부가 해(該)토지로부터 수입한 소작료 실수액의 8할을 가지고 대차할 것을 협정(協定)"[25] 했다고 기록하였다.

그러나 이러한 인도면적은 실측면적이 아니라 일본측 기사의 추출 표본지에 근거를 둔 추정면적이며, 동척이 한국정부로부터 인수한 후에 실측해 본 결과 78.3%가 증가했다고 《동척 10년사》에는 이렇게 쓰여 있다.

> 인계 후 본사에서 매필(每筆)의 실측을 수행한 결과는…… 인수면적에 비하여 7할 8분 3리의 증가를 시현하였다.[26]

이 단순한 자료를 통해서도 한국정부의 토지출자가 어떠한 내용의 것이었던가를 추측하고도 남을 것이다.

이렇게 하여 동양척식주식회사의 주식의 안분(按分)이 결정되고 한국정부의 제 1회 불입이 1908년 12월 14일에 끝나자, 같은 해 12월 28일에 창립총회를 개최하고 임원을 선정하여 회사설립의 최종작업을 완료하였다.

창립총회에서 선정된 동척의 중역을 보면, 총재에 현역육군중장, 남작, 우사가와(宇佐川一正), 부총재에 내무차관 요시하라(吉原三郎), 한국인으로는 민영기(閔泳綺), 이사에 삼중현 지사(三重縣知事) 임시장(林市藏), 좌하현 지사(佐賀縣知事) 정상효재(井上孝哉), 일본은행의 약좌정장(若佐程藏), 한국인은 한상룡(韓相龍), 감사에 귀족원의원 자작 송평직평(松平直平), 야전묘태랑(野田卯太郎), 한국인은 조진태(趙鎭泰) 등이었다.

동척 스스로가 "거물이 즐비하여 이른바 군부, 관료, 정계 재계 총동원의 얼굴"[27] 이라고 한 바와 같이, 중역 선임에 일본의 각계 거물과 한

25) 《東拓十年史》, p. 34.
26) 《東拓十年史》, p. 36.
27) 《東拓三十年の足跡》, p. 2.

국측은 친일파 경제거물만을 선발한 것을 보면, 일본정부가 한국에 대한 식민지 수탈을 위하여 동양척식주식회사를 얼마나 중요시했는지 알 수 있다.

동양척식주식회사의 설립위원은 다음과 같다.[28]

일본인 설립위원(83명)

설립위원장 백작 : 正親町實正
법제국 장관 : 安廣伴一郎
내무차관, 법학박사 : 一木喜德郎
내무성신사 국장 : 井上友一
대장 차관 : 若槻禮次郎
대장성 이재국장 : 勝田主計
대장성 서기관 : 長島隆二
육군성군무국장 남작 : 宇佐川一正
사법차관, 법학박사 : 河村讓三郎
동경제국대학 교수, 법학박사 : 松崎藏之助
제1고등학교장 법학박사 : 新渡戶稻造
농상무 차관 : 押川則吉
농상무성 농무국장 : 織田一
체신 차관 : 仲小路廉
통감부 총무장관 : 鶴原定吉
통감부 참여관 : 木內重四郎
통감부 기사, 농학박사 : 木田幸助
통감부 서기관, 백작 : 兒玉秀雄
남작 : 松平正道
법학박사 : 添田壽一
자작 : 堀田正養

28) 東洋拓植株式會社, 《東洋拓植株式會社三十年誌》(이하《東拓三十年誌》로 약함), pp. 3~9.

농학박사 : 酒勾常明
이외 61명 (이하 생략)

한국인 설립위원 (33명)

서 울 : 趙鎭泰, 李鎬成, 韓相龍, 白完爀, 李根培, 趙重鼎, 李健爀
경 기 : 吳性善, 李漢興
충 북 : 李東信, 陰在檍
충 남 : 尹佑炳, 金敎駿
전 북 : 白南信, 李元相
전 남 : 朴源奎, 金衡玉
경 북 : 鄭海鵬, 李炳學
경 남 : 金柄鎬, 文永觀
강 원 : 李東根, 嚴正煥
황 해 : 金泳澤, 吳亨根
평 북 : 李允實, 李宅源
평 남 : 白舜欽, 黃業
함 남 : 朴瀜豊, 都近浩
함 북 : 韓弘錫, 孫瑞憲

동양척식주식회사의 중역조직은 처음에 총재는 일본인, 부총재에 일본인 2명, 한국인 1명, 이사와 감사에는 3분의 2 이상은 일본인으로 하고 나머지 3분의 1 정도를 한국인으로 하도록 되어 있었다. 그러나 후에 이 원칙은 완전히 무시되어 설립 당초에만 단 한번 한국인을 부총재와 이사에 임명하고 그 후는 일본인이 모든 중역을 독점했으며, 한국인은 간혹 감사에 한사람 끼게 했을 뿐이다.

한국인으로서 동척의 중역을 위임한 자는 모두 다음과 같다.[29]

29) 《東拓三十年誌》, pp. 254~257.

한국인 부총재 : 閔泳綺(초대)
한국인 이사 : 韓相龍(초대)
한국인 감사 : 趙鎭泰 白寅基 朴榮喆 石鎭衡 李範益 李鍾殷

이러한 과정을 통하여 설립된 '동양척식주식회사'는 본사를 서울에 두기로 결정하여, 서울 황금정 2정목 95번지(지금의 을지로 1가)에 사옥을 마련하고, 1909년 2월 1일, 일본인 중역과 사원들은 전원 하관(下關)에 집합하여 부산을 향하여 출발해서 "사원은 모두 제복을 입고 피스톨을 허리에 차고 상륙하였다."[30]

일제는 그들의 식민지 수탈에 반항하는 경우 폭력으로 이를 누르고 "동척의 경영활동에는 기다(幾多)의 혈(血)을 볼 결심이 없어서는 안 된다"[31]는 폭력적 결의를 가지고 한국에 상륙한 것이다.

3) 동척회사 설립에 대한 한국민의 반향

일본인들의 동양척식주식회사 설립에 대하여 한국민은 어떻게 대응하였는가? 일본인들이 한국에 본사를 두고 한국을 개발한다는 미명하에 한일합자회사의 외양을 갖춘 대규모 회사를 설립하여 한국을 경제침략하려 한 데 대하여, 한국이 보인 반응은 정부의 공식설명과 친일각료를 제외하고는 전반적으로 강경한 반대투쟁으로 나타났다. 특히 동척설립에 대한 한국 농민들의 반응은 극히 강경하고 유혈적인 것이었다. 주로 일본인이 기술해둔 자료를 가지고 이 반응을 간단히 검토해 보기로 한다.

먼저 동척설립에 대하여 일부 친일파 각료들은 이에 편승해서 자가(自家)의 이익을 도모하려고 획책하였다. 예컨대 일본인 신문에 "총리

---

30) 東洋拓植株式會社,《東拓回顧三十年》, 1940년, p. 251.
31) 〈朝鮮〉 제3권 제1호, 1909년 3월, p. 67.

대신 이완용은 자가(自家)의 친척 이호성(李鎬成)을 세워 이사가 되게 하려고 목하(目下) 크게 주력중이라고 한다. 이(李)가 하고(何故)로 자가에서 이사를 내기를 바라는가 하면 그 본의는 다름 아니라 결국 그는 자가의 소유하는 부안, 김제, 기타에 있는 황무지 동류의 전지(田地)를 척식회사에 압부(押付)하여 이득을 꾀하기 위한 것이라 한다. 또한 척식회사에 대해서는 내상(內相) 송병준(宋秉畯)도 이완용에 못지않은 황무지 압부책(押付策)을 목하 강구중이라고 한다"[32] 라는 보도가 나올 정도로 사리(私利)에 급급하였다.

또한 "동척설립위원으로 각 도에서 유력자를 모집할 때 각도도 경쟁이 심하고 특히 경성에서는 정원 7명에 대하여 20여명의 희망자가 서로 선임을 다투었기 때문에, 당국도 인선에 비상한 곤란을 느낄 정도였다고 한다"[33] 라는 보도가 있는 것을 보면, 서울의 친일배들 사이에는 동척의 특권에 편승하려는 획책이 있었음을 알 수 있다.

그러나 사실은 정부에서 임명하여 일본에 갔던 한국인 설립위원 사이에도 동척 설립에 반대하는 의견이 많이 있었다. 한국인 설립위원들의 동척설립에 대한 반대의견을 무마한 공로가 크다고 하여 한상룡(韓相龍)이 이사로 선정되었다는 보도가 있는 것을 보면, 한국인은 극소수 친일파를 제외하고는 설립위원까지도 회사설립에 반대의견을 갖고 있었음이 명백하다. 설립위원들이 도일(渡日)하여 일본정부의 설득과 후대, 소수 친일파 설립위원의 감시와 무마에도 불구하고 정작 정관심의에 들어가자, 한국인 설립위원들은 동척회사 정관중 제 5장 제 52조의 규정, "척식상 필요한 토지의 매매 및 대차, 척식상 필요한 토지의 경영 및 관리, 척식을 위하여 필요한 일한 이주민의 모집 및 분배"라는 항목에 대하여 여기에 "한국인의 의사에 반하여 혹은 토지를 매수

32) 〈京城新聞〉, 1908년 10월 7일자.

33) 〈京城新聞〉, 1908년 9월 3일자.

하거나 혹은 갑소(甲所)에서 을소에 이주를 강제하는 등 불안을 일으키는 일로서 본인의 승낙을 거치지 않고는 토지를 매입하지 않으며 또한 이주를 강제하지 않는다는 뜻의 단서"[34]를 첨가할 것을 요청하였다. 물론 이러한 요청은 일본인 설립위원들에 의하여 폐기되었다.

또한 일본거류민 대변지였던 〈경성신문〉(京城新聞)은 동척회사의 정관에 대한 한국인 설립위원의 반대 기사를 보도하면서 "이를 일견하여보면 한국위원 등의 몰상식으로서 일소에 부(付)하여야 할 뿐이다. 연(然)이나 한편으로 관찰하면 이것은 한국상하의 사혹(思惑)을 대표하는 것이라고 보지 않을 수 없다"[35] 라고 지적하였다.

실제로 한국의 일반민중은 동척설립에 대하여 전반적으로 강경하게 반대하였다. 대한협회는 1908년 9월 12일 동척회사 설립에 관하여 구한국정부 당국에 질문서를 제출하고, 동 질문서에서 "동양척식주식회사 설립의 설이 국내에 전파된 후 경향(京鄉)의 여론은 비등하여 각자 의구의 념(念)을 품고 혹은 가로되 아국(我國)의 유리(遺利)를 몰수하여 해(該)회사의 점유에 귀(歸)케 한다 하고, 혹은 가로되 오인(吾人)은 장래 거주할 장소도 없게 되리라"[36]고 한다고 지적하였다.

또한 이토 히로부미도 1908년 9월 24일의 설립위원회에서 "한국의 인심은 여하한가를 말하면 척식회사는 한국을 이롭게 하는 것이라고 칭하는 자는 극히 적고 (중략) 척식회사는 한국의 토지를 일본인이 약탈하는 것임에 틀림이 없다고 생각하는 자가 많다"[37]라고 말하였다. 이토 히로부미도 스스로 인정하고 있는 바와 같이 동척설립에 대하여 한국인은 그 설립목적의 본질을 정확히 파악하고 시종 강경한 반대투쟁을 전개한 것이다.

---

34) 《東洋拓植株式會社創立顚末書》, pp. 286~287.

35) 〈京城新聞〉, 1908년 9월 27일자.

36) 〈外交時報〉 제 131호, 1908년 10월, p. 39.

37) 《東洋拓植株式會社創立顚末書》, p. 287.

동척회사 설립에 대한 한국인의 전반적 반대는 이미 회사설립 이전에 이토 히로부미가 이를 두려워하여 당초의 의견서에서 한·일합자회사의 형식을 취해야만 회사의 설립이 가능케 될 것이라고 지적하여 이 주장에 따라 동양척식회사가 외견상 한·일합자회사의 형식을 갖추게 된 것이다. 이것은 교활한 이토 히로부미가 계획한 바대로 회사설립에 대한 한국인의 반항을 무마하는 데 바로 사용되었다.

동척의 설립에 대하여 일반민중이 시종 강경하게 반항하자, 통감부의 지시하에 구 한국정부는 동척회사가 한·일공동의 소유임을 강조하였다. 그리고 조(趙) 농상공부대신은 1908년 11월 6일, 각도의 관찰사에 훈령을 발하여 척식회사설립의 취지, 목적, 업무 등에 관해서 "한·일합동의 자본을 가지고 이의 대경영에 당하는 것이며 본방(本邦) 부원(富源)의 개발에 전력을 경주함을 기하는 것으로서 결코 소유자의 승낙 없이 토지를 매수하거나 의사에 반하여 이주시키는 것이 아니라는 요지"[38]를 명시하고 주지시킬 것을 훈령하였다.

또한 동척 초대총재 우사가와(宇佐川一正)는 한국측 설립위원과 한국인들에게 동양척식주식회사에 대해 "이것은 법률에도 있는 바와 같이 일·한 양국정부의 감독하에 설립되어 있는 것이므로 한국측으로 말하면 즉 한국의 회사이라는 것을 머리에 넣어 두지 않으면 안 된다"[39]라고 극력 구차하게 설명하였다.

그러나 한국인은 이러한 통감부나 동척 또는 구 한국정부의 기만적 설득에 현혹당하지 않았다. 실제로 동양척식주식회사가 그들의 업무활동을 시작하자마자 바로 농민들의 철저한 반항에 부딪쳤다. 심지어 동척이 구 한국정부가 출자한 토지를 접수하러 나가자 경작농민들이 이를 거부하는 사태가 전반적으로 일어났다.

---

38) 〈外交時報〉 제 133호, 1908년 12월, pp. 33~34.

39) 〈東洋時報〉 제123호, 1908년 12월, p. 3.

동척 총재 우사가와(宇佐川) 중장 자신이 "가격을 견적하여 장부상의 접수를 하는 것은 용이하다 할지라도, 실물의 인도에 대해서는 기다(幾多)의 교섭과 분의(紛議)가 일어나며, 혹은 무장을 요하기에 이르지 않음을 도저히 보장할 수 없다"[40] 라고 비명을 질렀으며, 폭력과 무력적 방법에 의존하지 않고는 인도가 용이하지 않다고 고백하였다.

또한 동척사원들은 스스로 농민들의 반항으로 말미암아 정부출자 토지를 인수할 때에는 "일일이 호위를 부쳐서, 피스톨을 차고 출장하였다" [41] 라고 말하였다.

그러나 이러한 강압적 무력수단에 대해서 농민들은 힘이 다할 때까지 대항하였다. 당시의 〈경성신문〉 1909년 8월 18일자의 기사에는 무장한 한국농민들이 동척의 정부출자 토지인수와 업무활동을 방해한 것을 보도했으며, 이러한 강경한 반항은 의병운동과 관련하여 의병운동이 실패할 때까지 완강히 지속되었다.[42]

한국인의 이러한 반항 속에서 설립된 동척이 어떠한 식민지 수탈활동을 했는지를 먼저 그 회사의 내부에서부터 시작하여 점차 구체적 사실로 들어가 살펴보기로 한다.

3. 동양척식주식회사의 경영조직

1) 자본금의 구성

동양척식주식회사의 자본금은 ① 불입자본금 ② 사채 ③ 정기예금으로 구성되어 있었다.[43]

---

40) 〈朝鮮〉 제 3권 제 1호, 1909년 3월, p. 11.

41) 東洋拓植株式會社, 《開拓半世紀》, p. 255.

42) 〈京城新聞〉, 1908년 8월 18일자.

43) 日本拓務省, 《拓務要覽》, 1929년 판, p. 482.

(1) 자본금

동양척식주식회사의 자본금은 이미 본 바와 같이 설립 당초에는 1,000만 원(1주 50원, 20만주)으로 1908년 12월에 제1회 불입(4분의 1)을 한 이래, 1913년 4월까지 자본금 금액의 불입을 완료하였다.[44]

그러나 한국에서 식민지 투자의 진전, 만주와 몽고지역에서의 동척 업무지역의 확장의 결과 1918년 5월 자본금을 2,000만원으로 증자하였고, 뒤이어 중국, 시베리아, 남양방면에 진출하게 됨에 따라 이듬해인 1919년에 다시 3,000만원을 증자하여 5,000만원으로 하였다. 그리하여 동양척식주식회사의 공칭자본금은 5,000만원으로 되어 있었다.[45] 각 연도말의 자본금 및 불입액은 〈표 7-1〉과 같다.

(2) 사채

동양척식주식회사의 설립 당초 수년간은 불입자본금을 가지고 영업자금에 충당하였다. 그러나 사무의 진전에 수반하여 다시 자본금의 증액을 도모할 필요가 생기고 사채 발행의 필요성이 인정되기에 이르렀다.[46] 그리하여 1913년 8월 제1회 사채발행 이래 1938년 12월까지의 발행회수 144회를 통하여 이 기간 동안에 총액 7억 6,728만 원의 사채를 발행하였고, 그 중 상치(償置)총액이 4억 4,964만 원이었으며, 1938년 12월말 현재 사채발행고는 3억 1,764만 원에 달하였다.[47]

1913년 사채발행 개시 이래 1938년 말까지의 사채발행고 및 상치액(償置額) 및 현재잔고를 연도별로 보면 다음 〈표 7-2〉와 같다.

---

44) 日本拓務省, 《拓務要覽》, 1933년 판, p.556.
45) 日本拓務省, 《拓務要覽》, 1936년 판, p.429.
46) 日本拓務省, 《拓務要覽》, 1934년 판, p.562.
47) 《東拓三十年誌》, p.242.

〈표 7-1〉 동양척식주식회사의 자본금

연도	자본금	불입액	미불입액
1908	10,000,000	2,500,000	7,500,000
1909	10,000,000	2,500,000	7,500,000
1910	10,000,000	2,500,000	7,500,000
1911	10,000,000	5,000,000	5,000,000
1912	10,000,000	7,007,838	2,492,162
1913	10,000,000	10,000,000	-
1914	10,000,000	10,000,000	-
1915	10,000,000	10,000,000	-
1916	10,000,000	10,000,000	-
1917	10,000,000	10,000,000	-
1918	20,000,000	12,500,000	7,500,000
1919	50,000,000	27,500,000	22,500,000
1920	50,000,000	27,500,000	22,500,000
1921	50,000,000	35,000,000	15,000,000
1922	50,000,000	35,000,000	15,000,000
1923	50,000,000	35,000,000	15,000,000
1924	50,000,000	35,000,000	15,000,000
1925	50,000,000	35,000,000	15,000,000
1926	50,000,000	35,000,000	15,000,000
1927	50,000,000	35,000,000	15,000,000
1928	50,000,000	35,000,000	15,000,000
1929	50,000,000	35,000,000	15,000,000
1930	50,000,000	35,000,000	15,000,000
1931	50,000,000	35,000,000	15,000,000
1932	50,000,000	35,000,000	15,000,000
1933	50,000,000	35,000,000	15,000,000
1934	50,000,000	35,000,000	15,000,000
1935	50,000,000	35,000,000	15,000,000
1936	50,000,000	35,000,000	15,000,000
1937	50,000,000	35,000,000	15,000,000
1939	50,000,000	35,000,000	15,000,000
1940	50,000,000	35,000,000	15,000,000

* 자료 : 日本拓務省 官房課, 《拓務統計》, 1941년판.

〈표 7-2〉 동양척식주식회사의 사채 발행

연도	조월액(繰越額)	발행액	상치액(償置額)	연말현재액
1913	-	19,350,000	-	19,350,000
1914	19,350,000	-	-	19,350,000
1915	19,350,000	-	-	19,350,000
1916	19,350,000	-	-	19,350,000
1917	19,350,000	17,000,000	-	36,350,000
1918	36,350,000	-	-	36,350,000
1919	36,350,000	22,000,000	405,383	57,944,617
1920	57,944,617	28,600,000	475,700	86,067,917
1921	86,067,917	23,500,000	1,433,622	108,135,295
1922	108,135,295	53,000,000	17,710,833	143,424,462
1923	143,424,462	53,319,400	14,261,393	181,482,469
1924	181,482,469	83,730,000	33,035,329	187,177,140
1925	187,177,140	10,000,000	14,202,042	182,975,098
1926	182,975,098	18,217,000	26,459,376	174,732,722
1927	174,732,722	31,191,000	32,926,590	172,997,132
1928	172,997,132	64,409,400	36,852,000	200,554,532
1929	200,554,532	23,435,076	51,013,383	172,976,225
1930	172,976,225	14,695,000	7,451,560	180,219,665
1931	180,219,665	20,889,000	15,856,789	185,251,876
1932	185,251,876	21,675,900	9,829,811	197,097,965
1933	197,097,965	64,859,800	69,467,506	192,490,259
1934	192,490,259	19,148,500	27,078,424	184,560,335
1935	184,560,335	70,419,200	65,472,519	189,507,016
1936	189,507,016	50,334,000	13,967,284	225,873,732
1937	225,873,732	25,068,000	4,242,888	246,698,844
1938	246,698,844	78,445,000	7,503,312	317,640,532
계		767,286,276	449,645,744	

* 자료 : 日本拓務省 官房課, 《拓務統計》, 1940년판.

동양척식회사의 사채는 발행 등에서 다음과 같은 특색이 있었다.[48]

① 발행한도 및 발행수속 상의 특권

일본상법의 규정에 의하여 일반회사의 사채발행총액은 불입주 자본금액을 초과할 수 없음에도 불구하고 동양척식주식회사는 동양척식주식회사법 23조에 의하여 불입자본금액의 15배 한도로 사채를 발행할 수 있는 특권을 일본정부와 의회로부터 부여받았다. 뿐만 아니라 사채발행에서 일반회사와는 달리 주주총회의 결의를 거칠 필요가 없도록 규정하여, 동양척식주식회사는 자본금 조달과 사채발행수속 상의 편익과 특권을 갖고 있었다.[49]

그러므로 동척의 운영 자본금을 볼 때 불입자본금뿐만 아니라 사채를 주목해야 한다. 불입자본금은 사실상 공식적인 회사기금에 불과하였고 실제로 동척의 운영자금은 자본금의 15배까지 발행할 수 있는 사채에 의존함이 컸다.

이러한 특권은 일본이 식민지 수탈을 추진하기 위하여 동양척식주식회사에 대해 국책회사로는 이례적인 특권을 부여했음을 나타내는 것이다.

② 사채소유자의 담보권 상의 특전

동양척식주식회사의 사채권 소유자는 동양척식주식회사법 제27조에 의해서 동양척식주식회사의 재산에 대하여 다른 채권자에 우선하여 자기의 채권의 변제를 받을 권리를 갖도록 하였다.

따라서 동양척식주식회사채권의 소유자는 일반회사채권 뿐만 아니라 다른 특수채권에 비해서도 일본정부와 동양척식주식회사로부터 한층 더 강고한 보호를 받도록 되어 있었다.

---

48) 《東拓三十年誌》, p. 244.

49) 日本拓務省, 《拓務要覽》, 1938년 판, p. 446.

③ 정부의 보증

동양척식주식회사의 외국사채의 원리금지불에 대해서는 정부가 이를 보증하는 특전을 주었다. 그리하여 제 1회는 1908년 8월 일본제국의회의 동의를 얻은바, 액면 2천만 원 한도로 원리금지불을 보증하기로 하였다. 이에 따라 정부보증하에 1913년 3월 프랑스에서 불채(佛債) 5천만 프랑(日貨 환산 1,935만 원)의 사채를 발행하였다.[50)]

다음 1914년 3월에는 일본제국의회의 동의를 얻은바, 액면 4천만 원을 한도로 원리금지불을 보증하도록 하였다. 이에 따라 1923년 3월 미국에서 미화 1,990만 달러(日貨 환산 3,991만 원)의 사채를 발행하였다.

또한 1928년 5월 일본정부는 외국에서 모집하는 동양척식주식회사의 사채권 액면 4,000만 원을 한도로 원리금 보증을 하기로 하고 일본제국의회의 동의를 얻어 동년 11월 미국에서 다시 미화 1,990만 달러(日貨 환산 3,991만 9,400원)의 사채를 발행하였다.

이와 같이 일본정부와 의회는 동양척식주식회사의 영업자금 조달상 매우 큰 특권과 편익을 이 회사에 제공하였다.[51)]

동양척식주식회사가 다른 선진자본주의 제국의 식민지투자회사에 비하여 비교적 소자본을 가지고 상당한 정도의 대외침략과 식민지 초과이윤 수탈·집적에 성공할 수 있었던 요인의 배경에는 이러한 일본정부의 적극적 특혜와 지원이 있었음을 간과해서는 안 될 것이다.[52)]

---

50) 프랑스로부터의 5천만 프랑의 차관에 해당하는 東拓의 프랑스에서의 사채발행액은 그 후 東拓이 기한에 전액 상환·변제하였다.

51) 日本拓務省, 《拓務要覽》, 1933년 판, p. 556.

52) 東洋拓植株式會社, "總裁演說原稿", 1935년 8월, 《資料選集 東洋拓植株式會社》, pp. 379~385 참조.

(3) 정기예금

동양척식주식회사는 자기의 사업자금을 조달하는 방법의 하나로, 동양척식주식회사가 은행이 아님에도 불구하고, 정기예금을 받는 특권을 갖고 이를 사업자금으로 사용하였다.

즉 동양척식주식회사법 제13조의 2에 의하여 영업의 일종으로서 정기예금을 받을 수 있게 되어, 1938년 12월말 현재 예금액은 2,662만여 원에 달하였다.[53] 이것은 불입자본금의 절반에 해당하는 실로 막대한 것이다.

요컨대 동양척식주식회사의 사업자본금은 ① 불입자금 ② 사채 ③ 정기예금으로 구성되어 있었다. 이 중에서 불입자금이 회사의 기금이라고는 하나, 실제로 동척의 막대한 식민지투자와 사업자금으로 사용된 것은 규정상으로는 자본금의 15배, 실제로는 무제한 발행할 수 있는 정부지원하의 사채권이었음을 주목할 필요가 있다.[54]

2) 주식과 이익배당

동양척식주식회사 설립 당시의 주식은 불입자본금 1,000만 원에 대하여 20만주, 즉 1주당 금액을 50원으로 하여 구 한국정부 토지출자주 6만 주와 중역우선주 1,000주를 제외한, 나머지 13만 9,000주는 1908년 11월 공개모집에 부치었다. 그러나 전 응모주수는 실로 466만 5,621주에 달하여 모집주수의 약 35배에 달하였다.[55] 이 응모주수 중에서 일본왕실 및 왕족 그리고 한국왕실이 신청한 8,300주는 특별취급하고 기타 465,7321주에 대해서는 응모비율에 따라 안분하였다.

---

53) 《東拓三十年誌》, pp. 141~142.

54) 東洋拓植株式會社 資金課, 〈(極秘) 當社資金構成, 現況〉, 1938; 《資料選集 東洋拓植株式會社》, pp. 399~422 참조.

55) 《東洋拓植株式會社創立顚末書》, p. 109.

그러나 불입자본금의 부족으로 말미암아 사채발행에 지장이 발생하자 1918년 5월 정기 주주총회에서 20만 주를 증가시켜 자본금을 2,000만 원으로 증자할 것을 의결하였다. 새로 증자할 신주 가운데 14만 주는 1918년 6월 1일 현재의 주주에 대하여 그 소유주 1주에 신주를 할당하여 임의인수를 하도록 하고, 나머지 6만주는 액면이상의 가액으로서 공개모집하여 동년 6월 신주의 할당 및 모집을 시행하도록 하였다. 공개모집신주 6만주에 대해서는 액면초과액을 1주에 10원 이상으로 하고 고액인 것부터 순차적으로 모입(募入)하였다. 그 결과 액면초과액 최고 16원 50전, 최저 10원 10전, 평균 10원 20전 4리로서 액면초과금 총액은 61만 5,228원에 달하였다.

다시 1919년 9월 임시 주주총회에서 60만주를 증가하여 자본금을 5,000만원으로 증자할 것을 의결하고, 신주 가운데 51만주는 1919년 11월 1일 현재의 주주(정부소유주 제외)에 대하여 그 소유주 1주에 신주 1주반의 비율로 임의 인수도록 하되, 단 인수주 산출상 1주에 차지 않는 소수를 낳는 경우에는 이를 떼어버리기로 하였다. 그리고 나머지 공개모집 신주 9만주는 액면초과액을 1주에 20원 이상으로 하고 그 고액인 것으로부터 순차적으로 모입하기로 하였다. 그 결과 액면초과액은 1주에 최고 40원 10전, 최저 26원 70전, 평균 27원 5전 8리 강으로서 그 액면초과금 총액은 243만 5,246원에 달하였다.[56]

동양척식주식회사의 주식은 회사설립의 초기에 해당하는 1918년에도 액면이상으로 모입되었을 뿐 아니라 증권시장에서 동척주의 시세가 항상 고가이었던 것을 참작하면 동척의 기업이윤이 매우 고율이었음을 알 수 있다. 1908년 이래 각 연도 말 주주인원은 〈표 7-3〉과 같다.

56) 《東拓三十年誌》, pp. 235~236.

〈표 7-3〉 동양척식주식회사의 연도별 주주 인원

연도	연도말 현재 주주인원	전년도말에 대한 증감(增減)	비고
1908	7,096	-	제1회 불입
1909	5,832	1,264	
1910	5,350	472	
1911	4,853	497	제2회 불입
1912	4,314	539	제3회 불입
1913	4,155	159	제4회 불입
1914	4,017	138	
1915	3,881	136	
1916	3,842	39	
1917	3,736	106	
1918	4,685	949	신주 제 1회 불입, 신주 제 2·3회
1919	6,447	1,762	불입, 제 2신주·1회 불입, 신주
1920	7,833	1,386	제 4회 불입
1921	7,962	129	제 2신주, 제 2회 불입
1922	8,132	170	
1923	8,353	122	
1924	8,386	33	
1925	8,786	400	
1926	8,914	128	
1927	8,640	274	
1928	8,287	353	
1929	8,052	235	
1930	8,070	66	
1931	8,170	11	
1932	10,195	410	
1933	10,475	58	
1934	10,901	115	
1935	10,826	58	
1936	10,881	36	
1937	11,221	321	

* 자료 : 日本拓務省 官房課, 《拓務統計》, 1938년판.

동양척식회사의 기업이윤이 매우 고율이었으며 이윤집적의 규모가 매우 방대했음에도 불구하고 주주에 대한 이익배당은 그에 비하여 상대적으로 그다지 고율이 아니었다. 그 이유는 동척이 기업이윤을 주로 후기 이월금으로 남기고 사내유보하여 식민지 수탈을 위한 투자범위의 확대와 역원상여금으로 사용하려하면서 주주에의 이익배당에 중점을 두지 않았기 때문이었다.

이는 국책대행기관으로서의 동척이 정부정책에 부응해 식민지 수탈을 위한 투자를 확대하는 데 필요한 자금을 동척의 기업이윤에서 대부분 조달하여 재투자하면서 다시 식민지 초과이윤 수탈·집적의 규모를 더욱 확대해가도록 하는 식민지 수탈정책으로 인해 나타난 현상이었다.

동양척식주식회사의 이익금 처분에 관해서는 동양척식주식회사법 제 31조에 의해 반드시 정부의 승인을 얻도록 규정하고 있었으며, 여기서 정부의 식민정책에 따르는 이익배당이 채택 조정되었다. 동양척식주식회사 정관 제 77조에 규정된 바에 의하면, 동양척식주식회사의 이익은 각 년도의 총수익금으로부터 동년도의 이자, 영업비 및 손실을 차감한 잔액에 정부보조금을 가하여 정부승인을 거친 다음과 같은 원칙에 따라 분배하도록 되어 있었다.[57]

① 결손보전준비금-이익의 100분의 8 이상
② 배당평균준비금-이익의 100분의 2 이상
③ 役員상여금-이익의 100분의 10 이상
④ 주주배당금
⑤ 익년도 조월금(繰越金)
⑥ 제80조 제2항에 의한 특별적립금

57) 日本拓務省, 《拓務要覽》, 1930년 판, p. 519.

〈표 7-4〉 동양척식주식회사의 이익금 처분 내역

영업기	이 익			분 배					
	당기이익	전기조월	합계	결손보전 준비금	배당 평균 준비금	역원 상여금	배당금	배당률	후기 조월금
1908	152,221	-	152,221	12,200	3,100	8,000	26,600	6.0	102,321
1909	298,386	102,321	400,707	32,100	8,100	20,000	150,000	6.0	190,507
1910	513,347	190,507	703,854	56,400	14,100	35,200	150,000	6.0	448,154
1911	510,281	448,154	958,435	61,300	20,500	25,600	270,000	6.5	581,035
1912	572,666	581,035	1,153,701	68,800	23,000	25,000	450,000	6.5	586,901
1913	804,498	586,902	1,391,400	96,600	32,200	40,000	690,000	7.0	532,600
1914	515,241	532,600	1,047,841	61,900	20,700	-	650,000	6.5	315,241
1915	706,675	315,241	1,021,916	56,600	14,200	35,400	650,000	6.5	265,716
1916	817,970	265,717	1,083,687	65,500	16,400	40,900	650,000	6.5	310,887
1917	657,098	310,887	967,985	52,600	13,200	32,900	525,000	7.5	244,285
1918	1,440,385	344,286	1,784,671	681,285	16,600	49,500	693,000	8.0	344,286
1919	1,983,600	344,286	2,327,886	207,912	158,688	99,000	1,518,000	9.0	344,286
1920	3,432,000	344,286	3,776,286	275,000	69,000	60,000	2,750,000	10.0	344,286
1921	3,578,769	344,286	3,923,055	286,557	72,212	70,000	2,750,000	10.0	344,286
1922	4,413,000	344,286	4,757,286	354,000	89,000	70,000	3,500,000	10.0	344,286
1923	3,012,000	344,286	3,356,286	241,000	61,000	150,000	2,560,000	8.0	344,286
1924	3,012,000	344,286	3,356,286	241,000	61,000	150,000	2,560,000	8.0	344,286
1925	3,295,098	344,286	3,639,384	264,000	66,000	150,000	2,800,000	8.0	359,384
1926	5,904,669	359,384	5,545,285	5,550,000	-	-	-	-	4,715
1927	2,537,656	4,715	2,542,371	250,000	220,000	100,000	1,600,000	5.0	372,371
1928	1,943,155	372,371	2,315,526	200,000	40,000	100,000	1,600,000	5.0	375,526
1929	1,427,560	375,526	1,803,086	120,000	30,000	75,000	1,200,000	5.0	378,086
1930	276,313	378,232	654,545	23,000	6,000	25,000	480,000	3.0	120,545
1931	810,122	157,360	967,482	65,000	17,000	40,000	480,000	3.0	365,482
1932	406,190	552,541	146,351	-	-	-	-	-	146,351
1933	-	146,351	146,351	-	-	-	-	-	146,351
1934	361,180	146,351	507,531	28,894	7,224	-	-	-	308,882
1935	1,281,351	653,033	1,934,384	102,508	25,627	-	-	-	1,212,439
1936	903,584	1,261,952	2,165,536	73,000	19,000	60,000	700,000	4.0	1,313,536
1937	1,258,923	1,518,495	2,777,418	101,000	26,000	60,000	875,000	5.0	1,715,418
1938	1,328,070	1,761,992	3,090,063	20,000	90,000	1,050,000	-	6.0	1,810,063
1939	1,629,557	1,852,387	3,481,944	250,000	50,000	90,000	1,255,000	7.0	1,866,944

＊자료 : 日本拓務省 官房課, 《拓務統計》, 1940년판.

이 원칙 이외에도 동양척식주식회사는 필요하다고 인정될 때에는 자유로이 적립금을 설정할 수 있도록 규정하고 있었다. 여기서 초과이윤의 극대화를 위한 식민지 수탈과 재투자의 자금이 주주에게 배당되지 않고 적립될 수 있었다. 동양척식주식회사의 창립 이래의 이익금과 처분내역은 〈표 7-4〉와 같다.

여기서 주목할 것은 동척운영에서 회사의 불입자본금은 그 대부분을 민간자본을 주식으로 모집하여 충당하고 있음에도 불구하고, 식민지투자에서 발생하는 식민지 초과이윤의 막대한 수탈·집적분은 대부분을 정부의 식민지정책에 따라 정부가 요구하는 방향으로 처분하고 주주에게는 국내 일반회사의 주주이익배당률과 거의 동률의 이익밖에 배당하지 않았다는 사실이다.

3) 동척의 특권과 정부의 보호

(1) 특혜

동양척식주식회사는 일본 상법상에 있는 일반능력 이외에 자금충실에 관하여 다음과 같은 특별능력을 부여받고 있었다.

① 자본증가는 주금(株金) 금액이 불입되어야 함을 요하지 않는다.[58]
② 불입자본액의 15배를 한도로 동양척식채권을 발행할 수 있으며, 그 채권을 발행할 경우에는 주주총회의 결의에 의하는 것을 요하지 않는다.[59]

---

58) 《東拓三十年誌》, p. 96. 동양척식주식회사법 제 4조에 다음과 같이 규정되어 있다. “제 4조, 동양척식주식회사의 자본증가는 주금금액의 불입이 있어야 함을 요하지 않는다.”

59) 《東洋拓植株式會社三十年誌》, p. 103. 동양척식주식회사법 제 23조에는 원래 다음과 같이 규정되어 있다. “제 23조, 동양척식주식회사는 불입자본액의 10배를 한하여 동양척식채권을 발행할 수 있다. 동양척식채권을 발행할 경우에는 상법 제199조의 규정을 적용받지 않는다.” 그러나 이 규정은 1938년의

(2) 정부의 감독과 보호

'국책대행기관'으로서의 성격을 갖는 동양척식주식회사에 대하여 정부는 직접·간접으로 감독과 보호를 하도록 규정하였다. 식민지에 대한 경제적 수탈은 일개회사의 문제가 아니라 일본 제국주의 전체의 문제였으므로 일본정부는 동양척식주식회사에 대하여 각종 특혜와 특권을 부여함과 동시에 모든 업무활동을 일제 식민지정책과 일치하여 집행하도록 통제하였다.

동양척식주식회사에 대하여 일본정부가 특별히 감독하고 보호한 사항 가운데 공식적으로 발표된 주요내용을 요약하면 다음과 같다.[60)]

① 감독사항의 주요내용

㉠ 일반사무의 감독
㉡ 감독관을 두고 업무를 감시함
㉢ 사무감독상 필요한 명령을 발함
㉣ 회사결의의 취소 또는 역원의 해직
㉤ 총재, 부총재 및 이사의 임명

그리고 다음과 같은 사항에 대해서는 정부의 승인 내지 지정을 요하도록 규정하였다.[61)]

㉠ 자본의 증가
㉡ 존립기간의 연장
㉢ 지점 또는 출장소의 설치

동양척식주식회사법 개정에 의하여 동양척식채권의 발행한도 불입자본액의 10배를 15배로 개정하였다. 《東洋拓植株式會社三十年誌》, p. 213. "제 23조, 동양척식주식회사는 불입자본액의 15배를 한하여 동양척식채권을 발행할 수 있다. 동양척식채권을 발행할 경우에 있어서는 상법 제199조 및 제200조의 2의 규정을 적용받지 않는다."

60) 日本拓務省, 《拓務要覽》, 1934년판, pp. 566~568.

61) 日本拓務省, 《拓務要覽》, 1933년판, pp. 564~565.

㉣ 동양척식주식회사법 제 11조 제 7호의 사업의 경영[62]
㉤ 외국에서의 사업 경영
㉥ 영업상의 여유금으로 일시 매입하려고 하는 유가증권
㉦ 영업상 필요한 자금의 차입
㉧ 동양척식채권의 발행
㉨ 동양척식채권의 매입소각
㉩ 이익금의 처분
㉪ 이주규칙 기타 규정의 제정
㉫ 대부금의 이자 및 할인율의 최고율
㉬ 정부의 인가를 받은 사항을 변경할 경우

또한 이외에도 다른 회사의 주권 또는 채권의 응모 인수 및 영업상의 여유금을 예입하려는 은행에 대해서는 정부의 지정을 받도록 되어 있었다.

이러한 정부의 감독사항을 보면 사실상 동양척식주식회사의 모든 중요업무사항을 정부가 감독 지정하고 있으며, 동척은 사실상 일본정부의 특수기관과 같은 기능과 지휘를 받고 있음을 알게 된다.

그러나 동척이 특수기관과 같은 국책회사로서 정부의 감독과 지정을 받는 대신 이와 동시에 다른 일반회사로서는 상상도 할 수 없는 특혜와 보호를 받았다. 다음에서 이를 고찰하기로 한다.

② 보호사항의 주요내용

㉠ 보급금

일본정부는 제 2절에서 살펴본 바와 같이 동양척식주식회사법 제 39조 및 제 40조에 의하여 동척회사의 설립 등기일부터 8년간 매년 30만원을 매 영업기에 분할하여 보급하였다. 그 결과 1919년도까지 보급

62) 《東拓三十年誌》, p. 209. 동양척식주식회사법 제11조의 제 7호는 "제 11조, 7, 기타 척식을 위하여 필요한 사업의 경영"이라고 되어 있다.

금 총액은 237만 8,000원에 달하게 되었으며, 후년에 이 중에서 77만 8,000원을 상환하면서 보급금 잔액은 160만 원이 되었다.

정부보급금의 일부를 동척이 상환하게 된 것은 회사법 제 40조에 의하여 이익배당이 불입자본액에 대하여 1할의 비율을 초과할 때에는 그 초과금액을 먼저 보급금의 상환에 사용해야 한다는 규정에 따른 것이었다.[63)]

㉡ 외환율 차손에 의한 보급금

대미 환시세 하락으로 말미암아 1933년 중 동양척식주식회사의 미화(달러) 사채 원리금지불에서 생기는 손실이 거액에 달한 결과, 동년 상반기 및 하반기의 양 영업기간의 결산에서 다액의 결손이 발생하게 되었다. 그러므로 이에 대한 보전을 위한 정부의 대 동양척식주식회사 환율차손 보급예산이 의회를 통과하여 동년상하 양 영업기간에서 총계 약 150만 원의 보급금이 정부로부터 보급되었다.[64)]

㉢ 사채의 보증

동양척식주식회사가 외국에서 발행하는 사채에 대해서는 정부가 그 원리금의 지불보증을 하여 주었다.

가장 대규모의 것으로는 전후 3회에 걸쳐 지불보증이 행해졌는데, 제1회는 1908년 제 27회 일본 제국의회에서 액면 2,000만 원, 제 2회

63) 《東洋拓植株式會社三十年誌》, p. 106. 동양척식주식회사법 제 39조 및 제 40조는 다음과 같다. "제 39조, 정부는 동양척식주식회사에 대하여 설립등기일로부터 기산하여 8년간에 한하여 매년 금 30만 원을 매 영업기에 할당하여 보급하여야 한다. 단 매 영업기에 있어서 이익배당에 연 8분의 비율을 초과할 때에는 그 초과액에 상당하는 금액을 보조금의 내에서 공제한다. 제 49조, 이익배당이 불입자본액에 대하여 연 1할을 초과할 때에는 그 초과금액은 먼저 이를 전조 보급금의 상환에 충당한다. 전항의 상환을 끝낸 때에는 該 초과금액은 그 반액을 특별적립금으로 한다."

64) 日本拓務省, 《拓務要覽》, 1933년 판, p. 566.

는 1914년 제30회 일본 제국의회에서 액면 4,000만 원, 제3회는 1928년 5월 일본 임시 제국의회에서 4,000만 원을 각 한도로 하여 그 동의를 얻어 이를 지불보증하여 주었다.[65]

㉣ 불균일 배당

1917년 7월 동양척식주식회사법을 개정할 때, 1917년도부터 1924년에 이르는 8년간 정부 이외의 자(者)의 동척 소유주식에 대한 이익배당이 연 8%를 초과하지 않는 경우에는 정부소유주에 대해서는 배당을 요하지 않는다고 규정하였다.

다시 1926년도에 결행한 동양척식주식회사의 특별정리에 관련하여 이를 원조하기 위해서 1928년 5월 일본 임시 제국의회의 동의를 거쳐 동양척식주식회사법에 개정을 가한 결과, 1927년도 이후 5개년간은 정부의 소유주식에 대해서는 연 5%까지에 한하여 이익배당을 면제하도록 하였다.[66]

이러한 모든 특혜는 다른 국책회사에 대해서는 없는 특권이었다.

4) 업무지역과 업무종류

(1) 업무지역

동양척식주식회사는 창립당시부터 1917년 6월까지는 오직 한국에 대해서만 식민지 수탈과 업무를 영위하였다. 그러나 일본 제국주의의 대륙침략이 현저히 진전되고 또한 일본 세력권이 점차 태평양지역에까지 확대되어가자, 1917년에 동양척식주식회사법을 개정하여 그 업무지역을 한국 이외의 외국에까지 확장하였다.

그리하여 1917년 10월 본사를 서울로부터 동경으로 옮기고, 동년 11월에 먼저 요동반도, 만주, 몽고에 진출하기 시작하여 1919년 6월

---

65) 여기에 대해서는 앞의 '자본금의 구성' 중 사채의 항을 참조할 것.

66) 日本拓務省,《拓務要覽》, 1935년 판, p. 427.

경에는 동부 러시아령 아시아, 중국동북부, 필리핀, 남양제도에 진출했으며, 다시 1923년 1월에는 말레이 반도로 사업지역을 확장하였다.[67] 1937년에는 타일랜드까지 진출하고, 다시 1938년에는 동양척식주식회사 및 정관을 개정하여 일본본사 이외의 어떠한 외지 또는 외국에서라도 사업을 영위할 수 있도록 하였다.

동양척식주식회사의 업무지역을 지역별로 그 진출순위에 따라 정리해 보면 다음과 같다.[68]

① 한국
② 만주 및 요동반도(당시 關東洲)
③ 몽골
④ 동부 러시아령 아시아(바이칼호 이동)
⑤ 중국 하북성, 산동성 및 강소성
⑥ 필리핀 및 남양제도
⑦ 말레이 반도
⑧ 브라질
⑨ 타일랜드

이상의 여러 지역에 식민지적 투자를 하기 위하여 설치한 동양척식주식회사의 영업소 및 그 설치 연월일은 다음과 같다.[69]

① 본 사 : 東京市 町區內幸町 1의 2의 그 1917년 10월 1일 설치 (원래 본사는 1908년 12월 28일 서울에 설치하였다가 이때 동경으로 이전)
② 조선지사 : 朝鮮 京城府 黃金町 2의 195. 1931년 8월 15일 설치
③ 경성지점 : 조선 경성부 황금정 2의 195. 1917년 10월 1일 설치
④ 부산지점 : 조선 부산부 大廳町 2의 24. 1921년 11월 25일 설치

67) 《東拓三十年誌》, p. 7.
68) 《東拓三十年誌》, p. 73.
69) 《東拓三十年誌》, p. 74.

⑤ 대구지점 : 조선 대구부 東門町 4. 1920년 4월 1일 설치
⑥ 목포지점 : 조선 목포부 本町 2의 6. 1920년 6월 1일 설치
⑦ 이리지점 : 조선 이리읍 日出町 145. 1921년 10월 7일 설치
⑧ 대전지점 : 조선 대전부 本町 2의 80. 1921년 4월 15일 설치
⑨ 원산지점 : 조선 원산부 京町 32. 1920년 4월 1일 설치
⑩ 사리원지점 : 조선 사리원읍 駒泉里 442. 1920년 4월 1일 설치
⑪ 평양지점 : 조선 평양부 황금정 3. 1920년 4월 1일 설치
⑫ 간도지점 : 滿洲 間道省 延吉縣 井街. 1931년 8월 15일 설치
⑬ 봉천지점 : 만주 奉天浪速通 3. 1921년 10월 1일 설치
⑭ 신경지점 : 만주 新京特別市 大同大街 406. 1933년 9월 12일 설치
⑮ 하얼빈지점: 만주 하얼빈시 道裡區 地段街 11. 1919년 6월 10일 설치
⑯ 대련(大連) 지점 : 關東州 大連市 山縣通 2. 1917년 10월 1일 설치
⑰ 천진지점 : 중화민국 天津 日本租界 福島街 7. 1937년 10월 16일 설치
⑱ 북경지점 : 중화민국 北京特別市 內六區 盔頭作 4. 1938년 7월 15일 설치
⑲ 청도지점 : 중화민국 青島 館陶路 16. 1938년 3월 18일 설치

그리하여 동양척식주식회사는 본사와 1개 지사 및 17개 지점을 갖고,[70] 그 활동범위를 동경을 중심으로 동북아시아 및 동남아시아 일대에 널리 팽창시킨 거대한 경제침략 회사로 등장하였다.

(2) 업무의 종류

동양척식주식회사는 주로 농업에 투자하여 식민지 초과이윤을 수탈·획득하는 특수회사로 알려져 있으나, 그 업종은 처음부터 비단 농업에 국한된 것이 아니라 이윤이 높은 각종 업종에 모두 투자하였다. 회사 창립 당시의 동양척식주식회사의 주요 업무종류는 다음과 같다.[71]

---

70) 동양척식주식회사는 이 이외에도 상해, 보르네오, 반자르마신, 말레이반도의 미들랜드, 죠호올 등지에 상임주재원을 파견하여 업무를 집행하였다.

71) 日本拓務省, 《拓務要覽》, 1930년 판, pp. 491~492.

① 농업
② 척식을 위하여 필요한 토지의 매매 및 대차
③ 척식을 위하여 필요한 토지의 경영 및 관리
④ 척식을 위하여 필요한 건축물의 축조 매매 및 대차
⑤ 척식을 휘하여 필요한 일 · 한 이주민의 모집 및 분배
⑥ 이주민과 한국농업자에 대한 척식상 필요한 물품의 공급 및 생산 또는 획득한 물품 분배
⑦ 척식상 필요한 자금의 공급
⑧ 부대사업으로서 수산업 기타 척식을 위하여 필요한 사업의 경영

회사설립 후 1917년 7월 동양척식주식회사법이 개정된 결과 사무의 종류는 다음과 같이 확대되어 패전 때까지 이르렀다.[72]

① 척식을 위하여 필요한 자금의 공급
② 척식을 위하여 필요한 농업 · 수리사업 및 토지의 취득 경영 · 처분
③ 척식을 위하여 필요한 이주민의 모집 및 분배
④ 이주민을 위하여 필요한 건축물의 축조 · 매매 및 대차
⑤ 이주민 또는 농업자에 대해 척식을 위하여 필요한 물품의 공급 및 생산한 물품의 분배
⑥ 위탁으로 인한 토지의 경영 및 관리
⑦ 기타 척식을 위하여 필요한 사업의 경영
⑧ 정기예금

이렇게 보면 동양척식주식회사는 식민지 초과이윤을 수탈 · 획득할 수 있는 사업이면 무엇이든지 모두 영업하는 종합국책회사였다. 그 업종은 농업뿐만 아니라 복덕방, 고리대금에서 광공업, 금융업에 이르기까지 광범위하게 걸쳐있음을 알 수 있다.

특히 어떠한 전문적 업종이 아니라 식민지 또는 일제의 세력권하에서 지역조건에 따라 식민지 초과이윤 수취율과 수익성이 높은 사업이

72) 《東拓三十年誌》, pp. 9~11.

면 무엇이나 투자하였다. 따라서 업종의 선택은 동양척식주식회사 쪽에서 어떠한 특수업무기능을 가지고 있는가에 의하여 결정되지 않고, 전혀 일본 제국주의에 의해 일제세력권 지역에서 어떠한 업종이 가장 수취율과 수익성이 높은 유리한 업종인지에 따라 상대적으로 결정되었다고 볼 수 있다.

5) 회사직제

지금까지 본 바와 같이 식민지 수탈의 특수회사로서의 동양척식주식회사는 어떠한 회사조직과 직제를 만들어 그 본래의 목적과 기능을 수행하였는가?

1908년 12월 동양척식주식회사가 설립되자 처무규정을 설정하여 사무분장을 정하고 1909년 2월부터 이를 시행했으며, 그후 업무의 분화와 회사의 비대화에 따라서 그 개정이 필요하게 되었다.

그리하여 1914년 8월에 제 1회 개정, 1916년 12월에 제 2회 개정, 그리고 1917년 7월 동양척식주식회사법 및 정관의 개정으로 인하여 업무지역 및 범위가 확대되어 동년 10월 본사를 서울로부터 동경으로 옮기고 서울에 경성지점을 둠과 동시에 봉천 및 대련에 지점을 신설한 결과 이에 따라 필요한 제 3회의 개정을 행하였다. 뒤이어 1920년 4월 업무지역의 확장에 수반하여 하얼빈, 청도에 지점을 설치하고, 한국 내의 9개 출장소를 9지점으로 승격시켰으며, 또한 주재이사의 제도를 폐지하는 등으로 인하여 제 4회의 개정을 시행하였다.

다음 점차로 회사가 팽창했음에도 불구하고 1920년 이래 장기에 걸친 재계 불황에 비추어 업무 쇄신, 경비 절약의 도모가 긴요함을 인정하여 조직을 간소화하는 제 5회의 개정을 행하였다. 그리하여 청도지점을 출장소로, 경성지점 소속의 간도출장소를 원산지점 소속으로 개정하고, 또한 주재 이사제도를 부활했으며 종래 직업의 참사 · 기사 ·

서기·기수 등의 호칭을 폐지하여 모두 이를 사원으로 칭하도록 했고, 또한 정원의 감소를 단행하였다.

동척은 이어서 1925년 2월 총무부 감사계를 독립 과(課)로 개편하고, 원산지점 간도출장소를 본점 직속하에 두는 등의 제 6회의 일부개정을 행하였다. 다시 동년 12월 재계의 추세에 비추어 업무정리의 철저를 기하기 위하여 종래의 부제(部制)를 폐지하고 부지배인을 두는 등 제 7회의 개정에 의하여 조직을 간소화하였다.

동양척식주식회사는 1926년 다년간의 현안이었던 조선총독부 계획에 속하는 산미증식사업에 참가하게 되자 이의 실행기관으로서 서울에 토지개량부를 신설하였다. 동척은 또한 한국 및 간도에서 일반사무를 관장시키기 위하여 서울에 조선사무부를 신설하고 조선주재 이사로 하여금 이를 담당하도록 했으며, 이에 필요한 규정을 제정 또는 일부개정을 시행하였다.[73]

동척은 다음 1930년 8월 한국내 임업업무의 통제 기타 필요에 응하여 조선업무부 규정, 토지개량부 규정을 제정하고, 조선업무부에 금융, 식산(殖産), 임무(林務)의 4과(課)를 두어 업무의 정비를 꾀하였다. 그러나 1931년 8월에 이르러 내외의 정세는 사내 각반 기구의 정비 및 업무의 쇄신을 요함이 급하여 제반 제도를 개정하는 사무장정의 제정을 시행하였다.

즉 조선지사를 설치하여 조선업무부 및 토지개량부를 폐지하며, 과계(課係)의 폐치 분합을 행하고, 새로이 신임감사 제도를 설치하는 등 기관 직제를 새로이 조정하였다. 특히 조선지사 및 지점 출장소의 권한을 확장하여 그 관장 또는 전담 사항을 안배함으로써 책임 소재를 명백히 하고 사무 통제를 보장하였다. 또한 직원의 신분에 대해서는 그 직능에 의하여 계급(參事, 副參事, 技師, 서기, 技手, 서기보, 技手

---

73) 《東拓三十年誌》, pp. 145~146.

補)을 설정하고 정년제를 정했으며 대우방법의 개선을 꾀하였다. 일제가 중일전쟁을 도발하자 일본의 대륙침략정책 실현의 목적달성을 지원키 위해 먼저 1938년 7월에 북경에 지점을 설치함과 동시에 만주, 몽고, 북부중국에서의 업무를 도모하여 신경(新京)에 이사 1명을 상주시키고 만주·중국방면의 업무를 담당케 하였다.[74]

이렇게 하여 일단 동양척식주식회사의 직제를 정비하고 본격적 식민지 수탈정책을 강행하였다. 동양척식주식회사의 설립 당시의 직제와 1938년에 개편 정비된 직제를 그림으로 표시하면 〈그림 7-1〉과 같다.

〈그림 7-1〉 동양척식주식회사의 조직(설립당시)

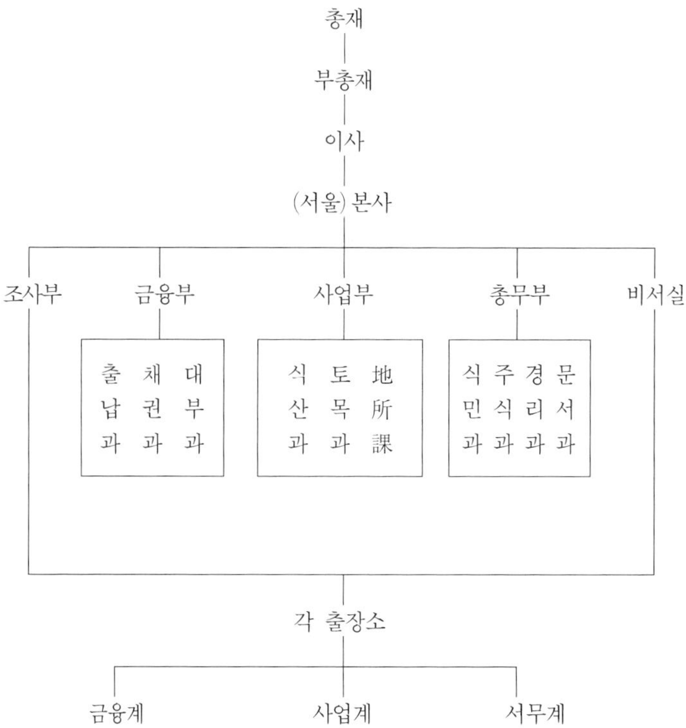

74) 《東拓三十年誌》, pp. 248~249.

〈그림 7-2〉 동양척식주식회사의 조직 (1940년)

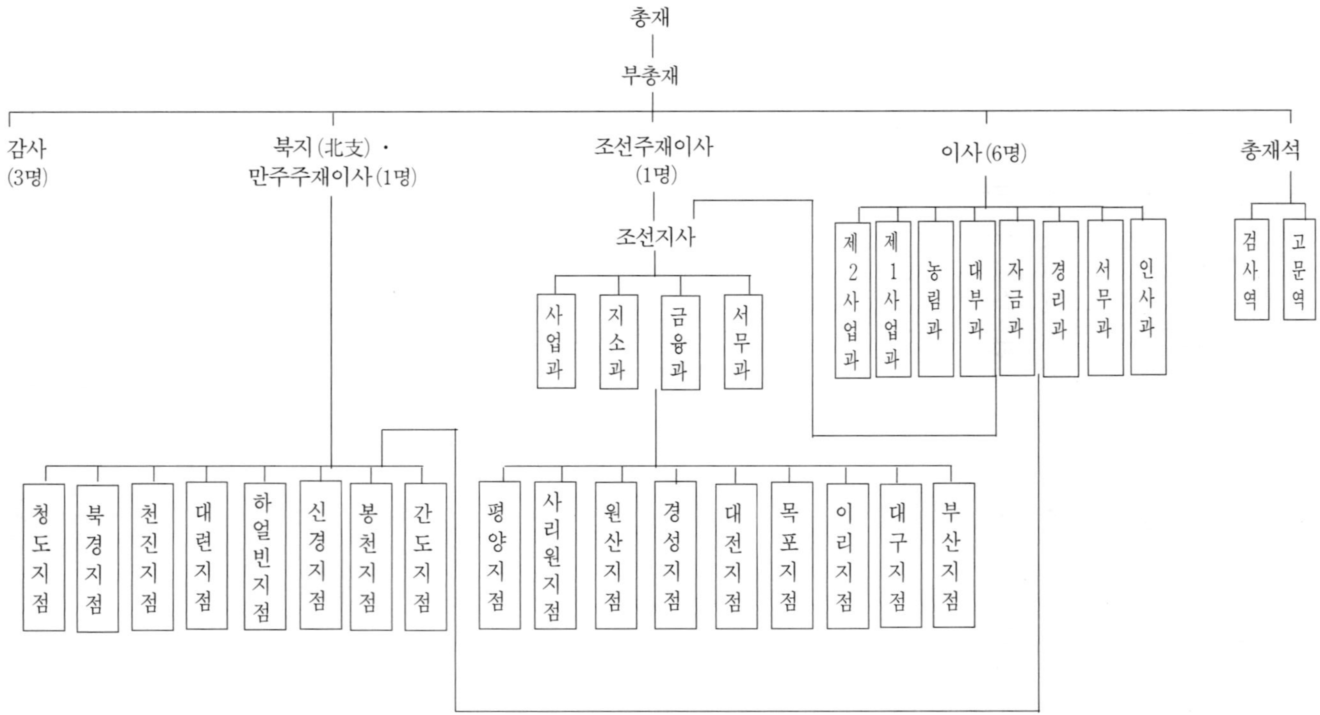

다음 역원(役員)에 대해서는 1908년 8월 처음 동양척식주식회사법이 제정될 때 본사에 총재 1인, 부총재 2인, 이사 4인 이상, 감사 3인 이상을 두도록 하여 그 선임방법 및 임기에 대해서 다음과 같이 규정했었다.[75]

① 총재는 일본인으로 하고 정부가 이를 임명하며 그 임기는 5년으로 한다.
② 부총재는 1인은 일본인으로 일본정부가 이를 임명하고, 다른 1인은 한국인으로 하여 한국정부가 이를 임명하는 것으로 하며, 임기는 5년으로 한다.
③ 이사는 그 인원수가 적을지라도 3분의 2는 일본인으로 하며 일본정부가 이를 임명하고, 기타는 한국인으로 하여 한국정부가 이를 임명하도록 하며, 임기는 5년으로 한다.
단 이사의 임명에 대해서는 주주총회로 하여금 50주 이상을 소유하는 주주 중에서 각 2배의 후보자를 선거하게 한다.
④ 감사도 역시 그 인원수가 적을지라도 3분의 2는 일본인으로 하고, 기타는 한국인으로 하며, 주주총회로 하여금 30주 이상을 소유하는 주주 중에서 이를 선거케 하고 임기는 2년으로 한다.

그러나 1910년 일본의 한국강점 병탄의 결과 앞서 쓴 역원에 한국인과 일본인의 구별을 설정할 필요가 없다는 구실하에, 1917년 7월 동양척식주식회사법을 개정하여 이상의 구분을 철폐함과 동시에 부총재제를 폐지하고 이사 및 감사의 인원수, 선임방법 및 임기를 개정하였다. 개정된 역원의 선임방법 및 임기에 관한 규정의 요항은 다음과 같다.[76]

① 총재는 정부가 이를 임명하며, 임기는 5년으로 한다.
② 이사는 3인 이상으로 하고, 50주 이상을 소유하는 주주 중에서 2배

75) 日本拓務省, 《拓務要覽》, 1930년 판, pp. 516~517.
76) 日本拓務省, 《拓務要覽》, 1932년 판, pp. 527~528.

의 후보자를 선거하여 정부가 그 중에서 이를 임명하며, 임기는 4년으로 한다.

③ 감사는 2인 이상으로 하고, 30주 이상을 소유한 주주 중에서 주주총회에서 이를 선거하며, 임기는 2년으로 한다.

단 제1기에 한하여 이사 및 감사는 다 함께 주주총회의 선거에 의하지 않고 정부가 이를 임명하며, 임기 만료 후 가장 가까운 주주총회의 개회일까지 유임할 수 있도록 하였다.

동척은 뒤이어 1938년 3월, 다시 동양척식주식회사법을 개정하여 다음과 같이 부총재제를 부활하고 참여이사제를 신설하였다.[77]

① 총재 및 부총재는 정부가 이를 임명하며, 임기는 5년으로 한다.
② 총재에 사고가 있을 때에는 부총재가 그 직무를 대리하며, 총재가 결원일 때에는 그 직무를 행한다.
③ 부총재 및 이사는 총재를 보좌하고 정관이 정하는 바에 따라 동양척식주식회사의 사무를 분장하고 또한 이에 참여한다.

이러한 일련의 정관개정은 결과적으로 설립 당초에 한·일 합자회사로서의 외양을 갖추기 위하여 부총재·이사·감사의 구성에 총 역원의 최소한 3분의 1을 한국인으로 임명하도록 규정한 것을 폐지하여, 동척을 명실상부하게 순연히 일본인에 의한 일본의 회사로 만들고 한국인을 추출하는 작용을 하였다.

그 결과 설립 당초에 동척 설립에 적극 참여하여 일제에 공헌했던 친일 관료지주들도 결국 일제에 의해 동척으로부터 추출되었다. 예컨대 한국인을 부총재직에서 자연스럽게 추출하기 위하여 부총재제를 폐지했다가 그 후 다시 일본인으로 구성된 부총재제를 부활하고 모든 중역직에서 한국인을 배제하여 버린 사실이 이를 단적으로 증명한다.

동양척식주식회사 설립 이래 역원의 구성은 〈표 7-5〉와 같다.

---

77) 日本拓務省, 《拓務要覽》, 1939년 판, p. 464.

〈표 7-5〉 동양척식주식회사의 역원 구성

기간 \ 역원	정원				비고
	총재	부총재	이사	감사	
1908년 12월~1917년 9월	1인	2인	4인 이상	3인 이상	
1917년 9월~1938년 5월	1인	-	3인 이상	2인 이상	경비절감을 위하여 이사 및 감사의 정원을 감함
1938년 5월 이후	1인	1인	3인 이상	2인 이상	이사 중에는 참여이사를 포함

* 자료: 동양척식주식회사, 《동척업무요람》, 1940년판.

6) 자산상태

동양척식주식회사가 식민지 투자를 시행하여 수탈·집적한 식민지 초과이윤의 수탈 집적분 중에서 각종 배당금과 역원상여금을 지출하고 나머지 재투자하여 축적한 자산은 실로 막대한 것이었으며, 해마다 누증되어 갔다. 구체적으로 어떠한 형태의 자산을 어떻게 수탈 축적했는지는 다음에 각 부분별로 자세히 고찰하기로 하고 여기서는 그것을 화폐량으로 표시하여 총체적으로 개관하기로 한다.

동척의 자산의 증가는 예컨대, 설립 당초인 1908년의 1,020만 5,445원에서 30년 후인 1938년에는 4억 3,980만 8,066억 원으로 무려 43배가 증가하였다.[78] 〈표 7-6〉 및 〈표 7-7〉은 동척 설립 이래 1938년까지의 자산상태의 개황을 화폐량으로 표시한 것이다.

78) 日本拓務省, 《拓務要覽》, 1939년 판, pp. 469~470.

〈표 7-6〉 동양척식주식회사의 자산 상태 1 (1908~1929)

연도	자 산						
	불입미제 자본금	대부금	주권 및 채권	지소 및 건물	예금 및 현금	기 타	합 계
1908	7,500,000	-	493,490	750,000	1,460,662	1,293	10,205,445
1909	7,500,000	221,900	-	1,080,721	1,558,419	81,569	10,442,609
1910	7,500,000	595,300	-	1,971,567	1,125,585	1,137,974	12,330,456
1911	5,000,000	1,166,769	1,000,000	5,774,059	1,118,780	1,303,173	16,362,781
1912	2,492,163	2,473,494	1,000,000	10,474,579	10,503,014	4,687,003	31,630,253
1913	-	4,045,719	2,300,000	15,095,872	5,648,558	4,220,973	31,306,122
1914	-	5,451,189	2,300,000	15,459,766	3,323,692	4,460,777	30,995,424
1915	-	5,813,587	1,650,000	15,569,866	3,522,543	4,474,389	31,030,358
1916	-	5,839,271	1,000,000	16,291,998	4,695,746	3,372,155	31,299,170
1917	-	12,278,038	3,627,500	16,634,856	16,273,011	5,890,586	54,703,991
1918	7,500,000	32,914,387	6,475,500	16,211,168	7,678,715	5,033,781	75,813,551
1919	22,500,000	70,968,612	15,527,840	16,463,204	12,758,684	10,574,987	148,793,327
1920	22,500,000	94,577,721	15,499,352	18,829,871	9,343,914	13,226,859	173,977,717
1921	15,000,000	117,043,607	22,838,498	21,258,768	11,065,073	11,071,269	198,277,215
1922	15,000,000	126,927,395	24,123,143	25,393,262	24,184,777	13,232,558	228,861,135
1923	15,000,000	152,109,145	21,710,773	27,127,869	12,864,226	18,524,836	247,336,849
1924	15,000,000	148,764,437	24,260,862	27,887,384	20,402,074	22,951,890	259,266,647
1925	15,000,000	142,835,214	24,237,593	31,494,671	13,760,560	27,136,723	254,464,761
1926	15,000,000	126,955,070	18,600,965	45,088,912	11,216,295	31,900,662	248,761,904
1927	15,000,000	122,235,636	21,119,984	50,820,110	15,018,323	25,948,556	250,142,609
1928	15,000,000	125,074,938	17,952,929	52,813,292	8,418,316	29,080,459	248,399,934
1929	15,000,000	124,633,702	20,505,053	56,103,821	3,291,533	29,127,986	248,662,095

〈표 7-7〉 동양척식주식회사의 자산 상태 2 (1930~1938)

연도	자 산						
	불입미제 자본금	대부금	주권 및 채권	지소 및 건물	예금 및 현금	기 타	합 계
1930	15,000,000	132,287,938	17,105,255	58,233,621	2,986,225	29,469,495	255,082,534
1931	15,000,000	136,679,607	18,688,238	62,559,159	3,685,663	27,667,169	264,279,836
1932	15,000,000	133,882,048	27,780,679	64,658,870	4,822,378	28,734,563	274,878,538
1933	15,000,000	115,089,531	35,990,751	65,868,956	12,757,916	31,722,005	276,429,159
1934	15,000,000	115,327,598	36,037,796	65,942,862	9,337,157	33,181,236	274,826,649
1935	15,000,000	138,108,566	39,579,463	65,980,784	5,871,055	38,265,928	302,805,796
1936	15,000,000	143,605,242	49,421,462	68,966,564	13,465,779	39,674,002	330,132,949
1937	15,000,000	159,573,375	78,285,808	72,828,098	19,099,733	40,834,801	385,621,815
1938	15,000,000	172,532,919	116,721,532	74,839,663	18,738,623	41,981,329	439,808,066

* 자료 : 日本拓務省 官房課, 《拓務統計》, 1941년판.

4. 동양척식주식회사의 토지투자와 토지약탈

1) 토지의 매수와 약탈

동양척식주식회사는 한국에서의 식민지 초과이윤의 수탈·집적의 가장 유리한 방법으로 토지에 대한 투자를 시작하였다. 원래 동척 설립당시에 구한국정부가 불입자본금으로서 현금 대신에 전답 11,400정보(실제는 17,714정보)의 토지출자[79]를 했으므로, 이 출자지를 기초로 하여 본격적인 토지매수를 시작한 것이다.

이러한 토지매수는 구한국정부의 출자지인 역둔토의 연차별 인수와 병행하여 주로 "정부출자지로 인계를 받는 토지에 접근하여 그 관리경영상 편익한 지방"[80]의 역둔토를 중심으로 유리하고 비옥한 토지를 매수하기로 하고, 1913년까지를 일기로 하여 제1단계의 토지매수를 강행하였다.

동양척식주식회사는 먼저 토지매수를 위하여 각 지역별로 '매수반'을 조직하여 전국에 파견하였다. '매수반'은 한편으로는 무장을 하고 다른 한편으로는 매수자금을 들고 전국에 분산되었으나 그들의 토지매수는 반드시 순조로운 것은 아니었다. 왜냐하면 당시 한국의 토지소유제도는 확립되어 사유관념은 매우 발달해 있었으나 엄밀한 사유권등기제도가 확립되어 있지 않았고, '토지등기제도'를 확립시키게 된 일제의 이른바 '토지조사사업'도 1912년부터 비로소 본격적으로 시작되었으므로, 당시 동척의 토지매수 강행은 그 자체가 문제를 발생시킬 수 있는 소지를 가진 것이었으며, 불가피하게 분쟁을 유발하게 되기 때문이다. 동척은 이 분쟁을 처음부터 무력으로 강력하게 탄압할 것을 전제했으므로 토지매수는 토지약탈을 수반한 것이었다.

---

79) 《東拓十年誌》, pp. 35~36.

80) 《東拓十年誌》, p. 37.

이러한 약탈적 성격을 가진 토지매수이었으므로 동척의 토지매수에 대해 한국농민은 처음부터 완강히 저항하였다. 동척의 토지매수가 한국농민들의 반항과 비협력으로 장벽에 부딪치자 한국 통감은 각 지방에 설명서를 공시하고 "토지매수는 그 소유주와 상당한 가격을 협정한 후 계약을 하는 것으로서 소유주의 승낙 없이 결코 그 권리를 침해하는 일이 없음"[81]을 누누이 강조하였다. 그러나 가장 기본적인 분쟁은 바로 이 동척 매수지의 소유주에 관한 것이었다. 당시 토지소유권 등기제도가 확립되지 않은 조건하에서 사유지의 지주만 사유권을 가진 것이 아니라 실제경작자인 소작농민들도 전통적으로 세습되어온 경작권을 가지고 있었으므로, 만일 동척이 지주의 사유지를 매수하는 경우에도 현실 경작자인 소작농민의 경작권이 매수되지 않는 농토가 대부분이었다. 그러므로 동척이 지주로부터 소유권을 매입하여 토지매수를 하는 경우에는 경작농민들이 이에 불복할 것은 불을 보듯 밝게 내다볼 수 있는 일이었다.

물론 동양척식주식회사는 토지매수에서 당시의 지배적 사회세력이었던 지주의 사유권을 매수함으로써 토지매수를 강행하였다. 그러나 '토지조사사업'이 완료되지 않았던 1908년부터 1913년까지의 이러한 동척의 제1차 토지매수는 바로 경작농민의 토지에 대한 권리를 침해하게 되고 농민의 토지를 불법적으로 약탈하는 일이 비일비재로 발생하게 되었으며, 끊임없는 분쟁과 반항을 야기하게 되었다. 따라서 이러한 반항 속에서의 동척의 토지매수는 처음부터 강력적·폭력적 강제매수와 토지약탈의 성격을 갖춘 것이었다.

동척의 이 제1단계의 토지매수가 어떠한 것이었는가를 증명해주는 단적인 예로, 동척이 그 당시 토지매수로서 가장 성공적이었다고 자축한 전라남도 영산포 궁삼면(宮三面)의 경우를 들 수 있다.[82] 동척은

81) 〈外交時報〉 제139호, 1909년 6월, p.24.

공식적으로 기록하기를 "전남 영산포 부근의 유명한 궁삼면(宮三面)을 일거에 매수하여 그곳 요정에서 매수성공 피로연을 열고 크게 기염을 토했다"[83] 라고 자랑하였다.

그러나 사실 이것은 '궁삼면 사건'이라고 하여 바로 대규모 농민반항을 발생하게 한 동척의 토지약탈이었다. 동척은 궁삼면 일대의 토지소유자라고 하는 한 지주로부터 궁삼면 토지전부를 매수했으나, 그 지주는 원래 역둔토에 귀속되었던 이 지방 무토궁방전을 사점(私占)한 단순한 수조권자(收租權者)에 불과하였고 실제의 사유권자는 경작농민이었다. 그러므로 경작농민의 동의 없이 농경작자는 알지도 못하는 사이에 동척이 이를 매수한 사실에 궁삼면의 전체 농민이 들고 일어나 저항한 것이었다.

궁삼면 사건은 일제헌병의 무력으로 진압되었으나, 이 사실에서도 동척의 토지매수가 얼마나 강력적·약탈적이었는가를 알 수 있다.

조선총독부의 무력적 지원하에 동척이 토지매수의 제1단계라고 하는 1908~1913년까지의 토지매수실적은 47,148정보이었으며 동년까지 출자한 토지 17,714정보까지 모두 합하면 1913년의 동척의 소유면적은 64,862정보였다.[84] 1913년까지의 구 한국정부출자지와 동척매수지의 도별 및 지목별 면적은 〈표 7-8〉 및 〈표 7-9〉와 같다. 물론 동양척식주식회사는 1913년 이후에 토지매수를 중지한 것이 아니라 계속하여 토지매수를 강행하였다.

---

82) 東洋拓植株式會社, 〈宮三面事件, 大要〉, 《資料選集 東洋拓植株式會社》, pp. 135~141 참조.

83) 《東拓三十年の足跡》, p. 4.

84) 《東洋拓植株式會社二十年誌》, pp. 35~36.

〈표 7-8〉 동양척식회사의 제 1기 매수지 (1908～1913)

(면적: 정보, 가격; 원)

도별	밭(田)	화전	산림	잡종지	합계
경기도	1,312	537	1	106	1,957
충청북도	623	413	-	35	1,072
충청남도	3,642	700	6	60	4,409
전라북도	5,698	469	24	130	6,321
전라남도	7,176	1,799	940	492	10,411
경상북도	2,505	1,018	199	22	3,746
경상남도	1,889	967	271	234	3,363
황해도	5,279	3,104	517	743	9,644
평안남도	656	1,116	1	73	1,847
평안북도	663	426	7	69	1,165
강원도	187	905	-	7	1,100
함경남도	897	1,102	-	108	2,108
면 적 계	30,534	12,563	1,968	2,082	47,148
가 격 계	8,887,259	1,622,485	59,582	161,869	-

* 자료 :《동양척식주식회사 10년사》.

〈표 7-9〉 동양척식회사에 대한 한국정부 출자지 (1908～1913)

(면적: 정보, 가격: 원)

도별	밭(田)		화전		잡종지		계(정보)
	면적	가격	면적	가격	면적	가격	
경기도	3,010	62,792	2,859	288,204	4	-	5,873
충청남도	291	61,872	35	4,223	3	-	329
전라북도	984	155,166	21	9,088	106	-	1,201
전라남도	183	27,883	24	1,649	-	-	207
경상북도	1,093	210,815	412	38,127	83	-	1,589
경상남도	2,926	591,209	922	75,012	35	-	3,883
황해도	4,027	859,499	306	32,585	51	-	4,384
평안남도	6	971	238	30,733	-	-	246
계	12,523	2,519,210	4,908	479,624	282	-	17,714

* 자료 :《동양척식주식회사 10년사》.

〈표 7-10〉 동양척식주식회사의 연도별 소유지 면적표

(단위: 정보)

연도	논	밭	기타	계
1910	8,644	2,301	91	11,036
1911	18,764	6,502	1,554	26,820
1914	46,642	18,753	4,747	70,143
1915	49,080	19,594	4,688	73,364
1916	49,022	19,648	4,710	73,380
1917	50,008	19,473	5,187	74,738
1918	50,134	19,422	5,620	75,176
1919	51,149	20,145	7,026	78,520
1920	51,130	20,228	1,273	78,631
1921	51,800	21,273	14,404	87,477
1922	51,644	21,161	14,838	87,643
1923	51,297	21,358	15,688	88,334
1924	50,992	20,975	16,293	88,260
1925	49,647	20,233	17,031	86,893
1926	49,143	20,160	24,087	93,390
1927	48,574	20,172	24,116	92,862
1928	48,226	17,459	30,595	96,280
1929	46,683	16,944	41,709	105,336
1930	46,585	16,888	60,092	123,565
1931	-	-	-	-
1932	38,302	19,065	91,737	149,104
1933	38,947	19,923	93,741	152,611
1934	38,402	18,967	101,820	159,189
1935	37,474	21,139	104,680	163,293
1936	36,360	18,525	88,523	143,408
1937	-	-	-	-
1938	35,395	18,852	92,324	146,571
1939	35,395	18,841	94,250	148,486
1940	35,341	16,819	105,718	157,878

＊자료 : 《조선총독부 통계연보》, 《척무요람》, 《척무통계》 등에서 작성.

〈표 7-11〉 동양척식주식회사 소유지의 도별 분포(1938)

(면적: 정보)

지목 / 도별	논		밭		택지		산림		잡종지		계	
	면적	가격(원)	면적	가격(원)	면적	가격(원)	면적	가격(원)	면적	가격(원)	면적	가격(원)
경기도	2,456	1,283,175	2,319	726,321	96	65,636	162	19,035	169	13,905	5,202	2,108,072
충청북도	743	463,070	510	133,560	42	22,706	10	160	8	64	1,313	619,560
충청남도	3,511	2,378,989	561	161,087	45	57,736	78	15,063	69	2,557	4,264	2,615,432
전라북도	6,991	4,796,112	522	138,855	65	148,348	47	3,642	75	9,862	7,700	5,096,819
전라남도	6,629	4,090,108	1,582	501,622	37	120,669	678	35,099	238	2,749	9,164	4,750,247
경상북도	2,617	1,790,236	1,244	380,640	105	66,103	154	2,316	66	3,487	4,186	2,242,782
경상남도	3,452	3,039,714	1,197	469,785	123	137,819	44	1,100	183	24,970	4,999	3,673,388
황해도	6,321	3,734,678	2,734	497,589	55	18,601	-	-	172	7,630	9,283	4,258,498
평안남도	1,018	421,613	458	161,952	8	1,097	-	-	89	4,269	1,573	588,931
평안북도	84	69,985	4	7,116	-	65	-	-	-	640	88	77,809
강원도	304	151,980	167	48,119	6	1,510	54	10,871	21	3,390	552	215,870
함경남도	1,060	287,349	875	141,183	13	23,476	-	-	72	2,729	2,020	454,737
함경북도	-	-	75	7,641	1	6,266	-	-	73	401	149	14,308
간도	367	103,319	6,591	939,468	2	7,756	-	-	3,139	28,088	10,099	1,078,631
계	35,553	22,610,328	18,839	4,314,938	598	677,788	1,227	87,286	4,374	104,741	60,591	27,795,081

* 자료 : 《동양척식주식회사 30년지》.

동척은 일제의 식민지정책에 따라 한국에 일본인 이민을 이주시켜 무려 10,100정보[85]라는 방대한 토지를 극히 저렴한 가격으로 불하해서 연부상환(年賦償還)하게 하여 분양해 주었음에도 불구하고, 약탈적 토지매수의 계속적 강행으로 동척 소유지는 꾸준히 증가하는 추세를 보였다. 중간에 간간히 동척 소유지의 감소가 보이는 것은 일본이민에 대한 대대적 토지분양을 반영하는 것에 불과하였다. 그러나 동척의 일본이민에 대한 토지분양으로 인한 일시적 동척 토지소유 면적의 감소도 동척의 토지매수에 의하여 바로 보전, 증가되었음을 물론이다.

동척 설립 이래 1940년까지 연도별 동척 소유지면적은 〈표 7-10〉과 같다. 그리고 동척이 설립된 지 30년째인 1938년도의 동척 소유지의 도별·지목별 면적은 〈표 7-11〉과 같다.

〈표 7-10〉 및 〈표 7-11〉에서도 알 수 있는 바와 같이 동척의 토지 소유 면적은 전반적으로 증가추세에 있었을 뿐만 아니라, 그것도 주로 한국의 비옥한 토지에 집중되어 있었다.

도별로 볼 때 전라북도와 전라남도, 황해도, 충청남도, 경상남도, 경상북도, 경기도 등의 순위로 곡창지대의 옥토가 동척 소유지로 되었으며 그중에서도 특히 전북의 익산, 김제평야, 영산강일대의 전남평야, 황해도의 연백평야, 경상남도의 김해평야 등은 대부분 동척의 소유지로 되어 동척의 지배하에 들어가게 되었다.

2) 동척 소유지의 소작문제

동양척식주식회사는 구한국정부의 출자지와 그들의 매수지를 어떻게 관리 처분하였는가? 동척은 매수지의 일부(1926년까지 1만 100정보)를 17회에 걸쳐 동척이 한국에 이주시킨 일본인 이주민들에게 특히 저렴

85) 日本拓務省, 《拓務要覽》, 1930년 판, pp. 512~513.

한 가격으로 불하해 주어 25년간의 장기연부상환 방법에 의해 분양해 주었고, 그밖에 매년 토지매수와 토지약탈을 통하여 누증한 나머지 방대한 토지는 소작료 수취를 목적으로 한국농민들에게 소작하게 했다.

동양척식주식회사소유지의 소작관리원칙은 동척 스스로가 "소작계약은 종래의 습관을 중시하여 폐해가 없는 한은 변화시키지 않을 방침이다"[86]라고 명백히 하는 바와 같이, 전적으로 한국 종래의 봉건적 소작관행을 일제의 목적에 충돌하지 않는 한 계속하며 그 위에 일제의 부담을 가중시키는 것이었다.

동척이 구태의연한 봉건적 소작관행을 답습한 것은 조선봉건시대로부터 그대로 전수된 소작관행의 소작료 수취율이 높고 수취방법이 지주에게 매우 유리하여 동척의 '식민지 수탈 극대화'라는 목표에 부합했기 때문이었다. 동척이 그 소유지를 "일본의 이민대부지를 제외하고는 모두 조선인이 이를 소작하도록 한다"[87]라고 하면서, 소작방법은 종래의 소작관행을 중시하여 "폐해가 없는 한" 이를 변화시키지 않는다고 한 것은, 그 폐해가 소작농의 입장에서 본 폐해가 아니라 동척의 입장에서 본 소작료수취 극대화에 대한 폐해를 의미했다는 점을 주의해야 할 것이다.

그러므로 동척이 토지개량에 투자하여 그 토지생산성을 실제로 증대시켰다고 가정하는 경우에도 예전의 소작관행을 따르면서 토지개량 투자분을 소작료에 포함시켜 소작료를 인상시키면 토지개량 비용과 생산증가분은 모두 소작료로 수취되는 것이기 때문에 이 역시 전적으로 소작료 수취극대화에 부합시킨 것임은 물론이다.[88]

동척이 소작방법을 한국 구래의 소작관행에 의거한다고 원칙을 정

---

86) 〈朝鮮〉 제 3권 제 2호, 1909년 4월, p. 103.

87) 朝鮮總督府, 《朝鮮總督府施政年報》, 1910년 판, p. 288.

88) 東洋拓植株式會社 裡里支店, 〈事業槪況, 大正 十三年三月〉, 《資料選集 東洋拓植會社》, pp. 105~127 참조.

한 것은 동척 소유지의 소작관계의 성격을 반봉건적인 것으로 규정지은 것이다. 이 점을 '소작료의 수취방법', '소작료율', '소작료의 형태'의 3가지 측면에서 고찰하기로 한다.

(1) 소작료 수취방법

예전부터 내려온 한국의 소작관행에 의하면 소작료의 수취방법은 ① 집조법(執租法) ② 타조법(打租法) ③ 정조법(定租法)의 3가지 방법이 있었다.[89)]

'집조법'은 집수법(執穗法), 검견법(檢見法), 간평법(看評法)이라고도 했는데 이것은 매년 수확기를 앞두고 지주와 소작인이 입회하여 입모(立毛) 그대로의 곡물을 검견(檢見)해서 수확추정량을 산출하고 이것을 기준으로 소작료로 협정하는 방법이었다. 이 집조법은 봉건적 물납지대 발전의 원시적 단계를 대표하는 것으로서 지대가 생산물의 형태로서 지주에게 납부된다는 점에서 여타의 물납지대와 다를 바가 없지만, 생산물이 아직 수확되기 이전에, 즉 생산물이 생산기간을 현재 통과하고 있는 유기체의 형태로서 지주에게 납부된다고 하는 점에서 물납지대의 제 1단계를 나타낸다고 할 수 있다. 이 집조법은 수확이전에 입모의 농작물을 간평(看評)하여 소작료를 정하는 것이기 때문에 가장 부정확하고 불확실한 소작료 수취방법이었다.

'타조법'은 타작법, 예분법(刈分法)이라고도 했는데 지주측과 소작인이 입회하여 이미 수확된 생산물을 탈곡조제한 후에 이것을 미리 정한 소작료율에 따라서 지주와 소작인 사이에 분할하는 방법이었다. 이때 지세, 운반비, 비료 등은 소작인이 부담하였다. 이는 봉건적 물납지대의 제 2단계를 나타내는 것이라고 할 수 있다. 소작료 수취는 미리 정한 소작료율에 따라 정확하게 이루어지나, 소작농이 탈곡 조제한

89) 朝鮮總督府, 《朝鮮ノ小作慣行》(상권), 1932년, p. 177.

후에 수취가 이루어지므로 지주와 소작인의 상호불신 상태에서는 소작인의 입장에서 탈곡조제의 노동이 가중되고, 지주 입장에서는 소작농의 사실상의 소작료 감소의 여지가 존재하게 된다.

'정조법'은 도조법(賭租法), 도작법(賭作法)이라고도 했는데 소작인과 지주가 계약하여 수확량 증감 여하를 불문하고 일정액의 소작료를 소작계약 당초에 정하여 수확기에 이를 수납하는 방법이었다. 이것은 물납지대의 제3단계로 물납지대 최후의 단계를 대표하는 것이며 금납지대(金納地代)로 전화하는 전제적 소작료 수취형태였다. 정조법에서는 소작농이 풍흉과는 관계없이 일정의 소작료를 납부해야 하므로 소작료를 인상하지만 않으면 다소간 소작농이 스스로 토지생산성 증대를 위해 노력한다는 특징이 있었다.

동양척식주식회사는 이상 세 가지 소작료 수취방법 중에서 둘째의 타조법은 "번잡하다"[90]는 이유로 배격하였다. 그러나 사실은 동척이 소작관리인인 '마름제도'를 동척 소유지에서는 철폐한 결과, 타조법 실시의 경우 감시의 미숙으로 인해 발생할지도 모를 손실을 미리 방지하기 위하여 타조법을 배제한 것이었다. 그리고 동척은 나머지 두 방법 즉 집조법과 정조법을 소작료 수취 방법으로 채택하였다.

동척은 먼저 동척 소유지를 정조지와 집조지로 구분하여 한국농민에게 소작을 주고 처음에 정조지에서는 과거 3년간의 평균 수확량의 2분의 1을 표준으로 하여 소작료를 정하였다.

종래 조선왕조의 정조법의 소작료율은 총 생산물의 25~33%였으므로, 동척은 정조법 소작지에서 소작료율을 총 생산물의 17~25% 공식적으로 인상한 것이었다. 이것은 큰 비중의 수탈 증대였다.

집조법 소작지에서는 동척이 소작인을 입회시켜 놓고 동척이 원하는 방법에 따라 수확량을 수확 이전에 간평, 사정(查定)하여 수확예상

---

90) 《東拓十年誌》, p. 44.

량의 2분의 1을 표준으로 소작료를 정하였다. 소작료 결정권은 어느 경우에나 동척에 있었다.[91]

특히 동척소작지에서 구래의 한국 소작관행에서는 거의 자취를 감추고 있는 집조법이 채택된 사실은 주목을 요하는 것이다. 집조법은 물납지대 가운데서도 가장 원시적일 뿐 아니라, 수확 전에 서있는 농작물을 간평하는 것이므로 동척이 필요에 따라 얼마든지 실제 소작료액을 자의로 인상시킬 수 있는 방법이었다. 〈표 7-12〉와 〈표 7-13〉 에서 볼 수 있는 바와 같이, 구래의 한국 소작관행에서는 논에서는 타조법이 가장

〈표 7-12〉 지역별 소작료 징수형태(논, 1930년경)

(단위: 割)

	논		
	정조	집조	타조
경기도	2.4	0.2	7.4
충청북도	7.7	0.1	2.2
충청남도	3.2	1.3	5.5
전라북도	4.5	4.9	0.6
전라남도	3.6	5.1	1.3
경상북도	3.0	5.0	2.0
경상남도	4.7	3.1	2.2
황해도	3.5	0.3	6.2
평안남도	2.3	0.1	7.6
평안북도	0.6	동척지(東拓地)	9.4
강 원 도	4.2	0.1	5.7
함경남도	1.7	0.1	8.2
함경북도	0.5	0.1	9.4
평균	3.2	1.6	5.2

* 자료 :《조선소작관행》(상권).

91) 日本拓務省,《拓務要覽》, 1930년 판, pp. 504~505.

우세했고 다음이 정조법, 집조법의 순서였다. 즉 논에서는 전국평균 타조법이 52%, 정조법이 32%였고, 집조법 시행은 16%에 불과하였다. 뿐만 아니라 밭에서는 압도적으로 정조법이 우세하여 정조법이 60.6%, 타조법이 38%였으며, 집조법은 겨우 1.4%에 불과하였다.

그러나 동척의 소작료 수취방법에서는 〈표 7-14〉에서 보듯이, 논에서는 단연 집조법이 정조법보다 우세했으며, 비율상으로 보면 집조법이 61%인 데 비하여 정조법은 39%에 불과하였다. 또한 밭에서도 동척의 집조법의 비율은 28%로서 종래 한국소작관행의 1.4%보다 현저히 높았다.

〈표 7-13〉 지역별 소작료 징수형태(밭, 1930년경)

(단위: 割)

	밭		
	정조	집조	타조
경기도	8.7	극소	1.3
충청북도	9.0	극소	1.0
충청남도	9.2	0.1	0.7
전라북도	9.84	1.02	0.14
전라남도	9.0	0.30	0.70
경상북도	6.6	1.0	2.4
경상남도	8.6	0.3	1.1
황해도	4.2	극소	5.8
평안남도	2.1	-	7.9
평안북도	2.0	-	8.0
강 원 도	5.9	0.3	3.9
함경남도	2.2	0.1	7.7
함경북도	1.4	-	8.6
평균	6.06	0.14	3.8

* 자료 : 《조선소작관행》(상권).

〈표 7-14〉 동양척식주식회사의 소작료 수취 형태별 면적표

(단위: 정보)

	정조법			집조법			합계		
	논	밭	기타	논	밭	기타	논	밭	기타
1929	17,383	13,398	1,134	19,693	2,142	120	37,076	15,540	1,254
1930	17,308	13,517	864	20,346	2,258	177	37,654	15,775	1,041
1931	17,558	13,453	783	19,855	2,516	205	37,413	15,969	988
1932	17,262	13,405	906	20,724	4,240	306	37,586	17,645	1,212
1933	22,888	13,740	-	15,680	3,954	-	38,568	17,694	-
1934	24,482	13,124	923	13,141	5,963	165	37,623	19,087	1,088
1935	22,895	11,348	824	13,161	7,100	117	36,056	24,509	941
1936	21,210	10,740	785	14,018	1,132	88	35,228	11,872	873
1937	15,713	10,705	719	19,620	3,801	172	35,333	14,506	891
1938	14,164	10,398	735	21,076	3,965	179	35,240	14,363	914

* 자료 :《동양척식주식회사 30년지》.

이와 같이 동척이 약탈적 소작제도에서 또 가장 약탈적인 집조법을 기본적인 소작료 수취 방법으로 채택하여 사용했다는 것은 동척이 단순히 구래의 한국 소작관행에 의거했을 뿐만 아니라 이를 악용하여 가장 약탈적인 소작관계를 수립했다는 사실을 웅변으로서 증명해주는 것이다. 이 점을 지금까지 모두 간과했으나 우리는 '동척'문제와 관련하여 특히 주목할 필요가 있다.

(2) 소작료율

구래의 한국 봉건적 소작제도의 소작료율은 타조법과 집조법은 '절반소작제'라 하여 보통 50%의 고율이었고, 정조법에서는 25~33%였다. 일제강점기 한국인 소작지에서 소작료율이 지방과 소작료 수취 방법과 지주에 따라 〈표 7-15〉 및 〈표 7-16〉에서 보듯이 상당한 폭의 차이가 있었으나 기본적으로는 45~55%의 소작율이 압도적이었다.[92]

---

92) 朝鮮總督府,《朝鮮ノ小作慣行》(상권), pp. 238~239.

구래의 한국 소작관행에서 타조법의 소작료가 50%의 고율이라는 것은 동척이 쾌재를 부르면서 "종래의 관습을 중시하여", "변혁시키지 않는다" 라고 성명하게 한 기본적 구실의 하나를 만들었다. 동척은 구래의 관행에 따라서 "정조지의 소작료는 기왕의 3년간의 평균 수확고의 2분의 1",[93] "집조지는 매년 예취전(刈取前) 소작인 입회하에 평예(坪刈) 기타방법에 의하여 수확고를 사정(査定)하여 수확의 2분의 1"[94]을 소작료율로 정한다고 하였다.

이것은 구래의 한국 소작관행의 소작료율 50%와 명목상 동률의 소

〈표 7-15〉 논소작지 형태별 소작료의 비율표(1930년)

(단위: %)

도별	정조			타조			집조		
	최고	보통	최저	최고	보통	최저	최고	보통	최저
경기	90	55	25	75	50	40	80	50	30
충북	73	50	20	50	50	30	75	50	5
충남	60	49	39	53	51	44	65	51	44
전북	80	45	30	70	50	30	80	50	30
전남	70	50	30	70	50	40	75	55	30
경북	80	50	23	65	50	30	80	55	30
경남	65	50	38	57	50	43	90	52	43
황해	60	40	-	70	60	40	70	55	45
평북	75	45	30	-	50	-	68	50	30
평남	70	45	20	50	50	50	70	55	50
강원	70	49	30	60	50	40	70	50	40
함북	60	48	30	60	50	35	60	51	40
함남	58	47	36	59	50	43	50	50	50
평균 自	58	40	20	50	45	30	50	50	5
평균 至	90	51	39	79	60	44	80	55	50

＊자료 : 조선총독부, 《朝鮮ニ於リル 小作ニ關スル參考事項摘要》.

93) 《東拓二十年誌》, p. 41.

94) 《東拓二十年誌》, pp. 41~42.

작료율을 표방했으나, 실제는 동척이 정조법에서 총생산물의 17~25%를 더 인상했고, 집조법에서는 동척이 수확량을 자의로 평가함으로써 구래의 관행 소작료보다 사실상 더 높은 50%이상의 고율을 징수하였다.

예컨대, 1929년 경남 창녕군에는 각종 재해로 수확량이 감소했음에도 불구하고 동척은 집조법의 간평을 과도하게 하였다. 소작농들은 총 수확량을 거의 다 소작료로 납부하게 되었으므로 타작법을 적용하여 총 생산 수확량의 50%만을 징수하라는 항의운동을 일으켰다.[95)]

〈표 7-16〉 밭소작지 형태별 소작료의 비율표(1930년)

(단위: %)

도별	정조			타조			집조		
	최고	보통	최저	최고	보통	최저	최고	보통	최저
경기	82	50	15	60	50	34	75	50	10
충북	71	40	3	50	50	30	75	50	40
충남	55	44	35	52	49	43	56	51	44
전북	70	40	10	60	50	30	64	55	50
전남	60	40	20	65	50	30	75	55	30
경북	80	45	20	65	50	30	75	50	20
경남	61	45	35	54	49	43	67	48	39
황해	60	35	-	65	60	37	65	50	40
평북	74	45	30	-	50	-	47	40	30
평남	70	45	20	50	50	22	-	-	-
강원	76	47	47	60	50	20	65	50	40
함북	66	43	20	60	50	35	57	50	40
함남	56	44	33	59	-	42	-	-	-
평균 自	55	35	3	50	49	20	47	40	10
평균 至	80	50	47	65	69	43	75	55	50

* 자료 : 조선총독부, 《朝鮮ニ於リル 小作ニ關スル參考事項摘要》.

95) 〈朝鮮日報〉, 1929년 10월 21일자, "총 수확을 다 주게 되는 동척 東拓小作料鑑定"참조.

경남 하동에서는 동척이 집조법을 적용해 총 수확량의 약 90%를 소작료로 요구했으므로 비료요금까지 포함하면 총 수확량 전부를 강징하려 했기 때문에 분쟁이 일어났다.[96] 총독부 소작관도 긴급히 내려와 동척의 소작료가 총 수확량의 80%에 달한다고 이것은 무리라고 보고하였다.[97]

또한 개성에서는 동척이 정조법의 소작료를 한꺼번에 1921년에 비해 1928년에 50%를 인상했으므로 각 단체의 항의운동이 일어났다.[98] 경남 창원에서는 소작료 1섬의 대금납 가격이 시세는 13원인데 동척은 14원씩을 요구하여 분쟁이 일어났다.[99]

함남 고원의 동척소작지에서는 1934년에 평년보다도 흉작임에도 불구하고 동척이 '집조법'에 의해 실제로 총생산량의 70~80%를 소작료로 징수하여 소작농들의 항의가 일어났다.[100]

동척은 일제강점기 한국 소작농에게 최고율의 소작료를 부과 강징해서 소작농을 수탈한 최고의 악질 회사지주였다.

(3) 소작료 수취형태

소작료를 물물지대의 형태로 수취했는지, 금납지대의 형태로 수취했는지의 문제는 소작료의 역사적 범주를 밝히는 하나의 중요한 기준이 된다. 구래의 한국 소작관행에서는 〈표 7-17〉에서 볼 수 있는 바와 같이 물납이 압도적이었고 금납은 미미하였다. 밭에서는 표에서 보

---

96) 〈朝鮮日報〉, 1930년 11월 25일자, "東拓이 小作料惡徵, 全收穫이 猶爲不足" 참조.

97) 〈朝鮮日報〉, 1930년 11월 25일자, "東拓의 暴惡은 小作官도 인정" 참조.

98) 〈朝鮮日報〉, 1928년 3월 30일자, "賭租五十割을 引上한 東拓의 無前暴拳" 참조.

99) 〈朝鮮日報〉, 1929년 11월 18일자, "昌原東拓에서 小作料 暴徵" 참조.

100) 〈朝鮮日報〉, 1934년 10월 16일자, "흉작지대 高原에서 東拓 7·8割을 執粗" 참조.

〈표 7-17〉 소작료 금납과 물납의 비율표(1930년경)

(단위: %)

도별	물납				금납	
	수확물		대물(代物)		논	밭
	논	밭	논	밭		
경기	94.0	70.0	매우 근소	28.8	6.0	2.0
충북	대부분	대부분	소수	소수	-	매우 근소
충남	97.0	37.0	-	59.0	3.0	4.0
전북	90.0.	80.0	-	10.0	10.0	10.0
전남	98.0	58.0	매우 근소	40.0	2.0	42.0
경북	89.0	85.0	1.5	0.5	9.5	14.5
경남	거의 전부	거의 전부	매우 근소	매우 근소	-	-
황해	90.3	81.4	3.5	8.4	6.2	10.2
평남	93.0	89.0	0.1	7.0	6.0	4.0
평북	99.0	98.5	없음	없음	1.0	1.5
강원	80.0	60.0	1.5	35.0	5.0	5.0
함북	90.0	90.0	0.1	2.0	9.0	8.0
함남	거의 전부	거의 전부	-	-	-	-

* 자료 : 조선총독부 《조선소작관행》 (상권).

〈표 7-18〉 동양척식주식회사의 소작료 금납과 물납의 형태와 연도별 수취량

(단위: 石)

연 차	품 목					
	현미	벼	대두	잡곡	면(원)	금납(원)
1929	830	275,368	6,604	7,592	31,402	139,050
1930	4,392	388,918	7,440	8,043	43,578	142,813
1931	1,408	356,667	7,517	7,734	33,374	86,989
1932	125	365,293	8,185	11,919	54,766	73,047
1933	1,271	427,541	7,320	11,313	39,200	86,106
1934	7,731	413,922	6,199	9,617	46,276	86,592
1935	13,462	415,794	5,943	8,114	81,714	87,535
1936	13,888	355,283	6,658	10,205	50,219	67,215
1937	20,241	484,444	7,333	10,802	64,196	113,979
1938	20,184	457,089	6,409	9,707	70,295	116,260

* 자료 : 《동양척식주식회사 30년지》.

는 바와 같이 금납(金納)의 비율이 현저히 증가하지만 물납(物納)에 비하면 아직도 현저히 낮았다.[101]

한편 동양척식주식회사의 소작료 수취형태는 6가지 종류로 한정하여 수납하였다. 즉 소작료 형태는 "현미, 벼, 대두, 잡곡, 실면(實棉), 현금의 6종류로 하고, 소작인의 편의에 따라서 현금대납을 허락하기로 하였다".[102] 동척의 소작료 형태와 그 연도별 수취량은 〈표 7-18〉과 같다.

그러나 동척의 수취소작료를 물납과 금납으로 구분하여 보면 〈표 7-17〉에서와 같이 물납이 압도적이고 금납은 극히 미미하였다. 이것은 구래의 한국 소작관행과 조금도 다름이 없었다. 동양척식주식회사는 그 외형은 어떻든 간에 지대수취에서 봉건적 양식인 물납지대의 형태를 고수했음을 알 수 있다.

결국 동양척식주식회사는 소작료 수취방법, 소작료율, 소작료 수취형태 등 모든 면에서 반봉건적 소작관계를 그대로 답습하고 소작료율은 오히려 더 인상하여 막대한 소작료를 수취해서 일본으로 수송해 갔다. 그러므로 동척이 외양으로 현대주식회사의 형체를 갖추었다고 해서 동척의 토지에 대한 투자와 경영을 산업자본적 투자와 경영에 동일시하고 한국의 전형적 지주제도와 구분해야 한다는 일부의 견해는 사실과 다른 오류인 것이다. 동양척식주식회사는 한국의 반봉건기생지주(半封建寄生地主)와 본질적으로 하등 다른 것이 없는 반봉건지주회사였다. 적어도 토지에 대한 투자와 경영은 동척이 산업자본가 또는 산업자본적 회사가 아니라 반봉건적 지주임은 사실을 통해 증명되는 것이다.

---

101) 朝鮮總督府, 《朝鮮ノ小作慣行》(상권), pp. 104~105.

102) 《東拓二十年誌》, pp. 43~44.

(4) 소작기간

동척은 종래 한국의 전통적 소작제도에서 소작기간이 영년(永年) 소작이었던 것을 원칙적으로 1년 단위로 바꾸었다.[103] 이것은 소작농을 극도로 불안정하게 만들었다.[104] 동척은 이 소작기간의 개악을 이용해 한국 소작인들이 저항하지 못하도록 위협했다.

동척은 소작농의 소작지를 비일비재하게 무단이동했으며,[105] 심지어 동척의 마름까지도 소작지 이동을 흉기로 소작인을 위협하여 뇌물을 요구하기도 하였다.[106] 1년 단위의 불안정한 소작기간은 한국 소작농들에게 매우 큰 위협과 고통을 주었다.

3) 동척 소유지의 농사개량 문제

동양척식주식회사는 제도적으로 반봉건적 소작관계를 설정하여 고율 소작료를 수탈하는 한편, 그 소작료액을 극대화하는 방법으로서 기술적으로 부분적 농사개량을 추진하였다. 그러나 이 농사개량은 동척이 직접 자본을 투자한 것이 아니라 소작농에게 자금을 고리대부하여 강제적으로 농사개량에 투자하도록 규제하면서 고리대 이자를 수취함과 동시에 생산증가분도 소작료에 흡수하여 수취하는 방법으로 추진된 것이었다. 즉 동척은 반봉건적 회사지주인 동시에 고리대자본의 역할을 자행한 것이었다.

---

103) 《慶尙南道小作慣行調査書》, p. 123.

104) 〈朝鮮日報〉, 1930년 4월 18일자, "新泰仁東拓에서 소작인을 無理농락, 이유 없이 소작권을 박탈 후" 참조.

105) 〈朝鮮日報〉, 1931년 4월 25일자, "東拓農監橫暴에 作人들 궐기, 작권이동에 분개하야" 참조.

106) 〈朝鮮日報〉, 1930년 10월 2일자, "東拓舍音 걸어 손해배상 청구, 소작시켜준다고 금전을 편취" 참조.

동양척식주식회사가 토지생산성 증대를 통한 소작료 극대화를 위하여 어떠한 농사개량을 추진했는지 그 주요 항목만을 간단히 추려보면 다음과 같다.107)

(1) 심경법(深耕法)의 장려

동양척식주식회사는 지력을 최대로 활용하여 토지생산성을 증대시키는 방법의 하나로 심경(深耕)의 유효함에 착한하고 각지에서 심경 강습회를 개최하여 소작농에게 이를 관람시키고 개량쟁기(改良犂)를 강제로 대부하여 심경을 강제 실시하였다. 동시에 수확 후에 개량 쟁기대금을 고율이자를 붙여서 납부하게 하였다.

(2) 품종개량

동양척식주식회사는 우량품종을 소작인에게 대부하여 재배하도록 강제하고, 종묘비는 수확 후에 고율이자를 부쳐서 납부하게 하였다. 1929~1938년의 10년간의 개량품종 대부량과 1938년의 동척 소유지 품종갱신 면적비율은 〈표 7-19〉 및 〈표 7-20〉과 같다.108)

〈표 7-19〉 동척 소유지 개량품종 대부량

연차	대부석(石)수	연차	대부석(石)수	연차	대부석(石)수
1929	7,689	1933	11,167	1937	11,440
1930	8,399	1934	10,820	1938	11,304
1931	7,830	1935	11,584	1939	-
1932	9,705	1936	11,066	1940	-

* 자료 : 《동양척식주식회사 30년지》.

107) 日本拓務省, 《拓務要覽》, 1935년 판, p.454.

108) 《東拓三十年誌》, pp.136~137.

〈표 7-20〉 동척 소유지의 개량품종 갱신 면적표

(면적: 정보, 비율: 割)

도별	원종답(原種畓)	채종답(採種畓)	개량 면적지 면적	갱신 면적	비 율	갱신일반 보(步)당 종자량(石)
경상남도	-	42.2616	3,390.2000	3,333.8200	9.83	40
경상북도	6,213	26.8025	2,804.6705	2,576.2000	9.18	35
전라남도	10,300	94.0000	6,638.6115	6,740.8717	10.00	30
전라북도	2,000	65.6700	6,900.0000	6,900.0000	10.00	30
충청남북도	7,700	55.9300	4,000.0000	3,900.0000	9.75	41
경기도	1,800	28.8200	2,343.7500	2,343.0000	10.00	40
함경남북도	4,120	28.0600	1,616.0000	1,469.0000	9.09	40
황해도	9,000	70.7904	6,404.5800	6,345.8000	9.91	40
평안남북도	-	4.0010	616.4324	616.4324	10.00	35
간도성	3,200	7.5000	450.0000	247.5000	5.50	70
계	44,403	423.8425	35,164.2514	34,473.3811	9.81	40

* 자료 : 동양척식주식회사, 《동척 업무요람》, 1940년판.

(3) 정조식(正條植)

동척은 수확 증가를 위하여 동척 소유지에 대해서는 절대로 정조식(正條植)을 실행하도록 강제규정하고 못줄을 대부하였다.

(4) 화학비료의 장려

동양척식주식회사는 수확량 증대를 위하여 화학비료의 증가 투입이 가장 중요하다고 보고 유산(硫酸)암모니아, 석회질소, 과린산 석회 등을 대량 대부하였다.[109] 그 대금은 고리대 이자를 붙여서 소작료에 포함해 징수했으므로, 이 경우 동척의 소작료는 폭증하였다.[110]

109) 日本拓務省, 《拓務要覽》, 1936년 판, pp. 450~451.

110) 〈朝鮮日報〉, 1930년 11월 19일자, "周城東拓移民 小作料不納 문제" 참조.

(5) 녹비(綠肥)재배 및 퇴비증진

동척은 화학비료의 단용(單用)이 생산력을 감쇄시킬 염려가 있다고 보아 퇴비 녹비(綠肥)의 병용을 강제규정하고, 자운영, 헤아리벳치 등의 녹비종자를 대부하였다.[111]

동양척식주식회사의 이러한 농사개량은 전부가 영세경영에 분할 적합한 소규모 기술이었으며, 토지비옥도 증진, 지력증진적 작물배합개선, 기계화, 영세경영해소 등의 변혁적 기술 혁신과 농사개량이 아니었다는 점에 특징이 있었다.

4) 동척의 소작농에 대한 고리대부

동양척식주식회사는 이상의 동척 정책에 따른 농사개량과 농업경영에서 한국 소작농이 화폐기근에 빠져있는 상태를 이용하여 고리대부를 자행하였다.[112]

동척의 고리대부는 크게 두 가지 형태로 시행되었다. 첫째는 이른바 현물고리대부로서 위에서 본 농기구, 화학비료, 개량품종, 식량 등을 획일적으로 대부배합하여 추수 후에 고율이자를 가산하여 수취한 경우였다.

둘째는 현금고리대부로서 소작농에게 현금으로 영농자금을 대부하여 고율이자를 수취한 경우였다.

이 두 종류 어느 경우에나 이자율은 20~30% 정도이었다. 이것은 당시 동척의 농사개량 금융대출이자(일본인 이주민 및 타회사)가 연 4.8%였던 것과 비교하면 매우 높은 고리대 이자율이었다.[113]

---

111) 日本拓務省, 《拓務要覽》, 1938년 판, pp. 460~461.

112) 東洋拓植株式會社, 〈(極秘) 東拓米貨債肩替仮案〉, 1935, 《資料選集 東洋拓植會社》, pp. 387~397 참조.

113) 日本拓務省, 《拓務要覽》, 1936년 판, p. 445.

〈표 7-21〉 대부금품 조정원표

항목	원금	이자	합계
쟁기(犂) 대	3원	72전	3원 72전
제승기(製繩機)	13원	2원 50전	15원 50전
탈곡기(脫穀機)	-	-	-
입직기(叺織機)	-	-	-
가옥	5원 6전	4원 90전	9원 96전
경우(耕牛)	-	-	-
교맥(蕎麥) 종자대	1원 80전	6전	1원 86전
비료대	11원 34전	84전	12원 18전
색조속대(色租涑代)	14원	1원 41전	15원 45전
기경비(起耕費)	-	-	-
합계	48원 24전	10원 43전	58원 67전

구체적으로 동척 소유지의 전형적인 한 소작농의 1936년도 동척에 대한 부채액과 이자부담을 검토해 보면 〈표 7-21〉과 같다.[1)]

이 〈표 7-21〉에서와 같이, 동양척식주식회사는 그 소작지의 한국 소작농으로부터 고율소작료만 수탈한 것이 아니라 고율의 고리대이자도 수탈하였다. 한국소작농은 동척에 대하여 단순한 반농노적 소작농이었을 뿐만 아니라 동시에 채무예농(債務隷農)이었음을 알 수 있다.

이상에서 살펴본 바와 같이 동양척식주식회사의 한국 토지에 대한 투자 경영은 반봉건적 고율소작료와 이에 부수하여 고율의 고리대이자를 한국농민으로부터 수탈하고 집적하여 일본 제국주의의 식민지 수탈을 극대화하는 데 가장 적극적으로 기여한 역할을 하였다.

5. 동양척식주식회사의 '조선산미증식사업'

1) 일제 총독부의 '조선산미증식계획'과 동양척식주식회사

일제는 만성적 식량부족이 일본 자본주의의 발전 특히 일본의 공업화에 대한 가장 중대한 저해요인의 하나였으므로, 한국을 식민지로 강점하자마자 한국을 그들의 식량공급지로 개편하는 데 착수하였다. 일제의 한국 강점 불과 1개월여 후인 1910년 10월 5일 조선총독은 총독부의 시정방침이 농업증산에 있음을 성명하고 각도 장관을 집합시켜 상세한 식량증산방침을 훈시하였다. 일제는 동시에 12월 29일 한국공업화를 법률상 금지시키는 '회사령'을 발표하여 일제식민지정책이 전적으로 한국공업화를 억제하고 한국을 식량공급지 및 독점적 상품판매지로 개편하는 데 있음을 명백히 드러냈다.

일제 강점초기(1910~1918년)에 한국에서 일본으로의 식량공급 증대는 주로 조선총독부가 한국농민들에게 강압적 행정력을 발동하여 품종개량, 퇴비증산, 제보(堤洑)개축, 소규모 수리시설 개량 등을 강행하도록 강제하여 식량증산을 꾀하면서,[114] 동시에 반봉건적 소작제도에 의해 한국농민의 식량소비 수준을 생계수준 이하의 극도의 저수준에서 억제시키고 고율소작료에 의하여 집적된 식량을 수탈하여 일본으로 수송하는 방책을 취하였다.

그러다가 1918년 일본에서 식량부족이 심각하여 공업화의 저지는 물론 심지어 주부들이 시위를 단행하고 미곡창고를 습격하는 이른바 '쌀 소동' 사태에까지 일어나서 정치적 불안이 광범위하게 조성되자, 이에 대한 해결방안으로서 조선으로부터의 식량공급량을 대폭 증대시킬 것을 계획하였다. 이러한 목적으로 종래의 산발적 식량증산공급책

---

115) 朝鮮農會 편, 《朝鮮農業發達史》 발달편, pp. 180~182.

을 철폐하고 조선총독부가 직접 선두에 나서서 전국적인 대폭적 식량 증산 수탈이송계획을 수립한 것이 이른바 1920년의 '조선산미증식계획'(朝鮮産米增殖計劃) 이었다.

조선총독부는 일본의 식량문제 해결의 기본방안으로 '조선산미증식계획안'을 수립하여 제 53회 일본 제국의회의 동의를 얻어 계획을 확정한 다음, 이를 전 조선에 적용 실시함을 포고하였다.

일제의 1920년 조선산미증식계획을 보면 899만석의 미곡증산을 목표로 하고, 주로 수리·관개시설 개선, 경지면적의 확장, 화학비료의 증투(增投), 품종개량 등의 방법으로 목표를 달성하려고 하였다.115) 이 중에서 수리관개시설, 경지면적의 확장 등 토지개량사업에 대해서는 그 자금을 동양척식주식회사나 조선식산은행(朝鮮殖産銀行) 등 식민지투자회사가 대부분 공급할 것을 기대했고, 토지개량사업의 시행은 개별 농지 소유자와 동양척식주식회사 등 지주회사가 자발적으로 담당할 것을 기대하였다. 즉 조선총독부의 조선산미증식계획, 특히 그 중에서 토지개량사업은 동척과 같은 지주회사의 자금과 실행에 크게 의존하여 수립된 것이었다.116)

조선산미증식계획 중의 토지개량사업의 주요내용을 간단히 보면 다음과 같다.117) 즉, 일제는 ① 현재의 논의 관개시설을 개선할 수 있는 토지(약 40만 정보), ② 논으로 지목전환이 가능한 밭(약 20만 정보), ③ 논으로 개간 간척할 수 있는 토지(약 20만 정보) 등 합계 80만 정보의 논의 토지개량이 가능하다고 추정하였다. 일제는 이것을 30년간에 완성할 것을 예정하고, 우선 15개년을 제 1기의 산미증식계획 기간으로 잡아 예정 답토지개량면적(豫定畓土地改良面積)의 50%를 이 기간 동안에 완성할 것을 계획하였다. 제 1기 산미증식계획 중 토지개량계

116) 朝鮮農會 편, 《朝鮮農業發達史》 정책편, pp. 422~424.

117) 《朝鮮農業發達史》 정책편, p. 434.

118) 全國經濟調査機關聯合會朝鮮支部 편, 《朝鮮經濟年報》, 1939년 판, p. 155.

획은 다음과 같았다.

① 기성답(旣成畓) 관개개선: 225,000 정보
② 논으로 지목전환하는 밭: 112,500 정보
③ 개간, 간척면적: 90,000 정보
④ 합계(토지개량 총 시행면적): 427,500 정보

조선총독부의 산미증식계획은 이상의 토지개량사업에 의하여 348만 7,500석의 미곡증산을 꾀하고, 이 외에 육도재배보급(陸稻栽培普及)에 의하여 5만 2,500석, 화학비료시용(化學肥料施用)에 의하여 305만 석, 경종법개선(耕種法改善)에 의하여 240만 5,000석 등, 합계 899만 5,000석의 미곡증산을 계획하였다.118)

그러나 이러한 제1기의 산미증식계획은 그 집행과정에서 실패에 돌아갔다. 계획 제1차 년도인 1920~1925년에 걸친 6개년 간에 각종의 토지개량면적은 9만 정보에 불과하였다. 또한 1921~1927년간 생산량은 1920년의 1,432만 4,352석으로부터 1927년의 1,530만 707석으로 겨우 100만 석밖에 증산되지 않았다.119) 그러나 일본에의 식량수탈수출은 같은 기간 중에 1921년의 327만 석으로부터 1927년의 620만 석으로 300만 석의 수탈수출증가를 내었다. 같은 기간의 미곡수출증가 목표를 조선총독부는 460만 석으로 계획했었다. 결국 '조선산미증식계획'은 미곡증산에서 348만 7,500석의 목표달성에는 겨우 100만 석 증산으로 크게 실패했으나, 일본에 대한 미곡의 수탈수출은 300만 석 수탈증가를 강행한 것이었다. 이것은 한국의 인구증가까지 고려할 때 전적으로 한국인의 미곡소비량 절감과 억제를 통한 강제적 미곡수출이었음이 명백한 것이다.

산미증식계획이 생산 면에서 실패한 이유는 기본적으로 반봉건적

---

119) 朝鮮農會 편, 《朝鮮農業發達史》 정책편, p.422.

120) 失丙原忠雄, "朝鮮産米增殖計劃について", 〈農業經濟研究〉 제2권, p.4.

지주제도에 기인한 것이었다. 고율소작료를 수취하는 지주제도하에서 지주나 토지회사는 토지개량사업에 투자하기 보다는 한 뼘의 토지라도 더 구입하여 한국농민에게 소작시키려고 혈안이 되어 있었으므로 토지개량 투자가 조선총독부가 기대한 것처럼 이루어지지 않았다. 또한 소작농민도 자금을 대부받아 증산에 투입한다 할지라도 증산분은 반분(半分)이 소작료에 흡수되어 지주에게 수취되고 나머지 반분(半分)은 증산에 투하한 자금의 원리금 변제에도 부족하므로 증산에 노력하지 않았다.

동양척식주식회사조차도 이 기간에는 토지개량에 별로 투자하지 않고 토지의 매수에 집중적으로 투자하였다. 조선총독부는 동척에게 토지개량자금의 거액조달과 토지개량사업의 자발적 실행을 기대했었다. 그러나 동척은 자금부족을 구실로 토지매수에만 집중했고, 토지개량 투자는 기피하여 극소부문에서만 조선총독부의 계획에 참여하는 데에 그쳤다.

조선총독부는 제 1차 조선산미증식계획의 실패를 자인하고 동 계획을 수정하여 1926년부터 14년간에 걸치는 '산미증식갱신계획'(제 2차 산미증시계획)을 수립하였다. 이 갱신계획은 계획기간 중 토지개량사업으로 ① 기성답(旣成畓)의 관개시설 개선에 19만 5,000정보, ② 논으로 지목전환하는 밭에 9만 정보, ③ 개간 및 간척에 6만 5,000정보, ④ 합계 35만 정보의 토지개량에 의하여 280만 석의 미곡증산을 꾀하였다. 그리고 토지개량시행구역에 대한 시비(施肥)의 증가와 경종법 개선으로 192만 석, 그 외에 기성답 139만 정보에 대한 농사개량에 의하여 344만 석의 증수를 꾀하여, '산미증식갱신계획'의 총 미곡증산 목표액은 816만 석으로 되었다.[120]

조선총독부는 제 1차 산미증식계획의 실패를 교훈 삼아 갱신계획에

121) 日本農林省;〈朝鮮米關係資料〉p. 167.

서는 자금계획에 치중하였다. 토지개량자금으로 2억 8,500만 원, 농산개량자금으로 4,000만 원, 도합 3억 2,500만 원을 계상하였다. 이 중에서 특히 토지개량자금에서는 일본 정부보조금 6,500만 원을 뺀 2억 2,000만 원 가운데 2,200만 원을 개인 또는 조합이 스스로 조달하도록 계획하고, 나머지 1억 9,800만 원은 총독부가 자금알선의 책임을 맡기로 하였다. 이에 조선총독부는 그 반액을 일본 대장성 예금부에서 차용하여 농민에게 대부하기로 하고, 나머지 반액은 동양척식주식회사와 조선식산은행의 양사가 각각 사채에 의하여 2분의 1씩 공급하도록 하였다.[121]

결국 일본정부와 조선총독부의 식민지정책에 따라 '산미증식갱신계획' 가운데 토지개량사업자금(이것이 총자금의 85%이상임)의 4분의 1을 동양척식주식회사가 공급하게 된 것이다. 물론 이 자금은 투자지역의 한국 농민들로부터 연부(年賦)로 상환 받도록 되어 있었음은 물론이다. 조선총독부는 동양척식주식회사를 '산미증식갱신계획'의 대행기관으로 선정하여 35만 정보 가운데 10만 정보에 대하여 새로이 신설되는 조선토지개량주식회사와 더불어 토지개량사업의 실행을 위임하였다.[122]

이에 동양척식주식회사는 1926년 회사 내에 토지개량부를 신설하고 조선총독부의 정책에 따라 제 2차 '조선산미증식계획'의 집행의 일익을 담당하게 된 것이다.

2) 동양척식주식회사의 '산미증식계획' 사업 실적

동양척식주식회사는 조선총독부의 제 2차 산미증식계획 사업정책을 실행하기 위해 다음과 같이 자금공급과 토지개량사업을 집행하였다.

---

122) 朝鮮農會編;《朝鮮農業發達史》정책편, p. 435.

123) 日本拓務省;《拓務要覽》昭和 10년 판, p. 449.

(1) 자금의 공급

동양척식주식회사가 제2차 산미증식 계획 가운데 토지개량사업 자금으로 공급하도록 배당받은 액수는 총액 9,934만 8,000원이었다. 동척은 사업자금 부족을 구실로 이중 반액을 일본정부로부터 저리자금 융자를 받아 충당하고 나머지 반액인 4,967만 4,000원만 조달하였다. 그리고 조선총독부의 계획에 순응함을 강조하는 의미에서 700만 원을 농사개량자금으로 공급하기로 하였다.[123]

동양척식주식회사의 토지개량사업에 대한 자금공급은 소작농민이나 수리조합에 대한 연도별 분할대부의 방법으로 공급되었으며, 그 토지개량자금은 30년 이내의 연부(年賦) 상환의 방법에 의하여 회수하도록 하였다. 그리고 농사개량자금에 대해서는 5년 이내의 정기상환의 방법에 의하여 갚도록 하였다. 그리하여 동척이 산미증식계획을 위하여 공급한 자금은 한국농민과 각종 토지개량조합으로부터 이자가 붙어 연차적으로 원리금이 상환되었다. 결국 동척의 자금조달은 한국농민을 수탈한 한국농민의 자금 수탈주달이었다.

1938년 12월말 현재의 동척의 토지개량자금 대부 잔액은 1,443만 7,568원이었으며, 농사개량자금 대부 잔고는 756만 3,743원이었다.

(2) 토지개량사업의 수탁 집행

동양척식주식회사는 조선총독부로부터 수탁한 토지개량사업에 집행기구로서 1926년 7월 서울지사에 토지개량부를 설치하고 동양척식주식회사 자영의 토지개량사업을 관장함과 동시에 개인이나 조합의 위탁을 받아 토지개량사업에 필요한 사무, 설계 또는 공사감독을 대행하였다. 개량계획면적은 10만 정보였으며, 이를 토지개량주식회사와 공동으로 집행하였다.

그러나 1930년 일본농업의 대풍과 1931년의 공황을 계기로 쌀값이

---

124) 日本拓務省, 《拓務要覽》, 1934년 판, pp. 578~579.

폭락하게 되고 일본 내의 미곡의 공급과잉이 정치문제화 되었다. 그러자 1931년 동양척식주식회사는 토지개량부를 폐지하여 토지개량사업의 관장을 조선토지개량주식회사에 인계했으며, 동년에 조선총독부는 산미증식계획도 축소시켰다. 뒤이어 1934년에 조선총독부는 산미증식계획 가운데 토지개량사업의 집행을 중지시켰으며, 이에 따라 사업대행기관인 조선토지개량주식회사도 해산되기에 이르렀다.[124] 결국 14년을 계획기간으로 한 산미증식계획은 8년째에 중도에서 폐기된 것이다. 동양척식주식회사가 토지개량사업을 완전히 마감한 1932년 6월말까지 토지개량사업 대행 실적은 〈표 7-22〉 및 〈표 7-23〉과 같다.

그러나 동척은 이 기간의 토지개량사업에서 한국소작농민을 각종 '수리비'(水利費) 명목으로 가혹하게 수탈했다. 동척이 소작농에게 '수리비'로 부담시킨 가액은 평균 총 수확량의 약 10%로, 이를 소작료에 가산해 징수했다. 그 결과 동척의 토지개량사업이나 수리조합에 포함된 소작지의 소작료는 공식적으로도 총 수확량의 60%로 인상되었다.[125]

〈표 7-22〉 동척의 토지개량사업 대행 실적 (수리조합사업)

대행업무구별	수리조합 수	면 적(정보)	사업비(원)
측량설계	25	31,092	18,039,700
공사감독	23	28,578	17,049,800
사무	1	438	230,000

* 자료 : 일본척무성 《척무요람》, 1935년판.

〈표 7-23〉 동척의 토지개량사업 대행 실적 (개인사업)

대행업무구별	지구 수	면 적(정보)	사업비(원)
측량설계	5	4,463	6,834,796원

* 자료 : 일본척무성 《척무요람》, 1935년판.

---

125) 日本拓務省, 《拓務要覽》, 1933년판, pp. 501~503.

126) 朝鮮總督府, 《朝鮮小作慣行》 상권, p. 152 참조.

이 때문에 한국소작농민들은 전라남도 무안에서처럼 전국 각지에서 동척의 토지개량사업이나 수리조합에 강력히 저항하였다.[126] 예컨대 함경남도 고원에서는 동척의 소작지에 보세(洑稅, 수리비)라고 하여 총 수확량의 10%를 부과하면서 동척의 일방적 간평으로 20~30%를 증액 징수했으므로 소작농민들의 보세·소작료 불납동맹운동이 강렬하게 일어났다.[127] 충청남도 예산에서도 수리조합 반대운동이 일어났다.[128] 이러한 반대운동은 전국적 현상이었다.

동척의 토지개량비·수리비는 모두 소작농에게 고율이자를 붙여 전가되었으며, 한국소작농 수탈을 가혹하게 강화한 것이었다.

6. 동양척식주식회사의 임업투자와 삼림약탈

1) 총독부 소유림(국유림)의 양수(讓受)

동양척식주식회사의 임업에 대한 투자는 이를 분석함에 특히 내용 고찰의 주의를 요한다. 왜냐하면 동척은 공식적으로는 조선의 임업 발전을 위하여 막대한 희생적 투자를 해왔다고 강조했으나, 실제 내용은 그와 정반대였기 때문이다. 그럼에도 불구하고 이에 대한 구체적 통계

---

127) 〈朝鮮日報〉, 1930년 5월 28일자, "務安郡 하 三面의 東拓水組設計 문제로 三面의 面民聯合大會를 개최" 등 참조.

128) 〈朝鮮日報〉, 1930년 9월 14일자, "東拓條約위반에 作人들 고소준비"; 1930년 9월 25일자, "東拓駐在員을 小作人이 排斥"; 1930년 10월 1일자, "高原小作組合이 東拓과 又復抗爭"; 1930년 10월 19일자, "高原 동척 작인들이 항의문발송 洑稅폐지 등 조건을 들어"; 1930년 11월 14일자, "東拓의 無理징수에 不刈不納同盟斷行"; 1930년 10월 27일자, "東拓의 소작료 폭징으로 二千作人 극도 곤경" 참조.

129) 〈朝鮮日報〉, 1930년 10월 26일자, "문제되는 各地水組" 참조.

를 동척이 발표하지 않았기 때문에 임업 투자에 대한 분석은 여전히 숙제로 남아 있다.

동양척식주식회사는 임업투자에 대하여 자랑스럽게 다음과 같이 공표하였다.

> 본사 창립 당시에 있어서 조선내 산림의 황폐는 특히 심대하였다. 그 중에서도 농업은 연년 한발과 수해에 위협당하여 농사의 개량이나 산미(産米)의 증식도 바랄 수 없는 상태에 있었다. 본사는 심히 이 점을 유감으로 생각하여 본래의 사명에 비추어 창업의 당초부터 수묘(樹苗)의 육성을 꾀하였다. 1910년 황해도에서 처음 인공조림을 착수한 이래 경기도, 강원도, 함경남북도, 기타 각도에 걸쳐서 혹은 국유림, 사유림을 매수하고 혹은 국유임야의 대부를 받는 등 수차 경영면적을 확대하여, 여기에 적수(適樹)를 식재(植栽)하고 또는 천연생치수(天然生稚樹)를 선택보유함과 동시에 이들 사영림(社營林)에 대하여 1919년 이래 순차 시업안(施業案)을 편성하여 경영의 합리화를 기한 결과 그 성적이 양호하여 국유임야 차수지(借受地)의 대부분은 이미 조림사업을 완성하여 성공적으로 양여(讓與)받기에 이르렀으며 또한 일부의 조림지에서 간벌수확을 올리고 있다.[129]

그러나 사실은 동양척식주식회사가 1910년 최초로 인공조림사업에 착수했다고 자랑한 것은 동년에 총독부로부터 '국유림'(조선총독부가 무상 약탈한 종래의 한국 공유림) 1만 정보를 대부받기 위한 것이었다.[130] 동척은 한국의 임산업에의 투자가 매우 유리하다는 것을 알고 있었지만 여기에 현금투자를 하지 않고 주로 이를 정치적으로 해결하여 조선총독부로부터 무상 양수(讓受)할 방침을 세웠다.

즉 조선총독부는 한국 임야의 대부분을 점하는 국유림을 동척의 사유림으로 분할해 주기 위하여 두 가지 방침을 세웠다. 첫째, 일부 국

---

130) 《東拓三十年誌》, p. 155.

131) 日本拓務省, 《拓務要覽》, 1930년 판, p. 508.

유림에 대해서는 조림사업을 할 것을 전제로 동척에게 양여해 주고, 둘째, 일부 국유림에 대해서는 동척에게 대여해 주되 조림을 하여 성적이 좋은 경우에는 동척에게 양여해 준다는 것이었다. 이러한 조선총독부와 동척의 정치적 결탁에 의하여 동척은 한국 국유산야에 식수만 하면 국유림을 무상으로 사유화할 수 있었다.

동양척식주식회사는 적극적으로 국유림의 사유화를 추진하는 일방 수익률이 높은 민간사유림의 매수에도 투자하였다. 민간사유림의 투자대상은 크게 두 가지로 구분할 수 있다. 첫째는 준평야지대의 구릉으로 수리시설을 확장하여 이 임야를 전답으로 전환시킴으로써 대대적 수익을 획득하기 위한 것이었다.[131] 둘째는 삼림이 무성한 임야의 벌목을 목적으로 매수하는 경우였다.[132] 어느 경우에나 수익률이 매우 높은 것이었으며, 특히 전자의 경우는 한국인농민들로부터 농경지를 직접 매수하는 것보다 훨씬 용이하고 저렴했기 때문에 일찍부터 크게 주목하였다.

동양척식주식회사의 임야경영 면적 구성은 크게 세 가지로 나누어진다. 첫째는 '국유림 차수지(借受地)'로 조림을 전제로 조선총독부로부터 차수(借受)한 임야이다. 그러나 이것도 대부분 조림을 요하지 않는 울창한 삼림이 대부분이었고, 동척은 여기에 치수(稚樹)를 간식(間植)하면서 대대적인 벌목을 하여 폭리를 취하였다.[133] 둘째는 '국유림

132) 이러한 준평야지대의 민간임야를 극히 저렴한 가격으로 매수해서 수리시설을 확장하여 畓·田으로 전환하기 위한 개간목적의 투자는 주로 경기도와 황해도에 집중되었다. 예컨대 1938년도의 경우 경기도에서는 15,800정보, 황해도에서는 1,371정보를 매수하였다.

133) 이러한 목적의 투자는 주로 함경북도와 강원도에서 행해졌다. 예컨대, 1938년도 현재 함경북도에서는 6,766정보, 함경남도에서는 1,348정보, 강원도에서는 2,255정보를 매수하였다.

134) 예컨대 東拓은 함경북도에서 조림사업을 한다는 것을 전제로 24,991정보의 임야를 조선총독부로부터 借受했는데, 이 임야는 東拓이 주장한 바와 같은 荒

양수지(讓受地)'로 동척이 조선총독부로부터 무상으로 양수한 임야였다. 이는 동척에게 바로 양여하는 경우와 국유림차수지에 조림을 하는 경우에 동척에게 양여되는 두 가지 과정으로 형성되었다. 이것은 일제가 한국을 식민지로 강점하여 구한국 공유림을 조선총독부 소유림으로 약탈했다가 정치적 결탁으로 동척이 무상으로 양여받아 약탈한 삼림이었다.

셋째는 '민유림 매수'로 투자수익률이 높은 민간소유임야를 동척이 매수한 임야이다.

그런데 여기서 첫째의 '국유림 차수지'는 조림사업이라는 것을 거쳐 결국 '국유림 양수지'로 되는 것이기 때문에 이는 모두 동척의 소유면적으로 간주해도 무방한 임야였다. 이상 세 가지 종목별 동척의 소유림 면적(1940년)은 〈표 7-24〉와 같다.

결국 동척은 조선에서 총독부와 결탁하여 대부분의 소유림을 무상으로 획득해 폭리를 취한 것이었다.

〈표 7-24〉 동양척식주식회사의 종목별 소유림 면적

(단위: 정보)

소재지 도명	국유림 차수지 면적	국유림 양수지 면적	매수림 면적	면적 합계
경상남도	-	-	357.45	357.45
경기도	-	3,427.38	15,800.62	19,228.00
황해도	84.68	17,433.47	1,371.53	18,889.68
강원도	5,140.30	4,565.91	2,255.36	11,961.57
함경남도	-	32,584.36	1,348.79	33,933.15
함경북도	24,991.75	-	6,766.50	31,758.25
합계	30,216.73	58,011.2	27,900.25	116,128.10

* 자료 : 일본척무성, 《척무요람》, 1940년판.

廢林이 아니라 거목이 울울창창한 무성림이었으며, 東拓은 여기서 稚樹를 間植하면서 대대적인 벌목을 행하였다.

2) 조림사업의 내용

동양척식주식회사는 국유림을 차수 및 양수하여 사유화하는 방법으로 '국유림 차수지' 및 '국유림양수지'에 약간의 조림사업을 하였다.[134]

조림사업은 국유림의 사유화 이외에도 다음과 같은 두 가지 경제적 수익이 있었다. 첫째는 조림사업을 무성림(茂盛林)에 대하여 간식(間植)으로 하면서 삼림을 벌목하여 막대한 목재를 약탈 판매할 수 있었다. 둘째는 조림사업으로 천연치수의 이식과 묘포사업(苗圃事業)을 통한 인공조림으로 이는 장기적으로 막대한 임산물을 채취 수확하는 장기투자의 효과를 기대할 수 있었다. 그러므로 국유림의 사유화까지 합치면 동양척식주식회사의 조선 임업에 대한 투자는 일석삼조를 노린 것이었다. 1940년 12월말까지 동척의 조림면적은 〈표 7-25〉와 같다.

〈표 7-25〉와 같이 동척의 조림면적은 총 소유면적(조림을 조건으로 사유화한 것)의 23.2%에 불과하며, 이것을 도별로 구분해 보면 경남이 0%, 경기가 17.8%, 강원이 17.5%, 함남이 36.8%, 함북이 14.4%, 황해가 22.8%로 극히 저조했다. 이 '조림면적'에서 통계조작인 '천연 보육림'을 제외한 '인공식재림'은 동척 총 소유림의 232%에 불과하였다. 이른바 동척의 조림면적을 연도별로 보면 〈표 7-26〉과 같다. 이러한 조림을 위해 동척이 묘포사업을 시행한 성적은 〈표 7-27〉과 같다.[135]

동척의 조림사업은 총독부로부터 '국유림'을 무상양여 받기 위한 것이자, 무성림을 벌목하여 막대한 폭리를 수탈하기 위한 기만사업에 불과하였다. 동척의 조림사업의 결과 무성림은 다 벌목되고 그 대신 유치수만 남은 삼림이 되었다.

---

135) 東拓은 이 조림사업을 극도로 과장하여 자랑하고, 심지어 천연보육림까지 조림면적에 넣고 있는데 이는 전혀 허위이다. 실제로 東拓의 조림면적은 인공조림면적뿐이며, 이것도 거의 전부가 間植이었으므로 과장된 통계임을 면치 못하는 것이다.

136) 東拓이 설치했던 苗圃는 경기도 龍頭에 0.6529정보, 강원도 울진에 0.2503정보, 함경남도 덕원에 3.7204정보 등 합계 4.6305정보였다.

〈표 7-25〉 동양척식주식회사 소유림의 조림 면적

(단위: 정보)

도 별	총 면 적	조 림 면 적			제외지	요(要) 조림지면적
		천연보육림	인공식재림	계		
경상남도	357.45	357.45	-	357.45	-	-
경기도	19,228.00	14,353.68	3,433.40	17,787.08	1,257.40	183.52
강원도	11,961.57	9,489.08	2,096.58	11,585.66	295.11	80.80
함경남도	33,933.15	18,461.52	12,544.71	31,006.23	2,675.01	251.91
함경북도	31,758.25	22,377.03	4,576.95	26,953.98	1,060.74	3,742.53
황 해 도	18,885.68	12,671.18	4,304.55	16,975.73	1,856.89	57.06
합계	116,128.10	77,709.94	26,956.19	104,666.13	7,145.15	4,316.82

* 자료 : 일본척무성, 《척무요람》, 1940년판.

〈표 7-26〉 동양척식주식회사 소유림의 인공조림 면적

(단위: 정보)

연 도	경기도	황해도	강원도	함경남도	함경북도	계
1928	789.15	2,936.40	97.99	6,303.36	696.48	10,823.38
1929	403.76	234.60	17.60	591.52	135.29	1,382.77
1930	234.26	268.00	114.32	590.78	50.16	1,257.52
1931	232.28	118.56	77.55	823.61	63.40	1,315.40
1932	275.74	200.93	195.99	783.22	80.20	1,536.08
1933	203.14	100.80	237.05	701.46	329.30	1,571.75
1934	328.50	130.66	201.42	621.20	536.18	1,817.96
1935	199.66	100.30	260.06	665.94	687.88	1,913.84
1936	264.79	90.30	235.75	640.73	694.23	1,925.80
1937	203.33	13.00	390.58	442.94	613.53	1,663.38
1938	316.29	12.00	268.27	379.95	690.30	1,765.81
합계	3,450.90	4,304.55	2,096.58	12,544.71	4,576.95	26,973.69

* 자료 : 일본척무성, 《척무요람》, 1939년판.

〈표 7-27〉 동양척식주식회사의 묘포사업 성적

연도	면적(정보)	幼苗(本)	成苗(本)	계(本)
1929	11.8826	2,842,543	2,732,278	5,574,821
1930	10.4343	4,699,500	2,162,300	6,861,800
1931	8.9700	702,410	2,182,640	2,885,050
1932	3.3109	1,122,806	1,493,405	2,616,211
1933	4.1109	1,067,400	2,194,792	3,262,192
1934	3.7926	1,606,939	2,332,422	3,939,361
1935	4.7311	1,681,389	2,355,629	4,037,018
1936	4.3300	1,036,800	1,907,556	2,944,356
1937	3.5907	1,840,600	1,568,735	3,409,335
1938	4.6305	2,392,796	2,212,030	4,604,826

* 자료 : 일본척무성, 《척무요람》, 1939년판.

3) 임산사업(林産事業)

본래의 임입에 대한 투자, 즉 조림사업에 의한 수확은 지극히 장기적 투자이며, 상당한 기간이 경과한 후에야 수익이 발생하는 것이 통상이지만, 동양척식주식회사는 무성삼림을 총독부로부터 차수 및 양수하여 유수(幼樹)를 간식(間植)하면서 처음부터 일부 활엽수와 함경북도의 울창한 침엽수를 대대적으로 벌목하여 목재를 채취하였다.

그 중에서도 가장 규모가 큰 벌목으로는 1932년 함경북도 주을지방 산림의 대규모 벌목, 목재 운반, 판매를 들 수 있다. 또한 강원도 평창군 소재 대본산 월정사 사유림 일대의 벌목, 오대산 내 4,375.7정보의 구역의 무성한 수목 전부를 역시 벌목 운재 판매한 사실을 들 수 있다. 비단 이러한 대규모 벌목뿐만 아니라 매년 각지 동척 소유림에서 막대한 양의 벌목이 행해졌다.

그러나 이러한 벌목에 대해서는 동척이 공식적인 통계를 발표하지 않고 '극비'로 통제했으므로 아직까지도 동척의 임산물 판매의 정확한 통계를 얻을 수 없는 것이 유감이다.

일제와 동척이 벌목과 그 판매수익 통계를 '극비'에 부쳐 공개하지 못했다는 사실에서도, 동척의 조선 삼림자원의 약탈이 얼마나 대규모였고 폭리적이었으며 약탈적이었는지를 알 수 있다.

7. 동양척식주식회사의 이민정책

1) 동척의 식민지 이민정책

일본 제국주의 식민지정책의 주요내용 가운데 하나에는 일본본토내의 과잉인구를 해외에 이주시켜 인구문제를 해결함과 동시에 대외적으로 일본 세력을 외국에 뿌리박아 발전시키려는 식민지 및 외국으로의 일본인 이주정책이 있었다. 일본의 이민정책은 세계도처의 미개발지역에 뻗치어 일본이민은 일찍부터 브라질, 필리핀, 페루, 캐나다, 시베리아, 말레이반도, 자바, 보르네오, 수마트라, 미국, 하와이, 아르헨티나, 멕시코, 호주, 중국, 만주, 대만, 한국등지에 일본인들이 일본식민으로 이주했으며, 일본정부는 이들 이민들에 대하여 적극적인 장려와 보호정책으로 일관하였다.[136] 일제가 한국을 강점하자마자 한국에 일본인을 이주시키려고 획책한 것은 그들의 식민정책의 당연한 귀결이었다.

일본인의 한국이주는 전체적으로 일본정부에 의하여 계획 추진되었으나, 식민지정책을 구체적으로 집행한 것은 바로 동양척식주식회사이었다. 동양척식주식회사는 1910년부터 1926년까지 17년간 17회에 걸쳐서 일본인을 대규모로 한국에 이주시켰다.

---

137) 日本拓務省, 《拓務要覽》, 1930년 판, pp. 530~532.

〈표 7-28〉 동척의 일본인 이주민 모집응모 승인 호수표

회 기	모집 연차	모집 호수	응모 호수	승인 호수	회 기	모집 연차	모집 호수	응모 호수	승인 호수
제 1회	1910	-	1,235	160	제 10회	1919	750	2,111	967
제 2회	1911	1,000	1,714	720	제 11회	1920	350	1,442	500
제 3회	1912	1,045	2,086	1,167	제 12회	1921	350	368	120
제 4회	1913	1,300	3,472	1,330	제 13회	1922	350	361	122
제 5회	1914	1,500	1,962	1,106	제 14회	1923	350	252	93
제 6회	1915	1,500	1,280	770	제 15회	1924	350	318	102
제 7회	1916	1,500	1,101	540	제 16회	1925	350	430	97
제 8회	1917	1,050	1,552	650	제 17회	1926	350	620	54
제 9회	1918	1,000	1,528	598	계		13,095	21,832	9,096

* 자료 : 《동양척식주식회사 20년지》.

동척이 일본인을 한국에 이주시키는 방법은, 이주민을 두 가지 종류로 구분하여 자작농을 목적으로 하는 이른바 제 1종 이민(2 町步 移民)과 소지주를 목적으로 하는 제 2종 이민(10 町步 移民)으로 나누어 공모하였다. 그 다음 응모자에 대하여 그 응모지의 경찰서에서 엄밀한 신원조사를 하였다. 그리고 동척이 식민정책에 적합하다고 인정되는 자를 심사 선정하고 정부의 승인을 얻어 한국에 이주시킨 후 토지를 할당 분양하여 주고 각종보호정책을 실시하는 것이었다.[137]

동척이 1910년 제 1회 일본인 이민모집에 착수한 이래 1926년까지 17년간에 걸친 한국으로의 일본인 이주민 모집호수, 응모호수, 승인호수 등은 〈표 7-28〉과 같다.[138]

〈표 7-28〉과 같이 동척이 승인한 이주민 호수는 9,096호에 달하였다. 이 중에서 제 11회까지는 제 1종 이민(2정보 이민)과 제 2종 이민

138) 東拓朝鮮支社, 《東拓の植民事業》, 1935; 《資料選集 東洋拓會社》, 1976, 제 1부, pp. 169~376 참조.

139) 《東洋拓植株式會社二十年誌》, pp. 81~82.

(10정보 이민)의 두 종류 이민을 모집했으나 제12회부터는 제1종 이민의 모집을 중지하고, 제2종 이민의 10정보 할당을 5정보 할당으로 하여 제2종 이민만을 모집하였다.[139)]

동척이 제1종 이민 모집을 중지하고 제2종 이민만을 모집하게 된 이유로는 다음과 같은 것을 들 수 있다.

① 제1종 이민(2정보 자작농)은 동척 및 일본의 토지소작료 수탈에 하등 도움을 주지 못하였다.
② 제1종 이민에 대한 토지할당 분양의 여유가 동척에게 많지 않았다.
③ 만주개척을 위하여 제1종 이민은 만주로의 이주가 고려되었다.
④ 일본이민을 전체적으로 지주화하려는 일제 식민지정책이 확립되었다.
⑤ 제1종 이민이 동척 소유토지의 기존 한국인 소작농과의 분쟁을 유발시킬 수 있었다.
⑥ 제1종 이민에게 이주비용이 지나치게 많이 소요되었다.
⑦ 제1종 이민이 사회적인 지위가 낮아 한국에서의 일본인의 지위향상 정책에 어긋났다.
⑧ 일본인 이민에 대한 조선인들과 단체들의 저항운동이 격렬하게 일어났다.

1938년 현재의 한국에서의 동척에 의한 일본인 이민의 도별분포와 일본출신지역별 호수는 〈표 7-29〉 및 〈표 7-30〉과 같다.

---

140) 日本拓務省, 《拓務要覽》, 1934년 판, pp. 587～589.

〈표 7-29〉 일본인 이주민 도별 및 종별 호수표(1938)

도명		1	2	3	4	5	6	7	8	9	10	11	12	13	14	15	16	17	계
경남	제 1종	59	136	104	59	46	43	32	66	35	50	21	-	-	-	-	-	-	651
	제 2종	4	4	1	1	-	1	2	4	7	5	3	5	5	10	13	14	4	83
경북	제 1종	-	63	87	50	59	21	14	38	24	33	11	-	-	-	-	-	1	401
	제 2종	-	3	-	1	2	1	-	-	4	3	1	3	1	2	3	3	-	27
전남	제 1종	9	30	112	109	63	40	32	29	70	86	30	-	-	-	-	-	-	610
	제 2종	2	2	5	7	3	2	-	5	9	3	6	11	7	8	7	6	-	83
전북	제 1종	28	29	59	66	76	30	11	36	47	82	21	-	-	-	-	-	-	485
	제 2종	1	1	2	1	4	1	1	8	6	6	2	11	12	8	9	10	2	85
충남	제 1종	3	21	35	48	28	15	13	30	25	26	10	1	-	-	-	-	-	255
	제 2종	-	-	1	-	-	1	1	6	3	1	4	3	5	4	3	1	-	33
충북	제 1종	-	-	-	-	-	2	5	-	1	6	-	-	-	-	-	-	-	14
	제 2종	-	-	-	-	-	-	-	-	-	1	-	-	-	-	-	-	-	1
경기	제 1종	6	41	108	65	58	55	27	42	38	47	27	1	-	-	-	-	-	515
	제 2종	-	3	10	4	5	-	2	4	2	3	3	10	9	13	19	12	8	107
황해	제 1종	-	1	54	81	33	32	51	37	28	36	24	-	-	-	-	-	-	377
	제 2종	-	-	7	18	2	8	6	3	5	4	7	9	17	10	17	15	12	140
함남	제 1종	-	-	-	-	5	-	-	-	-	1	1	-	-	-	-	-	-	7
	제 2종	-	-	-	-	-	-	-	-	-	1	-	-	-	-	-	2	-	3
강원	제 1종	-	-	-	-	-	-	-	-	-	-	-	-	-	-	-	-	-	-
	제 2종	-	-	-	-	-	-	-	-	-	-	-	-	-	-	-	1	-	1
평북	제 1종	-	-	-	-	-	5	-	-	-	-	-	-	-	-	-	-	-	5
	제 2종	-	-	-	-	-	-	-	-	-	-	-	-	-	-	-	-	-	-
계	제 1종	105	321	559	478	368	243	185	278	268	367	145	2	-	-	-	-	1	3,320
	제 2종	7	13	26	32	16	14	12	30	36	27	26	52	56	55	71	64	26	563
	합 계	112	334	585	510	384	257	197	308	304	394	171	54	56	55	71	64	27	3,883

* 자료 : 《동양척식주식회사 30년지》.

〈표 7-30〉 일본인 이주민 일본출신지별 호수표

순 위	부현별	호 수	순 위	부현별	호 수	순 위	부현별	호 수
1	佐賀	470	17	福井	64	33	長野	96
2	高知	444	18	三重	57	34	富山	88
3	福岡	369	19	鹿兒島	45	35	千葉	79
4	山口	338	20	山形	44	36	析本	73
5	岡山	272	21	福島	42	37	大阪	64
6	熊本	235	22	島取	40	38	茨城	57
7	香川	182	23	宮崎	34	39	滋賀	9
8	廣島	166	24	石川	29	40	東京	8
9	愛知	108	25	宮城	28	41	青森	5
10	長崎	107	26	靜岡	25	42	群馬	4
11	岐阜	104	27	奈良	25	43	神奈川	3
12	愛媛	96	28	京都	22	44	岩手	3
13	大分	96	29	北海道	22	45	秋田	2
14	德島	88	30	兵庫	21	46	埼玉	2
15	和歌山	79	31	島根	21			
16	新瀉	73	32	山梨	20			
합 계	1도 3부 42현 3,883 호							

* 자료 : 《동양척식주식회사 30년지》.

2) 동척의 일본인 이민 보호정책

(1) 이주지의 할당 분양

동양척식주식회사는 일본 제국주의의 식민정책에 따라 일본인 이민에 대하여 그들이 할 수 있는 각종 특혜와 보호대책을 시행하였다. 먼저 일본인 이민에 대한 토지의 할당 분양은 교육·위생·기타 사회적 설비가 비교적 편리한 지방으로, 동척 소유토지 가운데 한수해(旱水害)의 우려가 적은 토지를 선정하여 제 1종 및 제 2종 농민에게 다음의 ①과 ②의 방법으로 할당 분양하였다.[140)]

그리고 토지의 양도가격은 동척이 단독 결정하는 것이 아니라 조선총독의 인가를 얻어 결정하도록 했는데 그것은 시가에 비하여 비교도 되지 않을 만큼 극히 저렴한 것이었다.[141]

① 제 1종 이민에 대한 토지분양

전답 2정보 내외를 할당하여 전부 자작하도록 하며, 토지대금에 대해서는 5년 거치, 연리 6%, 25년 이내의 연부상환(年賦償還)의 방법에 의하도록 하였다.

② 제 2종 이민에 대한 토지분양

전답 5정보 내외를 할당하여 그 중 1정보 이내를 자작하도록 하고 기타는 한국농민에게 소작을 주도록 하며, 토지대금에 대해서는 토지 인도시에 대금의 4분의 1을 일시에 불입시키고 잔액에 대해서는 연리 7%, 25년 이내의 연부상환의 방법에 의하도록 하였다.

(2) 노항(渡航)의 알선 및 수송·교통비의 할인

일본인 이주민 및 그 가족에 대해서는 한국 이주에 기차운임 50%, 기선운임 30%의 할인을 받는 특전을 부여하였다. 그 밖에 동양척식주식회사는 일본인의 한국 이주 때 이주지에 이르는 여정 기타 안내를 하고 지정 여관을 정하여 숙박료를 할인하며 하물의 수발 및 기타 각종 알선과 편의를 제공하였다.

(3) 이주비의 대부

동양척식주식회사는 이주비의 명목으로 이주민에게 대부를 행했으며, 그 조건은 저리, 연부 방법에 의하여 상환하게 하였다.[142] 이주

141) "私の東拓回顧錄(楮友正一)", 《資料選集 東洋拓植會社》, pp. 10~103 참조.

142) 《東拓二十年誌》, pp. 84~85.

143) 《東拓二十年誌》, pp. 87~90.

당초에 농사 또는 종묘, 비료, 농구 등의 농업자재를 준비하는 데 필요한 자금의 일부로서 호당 금액 200원 이상을 대부하였다. 토지의 복구 및 개량에 필요한 자금은 호당 500원 이내를 대부하였다. 흉작 기타 현저한 재해를 만나 이로 인해 자금을 필요로 하는 경우에는 호당 200원 이내를 대부하게 하였다.

(4) 교육

동양척식주식회사는 이주지의 일본인 자제교육의 설비가 충분하지 않은 지방에는 학교조합을 설립시켜 여기에 기부를 하고 그 유지를 위하여 보조금을 지급하였다. 또한 원격지의 통학아동을 위하여 아동예탁소를 설치하여 보조금을 지불하였다.

(5) 위생

일본인 이주민을 위해 동양척식주식회사로부터 수당을 지급받는 촉탁의사를 두거나 공립병원과 교섭하여 무료진료 또는 약값 할인의 방법을 강구하고 위생설비의 건조에 보조금을 지불하였다.

(6) 일본인 이주민 자작농의 지주화 지원

동양척식주식회사는 제1종 이민으로 그들의 정책목적에 잘 순응하여 성적이 우량한 이민에게는 토지를 다시 크게 분양하여 제2종 이민으로 종별을 변경시켜주거나 또는 토지의 할당을 증가시키는 등 특수한 보호 장려를 행하면서 점차로 일본인 이민 자작농을 지주화하도록 지원하였다.

(7) 부업장려

동양척식주식회사는 일본인 이주민의 부업으로서 양잠을 비롯하여 양계, 양돈 등을 장려하여 상전(桑田)의 분배, 상원용지(桑園用地)의

할당, 축사 계사(鷄舍) 등의 건축보조금 등을 대부하고 이의 조성을 꾀하였다. 그러므로 일본인 이주민의 대부분은 여기에도 종사하여 그들의 농업소득을 증대시키는 데 크게 도움을 얻었다.

동양척식주식회사와 조선총독부의 적극적인 보호정책에 힘입어 일본인 이주민들은 처음에는 가옥의 건축, 가축의 사육, 기타 농사경영과 풍토의 변화, 언어풍습 등의 상이함으로 인해 상당한 불편을 겪었으나 2, 3년 경과 후에는 오히려 일본본토 내의 농업에 비하여 훨씬 안정된 생계를 영위하게 되었다. 뿐만 아니라 일본인 이주민은 점차 부근의 농경지를 매수하여, 한국농민은 몰락한 반면에 일본이주민은 지주화되기 시작하였다.

일제의 보호와 엄호를 철저히 받은 일본인 동척이민 가운데 일제의 배경을 믿고 한국 농민들을 폭행하는 사람들이 가끔 있었다. 각지 신간회 지회에서는 이를 규탄하고 한국 농민들을 보호하는 일을 하였다.143)

8. 동양척식주식회사의 고리대부와 금융업

1) 동척의 금융업의 내용

동양척식주식회사의 금융업은 예금업무로는 정기예금업무를 취급하였고, 대부업무로는 처음에 주로 '부동산담보' 대부업무를 취급하였다. 동척의 정기예금에 대해서는 제 3절의 '1) 자본금의 구성'에서 고찰한 바 있으므로 여기서는 동척의 '부동산담보대부'에 대하여 고찰하기로 한다.

---

144) 〈朝鮮日報〉, 1929년 7월 19일자, "동척 이민 폭행사건" 참조.

은행이 아닌 동척이 '부동산담보대부' 업무를 취급하게 된 것은 일본 제국주의 식민지정책의 구체적 실천과정에서 식민정책 집행기관과 자금공급 기구를 통일시키는 것이 편리하다는 사실을 경험적으로 터득한 이후부터이다. 동척 설립 당초에는 동척의 일본인 이주민에 대한 이주비용과 영농비용의 일부를 공급하는 기능 이외는 본격적인 금융업을 가지고 있지 않았다. 그러다가 1917년부터 이주민에 대한 극소액의 자금 공급뿐만 아니라 일반법인, 재단, 일반기업체, 수리조합 및 각종 조합 다른 금융기관 등에도 대부행위를 하면서 대부 면에서는 어떠한 은행보다도 대규모의 대부업무를 취급하게 되었다.

그러나 금융기관으로서의 다른 은행의 대부업무와 동양척식주식회사의 대부업무 사이에는 근본적으로 질적 차이가 있었다. 그것은 일반은행 등의 금융기관이 이른바 이자수취, 그 자체를 목적으로 한 본래의 금융기관인 데에 비하여, 동양척식주식회사는 이자수취뿐만 아니라 다른 법인 및 기업체의 사채와 주식을 인수하여 이자와 함께 이윤까지도 수취한 것이었다. 뿐만 아니라 동척의 이러한 사채 및 주식의 인수는 동척이 각종 타 기업의 경영을 좌우할 수 있는 비중의 주식을 소유할 수 있게 하였다. 이는 결국 동척을 정상으로 하여 각종 식민지 투자기업이 동척의 산하에서 조직화되어 동척의 지배를 받게 만들었다.[144]

그리하여 동양척식주식회사는 이 금융업을 통해서 식민지에서의 직접적 투자행위뿐만 아니라 간접적 초과이윤수취까지 하면서 명실상부하게 일본 제국주의 식민정책의 가장 강력하고 대규모적 집행기관이 됨과 동시에 식민지 초과이윤의 가장 정상의 대규모 수탈·집적기관으로 등장하였다.

---

145) 東洋拓植株式會社, 〈(極秘) 東洋拓植株式會社 最近ノ業績ト將來ノ想像〉, 《資料選集 東洋拓植會社》, pp. 129~133 참조.

동양척식주식회사의 금융업의 내용을 대부 대상을 중심으로 구별하여 보면 다음과 같이 나누어 볼 수 있다.[145]

① 한국에의 일본인 이주민에 대한 이주비의 대부
② 한국에의 일본인 이주민에 대한 영농자금의 대부
③ 동척 소유토지에서의 한국인 소작농에 대한 영농자금의 고리대부
④ 수리조합 기타 동척 정책을 실천하는 각종 법인, 재단에 대한 대부
⑤ 일본인 이민 및 식민지투자를 목적으로 하는 다른 회사 또는 기업에 대한 대부
⑥ 일본인 이민 및 식민지 투자를 목적으로 하는 다른 회사 또는 기업체의 사채 및 주식의 인수

이 가운데서 일본인 이주민에 대한 각종 대부는 초기부터 끝까지 지속된 대부업무였으나, 한국인 소작농에 대한 대부는 그 대부액이 극히 적었을 뿐 아니라, 동척 소유지에서의 한국인 소작농의 영농자금의 일부를 고리대부의 성격으로 대부한 것에 불과하였다.

그러나 동척이 가장 역점을 두어 대부업무로 확장한 것은 후기에 오면 올수록 각 법인 및 기업체에 대한 대부 및 사채와 주식의 인수였다. 이것은 동양척식주식회사가 회사 그 자체로서도 비대화하여 일본의 식민지투자회사 가운데서도 가장 대규모의 회사가 되었을 뿐만 아니라 이른바 식민지 투자회사들을 병합하여 일종의 기업의 집중과 집적을 추진하는 한편, 그 산하에 각종 업종의 자회사를 설립하면서 식민지투자의 독점체로서 군림하고 있었음을 반영하는 것이라고 말할 수 있다.

146) 日本拓務省, 《拓務要覽》, 1936년 판, pp. 442~443.

2) 자금대부의 방법

동양척식주식회사의 금융업의 내용을 이루는 자금의 대부방법은 동양척식주식회사법 제13조에 대체적으로 규정되어 있으나, 그것은 어디까지 명분을 앞세운 원칙에 불과했고, 실제의 구체적 내용은 동척의 식민지정책 집행과정에서 그때 그때의 사정에 따라 자유로이 결정되었다. 동양척식주식회사 설립 당초에는 식민지투자 사업에 필요한 자금의 대부에 대하여 다음과 같은 대부방법이 채택되었다.[146)]

① 일본인 이주민에 대하여 25년 이내의 연부상환의 방법에 의한 이주비 대부
② 일본인 이주민에 대하여 15년 이내의 연부상환의 방법으로 한국에서의 부동산을 담보로 하는 대부
③ 이주민에 대하여 5년 이내의 정기상환의 방법으로 한국에서의 부동산을 담보로 하는 대부
④ 이주민에 대하여 그 생산 또는 획득한 물품을 담보로 하는 대부
⑤ 한국 농업자에 대하여 5년 이내의 정기상환의 방법으로 한국에서 부동산을 담보로 하는 대부
⑥ 한국 농업자에 대하여 그 생산 또는 획득한 물품을 담보로 하는 대부
⑦ 한국에서 부동산을 담보로 하는 3년 이내의 정기상환의 방법에 의한 대부

이와 같이 동척 회사설립 당초에는 일본이주민의 이주비를 제외하고 전적으로 부동산을 담보로 한 자금대부를 일본인 이주민을 상대로 시행하였고, 한국농업자에 대해서는 명목만 갖추어져 있었을 뿐 실제적인 대부는 시행되지 않았다.

그러다가 1910년 동양척식주식회사가 조선농공은행에 의하여 발행된 농공채권을 인수하여 조선농공은행을 동척에 흡수 병합할 계획을

147) 日本拓務省, 《拓務要覽》, 1939년 판, pp. 472～474.

세우면서, 동양척식주식회사법을 개정하고 공공단체 시설이나 이주민 및 농업자에 대하여 무담보 대부의 길을 열었다. 동척은 동시에 조선농공은행 조례에 의하여 발행된 농공채권을 인수할 수 있도록 하여 조선농공은행을 흡수하고 다음과 같은 3항을 대부방법에 첨가하였다.

① 한국에서 일·한 공공단체에 대하여 20년 이내의 연부상환 또는 5년 이내의 정기상환의 방법에 의한 무담보 대부
② 이주민 및 한국 농업자에 대하여 20인 이상 연대하여 채무를 지는 자에 대하여 5년 이내의 정기상환의 방법에 의한 무담보 대부
③ 한국농공은행조례에 의하여 설립된 농공은행이 발행하는 농공채권의 인수

그러나 일본 제국주의세력권의 확대와 동양척식주식회사의 식민지 초과이윤의 누적적 수탈·집적에 의한 동척기업의 비대화는 자금대부의 확장과 질적 변화를 요구하였다. 동척은 1917년 7월 동양척식주식회사법을 개정하여 한국뿐만 아니라 기타 외국에서도 투자에 필요한 자금공급을 하도록 하여, 만주, 몽고, 중국 및 남양 방면까지 업무를 확장하였다. 이와 동시에 다른 식민지투자회사의 사채와 주식을 인수하여 직접·간접으로 식민지투자회사들을 동척을 중심으로 하여 계열화하고 독점체로서의 확고한 지위를 구축하는 길을 열었다. 새로 개정된 자금공급 방법의 요점은 다음과 같았다.147)

① 이주민에 대하여 25년 이내의 연부상환 또는 5년 이내의 정기상환의 방법에 의한 이주비의 대부
② 생산자에 대하여 그 생산물을 담보로 하는 1년 이내의 대부
(이 경우는 어음수표 할인의 방법도 가능하게 하였다)
③ 30년 이내의 연부상환 또는 5년 이내의 정기상환 방법에 의한 부동산, 철도, 광업권, 기타 부동산 상의 권리를 담보로 하는 대부

---

148) 日本拓務省;《拓務要覽》1940년 판, pp. 452~454.

④ 공공단체 또는 특별한 법령에 의하여 조직한 산업 관련 조합에 대하여 30년 이내의 연부상환 또는 5년 이내의 정기상환의 방법에 의한 무담보 대부
⑤ 농업자 20인 이상이 연대하여 채무를 지는 자에 대하여 5년 이내의 정기상환의 방법에 의한 무담보 대부
⑥ 이주 취급업 기타 척식사업 경영할 것을 목적으로 하는 회사의 주권 또는 채권의 응모, 인수
⑦ 이민 취급업 기타 척식사업 경영을 목적으로 하는 회사의 주권 또는 채권을 담당으로 하는 5년 이내의 정기상환의 방법에 의한 대부
⑧ 법령의 규정에 의하여 설립된 재단 기타 확실한 물건을 담보로 하는 법인에 대하여 30년 이내의 연부상환 또는 5년 이내의 정기상환의 방법에 의한 대부

이 중에서 ⑥, ⑦, ⑧은 종래의 자금공급과는 다른 질적 변화를 나타낸 것이라고 볼 수 있다.

이 새로운 규정에 의하여 동척은 다른 식민지투자회사를 흡수하고 지배하게 되었으며 산하에 많은 자회사를 설립하여 동척을 정점으로 하는 독점망을 조직화하게 되었다.

3) 자금대부상황

동양척식주식회사가 1908년의 회사설립 이래 1940년까지 사이에 한국을 비롯한 각 투자지역에서 각종 방법으로 자금을 대부한 총 대부액은 〈표 7-31〉과 같다. 동 대부액의 대부금 용도별 구분은 〈표 7-32〉와 같고, 지역별 대부 분포는 〈표 7-33〉과 같다.

〈표 7-31〉 동양척식주식회사의 연도별 총대부액

(단위: 원)

종별 연도	정기상환 대부금	연부상환 대부금	합 계
1908	-	-	-
1909	211,900	-	211,900
1910	429,730	165,600	595,330
1911	514,370	652,400	1,166,770
1912	925,147	1,547,347	2,473,494
1913	1,452,668	2,593,051	4,045,719
1914	1,667,962	3,783,227	5,451,189
1915	1,441,598	4,371,990	5,813,588
1916	1,287,632	4,551,640	5,839,272
1917	4,225,011	8,053,028	12,278,039
1918	14,249,785	18,664,602	32,914,387
1919	31,518,528	38,450,084	70,968,612
1920	45,241,907	49,335,814	94,577,721
1921	61,446,749	55,596,858	117,043,607
1922	69,043,397	57,883,998	126,927,395
1923	91,427,481	60,681,664	152,109,145
1924	90,152,072	58,612,365	148,764,437
1925	84,588,369	58,246,845	142,835,214
1926	69,633,717	57,321,353	126,955,070
1927	58,520,722	63,714,914	122,235,636
1928	59,888,320	65,186,618	125,074,938
1929	54,147,619	70,486,083	124,633,702
1930	51,424,048	80,863,890	132,287,938
1931	47,164,245	89,515,362	136,679,607
1932	48,536,677	85,345,371	133,882,048
1933	40,546,029	74,543,502	115,089,531
1934	39,610,354	70,717,244	115,327,598
1935	56,394,916	81,713,650	138,108,566
1936	55,199,241	88,406,001	143,605,242
1937	67,760,576	91,812,799	159,573,375
1938	79,519,745	93,013,174	172,532,919
1939	-	-	198,821,888
1940	-	-	216,225,000

* 자료 : 일본척무성 《척무통계》, 1939년판 및 《척무요람》, 1940년판.

〈표 7-32〉 동척의 용도별 대부금표

(단위: 천원)

용 도 별	제 5기말 현재 (1912)	제10기말 현재 (1917)	제14기말 현재 (1922)	제20기말 현재 (1927)	제28기말 현재 (1932)	제38기말 현재 (1937)	제40기말 현재 (1938)
토지개량 및 개간	-	3,182	21,903	12,690	7,668	3,386	2,705
수리사업	-	2,930	6,424	20,865	35,842	34,467	33,227
시가토지건물	-	934	37,826	29,331	19,289	35,148	34,982
농사경영	1,904 (농업자금)	1,087	17,706	17,737	27,576	37,807	38,682
임 업	-	192	1,072	282	796	4,624	5,113
잠 업	-	82	279	326	148	295	305
과실재배	-	104	424	936	1,106	339	215
비 료	-	-	-	397	907	4,258	6,448
인삼재배	-	108	327	126	28	6	5
축 산 업	-	18	1,360	1,326	1,049	649	707
수 산 업	-	22	341	308	307	3,099	3,152
광 업	-	35	5,559	2,798	3,749	10,788	10,457
제 지 업	-	4	88	50	49	170	125
제 림	-	60	-	189	56	37	37
방 직 업	-	-	-	2,604	2,774	4,810	9,048
정 미 업	-	151	267	168	64	168	103
製 抽 業	-	-	-	180	117	320	253
제 당 업	-	-	-	2,015	2,800	-	-
요 업	-	117	417	461	759	556	466
양 조 업	-	84	1,509	1,204	174	1,122	1,492
諸 工 業	-	73	5,042	1,894	339	2,919	6,733
운수교통업	-	-	7,025	11,646	7,225	419	28
전기 및 가스	-	-	7,215	7,826	8,936	3,364	6,845
재해구제	-	30	-	51	210	26	41
위 생	-	462	3,108	425	24	-	2
교 화	-	239	367	374	387	449	429
마 및 야자재배	-	-	-	-	1,130	3,704	3,775
護謨栽培	-	-	-	-	3,270	11	9
雜 資 金	497	517	8,196	5,473	6,533	6,503	7,066
이주비대부	72	219	340	529	530	128	83
특별대부금	-	1,628	132	25	-	-	-
합 계	2,473	12,278	126,927	122,236	133,882	159,572	172,533

＊자료 : 일본척무성, 《척무통계》, 1939년판.

〈표 7-33〉 東拓의 지역별 대부금표

(단위: 천원)

영업기별 \ 지방별	조 선	만 주	북부지별	남 양	합 계
1912	2,473	-	-	-	2,473
1917	8,486	3,792	-	-	12,278
1922	54,435	50,325	11,587	10,580	126,927
1927	61,157	50,393	4,141	6,544	122,235
1932	89,527	33,263	2,296	8,796	133,882
1937	102,072	36,552	5,207	15,742	159,573
1938	109,730	43,469	3,962	15,372	172,533
1940	142,532	57,630	8,849	7,213	216,225

* 자료 : 일본척무성《척무통계》, 1939년판 및《척무요람》, 1940년판.

동양척식주식회사는 1917년 이후에는 조선총독부로부터 위탁받은 사업인 이른바 '조선산미증식사업'과 관련하여 각지 수리조합, 특히 동척 소유지역 내의 수리조합에 대하여 자금을 대부하였다. 동척의 수리조합에 대한 대부금은 1938년 12월말까지 조합수 87개, 대부금액 3,300만 9,000여 원이었다. 동척의 대부금을 받은 주요 수리조합은 다음과 같았다(괄호 안은 사업지).[148]

동진(東津) 수리조합: (전라북도 김제·정읍·부안군) 18,500정보.
대정(大正) 수리조합: (평안북도 용천군) 11,093정보.
안녕(安寧) 수리조합: (황해도 재령·안악군) 9,775정보.
평안수리조합: (평안남도 대동·평원군) 4,556정보.
고부(古阜) 수리조합: (전라북도 고창군) 4,323정보.
서천(舒川) 수리조합: (충청남도 서천군) 3,500정보.
영광 수리조합: (전라남도 영광군) 2,600정보.
박천(博川) 수리조합: (평안북도 박천군) 2,578정보.
하남 수리조합: (경상남도 밀양군) 1,876정보.

149) 《東拓三十年誌》 pp. 97~98.

동척 수리조합의 대부금은 일제의 조선산미증식계획 실수행을 위해 조선 농민의 토지를 강제 수용하거나 기존의 수원을 가로채 빼앗는 등 난폭한 방법의 수리관개시설 설치를 강행하기 위해 정책적으로 지출한 대부금이었다.[149] 이 대부금은 수리조합에 강제 포함된 조선소작농의 소작료에 '수리비' 조로 포함되어 징수되었는데, 그 비율은 총 수확량의 10%를 초과하는 것이었다.[150] 이 때문에 동척 수리조합에 포함된 동척 소작인의 소작료는 다른 소작인의 그것보다 수확량의 약 10%이상 고율이어서 총수확량의 60%이상을 징수당하였다.

동척은 대부사업에서도 한국 소작농에 대한 대부는 원금과 고율이자를 모두 소작료에 포함해서 징수했기 때문에, 이 경우의 소작료는 총 수확량의 80~90%에 달하는 경우도 많았다.[151] 이것은 한국 소작농에 대한 동척의 참으로 가혹한 수탈이었다.

4) 주식 및 채권의 인수

동양척식주식회사는 1917년 7월 동양척식주식회사법을 개정하여 "이민 취급업 기타 척식사업을 경영할 것을 목적으로 하는 회사의 주권 또는 채권의 응모 인수"[152]를 영업항목에 첨가하였다. 그리하여 한국, 만주, 중국, 남양, 기타 각 지역에서 각종 식민지투자회사의 설립 및 그 사업자금을 공급하여 동척의 산하에 각종 식민회사를 계열화하고 많은 자회사를 설립하였다.[153]

이렇게 하여 동양척식주식회사는 명실상부하게 일본 최대규모의 식

---

150) 〈朝鮮日報〉, 1930년 5월 28일자, "務安郡下 三面의 東拓水組設計문제" 참조.

151) 朝鮮總督府, 《朝鮮小作慣行》 상권, p. 153 참조.

152) 《朝鮮小作慣行》 상권, p. 172 참조.

153) 《東洋拓植株式會社二十年誌》, pp. 99~100.

154) 〈東拓關係會社表〉, 《資料選集 東洋拓植會社》, pp. 145~165 참조.

민지 수탈의 국책회사로 성장했으며 일종의 식민지 수탈 독점체로서의 지위를 확립하였다.

1940년말 현재 동양척식주식회사가 주식을 인수하거나 자금을 공급하여 설립한 회사는 60사에 달했으며, 인수 주수는 507만 9,055주였고, 이에 대한 불입금액은 1억 5,819,900원에 달했으며, 또한 사채의 완전 인수는 3사로서 그 금액은 277만원에 달하였다.[154)]

동양척식주식회사에 계열화된 각종사업의 관계회사의 명칭, 본점 소재지 주요사무, 주식수 및 자본금, 동척 인수주식과 사채 등은 〈표 7-34〉~〈표 7-38〉과 같다.

이들 표에서와 같이 동양척식주식회사가 자기회사에 계열화하여 투자한 관계회사의 업종은 발전을 비롯하여 광업, 철도, 방적, 식품, 축산, 농업, 임업, 이민에서 부동산중개 매매에 이르기까지 광범위하게 걸쳐 있었다. 또한 그 업무지역도 한국에서 비롯하여 만주, 중국, 대만, 남양군도, 필리핀, 브라질까지 뻗어 있었다.

---

155) 日本拓務省, 《拓務要覽》, 1940년 판, pp. 455~459.

〈표 7-34〉 동척의 산하 회사와 주식 및 사채 인수액(1)

회사명	본 점 소재지	설립 년월	업 무	자본금(천 원)		총주수	동척 인수주식		인 수 사 채	최 근 배 당
				공 칭	불입제	(천 주)	인수 주수	총 불입액		
해외여업	동경	1917	이민취급, 식민지경영, 해외기업의 투자	2,500	1,875	50	13,594주 (우선주)	510(천 원)	-천 원	-年分
일노(日魯) 어업	同	1914	어업	53,800	42,300	1,076	180,000	9,000	-	10.0
남양흥발	남양	1919	제당	40,000	25,000	800	410,000	12,813	-	10.0
조선철도	경성	1923	철도업	54,500	17,650	1,092	112,496	1,490	-	8.0
조선미곡창고	同	1930	미곡창고 경영	10,000	3,000	100	7,700	228	-	8.0
조선도시경영	同	1931	부동산 경영	500	250	10	10,000	250	-	10.0
서선합동전기	평양	1919	전기사업	17,750	15,827	355	48,007	2,400	-	8.0
동척토지건물	大連	1926	부동산 경영	5,000	1,625	100	100,000	1,625	-	7.0
만몽모직	봉천	1918	모사모직물 제조판매	20,000	12,500	400	335,306	10,723	1,000	9.0
동성(東省) 실업	同	1918	금융, 주식인수 생산품 취급 판매	5,000 만주국화폐	4,000	100	100,000	4,000 만주국폐	1,400	4.0
대동(大同) 주정	하얼빈	1933	주정(酒精) 양조	1,670	1,670	17	8,350	835	-	8.0

〈표 7-35〉 동척의 산하 회사와 주식 및 사채 인수액(2)

회사명	본 점 소재지	설립 년월	업 무	자본금(천 원)		총주수	동척 인수주식		인 수 사 채	최 근 배 당
				공 칭	불입제	(천 주)	인수주수	총 불입액		
산동(山東) 광업	청도	1923	중국 광산에 대한 투자	5,000	2,250	100	5,000	113(천 원)	-	6.0
산동(山東) 광업	同	1920	토지건물 임대업	10,000	5,000	200	72,972	1,824	-	8.0
동척광업	경성	1933	채암 및 연탄 제조판매	7,000	7,000	140	140,000	7,000	-	4.0
조선송전	同	1934	전기사업	15,000	15,000	300	51,000	2,550	-	7.0
일만제분	하얼빈	1935	제분업	10,000	7,000	200	29,880	1,073	-	7.0
북선제지화학공업	함북 길주	1935	제지업	20,000	10,000	400	5,000	125	-	10.0
만주특산공업	봉천	1935	만주물산물 가공 및 주류제조	3,000	2,250	60	5,000	187	-	13.0
조선석유	경성	1935	석유기타광물 정제 및 판매	20,000	15,000	400	40,000	1,515	-	9.0
多獅島 철도	신의주	1935	철도업	3,000	1,500	60	3,000	75	-	5.0
아마존니아 산업	동경	1935	아마존 지역의 척식사업	1,000	750	20	2,400	90	-	-
만주전업	新京	1934	만주국 내의 전기사업	160.000	142,500	3,200	54,169	2,482	-	7.0

〈표 7-36〉 동척의 산하 회사와 주식 및 사채 인수액(3)

회사명	본 점 소재지	설립 년월	업 무	자본금(천 원)		총주수	동척 인수주식		인 수 사 채	최 근 배 당
				공 칭	불입제	(總株數)	인수주수	총불입액		
일백(日伯)면화	大阪	1936	브라질에서의 조면 및 하조(荷造) 공장	2,000	2,000	40	2,400	120(천 원)	-	-
조선무연탄	경성	1926	무연탄의 채굴 및 판매	20,000	20,000	400	33,757	1,692	-	9.0
해남산업	南洋 사이판	1926	마·야자 재배사업에 대한 투자	5,000	5,000	100	82,274	4,114	-	8.0
만주염업	신경	1936	채염사업	15,000	13,750	300	2,000	75	-	3.0
조선전력	경성	1936	전기사업	30,000	30,000	600	150,000	7,500	-	4.0
부령수력전기	咸北 富寧	1936	同	10,000	2,500	200	200,000	2,500	-	-
선만척식	경성	1936	만주국에서 조선인 이주자에게 필요한 사업	20,000	8,000	400	100,000	2,000	-	6.0
대만척식	臺北	1936	척식사업의 경영 및 척식사업의 공급	30,000	22,500	600	5,000	125	-	6.0
남양척식	南洋 파라오	1936	척식사업의 경영 및 척식사업의 공급	20,000	15,273	400	10,000	250	-	6.0
남양기업	동경	1937	태국에서 호모권의 경영	2,000	600	40	13,500	203	-	-
천진(天津)방직	천진	1937	중국에서 방사방직사업의 경영	5,000	3,500	100	50,000	1,750	-	36.0
일본무주수정특허(日本無水酒精特許)	동경	1937	무수 주정 제조 특허권의 보유 및 임대	3,500	2,450	70	36,310	1,271	-	-

〈표 7-37〉 동척의 산하 회사와 주식 및 사채 인수액(4)

회사명	본 점 소재지	설립 년월	업 무	자본금(천 원)		총 주수(總株數)	동척 인수주식		인 수 사 채	최 근 배 당
				공 칭	불입제		인수주수	총 불입액		
조선무수주정(朝鮮無水酒精)	신의주	1937	무수 주정의 제조판매	5,000	5,000	100	93,440	4,672(천원)	-	-
조선중공업	부산	1937	선박의 수리 및 일반기계의 수선·제작	3,000	1,500	60	13,000	650	-	5.0
조선임업개발	경성	1937	산림경영	20,000	2,000	400	86,500	865	-	5.0
만주척식	신경	1937	만주국의 척식사업	50,000	50,000	1,000	75,000	3,750	-	-
만주압록강 수전(水電)	同	1937	수력전기사업	50,000	50,000	1,000	200,000	10,000	-	5.0
조선압록강 수전	경성	1937	수력전기사업	50,000	50,000	1,000	200,000	10,000	-	5.0
만주 방산(房産)	신경	1938	만주국에서 건축사업 및 건축금융	60,000	30,000	60	200,000	5,000	-	5.0
강계수력전기	평북 강계	1938	북선(北鮮)에서 수력전기사업	50,000	22,500	1,000	650,000	14,625	-	5.0
장성탄광철도	천진	1938	중국에서 석탄채굴	1,500	1,500	30	7,800	390	-	-
교오(膠懊) 전기	청도	1938	전기사업	16,000	8,000	320	80,000	2,000	-	12.0
조선아연광업	경성	1938	광업	1,000	1,000	20	12,000	600	-	-
해림(海林) 목재	목단강	1938	벌목사업	5,000	3,750	100	100,000	3,750	-	10.0
만주임업	신경	1936	목재판매 수입 및 제재	30,000	18,000	600	100,000	3,000	-	6.0

〈표 7-38〉 동척의 산하 회사와 주식 및 사채 인수액(5)

회사명	본 점 소재지	설립 년월	업 무	자본금(천 원)		총 주수 (總株數)	동척 인수주식		인 수 사 채	최 근 배 당
				공 칭	불입제		인수주수	총 불입액		
북지나개발 (北支那開發)	동경	1938	北중국에서 경제사업 및 활동	350,000	87,500	7,000	14,000	175(천 원)	-	4.5
중지나개발 (中支那振興)	상해	1938	中중국에서 경제사업 및 활동	100,000	25,000	2,000	2,000	25	-	4.5
남양알미늄	파라오	1939	알미늄 제조	10,000	6,000	200	30,000	900	-	-
조선 마그네사이트	경성	1939	마그네사이트 광업	15,000	7,500	300	113,200	2,830	-	-
화태(樺太) 인조석유	豊原	1939	인조석유의 제조 및 부대 철도운수 발전 사업	40,000	10,000	800	20,000	250	-	4.0
중지착천(中支鑿泉) 공업	상해	1939	착천공사의 청부, 배수공사의 청부	1,000	500	20	14,000	350	-	-
조선축산	경성	1939	축산사업	10,000	3,000	200	154,300	2,314	-	-
조선이연(理研) 고무공업	인천	1939	고무 제조판매	1,000	500	20	7,000	175	-	-
관동주공업토지	大連	1939	공업용 토지의 조성	10,000	2,500	200	5,000	62	-	6.0
조선전기야금 (朝鮮電氣冶金)	富寧	1939	금속제련 가공 및 화학공업품의 제조	4,500	2,250	90	40,000	1,000	-	-
조선유연탄	경성	1939	석탄의 채굴사업	15,000	8,750	300	239,600	5,740	-	-
남선수력전기	同	1940	수력발전사업	20,000	5,500	400	200,000	2,500	-	-
조선농기구	同	1940	농기구 제조	1,000	500	20	2,600	65	-	-
합계	60									

* 자료 : 일본척무성, 《척무요람》, 1940년판.

9. 동양척식주식회사의 기타 식민지투자와 수탈

1) 전력 및 광공업에 대한 투자와 수탈

동양척식주식회사는 지금까지 고찰한 이외에도 전력, 광업 등 여러 가지 업종에 대하여 식민지 수탈을 위한 투자를 행하였다.

먼저 전력사업에 대한 투자는 동척이 직영하지 않고 자회사를 설립하거나 또는 주식을 인수하여 간접경영의 방식을 취하였다. 그러나 최소한 10% 이상의 주식을 단독 인수하여 그 경영관리의 결정을 좌우하는 데 철저를 기하였다. 특히 전력사업은 수익률이 높고, 기업의 위험률이 전혀 없는 극히 유리한 업종이었기 때문에 일찍부터 동척의 투자 대상으로서 중요한 위치를 차지하고 있었다.

전력사업에 투자한 전력회사로서 동양척식주식회사 산하에 있었던 회사와 그에 대한 동척의 단독주식소유비율을 보면 다음과 같다.[155] 먼저 한국에서의 전력사업에 대한 투자를 살펴보기로 한다(괄호 안은 동척 단독주식소유비율).

부령수력전기주식회사 (100%) : 동척 250만 원 투자
강계수력전기주식회사 (70%) : 동척 875만 원 투자
조선전력주식회사 (25%) : 동척 750만 원 투자
서선압록강수력발전주식회사 (20%) : 동척 500만 원 투자
서선합동전기주식회사 (13.5%) : 동척 204만 297만 투자
조선송전주식회사 (17%) : 동척 153만 원 투자

그리고 만주 및 북중국에서의 전력사업에 대한 투자는 다음과 같다(괄호 안은 동척 단독주식소유비율).

교오(膠澳) 전기주식회사 (40%) : 동척 200만 원 투자

153) 《東拓三十年誌》, pp. 99～107.

만주압록강수력발전주식회사(20%): 동척 500만 원 투자
만주전업주식회사(1.7%): 동척 203만 1,350원 투자

동양척식주식회사의 광업에 대한 투자는 주로 석탄, 아연, 철광에 대한 투자였으며, 그 형태는 전력과 마찬가지로 자회사를 통한 간접투자의 형식을 취하였다. 먼저 한국에서의 광업에 대한 투자를 보면 다음과 같다(괄호 안은 동척 단독주식소유비율).[156]

동척광업주식회사(100%): 동척 420만 원 투자
북선탄광주식회사(71%): 동척 106만 원 투자
조선아연광업주식회사(60%): 동척 60만 원 투자
조선무연탄주식회사(8.4%): 동척 84만 6,425원 투자

만주와 중국에서의 동척의 광업에 대한 투자를 보면 다음과 같다.

長城媒礦鐵路股份有限公司(26%) 동척 16만 원 투자
산동(山東) 광업주식회사(5%) 동척 11만 2,500원 투자
만주채금(採金) 주식회사(16%) 동척 200만 원 투자

다음 동양척식주식회사의 공업에 대한 투자는 주로 주정, 펄프, 직물, 방적, 조선, 석유, 제분 등에 대한 투자였다. 먼저 한국에서의 공업투자를 보면 다음과 같다(괄호 안은 동척 단독주식소유비율).[157]

조선무수주정(無水酒精) 주식회사(88%): 동척 437만 5,000원 투자
조선중공업주식회사(20%): 동척 30만 원 투자
조선석유주식회사(10%): 동척 126만 2,500원 투자
북선제지화학공업주식회사(1.2%): 동척 12만 5,000원 투자

만주와 중국에서의 동척의 공업에 대한 투자를 보면 다음과 같다.

---

154) 日本拓務省, 《拓務要覽》, 1939년 판, pp. 476~479.
155) 日本拓務省, 《拓務要覽》, 1938년 판, pp. 456~458.

대동(大同) 주정주식회사(50%): 동척 83만 5,000원 투자
만몽모직주식회사(87%): 동척 562만 1,688원 투자
일만제분주식회사(15%): 동척 93만 3,750원 투자
만주특산공업주식회사(8%): 동척 12만 5,500원 투자
주식회사천진방적공사(50%): 동척 150만 원 투자

동양척식주식회사의 공업에 대한 투자가 조선에서보다 만주와 중국에서 더 많았다는 것은 주목을 요하는 것이다.

동척의 농업과 임업의 직영사업을 제외한 조선 내의 주식투자액, 대부금·부동산 양도액의 증가추세를 보면 〈표 7-39〉와 같다. 동척의 농업 이외의 조선 내 주식투자가 1936년 이후부터 폭발적으로 증가했음을 〈표 7-39〉에서 명확히 알 수 있다.

동척의 1941년의 경우 조선 내에서의 발전·광산·공업 부문에 대한 주식투자의 내용을 직계사업과 투자사업으로 나누어 좀 더 상세히 보면 〈표 7-40〉과 같다.

동척은 직계사업으로 농림업 이외에는 1941년까지 주로 "전력"과 "광업"에 대부분 직접 투자했고, 그밖에는 "주택"과 축산에 소액 투자했음을 알 수 있다.

한편, 동척의 주식투자는 역시 "권력"과 "광업"에 집중 투자했지만, 그밖에 "철도"와 "공업" 부문에도 투자했음을 알 수 있다.

동척의 전력 및 광업·공업에 대한 투자의 실제 수익은 비밀로 하여 발표하지 않았기 때문에 현 단계로서는 정확한 것은 알 수 없고, 오직 막대한 식민지 초과이윤을 수탈했음을 사내유보금의 폭발적 증가를 통해 알 수 있을 뿐이다. 그러나 동척의 비공개 비밀자료를 볼 수 있게 된다면 이를 정확히 알고 분석할 수 있을 것이다.

〈표 7-39〉 동양척식 주식회사의 연도별 사업투자액

(단위: 천 원)

	회사수	주식 투자액	직영사업 투자액	대부금	부동산 양도액	계
1933	4	5,626	-	2,245	-	7,871
1934	6	6,843	-	441	-	7,289
1935	9	7,178	-	853	-	8,032
1936	12	15,069	-	407	1,347	16,825
1937	17	28,074	-	2,942	1,347	32,365
1938	19	46,388	-	7,780	997	55,166
1939	26	77,389	-	13,316	5,923	96,629
1940	28	106,782	3,646	22,286	7,410	140,125
1941	29	132,364	4,412	61,941	10,020	208,738

* 자료: 東拓朝鮮支社, 《東拓ノ朝鮮ニ於ケル事業投資概要》, 1942년.
비고: 투자액에는 농업, 임업의 직영사업 투자액은 포함되지 않음.

〈표 7-40〉 동척의 산업별 주식투자 상황(1941년)

(1) 직계사업 (단위: 천 원)

산업별	회사명	공칭자본금	납입자본금	납입자본 중 출자액	배당률 (%)
발전	강계수력전기	50,000	50,000	32,500	5.0
발전	부령수력전기	10,000	5,000	5,000	4.0
금·텅스텐	동척광업	7,000	7,000	7,000	6.0
석탄	조선유연탄	19,150	14,590	13,550	3.0
아연	조선아연광업	1,000	1,000	1,000	_
알콘	조선무수주정	5,000	5,000	4,672	_
규소 철·카바이트	조선전기야금	4,500	4,500	2,300	_
택지조성·주택건축	조선도시경영	500	500	250	10.0
가축증식·매매	조선축산	10,000	3,000	2,314	6.0
합계		107,150	90,340	68,586	

(2) 투자사업 (단위: 천 원)

산업별	회사명	공칭자본금	납입자본금	납입자본 중 출자액	배당률 (%)
발전	조선전력	30,000	22,500	8,347	4.0
발전	남선수력전기	20,000	10,000	5,000	5.0
발전	조선압록강수력전기	100,000	62,500	12,500	5.0
발전	만주압록강수력전기	100,000	62,500	12,500	5.0
송전	조선송전	30,000	22,500	3,825	7.0
배전	서선합동전기	30,000	25,100	3,360	8.0
마그네사이트	조선마그네사이트	15,000	15,000	5,660	-
특수광물개발	조선광업진흥	10,000	5,000	625	6.0
인광석	조선인광	4,000	4,000	400	-
석탄	조선무연탄	50,000	35,000	2,962	8.0
석유	조선석유	30,000	22,000	2,272	9.0
펄프	북선제지화학공업	20,000	10,000	125	10.0
고무	조선理研고무공업	1,000	1,000	350	6.0
조선	조선중공업	7,000	5,000	1,083	5.0
철강합금철	조선제철	15,000	3,750	1,875	-
철도	조선철도	54,000	17,650	1,489	8.0
철도	多獅島철도	3,000	1,500	75	6.0
조림제재	조선임업개발	20,000	4,000	865	5.0
미곡창고업무	조선미곡창고	5,000	4,000	306	8.0
농기구제조판매	조선농기구	1,000	500	65	-
합 계		545,500	334,000	63,778	

* 자료: 東拓朝鮮支社, 《東拓ノ朝鮮ニ於ケル事業投資概要》.

2) 면양사업(緬羊事業)

일본의 군수품으로서 중요한 지위를 차지한 양모의 수입이 여의치 않아 이의 공급방책으로서 면양사업이 긴요한 과제로 대두되고, 이에 따라 조선총독부가 '남면북양'(南棉北羊)을 내세우며 북선지방(北鮮地方)에서의 면양사업의 개발방침을 세우자, 동양척식주식회사는 이를 지원하여 북선지방에서 면양사업에 투자할 계획을 세웠다.

그리하여 동척은 1933년 7월 경원목양장(慶源牧羊場)을 개설하고 오스트레일리아부터 '보오다아레스터' 종 60두, 간도로부터 몽고양 225두를 수입하여 양종의 교배에 의한 개량종 생산에 착수하면서 이를 기초로 면양에 대한 투자를 확대했다.

만주사변이후 조선총독부가 남면북양 정책을 더욱 강력히 추진하여 군수양모 공급책의 일환으로 1934년 이후 10개년 간에 면양 10만 두 증산을 목표로 면양 장려 제1기 계획을 수립하였다. 그러자 동양척식주식회사는 조선총독부의 식민지정책을 지원해서 한국 내의 면양보급을 위하여 종양배급기관으로서 면양장 경영을 조선총독부와 협정하였다. 그리하여 동양척식주식회사는 1934년 이래 오스트레일리아로부터 '고리데일' 종 2,500두를 수입하여 여기서 생산한 양을 각도의 농회(農會)에 배급하였다.[158] 동척의 1938년 말 현재의 목양장 및 그 사육두수는 〈표 7-41〉과 같다.

〈표 7-41〉 동척의 면양 사육두수

목양장명	소재지	면적(정보)	사육두수	목양장명	소재지	면적(정보)	사육두수
경원목양장	함경북도 경원군 동원면	1,861	2,434	곡산 목양장	황해도 신계군 소읍면	1,718	1,314
온성목양장	함경북도 온성군 미포면	1,884	1,841	경원 제2목양장	함경북도 경원군 광원면	1,787	1,312
훈계목양장	함경북도 온성군 훈계면	1,722	1,542	합계		8,972	8,443

＊자료 :《동양척식주식회사 30년지》.

156) 日本拓務省,《拓務要覽》, 1939년 판, pp. 483～484.

3) 제염사업(製鹽事業)

동양척식주식회사는 식료용 및 공업용 제염사업에도 투자하였다. 동척의 제염에 대한 투자는 주로 요동반도(그들이 호칭한 관동주)에서 이루어졌으나 그 일부가 인천을 거쳐 조선 전매국에 수송되었으므로 이를 여기서 간단히 첨가하여 다루려고 한다.

동양척식주식회사는 1918년 요동반도에서의 천일제염지 조사의 결과 그 수익성이 높음을 인정하고 염전개설계획을 수립하여 그 공사에 착수하였다.

먼저 1920년 비자와(貔子窩) 지방의 간사지(干潟地)에 3,000정보의 관유지 대하(貸下)를 받고 뒤이어 등사하(登沙河)의 간사지에 1,000정보의 관유지 대하를 받아 1923년부터 염전개설에 착수하였다. 그리하여 1923년 12월에 등사하 서부염전(登沙河西部鹽田) 249정보, 1926년 6월에 등사하 서부염전 321정보, 1934년 12월에 비자와 청수하염전(貔子窩淸水河鹽田) 690정보, 다시 1938년에 비자와 찬하염전(貔子窩贊河鹽田) 407정보 및 종가둔염전(宗家屯鹽田) 200정보를 완성하였다. 동양척식주식회사의 요동반도에서의 염전경영면적은 1940년 현재 1,918정보였으며 그 생산량은 95,000톤에 달하였다.

동양척식주식회사가 요동반도에서 제염사업에 투자하여 그 생산품을 일부 원염(原鹽)으로 판매함과 동시에 일본전매국에 연간 약 2,000톤의 재제염(再製鹽)을 납품하고, 그 밖에 일본이 주로 외국염에 의존하여 오던 고급 어업용염(漁業用鹽)을 동척이 공급하게 되었다.[159]

동양척식주식회사가 일본전매국, 조선전매국 및 공업용으로 공급한 염(鹽)은 1938년의 경우 〈표 7-42〉와 같다.

---

157) 《東洋拓植株式會社三十年誌》, pp 187~188.

〈표 7-42〉 동양척식주식회사의 제염 판매상황

판소선 (販銷先)	염종 (鹽種)	수량	비고
일본전매국	원염 재제염	4,988,424 2,000,000	납입금-오사카 지방 전매국 同-札幌 지방, 전매국 小出 장소
조선전매국 공업용	원염 원염	10,948,521 40,671,050	양지(揚地)-인천 販賣先-旭硝子, 日本室素, 日本曹達, 九斗曹達, 鶴見曹達, 四國曹達
계	원염	56,607,995	

* 자료 : 《일본척무요람》, 1939년판.

이외에도 동양척식주식회사는 이른바 ① 간도 자작농창정사업(間島自作農創定事業), ② 보르네오 토지 수탈 경영, ③ 말레이반도 토지수탈 경영, ④ 만주 및 중국북동부에서의 주택사업, ⑤ 사할린에서의 석탄채굴사업 등에 투자하였다. 그러나 이들은 투자액이 적었으므로 여기서는 그러한 수탈사업에 투자가 있었다는 사실을 부기하는 데에 그치기로 한다.

10. 맺음말

지금까지 동양척식주식회사가 1908년 서울에서 한일합자회사의 외양을 갖추고 설립된 이래, 한국 및 동북아시아에서 어떠한 식민정책과 식민지투자를 실시하여 왔는지를 전반적으로 개괄 분석하였다.

일본 제국주의 식민정책의 경제적 '대행국책기관'으로서는 물론 동양척식주식회사가 유일한 것은 아니었다. ① 동양척식주식회사와 더불어 ② 대만척식주식회사, ③ 남양척식주식회사, ④ 만주척식공사 등은 일제의 식민지 수탈정책 집행의 4대 기둥으로 일본정부의 적극적인 군사적 · 정치적 · 경제적 지원을 받으면서 식민지 수탈과 대외침략의 중요한 일익을 담당하였다. 또한 이외에도 선만(鮮滿) 척식주식회사, 남양기업주식회사, 북지나개발주식회사, 중지나척식주식회사 등 수많은 군소 식민지 수탈투자회사가 존재하였다.

그러나 놀라운 일은 군소 식민지 수탈투자회사는 말할 것도 없고 일제 식미수탈정책의 4대 대행기관에 든 대만척식, 남양척식, 만주척식 등도 '동양척식주식회사'의 산하에 있으면서 동척으로부터 많은 자금을 공급받았다는 사실이다.

동양척식주식회사는 일본의 각종 식민지투자회사의 모체로까지 비대화하여 각 식민지역과 일제세력권 내에 독점적으로 군림하였다. 동양척식주식회사의 이러한 독점적 비대화가 전적으로 한국에서의 식민지 수탈에 의하여 달성되었다는 것을 생각할 때, 동척의 연구 분석의 중요성이 더욱 강조되지 않을 수 없다.

동척이 식민지 투자의 개발성만을 부각시키고 수탈성을 감추기 위해 식민지 두사의 수익통계를 비공개 비밀자료로 처리했기 때문에, 현 단계에서는 그들의 수탈성을 통계적으로 정확히 밝히기에는 자료수집이 더 필요하다.

그러나 그들이 다 감추지 못한 수많은 사례들을 통해서 동척의 식민지투자의 수탈성을 충분히 관찰할 수 있다. 전남 영암의 동척의 수탈성에 대해 당시 다음과 같이 보도되었다.

> (영암) 동척 소작인에 대하여는 작지를 통하여 폭징을 하고 있다는 말이 많은데, 그 중 가경할 것은 폭징을 당하고도 소작료를 납입할 때 이중으로 착취와 약탈을 당하여 일 년간 피땀으로 만들어 내논 곡식은 한 알도 얻어먹지 못하는 참상인데, 영암 서창취급소에서는 금년같이 추수기가 늦음에도 불구하고 소작료 납입기한이 넘으면 100근에 5근 이상의 벌조를 징수하는 한편, 집에서 충분히 건조를 해가지고 가더라도 의례히 그곳에서 3 · 4일 이상씩 다시 건조를 시켜 징수한다는데, 비료대금

도 처음에는 매 100근에 4원 50전씩으로 환산하여 준다는 통지가 있었다는데 그곳에 가서 납입할 때는 4원씩밖에 환산을 시켜주지 않으며 〔…〕 그런 착취를 당하면서도 소작답이 이동이 될까하여 아무 말도 못하고 당하는 소작인들의 비애는 말할 수 없는 현상이라 하며, 일 년 내 지은 곡식은 한 알도 얻어먹지 못하고 유리걸식하게 된 작인들이 수십 인에 달하였다 한다.[160]

경남 하동에서도 동척의 수탈은 가혹하였다.

경남 하동 섬진강 수리조합 구역 내 경작지 300여 정보 중에는 동척회사의 소유답이 200여정보인바 〔…〕 동척 하동출장소에서는 근년 처음 불황인데도 금년에는 더욱 폭징을 가한다. 평예(坪刈)로 몇 개인을 제하고는 전소작인들에게 소작료 8・9할 이상을 내게 하고 무리하게 강징하는 중이며, 그 중에도 어이없기는 전 수확물이 소작료에 부족되는 자도 있으며, 어떤 곳은 삼분작이 못되는데도 불구하고 8・9할 이상의 소작료를 폭징하며, 겸하여 비료대(肥料代)를 소작료 징수와 함께 곡물로써 강징하는 터이라. 소작인은 전수확을 전부 징출하고도 부족액의 부채를 짊어지게 된다.[161]

함남 고원에서도 동척의 수탈을 가열하였다.

함경남도 고원(高原) 일대 평야의 대부분인 800여 정보를 차지하고 있는 동양척식회사의 폭징하는 소작료와 기타 문제는 2천여 소작주민의 사활문제에 관련되는 중대문제이라 〔…〕 문제의 발단은 단순한 소작료의 폭징문제가 아니다. 그 부근의 수리를 관개하는 보(洑)는 일찍이 대정 7년경에 전 소유자이던 손(孫) 모로부터 현 지주인 동양척식회사에서 매수한 이후부터 분규가 거듭하게 된 것이라는데, 전 소유자이던 조선사람 손모가 관리할 때에는 그 보세를 전 수확되는 수량의 8분(分)을 지주에게 받쳐 왔던 것인데, 동척에서 매수한 이후 돌연 1할(割)로 증

158) 〈朝鮮日報〉, 1930년 12월 21일자, "西倉 東拓取扱所 二重착취비난" 참조.

159) 〈朝鮮日報〉, 1930년 11월 25일자, "河東 수백 소작인에 東拓이 소작료 惡徵" 참조.

> 수되는 동시에 추수기에는 동척원이 독단적으로 간평하여 추수될 수확량을 임의로 결정하여 사실상 3·4할(三·四割) 내외의 고리보세를 징수하고 있었던 것이라고 한다. 이로부터 소작민들은 고혈을 다하여 일년동안 애써 지은 농작물은 거의 보세와 소작료로 다 바치고 먹을 것이 없다하여 마침내 지금으로부터 3년 전인 1927년에 미증유의 대쟁의, 즉 소작료와 보세 불납동맹을 단행하였다. (…)[162]

여기서는 세 사례만을 들었지만 동척의 조선 소작농 수탈은 상상을 초월한 것이었으며, 전국 동척 소작지에서 자행된 것이었다. 이 때문에 동척 소작지에서는 크고 작은 소작쟁의가 일어나지 않은 곳이 없었으며, 일어나지 않은 해가 없었다.

동척은 한국인 착취 수탈 현장의 주체이며 상징이기도 했기 때문에, 소작쟁의에서 탄압당한 한국 농민들은 동척을 대담하게 습격하기까지 하였다. 대표적인 것은 1926년 12월 28일, 황해도 은율 소작농 출신 독립운동가 나석주(羅錫疇)의 서울 동양척식회사 폭탄투척 사건이었다. 1930년 5월 31일 새벽에는 만수 북산도 용징의 동양척식주식회사 지점에도 한국인 50명이 폭탄 2개를 투척하여 건물 일부가 파손되었다. 한국 국내의 동척의 수탈에 대한 각종 저항운동은 별도로 방대한 논문이 필요한 주제라 할 만큼 매우 광범위하였다.

동양척식주식회사는 한국과 동양을 개발시킨 회사가 아니라 일제의 식민지 수탈정책을 현지에서 집행하여 한국인들을 비롯한 동양인들을 침략하고 착취하며 수탈한 일본제국주의 식민정책의 주체였다.

(新稿)

---

160) 〈朝鮮日報〉, 1930년 11월 14일자, "東拓의 無理徵收에 不刈不納同盟斷行" 참조.

제 8 장

일제 식민지정책으로 저지당한 한국 근대화

일제강점기에서 얻는 교훈

1. 일제의 식민지정책의 유형

최근 일본과 한국의 학계와 문화계 일부에서 이상한 주장과 이론이 대두하고 있다. 그것은 일본 제국주의가 한국을 식민지로 점령하여 통치하는 동안 비록 식민지 형태이지만 한국을 '근대화'시켜 주었다는 주장이다. 그리하여 이러한 주장을 하는 사람들에 의해 식민지 '수탈정책'이 갑자기 '근대화' 정책으로 미화되기 시작하였다. 그런데 이는 일제강점기 조선총독부의 선전물에서 이미 귀 따갑게 듣고 읽었던 내용과 매우 유사하다.

최근에 일본 학계 일부에서 '식민지 근대화'를 가장 정력적으로 주장하는 대표적 사례로 일제의 이른바 '토지조사사업'을 토지약탈정책이 아니라 근대적 토지개혁이며 토지사유제도를 처음으로 실현시킨 획기적 정책이라고 주장하는 것이다. 또한 1930년대 이후의 공업생산량의 증가 통계를 증거로 제시하면서 일제하 1930년대에 한국의 공업화와 산업혁명이 달성되었다고 주장하기도 한다. 그 밖에도 일제하에서 한국의 근대교육과 철도·통신 등의 사회간접 자본이 형성되어 일제 식민지정책이 한국을 근대화시켰다고 주장하기도 한다.

그런데 뒤에서 다시 고찰하겠지만, 이러한 주장들은 전혀 사실과 일치하지 않는 것이다. 일제의 한국에 대한 식민지정책의 내용과 본질을 정확히 이해하려면 다른 열강의 식민지정책과의 비교하고 고찰하는 것부터 시작하는 것이 좋다.

제2차 세계대전 종전 이전의 제국주의 열강의 식민지정책은 나라에 따라 각각 유형을 만들 수 있는 특징이 있었다.

영국형은 '사회경제적 수탈'을 목적으로 하고 '간접지배'(*indirect rule*)를 원칙으로 하였다. 이 때문에 영국형은 식민지 관리로 식민지 원주민을 일부 교육시켜 고용하면서 독립운동을 저지하기 위하여 교묘한 '분할과 지배'(*divide and rule*)의 정책을 적용했었다.

프랑스형은 역시 '사회경제적 수탈'을 목적으로 하면서도 영국형과는 달리 '직접지배'(*direct rule*)를 원칙으로 하였다. 따라서 식민지 관리는 대부분 프랑스인을 채용하였다. 프랑스형은 원주민의 민족보존운동과 민족문화운동은 당연시하여 이를 방관하였다. 그러나 민족문화운동에 대해서는 독립운동으로 발전할 것을 염려해서 그 경계선을 지키려고 하여 교육을 통해서 이를 통제하였다.

네덜란드형은 영국형과 유사하게 '사회경제적 수탈'을 목적으로 했고 '간접지배'를 원칙으로 했으나, 영국형보다 더 '간접지배'를 확대하여 실시하였다. 그리하여 네덜란드형은 원주민의 추장이나 왕(대추장)의 정치적 지배도 그대로 온존시키면서 추장들에 대한 지배를 통하여 원주민을 간접적으로만 지배하였다. 따라서 네덜란드형은 원주민의 민족구성이나 민족관습 또는 민족문화에 대해서는 전혀 침해하지 않고 그대로 보존시켜 독립운동의 저항을 극소화시켜서 '사회경제적 수탈'을 극대화하였다.

한편 일본형은 프랑스형을 모방하여 '사회경제적 수탈'과 함께 '직접지배'의 원칙을 택했는데, 프랑스형과 근본적으로 다른 점은 '동화'(同化)라는 이름 밑에 한국민족에 대한 '민족말살정책'과 '민족소멸정책'을 강행한 데에 있었다. 즉 일본 제국주의는 한국민족에 대한 '사회경제적 수탈'과 함께 한국민족을 지구상에서 영구히 소멸시켜 일본인의 심부름을 하는 총체적 천민계층으로 만들려는 '민족말살정책'과 '민족소멸정책'을 채택한 것이 서양 제국주의의 식민지정책과 근본적으로 다른 점이었다.

다른 민족의 의사도 물어보지 않고 다른 민족을 자기민족에게 동화시키겠다는 것은 그 자체가 '민족말살정책'이다. 뿐만 아니라 일본 제국주의의 한국민족에 대한 이른바 동화정책은 한국민족을 일본민족과 대등하게 '동화'시키겠다는 것이 아니라, 차등과 차별을 두어서 민족으로서의 '한국민족'을 지구상에서 소멸시키고 목숨이 붙어있는 한반도에 거주하는 생물학적 '조센징'(朝鮮人)을 일본제국과 일본민족에 예속시켜 차별받는 노예적 천민층(賤民層)으로 만들겠다는 것이었다.

일제는 이러한 '민족말살정책'과 '민족소멸정책'을 강행하면서 한국인에 대한 '차별'을 공식적으로 제도화하였다. 한국인은 이 때문에 '조센징'이라는 이유만으로 모든 공식활동에서 극심한 차별을 당했다. 이것은 사회·정치 부문만이 아니라 경제부문에까지 적용되었다. 예를 들면 한국인은 동일한 직장에서 일본인과 완전히 동일한 시간과 양과 질의 작업이나 노동을 하고도 봉급이나 공식적인 임금은 일본인의 약 50%밖에 받지 못하였다.

일제의 이러한 한국민족에 대한 '민족말살정책'의 강행 때문에, 각종의 간악한 근대 제국주의 식민지정책 중에서도 일제의 그것이 가장 극악한 것이었다. '사회경제적 수탈' 뿐만 아니라 이러한 '민족말살정책' 때문에 한국민족의 고통도 그만큼 더욱 컸다.

2. 일제의 한국민족 소멸·말살정책

민족이란 '언어·지역·혈연·문화·정치·경제생활·역사를 공동으로 하여 공고히 결합되고 그 기초 위에서 민족의식의 형성됨으로써 더욱 공고하게 결합된 역사적 범주의 인간 공동체'이다. 한국민족이 다른 민족과 구분되는 하나의 독자적 민족으로서 민족됨은 독자적인 언어·지역·혈연·문화·정치·역사의 공동과 한국민족에 공속(共屬)되어 있다고 하는 민족의식을 갖고 있을 때 성립되는 것이다.[1)]

그런데 일제는 1910년 8월 무력으로 한국을 강점하자 한국민족의 이러한 민족 구성요소들을 소멸시킴으로써 한국민족을 말살하려는 식민지정책을 실시하였다. 일제는 무력으로 한국민족의 '지역'(국토)을 빼앗고, '정치'(주권)를 빼앗아 소멸시켰으며, '경제생활'을 예속시켜 빼앗고 착취하였다.

한국민족 구성의 나머지 요소들인 '한국어'(민족어), '한국민족문화', '한국민족역사', '한국민족의식'을 소멸시키면 한국민족은 지구상에서 소멸되는 것이다. 그리고 '혈연'의 공동성은 목숨을 잇는 것으로 전락하여 생물학적으로 목숨은 붙어있어도 일본의 노예와 같은 예속 천민층으로 되어 민족으로서의 한국민족은 지구상에서 소멸되는 것이다.

일제의 식민지정책은 한국민족을 소멸시키기 위하여 '한국어 말살과 한국문자 말살정책'을 강행하였다. 일제는 1910년부터 일본어를 '국어'로 하도록 강제하고 '한국어'를 박해하다가 1930년대에는 학교에서의 한국어 교육과 한국어 사용을 엄금하였다.[2)] 1937년부터는 농민들을 포함한 모든 한국인들의 일상생활에서의 한국어 사용을 엄금하고 일본어만 전용하도록 강제하였다.[3)] 농민이 우편물을 발송하려 하거나 면

---

1) 愼鏞廈, "민족형성의 이론", 《한국사회학연구》 제7집, 1984 참조.

2) 정재철, 《일제의 對韓 식민지교육정책사》, 일지사, 1985, pp.422~426 참조.

3) 朝鮮總督府, "國語修得奬勵에 通牒", 〈朝鮮〉, 1939년 9월, 제92호,

사무소에서 서류를 제출하려 해도 일본어를 전용하지 않으면 접수조차 해주지 않았다.

일제는 한국어 소멸과 일본어 전용은 어릴 때부터 철저히 강제해야 효과가 크다고 하면서, 초등학교 1학년 담임교사는 반드시 일본인 교사만을 배치하도록 조치하여 한국어 소멸과 일본어 전용을 강제하였다. 심지어 일제는 철모르는 초등학교 학생들이 부지불식간에 한국어를 한마디 사용하는 경우에도 매질을 하고 벌칙을 적용하였다.

일제는 1910년 한국을 병탄하자마자 한국어로 된 애국계몽 신문·잡지들을 모두 탄압하여 폐간시켰다. 일제는 1919년 한국민족의 3·1 운동으로 식민지 통치에 대타격을 받고 할 수 없이 한국어 신문·잡지들의 발행을 일부 허용하였다. 그러다가 1930년대에 들어서자 다시 한국어 신문·잡지들의 폐간정책을 강행하여, 1936년에는 〈신동아〉(新東亞)를 폐간시켰으며, 1940년에는 〈동아일보〉(東亞日報), 〈조선일보〉(朝鮮日報) 등 모든 한국어 신문들을, 1941년에는 〈문장〉(文章), 〈인물평론〉(人文評論) 등 모든 한국이 잡지들을 폐간시켰다. 1942년에는 한국어를 지키는 씨앗까지 없애야 한다고 하면서 한글연구 학술단체인 조선어학회(朝鮮語學會)를 강제로 해산시키고 그 회원들과 학자들까지 체포하여 투옥하였다.[4]

또한 일제는 '한국민족문화'의 말살·소멸정책을 강행하였다. 그들은 일제기간을 동원하여 한국의 고유한 민족문화와 문화재를 조사해서 민족문화유산과 미풍양속들을 정책적으로 파괴하였다. 또한 수많은 문화재들 가운데 일부는 파괴하고 일부는 약탈하여 일본으로 실어갔다. 일제는 식민지교육을 통하여 한국의 우수한 고유문화를 모두 '열등한' 것이라고 교육하며 거짓을 주입하였다.[5]

---

p. 102 참조.

4) 한글학회 편, 《한글학회 50년사》, 1971, pp. 12~19 참조.

5) 朴殷植, 《韓國痛史》, 《朴殷植全書》 상권, pp. 302~310 참조.

일제의 한국민족문화 말살정책은 한국민족의 고유한 '성명'(姓名)을 말살시키려는 이른바 '창씨개명'(創氏改名)의 강요에까지 이르렀다. 이는 '혈연' 공동의 의식을 소멸시키려 한 것임과 동시에 개인의 민족성 자체를 소멸시키려고 한 것이었다.[6]

일제는 또한 '한국민족역사'를 왜곡하고 식민주의 사관에 의하여 역사를 날조함으로써 한국민족역사를 사실상 소멸시키려고 하였다.[7] 일제는 조선총독부 안에 1916년 조선사편수회(朝鮮史編修會, 처음 이름은 朝鮮半島史編纂委員會)를 설치하여 조직적으로 한국역사를 왜곡하고 소멸시키는 작업을 강행하였다.

그리하여 일찍이 고대에 고조선 때부터 국가를 건립하여 찬란한 선진 민족문화와 문명을 창조해서 후진 일본에게 가르쳐준 한국민족에 대하여, 한국민족은 고대부터 중국과 일본에 예속된 민족이었다는 둥, 신라와 백제가 일본에게 문명을 가르쳐준 것이 아니라 일본의 지배를 받았다는 둥, 일본이 고대에 김해 지방에 '임나일본부'(任那日本府)를 두어 일대를 직접 식민지 통치하고 신라와 백제와 고구려의 조공을 받았다는 둥, 일본민족은 일본의 신인 천조대신의 적자이고 한국민족은 그 서자로서 일선동조(日鮮同祖), 동조동근(同祖同根)이라는 둥 허무맹랑한 낭설을 지어내어 한국민족역사를 왜곡하고 날조하였다.

일제는 고대역사뿐만 아니라 근대역사까지도 철저히 왜곡하고 날조하였다.[8] 일제의 당시 대표적 어용경제사학자 후쿠다 도쿠조(福田德三)는 "한국민족은 1902년까지 일본의 10세기 시대에 해당되는 정도의 가족경제(家族經濟) 단계에 정체(停滯)되어 있던 민족"이라고 규정하고,[9] 일본의 식민지가 되는 '은혜'를 입고 일본의 식민지정책으로 인

6) 정운현 편역, 《創氏改名》, 학민사, 1994, pp. 41~70 참조.

7) 金容燮, "日本·韓國에 있어서의 韓國史 서술", 〈歷史學報〉 제31집, 1966 참조.

8) 愼鏞廈, "한국근현대사에 있어서 民族主義史觀의 전개와 植民主義史觀의 비판", 《한국의 사회와 문화》 제22집, 1994 참조.

하여 비로소 정체성(停滯性)을 탈피하여 발전할 수 있게 되었다고 주장하였다. 일제의 이러한 주장은 모두 황당무계한 역사왜곡이었으나, 학교교육을 통하여 체계적으로 주입되었기 때문에 그 해독과 영향은 막심하였다.

일제는 한국민족을 말살하기 위하여 이상과 같이 민족 구성의 객관적 요소들을 소멸시키려고 획책했을 뿐만 아니라 주관적 요소인 민족의식을 철저히 소멸시켜 일본민족에 편입해서 일본민족을 자기의 민족으로 삼고 한국민족의식을 버리도록 교육하였다.

일제는 한국인들에게 한국민족의식을 소멸시키고 일본민족에의 공속(共屬)의식을 주입하기 위하여, 집집마다 일본 귀신을 모신 가미다나(神棚)를 만들어 세워 매일 아침 여기에 절을 하도록 강요하였다. 또한 그들은 한반도의 전국 각지의 구릉에 신궁(神宮)이나 신사(神社)를 세우고 한국인들에게 일제의 관제미신(官制迷信)인 신사참배(神社參拜)를 강요하였다.[10] 그리고 1937년부터는 한국인들에게 매일 일본왕이 있는 동쪽을 향해 최경례를 하는 이른바 '동방요배'(東方遙拜)라는 것을 강요하였다.[11] 또한 1937년부터 모든 한국인들에게 한국인은 일본제국과 일본왕의 신민(臣民)으로서 충성을 다하겠다고 큰소리로 맹세하게 하는 '황국신민(皇國臣民)의 서사(誓詞)'라는 것을 복창하게 하였다.[12]

이상과 같은 ① 한국어 말살정책, ② 한국문자(한글) 말살정책, ③ 한국민족문화 말살정책, ④ 한국민족역사 왜곡·말살정책, ⑤ 한국이

---

9) 福田德三, "韓國の經濟組織と經濟單位"가 일제 식민주의 사관의 停滯性論 정립의 논문이데, 1904년에 〈內外論叢〉에, 1907년에 〈經濟學研究〉에, 1915년에 개고되어 다시 〈경제학연구〉에 재수록 되어 교과서처럼 읽혔다.

10) 宮田節子, 《朝鮮民衆と'皇民化'政策》, 未來社, 1985 참조.

11) 朴慶植, 《日本帝國主義의 朝鮮支配》, 청아출판사, 1986 참조.

12) 宮田節子, "皇民化政策の構造", 〈朝鮮史研究會論文集〉 제 29집, 1991 참조.

름 말살정책, ⑥ 한국민족의식 말살정책, ⑦ 일본어 강제교육·전용정책, ⑧ 일본역사 강제교육·주입정책, ⑨ 일본 숭배사상 주입정책, ⑩ 일본 신(神)·일본종교 신앙 강제정책, ⑪ 일본신민(日本臣民) 맹세정책, ⑫ 동방요배(東方遙拜) 정책 등은 모두 직접적으로 한국민족 말살정책의 한 부분이었다.

3. 일제의 사회경제적 수탈정책

한편 일제 식민지정책의 '사회경제적 수탈' 부문의 기본 내용은 한국을 ① 일본 경제발전을 위한 식량공급기지로 개편하고, ② 일본의 공업발전에 소요되는 원료공급지로 만들며, ③ 일본 공업제품의 판매를 위한 독점적 상품시장으로 개편하고, ④ 일본의 자본수출에 따른 식민지 초과이윤의 수탈지로 만들며, ⑤ 일본 공업의 생산비를 절하하는 저렴한 노동력공급지로 개편하고, ⑥ 일본의 대륙침략을 위한 병참(兵站)기지로 만드는 정책이 대표적인 것이었다. 그리고 ⑦ 백주에 식량과 물자를 지정하여 강탈해 가는 이른바 '공출제도' 정책, ⑧ 노동력의 강제 동원인 이른바 '징용'정책, ⑨ 하급 전투인력의 강제 동원인 '징병'정책, ⑩ 12~40세의 배우자 없는 한국 여성에 대한 여자정신대·종군위안부의 징발정책 등을 강제 집행하였다. 이러한 일제의 '사회경제적 수탈정책'은 집행 결과 일제가 수탈해 간 식량과 원료와 물자에 대해서는 통계까지 제시할 수 있는 것이다.

한국에서는 이미 15세기에 토지사유제도가 확립되었는데, 일제가 한국에 처음으로 토지사유제도를 확립한 획기적 근대화 정책이라고 거짓을 주장한 '토지조사사업'은 한국인의 토지를 무상으로 약탈한 토지약탈정책이 진실이었다. 또한 일제가 공업화·산업혁명을 성취했다는 1930년대의 공업은 일제가 대륙침략을 위해 주로 북한 광물자원 부존

지구에 '대륙침략 병참기지'를 설치한 군수공업에 불과하였다. 이러한 군수공업 생산물은 바로 일본으로 실려 가거나 일본 군대에 조달되어, 한국의 민족경제나 국내 시장경제의 순환에는 거의 영향이 없었고 한국인의 경제생활을 전혀 향상시키지도 않았다. 그것은 한국 광물자원 약탈과 한국인 노동력 수탈을 통해 일제 군수공업 재벌에게 식민지 초과이윤만 실현시킨 채 일본군에 군수품으로 직송 조달되거나 한국에서 일본에 직송되어 일본경제의 순환에 직결된 군수품 생산 수탈경제에 불과하였다.

일제가 산업혁명을 성취했다고 주장하는 시기에 한국인의 생활수준은 도리어 악화되었다. 예컨대 1인당 미곡소비량은 1938년에 0.769석이었는데, 1943년에는 0.552석으로 감소했으며, 잡곡소비량까지도 같은 기간에 0.886석으로부터 0.683석으로 감소하였다.[13]

더욱 상세한 설명을 가해야 할 것이지만 여기서는 지면의 제한으로 일단 생략해 두기로 한다.

4. 일제의 식민지정책으로 저지당한 한국 근대화

일제의 한국민족 말살정책과 사회경제적 수탈정책을 골간으로 한 식민지정책이 한국의 근대화를 저지하고 한국인을 다수 학살·투옥하며 온갖 착취와 박해를 가한 것임에도 불구하고, 문제는 일본의 일부 연구자들과 정치가·국민들이 일본의 식민지정책이 한국을 근대화시켰다고 주장하는 것이다.

도대체 '근대화'(近代化)란 무엇인가? 세부적으로는 개념의 합의가 어렵겠지만, 그 주요 기본 개념은 합의가 있을 수 있다. 이 경우에 근

---

13) 朴慶植, 전게서, p.510 참조.

대화란 정치적으로는 독립한 국가가 전제군주체제를 입헌대의체제로 근대국가의 체제 변동을 하는 것이다. 경제적으로는 중세적 경제조직과 생산방식으로부터 산업자본주의의 공업화를 달성하는 것이다. 사회적으로는 전근대 신분제사회로부터 시민권을 가진 국민들의 근대시민사회로 변동하는 것이다. 문화적으로는 특권 귀족층 중심의 귀족문화로부터 일반 평민·국민 중심의 근대 민족문화로의 변혁적 발전을 성취하는 것이라고 할 수 있다.

한국민족의 경우에 이러한 대발전은 19세기 중엽~20세기 초의 개화기에 한국민족의 힘으로 줄기차게 전개되었다. 그러다가 일본 제국주의의 침략을 받고 1910년 8월, 나라가 일제에게 강점당하여 식민지가 되면서 위에서 언급했듯이 한국민족의 자주적 근대화 과정은 중단되고, 일제의 식민지정책(큰 골격으로 한국민족 말살정책과 사회경제적 수탈정책)을 만나게 된 것이다. 일제의 식민지정책에 의해서는 '근대화'가 되기는커녕 저지당했다는 사실을 조금만 분석해 들어가면 알 수 있다.

정치적으로는 일제의 식민지정책에 의해 한국은 독립국가의 입헌대의정치가 수립되기는커녕 독립국가 그 자체가 말살되었으니, 정치적 근대화 그 자체가 말살된 것이었다. 정치적 근대화가 임시적으로라도 일부 달성된 것은 독립운동가들이 1919년 중국 상해에 수립한 대한민국 임시정부에 의해서이다. 상해 임시정부는 헌법을 제정하여 의회(의정원)를 구성하고 민주공화체제를 수립하면서 외국에서 임시적으로나마 한국역사상 최초의 정치적 근대화를 실현하였다.

그런데 주목할 것은 일제의 식민지정책은 한국인의 상해 대한민국 임시정부를 주적(主敵)으로 규정하여 이를 파괴하려고 온갖 노력과 공작을 전개했다는 사실이다. 즉 일제의 식민지정책은 한국의 '정치적 근대화'를 적으로 규정하고 이를 파괴하려고 온갖 공작을 다한 것이었다. 또한 일제는 식민지조선에는 일본 '헌법'은 적용시키지 않고 총독의 '명령'을 '제령'(制令)이라 하여 법률로 간주해서 통치하도록 해서 근대화를 대폭 후퇴시켰다.[14] 이 사실에서도 일제 식민지정책이 한국의 근대화를 실현시켜주기는커녕 도리어 한국의 근대화를 적으로 규정하여 파괴하는 정책을 강행했음을 알 수 있다.

경제적으로는 일제의 식민지정책에 의하여 한국인의 산업자본주의의 공업화가 확립된 일이 없었을 뿐만 아니라, 사회경제적 수탈만 극대화되었다. 일제의 '토지조사사업'에 의하여 한국에서 처음으로 토지사유제(토지제도의 근대화)가 확립된 것이 아니라, 한국에서는 이미 15세기부터 토지사유제가 확립되어 구한말에는 이미 토지사유제에 의해서 토지의 사적 매매가 자유롭게 성행하고 있었다. 일제의 '토지조사사업'은 토지약탈을 목적으로 시행되어 한반도 전국토의 50.4%를 일제총독부 소유로 무상약탈하고 한국농민의 권리들을 소멸시킨 토지약탈정책이었으며, 토지개혁의 성격은 전혀 없는 식민지의 사회경제적 수탈정책의 하나에 불과하였다.[15]

일제 식민지시대의 경제를 연구할 때 특히 무엇보다도 주의해야 할 것은 ① 민족별 구분(한국민속과 일본민족의 구분)을 분명히 해야 하고, ② 비교는 한국민족이 '독립했을 때의 발전'과 '식민지로 전락했을 때의 발전'을 비교해 보아야지, 1910년의 지표와 1945년의 지표를 맹목적으로 비교하는 것은 과학적 고찰이 되지 않는다는 사실이다. 무엇보다도 민족별 구분을 하지 않으면 일제의 반대와 탄압과 박해를 받으며 한국민족이 투쟁하여 쟁취한 성과도 일제의 식민지정책의 업적으로 되어버리는 것이다. 또한 1910~1945년의 독립되었을 때와 식민지로 되었을 때를 비교하지 않고 단순히 1910년과 1945년을 비교하면 그 사이에 한국민족이 피땀을 기울여 이룩한 민족발전의 성과가 모두 일제 식민지정책의 성과로 되어버리는 것이다.

---

14) 〈韓國併合處理方案〉 제 17의 제 1조~제 6조 및 부칙 참조.

15) 愼鏞廈, 《조선토지조사사업연구》, 지식산업사판, 1982 참조.

일제의 1930년 이후의 이른바 '공업화'라는 것도 민족별로 구분해보면, 일제가 만주·대륙침략을 위한 병참기지를 함경남도 홍남지구에 설치했기 때문에 홍남 군수공업단지의 군수물과 생산통계 전체통계에 넣어 공업생산량 증가로 잡아 처리한 것에 불과한 것이었다. 그런데 이것은 한국의 공업화가 전혀 아니라 일제의 대륙침략을 위한 군수(병참) 공업에 불과하였다. 한반도 내 일본자본의 중핵인 이 함경남도 홍남지구의 군수공업 시설은 일본 군수공업 시설로서, 이것이 일제의 군수공업이었기 때문에 제2차 세계대전 종전 후 소련군에 의해 전리품으로 간주되어 소련으로 철거되었다. 민족별로 구분해 보면, 1941년 현재 한국 내의 공업자본의 약 94%가 일본 자본이었고, 한국인 자본은 약 6%에 불과하였다.16)

일제하에 산업혁명은 있지도 않았을 뿐만 아니라 몇 개 공업시설도 일제의 군수공업이 대부분이었고, 한국인 공업부문은 전체 경제의 산업자본주의 확립이나 공업화 달성 훨씬 이전의 상태에 있었던 것이다. 또한 여기에 농업부문에서 일제 식민지정책이 반(半)봉건적 지주제도를 해체시키기는커녕 도리어 엄호·강화하고 있었으니, 일제하에서 한국경제는 근대화가 달성되기는커녕 일제에 의해 근대화가 저지되었던 것이다.

일제하에서 철도 몇 개선이 놓이고 항만시설이 개축된 것은 사회경제적 수탈물자와 군수물자를 일본으로 수송해가기 위한 것이었기 때문에 경제적 근대화의 기본 항목에 넣을 수 없는 것이다. 비유컨대 도둑이 이웃집에 들어가서 훔치고 빼앗은 장물들을 트럭에 싣기 위해 뜰 안으로부터 대문까지 트럭의 통로를 만들었다고 해서 도둑맞은 집안의 근대시설을 만들어 주었다고 할 수는 없는 것과 같다.

사회적으로는 일제의 식민지정책에 의하여 시민권을 가진 근대시민

16) 朝鮮銀行調査部, 《朝年經濟年報》, 1948년도 판, pp. 1~100 참조.

이 육성되고 시민사회가 수립되기는커녕 가장 기초적인 시민의 기본권마저 철저히 탄압 당하였다. 시민의 기본권인 생명·신체의 자유권, 재산의 자유권, 언론의 자유권, 집회의 자유권, 결사의 자유권, 출판의 자유권, 국민저항권, 평등권, 국민주권, 국민참정권 등 어떠한 시민권도 일제하의 한국인은 이를 갖지 못했을 뿐 아니라 이를 가지려는 한국인의 사상과 행동은 일제에 의해 가혹한 탄압을 받았다.

사회신분제는 대한제국정부에 의해 이미 1894년의 갑오개혁 때 폐지되었고 시민사회로 급속히 변동하고 있었다. 그러다가 일제의 침략과 식민지정책이 이를 저지하여 시민권의 신장이 저지되었을 뿐 아니라 이미 가졌던 시민권마저 박탈당하여, 일제치하에서 한국인은 무권리(無權利)한 식민지 노예상태에 떨어지게 된 것이었다. 그러므로 일제의 식민지정책은 한국사회의 근대화를 달성해 주기는커녕 도리어 한국사회의 근대화를 적극적으로 저지했던 것이다.

문화적으로는 일제의 식민지정책에 의해 민족문화의 근대화가 실현되기는커녕 민족문화 말살정책이 상행되었다. 일제치하에서 한국의 근대문화가 극히 부분적으로라도 만들어진 부분은 3·1 운동에 의해 쟁취한 약간의 공간을 활용하여 한국인 문학·예술인들이 일제의 검열과 탄압을 받아가며 일본에 대항하여 투쟁하면서 한국인들이 창조한 것이었다. 일제 식민지정책은 시종일관 한국인들의 이 부분의 문화활동을 가혹하게 탄압하였다. 즉 일제의 식민지정책은 한국문화의 근대화를 저지하려고 온갖 검열과 탄압을 자행한 것이었다.

일제의 식민지정책이 한국인의 교육을 진흥시켜 준 것처럼 주장하는 것도 전혀 사실이 아니었다. 한국의 근대교육이 크게 발흥한 것은 구한말이었다. 이때 한국인들의 애국계몽운동에 의해 이미 3천여 개의 사립학교들과 수개의 전문학교들이 설립되어 신교육 구국운동이 크게 불타올랐었다.[17] 일제는 한국을 식민지로 강점하자 1911년 9월 이른바 '조선교육령'을 공포하여 한말에 애국계몽운동의 일환으로 한국인들이 설립한 사립학교들을 빼앗았다. 일제의 '조선교육령'은 ① 보통학교(소학교)는 사립학교를 인정하지 않고 모두 관공립보통학교로 하며, ② 4년제 고등보통학교와 2~3년제 실업학교는 사립학교를 인정하되 인본국민이 될 성격을 함양·교육시켜야 하고, ③ 조선에는 4년제 전문학교만 인정하고 대학교 설립과 교육은 인정하지 않는다는 것이었다.[18] 그리고 교과서는 모두 총독부가 편찬하거나 인정한 것만 사용하도록 엄격히 규제하였다.[19]

이 법령과 정책에 의거하여 일제는 2,250개에 달하는 한국인의 사립학교와 각종학교를 식민지 통치 권력으로 빼앗아 접수하여 관공립보통학교로 개편했으며,[20] 대학은 설립하지 못하도록 엄격히 규제하여 놓고 식민지 노예교육을 실시한 것이었다.

3·1 운동 후 한국민족이 1920년부터 일제의 조선교육령을 무시하고 6개의 단과대학을 가진 종합대학교를 설립하기 위한 조선민립대학(朝鮮民立大學) 설립운동을 치열하게 전개하여 성공 직전에 이르렀다.[21] 일제는 이를 저지하기 위하여 식민지 한국에 이주한 일본인 자제들의 교육과 식민지관리양성을 목적으로 1924년에 경성제국대학(京城帝國大學) 예과를 설치하여 한국인도 일부 입학시키겠다고 약속하면서 한국인의 대학설립운동을 저지시켰다.

일제 식민지정책의 교육부문은 한국인의 근대교육을 진흥시키기는

---

17) 〈皇城新聞〉, 1909년 5월 8일자, 잡보 "私立學校認許數" 참조.

18) 《朝鮮法令輯覽》 하권, 제16집, "朝鮮教育令", p. 19 참조.

19) 朝鮮總督府 學務局, 《朝鮮教育要覽》, pp. 10~11 참조.

20) 〈舊韓國官報〉, 융희 4년 8월 13일자, p. 64 참조.

21) ① 金鎬逸, "일제하 民立大學 설립운동에 대한 일고찰", 〈中央史論〉 제1집, 1974.
② 盧榮澤, "民立大學 설립운동 연구", 〈國史館論叢〉 제11집, 1990.
③ 李明花, "民立大學 설립운동의 배경과 성격", 〈한국독립운동사연구〉 제5집, 1991 참조.

커녕 도리어 구한말부터 거세게 불타오른 한국민족의 신교육열을 눌러 끄면서 교과서와 교육과목・교육내용의 통제를 통하여 한국민족 말살정책의 한 부문을 집행하게 한 것이었다.

이와 같이 조금만 분석적으로 살펴보면 일제 식민지정책은 한국의 근대화를 저지한 정책이었다. 일부 일본학자들과 한국학자들이 주장하는바, 일제 식민지정책이 1930년대 이후 '공업화'를 해주었다고 주장하는 그 1930년대 이후에 한국민족은 도리어 1인당 미곡소비량이 격감하고 식량을 일제에게 약탈당하여 초근본피(草根本皮)로 연명하였다. 그리고 남편・아들・딸들을 일제에게 징용・징병・정신대・종군위안부 등으로 빼앗기고, 일제의 온갖 탄압과 착취 속에서 시민권은 커녕 완전히 무권리한 상태로 아사(餓死)의 지경을 헤매고 있었다. 이것이 과연 '근대화'이고 '공업화'란 말인가?

일제하에서 파편적으로 '근대화'가 추진되었던 부분은 한국인들이 일제의 근대화에 대한 저지정책에 대항하면서 민족의 소멸을 방지하려고 투쟁하여 이룬 부분적 성과였다.

일제하에서 일본의 식민지정책이 식민지상태로나마 한국을 근대화시켜 주었다는 이른바 '식민지 근대화론'은 일본 제국주의자들과 그 후 일제 옹호론자들, 신팽창주의자들과 그 추종자들이 주장하는 이데올로기적 허구에 불과한 것이다. 역사적 진실은 일제의 식민지정책이 한국의 근대화를 저지한 것이었다.

5. 일제강점기로부터 얻는 교훈

일제의 침략과 35년간의 한국 지배는 한국민족에게 민족사상 최대의 상처와 고통을 주었다. 오늘날 남북분단을 비롯하여 한국민족이 겪고 있는 모든 불행과 고통의 원천은 따지고 보면 그 대부분이 일본 제국주의자들의 침략과 식민지 통치의 유산 때문임을 알 수 있다.

우리들이 일제 식민지 통치의 아픔으로부터 얻는 교훈은 낱낱이 들 수 없을 만큼 많다. 그 중에서 우리의 현실과 관련하여 몇 가지를 들면 다음과 같다.

첫째, 한국의 근대화와 발전은 한국이 자주독립을 확립하여 굳게 지키면서 한국인들이 주체가 되어 추진해야 가능하고 달성된다는 교훈이다. 한국의 근현대사(일제강점기 포함)에서 자주독립과 근대적 대발전은 별개의 분리된 것이 아니라 하나의 통합된 과제였으며, 근대화는 반드시 자주독립을 대전제로 하고서만 달성될 수 있는 것이었다. 즉, 미래에도 한국이 절대로 자주독립국으로서 독립노선을 달려야 대발전을 달성할 수 있지, 다른 나라의 반(半)식민지나 종속국(從屬國) 상태에 떨어져서는 대발전을 성취할 수 없으며 오히려 대발전이 저지된다는 것을 가르쳐주는 것이다.

둘째, 일제강점기의 경험은 외국과의 관계에 있어서 극히 현실주의적으로 그리고 실사구시적으로 접근하여 외국의 '말'과 '행동' 격차를 정확하게 인식하고 포착해서 민족과 국가의 이익이 희생당하지 않도록 경계해야 한다는 교훈을 가르쳐 준다.

구한말·일제강점기나 오늘날이나 국제사회에서 각국의 '행동'은 자기나라의 국익의 극대화를 위하여 하면서, '말'로는 언제나 세계화·세계평화와 인류보편적 행복을 위한다고 선전하기 일쑤였다. 세계무역기구와 우루과이라운드 협정을 골간으로 하는 제3차 자본주의 세계체제에서도 이 유형과 방식은 계속될 것이다. 일제는 한국인을 학살하고 착취하고 탄압하면서도 한국인의 행복을 위하여 그러한 식민지 통치를 하는 것이라고 말로 선전하였고, 이 말을 믿고 그것을 긍정하여 해설하는 데에 자기의 재능을 바친 한국 지식인들이 상당히 많았다.

이 경험은 한국인들이 오늘날과 21세기 전반기에도 우리의 민족적·국가적 이익이 열강이나 선진국들에 의해 부당하게 침해당하지 않나 항상 경계하면서 한국민족의 국익을 지키고 동시에 참으로 인류의 공동번영과 행복에 기여해야 한다는 교훈을 가르쳐 주는 것이다.

셋째, 일제강점기의 경험은 모든 일제 식민지 통치의 잔재들, 식민주의 사관, 자기비하 의식, 민족패배주의, 민족허무주의, 강대국 의존주의, 사대주의 등을 극복해야 한다는 교훈을 가르쳐주었다. 그동안 많이 극복되기는 했지만, 아직도 일제의 잔재들, 식민주의 사관과 민족패배주의와 강대국 숭배의식 등은 도처에 뿌리깊이 남아있다. 우리는 하루속히 이러한 잔재들을 청산해야 한다. 그리고 우리 민족과 국가를 당당하게 세계 속에서 발전시키면서 큰 나라나 작은 나라나, 강한 나라나 약한 나라나 차별 없이 함께 공존공영(共存共榮)하며 세계평화와 인류의 공동발전이 달성되도록 노력해야 함을 일제강점기의 뼈아픈 경험은 가르쳐 주는 것이다.

넷째, 일제강점기의 뼈아픈 경험은 한국인들에게 민족문화의 대대적 발전을 위한 정책과 노력을 크게 강화해야 한다는 교훈을 가르쳐주었다. 일제의 식민지정책은 한국의 민족문화를 조직적으로 파괴시켜 놓았기 때문에, 8·15 해방 후 당연히 민족문화를 재건하고 발전시키기 위한 체계적 노력을 크게 전개해야 했음에도 불구하고 이를 위한 노력과 투자가 부족하였다.

일제 식민지정책의 민족문화 말살정책을 철저히 극복하고 앞으로 전진하기 위해서는 한국은 전통문화를 미래의 발전과 관련하여 재정리하며, 전통을 계승·발전시키면서 세계 각국의 고급문화와 활발히 교류하며 취사선택하여, 새로운 민족문화를 창조·발전시키는 것이 절실한 과제임을 일제 식민지시대의 아픔은 한국인들에게 가르쳐주고 있다.

다섯째, 일제강점기의 경험은 일본의 아시아를 제패하려는 새로운 패권주의 대두의 조짐과 일본의 한국에 대한 경제적·문화적 재침투 및 한국의 일본권(日本圈)에 종속국화 시도에 대하여 날카로운 경계를 해야 한다는 교훈을 가르쳐주었다.

일본에서는 제3차 자본주의 세계체제 형성기에 임하여 그들의 경제부력을 활용하여 아시아를 일본의 경제권(圈)으로 개편·통합하려는 움직임과 함께 대외적 팽창주의·패권주의와 군사대국화를 추구하려는 경향이 나타나고 있다. 아시아를 일본경제권화하려는 일본의 추구 속에는 한반도가 포함되어 있고, 이것은 한국의 일본에의 종속국화를 의미하는 것이므로, 한국인들은 일본에 종속당하지 않고 세계에 발전하기 위한 대책을 긴급히 수립해야 할 것임을 일제강점기의 역사적 경험이 절실하게 가르쳐 준다.

여섯째, 일제강점기의 경험은 한국이 자주적으로 세계 속에서 발전하여 한국인들이 행복하게 생활하면서 전 세계 인류와 협동하고 세계평화와 인류발전에 공헌하려면 한국이 반드시 자주 부강한 최선진국이 되고, 일본도 따라잡아 능가해야 한다는 교훈을 가르쳐 주었다.

한국은 주변에 일본·중국·러시아 등 열강 또는 열강에 준하는 강한 나라들에 둘러싸여 있기 때문에, 이들 나라보다 부강한 선진국일 때에는 안전하지만 그렇지 못할 때에는 주변 3국의 국제정치 속에서 시달림을 받아왔다.

따라서 한국민족이 자기의 발전과 인류발전에 공헌하기 위해서도 한국은 21세기 전반기에는 최선진 민주국가와 선진민주복지사회가 되고 일본을 따라잡아 능가해 버려야 할 필요가 절실함을 일제강점기의 경험은 한국인들에게 전망적으로 시사해 준다고 말할 수 있다.

그리하여 한국은 세계 최부강국이 되고 최선진국이 되는 날에도 후진국과 빈곤국들을 절대로 침략하거나 수탈하지 않고 진정으로 도와주어, 진정으로 온 인류와 협동하고 세계평화에 진정으로 기여하는 나라와 겨레가 되어야 할 것이다.

(〈東亞日報〉사·한국미래학회 공동주최 "근대화 1세기" 심포지엄 주제발표문, 1994년 3월 25~26일)

제 9 장

일제의 조선토지조사사업의 구조와 토지약탈

1. 머리말 : 왜곡되어온 토지조사사업 해설

일제하의 조선토지조사사업은 일제가 1910년 한국을 완전히 식민지로 강점한 후 식민지체제 수립을 위한 제1차 작업으로 실시한 종합적 식민지정책의 하나였다. 일제 총독부는 1910~1918년간 토지조사사업을 실시한 직후 이것을 일제 식민지정책의 최대 업적이라고 주상하고 자찬하였다. 그 주장의 요점은 종래 조선에는 토지사유권과 토지사유제도가 존재하지 않았는데, 일제가 1912년 '조선민사령'을 제정, 공포하고 '토지조사사업'을 실시하여 처음으로 조선에 토지사유권과 토지사유제도를 확립했다는 것이었다. 물론 이것은 진실이 아닌 총독부의 홍보선전에 불과한 것이었다.

종래 토지조사사업에 대한 연구는 이 주제를 선구적으로 많이 밝혀냈다.[1] 그럼에도 불구하고 이 연구들은 일제하의 토지조사사업의 본

1) ① 朴文圭, "農村社會分化の起點としての土地調査事業に就いて", 《朝鮮社會經濟史研究》(京城帝國大學法文學會), 1993.

② 李在茂, "朝鮮における'土地調査事業'の實體", 〈社會科學研究〉 제7권 제5호, 1955.

③ 權寧旭, "日本統治下の朝鮮における所謂'驛屯土'問題の實體", 〈朝鮮近代

질에 대한 해석에 근본적인 착오가 있었다고 보인다. 그 대표적 사례가 다음과 같은 몇 가지 해석이다.

첫째, 조선총독부와 일제 식민지 관료 어용학자들의 견해로 일제 토지조사사업에 의하여 조선에서 처음으로 근대적 토지 사유제도와 토지 사유권이 확립되었다는 것이다. 최근에 토지조사사업에 대한 일본의 식민주의 사관과 이에 부화뇌동하는 국내 일부 인사들의 해석은 이러한 견해를 추종해왔다.

둘째는 일제하의 토지조사사업이 우리나라의 농촌사회분화 기점이라는 견해이다. 이 견해도 일제하의 토지조사사업이 우리나라에서 처음으로 토지사유제도를 확립했다는 주장을 받아들여 전제한 데서 도출된 해석이라고 볼 수 있다.

그러나 첫째, 일제하의 토지조사사업에 의하여 우리나라에서 처음으로 토지사유제도가 확립되었다는 견해는 일제의 조선총독부 임시토지조사국 총무과장이었으며 분쟁지조사위원회 위원장으로 토지조사사업의 실무책임자였던 화전일랑(和田一郎)의 보고서[2]를 무비판적으로 받아들인 영향이 지속되어 왔기 때문에 형성된 것으로 보인다. 화전(和田)은 이 보고서에서 이조 말기까지의 토지소유권제도를 기본적으로 공유제(公有制)라고 보고, 조선왕조 시대에는 말기까지 토지사유제도와 토지사유권이 확립되지 않았었는데 일제의 토지조사사업에 의하여 비로소 공유제가 완전히 해체되고 토지사유권제도가 확립되었다고 주장하였다.

그러나 이 시대의 자료들과 토지조사사업의 내용을 검토해 보면, 이러한 견해는 역사적 사실과 전혀 일치하지 않음을 바로 알 수 있게 된다. 한국에서 토지사유권과 토지사유제도는 토지조사사업 훨씬 이전

史科硏究集成〉 제 3호, 1960.

2) 和田一郎, 《朝鮮土地制度地稅制度調査報告書》, 1920.

인 조선왕조시대 15세기 이래 이미 확립되어 있었다.[3] 일제도 토지조사사업의 실시에 앞서서 토지관습조사를 하면서 이미 조선왕조 시대에 토지사유권과 토지사유제도가 확립되었음을 확인하였다.[4] 일제의 조사는 또한 1898년의 경인철도 부설 때에 증명된 바와 같이 민유지(民有地)를 공공목적을 위하여 수용할 때에도 반드시 토지대금을 지급했음을 명백히 확인하고 있다.[5]

일제하의 토지조사사업은 토지소유권 문제와 관련해서 볼 때 이미 조선왕조 말기까지에 확립되어 있던 토지사유제도와 토지사유권을 '재법인'(再法認) 한 것에 불과했으며, 도리어 그보다는 그들의 식민지정책상의 다른 목적들을 달성하는 것이 이 '사업'의 긴급하고 본질적인 과제였다.

둘째, 일제하의 토지조사사업이 농촌사회분화의 기점이라는 해석도 사실과는 일치하지 않는 견해이다. 우리나라에서 농촌사회의 분화는 이미 조선왕조시대에 토지사유제도가 전개됨에 따라 급속히 진전되고 있었다. 다산 정약용은 이미 18세기말~19세기 초에 농촌사회의 분화가 광범위하게 전개되어 전라도 지방의 경우, 총 농가호수 중에서 지주가 5%, 자작농이 25%, 순 소작농 및 자작 겸 소작농이 75%에 달한다고 기록하였다.[6]

일제하의 토지조사사업 도중에 농촌사회 분화의 전국통계가 발표된 것은 그 분화의 역사적 사실이 그때 시작된 것을 나타내는 것이 아니라, 이미 그 이전에 일어나서 누적되어 오던 역사적 사실이 그때 처음

---

3) Shin, Yong-Ha, "Kwajon Land Reform and the Establishment of Private Landlordism in the Early Yi Dynasty Korea, 1391~1470", *Seoul National University Economic Review*, Vol. 4 No. 1, 1970.

4) 內閣不動産法調査會, 《韓國ニ於ケル土地ニ關スル權利一班》, 1907, pp. 14~16 참조.

5) 內閣不動産法調査會, 《韓國不動産ニ關スル調査記錄》, 1906, p. 6 참조.

6) 《丁茶山全書》(상권) (문헌편찬위원회판) 詩文集, 文, 제1집, 권9, p. 60 참조.

으로 전국통계로서 포착되었음을 나타낸 것에 불과하다. 그러나 일제하의 토지조사사업에 의하여 농촌사회의 분화가 한층 더 격화된 것은 엄연한 사실이었다.

셋째, 일제하의 토지조사사업을 조선왕조나 대한제국의 양전사업(量田事業)의 계승사업으로 보는 견해도 정확한 고찰이라고 볼 수 없다. 왜냐하면 양전사업과 같은 수취체계 정비 사업은 그것이 수반하는 다른 개혁정책과 결부되어 고찰될 때 그 역사적 성격이 규명되는 것인데, 조선왕조와 일제 조선총독부의 수취체계 및 그 정책은 전혀 다른 것이었기 때문이다.

독립국가로서의 조선왕조나 대한제국의 양전사업은 조세체계 정비를 목적으로 한 단순한 '생산물' 수취체계 정비사업으로 당시의 국가재정상의 요청과 결부된 것이었다. 그곳에는 '생산물'의 수취체계 정비에는 관심이 집중되어 있었으나 '생산수단'인 토지를 백성들로부터 점탈하려는 목적은 별로 게재되어 있지 않았다. 그러나 일제하의 토지조사사업은 당시의 한국사회의 요청과는 완전히 유리되어 외부로부터 강요된 일제의 식민지정책의 일환으로 전개된 것으로서, 그것은 생산물의 수취체계 정비와 함께 그 보다는 오히려 '생산수단'인 토지의 점탈을 주요 목적으로 삼은 것이었다. 단적으로 말하면, 일제의 토지조사사업은 조선왕조의 양전사업에 관련된 것이라기보다는 일제가 대만과 오키나와 등지에서 시행한 식민지정책으로서의 토지조사사업과 정책적으로 직접 연결된 것이었다.

이 때문에 일제하의 토지조사사업은 조선왕조의 양전사업에서는 도저히 그 유례를 찾아볼 수 없는 가열된 토지약탈과 농민권리 소멸이 자행되었다. 그러므로 일제하의 토지조사사업에 대해서는 일제 식민지정책 당국자의 설명에 영향을 받을 것이 아니라, 원자료에 의거한 객관적이고 과학적인 분석이 필요하다.

2. 토지조사사업의 목적

일제가 조선 식민지정책의 제 1차 작업으로 토지조사사업을 서둘러 실시한 데는 다음과 같은 점이 특히 중요한 목적이라고 볼 수 있다.[7)]

첫째, 한국의 종래의 공유지·관유지와 일부 민유지를 조선총독부 소유지로 약탈하기 위한 것이었다. 일제는 이미 구한말부터 한국 내에 약간의 투자로 경작지로 개간할 수 있는 광범위한 미간지가 있음에 착안, 이를 점유하려고 시도했다. 1910년 이후에는 토지조사사업을 통하여 전국에 걸쳐서 개간 가능한 미간지의 면적·위치·지형·지모(地貌)를 정밀히 조사하여 무상으로 점유, 이를 장래 일본인 이민에게 불하하고 개간한 후에는 한국 농민에게 소작시켜 조세와 소작료의 수입을 증가시키려는 것이 토자조사사업의 또 하나의 중요한 목적이었다.

둘째, 토지조사사업 이전까지의 일본 상업 고리대자본의 토지점유를 합법화하기 위한 것이었다. 개항 후에 한국에 들어와 상권(商權)을 독점한 일본 상업자본은 생산물의 거래에 만족하지 않고 생산수단인 토지 그 자체를 소유하는 대로 그 활동을 집중하기 시작하였다. 1910년까지 일본인 토지점유자의 수와 점유면적은 상당한 정도로 급증했으며, 이들은 점유한 토지를 모두 한국의 종래의 소작관행에 따라 한국 농민에게 소작시켜 소작료를 수취하기 시작하였다. 그러나 외국인의 토지점유는 조선왕조의 국법상 여전히 위법이었으며 한국인들의 강력한 저항을 받았다. 따라서 일본인들의 토지매수와 점유의 합법화가 일본 상업자본에 의하여 강력히 요청되었다. 1905년의 이른바 을사조약을 강제하여 한국에 통감부를 설치하고 정치적으로 대한제국정부를 지배할 수 있게 된 일본은 주로 일본인의 토지가옥의 매매와 소유권을

---

7) 愼鏞廈, "일제하의 '조선토지조사사업'에 대한 일고찰", 〈韓國史硏究〉, 제15집, 1977.

법적으로 보장하는 임시법규로서 '토지가옥증명규칙'(土地家屋證明規則)을 비롯한 일련의 임시법령을 반포했었다.

그러나 일본인의 토지소유와 매매·저당을 보장하는 규칙이 반포되었다 할지라도 그것은 제3자에 충분히 대항할 수 있는 것이 아니었으며, 일본인의 토지점유를 신성불가침의 것으로 법적 보장을 주는 등기제도는 아니었다. 그러므로 일본인의 토지점유를 완전히 합법화하여 보장하는 법률적 제도를 확립하려는 것이 토지조사사업의 또 하나의 중요한 목적이었다.

셋째, 일본자본의 토지점유에 적합한 토지소유의 증명제도를 확립하기 위한 것이었다. 조선왕조 말기에도 토지는 사유권이 확립되어 상품으로서 자유롭게 매매되고 있었으나 등기제도 등 사유권을 법제적으로 보장하는 증명제도가 충분치 않았고, 토지에 사유권 외에도 농민층의 각종 권리가 부착되어 있어서 일본 자본의 토지점유에 장애요소로 되었다. 그러므로 토지의 사유권에 대해서 지주의 권리만을 인정하고 그 외의 농민의 각종 권리는 모두 배제하여 토지매매를 더 자유롭게 하고 토지등기제도와 지번제도(地番制度) 등 이에 대한 제도적 보장을 주려는 것이 중요한 목적이었다.

넷째, 지세수입(地稅收入)을 증대시켜 일제의 식민지 통치를 위한 조세수입(租稅收入) 체제를 확립하기 위한 것이었다. 일제의 식민지 통치를 위한 재정자금을 확보하기 위해서는 조세수입을 증대시켜야 했는데, 당시에는 지세수입이 조세수입의 대종을 이루고 있었으므로 수입증대를 위하여 은결(隱結)을 찾아내고 각 필지의 면적과 경계등을 정확히 조사할 필요가 있었다. 즉 조선총독부의 조세수입을 증대시키기 위한 세원을 확보, 정비하려는 것이 또 하나의 목적이었다.

다섯째, 일제의 한국강점 후 더욱 급증하는 일본인 이민에게 약탈한 토지를 불하하여 일본식민에 대한 지원대책을 확립하기 위한 것이었다. 일제는 토지조사사업을 통하여 일부의 민유지까지도 국유지(조선총독부 소유지)에 편입하여 광대한 면적의 '국유지'를 강제 창출하고, 이를 동양척식회사를 비롯한 각종 일본 식민회사들을 통하여 일본인 이민에게 저렴한 가격으로 불하해주기 위한 제도적 준비를 확립하려는 것이 토지조사사업의 또 하나의 중요한 목적이었다.

여섯째, 식량과 원료, 특히 미곡의 일본으로의 공급을 위해서 이를 지원할 수 있는 토지제도를 정비하기 위한 것이었다. 일제는 일본공업화에 따르는 식량부족을 예측하고 이것을 한국에서 공급하기 위하여 그에 대비하는 토지이용제도를 만들려 한 것이다. 또한 토지의 지형·지모조사를 시행하여 식량공급증대를 위한 토지제도를 수립하려는 것이 토지조사사업의 또 하나의 중요한 목적이었다.

일곱째, 일본공업화에 따르는 일본산업자본의 노동력 부족문제를 한국의 소작농을 임금노동자화하여 해결하는 제도적·구조적 기초를 마련하기 위한 것이었다. 즉 토지조사사업을 통하여 토지에 부착된 소작농의 권리들을 완전히 배제하여 소작농을 토지소유 및 경작권으로부터 완전히 분리함으로써 일본산업자본이 필요할 때에는 언제나 한국의 소작농을 일본공업을 위한 임금노동자로 전환시킬 수 있는 구조를 만들려는 것이 토지조사사업의 또 하나의 목적이었다.

일제의 토지조사사업은 이러한 다각적 목적을 달성하기 위한 종합적 식민지정책이었으며, 또 한국을 실질적으로 식민지로 개편하기 위한 가장 중요하고 긴급한 제 1차적 정책으로 간주되었다.

3. 국유지·공유지에 대한 조사

일제하의 토지조사를 여러 각도에서 고찰할 수 있겠으나, 여기서는 이를 국유지·공유지와 민유지로 나누어 살펴보기로 한다.

실제로 일제의 토지점유를 위한 본격적 식민지정책은 1907년부터 일단 토지를 국·공유지와 민유지로 나누어 국·공유지 점유정책부터 집행되었다. 일제의 국·공유지 점유를 위한 식민지정책은 민유지에 대한 것과는 성격상 근본적인 차이가 있었다. 즉 일본자본의 민유지의 점유는 일제의 식민지정책의 적극적 지원에도 불구하고 일단 경제과정을 통한 자본의 지출을 수반하는 토지점유인 데 비하여, 국·공유지 점유는 자본의 지출을 수반하지 않고 식민지 통치권력에 의거하여 무상으로 방대한 면적의 토지를 점유하는 것이었다. 이것은 일제가 한국을 식민지화함으로써 일거에 획득할 수 있었던 전형적인 식민지약탈의 하나였다. 일제가 민유지에 대한 토지조사사업의 본격적 실시에 앞서서 국·공유지 점탈정책을 서둘러 집행하게 된 것도, 그것이 자본을 지출하지 않고 식민지 통치권력에 의거하여 '무상'으로 토지를 약탈할 수 있는 특성 때문이었다고 볼 수 있다. 따라서 일제의 식민지정책의 본질은 국·공유지 약탈정책에서 더욱 적나라하게 잘 드러난다고 말할 수 있다.

일제의 식민지정책의 일부로서의 국·공유지 약탈정책은 세 부문으로 나누어 볼 수 있다. 즉 ① 농경지 약탈정책, ② 미간지 약탈정책, ③ 산림·임야 약탈정책 등이다. 이글에서는 산림·임야정책을 제외하고, ①과 ②의 정책을 간단히 보기로 한다.

일제의 농경지에 대한 이른바 국유지조사는 기본적으로 4단계를 거쳐 완결되었다고 볼 수 있다.[8]

제1단계는 1907년부터 1908년 사이에 재정정리·제실(帝室) 재산정리라는 명목으로 역토(驛土), 둔토(屯土)뿐만 아니라 궁장토(宮庄土), 목장토(牧場土), 능원묘위토(陵園墓位土) 등 기타 각종의 토지를 '역둔토'(驛屯土)에 포함시켜 국유지면적을 강제 창출하고 확보한 단계이

8) 愼鏞廈, "일제하의 '조선토지조사사업'에 있어서의 '國有地' 창출과 '驛屯土' 조사", 〈經濟論集〉 제17권 제4호, 1978.

다. 일제가 이때 이후 '역둔토'라고 부른 것은 '국유지'의 총칭으로 사용되었다.[9]

제2단계는 1909년 6월부터 1910년 9월 사이에, 앞서 국유지로 창출하여 확보한 토지에 대하여 이른바 '역둔토 실지조사'라는 이름으로 면적과 소작료와 소작농을 조사한 단계이다.

제3단계는 1910년 9월부터 1918년 1월 사이에 주로 민유농경지에 대한 토지조사사업을 본격적으로 시행하는 도중에 '국유지'로 창출하여 확보한 토지를 신고 또는 통지하여 토지대장 등 각종 장부를 갖추고 이른바 국유지를 조선총독부 소유지로 소유권을 등기한 단계이다.

제4단계는 1918년 1월부터 1918년 12월 사이에 토지조사사업의 부대사업으로서 이른바 '역둔토분필조사'(驛屯土分筆調査) 라는 짓을 실시하여 소작농별 지목별 강계(疆界) 를 사정하고 조선총독부 소유지(국유지) 대장과 지적도를 작성하여 조선총독부 소유지(국유지) 에 대한 지배체계를 최종적으로 확립하여 완료한 단계이다.

일제는 이 네 단계를 거치면서 다음과 같은 방법으로 이른바 조선총독부 소유지(국유지) 를 강제 창출하였다.

1) 무토(無土)역둔토의 조선총독부 소유지화

일제는 종래의 '무토역토'(無土驛土), '무토둔토'(無土屯土), '무토궁장토'(無土宮庄土), '무토목장토'(無土牧場土), '제언답'(提堰畓), 능원묘(陵園墓) '내외해자'(內外垓子) 등을 조선총독부 소유지(국유지) 에 강제 편입시켰다. 여기서 '무토'(無土) 라 함은 토지의 소유권은 민인(民人) 이 갖고 오직 지세만을 토지소유자가, 국가에 납부하는 것이 아니라, 국가가 지정한 역(驛) 이나 관아(官衙) 나 궁방(宮房) 기타 등에

9) 朝鮮總督府, 《小作農民ニ關スル調査》, 1912, p.2의 30~31 참조.

납부하는 것을 의미하였다.

따라서 이러한 '무토'의 역둔토는 그 이름이 아무리 역토일지라도 그 소유권은 어디까지나 백성에게 있었고 오직 그 징세권만 특정의 역·관아·궁방에 이속된 것이었다. 즉, 무토의 역둔토는 명백하게 민유지였다. 이러한 무토의 역둔토에서는 소유권이 백성들에게 있었기 때문에 역·관아·궁방이 백성들로부터 징수한 것은 소작료가 아니라 지세뿐이었다. 이러한 '무토'의 역둔토에 대해서 조선 왕조정부는 물론 이를 민유지로 인정하였다. 그러나 일제는 국유지에 대한 토지조사를 하면서 이러한 '무토'의 역둔토를 그것이 종래 역둔토라는 이름이 붙어 있었다는 것을 구실로 하여 모두 국유지이라고 억지 주장하여 조선총독부 소유지로 강제 편입시켜 버렸다. 이것은 일제가 백성들의 민유지를 약탈하여 조선총독부 소유지로 강제 편입시킨 것이었다.

그리하여 일제하에서는 종래의 '무토' 역둔토를 소유하고 있던 농민은 자기의 소유지를 일제에게 약탈당하고, 그 토지의 소작농이 되어, 저율의 지세가 아니라 일반 소작지와 같은 고율(생산물의 50%)의 소작료를 일제총독부에게 납부하지 않으면 안 되었다. 또한 일제총독부에 의하여 그 소작지에서마저도 언제라도 쫓겨날지도 모른다는 위협 하에 놓이게 되었다.

2) 제1종 유토(有土)역둔토의 조선총독부 소유지화

일제는 '제1종 유토역토'(有土驛土), '제1종 유토둔토'(有土屯土), '제1종 유토궁장토'(有土宮庄土), '제1종 유토목장토'(有土牧場土), '능원묘위토'(陵園墓位土) 등을 국유지에 강제 편입하였다.

여기서 '유토'(有土) 역둔토라는 것은 명칭만으로는 그 역둔토의 소유권을 특정의 역·관아·궁방이 가진 토지를 의미했다. 그러나 갑오개혁 때에 이르면, 이 유토 역둔토는 다시 '제1종 유토역둔토'와 '제2

종 유토역둔토'로 구분되었다. '제 1종 유토역둔토'란 특정의 역·관아·궁방이 그 토지의 소유권을 가지고 농민으로부터 소작료를 징수하던 토지이다. '제 2종 유토역둔토'란 '무토'역둔토와 마찬가지로 민유지에 역둔토를 설정했거나 또는 처음에는 유토역둔토였던 것이 그 후 민유지화 해버림으로써 소유권은 백성에게 있고 특정의 역·관아·궁방이 소작료가 아니라 지세를 농민으로부터 징수하던 토지이다.[10]

일제의 '제 1종 유토역둔토'에 대한 국유지 조사에는 두 가지 처리 방안이 있을 수 있었다. 하나는 이러한 제 1종 유토역둔토에서는 이 토지에서 소작농의 도지권(賭地權)과 경작권이 크게 성장하여 소작료율도 총생산량의 25~33%로 절하되어 있었으므로 소작농의 이 권리들에 기초하여 제 1종 유토역둔토를 경작농민의 소유지로 처리하는 방법이었다. 실제로 황해도 황주군의 일부 농민들은 일제의 국유지에 대한 토지조사 때 제 1종 유토역둔토의 자기들에의 불하를 문서로써 요청하기도 하였다.[11] 다른 하나는 조금이라도 국유지를 더 많이 창출하기 위하여 이러한 제 1종 유토역둔토를 국유지에 편입시키는 처리방법이었다.

---

10) 《結戶貨法稅則》, pp. 22~23 참조. 이 자료에 의하면, '第1種有土免稅結'과 '第2種有土免稅結'의 구분을 다음과 같이 설명할 수 있다. 즉 제1종유토면세결은 관아가 結價賣土해서 설정하여 그 국가에의 조세를 면제해서 소작인으로부터 소작료를 징수하는 것이오, 한편 제2종유토면세결은 관아에게 民有地를 한정하여 그 지세를 받도록 한 것이다. 무토면세결도 제2종유토면세결과 비슷하게 특정 관아에게 민유지의 징세권을 주는 것이지만, 두 가지 점에서 차이가 있었다고 한다. 첫째, 제2종유토면세결은 그 토지를 영구히 變換하지 아니하지만, 무토면세결은 대개 3~4년에 그 토지를 변환하였다. 둘째, 무토면세결은 지세를 반드시 관에서 징세하여 각 관아에 급여하지만, 제2종유토면세결은 그렇지 않고 각 관아가 직접 징수하거나 또는 각 읍이 징수하여 각 관아에 송납케 하는 것이었다.

11) 《各道請願綴》(奎. No. 21300), "黃海道黃州郡 金斗泳, 李德煥, 金用汝, 張善汝, 孫召史條" 참조.

일제는 처음부터 국유지 약탈을 토지조사사업 목적의 하나로 삼았으므로, 일제가 당시까지 관유지로 남아서 관아가 비교적 저율의 소작료를 징수하던 제1종 유토역둔토를 국유지라고 억지 주장하여 조선총독부 소유지로 편입시킨 것은 예측할 수 있는 일이었다. 일제는 이 제1종 유토역둔토를 조선총독부 소유지(국유지)에 편입한 다음 이 토지들에서의 소작농의 도지권과 경작권을 부정하고, 소작료를 일반소작지에서와 같이 총생산량의 50%로 인상시켰다. 그 결과, 종래 이러한 제1종 유토역둔토에서 도지권과 경작권을 갖고 있던 소작농은 그 권리를 잃었을 뿐 아니라 소작료를 총생산물의 25~33%로부터 50%로 인상당하게 되었다.

3) 제2종 유토(有土)역둔토의 조선총독부 소유지화

일제는 제2종 유토역토, 제2종 유토둔토, 제2종 유토궁장토, 제2종 유토목장토 등을 국유지에 강제 편입하였다. 이 토지들은 본래 민유지에 대하여 특정 관아의 징세권을 설정한 것이거나 또는 본래는 '유토'였으나 그 변천과정에서 매수 등 각종 경로를 통하여 갑오개혁 무렵에는 이미 사전화(私田化)해버린 토지들이었다. 이 토지들에서는 조선왕조 정부의 특정 관아는 소작료가 아니라 지세만을 징수하고 있었다. 갑오개혁 때의 조선왕조 정부는 이 토지를 민유지로 처리하여 '제2종 유토면세결'(有土免稅結)이라는 이름을 붙였다.

국유지에 대한 토지조사를 할 때 이 제2종 유토역둔토는 토지조사의 주체가 누구이든지 간에 당연히 백성들의 사유지로 처리되어야 할 민유지였다. 갑오개혁 때 조선왕조 정부는 이 토지를 백성들의 사유지로 처리했던 적이 있으므로, 만일 그 후 토지조사가 독립된 조선정부에 의하여 실시되었으면 이 제2종 유토역둔토는 으레 민유지로 처리될 토지였다.

그러나 일제는 이미 민유지로 확립된 제 2종 유토역둔토를 모두 '국유지'라고 억지 주장하여 조선총독부 소유지로 약탈하였다. 이것은 농민의 민유지를 공공연히 빼앗은 것이었다. 일제는 이 목적을 위하여 대한제국정부가 1899년(광무 3년)부터 1903년(광무 7년)까지 농경지의 일부에 대해서 양전사업을 실시하여 만든 토지대장인 속칭 '신양안'(新量案)에 의거하지 않고, 당시로부터 약 200년 전인 1719년 전후에 만들어진 속칭 '구양안'(舊量案)인 강희양안(康熙量案)에 의존하였다. 일제는 구양안에 명칭만이라도 역둔토와 조금이라도 관련이 있는 것은 모두 이를 침탈하여 일방적으로 조선총독부 소유지로 약탈하였다. 이것은 일제가 조선총독부 소유지의 강제창출을 위하여 200년 이상이나 되는 사유지 발전의 태세와 그 결과를 무력에 기초하여 무리하게 부정하고, 백성들로부터 민유지를 약탈한 것이었다.

4) 투탁지(投托地)와 혼탈입지의 조선총독부 소유지화

일제는 백성들이 부담을 경감하기 위하여 역토・둔토・궁장토 등에 투탁했던 '투탁지'(投托地)와, 서류상으로 잘못 처리되어 혼입・탈입된 '혼탈입지'(混奪入地) 등을 조선총독부 소유지에 강제 약탈하였다.

투탁지와 혼탈입지는 비록 외형상으로는 역둔토나 궁장토의 모습을 하고 있을지라도 그 내용은 명백하게 민유지였다. 투탁지는 농민들이 대부분 자발적으로 부담의 경감을 위하여 관아나 궁방에 자기의 소유지를 명목상 맡기고 지세를 국가에 납부하는 대신 특정의 관아나 궁방에 납부하고 있던 토지였다.

혼탈입지는 관아와 궁방이 잘못하여 백성들의 민유지를 서류상으로 역둔토나 궁방전에 포함시켰기 때문에 백성들이 지세를 국가에 납부하는 대신 그 토지를 혼탈입시킨 특정 관아나 궁방에 납부하고 있던 토지였다. 혼탈입지는 농민들의 의사에 반하여 역둔토나 궁장토에 혼탈입된 것이지만 농민의 입장에서는 지세를 국가에 납부하는 것이나 특정 관아 또는 궁방에 납부하는 것이나 부담이 동일한 것이었기 때문에 적극적으로 해결되지 않고 호도되던 토지였다.

그러나 조선왕조 정부나 특정 관아 또는 궁방은 투탁지와 혼탈입지를 국유지로 간주하지 않고 민유지로 간주했으며, 오직 특정 관아나 궁방이 지세를 징수하여 소비할 수 있는 것으로 만족했었다.

일제는 이러한 농민들의 민유지인 투탁지와 혼탈입지를 그들의 조선총독부 소유지로 약탈하여 강제 편입시켜 버리고 말았다. 이것은 농민들의 사유지를 일제가 무력에 의거하여 약탈한 것이었다.

이와 같은 방법으로 1910년 9월 현재까지 일제가 강제 약탈한 조선총독부 소유지는 12만 8,800여 정보에 달하였다. 이 중에서 국유지로 될 수 있는 제1종 유토역둔토가 약 3만 2,100 정보이며, 일제가 민유지를 무력으로 약탈하여 조선총독부 소유지에 강제 편입시킨 면적이 약 9만 6,700 정보로 추산되었다.12)

일제가 강제 약탈한 조선총독부 소유지 면적은 국유지에 대한 토지조사가 끝난 1919년 2월에는 더욱 증가하여 13만 7,224.6 정보에 달하게 되었으며, 조선총독부 소유지의 소작농은 30만 7,800여 호에 달하게 되었다. 이것은 당시 총 농가 호수의 약 10.7%에 해당하고, 순소작농 호수의 28.7%에 해당되었다. 조선총독부는 농경지에 대해서만도 13만 7,224.6 정보의 소작지와 30만 7,800여 호의 소작농을 거느린 국내 최대지주가 됨과 동시에 가장 조직적이고도 무력적으로 소작농을 착취하는 지주가 된 것이었다.

이상의 농경지 이외에도 일제는 방대한 면적의 미간지를 무상으로 약탈하였다. 1910년 토지조사 직전의 미간지 면적은 약 120만 397 정

12) 愼鏞廈, "일제의 '조선토지조사사업'에 있어서의 '國有地' 창출과 '驛屯土' 조사"중의 제8절 '驛屯土實地調査' 참조.

보였다.[13] 이중에서 공유지인 '무주한광미간지'(無主閒曠未墾地)가 약 59만 5,400 정보로 추산되었고, 민유미간지가 약 60만 5천 정보로 추정되었다. 일제는 이 미간지를 점유하기 위하여 1906년 7월에 우선 궁방소속의 미간지의 개간을 국민에게 인허하지 않도록 조치했으며,[14] 1907년 7월에 국유미간지이용법(國有未墾地利用法)과 동 시행세칙(同施行細則)을 발표하여 공유미간지(無主閒曠未墾地)에서 국민의 자유로운 개간을 금지하였다. 그리고 일제는 1908년 1월 삼림법을 제정 공포하여 민유미간지 소유자는 3개년 이내(1911년 1월까지)에 증빙서류와 지적도를 첨부하여 신고하도록 해서 관인받은 것만을 민유미간지로 인정한다고 하였다.[15]

당시 한국 국민들의 민유미간지 소유는 사문기(私文記)로 증명되었고 관문기(官文記)를 갖춘 것은 많지 않았다. 그 결과 일제가 한국 국민들로부터 신고를 받아 민유미간지로 인정한 것은 약 18만 정보에 불과하였으며, 일제가 국유미간지로 약탈한 것이 약 102만 정보에 달하였다. 이것은 일제가 종래의 무주한광미간지 59만 5,400 정보를 무상으로 약탈했을 뿐 아니라 약 42만 5천 정보의 민유미간지를 무력에 의거하여 한국 국민들로부터 무상으로 약탈한 것이었다.

일제의 이른바 국유지에 대한 토지조사는 이상과 같이 종래의 관공유지 뿐만 아니라 그 보다 더 방대한 면적의 민유지를 한국 국민들로부터 약탈하여 조선총독부 소유지로 강제 약탈한 것이었다.

---

13) 〈皇城新聞〉(제 3357호), 1910년 4월 30일자, "雜報"(경지면적통계표) 참조.

14) 《宮內府官制》, 1906, pp. 161~162 참조.

15) 《高宗實錄》, 光武 11년 7월 4일조, "법률 제 4호 國有未墾地利用法" 참조.

4. 민유지에 대한 토지조사

일제의 민유지에 대한 토지조사는 일제가 이른바 조선 토지조사사업의 본사업이라고 간주한 중요성을 가진 것이었다.

일제는 토지조사사업을 실시할 때 그 집행을 위한 특별기구로서 조선 총독부내에 임시토지조사국을 신설했을 뿐 아니라, 실지조사를 담당할 '외업반'(外業班)을 중심으로 한 무장조사단을 편성했다. 이 무장조사단의 구성은 세 개의 단위가 모여서 이루어졌다. 즉 ① 토지조사국출장원(土地調査局出張員), ② 경무관헌(警務官憲), ③ 면장(面長)·동이장(洞里長)·지주총대(地主總代) 및 주요지주 등이었다.[16]

토지조사국 출장원은 일제가 토지조사사업 시행을 위하여 특별히 훈련한 조사원으로, 일본인조사원을 주로 하고 조선인조사원을 보조원으로 하여, 가장 많을 때인 1915년에는 268명으로 편성되었다. 이밖에도 137명을 내근시켰으므로 토지조사원은 모두 405명에 달하였다.[17] 이들도 군경(軍警)의 제복을 입고 때로는 무장하게 하였다.

경무관헌은 무장한 헌병경찰로 토지조사사업에 대한 저항을 탄압하고, 토지조사국 출장원의 신변보호를 위하여 동원한 것이었다. 이미 토지조사사업 준비 기간에 의병무장항쟁이 치열하게 고조되어 토지조사사업의 실시를 불가능하게 하였다.[18] 일제의 군사력 탄압으로 의병운동이 퇴조한 후인 1912년 이후에도 한국 농민들의 토지조사사업에 대한 저항이 만연되어 있었으므로, 일제는 무력으로 이를 탄압하고,[19] 토지조사사업을 강행하기 위하여 조사과정 안에 처음부터 헌병

---

16) 조선총독부 임시토지조사국, 〈朝鮮土地調査事業報告書〉, 1918, p. 58 참조.

17) 〈朝鮮土地調査事業報告書〉, pp. 450~451 참조.

18) 〈韓國財務經過報告〉 (1909년 후반), 제 4회, p. 132 참조.

19) 〈財務彙報〉 제 19호, "국유지조사에 관한 시설", p. 23에서는 예컨대 調査班에게 다음과 같이 義兵의 공격에 대한 대비를 지시하고 있다. "각지 駐在의 守備

경찰의 무력을 동원한 것이었다.

면장·이동장·지주총대 및 주요지주는 토지조사사업에 동원한 한국인들이었다. 이중에서 면장과 이동장은 일제가 임명한 하급관리의 성격을 가진 집단이었다. 또한 지주총대는 부윤·군수가 선정하여 임명한 지주대표였다.

일제는 이 3집단의 무장조사단 편성함으로, 비유하면 한 손에는 피스톨과 대검을 들고 다른 한 손에는 망원경과 측량기를 든 토지조사와 토지약탈의 주체를 편성한 것이었다. 일제는 평균 12명으로 1개 외업반을 편성하여 전국을 분담, 순회하면서 토지조사를 실행하게 하였다.[20]

일제가 민유지에 대한 토지조사를 본격적으로 시작한 것은 1912년 조선총독부가 '토지조사령', '조선민사령', '부동산등기령' 등을 발포하여 토지조사를 착수함에서 비롯되었다.

일제는 민유지조사를 기본적으로 '신고주의'(申告主義) 방법에 의존하였다. 일제의 '토지소사령' 제4조는 "토지의 소유자는 조선총독이 정한 기한 내에 그 토지의 주소·씨명(氏名) 또는 명칭 및 소유지의 소재·지목(地目)·자번호(字番號)·간표(間標)·지적(地籍)·등급·결수(結數)를 임시토지조사국장에게 신고하여야 한다. 단 국유지는 보관 관청이 임시토지조사국장에게 통지하여야 한다."[21] 라고 규정하였다.

일제의 민유지 토지조사의 시행 절차를 간소화하여 간략하게 줄여서 설명하면 다음과 같다.

憲兵隊 및 警察官憲에게 대하여 직접 간접의 保護援助方으 의뢰하고, 동시에 각 조사반장에게 대하여는 도처 此等의 官憲과 항상 원만히 연락을 保하여 써 신변의 위험을 예방하고, 실지에 係한 행동의 민활을 可期하기로 訓諭함" 참조.

20) 朝鮮總督府, 〈土地調査事業現況報告書〉(제2회), 1911, p.4 참조.

21) 〈朝鮮總督府官報〉(제12호), 1912년 8월 13일자 참조.

① 토지신고서 용지의 배포와 설명

외업반은 토지조사를 실시하기로 순차를 결정한 군·면에 들어가서 면장·이동장(里洞長)·지주총대·주요지주를 소집하여 토지신고서 용지를 배포하고 설명한다.

② 토지신고서의 작성과 제출

토지소유자가 토지신고서를 작성하면 지주총대가 이를 수집해서 이동별로 묶어 제출한다. 실제로는 대부분 지주총대가 토지신고서를 작성한다. 일제는 이것을 '신고'(申告)로 간주했다.

③ 토지신고서와 결수연명부(結數連名簿)의 대조

일제는 수집한 토지신고서를 면직원과 지주총대로 하여금 구한말에 이동장이 만든 결수연명부와 대조하도록 하였다. 그러나 결수연명부 자체가 매우 허술하게 작성된 불완전한 것이었기 때문에 이 절차는 형식에 그치고, 실제로는 모든 것을 토지신고서에 의존하게 되었다.

④ 1필지(筆地)의 지주·강계·지목·지번조사

일제는 토지신고서를 받은 다음 그 신고서에 따라 1필지별 조사를 실시하였다. 1필지 조사는 지주의 조사, 강계의 조사, 지목의 조사, 지번의 조사로 나누어졌다. 지주의 조사는 신고주의를 그대로 채택하여 동일토지에 대해서 2인 이상의 권리주장자가 있는 경우, 또는 1인의 권리주장자 밖에 없지만 그 권원(權源)에 의문이 있는 경우를 제외하고는 신고명의인을 토지소유주로 인정하였다.[22] 강계의 조사는 신고자로 하여금 그 토지의 4위에 표항(標抗)을 세우고 토지소유자와 지주총대를 입회시켜 이웃 토지와의 관계를 조사하는 것이었다. 지목의 조사는 토지의 종류를 ① 田 ② 畓 ③ 垈 등 18종목으로 나누어 조사 당시의 토지의 종류를 확인하는 것이었다. 지번의 조사는 조사대상토지에 대하여 1필지마다 순차로 번호를 붙여나가는 작업이었다.

⑤ 사정(査定)

일제는 1필지의 지주·강계·지목·지번조사가 끝난 다음에는 최종적으로 사정을 하였다. 사정은 토지의 소유자 및 그 강계를 확정하는 행정

---

22) 〈朝鮮土地調査事業報告書〉, p. 81 참조.

처분을 말하는 것이었다.

일제의 토지조사 사정의 실적을 보면, 사정 총 필수 1,910만 7,520필 가운데에서 토지소유자 신고를 그대로 시인한 것이 총 필수의 99.5%에 해당하는 1천 9백만 9,054필이었고, 기타 분쟁지가 총 필수의 0.4%에 해당하는 7만 866필이었으며, 이해관계인 신고필수가 총 필수의 0.02%에 해당하는 3천 766필이었고, 상속미정필소(相續未定筆數)가 총 필수의 0.08%에 해당하는 1만 4,479필이었으며, 무신고로 국유로 인정된 것이 총 필수의 0.05%에 해당하는 8,944필이었고, 무신고로 민유로 인정된 것이 총 필수의 겨우 0.002%에 해당하는 411필에 불과하였다.[23]

여기서 명확히 알 수 있는 것은 일제의 토지조사의 사정은 신고주의의 방법에 의하여 그 99.5%가 신고된 그대로 사정되어 그 토지의 소유자 및 강계를 확정하는 행정처분이 내려졌다는 사실이다.

⑥ 토지등기 제도의 시행

일제는 사정이 완료된 토지는 토지대장을 그대로 대본으로 사용하여 토지등기부를 작성하고 토지등기제도를 도입하여 시행하였다.[24] 일제의 토지조사사업에 의하여 행정처분을 통해서 지주로 재확인된 토지소유자는 일제의 토지증기제도의 실시에 의하여 토시소유자로서의 법률적 재인정을 받게 되고 법률적 권한을 등록하게 되었으며 일제의 법률의 완전한 보호를 받게 된 것이었다. 또한 이 토지등기제도는 토지에 부착된 모든 권리의 이동은 토지등기부에 기재된 토지소유자가 배타적으로 일제의 법률의 보호를 받는 유일한 토지소유권자가 되고, 토지의 매매·상속·증여·저당 등의 모든 행위를 결정할 수 있게 되었으며, 모든 토지소유권상의 이동은 토지등기부에 표시하도록 규정되었다.

23) 〈朝鮮土地調査事業報告書〉, p. 414 참조.

24) 〈朝鮮彙報〉, 1916년 9월~12월호, "부동산등기제도" 참조.

5. 예상외의 토지조사 분쟁

1) 토지조사 분쟁의 내용

일제의 토지조사사업이 신고주의에 의하여 폭력적 방법으로 농민의 경작지를 이른바 '국유지'라는 이름으로 조선총독부 소유지로 약탈하자 한국 농민들 사이에서 광범위한 저항이 '토지조사 분쟁'이라는 형태로 나타나게 되었다. 토지조사 분쟁의 내용을 보면, 분쟁 총 건수 3만 3,937건, 9만 9,445필에 달하여, 조사 총 필수 1,910만 7,520필 가운데 약 2백 필에 대해 분쟁지 1필 꼴이 되었다.

원래 일제는 토지조사사업을 시작할 때에 토지조사분쟁이 이렇게 크게 일어나리라고는 생각지 아니하고, 분쟁지조사 종사인원으로 전담관은 일본인 판임관(判任官) 1명과 겸무관으로 일본인 고등관(高等官) 1명 및 한국인 판임관 1명을 둠에 불과하였다. 그러나 토지조사사업의 진전에 따라 농민의 저항과 토지조사 분쟁이 현저히 증가했고, 특히 경기도, 황해도, 전라북도 및 경상북도 지방의 토지조사에서는 분쟁사건이 격증하였다.

'국유지 분쟁'이라는 이름의 조선총독부 소유지 분쟁에서도 한 사건에 수백 명의 관계자와 수천 필에 이르는 집단지가 관련되었으며, 농민의 저항도 매우 완강했으므로, 문제는 조선총독부가 처음 생각했던 것처럼 단순하고 용이한 것이 아니었다. 결국 일제는 토지조사 분쟁을 무마하기 위하여 1910년 9월 분쟁지조사 개시 이래 1918년 1월 분쟁지조사 종료에 이를 때까지의 기간에 연인원으로 일본인 5만 7,024명, 한국인 4만 4,612명, 합계 10만 1,636명을 동원하지 않으면 안 되었다.[25]

---

25) 〈朝鮮土地調査事業報告書〉, p. 191 참조.

〈표 9-1〉 토지분쟁의 내역

국유·민유별 / 분쟁종류	국유지분쟁(A)		민유지분쟁(B)		계(C)	
	필수	% A/C	필수	% C/B	필수	% C/D
소유권 분쟁	64,449	65.0	34,689	35.0	99,138	99.7
강계 분쟁	121	39.4	186	60.6	307	0.3
계	64,570	64.9	34,875	35.1	(D) 99,445	100.0

토지조사분쟁의 내용을 보면, 〈표 9-1〉에서 알 수 있는 바와 같이 토지조사분쟁 총 필수 9만 9,455필 중에서 그 99.7%에 해당하는 9만 9,138필이 소유권 분쟁이고, 오직 0.3%에 해당하는 307필만이 강계 분쟁이었다. 즉 토지조사분쟁의 거의 대부분이 소유권분쟁임을 알 수 있다.

다시 소유권 분쟁의 내용을 보면, 총 소유권 분쟁 필수의 65.0%에 해당하는 6만 4,449필이 국유지 분쟁이고, 나머지 35.0%에 해당하는 3만 4,689필이 민유지 분쟁이었다. 즉 토지소유권분쟁의 약 3분의 2에 달하는 압도적 비율이 국유지 분쟁이라는 이름의 '조선총독부 소유지 분쟁'이었음을 알 수 있다. 뿐만 아니라 대한제국정부가 동양척식주식회사에 출자한 역둔토가 분쟁지로 되었는데, 일제에 의하여 이것은 민유지 분쟁으로 집계 되었다. 그러나, 실제로 이것은 한국농민 대 일제조선총독부 사이의 분쟁이었으므로, 사실상의 국유지 분쟁의 비중은 이보다 더 높았다고 볼 수 있다.[26]

강계 분쟁은 총 강계 분쟁 필수 307필 중의 39.4%에 해당하는 121필이 국유지라고 표현된 조선총독부 소유지에서의 강계 분쟁이고, 60.6%에 해당하는 186필이 민유지에서의 강계 분쟁이었다. 민유지의

26) 〈朝鮮土地調査事業報告書〉, p.180 참조.

강계 분쟁의 대부분은 일본인들이 한국농민의 토지의 경계를 침입해서 일어난 것이었다. 일제의 임시토지조사국 측량과장은 다음과 같이 증언하였다.

> 아시는 바와 같이 … 경계 등은 다분히 다투어 분쟁이라도 일어나지 않는가 생각하지만, 사실은 의외로 조선인간에서 토지소유권의 분쟁이나 경계지의 분의(紛議) 등은 없고, 때때로 있는 것은 민유지 대 국유지라든가 내지인(일본인 — 인용자) 대 조선인 간의 경계 분쟁 등이다. 내지인이 일부러 경계의 애매함을 기화로 인접지를 침입하려고 하는 것과 같은 것은 꺼림칙한 일이다.[27]

그러나 강계 분쟁의 필수가 극히 얼마 안 되는 적은 것이었기 때문에 토지조사사업 전 과정에서 강계 분쟁은 큰 의미를 가진 것이 아니었다. 문제의 초점은 토지소유권 분쟁에 있었다.

2) 한국농민의 저항과 일제의 탄압

'국유지'라고 표현된 '조선총독부 소유지'에서의 소유권 분쟁은 토지소유권을 놓고 한국농민 대 조선총독부가 대항·분쟁에 들어간 경우를 말하는 것이다. 이러한 국유지라고 표현된 조선총독부 소유지 분쟁은 앞에서 살펴본 바와 같이 일제통감부와 조선총독부가 농민의 소유지를 약탈하여 무리하게 국유지 즉 조선총독부 소유지로 강제 편입시킴으로써 발생한 것이었다.

국유지 분쟁이라고 표현된 조선총독부 소유지 분쟁을 토지의 종류별로 보면, 둔토 분쟁이 화해되지 않은 총 국유지 분쟁 필수의 45.9% (1만 9,783필)로 가장 높고, 다음이 궁장토의 33.1%(1만 4,232필), 목

27) 朝鮮總督府, 〈朝鮮〉 제44호, p.51. 임시토지조사국 측량과장 土屋의 담화, 李在茂 전게논문에서 재인용.

장토가 11.0% (4,722필), 역토가 4.9% (2,098필), 미간지가 4.8% (2,084필), 농원묘위토가 0.2% (85필), 제언답이 0.1% (49필) 의 순위이었다.[28)]

민유지의 토지분쟁은 주로 1필의 토지에 대한 소유권의 주장자가 각각 별개의 사실에 근거하여 2인 이상 다수로 나타나는 경우가 많았다. 민유지분쟁의 내용은 필지와 경우에 따라 매우 다양하였다.

국유지분쟁 및 민유지분쟁과 약간 다른 차원에서 토지조사분쟁 가운데 적지 않은 비중을 차지한 것이 도지권 분쟁이었다. 이것은 농민의 도지권을 일제의 토지조사가 부정하면서 농민이 불복하여 발생한 것이었다.

일제의 토지조사사업에 대한 한국농민의 토지조사분쟁은 외부로부터 강압적으로 주어지고, 약탈적인 방법으로 수행된 일제 토지조사사업의 토지약탈에 대한 한국농민의 직접적 반항투쟁이었으며, 국유지 이외의 분쟁은 간접적으로 조선총독부의 토지조사사업에 대한 간접적 저항이었다고 볼 수 있다.

일제는 이상과 같은 토지조사 분쟁에 대하여 기본적으로 다음과 같은 세 가지 방식으로 이를 탄압하였다.

첫째는, 토지조사 과정에서 분쟁에 대한 이른바 '화해의 강제'[29)] 였다. 일제는 토지신고서를 받으면서 "분쟁에 걸린 토지신고서를 수리할 때에는 당사자를 설유하여 될 수 있는 대로 화해시키고,"[30)] 사전에 관(官)의 압력을 넣어서 반드시 화해로 문제를 해결시키며, 화해된 것은 반드시 증거서류·약도·진술서를 제출하도록 하였다. 일제의 '화해의 강제'에 의하여 화해가 된 것은 1만 1,648건, 2만 6,423필로서 총 분쟁지 필수의 26.6%에 해당하는 것이었다.[31)]

---

28) 愼鏞廈, "일제하의 '조선토지조사사업'에 대한 일고찰" 참조.

29) 李在茂, 전게논문 참조.

30) 〈朝鮮土地調査事業報告書〉, p.68 참조.

둘째는, 국유지 분쟁이라고 표현된 조선총독부 소유지 분쟁에서 일제의 경찰력 동원 탄압이었다. 예컨대, 조선총독은 1912년 각도 장관에 대한 훈시에서 국유지 분쟁이라고 표현된 조선총독부 소유지 분쟁은 관유재산의 특실에 관한 중대한 문제이므로 경찰관을 동원하여 사전에 이를 방지하라고 다음과 같이 지시하였다.

> 근래 국유지편입 소작료징수 어업권의 허부(許否) 및 토지관리관계 등에 관하여 지방민이 분요(紛擾)를 일으키고, 다중이 집합하여 관청에 청원을 하고, 심하면 다액의 비용을 소비해서 연(延)하여 부락의 피폐를 초래하는 것도 적지 않다. 그 많은 것은 정당한 이유가 있지 않은 것으로서 2~3명의 일을 꾸미려고 하는 자의 선동에 기인한 것이다. 이들에 대해서는 경찰이 상당한 취체(取締)를 하고 있을지라도 지방관도 항상 이에 주의하여 필요한 경우에는 경찰관에 명하여 될 수 있는 한 일(事)을 미발(未發)에 방지하도록 기하라.[32]

여기서 명확히 알 수 있는 것은 일제는 한국농민들의 민유지를 약탈하여 조선총독부 소유지를 강제 창출하면서 처음부터 한국농민의 저항운동을 경찰을 동원하여 사전에 방지하도록 계획하고 실행했다는 사실이다.

셋째는, 분쟁지심사위원회의 전횡이었다. 일제는 분쟁지조사를 사법기관에 위임하여 정밀한 심사와 판결을 거치도록 한 것이 아니라, 조선총독부 임시토지조사국 내에 분쟁지심사위원회를 설치하여 행정처분에 의해서 이를 단행하도록 하였다. 분쟁지심사위원회는 토지조사국 총무과장 화전일랑(和田一郎)을 위원장으로 하고, 위원 5명으로 구성되었는데, 한국농민의 주장을 부당한 것으로 심의결정하고 조선총독부의 주장을 정당한 것으로 결정해 전횡을 부렸다.

---

31) 〈朝鮮土地調査事業報告書〉, p. 124 참조.

32) 朝鮮總督府, 《總督訓示及指示》, 1912, p. 38.

결국 일제 조선총독부는 토지조사 분쟁이라는 일제의 토지조사사업에 대한 한국농민의 반항투쟁을 조선총독부의 경찰력과 관권을 동원하여 탄압해서 강제로 화해 또는 취하시켰다. 만약 그래도 해결되지 않은 다수의 분쟁에 대해서는 일제의 분쟁지 심사위원회가 일방적으로 전횡하여 한국농민의 주장을 부당한 것으로 '심사결정'하여 탄압하고 분쟁지 문제를 처리한 것이었다.

6. 토지조사사업의 결과

앞에서 살펴본 바와 같이 일제의 토지약탈정책과 신고주의라는 약육강식의 방법에 의하여 수행된 토지조사사업은 일제하의 한국농민의 사회생활과 그 후의 식민지정책의 집행에 다 같이 큰 영향을 끼쳤다. 일제의 토지조사사업이 가져온 결과 중에서 가장 중요한 것들을 들면 다음과 같다.[33]

첫째, 일제는 '토지조사사업'에 의하여 조선 전국 토지 중의 50.4%에 해당하는 1,120만 6,873정보를 이른바 '조선총독부 소유지'로 약탈하였다.

그 결과 전 국토의 49.6%에 해당하는 1,103만 9,650정보만이 민유지로 남게 되었다. 즉 일제 조선총독부는 '토지조사사업'에 의하여 한국의 전 국토의 50.4%의 토지를 무상으로 직접 약탈하여 소유하게 된 것이었다.

그 내용을 보면, 일제 조선총독부는 '토지조사사업'에 의하여 종래의 '제 1종 유토역둔토'를 '조선총독부 소유지'(국유지)로 약탈했을 뿐 아니라 한국인들의 사유지인 '무토역둔토'와 '제 2종 유토역둔토', '투탁지' '혼탈입지'를 '조선총독부 소유지'(국유지)로 약탈했으며, 황실의 사유

33) 愼鏞廈, "일제하의 '조선토지조사사업'에 대한 일고찰" 참조.

재산인 일사칠궁의 궁장토를 역시 '조선총독부 소유지'(국유지)로 약탈하였다. 그 결과 일제의 이른바 '국유지 조사'가 제2단계까지 끝난 1910년 9월 현재 이른바 '조선총독부 소유지'(국유지) 면적은 12만 8,800여 정보에 달하게 되었다. 이중에서 종래의 관유지(제1종 유토궁장토 포함)에 해당한 것이 약 3만 2,100 정보였으며, 종래의 한국인의 사유농경지를 약탈한 것이 약 9만 6,700여 정보에 달하였다.

일제는 1912년 '민유농경지'에 대한 토지조사 실시 중에도 토지약탈을 자행하여 ① 신고되지 않은 한국 농민의 사유지, ② 종래 농민의 소유지로 간주되어 오던 하천변의 공지·포락지·이생지, ③ 종래 일부 남아있던 촌락공유지 등을 약탈하여 '조선총독부 소유지'(국유지)로 약탈하였다. 그 결과 일제가 '토지조사사업'에 의하여 강제 창출해서 약탈한 '조선총독부 소유 농경지'(국유 농경지) 면적은 '역둔토분필조사'가 끝난 1919년 2월에는 더욱 증가하여 13만 7,224.6정보에 달하였다.

일제는 또한 미간지에 대해서도 토지약탈을 자행했는데, 일제가 '조선총독부 소유림'(국유림)로 약탈한 102만 정보의 미간지 중에는 한국인들의 사유미간지 약 42만 5,000정보가 일제에 의하여 약탈당해서 포함되어 있었다.

일제는 또한 임야에 대해서도 한국 농민의 사유림 337만 5,662정보를 약탈하여 총계 955만 7,586정보의 '국유림'(조선총독부 소유림)을 강제 창출해서 약탈하였다.

둘째, 일제는 토지조사사업에 의해 소작농민의 '관습상의 경작권'을 부정하고 소멸시켰다.

조선왕조 말기의 소작지에는 소작농의 '관습상의 경작권'이 성립되어 있었다.[34] 즉 소작농이 ① 소작료 태납, ② 소작지 경작 방기, ③

---

34) 愼鏞廈, "조선왕조 말기의 지주제도와 소작농민층", 《曉岡 崔文煥 박사 추념 논문집》, 1977 참조.

지주에 대한 부당한 반항 등 특정한 결격사유를 발생시키지 않는 한 소작농은 자기의 소작지를 장기간 경작할 수 있었으며, 당대는 물론 대대로 소작을 전승할 수도 있었다. 일제의 토지조사사업은 소작농의 이러한 '관습상의 경작권'을 전면적으로 부정하고, 소작농의 토지에 대한 어떠한 종류의 권리도 인정하지 아니하였다.

일제가 '관습상의 경작권'을 부정한 결과, 소작농의 사회경제적 지위가 더욱 불안정해졌다. 토지조사사업에 의하여 농업인구의 토지에 대한 비율은 변하지 않았음에도 불구하고 토지조사사업에 의한 소작농의 '관습상의 경작권' 상실은 과거의 무기한이었던 소작기간을 기본적으로 1년 단위로 만들어 소작농의 지위가 극도로 불안정하게 되었다. 이 때문에 토지 수요자로서의 소작농의 소작지 획득경쟁이 갑자기 격화되었다. 이것은 소작조건을 악화시키는 중요한 요인으로 작용하게 되었다.

셋째, 일제는 토지조사사업에 의하여 소작농의 도지권(賭地權)을 부정하고 소멸시켰다.

조선왕조 말기에는 전국 각지에 걸쳐 소작농의 소작지에 대한 도지권이 소작농의 소유권으로서 성장하고 있었다.[35] 이 도지권은 소작농의 재산권으로서 자유롭게 매매되고 있었으며, 그 가격은 일반적으로 토지총가격의 1/3, 지주의 소유권 가격의 1/2 수준에 달하고 있었다. 이에 따라 제 3자가 도지권이 정립된 토지를 구입하려 할 때에는 그 토지가격의 2/3는 지주에게 지불하고, 나머지 1/3은 소작농에게 지불하지 않으면 안 되었다. 또한 지주가 소작농의 도지권을 소멸시키고자 할 때에는 토지 총가격의 1/3을 소작농에게 지급하여 도지권을 구입하지 않으면 안 되었다. 도지권은 이미 소작농의 소유권으로 성장했기 때문에, 심지어 소작농이 소작료를 태납하거나 소작지의 경작을 방기

35) 愼鏞廈, "이조말기의 賭地權과 일제하의 永小作의 관계 : 小作農賭地權의 소유권으로의 성장과 몰락에 대하여", 〈經濟論集〉, 제 6권 제 1호, 1967 참조.

하는 경우에도 도지권은 소멸되지 않고 소작농의 재산권과 같이 생각되면서 존재하였다. 조선왕조말기의 소작농의 도지권 성장은 소작농이 스스로의 힘으로 자기소작지에 농민적 토지소유를 성립시켜 나가는 근대로의 자주적 발전을 추진시켜 나가는 과정이었다.

일제의 토지조사사업은 이러한 소작농의 도지권에 대하여 전혀 보상도 하지 않고 이를 소멸시켜 버렸다. 도지권소유 소작농이 일제의 이 정책에 완강히 반항하자 일제는 도지권을 영소작권(永小作權)으로 인정하기로 결정하여, 도지권 소유 소작농에게는 20~50년에 걸친 장기간의 소작권을 인정하도록 하였다. 그러나 20~50년간의 소작기간의 보장 정도는 종래의 소작농의 '관습상의 경작권'만으로도 보장되는 것이었다. 도지권은 이러한 미약한 소작권이 아니라 아래로부터 성장한 소작농의 소유권의 한 형태였기 때문에 끊임없는 도지권분쟁이 일어나게 되었다.

넷째, 일제는 토지조사사업에 의하여 농민의 개간권을 소멸시켰다.

조선왕조 말기에는 미간지의 개간은 개간하는 자의 소유로 법인해 주었으며, 농민은 자유롭게 공유지인 무주한광 미간지를 개간하여 자기의 소유지를 만들 수 있는 '개간권'을 갖고 있었다.[36] 일제의 토지조사사업은 공유미간지에서의 농민의 개간권을 부정하고 공유미간지의 개간자를 종래와 같이 소유권자로 인정한 것이 아니라 국유지라고 표현한 조선총독부 소유지의 소작농으로 인정하여 버렸다. 그 결과 일제의 토지조사사업에 의하여 한국농민들은 그들이 외연적으로 농민적 토지소유 즉 자작농지를 정립시켜 나가는 개간권을 박탈당하게 되었다.

다섯째, 일제는 토지조사사업에 의하여 농민의 입회권(入會權)을 소멸시켰다.[37]

---

36) 愼鏞廈, "일제하의 '조선토지조사사업'과 농민의 耕作權·開墾權·賭地權·入會權", 《조선토지조사사업연구》, 1979 참조.

37) 朴文圭, 전게논문 참조.

〈표 9-2〉 역둔토(후에 조선총독부 소유지) 수입의 증가

(단위: 원, %)

연도	수입금액	증가액(1906년 기준)	同증가율
1906	300,000	-	-
1907	586,804	286,804	95
1908	856,957	556,957	185
1909	1,034,043	734,043	244
1910	1,130,251	830,251	276
1911	1,306,821	1,006,821	335

* 자료 : 《역둔토 실시조사 개요》에서 작성.

종래 농민들은 공유지인 무주공산(無主空山)이나 공유지에 자유롭게 들어가서 연료채취, 비료채취, 가축방목, 토석채취 등을 할 권리를 갖고 있었다. 일제의 토지조사사업은 농민의 이 권리를 부정하였다.

여섯째, 일제는 토지조사사업에 의하여 농민들의 이상과 같은 다수의 권리를 박탈당한 반면에, 지주의 사유권은 일물일주(一物一主)의 원칙에 의하여 배타적 사유권으로 재법인함으로써, 토지조사사업은 지주에게 이익을 주고 지주의 권익을 엄호해 주었다. 그리하여 일제와 한국인 지주의 구조적 유착이 이루어지게 만들었다.

일곱째, 일제는 '토지조사사업'에 의하여 한국의 전 국토의 절반 이상을 약탈하여 직접 소유했을 뿐만 아니라, 농경지에 대해서만도 13만 7,224정보의 소작지와 30만 7,800여 호의 소작농을 직접 수취하는 국내 최대지주가 되었다.

일제 조선총독부는 '토지조사사업'을 시작하여 국내 최대지주가 되자마자 한국인 소작농에 대한 착취를 강화하였다. 일제 조선총독부는 종래 소작지에 부착되어 형성되었던 소작농의 모든 권리들을 부정하여 소멸시키고 소작기간도 종래 무기한이었던 것을 10년 이내로 한정했으며, 소작료율도 종래 '관유지'의 소작료율인 총 생산량의 25~33%에서 50% 이상으로 대폭 인상하여 수취하였다.[38]

여덟째, 일제는 토지조사사업에 의하여 조선총독부의 지세수입의 원천을 대폭 확대했으며, 그 후의 식민지정책 집행의 재정적 기반을 마련하였다.

토지조사사업 결과 파악된 면적은 논(畓)이 154만 5,594정보, 밭(田)이 279만 1,510정보, 대지(垈)가 12만 9,964정보, 기타 40만 4,293정보, 합계 487만 1,071정보에 달했다.[39] 이것을 1910년 말의 토지면적과 비교하여 보면, 논이 83.8%, 밭이 79.1%, 전 토지에 대하여 80.7%가 증가한 것이었다. 이것을 1909년의 과세지 면적과 대비해 보면, 무려 161.7%나 증가한 것이었다. 이러한 토지면적의 증가는 일제의 토지조사사업이 은결(隱結)과 신개간지를 조사했기 때문에 나온 증가였다.

아홉째, 일제는 토지조사사업에 의하여 신고되지 않은 농민의 토지 다수를 조선총독부의 소유로 약탈하였다.

열째, 일제는 토지조사사업에 의하여, 수많은 삼림·임야·미간지가 조선총독부의 소유로 약탈하였다.

열한 번째, 일제는 토지조사사업에 의하여, 종래 관습적으로 농민의 소유로 되었던 하천가의 공지나 포락지(浦落地), 이생지(泥生地)를 조선총독부의 소유로 약탈하였다.

열두 번째, 일제의 토지조사사업에 의하여, 종래 일부 남아있던 촌락공유지를 비롯한 공동체의 유제적 성격의 토지가 조선총독부의 소유로 되거나, 지방 권세가들에 의해서 분할 소유되었다.

열세 번째, 일제의 토지조사사업에 의하여 농민층의 분화가 한층 더 격화되었다.

열네 번째, 일제는 토지조사사업을 통하여 반(半)봉건적 기생지주

---

38) 〈財務彙報〉, 제19호, "臨時國有地調査에 關한 決定事項", 제21, p.26 참조.

39) 〈朝鮮土地調査事業報告書〉, p.672 참조.

제도를 엄호하고 그 소작료율을 앙등시켰다.

일제의 토지조사사업은 토지개혁적 또는 토지변혁적 성격은 조금도 없는 것이었으며, 조선왕조 말기의 반봉건적 기생지주 제도를 그대로 재확인하고 엄호하였다. 뿐만 아니라 종래의 관유지(官有地)에서의 도작법(賭作法) 소작료율인 총생산량의 25~33%가 토지조사 중에 50%로 인상되면서 많은 토지에서 소작료율이 인상되었다.

이 위에 일반소작지에서도 토지조사사업의 결과로 말미암은 소작농의 불안정성 증가로 인하여 소작지 수요자인 소작농의 소작지 경쟁이 격화되었다. 그리고 한편으로 소작지 공급자로서의 지주측이 수리비(水利費)나 선대자본(先貸資本)의 이자를 소작료에 포함시키면서 소작료율은 총생산량의 약 60%로 인상되었다.

결국 일제의 토지조사사업은 반봉건적 기생지주 제도를 그대로 이행시켜 엄호하고, 조선왕조 말기에 비하여 일제하의 소작료율이 현저하게 상승하는 데 결정적 계기를 만들었다.

열다섯 번째, 일제의 토지조사사업은 소작농을 몰락시켜 유이민화하고 임금 노동자화하는 큰 계기를 만들었다.

열여섯 번째, 일제는 토지조사사업에 의하여 일제하의 한국인 농지에 대한 일본자본의 토지약탈과 점유를 한층 더 격화시켰다.

7. 맺음말 : 토지약탈 정책의 사업

일제의 토지조사사업의 특질은 종래 일부 논자들이 주장했던 것처럼 우리나라에서 처음으로 토지사유권을 확립한 것이 아니었다. 지주나 자작농의 토지사유권은 일제의 토지조사사업 시행 훨씬 이전에 조선왕조시대에 이미 확립된 것이었다.

일제의 토지조사사업의 본질은 일제의 식민지정책 특히 일제의 토지

약탈정책과 조세수탈정책에 직접 관련된 것이었다. 일제는 토지조사사업을 통하여 한국 토지의 약 50.4%를 조선총독부 소유지로 무상으로 약탈하였다.

또한 일제는 토지조사사업을 통하여 일본자본의 합법적인 한국 토지 점탈을 지원하고 보장해주는 편리한 제도를 확립하려고 하였다. 이 목적을 달성하기 위하여 한편으로 토지의 상품성의 고도화와 특히 토지의 이동성의 고도화를 시도했으며, 다른 한편으로 토지소유권 등기제도를 도입하였다. 주목할 것은 조선왕조시대에 이미 토지사유제도가 확립된 상태 위에서 토지소유등기제도를 도입하는 것은 그것이 토지사유권이나 토지사유제도를 새로 확립하는 것이 전혀 아니라 이미 확립되어 있는 토지사유권이나 토지사유제도를 재법인(再法認)한 것에 지나지 않았다는 사실이다.

즉 일제의 토지조사사업의 등기제도의 도입에 의하여 비로소 토지사유제도와 토지사유권이 확립된 것이 아니라 이미 토지사유제도와 토지사유권이 확립되어 있었기 때문에 일제가 용이하게 등기제도를 도입할 수 있었다. 일제가 토지조사사업을 시행하면서 신고주의의 방법을 채택할 수 있었던 것도 이미 토지사유제도와 토지사유권이 확립되어 있었기 때문에 가능했던 것이다.

또한 일부 논자들이 가끔 일제의 토지조사사업을 일종의 토지개혁 또는 토지변혁의 성격을 가진 것으로 보는 견해도 사실과 일치하지 않는 것이다. 일제의 토지조사사업은 조선왕조 말기의 반봉건적 기생지주제도를 조금도 개혁하거나 변혁하지 않았다. 그것은 처음부터 종래의 지주제도를 개혁하거나 변혁할 목적이나 계획은 없었으며, 그 시행과정에서도 지주제도의 개혁은 조금도 건드리지 않았다.

일제의 토지조사사업과 종래의 지주제도의 관련은 오히려 일제가 토지사유권 재법인 과정에서 지주의 사유권을 유일한 배타적 권리로 재법인하여 주고, 소작농의 관습상의 경작권·도지권·개간권·입회권 등 모든 권리를 소멸시킴으로써 지주의 권한을 강화시켜 준 것이었다. 그 결과는 조선왕조 말기의 반봉건적 기생지주제도가 그대로 일제치하에 이행되었을 뿐만 아니라 지주의 권한은 강화되고 소작농은 더욱 불안정하게 되었다.

즉 결과적으로 일제는 토지조사사업을 통하여 종래의 반봉건적 기생지주제도를 지주를 중심으로 하여 그대로 엄호했으며 일본 제국주의와 한국인 지주층의 양자의 견탁과 유착을 제도화하였다. 이것은 그 후 지주계급을 일제의 식민지정책 집행의 한국내의 사회경제적 기반이 되게 만든 것이었다고 볼 수 있다.

무엇보다도 일제의 토지조사사업의 본질은 방대한 면적의 국공유지를 약탈하여 조선총독부 소유지로 강제 편입하고 실로 방대한 면적의 민유지를 빼앗아 국유지에 강제 편입시킨 '한국인 토지 약탈'에 있었다. 그 결과 조선총독부는 국내의 최고이자 최대 지주가 되었으며, 무력에 기초하여 한국농민을 가장 조직적으로 철저하게 착취한 지주가 되었다.

일제의 토지조사사업의 또 중요한 특질의 하나는 그들 식민지 통치의 기초작업의 일환으로서 지세(地稅) 수입 증대의 원천을 확보하고, 토지점탈을 용이하게 한 것이다. 일제는 토지조사사업을 통하여 과세대상지를 모두 찾아내어 정리하였다. 그들은 은결(隱結)과 신개간지를 모두 찾아내어 과세지로 만드는 방법으로 조선총독부의 재정수입을 대폭 증가시킬 수 있었다. 이 면에서는 일제의 토지조사사업은 조세수취제제의 정비사업이었다고 볼 수 있는 것이다.

일제의 토지조사사업의 큰 특질을 이루고 있는 약탈성은 본질적으로 토지조사사업이 한국의 농업과 농촌사회 발전의 내부의 필요에 의해서 독립된 정부에 의하여 실시된 것이 아니라, 일제의 식민지정책상의 외부의 필요에 의해서 실시되었기 때문에 나온 것이었다.

일제의 토지조사사업의 본질은 비유하면 한 손에 피스톨을 들고 다른 한 손에 측량기를 들고 강행된 토지약탈정책이었다.

일제의 토지조사사업에 대하여 한국농민들은 그 시행 이전부터 전 시행과정에 걸쳐 완강히 저항하였다. 일제의 토지조사사업을 체험한 한국 농민들은 독립의 중요성을 더욱 절감하게 되어 일제의 토지조사사업에 대한 반항투쟁을 1919년의 3·1 운동의 가장 적극적인 참여로 발전시켰다고 볼 수 있다.

(〈政經文化〉, 3월호, 1982)

제 10 장

한국 남북분단의 원인과 포츠담 밀약설

열강의 정치적 야합과 포츠담 밀약

1. 머리말

한국민족은 1945년 8·15 해방을 맞이하면서 당연히 한반도에 즉각 한국민족의 완전한 통일 독립국가가 건설될 줄로 알고 환희에 넘쳤었다. 그러나 역사적 현실은 미국과 소련의 양국에 의하여 38도선으로 남북이 분단되어 점령되어 버리고, 일정 기간 미·소 양군의 군정의 실시를 겪지 않으면 안 되었다.

한국민족은 일본 제국주의의 패망과 동시에 자기의 조국과 강토가 남북으로 분단되리라고는 꿈에도 상상하지 못했었다. 한국의 남북 분단은 전혀 한국민족의 의사가 아니었다. 열강이 제 2차 세계대전 종전에 따르는 패전국 식민지의 처리 과정에서 국가 이익 극대화 정책을 추구하면서 한국민족의 의사와는 전혀 관계없이 열강에 의하여 분단이 된 것이었다. 열강에 의한 한국 남북분단이 현대 한국민족의 모든 생활에 끼친 영향은 전면적이고 심대하였다. 1945년 8·15 이후 한국민족이 겪어온 모든 불행과 고통의 원천은 가까이는 실로 모든 것이 남북분단에 직결되어 나온 것이었다. 그리하여 1945년 8·15 이전의 한국민족의 가장 큰 민족적 과제가 '민족의 해방과 독립'이었다면, 8·15

이후는 분단을 극복한 '민족의 재통일'이 가장 큰 과제로 되었다.

이제 한국민족의 8·15 이후의 현대사나 현대 사회사를 깊이 이해하기 위해서, 그리고 한국민족이 우리 시대의 최대의 민족적 과제라고 생각하고 추구하는 민족의 재통일을 위해서 가장 가까운 출발점은 무엇보다도 먼저 한국 남북분단의 원인과 책임을 사실과 일치하게 심층적으로 밝히고 명확히 인식하는 것이 필요하다.

한국민족은 8·15 해방 직후부터 남북 분단의 원인과 책임에 대하여, 미국·소련 양 당사국들로부터 그들은 한반도를 분단시켜 지배할 정치적 야욕은 없었고 단순히 일본군의 무장해제를 접수하기 위해 편의상 분계선을 임시 조치로 그은 것에 불과했는데 그 후 결과는 남북분단으로 되고 말았다는 설명을 계속 들어왔다.

이와 관련하여 최근에는 남북 분단 원인과 책임을 한국 독립운동 세력이 민족주의 노선과 사회주의·공산주의 노선으로 분화·분열했기 때문이라는 내인론까지 대두되고 있다. 그리고 한국 남북 분단의 1차적 원인과 책임을 한국민족 내부에 있는 것으로 파악하는 것이 주체적이라는 주장까지 나오고 있다. 과연 그러한가? 과연 이러한 설명이 역사적 사실과 일치하는 진실인가?

만일 한국 남북 분단의 원인과 책임이 한국민족 내부에 있는 것이 사실이라면 물론 그것을 사실대로 인식하고 그 원인을 철저히 규명하며 통절하게 그 책임을 져야 할 것이다. 즉, 한국민족이 자기의 허리를 자기가 잘랐다면 그 어리석음과 무지를 철저히 규명해야 할 것이다. 그러나 한국 남북 분단의 원인과 책임이 열강에게 있다면 그 원인과 책임에 대하여 누구보다 먼저 한국민족이 철저히 규명하여 물어야 할 것이다. 또한 열강에게 원인과 책임이 있는 것을 피해를 입은 한국민족에게 떠넘기려 하고 떠맡으려 하는 학설들이 나왔다면 그 이유와 무지도 철저히 규명되어야 할 것이다.

필자는 2년 전 기회가 있어 한국 남북 분단의 원인과 책임에 대하여 열강의 공식적 견해들과 남북 분단의 원인과 책임이 한국민족 내부의 독립운동의 좌・우 분열에 있다는 내인론에 대해 비판을 가하고, 그 대신 '열강의 정치야합설', '포츠담 밀약설'을 제기한 바 있다.[1] 여기서는 이를 학술적으로 더 보충하여 한국 남북분단의 원인과 책임이 어디에 있는가를 좀 더 자세히 밝히려고 한다.

2. 한국 남북분단의 군사적 편의주의설과 내인론

1) 군사적 편의주의설

한반도 남북분단의 기원에 대해서는 종래 '군사적 편의주의설'과 '얄타 밀약설'이 대립하였다.[2] 그러다가 최근에는 다시 남북분단의 제1차적 기원을 1920년대부터의 '독립운동의 좌우파 분열'에서 구하는 내인론까지 대두되어 혼비를 거듭하고 있다.

군사적 편의주의설의 요점은 한국 문제에 대하여 미국・소련 등 연합국 사이의 학설로 연합국 공동(미국・소련・영국・중국)의 신탁통치가 합의되어 있었다는 주장이다. 그런데 일본이 예정보다 일찍 갑작스럽게 항복하게 되면서 미국과 소련의 양군이 한반도내의 일본군의 항복과 무장해제를 접수하기 위하여 군사적 편의에 입각해서 돌발적으로 38도선의 군사분계선을 구상하여 그 이북은 소련군이 일본군의 항복

1) 愼鏞廈, "解放前後 韓國人의 歷史意識: 統一獨立國家 건설 문제를 중심으로"(〈東亞日報〉사 주최 '지령 2만호 기념 학술대회' 주제발표논문, 1986년 9월 5일). 이 논문은 동일한 제목으로 〈新東亞〉, 1986년 11월호와 〈東亞日報〉사 편, 《現代史를 어떻게 볼 것인가》 I (1987년 11월)에 재수록되었다.

2) 金光殖, "美軍政과 分斷國家의 형성", 崔章集 編, 《한국 현대사》 I, 열음사, 1985, pp. 111~183 참조.

을 접수하고 그 이남은 미국이 일본군의 항복을 접수하기로 한 임시 조치를 취한 것이 그 후 분단이 고착화되면서 분단의 기원으로 되었다는 주장이다.

이러한 군사적 편의주의설은 8·15 해방 직후부터 미·소 양 당국자들에 의하여 38도선 획정에 대한 공식적 설명으로 나오기 시작한 가장 오래된 주장이다. 미국 대통령 트루먼(Harry S. Truman)은 이에 대하여 "38도선은 일본 전쟁체제의 갑작스러운 붕괴가 한국을 힘의 진공 상태로 만들었을 때 실질적 해결책으로서 미국에 의하여 제안되었다"[3] 라고 설명했으며, 미국 국무장관 번즈는 "38도선은 미국과 소련 사이에 일본군의 항복을 접수하기 위하여 잠정적으로 책임 구역을 설정할 의도로 만들어졌다"[4] 라고 설명하였다. 널리 아는 바와 같이, 이러한 군사적 편의주의설은 이와 동일 시기부터 매큔(Shannon M. McCune),[5] 그레이(Arthur L. Grey Jr.),[6] 벨로프(Max Beloff),[7] 굿리치(Leland M. Goodrich)[8] 등에 의하여 주창되었다.[9] 한국인 학자로는 일찍이 1955년에 조효원 교수가 이 '군사적 편의주의설'을 주장했

3) Harry S. Truman, *Memoires* II, "Years of Trial and Hope", 1956, p. 317.

4) Cho, Soon Sung, *Korea in World Politics*, 1940~1950, 1967, pp. 54~55; *Department of State Bulletin*, 1947, p. 545 및 James F. Byrnes, *Speaking Frankly*, 1947, pp. 121~122 참조.

5) Shannon McCune, "The Thirty Eighth Parallel in Korea", *World Politics*, Vol. 1, No. 2 (January, 1949), pp. 223~232.

6) Arthur L. Grey, Jr., "The Thirty Eighth Parallel", *Foreign Affairs*, Vol. 29, No. 3 (April, 1951), pp. 482~487.

7) Max Beloff, *Soviet Policy in the Far East, 1944~1951*, 1953, p. 15.

8) Leland M. Goodrich, *Korea: A Study of U. S. Policy in the United Nations*, 1956, pp. 12~13.

9) 金學俊, "38線 劃定에 관한 論爭의 분석", 〈韓國政治學會報〉, 제10집, 1976 및 金光殖, "美軍政과 分斷國家의 형성", 전게서에 군사적 편의주의설에 대한 해설과 이 학설의 전개 과정, 논쟁점이 잘 요약되어 정리되어 있다.

고, 이를 반대하여 '얄타 밀약설'을 주장한 이용희 교수가 논쟁을 전개하였다.[10] 이 논쟁 후에 내용상의 편차가 있으면서도 '군사적 편의주의설'은 조순승,[11] 박준규,[12] 노계현,[13] 홍종혁,[14] 김학준[15] 등에 의해 채택되어 발전되었다.

필자의 생각으로는 이러한 군사적 편의주의설은 1945년 8월 10~15일 사이의 38도선 획정의 기술적 절차에 집중하여 문제를 파악한 피상적 관찰이라고 본다. 또한 이 군사적 편의주의설은 미·소 양군은 단순히 일본군 무장해제 접수를 위해 취한 임시 조치로 38도선을 획정한 것에 불과했는데, 한국인들의 좌·우 분열의 내인으로 한국의 남북분단이 고착되었다는 의미를 정립하여 미국·소련 양대 열강의 한국 남북분단의 원인과 책임을 한국민족에게 전가시켜 회피해보려는 잠재적 의도를 포함하고 있는 학설이라고 간취된다. 반면에 '얄타 밀약설'은 심층을 밝히려고 추구한 중요한 학설이지만, 얄타 문서가 공개되었는데도 증거가 보이지 않는 실증상의 근본적인 문제점이 있다.

---

10) 孫世一 編, 《韓國論爭史》 Ⅲ, "政治法律篇", pp. 4~18에 수록된 이 논쟁은 원래 국내 일간지 지상에 전개된 것으로 그 제목과 일자는 다음과 같다.
① 趙孝源, "38線은 누가 劃定?", 〈서울신문〉, 1955년 7월 21일자.
② 李用熙, "38線 劃定의 是非", 〈朝鮮日報〉, 1955년 1월 26일.
③ 趙孝源, "38線 劃定의 是非에 答함", 〈서울신문〉, 1955년 2월 10일.
④ 李用熙, "續 38線 劃定의 是非: 趙교수의 答에 答함", 〈서울신문〉, 1955년 2월 17~19일.

11) 趙淳昇, *Korea in World Politics*, 1940~1950, 1967, pp. 13~58 참조.

12) 朴俊圭, "누가 38線을 그었는가?", 〈新東亞〉, 1965년 8월호.

13) 盧啓鉉, "韓國分割案에 관한 역사적 고찰", 《韓國外交史硏究》, 1967, pp. 152~179.

14) 홍종혁, 《한국분단의 역사적 고찰》, 1974.

15) 金學俊, 《韓國問題와 國際政治》, 1984, pp. 13~68.

2) 한국민족 내인(內因)설

특히 주목되는 것은 최근에 현대사를 연구하는 국내외 학자들 사이에서 한국의 남북분단 원인과 책임을 일제 강점기의 독립운동 노선 분열에서 구하여 남북분단의 제1차적 원인을 한국민족 내부에 있다는 내인설을 주장하고 외인은 부차적인 것이라고 보는 견해가 대두되어 있다는 사실이다.

예컨대 커밍스(Bruce Cummings) 교수는 한국의 남북분단의 기원은 1920년대부터 한국민족 독립운동의 좌·우파 분열에서 시작하여 이것이 결국 남북분단의 귀결을 낳았다고 다음과 같이 주장하였다.

> 전후 한국을 평가하는 데 있어서 우리가 할 수 있는 최대의 오류는 한국인들이 미국과 소련에 의하여 틀에 넣어 만들 수 있고 조종할 수 있는 진흙덩이였다고 가정하는 것이다. 그리하여 많은 문헌들에서 초점이 된 강대국들의 행동에 집중되어 있으며, 한국은 한국인들이 그들에게 대하여 이미 정해진 것들을 꺼내 갖는 빈 '블랙박스'인 것처럼 되어 있다. 만일 소련과 미국의 점령이 없었다고 가정할 경우에도, 그럼에도 불구하고 식민지 시대의 결과는 한국 사회 내부에서 심층의 분단을 확실히 보증했을 것이다. 강대국들이 공산주의와 자본주의를 도입한 것은 아니었으며, 한국인들이, 더 일찍이는 아니었을지라도, 1920년대에 양자(공산주의와 자본주의 — 인용자)를 발견하기 시작했었다. 강대국들은 단추를 눌러 그들의 노선을 갈 수 없었으며, 한국인들이 심지어 폭력적 압력을 가하면서 까지 고집 센 반대자인 것을 증명하였다. 이러한 유형은 단독 정권들의 출현에 있어서도 명백하였다.[16]

이 견해는 한국인의 주체성을 방법론적으로 존중하는 것 같은 외양을 취하면서 한국분단의 기원을 1920년대부터의 일제강점기 한국인들

---

16) Bruce Cummings, *The Two Koreas*, 1984, p. 33.

의 공산주의와 자본주의 노선의 분열에서 구하고, 해방 후 강대국들은 통일을 지향하는 정책 노선을 가졌으나 한국인 자신들이 고집 센 반대를 하여 분단이 만들어지게 되었다고, 한국 분단의 원인과 책임을 묘하게 한국민족에게 전가시키고 있다.

또 하나의 예를 들면 오코노기 마사오(Okinogi Masao) 교수는 한국의 식민지 시대 독립운동에서부터 해방 후 한국 전쟁에 이르기까지 한국민족 내부의 국내갈등이 국제화되어 분단과 한국 전쟁으로 귀결되었다고 다음과 같이 강조하였다.

> 1945년에 한반도를 둘러싸고 전개된 정치 과정은 한국 전쟁이 얼마나 깊이 정치권력의 정당성에 대한 기본적으로 복잡한 국내적 갈등이었는지를 명시해준다. 그 갈등은 한국의 독립운동 과정에서 발전된 것이었다. 그러나 한반도의 지리적 위치와 한국 해방 자체의 국제적 성격은 외부 압력에 특히 상처받기 쉬워서 순전히 국내적 갈등을 그 범위를 확대하게 하고 복잡성을 가중시켰다. 그리하여 1940년대 후반에 한국의 해안에 냉전의 물결이 도착하자, 국내의 권력투쟁은 '국제화'(*internationalized*) 되었다.[17]

또한 최근에는 국내학자들 가운데서도 한국 역사에 대한 반성과 주체적 역사 인식을 표방하면서 민족 분단의 제1차적 요인을 한국민족 내부에서 구하는 내인론을 주창하고, 남북분단의 기원을 독립운동 과정에서의 좌·우익 분열에서 구하는 견해가 대두하였다.

> 우리 근대사가 식민지 시대를 벗어나면서 바로 분단 시대로 빠져들게 된 간접적 원인은 일본의 식민 통치에 있고 직접적인 원인은 미국·소

17) Okonogi Masao, "The Domestic Roots of Korean War", in Yonosuke Nagai, Akira Iriye eds., *The Origins of The Cold War in Asia*, 1977, p. 299.

> 련의 분할 점령에 있었다. 그러나 민족 분단의 원인을 외세의 작용에 더 무게를 두고 구하는 관점이 결코 주체적 역사 인식은 아니다. 주체적 역사 인식은 왜곡된 역사를 바로잡거나 빛나는 역사를 강조하는 데에서만 세워지는 것이 아니라 실패한 역사의 책임을 무엇보다도 민족 스스로가 지는 데서 강하게 세워질 수 있을 것이다.[18]
>
> 독립운동 과정에서의 좌우분열이 배경이 되고 해방 후의 38도선 획정과 미·소 양군의 분할 점령이 현실적 조건이 된 위에 외세에 편승한 정치 세력의 책동에 의해 분단국가가 성립됨으로써 민족 분열은 결정적인 것이 되고 말았던 것이다.[19]

한국의 남북분단의 기원을 일제강점기의 민족독립운동의 좌우분열에서 구하면서 내인론을 주장하는 학설이 역사적 사실과 다르며 주체적 역사 인식도 아니라는 점에 대하여 필자는 이미 몇 차례 비판한 바 있다.[20] 그러나 국내학자들 일부는 여전히 한국 분단의 제 1차적 원인을 독립운동에서 구하는 내인론을 완강하게 주장하고 있다.

> 민족 분단의 민족사 내적 원인의 하나는 이와 같은 민족 운동 전선의 전선연합의 미완성에 있으며, 그 구체적인 결과는 전선 연합 운동의 핵심의 하나였던 임시정부 세력이 모두 개인 자격으로 귀국했고, 어느 독립운동세력도 전체 한반도의 새로운 국가 건설을 위한 총선거를 담당하는 세력이 될 수 없었던 것이다.[21]
>
> 민족 분단의 원인을 외세의 작용에서만 찾는 일은 비주체적 역사 인식이 될 수 있으며, 분단 자체가 민족적 역량으로 막을 수 없었던 불가항력적인 것이 될 수 있으며, 따라서 분단 불가피론, 나아가서 분단 당

18) 姜萬吉, 《韓國現代史》, 1984, pp. 163 및 174.

19) 전게서, pp. 163 및 174.

20) 愼鏞廈, "解放前後 韓國人의 歷史意識 : 統一獨立國家 건설 문제를 중심으로", 〈新東亞〉, 1986년 11월호, pp. 500~517 참조.

21) 姜萬吉, "南北分斷, 누구의 책임인가", 〈新東亞〉, 1988년 8월호, p. 227 및 p. 231.

> 연론으로까지 빠질 수 있다. 그리고 그것은 또 통일 문제에서도 외세 결정론으로만 갈 수도 있다.[22]

위의 주장들은 과연 역사적 사실과 일치하는 주장들인가? 미·소 양대국은 일본이 갑자기 항복했으므로 단순히 일본군의 항복과 무장해제 접수를 위한 군사적 편의상의 임시 조치로 38도선을 그었는데 한국인들이 완강히 고집하여 나라를 분단시켰는가? 일제강점기 한국민족 독립운동의 좌·우 분열과 독립운동 전선 연합의 미완성이 남북 분단의 기원이고 원인의 하나인가? 한국 분단의 제 1차적 원인이 내인이며, 내인보다 외인인 외세의 작용에 더 무게를 두어 고찰하는 것은 비주체적 역사 인식인가? 분단에 대한 외세의 작용을 중시하는 견해는 분단 당연론과 통일 문제에 대한 외세 결정론까지 갈 수 있는 것인가?

물론 우리는 역사를 통하여 끊임없이 반성해야 하며, 주체적 역사 인식을 해야 할 것이다. 그러나 필자가 보기로는 한국 분단의 원인에 대해 군사적 편의주의설과 독립운동의 좌·우 분열—전선 연합의 미완성에 그 기원을 구하는 한국민족 내인론은 역사적 사실과 일치하지 않을 뿐만 아니라, 한반도 남북 분단의 제 1차적 원인을 만든 미·소 양대국의 한반도 남북분단 정책의 역사적 과오를 피해를 입은 민족에게 전가시켜온 여러 가지 입론들에 결과적으로(주관적 의사와는 관계없이 객관적으로) 동조하는 비주체적 역사 인식으로 보인다.

위의 주장들은 '분단의 원인'과 해방 후 분단 '장기화(또는 고착화)의 원인'을 구분하지 못하고 있다. 또한 한국민족의 의사를 무시하고 외세가 나라를 분단시켰으므로 분단을 극복하는 통일은 그 경험에 비추어 외세에 의존하지 말고 민족자주적으로 달성해야 한다는 한국민족의 논리도 이해하지 못하고 있다. 위의 주장들은 도리어 외세가 분단을 시켰다면 통일도 외세가 결정해야 한다는 논리의 역사 인식을 하고 있

---

22) 전게서, p. 227 및 p. 231.

는 것으로 보인다.

여기서는 위의 문제와 관련하여 두 개의 문제를 설정해서 고찰하려고 한다.

첫째의 문제는 '한국 남북 분단의 제 1차적 원인과 책임은 외세(미·소 양대국)에 있는가 한국민족 내부에 있는가'의 문제이다. 이 문제를 보다 실증적으로 고찰하기 위하여 필자는 최근 두 번의 외국 여행 기간에 자료에 밝은 관계학자들과 사서들을 만나 관계 자료들을 수집하려고 노력해 보았으나, 이미 전문학자들이 사용한 자료들이 공개된 자료의 전부인 것을 알게 되었다. 따라서 이 논문에서 한 자료 이외에는 새 자료를 제시하는 것은 아니고 기존의 알려진 자료를 새롭게 해석하면서 이 문제를 다루려고 한다.

둘째의 문제는 '일제강점기 한국민족의 독립운동의 좌·우 노선분열과 독립운동 전선 연합의 미완성이 남북 분단의 기원이고 배경이며 제일차적 원인인가'의 문제이다. 이 문제는 지난번의 논문에서 비교적 상세히 다루었으므로 이번에는 그 요점만을 간결하게 논급하려고 한다.

3. 열강의 정치적 야합설과 포츠담 밀약설

여기서는 한국 분단의 원인을 밝히는 문제와 관련하여 필자가 이전에 주장한 열강의 정치야합설과 그 일환으로서의 포츠담 밀약설의 기본 내용을 간단히 다시 밝히려고 한다.

1) 신탁통치에 대한 야합

국제열강은 한국 분단과 관련하여 몇 단계 '정치적 야합'을 하였다.
첫 단계의 야합은 카이로 회담과 테헤란 회담에서의 한국에 대한 신탁통치 실시에 관한 야합이었다. 제 2차 세계대전이 1943년부터는 연합국에 유리하게 전개되어 승리가 뚜렷하게 전망되자, 연합국 고위 정치가들 사이에서는 독일 · 일본 · 이탈리아 등 추축국 점령 아래 있던 식민지에 대한 전후 처리 문제가 논의되기 시작하였다. 연합국 가운데 최강국이었던 미국 대통령 루스벨트(Franklin D. Roosevelt)는 전후에 아시아의 식민지 민중들은 열강의 후견(*tutelage*) 아래 자치능력을 교육받은 후 독립되어야 한다는 그의 주장을 피력하기 시작하였다. 루스벨트는 1943년 3월 워싱턴에서 국무장관 헐(Cordell Hull)을 대동하고 영국 외상 이든(Anthony Eden)과 회담한 자리에서 한국과 인도차이나는 미국 · 중국 · 소련 등 몇 개 관련 국가의 국제적 신탁통치(*international trusteeship*)하에 놓아야 한다는 의견을 내놓아 미 · 영간에 잠정적 합의가 이루어졌다.[23] 이것이 한국문제에 대한 본격적 거론과 야합의 시작이었다.

뒤이어 1943년 11월 20일 카이로에서 열린 미국 대통령 루스벨트, 영국 수상 처칠(Winston S. Churchill), 중국 총통 장개석(蔣介石) 등의 카이로 회담에서는 일본의 중국침략의 발판을 일본의 한국점령으로

---

23) Cordell Hull, *Memoirs of Cordell Hull*, Vol. 2, 1948, p. 1596; Anthony Eden, *The Memoirs of Anthony Eden: The Reckoning*, 1965, p. 438 및 U.S. Department of State, *Foreign Relation of the United States: Diplomatic Paper*, 1943, 1965, Vol. 3, p. 37.

미국 대통령 루스벨트와 영국 외상 이든 사이의 한국에 대한 국제신탁(위임) 통치 구상이 세계적 통신망을 가진 통신사의 전보와 라디오를 통하여 세계에 알려지게 되었다. 이에 당시 중경에 있던 대한민국 임시정부는 외무부장 조소앙을 통하여 미 · 영의 국제신탁(위임) 통치 구상에 강력히 항의하며 한국의 종전과 동시에 즉각 독립의 승인의 요구를 결의하고 요구하는 반박 성명을 발표했으며, 미국 대통령 루스벨트에게도 항의 전보문을 1943년 5월 28일자로 발송하였다. 〈新韓民報〉, 1943년 7월 1일자, "한국 임시정부 외무부장 조소앙의 반박문", 및 7월 8일자, "루스벨트 대통령에 대한 한국 임시정부 외무부의 전문" 참조.

보는 중국의 장개석이 한국 임시정부와의 약속을 지켜서 한국의 독립문제를 회담 성명문에 넣을 것을 희망하였다. 영국은 인도 등 아시아 식민지의 독립운동을 염려하여 이에 반대하는 입장이었으나, 회담을 주도하고 있던 미국이 한국의 독립문제를 성명서에 거론할 것을 절충하여 이것이 포함되게 되었다.

주목해야 할 것은 카이로회담의 성명서의 초안을 작성할 때 작성자인 홉킨스(Harry Hopkins)는 "가능한 빠른 시기에(*at the earliest possible date*) 조선을 자유 독립시키기로 결의했다"라고 한 것을 루스벨트가 '적절한 때(*at the proper moment*)'라고 수정했고, 처칠이 이를 다시 '적당한 시기(절차)에'(*in due course*)로 수정했다는 사실이다. 그리하여 성명문에는 "조선 민중의 노예 상태에 유의하여 '적당한 시기(절차)에'(*in due course*) 조선이 자유롭게 되고 독립하게 될 것을 결의했다"는 표현으로 나타나게 되었다.[24] 카이로 회담의 성명서(1943년 12월 1일) 전문은 다음과 같다.

> 각국 사절단은 민족국에 대한 장래의 군사 작전을 협정하였다. 3대 연합국은 해로·육로·공로로써 야만적인 적군에 대하여 가차 없는 압력을 가할 결의를 표명하였다. 이 압력은 이미 증대되어가고 있다.
>
> 3대 연합국은 민족국의 침략을 제지하고 민족국의 침략을 징벌하기 위하여 현재의 전쟁을 수행하고 있는 바이다. 위 연합국은 자기 자신들을 위해서 이득을 요구하고 있는 것이 아니며 또한 영토 확장의 의도도 없다. 위 연합국의 목적은 일본국으로부터 1914년 제1차 세계대전 개시 이후에 일본국이 장악 또는 점령한 태평양의 모든 도서들을 박탈할 것과, 아울러 만주·대만·팽호도 등 일본국이 중국인들로부터 절취한 일체의 지역을 중화민국에 반환함에 있다. 또한 일본국은 그가 폭력과

24) U.S. Department of State, *Foreign Relations of the United States: Diplomatic Papers*, Conference at Cairo and Teheran, 1943, 1961, pp. 399~404 참조.

> 탐욕에 의하여 약취한 모든 다른 지역으로부터도 축출될 것이다. 위의 3대국은 조선민중의 노예 상태에 유의하여 적당한 시기(절차)에 조선이 자유롭게 되고 독립하게 될 것을 결의하였다(The aforesaid three great powers, mindful of the enslavement of the people of Korea, are determined that in due course Korea shall become free and independent).
>
> 이러한 목적으로 위의 3대 연합국은 일본과 교전중인 여러 연합국들과 협조하여 일본의 무조건 항복을 촉진하는 데 필요한 엄중하고 장기적인 작전을 계속할 것이다.[25)]

여기서 우리가 주의해야 할 것은 카이로 회담의 한국 문제에 대한 합의에는 두 개의 다른 차원이 있다는 사실이다. 그 하나는 "조선이 자유롭게 되고 독립하게 될 것"이라고 한 부분이다. 이 부분은 3·1 운동 이후 전세계에 널리 인지된 한국민족의 독립운동과 독립 의지가 열강의 전후 처리 회담에 반영된 부분이라고 할 수 있다. 다른 하나는 '적당한 시기(절차)'(*in due course*)라고 한 부분이다. 이것은 열강의 한반도에 대한 정치적 야욕이 반영되어 야합된 부분이라고 할 수 있다. 영어의 'course'는 '시기'와 진행 '절차'를 모두 포함한 용어이다. 이때 '절차'는 루스벨트의 주장에 따라 신탁통치(*trusteeship*)·후견(*tutelage*)·수습통치(*apprenticeship*)를 의미하는 것이었다. 그러면 그 신탁통치의 기간은 얼마를 구상했는가? 루스벨트는 다음의 테헤란 회담에서 볼 수 있는 바와 같이 '40년'을 구상하였다.

카이로 회담에 소련의 스탈린이 참석하지 않은 것은 중국 장개석의 반대 때문이었으므로, 루스벨트와 처칠은 카이로 회담 직후 별도로 소련 수상 스탈린(Joseph V. Stalin)과 이란의 테헤란에서 1943년 11월 28일~12월 1일 테헤란 회담을 갖고 소련과 제 2차 세계대전의 전후 처리 문제를 협의하였다.

---

25) 《韓日關係參考文書集》, "The Cairo Declaration", p. 1.

테헤란 회담에서 스탈린은 "독일이 항복한 후 대일본전쟁에 참전하겠다"는 원칙적 합의를 한 대신, 그 대가로 일본이 점령했거나 이권을 가졌던 ① 사할린, ② 쿠릴 열도, ③ 소련의 만주철도 사용권, ④ 여순·대련(요동반도)의 권리 이양에 관심을 표명하였다.[26] 스탈린이 러·일 전쟁 때 일본에게 빼앗긴 사할린과 쿠릴 열도의 소유권 이양에 관심을 표명한 것은 당연한 것이었다고 볼 수 있다. 우리가 여기서 주목할 것은 중국이 연합국(따라서 예상된 승전국)의 일원이었음에도 불구하고 일본이 중국을 침략하여 획득한 중국 영토 안에 있는 만주철도와 대련항(大連港, 요동반도)이 일본의 조차권 소유 지역이었다고 해서 그 권리 이양에 관심을 표명했다는 사실이다.[27] 이것은 스탈린의 극동에서의 지배욕과 관련하여 반드시 주목해둘 필요가 있으며, 일본이 점령한 식민지로 간주된 한반도에 대한 그의 관심을 미루어 알 수 있게 하는 사실의 하나이기도 한 것이다.

루스벨트는 이를 양해하고 대련항을 국제적 보장 아래의 '자유항'으로 설정할 것에 합의하면서 중국을 설득시켜볼 것을 약속하였다. 연합국의 일원인 중국의 의사도 물어보지 않고 전후 당연히 중국에 귀속되어야 할 만주철도와 대련항을 중국을 제외한 테헤란 회담에서 미국과 소련이 자기 편의대로 야합하여 요구하려 획책한 것이었다.

테헤란 회담의 제1차 공식 회담에서 한국 문제에 대하여 루스벨트는 1943년 11월 28일 카이로 회담에서의 합의 사항을 설명하고 한국

---

26) Robert E. Sherwood, *Roosevelt and Hopkins: An Intimate History*, 1948, pp. 791~92 및 U.S. Department of State, *United States Relations with China*, 1949, p. 558 참조.

27) 소련 수상 스탈린의 극동정책이 러시아의 그것과 엄격하게 단절되지 않고 러시아의 극동 팽창 정책을 계승하였다. 러시아가 동맹국인 중국의 주권을 침해해가면서 침략 정책을 집행해서 요동반도의 여순과 대련항의 이권을 빼앗은 사실은 스탈린의 한반도에 대한 극동정책에 관련해서도 참고해야 할 중요한 열강 정책의 하나로 주목할 필요가 있다.

은 완전독립을 획득하기 전에 40년간의 신탁통치(훈련 기간)를 거치게 할 것을 소련에 정식으로 제안하였다.[28] 스탈린은 이 신탁통치안에 찬성하여 동의하였다.[29]

결국 카이로 회담과 테헤란 회담을 통하여 미국·영국·중국·소련의 열강은 한국민족의 의사도 물어보지 않고 "한국의 독립을 승인하되 완전독립을 획득하기 전에 40년간의 신탁통치를 실시한다"는 데에 야합한 것이었다.

한국에 대한 열강의 신탁통치안의 본질은 제 2차 세계대전의 종전을 앞두고 미·소 양대국이 한국에 각각 친미정권·친소정권을 수립하여 한국을 그들의 각각의 지배와 영향력하에 두고자 하나 아직 한국 내부에 그들의 세력 기반이 없으므로 각각 그들의 친미·친소 세력을 양성하여 친미정권·친소정권을 수립할 충분한 '시간'과 '절차'와 한국내의 '세력'을 만들기 위하여 정치적으로 야합한 정책안이었다. 이 신탁통치안은 그 자체가 열강의 한국에 대한 지배 야욕을 잘 나타낸 것이었다. 미국 등 열강이 지배욕이 없었으면 한국을 즉각 독립하게 했지 신탁통치를 구상할 필요조차 없었다.

신탁통치안은 당시의 조건에서 열강 가운데서도 본질적으로 '미국의 국가 이익'을 위한 정책이었다. 이미 미국은 '신탁통치'의 방법으로 세력 팽창에 큰 효과를 획득한 경험이 있었다. 제 1차 세계대전의 종전처리 과정에서 윌슨(Woodrow Wilson)은 민족자결주의를 표방하면서 태평양 지역의 독일(패전국) 식민지에 대한 국제연맹의 신탁통치를 실시하기로 하여, 미국은 태평양의 마리아나 군도, 캐롤라인 군도, 사모아

---

28) Robert E. Sherwood, *Roosevelt and Hopkins: An Intimate History*, p. 777 및 Harry S. Truman, *Memoirs* II, "Years of Trial and Hope", p. 316 참조.

29) U. S. Department of State, *Foreign Relations of the United States: Diplomatic Papers*, Conference at Cairo and Teheran, 1943, p. 868 및 Robert E. Sherwood, *Roosevelt and Hopkins: An Intimate History*, p. 777 참조.

군도 등 태평양의 광활한 군도들을 얻고 거대한 태평양세력으로 비약하였다. 영국도 간접적으로 오스트레일리아를 통해 파푸아 뉴기니와 비스마르크 군도를 획득하였다. 이 경험은 루스벨트에 의해서 깊이 음미된 것으로 보인다. 당시 제 2차 세계대전 종전후의 국제기구로 '국제연합'(UN)이 논의되기 시작하고 있었는데, 이 국제기구를 좌우할 국가가 미국으로 명확히 예견되었으며, 당시의 미국은 가장 강대하고 부유한 승전(예정)국이었으므로, 패전국 식민지(일본의 식민지인 한국 포함)의 신탁통치 기간은 물론이요, 그를 거친 완전독립 후에도 새 독립 국가가 미국에 크게 의존하여 그 영향을 받게 되리라고 예견되고 있었다. 신탁통치가 실시되기만 한다면 미국은 식민지 약소국의 독립을 존중해준다는 외형과 명분을 유지하면서 장기간 약소국을 지배하고 친미 정권을 수립하여 그를 영향력하에 둘 수 있다고 판단된 것이었다.

반면에 소련은 즉각 서구식 자유 선거가 실시되면 공산당의 집권이 당장은 불가능하지만 신탁통치의 형태로 충분한 '시간'만 주어진다면 저변에서 공산당을 조직적으로 육성하여 그 '시간' 후에는 자유선거를 실시하더라도 공산당이 집권하여 친소 정권을 수립할 자신이 있었던 것으로 보인다.

결국 '한국에 대한 40년간의 신탁통치'에 대한 '열강의 정치적 야합'은 한국에 대한 그들의 지배를 추구한 동상이몽의 야합이었다. 그러나 이 동상이몽의 야합은 일종의 '제로 섬 게임'(*Zero-sum game*)으로 미·소 양대국이 각각 50% 이상 100%까지의 위험률을 가진 것이었다. 만일 신탁통치를 통하여 미국이 한반도에 친미(또는 반소) 정권을 수립하면 소련은 모든 것을 잃으며, 역으로 소련이 친소(또는 반미) 정권을 수립하는 데 성공하면 미국이 모든 것을 잃게 되는 것이었다.

열강이 한국에 대한 40년간의 신탁통치에 정치적으로 야합하면서 한국민족의 '자치능력' 부족 운운한 것은 강대국들이 한국을 지배하고자 할 때 사용한 터무니없는 상투적 구실에 불과한 것이었다. 한국민족은 고대국가의 수립 이래 수천 년을 독립국가로 발전해 오다가 19세기에 자주근대화에 지각하여 1910년 한국 역사상 처음으로 일본의 식민지가 되었을 뿐이며, 열강의 어느 나라보다도 장구한 독립국가의 역사를 가진 민족이었다. 특히 신탁통치를 주창하면서 자치 능력을 거론한 160년의 독립국가의 역사를 가진 미국에 비하면 한국민족의 독립국가의 역사는 수십 배 유구한 것이었다. 이 때문에 미국을 비롯한 열강의 한국에 대한 신탁통치안은 이것이 발표된 직후부터 이미 한국민족 독립운동가들에 의하여 격렬한 항의와 비판을 받았다.

2) 군사점령과 군정에 대한 야합

제 2단계의 한국 문제에 대한 열강의 정치적 야합은 얄타 회담에 즈음한 한반도의 '군사점령'과 '군정' 선행 실시에 대한 야합이었다.

카이로 회담・테헤란 회담에서 신탁통치에 야합한 약 4개월 후인 1943년 3월에 미국은 종전 후 지리적 근접성으로 소련이 한반도를 군사 점령하거나 또는 막강한 영향력을 단독 행사할 가능성을 고려하였다. 그래서 미 구무부에서는 한국에 대한 군정의 신탁통치를 시작하기 전에 종전과 동시에 먼저 한반도를 '군사점령'하여 처음 단기의 '군정'을 실시했다가 '신탁통치'로 이행하는 절차를 계획하였다.

> 과도정부(*interim government*)에 대한 국제 감독과 민사에 미국이 주요 부분을 담당해야 한다면, 이것은 한국 내부와 그 주변에 대한 군사점령 작전에 미국이 참가함으로써 더욱 용이하게 수행될 것이다.[30]

---

30) U.S. Department of State, *Foreign Relations of United States: Korea; Occupation and Military Government: Composition of Forces*, March 29, 1944, Vol. 5, pp. 1224~1228 및 Bruce Cummings, "American Policy and Korean Liberation", Frank Baldwin ed., *Without Parallel: The American Korean Relationship Sine 1945*, 1974, p. 44 참조.

미 국무부는 소련이 대일본전에 참전하는 경우에 한반도를 군사점령하리라고 예견했으며, 만일 소련이 단독으로 한반도를 군사 점령한다면 "미국은 그러한 사태 발전을 태평양의 미래의 안전에 대한 하나의 위협으로 간주할 것이다"[31] 라고 하여, 미국도 소련과 함께 한반도에 대한 군사점령을 단행하는 것이 미국 주도하의 신탁통치를 실시하기에 앞서 미국이 수행해야 할 정책으로 계획한 것이었다.

미 국무부는 1945년 2월 8일 열리는 얄타 회담에 임하여 미국의 정책을 설명하는 소책자를 작성했는데, 여기서는 한국 문제에 대하여 미국의 정책을 다음과 같이 설명하였다.

한국 문제는 국제적 성격을 갖고 있으므로 한국에서 군사 작전을 완료함과 더불어 드러낸 구무부의 견해는 다음과 같다.[32]

① 실천 가능한 한 한국에서의 점령군(*the army of occupation*)과 군정(*military government*)에 연합국 대표부(*allied representation*)를 두어야 한다.
② 그러한 대표부는 한국의 장래 지위에 실질적 이해관계를 가진 국가들인 미국·영국·중국·소련(태평양 전쟁에 참전한다는 것을 전제조건으로 하여)으로 구성되어야 한다.
③ 다른 국가들의 대표권은 미국의 비례적 힘을 그 영향력이 약화될 정도까지 감소시킬 수 있을 만큼 큰 것이어서는 안 된다.

얄타 회담에서의 위의 미국 정책 설명에서 눈여겨봐야 할 것은 미국은 이때 한반도에 대한 '군사점령'과 '군정' 실시를 제안하고, '신탁통

31) Bruce Cummings, "American Policy and Korean Liberation", Frank Baldwin ed. *Without Parallel*, p. 44 및 U. S. Department of State, *Foreign Relations of States: Korea; Occupation and Military Government: Composition of Forces*, March 29, 1944, pp. 1239~1242 참조.

32) U. S. Department of State, *Foreign Relations of the United States; Diplomatic Papers*, Conference at Malta and Yalta, 1945(이하 Conference at Malta and Yalta로 약칭), pp. 358~359.

치'는 그 후에 실시할 의사를 표명하였다는 사실이다. 그러나 주목할 것은 이때 '분단'에 의한 군사 점령과 군정을 제안한 것은 아니고, 그와 반대로 군사 점령에 의한 지역적 분단의 가능성을 우려하면서, "한국 전체가 나누어진 지역들로서가 아니라 단일 단위로 통치되어야 한다"[33]는 점을 강조하여, 군정은 미국과 소련의 협조하에 연합군 대표부가 참가한 하나의 단일 군사 정부가 전체 한국을 통치하는 체제임을 강조하였다. 따라서 얄타 회담에서 '군사점령'과 '군정'은 논의되었으나 '분단'은 논의되지 않았음을 알 수 있다.

얄타 회담에서의 이러한 미국 정책에 대하여 소련이 정밀히 검토했음은 말할 필요도 없는데, 소련이 이의를 제기했다는 기록이 없는 것으로 보아서 소련이 참가한 공동의 군사점령과 전체 한국을 통치하는 연합국(소련이 참가한)의 하나의 단일 군정에 소련도 반대하지 않은 것으로 보인다. 소련이 관심을 가졌던 것은 '군사점령'과 '군정'이 아니라 그 후 '신탁통치'를 실시하는 기간에 연합군을 주둔시킬 것인가 철수할 것인가의 문제였다. 학자들 사이에서는 이미 널리 알려진 바와 같이, 얄타회담에서 루스벨트는 스탈린에게 한국을 "미국·중국·소련의 대표로 구성된 신탁통치"에 붙일 구상이라고 제안하면서, 필리핀에서 자치정부를 수립하는 데 40년이 걸렸지만 한국에서는 신탁통치 기간이 '20~30년'이면 될 것이라고 설명하였다.[34] 스탈린은 신탁통치가 미국의 국가 이익을 위한 방법임을 잘 간취하고 있었다. 스탈린은 신탁통치의 기간은 짧으면 짧을수록 좋을 것이라고 대답하면서 그 경우에 외국군이 한국에 주둔하느냐고 물었고, 루스벨트가 그렇지 않다고 대답하자 스탈린은 루스벨트의 제안에 동의를 표명하였다.[35]

---

33) Conference at Malta and Yalta, p.360.

34) Conference at Malta and Yalta, p.770 참조.

35) Conference at Malta and Yalta, p.770 및 p.984; Robert E. Sherwood, *Roosevelt and Hopkins; An Intimate History*, p.868 참조.

알타 회담에서 한국 문제에 대하여 미국과 소련 간에 합의된 것은 결국 ① 연합국(실제로는 미·소)의 군사점령을 시행하고, ② 미국·소련·중국의 대표를 중심으로 한 전체 한국에 대한 하나의 단일 군정을 실시하며, ③ 그 후 외국군이 주둔하지 않은(철수한) 상태에서의 미국·소련·중국의 연합국 대표부에 의한 20~30년간의 신탁통치를 실시하는 것이었다. 이것은 한국민족의 의사를 전연 물어보지도 않고 고려하지도 않은 채 열강이 그들의 국가 이익을 위하여 정치적으로 야합한 것이었다.

알타 회담에서 미·소 양대국이 얼마나 자기 나라의 국가 이익을 위하여 다른 나라와 다른 민족의 이익을 무시했는가의 그 야합의 정도는 루스벨트와 스탈린이 서명까지 하여 공식적으로 합의한 다음의 야합 문서에서도 알 수 있다.

① 소련은 외몽고(몽고인민공화국)와 외몽고인의 현재 상태를 보호할 것.
② 1904년 일본의 배신 공격에 의해 상실한 이전의 러시아의 모든 권리를 회복할 것.
  가. 남사할린과 그 부속 도서들은 소련에 반환함.
  나. 상업 항구 대련은 자유항으로 하나 소련에게 우선권을 주고, 여순은 소련에게 군항으로 환부함.
  다. 동청철도와 남만주철도는 중·소 합작회사를 설립하고 양국이 공동 관리로 경영하되 소련에게 우선권을 줄 것.
  라. 만주의 주권은 중국이 완전히 소유함.
③ 쿠릴 열도는 소련에게 할양함. 단, 외몽고와 항구·철도 등에 관한 문제는 장개석 총통의 동의를 요하며, 루스벨트 대통령은 장개석 총통의 동의를 얻는 데 알선을 할 것이다. 그리고 3대국은 소련의 목적이 일본 항복 후 이의 없이 완전히 달성될 것임을 협정하고 소련은 중국을 일본의 압박으로부터 해방시키는 데 무력으로 원조하기 위하여 중국과 우호동맹조약을 체결할 의사를 표시하였다.[36]

---

36) U.S. Department of State, *United States Relations with China*, pp. 113~114.

얄타 회담에서의 루스벨트 · 스탈린 · 처칠 사이의 이 합의에서 주목할 것은 소련이 대(對) 일본전쟁에 참전한다는 조건으로 일본 항복 후 1904년의 러 · 일 전쟁 패전 때 상실한 남사할린과 쿠릴 열도의 영유권을 회복할 뿐 아니라, 중국의 영토로 당연히 연합국의 일원인 중국에게 귀속되어야 할 여순을 소련의 군항으로 소련에 돌려주고 대련은 자유항으로 만들어 소련에게 우선권을 준다는 것이다. 그리고 동청철도와 남만주철도는 중 · 소 합작회사를 설립하여 공동으로 경영하되 소련에게 우선권을 주도록 하는 밀약에 야합했다는 사실이다. 이것이 명백하게 동맹국인 중국의 주권을 침해한 것임을 잘 아는 그들은 이 사항이 중화민국 총통 장개석의 동의가 필요한 것임을 지적하면서, 미국 대통령 루스벨트가 장개석의 동의를 받아내는 알선의 역할을 수행할 것까지 밀약하였다. 당시 미국 · 소련 · 영국 등 열강의 이러한 의식과 행태에서는 '일본의 식민지'로서만 간주한 한국에 대하여 어떠한 의식 상태에서 자기 나라의 국가 이익을 위한 정책을 추구했을까를 미루어 알고도 남음이 있다.

얄타 회담에서 미국 · 소련 · 영국의 수뇌들은 한국에 대하여 ① 제 1단계에서 '군사점령'을 단행하고, ② 제 2단계에서 연합군의 '군정'(전체 한국에 대한 연합군의 단일 군정)을 실시하며, ③ 제 3단계에서는 외국군이 철수한 상태에서 미국 · 소련 · 중국의 대표부에 의한 20~30년의 '신탁통치'를 실시하기로 정치적으로 야합한 것이었다.[37]

---

37) 우리가 여기서 주목할 것은 열강의 얄타 회담에서 밀약한 것은 한반도의 '남북분단'이 아니라 '군사점령'과 '군정'에 대한 밀약이었으며, 한반도의 남북분단에 대해서는 군사점령이 한반도의 지역적 분할을 가져올 가능성에 대비하여 '전체통일' 한국에 대한 연합군의 공동 점령과 전체군일군정이 강조되고 밀약하여 합의되었다는 사실이다. 따라서 한반도에 대한 군사점령과 군정은 얄타 회담에서 합의되었으나 남북분단은 여기서 밀약한 것은 아니었다.
李用熙, "38선 劃定新攷: 蘇聯對日參戰史에 沿하여", 〈亞細亞學報〉 제 1집, 1965에서 한국의 남북분단이 얄타 회담에서 밀약하였다고 다시 강조하고

한국 문제에 대하여 카이로 회담·테헤란 회담에서의 열강의 정치적 야합과 알타회담에서의 열강의 정치적 야합 사이에 달라진 것은, 신탁통치 실시에 선행해서 연합군의 '군사점령'과 '군정'을 실시한다는 것과, 그 후에 실시할 '신탁통치'의 기간을 '40년'으로부터 '20~30년'으로 약간 단축한 것 등이었다.

3) 한국 '분단' 점령에 대한 야합과 포츠담 밀약설

제3단계의 한국 문제에 대한 열강의 정치적 야합은 포츠담 회담에서의 한국 남북분단 점령에 대한 야합이었다.

독일이 항복한 후 전후 유럽 문제, 소련의 대일본전쟁에 참전, 일본 항복 전후 극동 문제를 논의하기 위하여 미국 대통령 트루먼, 소련 수상 스탈린, 영국 수상 처칠(새 수상 애틀리도 참석) 등이 만나 1945년 7월 17일부터 8월 2일까지 포츠담 회담이 열렸다. 이 회담의 공식적인 '포츠담 선언'에서는 한국 문제에 대해서는 단지 '카이로 선언'을 재확인하는 것만 공표되었다. 아직 이 회담의 막후 자료가 완전히 공개되지 않았으므로 공식의 직접적인 증거 자료는 제시할 수 없으나, 이 회담의 국무장관급 및 참모총장급 회담에서는 소련이 대일본전에 참전하는 경우에 한반도에서의 그에 해당하는 기득권을 인정하고 미·소 양국의 한국 분단 점령에 명시적이든지 묵시적이든지 '밀약'했거나 적어도 '야합'했다는 간접적 증거를 제시할 수 있다.

제2차 세계대전 종전이 가까워오던 1945년 4월 12일 미국 대통령 루스벨트가 갑자기 병사함으로써, 부통령 트루먼은 아무런 독자적 견

있는데 이것은 증거가 없으며, 알타 회담에서 밀약된 것은 남북분단이 아니라, 전체 한국에 대한 연합국의 공동 군사점령과 군일군정이었다. 그러나 당시 군사적 편의주의설이 학계를 지배하고 있는 속에서 심층을 규명하려고 하여 '알타 밀약설'을 주장한 것은 큰 업적이라고 할 수 있다.

해와 준비 없이 포츠담 회담에 참석하게 되었다. 또한 영국 수상 처칠도 보수당이 선거에 패배하여 전후에는 노동당수 애틀리가 집권하게 되었으므로, 포츠담 회담에서는 트루먼, 처칠, 스탈린 사이의 수뇌 회담은 지극히 공식적인 것으로 되고, 보좌관들의 실무회담이 매우 중요한 것으로 부각되었다. 미국은 원자탄의 실험에 성공했다는 보고를 포츠담 회담 개최 하루 전날인 7월 16일 받았으나, 참모총장 마셜(George G. Marshall)을 비롯한 보좌관들은 일본의 항복을 1946년 봄으로 추정하고 있었기 때문에 미군의 인명 손실을 줄이기 위해 소련의 대일본전 참전을 포츠담 회담 기간 중에 여전히 강력하게 요청하였다. 또한 소련은 이전의 얄타 회담에서 시사한바 독일 항복 후 3개월 이내에 참전하겠다는 시사를 구체화하여 포츠담 회담에서는 8월 8일까지 대일본전에 참전할 것을 약속하였다.

포츠담에서 미국과 소련 양국의 참모총장들은 7월 24일의 연합 참모 회의 때에는 한반도에 진공하는 작전을 연합군 사령부를 설치하여 그 지휘하에 소련군은 북쪽으로부터, 중국군은 서쪽으로부터, 미군과 영군은 남쪽과 동쪽으로부터 만주·한국·일본 본토에 대한 일제 공격을 하기로 잠정적으로 합의하였다.

그러나 7월 26일의 미·소 양국 참모총장의 연합 참모회의에서는 소련이 대일본전에 참전하는 경우 한반도에서의 미국과 소련의 '공군 및 해군' 작전 지역을 지리적으로 분할하기로 새로 다시 합의되었다. 그 분계선은 한국 해안의 무수단(舞水端) 곶에서 북위 40도·동경 135도의 지점과 북위 45도 45분·동경 140도의 지점까지, 그리고 거기에서 북위 45도 45분선을 따라 사할린 남단의 크릴론 곶이 북해도 북단의 소모야 미자키 곶까지 연결되는 선까지 이어져 있었다.[38] 미군은

38) U.S. Department of State, *Foreign Relations of the United States: Diplomatic Paper*, The Conference of Berlin, 1945, Vol. 2, pp. 410~411 참조.

이 분계선의 남쪽에서 작전을 하고 소련군은 이 선의 북쪽에서 작전을 하게 되어 있었으므로, 한반도의 대부분의 영공과 영해는 미군의 작전 지역이 되고, 함경북도 일부만이 소련군의 작전지역으로 분할되었다.

그러나 미국과 소련의 참모총장의 연합 작전회의는 '육군'의 한반도 육지점령에 대해서는 이것이 곧 얄타 회담에서의 '군사점령'과 '군정'에 직결된 '정치' 문제였기 때문에 양대 강국의 국가 이익의 추구로 말미암아 분계선을 긋지 못하였다. 당시 아직 소련이 대일본전에 참전하지 않고 있었으므로, 포츠담에서도 미국은 소련의 참전 이전에 일본이 항복하면 미군이 전체 한반도에 진주하여 점령해야 한다고 계획하였다.[39] 그러나 일본의 항복 이전에 소련이 참전하는 경우에는 어떻게 할 것인가? 이 경우에는 한반도를 적당한 지역으로 분단 점령할 것을 양해한 기록을 볼 수 있다.

미군사편찬위원회의 애플맨(Roy E. Appleman)이 쓴 《한국 전쟁에서의 미육군》이라는 미국 육군부의 공식 책자에서는 포츠담 회담 때 미 육군 작전국장으로 이 회담에 참석했던 헐(John E. Hull) 장군과의 면담에 의거하여 포츠담 회담 당시의 한국 분단 문제에 대한 논의를 다음과 같이 기록하였다.

> 한국의 지상 경계선에 대한 미군의 고려는 1945년 7월 포츠담 회담에서 나타나기 시작했는데, 포츠담 회담 도중의 어느 날 미 육군 참모총장 마셜(George C. Marshall) 대장이 육군 작전국장 헐 준장에게 미 육군의 한반도로의 진공에 관해 준비를 갖추라고 명령하자, 헐과 그의 참모들은 미국과 소련의 지상경계선을 획정할 곳을 결정하기 위하여 한국 지도를 검토한 끝에 최소한 부산항과 인천항의 2개 항구를 미군의 점령 지역 안에 포함하는 것이 미국의 희망이었으므로 서울 북방에 그 선을 그었다. 이 군사 입안자에 의하여 포츠담에서 그어진 서울 북방의 경계

39) Harry S. Truman, "Year of Decisions", 1955, p. 434 참조.

선은 정확하게 38도선은 아니었지만 그 부근이었으며 대체로 그것을 따라 그어진 것이었다(This line north Seoul, drawn at Potsdam by the military planners, was not on the 38th Parallel but was near it and generally, along it).[40]

이 안은 포츠담 회담에서의 미·소 군사 회담에 제출되었으나 미·소 양측 대표들은 이 제안된 지상분계선을 토의하지는 않았다고 한다.

그러나 여기서 주목할 것이 있다. 당시 미 육군은 대통령 및 국무부와 긴밀한 연락을 하며 미국 정부의 정책을 충실하게 집행하는 전통을 가진 군대였다. 당시 미국 대통령과 국무장관 일행이 참석한 포츠담 회담에서 대통령이나 국무장관 등 국무부의 지시나 동의 없이 미 육군 참모총장이 작전국장에게 한반도 진공과 한반도에서의 미·소 지상경계선을 획정할 곳을 결정하기 위해 연구하라고 지시했겠는가? 우리들은 그 장소를 주목할 필요가 있다. 이것이 워싱턴의 펜타곤에서 내린 지시가 아니라, 미·영·소의 포츠담 회담 도중에 포츠담에서 미국 수뇌를 수행한 작전팀에서 내린 지시인 것이다.

그러면 미 육군 참모총장 마셜은 왜 포츠담 회담 도중에 자기 참모들에게 미군의 한반도 진공 때의 지상경계선의 획정의 준비를 지시했겠는가? 바로 그 지시 전후에 미국측 수뇌부가 소련을 대일본전에 참가시켜서 미군의 인명 손실을 줄이기 위하여 소련 육군이 만주와 한국으로 진공해 들어오면서 참전하면 그 참전(공헌)의 정도에 따라 소련

---

40) U.S. Department of Army, *United States Army in the Korean War: South to the Nakdong*, North to the Yalu, (Prepared by Roy E. Appleman, Office of the Chief of Military History), 1961, pp. 2~3 참조; 趙淳昇, Korea in World Politics, 1940~1950, 1967, pp. 51~52 및 金學俊, "분단의 배경과 그 고정화 과정", 《解放前後史의 認識》(한길사), 1979, p. 69에서 趙淳昇 교수와 金學俊 교수도 이 자료를 사용하고 있으면서도 그 해석에서 군사적 편의주의설을 주장하고, 포츠담 밀약을 간과해버리고 있다.

육군의 진공 지역에서의 기득권을 인정한다는 것을 소련측과 정치적으로 '밀약'했거나 적어도 명백하게 '야합'했기 때문에, 그 '야합'에 따라 한반도의 지상분계선 획정을 연구 준비하도록 지시한 것이라고 보지 않을 수 없는 것이다. 물론 포츠담 회담은 본질적으로 열강의 정치 회담이고 군사 회담이 아니었으며, 포츠담 회담에서의 미·소 참모총장들의 연합참모회의도 본질적으로 각국의 국가 이익을 극대화하기 위한 정치 회담의 일부이었고, 아직 소련이 대일본전에 참전한 것도 아니었기 때문에 더 이상 미국·소련 양측에서 한반도 지상분계선 설정을 상세하게 깊이 논의할 수는 없었을 것이다. 그러나 이 한국 분단안은 미·소 연합참모회의에 제안되었으며, 소련은 포츠담 회담에서 늦어도 8월 8일까지는 대일본전에 참전할 것을 약속했으므로 한국의 분단은 포츠담 회담에서 사실상 '밀약'되었던 것이다.

한국 전쟁 발발 직후 미 구무부의 한 관리가 "38도선은 포츠담에서 무더운 밤의 한 피곤한 회의에 의해 획정되었다. 그것은 정치적으로, 지리적으로, 경제적으로, 군사적으로 이치에 닿지 않는 선이다. 그러나 회의에서 소련 사람들과 미국 사람들은 누가 어느 곳을 점령한 것인가에 대하여 전혀 합의가 이루어질 수 없었다. 마침내 한 장군이 38도선을 시사하였다. 그리고 그것이 그것(38도선 획정)으로 되었다"[41] 라고 38도선 분단이 포츠담 회담에서 이미 획정된 것이라는 내용의 발언을 한 것도 그 증거의 하나로서 깊이 음미해볼 필요가 있을 것이다.

이 세 자료는 포츠담 회담의 미·소 연합참모회에서 미·소 양군의 한반도 점령지역이 지루한 협상에도 합의에 도달할 수 없게 되자 미군 헐 장군 팀이 대체로 38도선을 따라 그은 지상 분계선이 제안되어 미·소 연합참모회의에서 비공식적으로 양해·합의되었음을 시사해주고 있다.

---

41) *Time* (Weekly Magazine), 1950년 7월 3일자, p. 15.

필자는 "미·소 양군에 의한 한국의 남북분단 점령"에 대한 '미국·소련 양국의 정치적 야합'은 포츠담 회담에서 '밀약'되었음이 명백하다고 확신한다. 이 점에서 전에도 쓴 바와 같이 이 견해를 '포츠담 밀약설'이라도 보아도 무방할 것이다.[42]

여기서 주의할 것은 종래 이 사실을 호도하기 위하여 미국 고위층과 관계자들은 '분단' 그 자체의 문제를 '38도선 획정'으로 돌려왔으며 소련은 침묵으로 일관해왔기 때문에, 이에 유도되어 많은 학자들이 '38도선 획정 문제'를 마치 '남북분단'의 전부인 것으로 착각해 왔다는 사실이다. 그러나 주목해야 할 것은 포츠담 회담에서 38도선은 획정되지 않았지만 소련이 참전하는 경우 '미·소의 한반도 남북분단 점령' 그 자체는 바로 포츠담 회담에서 정치적으로 밀약되었거나 야합되었다는 사실이다. 그 분계선이 39도선이 될지, 37도선이 될지는 제 2차적 문제이며, 소련의 참전 약속 실천 여부와 그의 진공 정도에 따라 다음에 협상할 문제였던 것이다.

필자는 한반도의 남북분단은 포츠담 회담에서 소련의 대일본전 참전을 조건으로 하여 미국과 소련 간에 정치적으로 밀약되었거나 적어도 야합(공식적으로 발표할 수 없는 이기적인 합의) 되었다고 본다.

미국·소련 양대국의 이러한 한국 남북 분단 점령 정책은 양대국이 전체 한국에 대한 단일 군정과 신탁통치 후의 독립 한국에 대한 제로섬 게임의 위험 부담률을 없애고 최악의 경우에도 한반도의 반쪽씩을 지배할 수 있다고 보아 최소한 50%의 목표 달성을 담보하는 정책으로 채택된 것이었다고 해석된다. 미·소 양대국은 먼저 한반도의 반쪽씩의 '분단' 점령으로 한반도의 반쪽에 대한 지배를 확실하게 담보해놓고 이를 기지로 하여 전체 한국에 대한 지배력 또는 영향력을 신탁통치

---

42) 愼鏞廈, "8·15 解放前後 韓國人의 歷史意識", 〈東亞日報〉사, 《現代史를 어떻게 볼 것인가》, 1987, p.30 참조.

기간에 확보하려 한 것이었다.

미·소 양대국은 각각 신탁통치 기간에 전체 한국을 통치하는 친미·친소 정권의 독립 정부를 세울 수 있는 세력을 배양할 의도였지만, 만일 이에 실패하는 경우에도 한반도의 반쪽씩에 대한 지배는 한반도의 '남북분단 점령'이 이를 확실히 담보해주는 것이었기 때문에 이 '분단 점령정책'에 쉽게 야합한 것이었다고 해석된다. 즉 미국과 소련은 각각 두 개의 카드를 갖고 한반도에 대한 정책에 야합한 것이었다.

4) 38도선 획정에 대한 야합

제4단계의 한국 문제에 대한 열강의 정치적 야합은 소련의 대일본전 참전 직후이며 소련의 항복 의사 통고 직후의 미국과 소련 간의 한반도 '38도선' 획정 야합이었다.

미국은 일본 본토에의 상륙 준비와 일본의 전의를 꺾기 위하여 원자폭탄을 투하할 일본 본토내의 4개 도시를 선정하고 8월 6일 히로시마에, 8월 9일 나가사키에 원자폭탄을 투하하였다. 소련도 8월 8일 일본에 대하여 선전 포고를 하고 대일본전에 참전을 시작하였다. 원자폭탄의 가공할 위력은 태평양 전쟁에 새로운 변수가 되어, 마침내 일본은 8월 10일 미국 등 연합국에 무조건 항복을 통고하였다. 미국 정부와 군부가 예측했던 것보다 훨씬 더 앞당겨져서 일본이 무조건 항복하게 된 것이었다. 이 급박한 시기에 미국의 한반도에 대한 정책은 어떠했는가? 38도선 획정의 기술적 작업에 깊이 관여한 미 육군 참모본부 대령 러스크(Dean Rusk)의 다음과 같은 증언을 거듭 음미해볼 필요가 있다.

돌연한 일본의 항복은 구무부와 육해공군으로 하여금 맥아더 장군에게 필요한 명령을 내리고 또 일본의 항복에 대해 다른 동맹국 정부와 함께 필요한 조치를 취해야 하는 등 비상 대책을 강구하지 않을 수 없게 만들었다. 이러한 목적으로 국무부〔국무부에서 던(Dunn), 육군에서 맥로이(McLoy), 해군에서 바드(G. E. Baird)〕 및 육해군 합동조정위원회(S. W. N. C. C: State-War-Navy Coordinating Committee)가 8월 10일부터 15일까지 몇 차례 장시간의 회의를 거듭하였다. 던, 맥로이, 바드는 펜타곤의 맥로이 사무실에서 8월 10일과 11일 밤에 모임을 가졌다. 회의는 철야로 진행되었다. 주제는 일본 항복의 접수 절차에 관한 문제였다.

국무부는 가능한 한 북쪽 멀리까지 미군이 항복을 받아야 한다고 제의했다. 군부는 즉시 활용할 수 있는 미군 병력이 부족했고, 또한 시간적·공간적 요인 때문에 소련 군대가 이 지역에 진출하기 이전에 북쪽 멀리까지 미군이 도달하기는 어렵다고 보았다.

군부의 견해는 만약 항복 접수 지역에 대한 우리의 제안이 우리의 군사 능력을 크게 넘어선 것이라면 소련은 거의 받아들이지 않을 것이며 〔…〕 그리하여 속도가 문제의 본질이라는 것이다. 맥로이는 본스틸(Charles H. Bonesteel) 대령과 나를 이웃 방에 따로 불러 가능한 한 북상하여 항복을 받기를 원하는 정치적 욕구와 미군이 당도할 수 있는 명백한 능력의 한계 사이에 조화를 이룰 수 있는 안을 작성해보도록 요구했다. 우리는 38도선을 권고했는데 〔…〕 이것은 미군의 책임 지역 내에 한국의 수도를 포함시켜 놓는 것이 중요하다고 생각했기 때문이다.[43]

여기서 주목할 것은 미 구무부의 정치적 욕구는 가능하다면 한반도의 최대 북부, 또는 한반도 전역, 또는 만주까지라도 미군이 최대로 북상하여 점령함으로써 이 점령 지역에 대한 지배를 원했다는 사실이다. 한반도에 한정해서 말한다면 미국은 한반도 전체를 점령하여 일정 기간의 군정을 펴고 그 후 일정 기간의 신탁통치를 실시하며 다시 그

---

43) U. S. Department of State, *Foreign Relations of the United States: British Commonwealth and the Far East*, 1945, Vol. 6, p. 1039.

후 한국인의 친미독립정부를 수립할 것을 원하였다. 이를 위해서는 무엇보다도 '점령'이 가장 중요하고 확실한 선결 과제였다. 그러나 이러한 욕구에 비해 미군은 선봉대가 겨우 오키나와에 와 있었고 주력은 필리핀에 있었으므로 국무부의 이 정치적 욕망을 충족시키기 위해서는 '시간'이 부족하여 '속도'가 문제의 본질이 되었다는 것이다.

소련의 정치적 욕구도 미국의 그것과 동일한 것이었으며, '속도'가 문제의 본질이었음을 추정하는 것은 전혀 어려운 일이 아니다. 소련은 8월 6일 히로시마에 원자폭탄이 투하되어 그 가공할 위력이 증명되자 8월 8일 일본에 대하여 선전 포고를 함과 동시에 만주에 진공해 들어갔을 뿐 아니라 서둘러서 한반도에 대해서도 8월 8일에 나진, 9일에는 웅기를 폭격하였다. 8월 9일 일본 나가사키에 또 하나의 원자폭탄이 투하되고 일본이 8월 10일 항복 의사를 연합국에 통고해 온 직후 소련은 서둘러 8월 13일 청진에 상륙하여 점령 작전을 시작하였다. 소련의 8월 8일 대일본전 참전은 공식적으로 얄타회담과 포츠담 회담의 약속을 지킨 것이기는 하지만, 만주에서의 군사 작전과는 달리 한반도 북부에의 급속한 육군의 상륙과 점령작전은 순전한 군사 작전이기 이전에 포츠담 회담에서 대일본전 참전의 대가로 밀약한 기득권 설정을 위한 정치작전의 '속도' 경쟁의 군사적 표현이라고 보이는 것이다.

미국은 지리적으로(따라서 시간적으로) 그리고 군사점령 작전에서 불리하게 되자 원래의 목적인 전체 한반도의 군사점령의 욕구를 단념하고, 미 국무부는 소련의 전체 한반도의 군사점령을 저지하기 위하여 서둘러 군사점령 분계선 획정을 지시하였다. 이에 미 군부의 참모들은 8월 10일~11일 사이에 한국의 수도 서울과 인천항을 미군 점령지역으로 포함하여 정치적 우위의 지역적 기초를 확보함을 고려해서 '38도선' 획정안을 작성하여 미 국무부에 제출하였다. 이 38도선 획정 때에 미군 참모들이 이전의 포츠담 회담 때 헐과 그의 참모들이 서울 북방에 그은 군사분계선을 참조했음은 두말할 필요도 없다.[44] 미국 대통령 트루먼은 8월 13일 이를 채택하여 즉각 주 소련 군사연락위원장 딘(John R. Dean)을 통하여 소련과 영국·중국에 전보로 이를 제안하였다.

소련은 군사점령작전에서는 우위에 있었으나 태평양 전쟁의 대일본전에서 큰 공헌이 없었고 다른 목적도 있었으므로 38도선 분할 제안을 받고 즉각 기다렸다는 듯이 매우 흔쾌하게 8월 13일 이에 동의하는 응답을 보내왔다.[45] 38도선을 획정한 미군 참모의 하나인 딘 러스크는 소련이 불응하면 위도를 하나 더 내려 분할선을 수정할 구상도 준비하고 있었는데 소련의 쾌락(快諾)을 받고 상당히 놀랐다고 한다.[46]

이렇게 하여 1945년 8월 13일 미국·소련 양군에 의한 한반도의 '38도선' 남북분단 점령이 일본군의 무장해제 관할선이라는 표면상의 명목으로 최종적으로 확정된 것이었다.

일본군의 무장해제의 문제라면, 시간적·지리적 측면에서 소련군이 미군의 한반도 상륙 이전에 서울과 전체 한국을 점령할 시간이 충분했고, 따라서 일본군 무장해제를 위한 군사적 편의뿐이라면 소련군이 일본군의 무장해제를 담당하는 것이 더 편의하였다. 그러나 미국은 '정치적' 이유 때문에 서둘러 38도선 획정을 소련에 제안했고, 스탈린은

---

44) 러시아와 일본이 한반도에 대한(對韓) 침략정책을 자행하던 19세기말에, 일본은 1896년 러시아에 대하여 한반도의 38도선 분할을 제안했다가 전체 한반도 지배를 원하는 러시아에 의해 거부당했고, 1903년에는 러시아가 일본에 대하여 한반도의 39도선 분할을 제안했다가 이번에는 전체 한반도 지배를 원하는 일본에게 거부당한 일이 있었다. 미국이 1945년 8월에 38도선 분할을 소련에 제의할 때, 과거의 이 경험과 제안을 참조했는지는 분명치 않다.

45) Harry S. Truman, *Memoirs*, Vol. 1, "Year of Decisions", pp. 440~445 및 *The Soviet Ministry of Foreign Affairs*, "Stalin's Correspondence with Churchill", Attlee, Roosevelt and Truman, 1944~1945, 1958, pp. 266~268 참조.

46) Bruce Cummings, "American Policy and Korean Liberation", *Without Parallel*, p. 46 및 "U. S. Department of State", *Foreign Relations of the United States*, 1945, Vol. 6, p. 1039 참조.

역시 '정치적' 이유 때문에 38도선 이북의 점령에 만족하기로 하여 이 제안에 동의한 것으로 해석되는 것이다.

이렇게 하여 38도선 획정에 대한 미국의 제안에 소련의 동의가 도착하자, 미국 대통령 트루먼은 이것을 명령서로 작성하여 '일반 명령 제1호'로서 8얼 15일 마닐라에 있던 태평양 지역 연합군 최고사령관 맥아더(Douglas MacArthur)에게 급송했으며, 동시에 소련·영국·중국 정부에도 통고하였다. 맥아더는 9월 2일 일본 항복의 공식 서명과 동시에 이를 포고하여 집행하였다.

미군은 이러한 한국 남북분단과 군사점령과 군정실시 정책에 따라 9월 8일 오후 1시 인천에 미군 제24군단〔군단장 하지(John R. Hodge)〕이 상륙했으며, 9월 9일 상오 8시 서울에 진주하였다. 이와 동시에 미육군 태평양지역 최고사령관 맥아더는 38도선 이남의 한반도 남부를 점령하여 미군의 '군정' 실시를 알리는 다음과 같은 '포고문 제1호'를 포고함으로써 남북 분단점령과 군정이 시작되었다.

포고 제1호

조선 인민에게 고함

미국 태평양방면 육군 총사령관으로서 자에 다음과 같이 포고한다.

일본제국 정부의 연합국에 대한 무조건 항복은 여러 나라 군대 간에 오래 행해져왔던 무력 투쟁을 끝나게 하였다. 일본 천황의 명령에 의하고 또 그를 대표하여 일본 제국 정부의 일본 대본영이 조인한 항복 문서의 조항에 의하여 본관의 지휘하에 있는 승리에 빛나는 군대는 금일 북위 38도선 이남의 조선영토를 점령하였다.

조선 인민의 오랫동안의 노예 상태와 적당한 시기에 조선을 해방 독립시키려는 연합국의 결심을 명심하고 조선인은 점령의 목적이 항복 문서를 이행하고 그 인간적 종교적 권리를 보호함에 있다는 것을 새로이 확신해야 한다. 따라서 조선 인민은 이 목적을 위하여 적극적으로 원조 협력해야 한다. 본관은 본관에게 부여된 태평양방면 미군 사령관의 권한으로써 여기에 북위 38도선 이남의 조선과 조선주민에 대하여 군정을 펴고 다음과 같은 점령에 관한 조건을 포고한다.

제 1조. 북위 38도선 이남의 조선 영토와 조선 인민에 대한 통치의 전권한은 당분간 본관의 권한 하에 시행된다.

제 2조. 정부 · 공공단체 및 기타의 명예 직원과 고용인, 또는 공익사업 · 공중위생을 포함한 전 공공사업기관에 종사하는 유급 혹은 무급 직원과 고용인, 또 기타 제반 중요한 사업에 종사하는 자는 별도 명령이 있을 때까지 종래의 정상한 기능과 업무를 실행하고 모든 기록과 재산을 보존 보호하여야 한다.

제 3조. 주민은 본관 및 본관의 권한 하에서 발표한 명령에 복종하여야 한다. 점령군에 대한 모든 반항 행위 또는 공공 안녕을 교란하는 행위를 감행하는 자에 대해서는 용서 없이 엄벌에 처할 것이다.

제 4조. 주민의 재산 소유권은 이를 존중한다. 주민은 본관의 별도 명령이 있을 때까지 일상의 업무에 종사하라.

제 5조. 군정기간에 있어서는 영어를 모든 목적에 사용하는 공용어로 한다. 영어 원문과 조선어 또는 일본어 원문에 해석 또는 정의가 불명하거나 부동할 때에는 영어 원문을 기본으로 한다.

제 6조. 이하 공포되는 포고 · 법령 · 규약 · 고시 · 시시 및 조례는 본관 또는 본관의 권한 하에서 발표될 것이며, 주민이 이행해야 할 사항을 명기할 것이다.

1945년 9월 9일
미국 태평양 방면 육군 총사령관
육군대장 더글러스 맥아더[47]

한국은 이러한 과정으로 미국 · 소련 양대국의 정치적 야합에 의하여 남분으로 분단이 된 것이다. 미국 · 소련 양대국의 한반도에 대한 남북분단 점령 정책은 신탁통치 후 한반도 전체를 그들의 영향력 아래 두려고 욕구하는 미 · 소 양대국의 한반도 정책의 또 하나의 선행 카드였다. 미 · 소 양대국의 이 한반도 남북분단 점령정책은 신탁통치 정책

47) 宋南憲, 《解放三年史》 I (까치사), 1985, pp. 97~98.

의 '제로 섬 게임'의 위험 분담률을 없애고 최악의 경우에도 한반도의 반쪽씩을 지배할 수 있는 최소한 50%의 목표 달성을 확보하는 정책이었다. 미국·소련 양대국은 ① 분단 점령과 군정, ② 신탁통치의 두 개의 카드를 가지고 제2차 세계대전 종전 후의 한반도에 대한 정책을 집행하기 시작한 것이었다.

이상과 같이 한반도의 남북분단은 미국과 소련의 양대국 사이에서 ① 카이로 회담·테헤란 회담에서의 '신탁통치'에 대한 야합, ② 얄타 회담에서의 연합군 공동의 '군사점령'과 통일 '군정'에 대한 야합, ③ 포츠담 회담에서의 '남북분단 점령' 야합, ④ 8월 13일의 '38도선 획정' 야합의 네 단계를 거치면서 '미국이 주도하고 소련이 호응한 양대국의 정치적 야합'에 의하여 만들어진 것이며, 한국 남북 분단의 제1차적 원인과 책임도 명백하게 미국·소련 양대국에 있음은 불을 보듯이 명확한 것이다.

4. 민족독립운동의 노선 분화와 연합운동

이 절에서는 이 글의 두 번째 문제인 '한국민족 독립운동의 좌·우 노선 분열과 전선 연합의 미완성이 남북분단의 원인이 되는가'의 문제를 간단히 논급하기로 한다.

여기서 먼저 주의하지 않으면 안 될 것은 독립운동의 노선이 민족주의 노선과 사회주의 노선으로 분열·분화되었다 할지라도 각각의 노선이 자기의 주도하에 하나의 통일 독립국가를 건설하려고 추구했다면 노선의 분열에도 불구하고 분단의 원인이 되지 않는다는 사실이다. 독립운동의 노선 분열·분화가 민족 분단의 원인이 될 수 있는 경우는 분열된 노선이 그들의 집권을 위하여 분단국가를 건설하려고 추구하는 경우이다. 하물며 만일 독립운동의 좌·우 노선이 그들의 노선 차이에도 불구하고 연합전선 형성이나 연합정부 수립의 노력을 전개했으면 이것은 전혀 분단의 원인이 되지 않는 것이다.

전세계의 약소민족 해방운동사에서 볼 때 1917년 러시아의 볼셰비키 혁명 후에는 전세계 모든 식민지·반식민지 약소민족들의 독립운동에는 사회주의 노선이 대두하여 종래의 민족주의 노선과 사회주의 노선의 분화가 나타나게 되었다. 1917년 이후 약소민족 독립운동의 민족주의 노선과 사회주의 노선 또는 좌·우 노선의 분열과 대립은 전세계 모든 약소민족의 공통적 현상이었다. 만일 독립운동의 민족주의·사회주의 노선 분열 또는 좌·우 노선 분화가 분단의 원인이라고 한다면 전세계 약소민족들이 모두 분단이 되었어야 했을 것이다. 그런데 역사 실제는 전혀 그렇지 않고 오직 제 2차 세계대전에서 승전 열강이 분단시키기로 야합한 곳에서만 식민지 약소민족이든지 패전국이든지 '분단'이 만들어진 사실은 분단의 원인이 약소민족 독립운동의 좌·우 노선 분화 이외의 다른 곳에 있음을 강력히 시사하는 것이라고 할 수 있다.

그러면 제 2차 세계대전의 종전을 앞두고 한국민족의 독립운동 세력들은 어떻게 대응했는가?

1940년대에 1945년 8·15 해방의 마지막 순간까지 최후의 승리를 향하여 조직적 항일 독립운동을 과감하게 전개한 대표적 조직 세력(기관 또는 단체)은 중국 관내에서 민족주의자들이 주도한 중경의 대한민국 임시정부와 공산주의자·사회주의자들이 주도한 연안의 조선독립동맹과 민주사회주의자들이 주도한 국내의 조선건국동맹 등이었다. 이들 1940년대의 3대 독립운동 조직 세력은 일제의 태평양 전쟁 도발에 의하여 제 2차 세계대전의 종전과 한국민족의 해방이 더욱 뚜렷이 전망되자 분단은 꿈에도 상상하지 않고 처음부터 통일된 독립 민주공화국을 건국하기 위하여 상호간에 노선 조정과 긴밀한 연락을 강화하면서 민족연합전선을 형성하기 위하여 활발하게 활동하였다.

편의상 먼저 1940년대의 민족주의 독립운동을 보면, 1940년 5월에 민족주의 계통의 독립운동 정당들인 한국국민당(대표 김구·조완구)·한국독립당(대표 조소앙·홍진)·조선혁명당(대표 이청천·최동오) 등은 단일 정당으로서 합당하여 한국독립당(이사장 김구)으로 통일하는 데 성공하고 임시정부의 여당으로 임시정부를 확대·발전시킬 것을 다짐하였다.[48] 한국독립당은 처음에는 당군으로서 한국광복군을 편성하려다가 정책을 바꾸어 임시정부의 직할 군사 무력으로서 1940년 9월 1일 한국광복군 총사령부를 성립시키고 광복군을 창군하여 3개 지대를 편성하였다.[49] 또한 임시의정원은 1940년 10월 9일 개헌(제4차 개혁)을 단행하여 종래의 국무령제를 주석제·국무위원제로 개정하고, 의정원 의원에 한국독립당 이외의 임시정부를 지지하는 모든 독립운동 정당·단체들 출신의 의원들을 보선할 것을 결의하였다. 특히 획기적인 것은 임시정부가 조소앙이 주창해온 삼균주의에 입각하여 대한민국 건국강령을 성안하여 1941년 10월 26일부터 12월 10일까지 4차에 걸친 의정원의 심의를 거쳐서 해방 후의 '건국'을 위한 '대한민국 건국강령'을 1941년 11월 공포함으로써 민족연합전선 형성을 위한 노선 조정 작업을 단행했다는 사실이다.[50]

삼균주의는 한편으로는 민족과 민족 사이, 국가와 국가 사이, 개인과 개인 사이의 균등을 주창하면서 다른 한편으로 정치의 균등, 경제의 균등, 교육의 균등을 주창한 사상이었는데,[51] 임시정부는 건국이

---

48) 安俊燮, "大韓民國 臨時政府하의 후기 左右合作", 〈韓國社會史硏究會論文集〉 제1집, 《한국의 근대국가형성과 민족문제》(문학과지성사), 1986 참조.

49) 金榮範, "韓國光復軍 刊行《光復》의 獨立運動論", 〈한국독립운동사연구〉, 제1집, 1987 참조.

50) 《韓國獨立運動史資料》(國史編纂委員會編), 제1권, "建國綱領修改委員會會議錄", pp.357~360 참조.

51) ① 鄭鶴燮, "趙素昻의 三均主義", 愼鏞廈 편, 《韓國現代社會思想》(지식산업사), 1984.

② 韓詩俊, "趙素昻硏究：獨立運動을 중심으로", 〈史學志〉(단국대학교 사

념으로서 삼균주의를 채택하여 대한민국 건국강령을 제정 · 공포하면서 '경제의 균등' 부문에 다음과 같이 사회주의 정책을 대폭 도입하였다.

> 건국기의 헌법상 경제 체제는 국민 각자의 균등 생활을 확보함과 민족 전체의 발전 및 국가를 건립 보위함에 연환 관계를 갖게 하되 다음과 같은 기본 원칙에 의하여 경제 정책을 추진하고 실행하였다.
>
> ① 대생산 기관의 공구 및 수단을 국유로 하고 토지와 어장, 광산, 농림 수리, 연택과 수상 · 공중 · 육상의 운수 사업과 은행 · 전신 · 교통 등과 대규모의 농 · 공 · 상 기업과 성시 공업구역의 공용적 주요 생산은 국유로 하고, 소규모 기업 혹은 중규모 기업은 사영으로 함.
> ② 일제(적)의 침점 혹은 시설한 관 · 공 · 사유토지와 어장 · 광산 · 농림 · 은행 · 회사 · 공장 · 철도 · 학교 · 사찰 · 병원 · 공원 등 방산과 기지와 기타 경제 정치 군사 문화 교육 종교 위생에 관한 일체의 사유자본과 부적자의 일체 소유 자본 및 부동산을 몰수하여 국유로 함.
> ③ 몰수한 재산은 빈공, 빈농 및 일체 무산자의 이익을 위한 국영 혹은 공영의 집단 생산기관에 충공함을 원칙으로 함.
> ④ 토지의 상속 매매 저압 전양 유증 전조차의 금지와 고리대금업과 사인의 고용농업제도의 금지를 원칙으로 하고, 두레농장, 생산 소비 및 무역의 합작 기구를 조직 확대하여 농공대중의 물질상 및 정신상 생활 정도와 문화 수준을 제고함.
> ⑤ 국제 무역 전기 자래수와 대규모의 인쇄 출판 전경(영화) 극장 등을 국유국영으로 함.
> ⑥ 노공 유공 여공의 야간노동과 연령 지대 시간의 불합리한 노동을 금지함.
> ⑦ 공인 및 농인의 면비의료를 보시하여 질병소멸 및 건강 보장을 여행함.

학회), 제 18집, 1984.

③ 鄭鶴燮, "일제하의 民族運動의 左右合作과 三均主義", 〈韓國社會史硏究會論文集〉, 제 1집, 1986 참조.

④ 趙凡來, "韓國獨立黨 硏究", 〈한국민족운동사연구〉, 제 2집, 1988 참조.

⑧ 토지는 자력자경인에게 분급함을 원칙으로 하되, 원래의 고용농 소작농 자작농 소지주농, 중지주농 등 농인지위를 보아 저급부터 우선권을 줌.[52]

---

52) 《韓國獨立運動史資料》, 제 1권, 〈大韓民國建國綱領〉, pp. 360~365 참조. 대한민국건국강령의 그 밖의 ㉠ 建國期의 인민의 기본 권리와 의무; ㉡ 建國期의 정치 기구, (㉢의 建國期의 경제체제는 본문에 수록), ㉣ 건국기의 교육제도 부문의 내용은 다음과 같다.

ㄱ) 건국기의 인민의 기본 권리와 의무

건국기의 헌법에서는 인민의 기본 권리와 의무는 다음과 같은 원칙에 의거하고 이를 법률로써 제정하여 실행함.

① (국민은) 노동권 · 휴식권 · 피구제권 · 피보험권 · 피면비수학권 · 참정권 · 선거권 · 피선거권 · 파면권 · 입법권, 사회 각종 조직에 가입하는 권리가 있음.

② 부녀는 경제와 국가와 문화와 사회 생활상 남자와 평등한 권리가 있음.

③ 신체 자유와 거주 · 언론 · 저작 · 출판 · 신앙 · 집회 · 결사 · 유행 · 시위운동 · 통신 비밀 등의 자유가 있음.

④ 보통선거에는 만 18세 이상 남녀로 선거권을 행사하되 신앙 · 교육 · 거주 연수 · 사회출신 · 재산 상황 및 과거 행동을 분별치 아니하며, 선거권을 가진 만 23세 이상의 남녀는 피선거권을 갖되 매 개인이 평등과 비밀과 직접으로 함.

⑤ 인민은 법률을 지키며, 세금을 납부하고 병역에 응하며, 공무에 복하고 조국을 건설 보위하며, 사회를 시설 지지하는 의무가 있음.

⑥ 일제〔敵〕에 부화한 자와 독립운동을 방해한 자와 건국강령을 반대한 자와 정신이 결함된 자와 범죄판결을 받은 자는 선거권 및 피선거권이 없음.

ㄴ) 건국기의 정치기구

건국기의 헌법상 중앙 및 지방의 정치 기관은 다음과 같은 원칙에 의함.

① 중앙 정부는 건국 제 1기에 국내에서 총선거한 중앙의회에서 통과한 헌법에 의하여 조직된 국무회의의 결의로 국무를 집행하는 전국적 최고 행정 기관임. 분담할 부(部)는 내무부 · 외무부 · 군무부 · 법무부 · 재무부 · 교통부 · 실업부 · 교육부 등 각부로 함.

② 지방에는 도에 도정부, 부 · 군 · 도에 부 · 군 · 도정부를 두고, 또한 도에 도의회, 부 · 군 · 도에 부 · 군 · 도의회를 둠.

ㄷ) 건국기의 교육제도

건국기의 헌법상 교육의 기본 원칙은 국민 각개의 과학적 지식을 보편적으로 균등화하기 위하여 다음의 원칙에 의하여 교육 정책을 추진하고 실행함.

① 교육 종지(宗旨)는 삼균제도로 원칙을 삼아 혁명공리의 민족정기를 배합 발

임시정부의 건국강령은 정치의 균등과 교육의 균등에서는 자유 민주주의 노선에 의거하면서도 경제의 균등에서는, 위에서 본 바와 같이, ① 대생산기관 · 대기업의 국유화, ② 토지의 국유화, ③ 광산의 국유화, ④ 어장의 국유화. ⑤ 수리시설의 국유화, ⑥ 운수사업의 국유화, ⑦ 은행의 국유화, ⑧ 전신의 국유화, ⑨ 교통의 국유화, ⑩ 국제 무역의 국유화, ⑪ 대규모인쇄 · 출판 · 극장의 국유화를 강령으로 정하였다. 그리고 농업 · 공업 · 상업의 중소기업만을 사유로 인정하며, 경자유전(耕者有田)의 원칙에 입각하여 토지개혁을 단행해서 고용농 · 소작농에게 우선적으로 토지를 분배하고, 두레농장을 장려하며, 노동자 · 농민에게 무상 의료의 사회 정책을 실시할 것을 약속하는 사회주의 강령을 도입하여 채택하였다.

그 결과 이 건국강령은 사회주의 계통의 독립운동가들에게도 크게 환영을 받아 민족주의 독립운동 단체와 사회주의 독립운동 단체들의 연합전선 형성이 활발하게 다시 추구되었다. 사회주의 독립운동 단체인 조선민족해방동맹(대표 김성숙)은 이 건국강령이 발표되자 1940년 12월 즉각 이에 찬동하여 임시정부 옹호선언을 발표하고 사회주의 독

양하여 국민 도덕과 생활지능과 자치 능력을 양성하여 완전한 국민을 조성함에 둠.

② 6세부터 12세까지의 초등 기본 교육과 12세 이상의 고등 기본 교육에 관한 일체의 비용은 국가가 부담하고 의무로 시행케 함.

③ 학령이 초과되고 초등 혹은 고등의 기본 교육을 받지 못한 인민에게 일률로 면비피습교육을 시행하고, 빈한한 자제로 의식을 자공하지 못하는 자는 국가에서 대공함.

④ 지방의 교통 · 문화 · 경제 등 정형을 따라 일정한 균형적 비례로 교육 기관을 설립하되 최저한도로 매 1읍1면에 5개 소학과 2개 중학, 매 1군1도1부에 2개 전문학교, 매1도에 1개 대학을 설치함.

⑤ 교과서의 편집과 인쇄 · 발행을 국영으로 하고 학생에게 무가 분급함.

⑥ 국민병과 상비병의 기본 지식에 관한 교육은 전문 훈련으로 하는 이외에 매 중학 및 전문학교의 필수과목으로 함.

⑦ 공 · 사립학교는 일률로 국가의 감독을 받고 국가의 규정한 교육 정책을 준수케 하며, 한교(韓僑)의 교육에 대하여는 국가에서 교육 정책을 추진하고 실행함.

립운동 정당·단체들도 임시정부에 참가하여 임시정부를 연합정부로 발전시키고 민족통일전선을 형성할 것을 제창하였다.

임시정부와 사회주의·공산주의 독립운동 정당인 조선민족혁명당(위원장 김규식, 총서기 김원봉)의 연합전선 형성을 위한 협의도 급진되어, 1942년 5월 18일에는 조선민족혁명당의 무력인 조선의용대(1938년 10월 10일 창설, 총사령 김원봉)가 광복군 제1지대로 편입되어 김원봉이 제1지대장으로 임명되고, 종래의 광복군 제1·2·3·5지대는 광복군 제2지대로 개편되어 이범석이 지대장으로 임명되었으며(제3지대는 후에 창설, 지대장 김학규), 광복군 총사령관은 여전히 이청천이었지만 부사령관에는 김원봉이 임명되어 획기적으로 '군사통일'이 실현되었다.[53] 광복군은 1942년 5월에 민족주의자들(한국독립당)과 사회주의·공산주의자들(조선민족혁명당)이 연합되어 군사통일을 실현한 연합독립군으로 발전된 것이었다.

또한 1942년 10월에는 '정치통일'이 급진전되어 10월 24일에 제34회 임시의정원 회의를 앞두고 의원보결선거를 실시해서 새 의원 23명 중에 조선민족혁명당 당원 6명과 조선민족해방동맹·조선민족혁명자연맹·조선민족혁명자통일동맹·조선무정부주의자연맹 등의 맹원 5명 등 사회주의·공산주의·무정부주의 계통의 의원 11명을 선출하였다.[54] 이에 따라 제34회 임시의정원 회의(1942년 10월 25일 개회) 때부터는 임시의정원은 '통일의회'로 발전하게 되었으며, 과반수 의석을 차지한 한국독립당이 여당이 되고 조선민족혁명당·조선민족해방동맹·조선민족혁명자연맹·조선민족혁명자통일동맹·조선무정부주의자연맹 등 사회주의·공산주의·무정부주의 정당 단체들이 야당이 된 민족통일의회가 된 것이었다.

---

53) 《韓國獨立運動史資料》, 제1권, "朝鮮義勇隊合編案", p. 448 참조.

54) 《韓國獨立運動史資料》, 제1권, "第34回 議會速記錄", pp. 124~167 참조.

통일의회로서의 제 34회 임시의정원은 임시정부의 연합정부로의 개편에 착수하여 임시정부의 종래의 5개 부에 4개 부를 증설하여 김규식(조선민족혁명당) · 유동열(조선민족혁명자통일동맹) · 황학수(한국독립당) · 장건상(조선민족혁명당) 등을 새 국무위원으로 선출하였다. 또한 제 34회 의정원은 임시정부에 부주석제를 신설하여 야당대표를 선임하고 각부에도 사회주의 계통의 야당 의원들을 입각시켜 임시정부의 연합정부화를 강화하기 위한 개헌안을 발의하였다. 이러한 임시정부의 연합정부로의 개편에 따라 1942년 10월 사회주의 · 공산주의 독립운동 정당인 조선민족혁명당은 공식적으로 대한민국 임시정부에 대한 지지 성명을 발표하였다.[55]

여기서 잠깐 주목할 것은 연합정부로서의 대한민국 임시정부는 1943년 12월 1일 미국 · 영국 · 중국의 3대국 수뇌의 카이로 회담의 '카이로 선언'이 발표되자, 한국의 독립을 승인한 것은 환영했지만, 'in due course'〔적당한 시기(절차)에 따라, 혹은 '당연한 순서에 따라'로 번역〕라는 원제를 붙여 연합국이 신탁통치를 획책하는 것을 즉각 반대하고, 일본 항복 후의 '한국의 즉시 독립'을 강력히 주장해서 미국 등 연합국에 항의하여 외교 활동을 전개했다는 사실이다.

카이로 회의 발표에 대한 김구 씨의 성명

〔12월 5일 중경〕 연합통신사의 보도에 의거하면, 카이로 회의의 발표한 바 한국의 독립을 '당연한 순서에 따라'(*in due course*) 되게 하리라 약속한 데 대하여 이곳에 있는 한인 임시정부 대통령 김구 씨는 부정하는 동시에 한인에게 경고하기를 한인은 '일본이 붕괴될 그 시간에 독립'을 얻지 못하면 역사적 전쟁을 계속할 것이라 하였다.

이 진술은 루스벨트 대통령과 처칠 영국 수상과 장개석 대통령이 서

55) 《韓國獨立運動史資料》, 제 3권, "朝鮮民族革命黨 創立 8週年 紀念宣言", p. 494 참조.

명 발표한 카이로 의정서에 이해관계를 가진 각국 간에서 처음으로 정식 발표되는 반대 의견이다.

중경 신문계나 (중국)정부 정객들은 카이로회의의 결과를 절대 찬성하지만은 시중의 평민과 회석에서는 이 공포가 포옹치 못한 점을 성히 토론하고 있다.

김구 씨는 신문기자에게 대하야 말하기를 자유중국 안에 있는 1천여의 자유 한인은 '당연한 순서'라는 발표에 격분하였다고 하였다.

김구 씨는 선언하기를

"만일 연합국이 제2전쟁 끝에 한국이 무조건 자유독립을 부여하기를 실패할 때에는 우리는 어떤 침략자나 또는 침략하는 단체가 그 누구임을 물론하고 우리의 역사적 전쟁을 계속할 것을 결심하였다. 〔…〕 우리는 우리나라를 스스로 통치하며 우리 조국을 지배할 지력과 능력을 동등으로 가졌으며, 우리는 다른 족속이 우리를 다스리며 혹은 노예로 삼는 것을 원치 않는다. 〔…〕 우리는 '당연한 순서'라는 말을 어떻게 해석하든지 그 표시를 좋아하지 않는다. 〔…〕 우리는 반드시 일본이 붕괴되는 날 그때에 독립되어야 할 것이다. 그렇지 않으면 우리의 싸움은 계속될 것이다. 〔…〕 이것은 우리가 변할 수 없는 목적이다"라고 하였다.[56]

임시정부는 '카이로 선언'이 발표되기에 앞서 미국의 한 신문이 영국 특파원 보도를 통하여 미국 대통령 루스벨트와 영국 외상 이든 사이의 워싱턴 회담에서 종전 후 한국을 독립하기 전에 '국제보호'(신탁통치)에 두기로 했다는 보도가 나오자, 즉각 이에 반대하는 국무회의의 결의를 하여 발표했으며,[57] 중경에 있던 한국독립당·조선민족혁명당 등 5개 정당·단체 대표 등 3백여 명이 모여 "한국은 완전독립하여야 한다. 미국의 어떠한 간섭도 반대한다"는 결의안을 채택하여 연합국 수뇌들에게 타전하였다. 또한 임시정부 외교부장 조소앙은 루스벨트

56) 〈新韓民報〉, 1943년 12월 9일자; 《韓國獨立運動史資料》, 제3권, p. 239.

57) 〈大韓民國臨時政府公報〉, 제78호; 〈新韓民報〉, 1943년 10월 31일자; 《韓國獨立運動史資料》, 제3권, p. 238 참조.

대통령의 신탁통치 구상에 반대하는 항의문을 1943년 5월 15일 워싱턴 주재 임시정부 구미위원회 이승만을 통하여 루스벨트에게 전달하였다.[58] 연합국(특히 미국)의 신탁통치 구상에 대한 임시정부 계통의 반대는 이미 1943년 항일 독립운동 시기부터 전개되어 계속된 것임을 주목할 필요가 있다.[59]

임시의정원 제36회 회의는 제34회 회의에서 제안된 개헌안(제5차 개헌)을 1944년 4월 21일 통과시켜 헌법을 개정하였다. 새 헌법은 부주석제를 신설하여 주석의 유고 때에 그 권한을 대행하도록 하고 행정부를 국무위원회와 행정연석의회로 이원화하여 그 범위를 확대하였다. 그리하여 부주석에 조선민족혁명당 주석 김규식을 선임하고, 역시 조선민족혁명당 핵심 간부들인 김원봉을 군무부장에, 최석순을 문화부장에 선임했으며, 조선민족혁명자통일동맹의 유동열을 참모총장에 선임하였다. 그 결과 일본의 항복을 1년여 앞둔 대한민국 임시정부는 민족주의 독립운동 세력(한국독립당 등)과 사회주의·공산주의 독립운동 세력(조선민족혁명당·조선민족혁명자통일동맹 등)이 연합한 '연합정부'로 확대 개편되어 민족연합전선을 형성하는 데 성공한 것이었다.

우리는 여기서 김구를 주석으로 하여 민족주의자들이 주도해온 대한민국 임시정부가 경제정책에 사회주의를 도입하여 조국해방을 앞두고 사회주의·공산주의 독립운동 정당·단체 들을 참가하게 해서 임시정부를 '연합정부'로 확대 개편하고, 임시정부의 무장력에도 조선의용대를 광복군에 통합하여 '군사통일'을 실현해서 민족연합전선을 형성하여 끝까지 과감한 항일 독립투쟁을 전개한 사실을 특히 주목할 필요가

---

58) 〈新韓民報〉, 1943년 5월 28일자; 《韓國獨立運動史資料》, 제3권, p. 272 참조.

59) 〈新韓民報〉, 1943년 7월 8일자; 《韓國獨立運動史資料》, 제3권, p. 272에 의하면, 미국 대통령 루스벨트는 대한민국 임시정부 외교부장 趙素昂의 항의 전보와 구미위원회 이승만의 항의 편지를 접수했으며 특별히 주의해 읽겠다는 회신을 발송하였다.

있을 것이다.

그러면 연안에서 사회주의·공산주의 계통의 독립운동가들이 주도하여 끝까지 항일 독립운동을 전개한 조선독립동맹과 그 산하 무력인 조선의용군은 어떠했는가?

중국 화북에서 조직된 독립운동 단체인 화북조선청년연합회는 일제의 진주만 기습에 의하여 태평양 전쟁이 발발하고 임시정부가 '대한민국 건국강령'을 제정 발표한 후에 1942년 7월 조선청년연합회를 확대 개편하여 조선독립동맹(주석 김두봉, 부주석 최창익·한빈)을 창립하고, 조선의용대를 조선의용군(총사령 무정, 부사령 박효삼·박일우)으로 확대 개편하면서 건국강령을 포함한 다음과 같은 강령을 발표하였다.

> (ㄱ) 본 동맹은 일본제국주의의 조선에서의 지배를 전복하고, 독립 자유의 조선민주공화국을 건립함을 목적으로 하여, 다음의 임무를 실현하기 위하여 투쟁한다.
>
> ① 전국민의 보통선거에 의한 민주 정권의 건립.
> ② 언론·출판·집회·신앙·사상·태업 자유의 확보.
> ③ 국민인권을 존중하는 사회제도의 실현.
> ④ 법률상 및 사회생활상의 남녀평등의 실현.
> ⑤ 자주 원칙하에 세계 각국 및 각 민족과 우호관계의 건립.
> ⑥ 일본 제국주의자의 조선에서의 일체의 자산 및 토지를 몰수하고, 일본 제국주의와 밀접한 관계를 가진 대기업을 국영에 귀속시키며, 토지 분배의 실행.
> ⑦ 8시간 노동제의 실시와 사회노동보험의 실시.
> ⑧ 인민에 대한 부역 및 잡세의 폐지와 통일누진세제도의 수립.
> ⑨ 국민의 의무교육제도의 실시와 그 경비의 국가 부담.
> ⑩ 조선문화의 연구와 국민문화의 보급.
>
> (ㄴ) 본 동맹은 조선 독립을 쟁취하기 위한 일 지방단체로서, 조선 혁명 운동에 적극 참가하여 다음의 임무를 위해서 분투한다.
>
> ① 대중의 생활개선과 혁명세력을 증가시키기 위하여 대중의 일상투

쟁에 적극적으로 참가하고 이것을 영도한다.

② 대중혁명을 위하여 훈련과 조직의 발전에 노력한다.

③ 중국, 특히 화북 각지의 조선동포를 위하여 정치·경제·문화의 면에서 분투한다.

④ 전조선민족의 반일통일전선을 확대하고 강고하게 하기 위하여 노력한다.

⑤ 전조선민족의 반일 투쟁을 전개시키기 위하여 혁명무장대의 건립에 노력한다.

⑥ 일본 파시스트의 중국 침략에 반대하고 중국의 항일전쟁에 적극적으로 참가한다.

⑦ 동방 각피압박민족운동 및 일본인민 반전운동에 협조하며, 세계의 파시스트에 반대하는 정의의 전쟁을 지지한다.[60]

조선독립동맹의 위의 강령 중에서 (ㄱ) 부분은 '건국강령'에 해당하는 것이고, (ㄴ)부분은 이 목적의 실현을 위한 '투쟁강령'에 해당하는 것이라고 할 수 있다.

우리가 여기서 주목할 것은 조선독립동맹이 사회주의자·공산주의자들이 주도한 독립운동 단체였음에도 불구하고 해방 후 '건국'에 있어서는 사회주의 국가를 건설하려고 한 것이 아니라 '반일통일전선'의 공고한 확대를 주장하면서 임시정부의 '대한민국 건국강령'과 대동소이하게 시민 민주주의적 '민주공화국'의 건립을 내세우고 있다는 사실이다. 이것은 조선독립동맹이 창립 때 주창한 다음의 슬로건에서도 보완하여 증명된다.

① 각당 각파를 망라하여 항일 애국세력은 총단결하자.

② 지금까지 친일파였을지라도 자기의 과오를 청산하여 진정한 조선인이 된 사람은 이를 허락하여 전취하자.[61]

---

60) 金正明 編, 《朝鮮獨立運動》, 제 5권, "華北朝鮮獨立同盟綱領", p. 992 참조.

61) 〈新天地〉, 1946년 3월호, p. 201.

조선독립동맹은 "계급의 구별을 하지 않으며, 주의·신앙의 차이를 묻지 않고, 민족해방과 독립을 위하여 모든 단체, 모든 당파, 모든 혁명가, 모든 애국자의 총단결"[62]을 주창하고 목표로 하였다.

또한 우리가 조선독립동맹의 강령에서 주목할 것은 그들이 자기 단체를 독립운동을 대표하는 단체라고 주장하지 않고 스스로 "조선 독립을 쟁취하기 위한 일(一) 지방단체"라고 규정하고 있다는 사실이다. 조선독립동맹의 강령이 임시정부의 건국강령과 일치하고 조선독립동맹이 스스로 '일 지방단체'임을 천명한 것 등은 종합적으로 볼 때 조선독립동맹이 해방과 건국에 임하여 대한민국 임시정부와의 '연합'을 전제로 한 것이었다고 볼 수 있다.

조선독립동맹이 또한 창립과 동시에 전체 맹원과 그의 무력인 조선의용군 병사들에게 매일 3시간씩 '연합정부론'을 강의하고 학습하게 한 사실은 그들이 임시정부와의 '연합'에 의한 건국을 추구했음을 방증해 준다. 또한 조선독립동맹은 진서북(晉西北) 지부 등 지부들을 설치하면서 대회장에 모택동·장개석의 대형 사진과 함께 대한민국 임시정부 주석 김구(金九)의 대형사진을 나란히 걸어놓고 지부 설립총회를 개최했는데,[63] 이 사실도 조선독립동맹이 대한민국 임시정부를 그들과 '연합'할 '연합정부'로 전제하고 그 주석의 대형 사진을 걸어놓고 지부 설립 총회를 연 것이었다고 볼 수 있다.

또한 조선독립동맹의 무력인 조선의용군은 원래가 김원봉이 지휘하는 조선의용대의 일부에서 나온 것이므로 조선의용대의 사령부와 의용대 일부가 광복군 제1지대로 통합되어 있는 조건에서 조선의용군의 광복군과의 '연합'은 어려운 일이 아니었다. 조선민족혁명당이 임시정부와 통일연합전선을 협의하는 도중에 조선의용대 사령부는 김두봉·

---

62) 전게서, p. 201.

63) 〈解放日報〉, 1942년 11월 21일자 참조.

석정・박효삼・박일우・김세일 등이 인솔하는 조선의용대 일부 병력 120여 명을 중국군의 마점산이 동삼성(만주) 정진사령관으로 임명된 것을 기회로 그에 동반하여 한국인이 다수 거주하는 동삼성(만주)에 침투시키려고 북상시켰는데 그들은 북상도중 진로가 여의치 않아 연안에 들렀다가 중국공산당 팔로군의 간곡한 권고에 응하여 연안에 주류하게 되고 조선의용군으로 확대 개편된 것이었다. 따라서 중경에서 임시정부 군무부장 김원봉은 연락원을 파견하여 조선의용군과 긴밀한 연락과 연합을 취하였다.

민족주의자들이 주도하던 대한민국 임시정부와 사회주의・공산주의자들이 주도하던 조선독립동맹은 임시정부에 '연합'한 김원봉 및 조선민족혁명당계를 통하여 서로 깊이 '연계'되어 있었으며, 임시정부 국무위원으로서 연안에 파견되어 있던 장건상(조선민족혁명당 간부)이 임시정부와 독립동맹의 연락의 책임을 맡아 담당하였다.

또한 조선독립동맹은 창립 직후에 이극을 국내에 파견하여 여운형 등과 연락하도록 했다가 이극이 일제에 체포되어 실패했으나, 1944년 12월에는 무정의 연락원이 북경에서 국내 건국동맹의 연락원 이영선・이상백 등과 여러 차례 접촉하여 독립동맹과 건국동맹의 완전한 연결을 맹약하였다.[64)]

연안의 조선독립동맹이 중경의 대한민국 임시정부 및 국내의 건국동맹과 긴밀한 연결을 달성한 것은 독립운동 세력들의 '민족연합전선' 형성과 관련하여 특히 주목할 필요가 있는 사실이라고 할 것이다.

그러면 국내에서 민주사회주의 계통의 독립운동가들이 주도하여 끝까지 항일 독립운동을 전개한 조선건국동맹은 어떠했는가?

일제는 1937년 중・일 전쟁을 도발한 이후에는 국내의 각종 민족문화 운동까지 탄압을 더욱 격화시키고 민족 말살 정책을 더욱 야수적

---

64) 李萬珪, 《呂運亨先生 鬪爭史》, 1946, p. 172 참조.

으로 강화했으며, 1941년 '태평양 전쟁' 도발 이후에는 치안유지법과 예방구금법을 개정 강화하여 국내의 모든 지도급 인사들을 일제의 침략전 찬양과 친일화에 내몰면서 불응하는 인사들은 모두 '예방구금'을 자행하였다. 특히 1941년 이후의 국내의 탄압은 극도에 달하여 일반 민중에 대한 착취와 학대는 말할 것도 없고 민족적 양심을 지키려는 지도급 인사들은 숨도 제대로 못 쉬고 쫓기는 형편이었다. 이러한 국내의 극악한 여건 속에서 여운형을 중심으로 하여 1944년 8월 10일에 정식으로 조선건국동맹을 창립해서 항일 독립운동과 건국 준비를 조직적으로 최후까지 전개한 것은 죽음을 각오한 사람들이 아니면 결행할 수 없는 참으로 경탄할 만한 일이었다.

건국동맹은 창립 후 1944년 10월에 ① 일본 제국주의 타도, ② 연합전선의 형성, ③ 완전 자주독립의 쟁취, ④ 민주주의 국가의 건설을 주요 내용으로 하는 강령을 제정했으며, 산하에 농민동맹을 조직하여 건국동맹까지 모두 약 7만 명의 맹원을 확보하였다.[65] 창립 후 조선건국동맹이 전개한 주요 운동을 요약하여 들면 다음과 같다.[66]

① 창립 직후에 박승환을 중심으로 조선건국동맹군의 편성을 준비하였다. 이것은 백두산 부근을 기지로 비밀리에 유격대를 편성하여 연합군의 일본 본토 상륙에 맞추어 국내 진공을 단행하도록 하고, 그 지휘는 연안의 조선독립동맹과 연합해서 무정에게 맡기기로 하였다.

② 김세용·전영애를 중심으로 건국동맹 유격대가 국내 진공 작전을 시작할 때에 그들의 은신과 식사 공급을 담당하도록 준비하였다.

③ 국내에서 일본군의 후방 교란과 노농군 편성을 계획하여 조동호·이석구·이걸소 등을 중심으로 한 건국동맹 군사위원회를 조직하고, 경기·황해도를 1지구로 한 경인지구와 강원도를 1지구로 한 삼척지구에 책임자 파견 및 인물 규합에 착수했으며, 대구·부산·목포·

65) 《呂運亨先生 鬪爭史》, p. 177 참조.

66) 《呂運亨先生 鬪爭史》, pp. 171~176 참조.

홍남·청진·평양·진남포 각 지구에 책임자 또는 책임위원을 정하였다.

④ 건국동맹의 산하에 농민동맹을 조직하고 김용기·여운혁 등을 중심으로 하여 징용·징병·공출의 회피 운동을 전개하도록 하였다.

⑤ 1945년 5월에 황진 등이 중심이 되어 인천·부평·소사에 있는 일제의 군수품공장 전부를 자세히 기재한 비밀공장도를 획득하는 데 성공했으며, 여운형의 책임하에 이를 연합군에게 제공하여 대일 폭격 때에 폭격하게 하기로 하였다.

⑥ 최길봉을 중심으로 만주로부터 독립군이 입국할 때의 숙소와 연결 처소를 지정하여 준비하도록 하였다.

⑦ 장권을 중심으로 하여 치안대를 조직해서 독립 전쟁이 전개될 때 작동하기 시작하도록 하였다.

조선건국동맹은 이러한 독립운동과 건국운동을 전개하는 한편, 국외의 독립운동 기관·단체들과의 연락과 '연합'을 위하여 다음과 같이 활동하였다.

① 이영선을 북중국 방면 연락 책임자로, 신국권을 상해방면 연락 책임자로 임명하여 파견하고, 이상백을 북경에 파견하여 연안과의 연락을 책임지게 하였다.

② 그 결과, 1944년 12월 조선독립동맹으로부터 무정의 연락원이 북경에 도착하여 이영선·이상백 등과 누차 회견하고 건국동맹과 독립동맹의 완전한 연결을 맹약하였다.

③ 1945년 4월말에 여운형은 독립동맹의 조선의용군과 협동작전을 수행하기 위하여 박승환을 건국동맹 대표로서 메시지를 가지고 연안에 파견하였다.

④ 1945년 5월말에 중경의 대한민국 임시정부 요인에게 국내 사정을 전달하고 국내·국외가 상응하여 협동전선을 형성할 연락을 위해서 최근우를 파견하였다.[67]

---

67) 《呂運亨先生 鬪爭史》, pp. 173~174 참조.

⑤ 1945년 8월 29일 국치기념일에 연안에서 열리기로 되어 있는 전조선 민족대회에 김명시 · 이영선을 건국동맹 대표로 파견했다가 도중에 8 · 15를 맞게 되었다.

국내에서 민주사회주의자들이 주도한 조선건국동맹이 최후의 순간까지 중국 연안의 조선독립동맹과 중경의 대한민국 임시정부에 대표나 연락 책임자를 파견해서 '연합전선'을 추구하여 합의하고 조선의용군의 국내진입 준비에도 '연합'을 계획한 것은 독립운동 세력들의 '민족연합전선' 형성과 관련하여 역시 주목해야 할 사실이라고 할 것이다.

물론 이 밖에도 중국 동삼성(만주)에는 민족주의 독립운동 세력인 국민부의 잔여 세력이 남아 있었으나 1940년 초부터는 조직세력은 완전히 해체되고 개인으로 분산되어 있었다. 또한 공산주의자들을 중심으로 한 통일전선인 조국광복회는 1939년에 조직 세력이 붕괴되고 개인들로서만 분산되었으며 공산주의 독립군인 동북항일연군의 세력도 1940년 말에는 노령 하바로프스크로 넘어갔다. 국내에도 비타협적 민족주의 세력과 공산주의 세력(공산당 재건운동 세력)이 있었으나 조직은 만들지 못하고 개인들로 분산되어 잠복하고 있던 형편이었다. 국내외를 막론하고 적극적 항일 독립운동을 8 · 15의 최후의 순간까지 완강하게 전개한 조직세력은 위에 든 ① 대한민국 임시정부, ② 조선독립동맹, ③ 조선건국동맹의 3대 세력이었다고 볼 수 있다.

우리가 여기서 명확하게 인식해야 할 것은 1945년 8 · 15의 최후까지 독립운동을 전개한 위의 3대 독립운동 세력들은 8 · 15 이전에 독립운동 노선이 민족주의 노선과 사회주의 노선으로 분화되었음에도 불구하고 완전한 통일 독립국가를 건설하기 위하여 사전에 자발적으로 다른 노선의 정책을 도입해서 통일 독립국가 수립을 위한 노선의 통일 · 조정 · 합의를 달성하고 민족주의자들과 사회주의자들의 '민족연합전선'을 형성하는 데 일단 성공했다는 사실이다. 물론 만주와 국내의 개인으로 분산된 개인 독립운동 세력까지 모두 포함하지 못한 것을 놓고 미완성이라고 말할 수 있을지도 모르나, 당시 지리적으로 서로 수천·수만리 떨어진 지역(예컨대 중국 중경·연안·국내)에서 조직이 없어 개인으로 흩어진 독립운동 세력을 낱낱이 접촉하여 연합전선에 포함하는 것은 실제적으로 불가능했다고 볼 수 있다. 당시의 지리적 조건과 일제의 전선 배치를 고려하면 1945년 8·15의 마지막까지 독립 투쟁을 전개한 위의 3대 세력이 연합전선을 이 정도라도 형성한 것은 대단한 성과라고 볼 수 있는 것이다.

독립운동의 분화된 세력들이 연합전선을 형성하지 않고 각각 단독으로 독립운동을 전개해도 그들이 자기들 노선의 분단국가를 지향하지 않았으면 그 자체가 한국 남북 분단의 원인이 되지 않는 것인데, 하물며 그들이 노선의 분화를 조정하여 민족연합전선을 형성해서 통일 독립국가의 건설을 추구한 사실은 독립운동 노선의 좌·우 분화가 한국 남북분단의 기원과 제 1차적 원인이라는 내인설을 정면으로 부정하는 것으로 되는 것이다.

널리 아는 바와 같이, 대한민국 임시정부와 조선독립동맹은 8·15 해방 후 그 조직체 자격으로 국내에 들어오지 못하고 개인 자격으로 귀국했으며, 일본군의 항복 접수에도 참가하지 못하고, 해방 후 전체 한반도의 새로운 국가 건설을 위한 총선거를 담당하는 세력이 되지도 못하였다. 그러나 이것은 최후까지 항일 투쟁을 전개한 독립운동 세력들의 잘못이 아니라 한반도를 일단 '분단점령'하여 일정 기간의 미·소의 '군정'을 실시한 후 일정 기간의 신탁통치를 거쳐 한국을 완전 독립시키려는 정책을 정립한 미·소 양군이, 남한에서는 미군정이 임시정부의 입국을 거부하고 개인 자격의 귀환만을 승인했으며, 북한에서는 소 군정이 조선독립동맹의 입국을 거부하고 개인 자격의 귀환만을 허용하여 그렇게 된 것이었다. 이것은 미·소 양군의 잘못이었지 독립운동 세력의 잘못이 아니었다. 하물며 한반도를 분단 점령하여 군정을 실시하는 미·소 양군이 독립운동 세력들에게 전체 한반도의 새로운 국가 건설을 위한 총선거를 담당하도록 허여할 리는 만무한 것이었다. 그러나 항일 투쟁을 최후의 시각까지 감행한 위의 3대 독립운동 세력이 그 후에도 미·소의 한반도 분단정책을 반대하고 좌·우 협상과 합작에 의한 통일국가 수립 운동의 주역이었음을 특히 주목할 필요가 있는 것이다.

위의 고찰에서 8·15 해방 전의 독립운동 세력의 좌·우 노선 분화가 한국 남북분단의 기원과 제1차적 원인이라는 내인론이 얼마나 사실과 다른 허구적 주장인가를 명확히 알 수 있을 것이다.

5. 맺음말

이상에서 고찰한 바와 같이 한국 남북분단의 원인과 책임을 1920년대 이후 독립운동의 민족주의 노선과 사회주의 노선 또는 좌우 노선의 분화에서 구하는 "남북분단 내인론"은 객관적으로 역사적 사실과 일치하지 않는 잘못된 것이었다. 1945년 8·15의 최후까지 헌신적으로 민족 해방 투쟁을 전개한 독립운동 세력은 독립운동 노선의 민족주의 노선과 사회주의 노선으로의 분화에도 불구하고 완전한 통일 독립국가를 건설하기 위하여 사전에 자발적으로 다른 노선의 주장을 서로 도입해서 통일 독립국가 수립을 위한 노선의 통일 조정 합의를 달성하고 지리적으로 수만리 떨어져 있는 상태에서도 긴밀한 상호 연락을 취하면서 민족연합전선을 형성하였다.

민족 독립운동의 분화된 세력과 노선이 민족연합전선을 형성하지 않고 각각 독립적으로 독립운동을 전개했어도 그들이 각각 자기 세력이 지배하는 분단된 독립을 추구하지 않았다면 독립운동의 세력과 노선의 분화가 분단의 원인이 되지는 않는 것이다. 20세기에 들어와서 1917년 볼셰비키 혁명 이후에는 전세계 식민지·반식민지 약소민족의 민족해방투쟁은 기본적으로 민족주의 노선과 사회주의 노선으로 분화되어 전개되었다. 만일 이 분화가 분단의 주요 원인이라면 모든 식민지 약소민족들이 사상과 노선 차이에 의하여 분단되어야 했을 것이다. 그렇지 않고 한반도만이 남북으로 분단된 것은 분단의 원인이 다른 곳에 있음을 나타내는 것이다. 하물며 한국민족의 독립운동과 같이 일제의 패망을 앞두고 사상과 노선의 분화된 독립운동 기관과 단체들이 통일 독립국가를 건설하기 위하여 사전에 민족연합전선을 형성한 곳에서는 독립운동의 세력과 노선의 분화는 전혀 한국의 남북분단의 원인으로는 되지 않는 것이다.

뿐만 아니라 우리가 여기서 주목할 것은 1945년 8·15의 최후까지 과감하게 독립운동을 전개하면서 그들의 분화된 노선에도 불구하고 민족연합전선을 형성했던 독립운동 세력들은 한국이 남북으로 분단된 후 도리어 분단을 극복하고 민족통일을 추구하여 많은 희생을 당한 세력이 되었다는 사실이다.

이 사실들을 보면 1920년대 이후 한국 독립운동의 세력의 노선 분화가 한국 남북분단의 제 1차적 원인이라고 주장하는 분단 내인론의 견해가 얼마나 터무니없는 것인가를 알 수 있다.

한국의 남북분단의 제 1차적 원인을 한국민족 내부에서 구하는 내인론이 그 논거를 먼저 식민지 시대 민족 독립운동 노선의 좌·우익 분화에서 구하고 동시에 8·15 해방 후의 남북의 분단국가 형성과정의 좌·우익 대립에서 구한다고 한다면, 이것은 ① 분단 과정과 ② 분단 장기화(또는 고착화) 과정을 구분하지 못하는 견해인 것이다. 한국의 ① 남북분단은 한국민족도 모르는 사이에 한국민족의 의사와는 아무런 관계없이 8·15 해방 전에 미국과 소련 등 열강이 그들의 국가이익을 위하여 정치적으로 야합해서 결정하여 집행한 것으로 전적으로 외인(外因)에 의한 것이었으며, ② 남북분단의 장기화 과정은 미국과 소련의 열강이 한국을 남북으로 분단 점령하여 군정을 실시하면서 각각 자기 나라의 영향력 하에 있는 친미·친소 정권과 국가를 세우려고 할 때 '군정 세력'이 결합하여 전개된 것으로서 외인과 내인이 결합하여 이루어진 것이었다. 이 경우에도 구조사적으로는 이미 '분단된' 상태에서 외세와 외군의 지원하에 단정 세력들이 보다 강대했던 민족통일 세력을 탄압할 수 있었음을 주목할 필요가 있다.

그러므로 한국의 '남북분단'은 일방적으로 열강의 정치적 야합에 의하여 자행된 분단의 결정과 집행의 '외인'에 의하여 만들어졌다는 사실을 명확히 인식할 필요가 있다.

한국 남북분단의 궁극적 기원은 일본 제국주의의 한국에 대한 침략과 식민지 통치에 있었다. 한국의 남북분단은 일본의 '식민지'로 있던 지역에 대한 미국·소련 등 승전국 열강의 제 2차 세계대전의 전후처리 과정의 한 산물이었다. 만일 일본 제국주의가 한국을 침략하여 식민지로 강점해서 식민지 통치를 자행하지 않았다면 제 2차 세계대전의 종전을 앞두고 미국과 소련 등 연합국 열강에 의하여 한국이 분단 점령되는 일이 없었을 것은 명백한 일이다. 물론 19세기 한국 근대사의 역사적 경험에 비추어 보아 열강이 한국에 영향력을 행사하려고 획책했을 것은 추정할 수 있는 일이지만, 그것은 통일된 전체 한국에 대한 시도였다. 그러므로 일본 제국주의가 한국을 '식민지'로 침략하지만 않았다면 열강은 제 2차 세계대전의 전후 처리 과정에서 한국을 '분단 점령'의 대상으로 삼을 수 없었을 것임은 명백한 것이다. 한국은 독일처럼 연합국에 도전하여 전쟁을 도발한 나라도 아니었으며, 제2차 세계대전에 연합국을 반대하여 참전한 나라도 아니었다. 한국이 제 2차 세계대전의 종전에 임하여 미국·소련 등 열강에 의하여 '분단 점령'의 대상 지역으로 논의된 것은 전적으로 '일본'이 한국을 '식민지'로 침략하여 식민지 통치를 자행하고 있던 지역이라는 이유에 의거한 것이었다. 그러므로 한국 남북분단의 궁극적 기원은 일본 제국주의의 한국에 대한 '식민지'로의 침략 강점에 있었다는 사실을 명료하게 인식할 필요가 있다.

다음, 한국 남북분단의 직접적 기원과 책임은 제 2차 세계대전의 전후 처리 과정에서 한국을 남북으로 '분단점령'하여 일정 기간 군정을 편 미국과 소련 등 열강의 분단 정책에 있었다. 본문에서 비교적 상세히 밝힌 바와 같이, 미국과 소련 등 열강의 '정치적 야합'에 의한 한국 남북분단은 4단계를 거치면서 자행되었다.

제 1단계의 열강의 정치적 야합은 1943년 11월 카이로 회담에서 미국·영국·중국의 수뇌들과, 뒤이은 테헤란 회담에서 미국(루스벨트)과 소련(스탈린) 사이에 한국에 대하여 독립을 승인하되 완전 독립을 획득하기 전에 '40년간의 신탁통치'를 실시하기로 야합한 것이었다. 이 신탁통치안은 미국·소련 등 열강이 각각 장차 한국에 친미 정권·친소 정권을 수립하여 독립 한국을 그들의 영향 아래 두려고 하나 한국 내부에 그들의 세력기반이 없었으므로 그들의 세력을 양성할 충분한 시간을 획득하고자 한 정책이었으며, 기본적으로 특히 미국의 이익에 합치한 정책이었다. 이 신탁통치안은 이 야합이 보도된 1943년부터 '즉각 독립'을 요구하는 한국 독립운동 기관들에 의하여 격렬하게 비판되었다.

제 2단계의 열강의 정치적 야합은 미국(루스벨트)·영국(처칠)·소련(스탈린) 등의 열강 수뇌들이 1945년 2월 얄타 회담에서 한국에 대하여 신탁통치를 실시하기 전에 먼저 (소련이 대일본전에 참전함을 전제로 하여) 미·소 등 연합군의 '군사점령'과 일정 기간의 연합군의 단일 '군정'을 실시하기로 야합한 것이었다. 이때 미국과 소련의 수뇌들은 한국을 지역적으로 분할하지 않고 연합군 대표부에 의한 통일 단일군정의 전체 한국에 대한 통치에 야합하고, 그 후에는 연합군이 철수한 상태에서의 20~30년간의 신탁통치 실시에 야합하였다. 이것은 소련이 대일본전에 참전하는 경우 한반도가 소련군의 단독 군사 점령하에 들어갈 가능성에 대비하여 미국측이 제안하고 소련이 이에 야합한 것이었다.

제 3단계의 열강의 정치적 야합은 1945년 7월 포츠담 회담에서의 미국·영국·소련 등 열강의 한국 남북분단 점령 야합이었다. 포츠담 회담의 미·소 연합참모회의에서는 소련이 대일본전에 참전하는 경우의 한반도 영공과 그 안에서의 미국과 소련의 해군 및 공군의 작전 지역의 분계선을 합의해 정하였다. 그리고 양국 육군의 한반도 육지점령에 대해서는 이것이 곧 이전의 얄타 회담에서의 '군사점령'과 '군정'에 직결된 정치 문제였기 때문에 소련의 참전의 정도에 따라 한반도를 '분단점령'하기로 하고 분계선이 제안되었다. 38도선 획정을 이 회담에서 합의한 것은 아니었지만, 미국은 서울 북방의 38도선에 대체로 일치하는 지역에 분계선을 그어보고 소련에 대표회담에서 제의했으며, 무엇보다도 주목할 것은 미·소 양군의 한국 '남북분단' 점령 자체는 포츠담 회담에서 밀약되었다는 사실이다. 여기서 필자는 한국 남북분단에 대한 미·소 양국의 '포츠담 밀약설'을 다시 한 번 제기하고 강조하였다.

제 4단계의 열강의 정치적 야합은 미국과 소련 사이의 한반도 '38도선 획정' 야합이었다. 일본 본토에의 원자폭탄의 투하의 시작과 소련의 대일본전 참전에 충격을 받은 일본은 1945년 8월 10일 무조건 항복의 의사를 연합국에 통고하였다. 미국은 가능하면 한반도의 최대 북부 또는 전체를 점령하기를 원했으나 미군은 선봉대가 겨우 오키나와에 와 있었고, 반면에 소련은 지리적 근접성으로 인해 곧 함경북도에의 상륙을 시작했으므로, 군사 점령 작전에서 불리하게 된 미국은 서둘러 참모본부에 미·소 양군의 군사 점령 분계선의 획정을 지시하였다. 미군 참모들이 8월 10일~11일에 걸쳐 '38도선' 획정안을 작성하여 미 구무부에 제출했고 미국 대통령 트루먼은 8월 13일 이를 채택하여 소련에 제안하자 소련 수상 스탈린은 기다렸다는 듯이 즉각 이에 동의하여 8월 13일 한반도의 '38도선 분단'이 확정되었다. 이에 미국 대통령은 이 38도선 획정을 명령서로 작성하여 '일반 명령 제 1호'로서 8월 15일 마닐라에 있던 태평양 방면 연합군 최고사령관 맥아더에게 그 집행을 명령했으며, 소련군은 38도선 이북을, 미국은 38도선 이남을 분단 점령하여 한반도는 남북으로 분단된 것이었다.

미국과 소련이 야합해서 한국에 대하여 남북분단의 결정을 내렸을 때, 이것은 열강 수뇌들 간에 극비에 부쳐졌기 때문에, 한국민족은 이를 꿈에도 알지 못하였다. 또 설령 알았다고 할지라도 오늘날의 한국민족과는 달리 당시의 한국민족의 실력은 일제를 단독으로 몰아내는 일에도 미치지 못했으므로 일제를 패배시킨 미국·소련 등 연합국 열강의 결정을 막을 수 있는 힘을 갖지 못하였다. 한국의 남북분단은 일제로부터의 해방과 동시에 완전한 통일 독립국가의 재건설을 다짐하는 한국민족의 당연한 의사에 반하여 한국민족은 전혀 모르도록 극비리에 일방적으로 미국·소련 등 열강이 그들의 국가 이익 극대화를 위하여 정치적 야합을 통해서 미·소 양군의 남북분단 점령과 군정을 결정하여 자행함으로써 만들어진 것이었다.

한국 남북분단의 원인과 책임은 명백하게 미국과 소련에 있으며, 한국민족은 전적으로 열강의 남북분단 정책의 피해자인 것이다.

한국의 남북분단의 원인에 대한 열강과 일부 한국 학자들의 '군사적 편의주의설'은 한국 남북분단의 원인과 책임이 있는 열강이 그 원인과 책임을 호도하여 피해자인 한국민족에게 전가시키려는 의도를 배경으로 한 학설이라고 볼 수 있다. 뒤이어 대두하고 있는, 한국 남북분단의 원인과 책임을 한국민족 독립운동의 민족주의 세력과 사회주의 세력의 노선의 분화에서 구하는 분단 내인론은 전혀 사실이 아닌 부당한 입론이다. 분단 내인론은 한국 분단의 원인과 책임을 피해자인 한국민족에게 전가시키려는 주장을 떠받아 한국민족이 스스로 자기의 허리를 자기가 잘랐다는 터무니없는 주장이다. 이러한 분단 내인론은 일본 제국주의의 한국을 식민지로 침략 병탄한 것이 일제의 책임이 아니라 한국민족의 책임이라고 주장하는 일본 군국주의 잔당들의 주장이 부당하다고 간주되는 것과 같이 큰 문제점을 가진 것이다. 이러한 내인론은 민족 주체적인 역사적 관찰이기는커녕 매우 비주체적인 역사적 관찰이며, 역사적 사실과 일치하지 않는 근본적으로 잘못된 것이라고 생각한다.

한국의 남북분단은 미국과 소련 등 열강이 자행하고 한국민족은 그 피해자이지만, 남북분단을 극복하고 '민족의 재통일'을 달성해야 할 주체는 한국민족이 되어야 한다. 이 민족적 과제에 당하여 한국민족은 분단의 원인과 책임에 대하여 역사적 사실과 일치하는 역사 인식을 갖고, 자기 시대의 민족문제를 과학적으로 풀어나가야 할 것이다.

(〈한국사회사연구회 논문집〉, 제 13집, 1988)

찾아보기
(일반)

ㄱ

ㄹ

ㅂ

ㅅ

ㅈ

ㅊ

ㅋ·ㅌ·ㅍ

ㅎ

기 타

찾아보기 (인명)

ㄱ·ㄴ·ㄷ·ㄹ

ㅇ·ㅈ·ㅊ

ㅋ·ㅌ·ㅍ·ㅎ